U0722910

重症专科护理

总主编　李秀华

主　编　李庆印　陈永强

副主编　孙　红　吴晓英　刘　芳　张会芝

编　者（以姓氏笔画为序）

王丽华（首都医科大学三博脑科医院）　　　　吴晓英（北京大学人民医院）

尹利华（中国武警总医院）　　　　　　　　　余　萌（中国医学科学院阜外医院）

左选琴（中日友好医院）　　　　　　　　　　张会芝（北京大学第三医院）

成守珍（中山大学附属第一医院）　　　　　　张建霞（北京大学第一医院）

朱小平（武汉大学中南医院）　　　　　　　　张雪静（首都医科大学附属北京朝阳

刘　芳（首都医科大学宣武医院）　　　　　　　　　　医院）

关　欣（北京医院）　　　　　　　　　　　　陈玉红（南京市第一医院）

孙　红（北京协和医院）　　　　　　　　　　陈永强（香港明爱专上学院健康科学院）

杜桂芳（首都医科大学附属北京安贞　　　　　赵庆华（重庆医科大学附属第一医院）

　　　　医院）　　　　　　　　　　　　　　夏欣华（天津市泰达医院）

李　红（福建省立医院）　　　　　　　　　　徐凤玲（安徽医科大学第一附属医院）

李乐之（中南大学湘雅二医院）　　　　　　　高明榕（中山大学附属第一医院）

李庆印（中国医学科学院阜外医院）　　　　　郭海凌（北京协和医院）

李桂云（首都医科大学附属北京天坛　　　　　韩媛媛（北京医院）

　　　　医院）　　　　　　　　　　　　　　詹艳春（北京大学人民医院）

李黎明（河南省人民医院）　　　　　　　　　廖　燕（四川大学华西医院）

人民卫生出版社

图书在版编目（CIP）数据

重症专科护理 / 李庆印，陈永强主编 . —北京：人民卫生出版社，2018

中华护理学会专科护士培训教材

ISBN 978-7-117-26157-9

Ⅰ. ①重⋯　Ⅱ. ①李⋯　②陈⋯　Ⅲ. ①险症 - 护理 - 技术培训 - 教材　Ⅳ. ①R472.2

中国版本图书馆 CIP 数据核字（2018）第 067584 号

人卫智网　www.ipmph.com	医学教育、学术、考试、健康，购书智慧智能综合服务平台
人卫官网　www.pmph.com	人卫官方资讯发布平台

中华护理学会专科护士培训教材
——重症专科护理

主　　编：李庆印　陈永强
出版发行：人民卫生出版社（中继线 010-59780011）
地　　址：北京市朝阳区潘家园南里 19 号
邮　　编：100021
E - mail：pmph @ pmph.com
购书热线：010-59787592　010-59787584　010-65264830
印　　刷：河北新华第一印刷有限责任公司
经　　销：新华书店
开　　本：787 × 1092　1/16　印张：34
字　　数：827 千字
版　　次：2018 年 5 月第 1 版　2025 年 2 月第 1 版第 15 次印刷
标准书号：ISBN 978-7-117-26157-9/R · 26158
定　　价：95.00 元

打击盗版举报电话：010-59787491　E-mail: WQ @ pmph.com
（凡属印装质量问题请与本社市场营销中心联系退换）

序　言

护理工作是卫生与健康事业的重要组成部分，广大护理人员在呵护生命、治疗疾病、维护人民群众健康等方面发挥着不可替代的作用。在持续深化医药卫生体制改革进程中，护理人员在改善护理服务、增强群众获得感等方面做出了突出的贡献，护理队伍建设和护理事业发展也取得了显著成效。护理队伍不断壮大，截至 2016 年底，我国注册护士总数达到 350.7 万，与 2010 年相比，每千人口护士数从 1.52 人提高到 2.54 人，全国医院医护比从 1∶1.16 提高到 1∶1.45，长期以来医护比例倒置问题得到根本性扭转。护理人员专业素质和服务能力逐步提高，经过十几年的探索，各级机构在几十个专科领域开展了不同规模的专科护士培养工作，专科护士已经在临床专科护理工作中发挥了重要作用。

"十三五"时期，全面建成小康社会的新任务对护理事业提出了新的要求，为满足人民群众日益多样化、多层次的健康需求，要不断拓展护理服务的领域，丰富护理服务的内涵，提升护理的专业化水平。专科人才培养是护理专业化发展的基础，教材体系建设则是专科人才培养的关键，为此，中华护理学会根据《"健康中国 2030"规划纲要》《全国医疗卫生服务体系规划纲要（2015—2020 年）》和《全国护理事业发展规划（2016—2020 年）》，组织有关专家编写了中华护理学会专科护士培训系列教材。这套教材结合我国国情，根据医疗卫生和护理专业发展的实际需要，内容不仅涵盖了专科知识与技能，还融合了学科最新的研究热点与前沿信息，相信这套教材一定会在专科护士培养工作中发挥积极的作用。

希望广大护理人员，要树立大卫生、大健康的观念，以"人民健康为中心"，关注生命全周期、健康全过程，在深化医药卫生体制改革、改善人民群众就医体验及促进社会和谐方面发挥更大作用，为推进健康中国的建设做出更大贡献！

中华护理学会第 26 届理事长

2017 年 10 月

前　言

重症监护（Critical Care）起源于 20 世纪 40 年代末，是近年来发展较快的医疗专科。随着监护技术的日臻成熟，重症护理人才的培养也在日趋完善。早在 2002 年中华护理学会与香港危重症护士协会、协和护理学院合作，开启了重症专科护士培训工作，举办了三期全国范围"危重症护理专业护士培训班"，对危重症专科护士进行理论和技能的系统授课，并进行临床实习和严格的考核。自 2006 年开始，危重症专业护士培训班就由中华护理学会主办，每年一期，直至 2013 年增至每年两期，大幅度提高了我国危重症护士的专科水平。在香港危重症护士协会大力支持与中华护理学会的指引下，重症专科护士的培训逐步达到专业化并与国际接轨，促进了专科护理水平和临床护理质量的提升。为了让重症专科护士培训持续走向标准化、规范化，并促进全国重症专科护士培训质量同质化，中华护理学会重症监护专业委员会组织撰写了此书。

重症专科护士培训教材《重症专科护理》的撰写，不仅对重症患者的发病机制、临床特点、临床表现、救治方法以及新发疾病的认识等进行了系统阐述，还增加了专科性较强的技术与操作内容，链接了最新指南与共识，呈现了拓展知识的新思路，为重症专科护士理解和掌握专业知识与技能，将先进理念转化为临床实践起到指导作用。本书分为重症护理总论、临床理论、专科技能与操作、专科管理与教育 4 篇，共 22 章，是 29 位国内重症监护专家多年的理论与临床实践经验的凝集，是致力于重症专科护理领域发展的一次强而有力的合作。重症监护专业委员会的委员们对整部书稿进行了严格而细致的审核，经数十次修改后最终凝练出适合于我国现状的、专科性较强的重症护理教育体系。

第一篇介绍了重症领域的概述，包括重症医学与护理学及重症专科护士的发展概论；第二篇主要是对重症患者的护理常规、各系统常见疾病和危象的观察与护理进行阐述，包括重症患者的常规护理，水电解质、酸碱平衡的管理，呼吸系统、心血管系统、脑神经系统、消化系统、泌尿系统、脓毒血症、创伤、特殊人群、危象、环境学重症护理以及灾害管理等内容进行了梳理；第三篇主要是各个系统的专科技能与操作，包括心血管系统、呼吸系统、神经系统以及其他重症相关操作内容；第四篇主要介绍了重症护理的体系，包括重症护理管理与护理教育体系。书中每一章节都采用了统一格式，图文并茂，易于学习与掌握。本书内容有利于开拓专科护士的知识领域，能够突出国内重症护理的特色，是现阶段重症护理专业的代表作。

本书囊括了各专业重症领域所需要的基础知识、技术操作以及标准、指南或专家共识，符合现阶段重症护理的发展与创新思路，适用于初期到 ICU 工作的医生、持续在 ICU 工作以及进行专科认证的各级 ICU 护士。此书也是中华护理学会重症专科护士培训的参考教材，是一本很有价值的 ICU 工作参考书。因书籍编者较多，不免有疏漏和不足，恳请广大专业同仁给予指正！

中华护理学会重症监护专业委员会

2017.11.12

目 录

第一篇 总 论

第二篇 临 床 理 论

第三篇　专科技能与操作

第一篇

总　论

第一章 重症医学与重症护理学概论

第一节 重症医学的范畴

一、重症医学的概念及工作范畴

(一)重症医学的概念

重症医学(Intensive Care Medicine)是研究危及生命的疾病状态的发生、发展规律及其诊治方法的临床医学学科,它的产生是现代医学发展到相当高度的必然产物,经过半个多世纪的实践与发展,已经成为现代医学的重要组成部分。

重症医学科病房(Intensive Care Unit, ICU)是重症医学科的临床实践场所,收治的患者均为重症患者,因各种原因致一个或多个器官与系统功能障碍,或潜在高危因素危及生命安全。因此,作为医院集中救治和监护重症患者的专业科室,ICU 既为患者提供高质量、系统化的救治技术和医学监护,也为患者提供高质量、规范化的生命支持,改善患者的生存质量。

(二)重症医学的工作范畴

1. 收治原则 ICU 收治患者既要考虑使有救治价值的患者得到救治,同时又要避免浪费 ICU 资源,因此一般遵循以下原则:

(1)急性、可逆、已经危及生命的器官功能不全,经过 ICU 的严密监护和加强治疗,短期内可能得到康复的患者。

(2)存在各种高危因素,具有潜在生命危险,经过 ICU 严密的监护和随时有效的治疗可能减少死亡风险的患者。

(3)在慢性器官功能不全的基础上,出现急性加重且危及生命,经过 ICU 的严密监护和治疗可能恢复到原来状态的患者。

(4)慢性消耗性疾病的终末状态、不可逆性疾病和不能从 ICU 的监护治疗中获得益处的患者,一般不是 ICU 的收治范围。

2. 收治对象　ICU 收治范围包括临床各科的危重症患者,主要包括:①创伤、休克、感染等引起的多器官功能障碍综合征(MODS);②心肺脑复苏术后需对其功能进行较长时间支持者;③严重的多发伤、复合伤;④物理、化学因素导致危急病症,如中毒、溺水、虫蛇咬伤和中暑患者;⑤有严重并发症的心肌梗死、严重的心律失常、急性心力衰竭、不稳定型心绞痛患者;⑥各种术后重症患者或者年龄较大,术后可能发生意外的高危患者;⑦严重水、电解质、渗透压和酸碱失衡患者;⑧严重的代谢障碍疾病,如甲状腺、肾上腺和垂体等内分泌危象患者;⑨各种原因大出血、昏迷、抽搐、呼吸衰竭等各系统器官功能不全需要支持者;⑩脏器移植术后及其他需要加强护理者。

3. 转出指征　ICU 患者经过严密监测、治疗和护理,达到以下条件时可转出 ICU:①急性器官或系统功能衰竭已基本纠正,需要其他专科进一步诊断治疗;②病情转入慢性状态;③患者不能从继续加强监护治疗中获益。

4. ICU 常用的监护技术和治疗手段　为了能对重症患者进行更加准确的监测及有效的支持,ICU 应用了很多监护仪器设备对危重症患者进行密切及连续性的监护及治疗。

(1)心血管系统:如心电监测、动脉血压监测、肺动脉压监测、心排血量监测、混合静脉血氧饱和度监测、除颤术、复律术、心脏起搏、主动脉内球囊反搏等。

(2)呼吸系统:如血氧监测、血气分析、呼气末二氧化碳监测、正压通气、无创通气、高频通气、体外膜肺氧合(ECMO)等。

(3)神经系统:如脑压监测、大脑灌注压监测、颈混合静脉血氧饱和度监测。

(4)肾脏替代治疗:如血液透析、血液滤过、血液透析滤过等。

(5)其他监护手段:如腹压监护等。

二、重症医学发展史

(一)南丁格尔思想的影响

将危重症患者集中管理是重症医学的基本概念之一,早期可以追溯到南丁格尔时期。1854—1856 年欧洲爆发了克里米亚战争,前线的英国伤员病死率高达 42% 以上。南丁格尔率领 38 名护士前往战地救护,为降低伤员的病死率,她提出将伤势较重的伤员集中在一起,改善伤员的生活环境和营养状况,给予特别的照顾,这也形成了将重症患者集中管理的早期理念,这对挽救伤员的生命起到了积极作用,6 个月后伤员死亡率下降至 2%。

(二)外科 ICU 的产生

第二次世界大战对重症医学发展起到了重要作用。1939 年 9 月 ~1945 年 8 月,从欧洲到亚洲,先后有 61 个国家和地区 20 亿以上的人口被卷入战争,围绕着第二次世界大战时期的创伤救治,使重症医学渐成萌芽。第二次世界大战结束以后,世界经济发展与工业化进程加速,大量高新技术不断出现并应用于医疗卫生行业,极大地推动了医学的发展和进步,像吸入麻醉的广泛应用、器官移植手术的开展和手术适应证范围的扩大,麻醉外科医师在手术室建立了麻醉后恢复室,在此基础上逐步演变成外科 ICU。1955 年首先由神经外科医师 Walter Dandy 在霍普金斯大学医学院建立了世界第一个外科 ICU。

(三)呼吸 ICU 及正压通气的产生

1949—1952 年间,北欧和美国脊髓灰质炎大规模流行期间,呼吸肌麻痹使得呼吸衰竭患者的病死率高达 80%。丹麦麻醉医师 Ibsen 对一个 12 岁的女孩进行了气管切开并插入带气囊的插管,给予麻醉镇静和充分吸引气道分泌物后,实行手动正压通气,成功的挽救了孩子的生命,很快这种治疗方法在全国范围内使用,最终使脊髓灰质炎呼吸衰竭的病死率下降了 30%。此举开创了正压通气治疗呼吸衰竭的先例,也是最早的呼吸 ICU 模式。脊髓灰质炎的爆发,加速了 ICU 的产生,也加速了正压呼吸机及危重症相关监护技术的产生。

(四)综合 ICU 的产生

1958 年,第一个多学科的 ICU 在美国霍普金斯大学医学院成立,其后类似的呼吸治疗病房在英国剑桥大学医学院和加拿大多伦多总医院先后成立,从此出现了专职的 ICU 医师、护士和胸部理疗师。虽然这些早期的 ICU 规模较小,通常只有五六张病床,但在重症医学的临床教学和科研方面起着重要作用。1970 年美国危重症医学会组建,1983 年危重症医学成为美国医学界一门最新的学科。

(五)对重症医学的认识变迁及我国重症医学发展

随着现代心肺复苏技术的广泛应用,急救复苏的成功率不断提高,复苏后需要长期生命支持的患者越来越多,器官功能衰竭特别是 MODS 发病率明显增加,危重症患者需要 24 小时不断监测病情变化,根据病情变化及时调整治疗方案,只有经过多学科训练的 ICU 医师才能满足 ICU 工作需要。因此,无论是从学科内涵看,还是从医院医疗任务的分工看,都应将重症医学作为一门独立的学科,将 ICU 作为一个独立的临床科室,这对医院内危重症患者的救治和重症医学的学科建设起到至关重要的作用。

虽然我国的 ICU 起步较晚,是一个非常新兴的学科,但中国的重症医学发展经历了一个从创业开始到快速发展并逐步稳定的专业化发展阶段,目前已经成为了医学领域中不可或缺的重要组成部分。1982 年我国首个 ICU 在北京协和医院设立,1984 年正式成立了作为独立专科的综合 ICU。1989 年国家卫生部在其颁布的医院等级评审规定中,明确将 ICU 列为等级评定标准。目前国内三甲医院均设有 ICU,大部分的县级医院也已经设置了 ICU 病房。进入新的世纪后,重症医学的发展更加表现出系统化、规范化。2008 年重症医学被国家批准为标准二级学科,有了自己的标准二级学科代码 320.58。

(孙　红)

第二节　重症护理学的范畴

一、重症护理学的概念及范畴

(一)重症护理学(Intensive Care Nursing)的概念

近年来,重症护理发展非常迅速。依据美国重症护理学会的定义,重症护理着重于护理患者在面临重大疾病危及生命时的反应,此反应可以是生理的,或者心理的;其次,在重症护理领域中所关心的对象也包括患者的家属,因为在疾病的发展过程中,家属也同样承受心理及生理上的压力,而且也会出现程度不等的压力表现,这些因疾病所导致的反应都是重症护理所应该关心的问题。

（二）重症护理学的范畴

据北美护理杂志报道,ICU 的护理工作量可占整个医疗机构的 30%。重症护理人员要对重症患者提供高质量、系统化的救治技术和医学监护,并与医生及其他成员共同合作,确保重症患者都能得到最佳的护理,改善生存质量。因此,ICU 护士的工作量大,工作要求高,其工作范畴更为广泛,主要包括以下几个方面。

1. 对危重患者系统功能监测　重症患者的系统功能监测是指针对患者心血管系统、呼吸系统、消化系统、泌尿系统、水电解质平衡及酸碱平衡等进行动态监测,是能够有效反映重症患者全身脏器功能和内环境的重要辅助手段,是重症护理人员重要的护理工作。

（1）心血管系统功能监测:包括无创心排血量监测、脉搏指示持续心排血量监测、心电监测、有创动脉血压监测、中心静脉压监测等。

（2）呼吸系统监测:包括呼吸运动监测、呼气末二氧化碳监测、脉搏血氧饱和度监测、动脉血气分析监测、呼吸机波形监测等。

（3）神经系统功能监测:如神经系统体征动态检查、颅内压监测、脑电图监测等。

（4）肾功能监测:如尿液监测、血生化监测等。

（5）消化系统功能监测:如肝功能监测。

（6）除此以外,护理人员还要做到水电解质平衡监测、酸碱平衡监测等。

2. 危重患者的感染控制　危重患者由于其自身抵抗与保护能力均较差,是医院感染的高发人群,同时医院感染也是危重患者最常见的严重并发症。预防与控制医院感染是保障危重患者安全的重要措施,也是重症护理重要的组成部分。

重症患者常见的感染包括:①医院获得性肺炎,为避免感染,护理人员要做到感染控制,即支持治疗和抗生素治疗,还要做到感染的预防,如空气消毒、人员管理、呼吸道管理、防止误吸、口腔护理、机械通气护理等。②尿管相关性尿路感染,护理人员要做好预防,掌握留置尿管的适应证、选择适宜的尿管、做好导尿后的护理,控制感染。③血管内导管相关性感染,感染控制方面要遵医嘱合理使用抗生素、与医生沟通管路的保留与拔除,为预防血管内导管相关性感染,导管的选择、放置途径、置管过程中的无菌技术及导管穿刺部位的皮肤保护、导管连接部位的保护,每一个环节和途径都至关重要。

3. 危重患者营养支持及护理　重症患者由于处于高代谢状态,对能量和蛋白质的需求量大,然而由于疾病原因许多患者无法经口获取足够的营养,严重影响重症患者的病程进展。合理的营养支持可以改善潜在和已发生的营养不良状态,防止发生严重并发症。重症护理人员要对患者进行正确、合理的营养评估,包括患者身高体重的测量、实验室检查、肠道功能的评估等。同时还要做好全肠外营养或肠内营养的支持与护理,避免并发症的发生。

4. 重症护理文件的书写　护理记录是重症监护室管理中的重要一环,护理人员需及时记录患者的病情变化、生理指标、所应用仪器的指标、检验室检查结果、呼吸机使用参数、患者对治疗和护理的反应。其次,护理记录上应呈现护理质量及对患者可能发生的安全问题的预防。尤其护理记录是法律文件,在关键时刻护理记录的完整性,关系着法律责任的判定。因此重症护理人员在记录护理记录时,书写内容应当客观、真实、准确、完整,记录及时,应用医学术语。

5. 重症护理中常用的临床应用与急救技术

（1）各类导管的护理:如各类外科术后引流管的护理、各种肠内营养管的护理、中心静脉导管的护理、各类血流动力学导管的护理、各种气管插管的护理、动脉置管的护理、经由外周置入中心静脉导管（PICC）的护理等。

（2）各种仪器设备：如输液泵、注射泵、胃肠营养泵等各种临床仪器设备的使用、维护及管理。

（3）胸部物理治疗的应用：如体位引流、拍背、震肺、吸痰、有效咳嗽、呼吸锻炼等。

（4）常用的临床急救技术：如人工气道的建立、简易呼吸器的使用、除颤仪的使用、心肺复苏、电复律等。

6. 系统及脏器功能支持及护理

（1）呼吸系统：呼吸及循环系统的监测与治疗是重症医学最基本的任务。当患者出现呼吸系统功能障碍时，如急性呼吸衰竭、急性呼吸窘迫综合征、哮喘、重症肺炎等重症疾病，必要时需要呼吸机辅助呼吸进行呼吸支持，护理人员除了做好相关疾病的护理外，还要掌握呼吸机的使用及护理。对于严重肺部疾病的患者，体位引流和俯卧位通气是常见的改善患者氧合的治疗方式。ICU护士除了完成医嘱要求的治疗外，还应监测患者生命体征，确保患者安全，加强肺部物理治疗，采取预防措施保证患者皮肤完整性。

（2）循环系统：循环系统重症疾病包括心律失常、心力衰竭、休克、心肌梗死等重症疾病及心脏疾病外科手术，护理人员除掌握其护理重点外，还要掌握对危重患者的血流动力学监测，如中心静脉压监测、脉搏指示持续心输出量（PICCO）等。对于心肺功能不全的重症患者，如呼吸心跳骤停、急性严重心功能衰竭、急性严重呼吸功能衰竭、各种严重威胁呼吸循环功能疾病的重症患者，ICU可以使用体外辅助循环装置如体外膜氧合（ECMO）肺进行支持治疗。体内循环辅助装置如主动脉内球囊反搏（IABP）也是循环系统临床常见治疗手段。护理人员对循环系统各种支持治疗也要做好相应的护理工作。

（3）肾脏功能障碍：连续性血液净化（CBP）也称为连续性肾脏替代治疗（CRRT），是指用净化装置通过体外循环方式，连续、缓慢清除体内代谢产物、异常血浆成分以及蓄积在体内的药物或毒物，以纠正体内环境紊乱的一组治疗技术。这一技术，在国内外的ICU普遍得到应用，已经成为当今危重患者主要的治疗措施之一。连续性血液净化技术包括：连续性静－静脉血液滤过（CVVH）、连续性静－静脉血液透析（CVVHD）、连续性静－静脉血液透析滤过（CVVHDF）、缓慢持续超滤（SCUF）、连续性高通量透析（CHFD）、高容量血液滤过（HVHF）、连续性血浆滤过吸附（CPFA）、日间连续性肾脏替代治疗（DCRRT）。保证体外循环的安全及连续性是完成血液净化治疗的必要条件，护理人员要监测机器压力变化，保证治疗过程中患者的安全及完成护理工作。

（4）神经系统：重症护理人员要及时评估患者的意识状态、瞳孔变化，做好颅内压和生命体征的监测，完成脑卒中、癫痫持续状态、重症肌无力、颅脑损伤等重症患者的护理工作。

（5）消化系统：消化道出血、重症急性胰腺炎、急性肝功能衰竭等是消化系统常见的重症疾病，护理人员要严密监测病情变化，按医嘱对症治疗，及时处理并发症。对于急性肝功能衰竭的患者，分子吸附循环系统（MARS）又称分子吸附循环系统人工肝，系通过分子吸附循环系统和白蛋白透析选择性清除体内毒素的一种肝脏替代治疗方式。对于肝脏替代治疗的观察和护理也是ICU护士工作中重要的一环。

除对上述各系统及器官疾病及功能支持的护理工作，当患者出现如弥散性血管内凝血（DIC）、多器官功能障碍综合征（MODS）等病情危急时，重症护理人员除了做好病情监测与治疗护理外,必要时要配合医生进行各种抢救。

7. 早期活动和镇痛镇静　镇痛和镇静治疗降低了重症患者的疾病应激,减少机体代谢和氧耗,是 ICU 常规的治疗方法。"过度"与"不足"都可能使重症患者处于不安全的危险之中。如患者镇静镇痛不足可能引起患者躁动、人机不协调、非计划性拔管等,镇静镇痛过度引起循环波动、脱机延迟等。ICU 护士要掌握疼痛的评估方法(如危重症疼痛观察工具评分,CPOT)及镇静的评估方法(如 Richmond 躁动镇静评分,RASS),与医生有效沟通,制定个体化的镇痛镇静计划,实时观察患者的镇痛镇静深度,确保患者安全。另一方面,由于应用药物(如镇静剂)和设备,常使患者长时间卧床并限制活动。据报道,ICU 患者获得性肌无力的发病率为 39%~46%,且症状会持续多年。ICU 患者早期活动可促进神经肌肉功能恢复,提高生活自理能力,降低 ICU 谵妄发生率及持续时间,缩短治疗时间。ICU 护士和医生要配合,共同去完成患者的早期活动,并确保患者生命体征、管路、皮肤安全等。

二、重症护理学的特点及护士的素质

(一)重症护理学的特点

重症护理是指为有生命危险的重症患者提供高水平的密切监测和连续性的治疗和护理,目的是通过提供高度个性化的护理为 ICU 的危重患者提供最佳的适应性,患者可以适应生理上的功能紊乱及在 ICU 所面对的心理问题。因此,重症护理区别于其他专科护理具有如下方面的特点。

1. 特殊的工作环境　ICU 是一个危重患者密集、要求全方位、高质量精细护理的科室,集中了医院先进的医疗设备。护理人员也会长期面临噪音,如仪器的报警声、负压吸引的吸痰声、人员的说话声等。同时,ICU 还是一个性质特殊的加强护理单位,环境相对封闭。

2. 高强度的工作性质　ICU 是集中收治各种危重患者的地方,患者病情危重、变化快,ICU 护士经常面临急症抢救及技术革新。护士经常要面对复杂多变的治疗方案和高强度的护理工作,还要承担患者的各种生活护理。其次,重症护理记录是护理工作顺利开展的重要环节之一,伴随护理信息化的进步,大量监测项目及众多的临床治疗记录已通过信息化的手段实现,为 ICU 护士节省了大量的时间。

3. 人力配置及需求　因为重症护理工作的需要,ICU 必须配备足够数量、受过专门训练、掌握重症医学及护理的基本理念、基础知识和基本操作技术,具备独立工作能力的护理人员,按国家卫生健康委员会的要求,护士的固定编制人数与床位数之比应为 2.5~3.0 以上。

(二)ICU 护士的素质

ICU 护士其责任是确保所有的重症患者都能得到最佳的护理,并与医生以及其他成员共同合作。因为重症患者的特殊性及重症护理工作的高要求,为胜任对重症患者进行各项监测和护理的要求,故对 ICU 护士就提出更高的标准。

1. 理论知识　熟悉重要脏器和系统的相关病理生理学知识、ICU 相关的临床药理学知识和伦理学概念,熟悉重要器官、系统功能监测和支持的相关知识,掌握重要脏器和系统疾病的护理理论,要考核合格。

2. 健康评估能力　危重患者的病情复杂且不稳定,除了有严重生理功能失调(如心衰、呼衰等),也可能会出现心理障碍(如焦虑、恐惧等)。ICU 护士要学习及掌握各种身体评估方法（如心血管系统的评估、呼吸系统的评估等）、各种临床参数的分析（如化验报告、心电图、X线胸片等），并具备细心的观察能力，找出危重患者的生理及心理的问题，并给予适当的干预。健康评估能力是现代护士的主要特征之一。

3. 专业技术　掌握重症监护的专业技术，包括输液泵的临床应用和护理，外科各类导管的护理，给氧治疗、气道管理和人工呼吸机监护技术，循环系统血流动力学监测，心电监测及除颤技术，血液净化技术，水、电解质及酸碱平衡监测技术，胸部物理治疗技术，重症患者营养支持技术，重症患者抢救配合技术等。

4. 心理素质及沟通能力　ICU对病情相对危重的、随时都有生命危险的患者进行监护治疗，这就决定ICU护士经常要处于连续紧张的抢救工作之中，因此要求护理人员必须具备强烈的事业心和责任感，具有良好的自我情绪调控能力，用积极的心态感染和影响患者，以良好的心理素质为患者营造一个有利的健康治疗环境。ICU护理工作中存在大量医护配合的工作，护士要与医生及科室内外其他工作人员进行有效的沟通。由于ICU病房患者家属不能陪同，只允许探视，因此要向家属耐心解释为什么规定探视时间，以及探视注意事项，并介绍科内医生、护士对患者的治疗和护理等，让患者家属理解、放心地配合执行，并增进医患关系。

5. 管理能力　ICU护士应具备基础的管理能力，如病室环境、仪器物品、药品、工作顺序及时间管理、预防感染等的管理能力。熟悉所有重要的设备，会使用全部的设施，为患者提供及时的护理。

6. 其他　ICU护士应当了解与危重病护理相关的伦理、法律概念并能运用于临床实践中。具备良好的职业素养，具备敏锐的观察能力和快速反应能力，身体健康，胜任ICU高强度的护理工作。

（郭海凌）

第二章　ICU 专科护士发展概论

学习目标

完成本内容学习后,学生将能:

1. 了解 ICU 专科护士的发展及现况;
2. 列出 ICU 专科护理的理论和实践要求;
3. 描述 ICU 专科护士的模式;
4. ICU 专科护士的临床角色在实践中应用。

第一节　ICU 专科护士的发展与现状

一、ICU 专科护士的发展

重症医疗和护理是一个近年来发展快速的专科领域,重症监护病房(Intensive Care Unit,ICU)作为危重病医学专科的临床基地,集中了危重患者、高端医疗仪器设备和熟练掌握先进救治手段的医护人员,为重症患者及时提供系统的高质量的生命支持和医学监护。随着医学、护理学理论和技术的发展,ICU 的护理工作已成为体现高级护理技术和衡量医院护理质量的一个重要指标,由此也对 ICU 护士队伍的综合素质和专业技能提出了更高的要求。

重症护理真正起源于 20 世纪 50 年代,当时北欧发生了脊髓灰质炎大流行,许多患者因呼吸肌麻痹不能自主呼吸需要通气支持。美国洛杉矶医院将这些呼吸衰竭的患者集中,用 50 多台“铁肺”(呼吸机)治疗,配合相应的护理技术,效果良好,这是世界上最早的用于监护呼吸衰竭患者的“监护病房”。几年后,很多家医院陆续建立了 ICU 病房。到 60 年代末,大部分美国医院至少有一个 ICU。

重症护理作为一门独立的学科,是随着急诊医学和重症医学的建立并不断发展起来。1970 年美国危重症医学会组建;1972 年美国医学会正式承认急诊医学为一门独立的学科;1979 年国际上正式承认急诊医学为医学科学中的第 23 个专业学科;1983 年危重症医学成为美国医学界一门最新的学科,急危重症护理学也随之发展。随着重症医学在我国的发展,各医院相继设置重症监护病房,ICU 专科护士的需求随之增加。

ICU 专科护士是指在重症监护领域具有较高的理论水平和实践能力,能熟练应用重症专科护理理论和技能,能独立解决重症专科护理中的疑难问题,专门从事重症专业护理具有丰富临床经验的临床注册护士。

国际护士协会定义专科护士为一名注册护士,她/他拥有深厚的专科知识、复杂的决策能力和扩展临床事物的能力。她／他的特征受所处国家或地区执业条件的影响。美国急诊护士、危重病护士学会相继成立,在培训急诊护士(emergency nurse)和危重症护士(critical care nurse)方面起着重要的作用。专科护士由于对改进医疗服务质量、缩短住院时间、降低医院费用、减少并发症的发生,提高护士的专科水平发挥了积极的作用,得到各个国家的认可。目前这些专科护士活跃在医院内外包括急诊科、各类重症监护病房、心导管室、术后恢复室,甚至是社区、门诊手术中心等岗位。

二、我国 ICU 专科护理的发展与现状

我国的 ICU 起步较晚,在北京协和医院曾宪九教授、马遂教授、陈德昌教授的努力下,于 1982 年在国内率先建立了加强医疗病房。经过三十多年的专业化发展,目前危重症专业已经成为了医学领域中不可或缺的重要组成部分。2005 年国家颁布《中国护理事业发展纲要(2005—2010)》将 ICU 列为 5 个重点发展的专科领域。ICU 中患者病情危重、病情变化快,对 ICU 护理人员的专业知识、护理技能以及对危重症的临床监护水平提出了更高的要求。《中国护理事业发展规划(2005—2010 年)》明确提出,要开展重症监护专科护士培训,并在《专科护理领域护士培训大纲(2007)》中制定了重症监护专科护士培训对象、方法、内容和考核标准,培训重点在于培养重症监护必备的知识和技能。2007 年《专科护理领域护士培训大纲》明确了专科护士的培训目标:包括常见危重症的病因、病理、临床表现、治疗及护理;重症监护常见的监护技术和护理操作技术;危重症患者的抢救配合技术;重症监护常见仪器设备的应用及管理;监护病房感染预防与控制的原则;重症患者心理需求和护患沟通技巧及运用循证护理对重症患者实施护理等要求。

(王丽华)

第二节　ICU 专科护士能力要求

一、ICU 专科护士理论要求

ICU 是现代化医院中收治急危重症及多脏器功能衰竭患者的特殊专科,它使用先进的临床监护技术和综合性治疗手段,依靠专业的医护人员丰富的临床经验和监护设备对患者实施密集的加强治疗和整体护理,最大限度提高患者的生存质量和抢救的成功率。ICU 专科因其跨学科、跨部门、岗位风险性大、技术知识含量高的特点以及飞速发展的临床态势,对 ICU 护士的能力和素质要求也快速提高,ICU 护理岗位风险大,技术含量高,对人员素质要求严格。

ICU 专业课程涉及重症监护高级专科护理和重症监护临床实践。培训内容包括重症监护管理及专科进展;ICU 专科护士发展趋势及护士核心能力的培养;CPR 进展与重症监护(急救)技术;危重患者的评估与监测技术;ICU 护理的新思维、新业务、新技术;危重患者应急预案及心理护理;重症监护护理安全与职业防护;机械通气与人工气道的管理;重症监护病房的院内感染控制;重症患者的镇静治疗与监护等。

二、ICU 专科护士的实践要求

专科护士的发展与规范化培训在加快专科化、提高护理质量、降低医疗费用等方面起着重要的作用，ICU 专科护士作为高级实践护士之一，临床实践能力的培训是其培训的重点。通过培训提高 ICU 专业的专科护理质量和专科护理技术水平，使学科发展和专科护理人员综合素质与国际水平接轨；制订和完善 ICU 专科护理的行业标准，规范现有的工作制度、工作常规与工作流程，使 ICU 专科护理走向标准化、制度化、规范化的管理。

在临床实践部分，注重知识、能力、素质的全面协调发展，加强操作能力的训练，突出临床思维能力的培养，重视护士的观察能力、预测能力、判断能力、语言表达能力、分析和处理问题的应变能力的培养，将临床实践能力的培养贯穿于临床实践教学的全过程。由于现代医学的不断更新和 ICU 护理工作内涵的不断拓展，ICU 专科护士培训后应合理使用、在行政认可及待遇方面应有区别，以充分调动 ICU 护士的积极性，挖掘其潜能，体现其核心能力，使 ICU 专科护士的人力资源得到充分的开发和利用，从而促进重症护理的发展。

（孙 红）

第三节 ICU 专科护士的培养及使用

随着医疗系统的发展，重症护理的领域也不断拓展，各种新技术、新仪器的应用在方便患者治疗与护理的同时也对 ICU 护理人员的知识与技能水平提出了更高的要求。国内外的研究指出，专业人才培养与梯队建设仍是目前 ICU 面临的主要问题之一。根据《中国护理事业发展规划（2016—2020 年）》的要求，我国将继续加大专科护士培训力度，不断提高专科护理水平。

一、国内外专科护士培训现状

（一）资格认证制度

专科护士最早在美国提出并实施，1976 年美国开始实施 ICU 专科护士认证制度，其认证机构为美国危重症护士协会，为非政府组织。之后过了一个世纪的时间，美国专科护士的培养逐渐扩展到 ICU 护理、急救护理、老年护理等很多临床领域。目前美国、加拿大、澳大利亚等国家已经形成比较成熟的 ICU 专科护士培养和资格认证体系。美国的资格认证具体如下：必须是注册护士或高级进阶护士（除为注册护士外，还具有护理硕士学位）；在两年内直接护理危重症患者达到 1750 小时，其中 875 小时的护理必须是在申请前的 12 个月完成；通过认证考试，考试采用计算机考试，80% 为临床评判，20% 为专业护理和伦理道德实践。日本的资格认证制度由日本护理学会实施，具体条件为：具有硕士学历和 5 年以上的临床实践经验，在6 个月内完成 600 小时的课程，通过护理学会的考试，获得护理学会颁发的重症护士资格证书。加拿大危重症护士的资格认证由加拿大护理学会进行，对具有 2 年以上的危重症护理工作经验的护士进行认证，认证有效期为 5 年，需具备硕士以上学历，并具有危重症护理实践经验。

和西方国家相比，我国目前并未形成全国统一的资格认证制度，也并无相关制度规定。

ICU 在岗护理人员必须持有 ICU 培训合格证书。2002 年至 2004 年，中华护理学会、香港危重病护理学会、协和医科大学护理学院联合举办了护理文凭课程学习班，两批共培养 120 名 ICU 专科护士。2002 年北京护理学会受北京市卫生局委托开始筹备和启动 ICU 专科护士资格认证工作。随后，苏州市、广东省、上海市、安徽省相继开展了 ICU 专科护士的培训。各地通过举办各种类型的 ICU 护士专科培训班或培训课程，建立 ICU 专科护士培训基地。

（二）培训方法

国外 ICU 专科护士的培养模式更多样化，我国 ICU 专科护士的培养模式较为单一，主要采取非学历培训的方式，如基地培养、课程班学习、境外与国内护理教育机构合作等。培训多采取理论培训和技能培训相结合的形式，整体而言培训模式可分为以下三类：

1. 以医院为基础的培训模式　由医院负责，具体培训时间根据护士的工作经历而制定。目前我国的 ICU 专科护士培训以此种形式为主，理论教学（脱产学习）1 个月，在指定医院进行临床实践 2 个月，理论教学内容涉及重症护理的各个方面，有课堂讲授和工作坊两种形式；临床实践内容主要包括危重症监护技术及临床操作技能方面，培训合格后颁发合格证书。

2. 以学校为基础的培训模式　理论部分在学校完成，临床训练部分在医院完成，培训方法的设计、培训内容及教学实施由教育机构负责，有业余培训和脱产培训两种形式，培训合格后颁发学校的证书。

3. 医院联合培训模式　此种培训基于参加培训的各医院需要的基础上，一个地区的多所医院联合培养 ICU 专科护士，这种模式最早应用在美国的田纳西州，医院管理者和护理领导者通过重症监护顾问委员会提供此项目。

（三）培训内容

非学位培养多以专业知识和技能培训为主，持续时间较短，常为几周或 1~2 个月。如新加坡中央医院开设的为期两周的 ICU 专科护士培训。培训内容包括重症监护病理生理学、设备和器械的使用与维护、重症患者和家属的生理、心理支持等方面。而学位培养内容更全面，持续时间较长，常为几个学期，注重学生知识、技能和态度的全面提高。如澳大利亚护理学院 2012 年 ICU 专科护士研究生班的课程设置如下：学校提供的专业课程主要涉及三个领域，分别为急危重症护理、重症监护和心脏病护理。

二、ICU 专科护士的临床角色与功能

相关调查显示 ICU 专科护士的临床工作内容主要分为高质量的护理服务、多人群的教育工作、及时有效的指导和咨询、专业性的沟通和协调、注重临床护理质量的管理工作、符合临床需求的研究工作六个方面。和普通 ICU 专科护士相比，他们的专业知识技能更加扎实，能够指导和带领低年资 ICU 护士更好地完成危重症患者的临床护理工作，与此同时他们也应当承担危重症护理领域的科研带头工作。但有研究指出我国 ICU 专科护士的科研能力水平较低，且差距较大，与是否参与科研、学历等因素有关。

与非研究生层次培训项目毕业的 ICU 专科护士相比，研究生层次培训项目毕业的 ICU 专科护士在临床判断、护理实践、协作、系统思考、临床探究和促进学习方面实践得多，系统思考能力，临床探究能力和综合能力更强。

（孙　红）

第二篇

临床理论

第三章　重症患者的常规护理

学习目标

完成本内容学习后,学生将能:

1. 复述 ICU 患者基础护理的要点、常用体位、启动和暂停早期康复运动的指标、重症患者转运中的注意事项及危急值报告流程;

2. 列出 ICU 常用抢救药物和常见管路的种类、护理评估及护理措施;

3. 描述重症患者营养状态评估及肠内、肠外营养的护理措施,抢救过程中的给药原则及安宁护理措施;

4. 应用正确的评估工具评估镇静和躁动、疼痛及谵妄,并给予恰当的护理措施。

第一节　ICU 患者的基础护理

基础护理是一切临床护理工作的基础,为临床各专科护理提供必要的基础知识和基本技能。其目的是满足患者的基本生理功能,生理需求,满足舒适与安全的需要;同时可以发现重症患者病情变化;有效的基础护理还能够起到预防疾病相关并发症的作用。鉴于 ICU 患者病情危重,病情变化快,患者自理能力明显减退等特点,护理人员须为重症患者提供更加细致的基础护理服务。

【护理评估】

（一）病情观察

1. 病情观察的目的　对重症患者进行动态、连续的病情观察,捕捉患者病情变化的信号,为抢救及治疗过程提供最佳时机。

2. 病情观察的方法　视诊、触诊、叩诊、听诊和嗅诊是观察患者病情变化最基本的方法。除此之外,护士可以利用仪器设备、与医生沟通、联系患者家属、床旁及书面交班、阅读病历、会诊报告及其他相关资料,获取与疾病有关的信息。

3. 病情观察的内容　重症患者病情监测内容较多,其中,中枢神经系统、循环系统、呼吸系统和肾功能的监测是重症患者病情监测的基本内容。同时可以利用 APACHE-Ⅱ、SOFA 等评分工具了解患者的病情严重程度。

（1）中枢神经系统监测:包括患者的意识状态、脑电图动态监测、颅内压监测;影像学检查包括颅脑核磁、头颅 CT 等;化验检查包括脑脊液检查等。

（2）循环系统监测:包括心率、心律、血压、血流动力学监测,如中心静脉压监测、心排血量监测等。也可通过心电图、超声心动等手段检查循环系统状态。

（3）呼吸系统监测：包括呼吸运动、呼吸频率、节律、呼吸音等。建立人工气道并使用呼吸机的患者，应监测患者的潮气量、气道压力，肺的顺应性等，同时监测患者的脉搏血氧饱和度，痰液的颜色、量、性质。

（4）肾功能监测：包括患者尿量、血、尿钠浓度，血、尿的尿素氮，血尿肌酐、血肌酐清除率等指标。重症患者进行液体治疗时，对肾脏功能的监测更是必不可少。

（5）检验指标监测：根据医嘱监测患者的血常规、生化、动脉血气、凝血功能等检验指标的变化。

护士在对重症患者病情监测的同时，还要观察患者的一般情况包括患者体型、营养状态、皮肤黏膜颜色、面部表情、卧位、疼痛等情况；患者体温的变化也是病情观察中不可或缺的部分。

（二）管路

评估各种管路的种类、标识、通畅性、稳定性、密闭性、留置时间及是否有继续留置的必要性（详见第三章第七节）。

（三）风险评估

患者是否存在皮肤完整性受损、跌倒/坠床、管路滑脱、用药安全、谵妄等风险。

【护理措施】

（一）保持管路通畅，防止感染

1. 气管内插管/气管切开置管　保持气道通畅，按需吸痰；给予患者气道湿化、翻身拍背，鼓励患者有效咳痰；定时监测气囊充气容量；应用预防呼吸机相关性肺炎的措施（详见第二十一章第四节）。

2. 各种引流管路　ICU常见管路包括鼻胃肠管、手术引流管、尿管、肛管、各种监测和治疗管路等。要妥善固定各种管路，保持管路通畅，避免打折、扭曲；翻身或给予患者变换体位时避免拖拽管路；防止反流，引起逆行感染；定时更换引流袋；密切观察引流液颜色、量、性质、气味等；发现异常及时通知医生。

（二）基础护理措施落实到位，增加患者舒适度

1. 保持患者身体各部位清洁　重症患者部分或全部丧失自理能力，自我无法满足清洁的需求。保证患者身体各部位清洁，不仅可以达到促进患者舒适的目的，同时也是病情观察的一部分，并且可以提高患者的尊严感。

2. 眼部清洁　对于眼睑无法正常闭合的患者，应遵医嘱外用眼膏保护眼部，同时覆盖油纱，防止眼部过干。

3. 口腔护理　口腔护理可以保持口腔卫生，增进食欲，防止口腔炎症的发生。

4. 皮肤护理　重症患者是发生压力性损伤及失禁相关性皮炎的高危人群。皮肤护理措施到位，能够有效预防压力性损伤与失禁相关性皮炎的发生。

（1）保持床单位整洁，避免床单位出现皱褶、潮湿。

（2）防止患者发生失禁相关性皮炎：对于存在大小便失禁患者，应及时给予患者使用有效收集排泄物的方法。如尿失禁患者留置导尿管，大便失禁或腹泻患者留置肛管，同时应与医生及时沟通，改善患者的腹泻症状。对于肛周及会阴部位皮肤，采取清洗、滋润、保护三部曲。所选用的产品依临床实际情况而定。

（3）防止患者发生压力性损伤：给予患者进行风险因素评估，建立翻身卡，记录患者翻身频次、卧位、局部皮肤情况。压力性损伤好发部位可以选用水胶体敷料或泡沫敷料进行保

护,但仍需要密切观察局部皮肤。给予患者平卧位时,给予患者保持"悬浮足",避免足跟部受压。患者翻身侧卧时角度应在 30° 以上,使用软硬适中的支撑面支撑背部,同时注意身体其他骨隆突部位的保护。重症患者使用医疗器械的概率大,同时增加了发生压力性损伤的风险,护理人员应警惕医疗器械所造成的压力性损伤。

(三)协助患者活动

应在病情允许的情况下,对患者进行功能活动锻炼。为防止下肢静脉血栓的形成,遵医嘱使用抗血栓压力梯度带、气压式血液循环驱动器。注意防止患者足下垂、肌肉功能萎缩(详见第三章第二节)。

(四)保护性约束,避免意外伤害

对于意识障碍的患者,术后麻醉未清醒的患者,为了保证患者安全,在患者家属知情同意情况下,使用保护性约束,防止发生意外。使用床栏,防止患者发生坠床。

(五)心理护理

对于重症患者,不仅忍受着病痛的折磨,同时对于家属陪伴的需求无法得到满足,因而常表现为焦虑、恐惧。特别是建立人工气道的患者,因无法用正常的语言交流,更加容易表现出急躁的情绪。因此 ICU 的护理人员在给予患者任何操作前应向患者解释操作目的、配合的方式,减低患者的恐惧感。使用轻拍,轻抚等肢体语言增加患者安全感。对于无法使用语言交流的患者,应选择其可接受的方式,如利用写字板、提示卡等形式进行沟通。

(六)安静的环境

重症患者易发生时间错乱的现象,病室内应当有患者可见的钟表。病房内应设有窗户,使白天病房中有足够柔和及自然的光线。夜间灯光亮度降低,使患者有昼夜差别感。工作人员做到:走路轻、关门轻、说话轻、操作轻。当病室内有患者需要抢救时,应保护同病室患者,避免患者受到惊吓。进行操作时注意保护患者隐私。

(吴晓英)

第二节　ICU 患者的体位和早期康复运动

一、重症患者的体位

在 ICU 中,患者常采用仰卧位、侧卧位、半坐卧位、俯卧位、头高足低位、头低足高位等体位。应根据患者病情、治疗目的及舒适度的要求,协助患者采取合适的体位,同时避免并发症。

【护理评估】

1. 评估患者的诊断、治疗和护理要求。
2. 评估患者的病情、意识状态、自理能力、合作程度。
3. 评估患者的自主活动能力、卧位习惯。

【护理措施】

1. 薄枕平卧位

(1)姿势:患者仰卧,头垫薄枕。

（2）适用范围：多数患者均可采取该体位。全麻术后及椎管内麻醉术后的患者，为了预防术后头痛，以往常取去枕平卧位。然而，长时间的去枕平卧会导致患者颈肩、腰背部酸痛，增加深静脉血栓形成的风险。随着认知的转变及椎管内穿刺技术的改良，越来越多的学者提出，全麻、椎管内麻醉术后或脊髓腔穿刺后患者，可取薄枕平卧位。

（3）注意事项：①谵妄、全麻尚未清醒患者，应预防发生坠床、非计划性拔管，必要时使用保护性约束；②患者有误吸风险或呕吐时，应将头偏向一侧，避免窒息，预防肺部并发症。

2. 仰卧中凹位（休克卧位）

（1）姿势：患者仰卧，头胸部抬高 10°~20°，下肢抬高 20°~30°。

（2）适用范围：休克患者。头胸部抬高有利于保持气道通畅，改善缺氧症状；下肢抬高有利于静脉血回流，增加心排血量，缓解休克症状。

（3）注意事项：按休克患者观察要点进行护理。

3. 侧卧位

（1）姿势：患者侧卧，两臂屈肘，一手放于胸前，一手放于枕旁，下腿稍伸直，上腿弯曲。

（2）适用范围：①侧卧位与平卧位交替，预防压力性损伤；②灌肠，肛门检查，配合胃镜、肠镜检查等；③臀部肌内注射。

（3）注意事项：必要时在两膝之间、胸腹部、后背部放置软枕，扩大支撑面，增加稳定性。

4. 半坐卧位

（1）姿势：患者仰卧，床头抬高 30°~60°，下肢屈曲。

（2）适用范围：①机械通气患者，可降低呼吸机相关性肺炎发病率；②肠内营养患者，可降低误吸发生率；③胸腔疾病、胸部创伤或心脏疾病引起呼吸困难的患者，可减轻肺部淤血和心脏负担，改善气体交换；④腹腔、盆腔术后患者，可促使感染局限，便于引流，减轻中毒反应，避免发生膈下脓肿，降低腹部伤口张力，减轻疼痛，促进伤口愈合；⑤面部及颈部术后患者，可减少局部出血；⑥疾病恢复期患者，有利于患者向站立位过渡，逐渐适应体位改变。

（3）注意事项：①适当抬高患者下肢及床尾角度，防止患者由于剪切力造成皮肤压力性损伤，及由于自身重力导致的位置下滑；②观察患者骶尾部皮肤情况，采取必要的预防措施，避免皮肤压力性损伤；③观察患者手部距离气管导管、引流管的距离，必要时给予保护性约束，避免非计划性拔管。

5. 俯卧位

（1）姿势：患者俯卧，两臂屈肘放于头部两侧，两腿伸直，头偏向一侧。有研究显示，胸-盆支持可降低胸廓顺应性，并增加胸膜腔内的压力，因此，不宜给予俯卧位通气的患者胸部和腹部下垫软枕，只有腹部明显膨隆的患者才需要胸-盆支持。

（2）适用范围：急性呼吸窘迫综合征患者，可减少纵隔及心脏对肺的压迫，改善肺部通气/血流比，促进分泌物引流，从而改善患者的氧合状况。

（3）注意事项：①转换体位过程中，避免牵拉导管，预防非计划性拔管；②俯卧位期间，注意观察患者心率、心律、血压、呼吸、脉搏血氧饱和度等情况，必要时及时更换卧位；③观察患者胸部、乳房、生殖器，以及颧骨、下颌、髂嵴、膝部、脚趾等骨隆突处等的皮肤情况，采取局部预防措施，并经常在小范围内挪动患者，避免同一部位长时间持续受压；④间断变动头部位置，预防眼部、鼻部受压，避免导致角膜/结膜损伤、眼眶水肿；⑤及时清除患者气道、口鼻腔分泌物；⑥应用镇静、镇痛甚至肌松药物，避免由于体位不适及躁动等原因，导致病情恶化。

6. 头高足低位

（1）姿势：患者仰卧，床头抬高 15°~30°，横枕立于床尾，防止足部触及床尾。

（2）适用范围：①颈椎骨折需行颅骨牵引的患者；②颅脑术后或需降低颅内压的患者；③应给予床头抬高，但不能取半坐卧位的患者。

（3）注意事项：①观察患者是否由于自身重力导致位置下滑；②观察患者手部距离气管导管、引流管的距离，必要时给予保护性约束，预防非计划性拔管；③观察患者下垂部位水肿情况。

7. 头低足高位

（1）姿势：患者仰卧，床尾抬高 15°~30°，横枕立于床头，防止头部触及床头。

（2）适用范围：①需进行胸部体位引流的患者；②妊娠时胎膜早破，需防止脐带脱垂的患者；③需进行跟骨或胫骨结节牵引的患者。

（3）注意事项：①颅内高压者禁用；②观察患者的耐受性，若出现不适，及时更换卧位。

二、ICU 患者的早期康复运动

由于应用镇静药物、机械通气等原因，重症患者长时间卧床并限制活动，从而导致 ICU 获得性衰弱（ICU-acquired weakness，ICU-AW）。ICU-AW 是神经肌肉功能紊乱导致的肌无力，临床可表现为脱机困难、轻瘫或四肢瘫痪、反射减弱和肌萎缩，重症患者的发病率为 25%~85%。研究表明，早期康复运动（如床边坐立、床边椅上坐立、床边站立、协助行走）是安全、可行的预防及改善 ICU-AW 的有效策略，能够改善患者肌力，缩短机械通气时间，减少 ICU 滞留时间及整体住院时间，降低谵妄的发生率，改善患者生活质量。

【护理评估】

1. 重症患者的早期康复运动的起始时间　国内外对重症患者的早期康复运动的研究中，对"早期"的定义不尽相同，如转入 ICU 24 小时以内、转入 ICU 72 小时以内、转入 ICU 72 小时以后等，也有学者认为重症患者早期活动的起始时间应以病情稳定后越早开展越好，不必限制具体时间。

2. 重症患者的早期康复运动的启动指征

（1）神经系统：无焦虑、颅内压增高等神经系统的指征。

（2）心血管系统：①心率 ≥40 次/分且 ≤130 次/分；②收缩压 >90mmHg 且 <200mmHg；③平均动脉压 >65mmHg 且 <110mmHg；④至少 2 小时内未增加血管升压药输注剂量；⑤无活动性心肌缺血；⑥无需要抗心律失常药物控制的心律失常。

（3）呼吸系统：①呼吸频率 ≥5 次/分且 ≤40 次/分；②血气分析 pH 值 >7.30，PaO_2/FiO_2>200mmHg，$PaCO_2$<50mmHg；③脉搏血氧饱和度 >88%；④机械通气时吸入氧浓度 ≤60%，呼气末正压 <10cmH$_2$O。

（4）未接受需要严格控制活动的治疗措施，如体外膜肺氧合、颅内压监测等。

（5）无活动性胃肠道出血、无不稳定骨折等。

3. 重症患者的早期康复运动的暂停指征

（1）心血管系统：①心率 <40 次/分或 >130 次/分；②收缩压 <90mmHg 或 >200mmHg；

③平均动脉压 <65mmHg 或 >110mmHg；④新发心律失常等。

（2）呼吸系统：呼吸频率 <5 次 / 分或 >40 次 / 分；脉搏血氧饱和度 <88%；机械通气时需要提高呼气末正压维持患者氧合情况。

（3）患者出现兴奋、焦虑、拔管、跌倒，或出现胸痛、眩晕、出汗、疲劳、严重呼吸困难等不能耐受活动等情况。

【护理措施】

1. 制定早期康复运动方案　应根据患者意识状态及运动反应，为符合条件的患者制订安全运动管理计划。早期康复运动包括以下 5 个层级，应遵循循序渐进的原则，只有完全符合低一级运动的条件，才能进行高一级的治疗。

（1）床上被动活动：对言语刺激无反应、严重神经功能障碍、烧伤、镇静或接受需严格控制活动治疗措施的患者，每日给予四肢被动运动 3 次，每 2 小时翻身 1 次。也可以使用肌肉电刺激仪，用低电流刺激肌肉收缩，增加肌肉的血流量和收缩力。

（2）床边坐立：协助患者坐在床沿，双脚尽量接触地面。活动过程中扶稳患者的躯干，直至其能独立坐稳。首次活动 20 分钟，耐受者逐次增加 10~20 分钟，持续 1~2 天。

（3）床边椅上坐立：当患者躯干、上肢及下肢的肌肉足够维持其在床边椅上坐立时，可以选择该活动方式。一般首次尝试时间为 1 小时，之后每次活动时间增加 1~2 小时，每天 1~2 次。

（4）床边站立：根据患者躯干及下肢肌力的情况及自行站立的能力，使用器械设备支持、或由工作人员协助患者在床边站立，一般站立 10~20 分钟 / 次。

（5）协助行走：使用行走辅助器、或由工作人员协助患者行走。行走的时间和距离取决于患者的耐受程度。行走过程中应准备轮椅跟在患者身后，在患者疲劳、呼吸困难、暂停活动时使用。

2. 实施早期康复运动注意事项

（1）早期康复运动应安排在白天和晚上八点以前，以符合正常生理作息时间。

（2）实施早期康复运动前，应检查并妥善固定所有管路、监护仪线路，为患者留出可供患者移动、下床时的长度，必要时夹闭引流管。

（3）患者坐起前应充分吸痰，避免活动时痰液增多，引起缺氧等不适。

（4）患者床边坐起及下床前，应停止肠内营养，防止由于剧烈咳嗽导致误吸。

（5）实施早期康复运动期间，应注意观察、记录患者的反应，若出现暂停康复运动的指征，应立即暂停康复运动，保证患者的安全，次日重新评估是否继续康复运动。

（吴晓英）

第三节　ICU 患者的转运

重症患者转运（transfer of critically ill patient）是 ICU 重要工作内容之一，目的是为了寻求或完成更好的诊疗措施以期改善预后。根据转运实施的不同地域，转运分为院内转运和院际转运。院内转运是指同一医疗单位不同医疗区域之间的转运，重症患者最常见的转运目的地是 CT 室、介入治疗和手术室。院际转运是指在不同医疗单位之间的转运。

研究显示,重症患者转运中,41.3% 的患者需要机械通气,34.5% 的患者需要持续输注血管活性药物,同时在整个过程中需提供与 ICU 相同水准的监护手段和措施。由于转运前准备不足、科室间沟通不畅等原因,可使转运途中患者发生并发症的风险增加,甚至死亡。常见的不良事件包括管路滑脱、仪器故障、低体温、呼吸/循环改变等。

【护理评估】

（一）转运的必要性

1. 转运的获益与风险　转运的目的是为了患者能够获得更好的诊疗,当风险大于获益时,如在现有条件下积极处理后血流动力学依然不稳定、不能维持有效通气及氧合的患者,不宜转运。还需综合考量检查项目对于患者诊疗的帮助,床旁检查是否能够替代外出检查;是否有足够的诊疗资源,如随行人员的能力、是否有转运设备;接收科室是否有条件接收重症患者等。但需立即进行外科手术干预的急症（如胸、腹主动脉瘤破裂等）,视病情与条件进行积极转运。

2. 知情同意书　转运前将转运的必要性和潜在风险告知患者及家属,获取知情同意书。患者因疾病无法签字时,需获得其授权人员的签字。转运前评估是否已经签署知情同意书。

（二）转运前评估

1. 转运人员　重症患者的转运应由接受过专业训练,具备重症患者转运能力的医务人员实施,并根据具体情况选择恰当的转运人员。转运过程中至少有 1 名具备重症护理资格的护士,1 名了解患者病情并有资质处理各种突发事件的重症专科医师,根据病情需要可配备其他专业人员,如呼吸治疗师等。转运人员应接受基本生命支持、高级生命支持、人工气道建立、机械通气、休克治疗、心律失常识别与处理等专业培训,能熟练操作转运设备。

2. 转运设备　院内转运需要使用能够承载并安全固定转运设备的重症转运床。必须配备便携式监护仪、简易呼吸器、注射泵、建立人工气道的用物（口咽通气道、气管导管、喉镜、开口器、牙垫、导丝、医用胶布、吸痰管）、便携式负压吸引装置、充足的氧气瓶/氧气袋（足够全程所需并能额外支持 30 分钟）。机械通气的患者需配备便携式呼吸机,呼吸机应具备基本呼吸模式及其他主要参数,并具有气道压力、潮气量和窒息报警。同时还要携带的复苏用药,包括肾上腺素和抗心律失常药物,也可根据病情携带脱水和镇静药物。接收科室应配备更加全面的急救药物。

院际间转运需使用专业转运救护车,还需配备除颤仪、感染控制用具,药物的配备强调紧急抢救复苏时用药以及维持生命平稳的用药,并根据患者的需求携带其他药物。应用 checklist 检查需要设备的种类、功能、有效期和电量,避免因遗落抢救物品,在转运途中延误抢救的最佳时机。

3. 患者的病情　参与转运的医护人员积极熟悉、回顾患者的诊治过程和目前的整体状态,预测可能发生的并发症,做好应对的准备。

（三）转运后评估

1. 患者返回 ICU 后,要全面评估患者的生命体征,检查各个管路的固定和通畅性。机械通气的患者可复查动脉血气,及时发现转运相关的并发症。监测患者外出接受的诊疗的效果,追踪检查结果。

2. 转运质量 依据科室内转运的质控指标,评价转运质量。鼓励转运人员上报不良事件,分析原因,定期更新质控标准,并培训全体医护人员。可通过进行情景模拟演练,提高转运过程中多学科间的合作与沟通。

【护理措施】

(一)转运前的准备

1. 患者准备

(1)体位:转运过程中患者尽量保持半卧位。研究显示,院内转运是导致呼吸机相关性肺炎的独立危险因素。保持床头抬高 30°~45°,以预防发生误吸。

(2)气道准备:保持气道通畅是转运中的首要关注点,未建立人工气道的重症患者可能增加转运中不良事件的发生。为了保证患者的安全,在转运前需解决影响气道通畅的潜在危险因素。若患者气道难以保持通畅或呼吸功能持续恶化,应积极建立人工气道,不可使用喉罩。气管导管异位或脱出是最严重的并发症之一,因此机械通气的患者在转运前应标定气管导管置入深度并妥善固定,给予患者适当镇痛、镇静和约束。每次过床后均需要检查气管导管的深度,听诊双侧呼吸音。换用转运呼吸机辅助呼吸后,不急于离开 ICU,观察患者是否耐受转运呼吸机并能够维持恰当通气和氧合。

(3)管路准备:检查所有管路的通畅性,是否妥善固定,是否有标识。及时更换引流袋和尿袋,避免转运途中液体溢出。保持静脉通路通畅,并确定紧急给药通路。对于血流动力学不稳定的患者,转运前进行有效的液体复苏,必要时使用血管活性药物维持循环稳定。待循环基本稳定后(收缩压≥90mmHg,平均动脉压≥65mmHg)后方可转运。

(4)处理原发疾病:创伤患者在转运过程中应使用颈托等保持脊柱稳定,长骨骨折应行夹板固定;高热惊厥、癫痫可严重影响呼吸循环,转运前必须控制其发作并预防复发;颅内高压患者需经适当处理使颅内压降至正常水平后方能转运;肠梗阻和机械通气的患者需要安置鼻胃管;转运时间较长或使用利尿药的患者,转运前需要安置尿管;如果有指征,在转运前应完成胸腔闭式引流,在转运全程中引流瓶/袋必须保持在患者身体平面下方。

2. 接收 ICU 患者的科室准备 转运前应与接收方及相关人员进行沟通,做好充分准备,以保证转运安全。与接收科室/医院的医师全面沟通患者病情,了解床位、设备准备情况,告知出发时间及预计到达时间。

3. 设计转运途径 需要确定最安全、最有效的转运途径,包括有几层楼、哪里有窄道和转弯。电梯是最有效的途径,但必须保证安全,尤其是患者病情不稳的时候,不能将患者停留在大厅或等候区中。

(二)转运中的监测与治疗

1. 原则 转运途中的监测至少应与 ICU 中相同。根据患者的病情增加监测的种类和监测频率,如每 15 分钟记录一次生命体征。不能随意改变已有的治疗方案,尽可能降低转运对患者原有监测与治疗的影响。

2. 循环系统 重症患者转运期间必须持续监测心率和心律、脉搏血氧饱和度、血压及呼吸频率。根据病情监测中心静脉压来指导补液治疗,并通过中心静脉导管持续泵入血管活性药物。留置 Swan-Ganz 导管的患者,在转运前需确定导管位置。在转运中进行有创监测时需注意压力转换器的位置；调节零点；妥善固定压力套装和测压管路；确定好紧急给药的途径；所有输液端口均有无菌帽覆盖。

3. 呼吸系统　机械通气的患者持续监测潮气量、气道压力、吸呼比、呼气末二氧化碳分压和便携式呼吸机的氧气供应状况。充分镇痛，适当镇静，尽可能保持患者的自主呼吸。

4. 神经系统　应用 Glasgow 评分评估患者意识水平，同时评估瞳孔大小及对光反射。对于肌强直和脊髓损伤的患者，妥善安置，避免转运中出现二次伤害。

5. 患者安全　妥善安置患者和用物，防止坠床、管路移位或滑脱、动静脉通路和引流管堵塞。对于清醒患者，积极告知转运中的注意事项，保持言语沟通，评估患者疼痛和舒适度。

（三）转运交接

1. 接收科室　应做好充分准备按照 ICU 提供的患者需求准备用物，检查仪器、设备，准备过床。

2. 关注患者病情　交接时患者最易发生病情变化，特别是在过床时。

3. 交接内容　转运人员应与接收科室/医院负责接收的医务人员进行正式交接并落实治疗的连续性。交接内容需包括患者病史、重要体征、实验室检查、治疗经过，以及转运中有意义的临床事件，交接后应书面签字确认。

（四）转运中的特护记录

转运过程中患者的情况及医疗行为需全程记录，包括生命体征、呼吸机参数、用药、出入量和转运相关并发症等，还需记录物资缺乏事件和患者所接受的诊疗。

（五）"ACCEPT"标准化转运流程

1. 评估和决策（Assessment）　对患者状况和转运人员能力进行评估。

2. 控制和管理（Control）　转运人员中确立领队，确定小组任务，明确人员分工。

3. 有效的沟通（Communication）　沟通从开始贯穿于整个转运过程。

4. 动态的评价（Evaluation）　对前面三个环节进行评价为后续的决策提供依据。

5. 充分的准备（Preparation and packaging）　指患者、仪器设备、团队人员三方面的准备，确保病情稳定的情况下转运，确保必需的设备和药物经过检查处于完好状态，确保团队成员职责清楚。

6. 安全的转运（Transport）　转运过程中严密监测。

（吴晓英）

第四节　ICU 常用抢救药物

在抢救患者生命时，急救药物的及时应用对缩短抢救时间、最大限度地挽救患者生命起到至关重要的作用。ICU 患者病情危重且变化快，医护人员掌握常用抢救药物的作用、副作用、给药剂量、方式和途径等知识，不仅能够提高抢救效率和效果，还能保证重症患者的用药安全。而药品说明书，是最可靠的信息来源。

【护理评估】

（一）常用抢救药物的名称、剂量和作用（表3-4-1）

表 3-4-1　成人 ICU 常用急救药物

高级生命支持用药（静脉推注）	常规剂量	极量	药物作用
肾上腺素	0.5~1mg	—	具有兴奋心肌、升高血压、松弛支气管等作用，可缓解过敏性休克的心跳微弱、血压下降、呼吸困难等症状；还可用于麻醉和手术中的意外、药物中毒或心脏传导阻滞等原因引起的心搏骤停
利多卡因	1~1.5mg/kg	3mg/kg（或300mg）	用于急性心肌梗死后室性早搏和室性心动过速；亦可用于洋地黄类中毒、心脏外科手术及心导管引起的室性心律失常
阿托品	0.5mg	0.04mg/kg（或3mg）	适用于迷走神经过度兴奋所致的窦房结阻滞、房室阻滞；窦房结功能低下而出现的室性异位节律；抗休克。青光眼、前列腺增生、高热者禁用
胺碘酮	150mg	<2.2g/（kg·d）	适用于房性心律失常伴快速室性心律、W-P-W 综合征的心动过速、严重室性心律失常、体外电除颤无效的室颤相关心脏停搏的心肺复苏。使用时需纠正低血钾。直接外周静脉途径给药时可出现浅表静脉炎、注射部位反应，尽可能通过中心静脉途径给药
其他药物	**常规剂量**	**极量**	**药物作用**
丙泊酚	1mg/kg	2.5mg/kg（或200mg）	镇静作用。起效快，苏醒迅速；可引起血压下降和呼吸抑制。不得与其他药液一同输注。可有注射部位疼痛
芬太尼	1μg/kg	2μg/kg（100μg）	用于各种疼痛和术后镇痛。可出现恶心、呕吐、呼吸抑制。起效快，持续时间短
吗啡	5~10mg	1mg/kg	强效镇痛药。可引起恶心、呕吐、呼吸抑制、嗜睡
纳洛酮	0.04mg	0.4mg	阿片受体拮抗药
地塞米松	2~20mg	—	具有抗炎、抗过敏、抗风湿、免疫抑制作用

续表

持续泵入的药物	起始剂量	最大剂量	药物作用
肾上腺素	0.5μg/min	10μg/min	作用同上
去甲肾上腺素	1μg/min	30μg/min	用于治疗急性心肌梗死引起的低血压；对血容量不足所致的休克，作为急救时补充血容量的辅助治疗。用葡萄糖注射液或者葡萄糖氯化钠注射液稀释。药液外渗可引起局部组织坏死；静脉输注时沿静脉径路皮肤发白，注射局部皮肤破溃；强烈缩血管作用，可导致组织缺氧和酸中毒。建议中心静脉途径给药。若外周静脉用药应给予稀释
异丙肾上腺素	0.2μg/min	20μg/min	用于心源性或感染中毒性休克、完全房室传导阻滞、心脏停搏
多巴胺	1~5μg/（kg·min）	20μg/（kg·min）	小剂量时［0.5~2μg/（kg·min）］，肾血流量及肾小球滤过率增加，尿量及钠排泄量增加；小到中等剂量［2~10μg/（kg·min）］，对心肌产生正性肌力作用，使心肌收缩力及心搏量增加，最终使心排血量增加、收缩压升高、脉压可能增大，冠脉血流及耗氧改善；大剂量时［10μg/（kg·min）］，周围血管阻力增加，肾血管收缩，肾血流量及尿量反而减少。由于心排血量及周围血管阻力增加，致使收缩压及舒张压均增高。用葡萄糖注射液稀释
米力农	0.25μg/（kg·min）	1.13mg/kg	用于各种原因引起的急、慢性顽固性充血性心力衰竭。持续使用可出现血小板计数减少
艾司洛尔	25μg/（kg·min）	300μg/（kg·min）	用于房颤、房扑时控制心率；围手术期高血压；窦性心动过速。高浓度给药（>10mg/ml）会造成严重的静脉反应，包括血栓性静脉炎。若经外周静脉输注选择粗大的静脉
利多卡因	1~4mg/min	5mg/min	作用同上
胺碘酮	0.5mg/min	30mg/min	作用同上
硝酸甘油	5μg/min	400μg/min	松弛血管平滑肌，扩张静脉作用为主；用于治疗心绞痛、低血压或充血性心力衰竭。避光保存和注射

持续泵入的药物	起始剂量	最大剂量	药物作用
硝普钠	$0.5\mu g/(kg\cdot min)$	$10\mu g/(kg\cdot min)$	用于高血压急症紧急降压，及控制急性心力衰竭。可引起氰化物中毒。用葡萄糖注射液溶解、稀释。溶液的保存与应用不应超过24小时。药液有局部刺激性，谨防外渗，建议自中心静脉给药。避光保存、输注
乌拉地尔	2mg/hr	9mg/hr	用于治疗高血压危象（如血压急剧升高），重度和极重度高血压以及难治性高血压。静脉输液的最大药物浓度为每毫升4mg乌拉地尔

（二）给药前评估

1. 给药前必须核对床号、姓名、药名、浓度、剂量、用法、时间。

2. 定期检查抢救车内药品的序号、药名、浓度、剂量、基数、有效期限。凡出现标签模糊、破损、药品过期、沉淀、变色，立即给予更换。

【护理措施】

（一）给药原则

1. 抢救时口头医嘱　除抢救外不执行口头医嘱。执行口头医嘱时，护士必须向医师复述一遍药名、浓度、剂量、用法，经医师查对药物后方可执行。给药后保留空安瓿至医师补开医嘱并核对。

2. 给药时保证"7R"　正确的药物（right medication），正确的剂量（right dose），正确的患者（right client），正确的给药途径（right route），正确的给药时间和频率（right time and frequency），正确的记录（right documentation）和正确的给药原因（right reason）。

（二）降低给药差错的策略

1. 建立安全给药的文化。

2. 上报所有给药差错和险兆事件（near miss）。险兆事件为已发生的有可能对人严重伤害，或对财产/环境造成重大损失/破坏，但实际上没有产生或者后果很小的事件。

3. 确保有足够的医务人员，排班时高年资和低年资护士搭配工作。

4. 提供护士参加继续教育的机会，以提高药理知识和安全给药的能力。

5. 药剂师参与到给药过程中，以提供药物的药理作用、配药原则和药效监测等方面的咨询服务。

6. 使用电子医嘱系统和护理信息系统，降低人为因素造成的给药差错。

7. 在医疗机构内标准化各种药物相关标识、包装和药物贮存的方法。

8. 提供护士适当的、不被打扰的、洁净的配药环境。

9. 鼓励患者和家属参与安全用药。

（吴晓英）

第五节　ICU 患者的危急值管理

危急值（critical value）指能够提示患者生命处于危险或危急状态的检查数据和结果。一旦出现危急值，应立刻报告给临床医师，提醒其立刻采取相应的治疗措施，否则将会因为错过最佳的治疗时机而使患者的生命安全受到威胁。ICU 患者处于危重状态，各项检查和化验结果常出现危急值，通过有效途径及时获得数据，并给予对症干预，对重症患者的预后至关重要。

20 世纪 90 年代，危急值概念进入中国。经过近十多年的发展，自 2007 年起，国家卫生健康委员会（原名卫生部）将危急值报告列入患者安全目标，要求将"血钙、血钾、血糖、动脉血气、白细胞计数、血小板计数、凝血酶原时间、活化部分凝血活酶时间"列为危急值项目，还要求各级医疗机构根据其实际情况，制定适合本单位的危急值项目和危急值报告制度，对危急值报告项目实行严格质量控制。国家卫生健康委员会等级医院评审标准实施细则（2011 版）亦对危急值报告提出了明确要求，危急值管理已成为医院评价指标。

危急值识别越早，相关人员向临床及时报告患者危急值信息，报告时间越短，其临床使用价值就越大。报告的及时、准确、信息完整性与临床救治的及时性及抢救措施的适宜性密切相关。

【护理评估】

（一）检验危急值项目和报告界限（表 3-5-1）

表 3-5-1　常见检验危急值项目和报告界限

项目（单位）	低值	高值
白细胞计数（10^9/L）	<2[*]	>30[*]
血红蛋白（g/L）	<50[*]	>200[*]
血小板（10^9/L）	<31[**]	>999[**]
凝血酶原时间（S）	<8[*]	>30[*]
部分活化凝血活酶时间（S）	<20[*]	>75[*]
钾（mmol/L）	<2.8[*]	>6.2[*]
钠（mmol/L）	<120[*]	>160[*]
钙（mmol/L）	<1.6[*]	>3.5[*]
血糖（mmol/L）	<2.5[*]	>22.2[*]
肌酐（μmol/L）	<27[*]	>650[*]
乳酸（mmol/L）	<0.06[***]	>0.44[***]
血气 pH	<7.2[*]	>7.55[*]
血气 PaO_2（mmHg）	<45[*]	>145[*]
血气 $PaCO_2$（mmHg）	<20[*]	>70[*]
肌酸激酶同工酶（g/L）	<25[*]	>1000[*]

续表

项目（单位）	低值	高值
肌红蛋白（μmol/L）	<25[*]	>500[*]
肌钙蛋白 I（μmol/L）	—	>0.5[*]
肌钙蛋白 T（μmol/L）	—	>0.2[*]
N 末端前脑钠肽（ng/L）	<1[*]	>1000[*]

备注：[*]为 2011 年原卫生部临床检验中心调查 600 家临床实验室的结果；[**]为 2007 年 CAP 调查 163 家临床实验室的结果；[***]为 2002 年 CAP 调查 623 家临床实验室的结果

目前危急值界限的确定尚无统一标准或程序，国外学者认为临床救治能力或水平通常是危急值界限确定时重要考虑因素之一。不同等级的医疗机构医务人员的经验与能力、临床抢救设施等存在较大差异；不同临床科室之间对同一种危急值的处治能力亦有较大差异。因此，不同医疗机构、不同临床专业科室之间对同一检验项目危急值界限的确认并不相同。

（二）影像危急值项目

1. 放射科危急值项目（表 3-5-2）

表 3-5-2　放射科危急值项目

解剖位置	危急值
中枢神经系统	脑出血或血肿；脑疝；急性脑梗死；颅内感染或脓肿；多发颅骨外伤；不稳定性脊柱骨折；椎间盘压缩性骨折
颈部	气道梗阻；颈动脉夹层；严重颈动脉狭窄
胸部	张力性气胸；主动脉夹层；动脉瘤破裂或即将破裂；肺栓塞；食管异物
腹部	消化道穿孔；缺血性肠坏死；阑尾炎；门静脉栓塞；肠扭转；外伤性内脏损伤；活动性腹腔出血
泌尿/生殖系统	异位妊娠；胎盘早剥；前置胎盘；睾丸或卵巢扭转；胎死宫内
其他	明显的管路或导管异位；体内异物，如手术纱布

2. 超声科危急值项目（表 3-5-3）

表 3-5-3　超声科危急值项目

系统	危急值
心脏超声	大量心包积液，前壁前厚度大于等于 3cm，合并心脏压塞；急性二尖瓣腱索断裂；心脏人工瓣膜急性机械故障或严重瓣周漏；急性心肌梗死或外伤性导致心脏破裂或心脏压塞；主动脉夹层分离
腹部超声	急诊外伤见腹腔积液，疑似肝脾胰肾等腹腔脏器破裂或血管破裂出血；急性胆囊炎胆囊化脓并伴有急性穿孔；肝肿瘤破裂；主动脉夹层；血管栓塞（动脉、静脉栓塞）
妇产科超声	宫外孕破裂并腹腔内出血；胎盘早剥、边缘胎盘、帆状胎盘伴前置血管；卵巢囊肿蒂扭转；晚期妊娠出现羊水过少，羊水指数小于 3cm，胎儿心率大于 160 次/分或小于 120 次/分

（三）心电图危急值项目

心电图危急值是指危及生命的心电图表现，可引起严重的血流动力学异常甚至威胁患者生命。

1. 急性心肌梗死 心电图特征包括病理性 Q 波、损伤性 ST 段抬高和缺血型 T 波改变。

2. 严重的快速心律失常 包括窄 QRS 波群心动过速和宽 QRS 波群心动过速。

3. 严重缓慢型心律失常 持久性或阵发性三度房室传导阻滞伴长时间心脏停搏。

（四）其他

危急值的管理范围还包括病理危急值、内镜检查危急值等。

【护理措施】

（一）危急值报告流程（图 3-5-1）

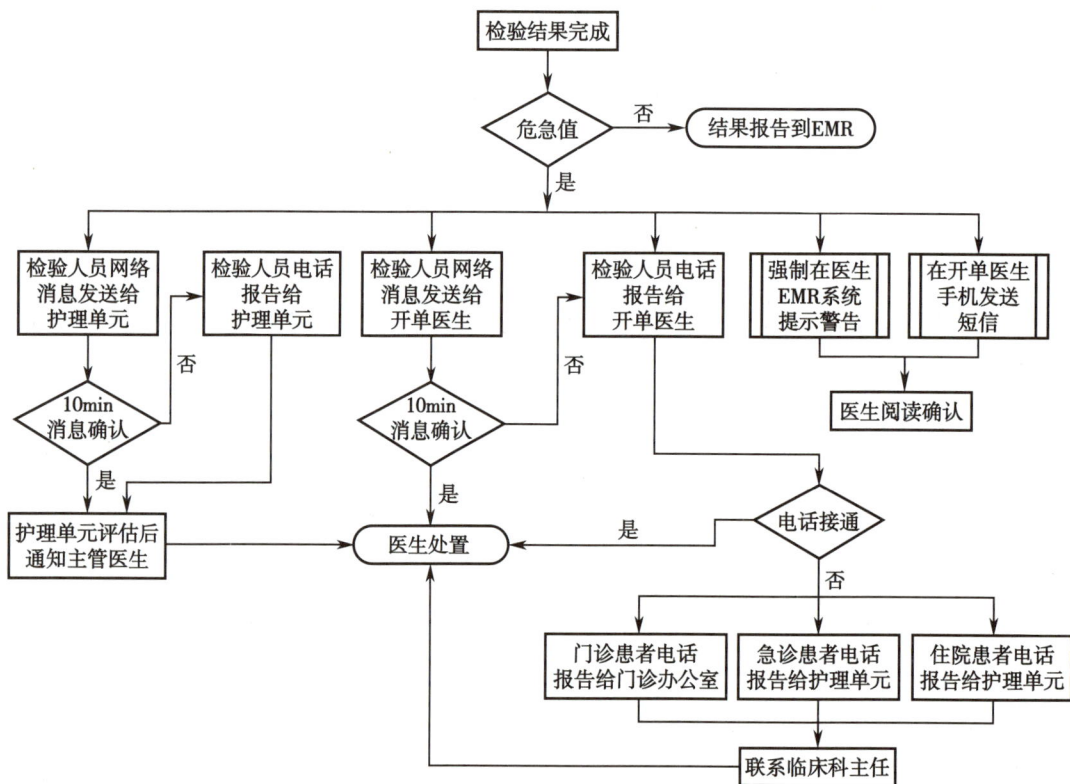

图 3-5-1 危急值报告流程

（二）危急值的临床应答

1. 采集标本、进行各项检查后，有意识追踪检查/检验结果。

2. 危急值报告制度的目的是让临床医师第一时间内得到检测结果并及时给予相应处理。及时提醒医师查看检查/检验结果。

3. 结合患者临床表现做出判断。危急值检验结果与临床表现不符合时，必须与临床实验室联系，必要时重新采集标本复查。

4. 给予处理后，及时复查，评价患者病情是否好转。

（三）评价与记录

在病程和护理记录中记录危急值、干预措施和评价结果。

（詹艳春）

第六节　ICU 患者的营养支持

由于应激反应，重症患者的代谢发生了一系列变化，能量消耗增加、糖代谢紊乱、蛋白质分解代谢增加、脂肪代谢紊乱。营养支持虽不能完全阻止和逆转重症患者的病情转归，但在减少患者并发症的发生率与病死率，促进其恢复健康方面，发挥着至关重要的作用。

重症患者如果无法保证自主摄入，对于需要营养支持治疗的重症患者，首选肠内营养（enteral nutrition, EN），于 24~48h 内启动。而非肠外营养，实现以容量目标为指导的喂养方案或多重措施并举的喂养方案。任何原因导致胃肠道不能使用或应用不足，应考虑肠外营养（parenteral nutrition, PN），或联合应用肠内营养。重症患者能量补充原则为急性应激期 20~25kcal/（kg·d），当应激与代谢稳定后，增加到 30~35kcal/（kg·d）。

【护理评估】

（一）营养风险评估

应用营养风险评分（nutritional risk score, NRS-2002）（表 3-6-1）或 NUTRIC 评分（NUTRIC score）（表 3-6-2）对收入 ICU 且预计摄入不足的患者进行营养风险评估，识别高风险患者。

表 3-6-1　营养风险评分（nutritional risk score, NRS-2002）

初筛		
体质指数（BMI）<20.5	是	否
最近 3 个月内患者的体重有丢失吗？	是	否
最近 1 个星期内患者的膳食摄入有减少吗？	是	否
患者的病情严重吗？（如，在监护治疗）	是	否

注：如果任何一个问题的答案为"是"，进行最终筛查；如果所有问题答案均为"否"，每周重新筛查。如果患者被安排有大手术，则应考虑预防性营养治疗计划以避免手术所伴有的风险

最终筛查			
营养状况受损		**疾病严重程度（代谢需要量增加）**	
无 0 分	正常营养状态	无 0 分	正常营养状态
轻度 1 分	3 个月内体重丢失 >5%；或前 1 周的食物摄入低于正常需求的 50%~75%	轻度 1 分	髋关节骨折，患者因肝硬化、COPD、血液透析、糖尿病、肿瘤等慢性疾病的并发症收治入院

续表

营养状况受损		疾病严重程度（代谢需要量增加）	
中度 2分	2个月内体重丢失>5%；或BMI在18.5~20.5，并伴有一般情况差；或前1周的食物摄入是正常需求的25%~50%	中度 2分	患者因腹部大手术、卒中、严重肺炎、恶性血液肿瘤等原因绝对卧床
严重 3分	1个月内体重丢失>5%（3个月内>15%）；或BMI<18.5，并伴有一般情况差；或前1周的食物摄入是正常需求的0%~25%	严重 3分	头部损伤、骨髓移植术、重症监护患者（APACHE>10）

如患者年龄≥70岁，总分基础上加1分

注：总分=营养状况受损得分+疾病严重程度得分+年龄得分。总分≥3分，说明患者存在营养风险，需要营养支持

表3-6-2 NUTRIC评分（NUTRIC score）

参数	范围	分数
年龄（岁）	<50	0
	50~75	1
	≥75	2
APACHE Ⅱ评分（分）	<15	0
	15~20	1
	20~28	2
	≥28	3
SOFA评分（分）	<6	0
	6~10	1
	≥10	2
器官功能不全的个数（个）	0~1	0
	≥2	1
转入ICU前的住院时间（天）	0~1	0
	≥1	1
IL-6	0~400	0
	≥400	1

评分系统：IL-6可应用		
总分	分类	解 释
6~10	高分	临床转归不佳（死亡、机械通气）；患者很可能从积极地营养支持治疗中受益
0~5	低分	低营养失调风险

评分系统：IL-6不可应用		
总分	分类	解 释
5~9	高分	临床转归不佳（死亡、机械通气）；患者很可能从积极地营养支持治疗中受益
0~4	低分	低营养失调风险

注：当IL-6没有作为常规检查，数据缺失是可以接受的，因为其结果对于NUTRIC评分整体的预测效果影响较小

（二）综合评估

传统的血清蛋白标记物（白蛋白、转铁蛋白等）结果反映机体急性期的状态，不能作为重症患者的营养指标。营养评估需对合并症、胃肠道功能及误吸的风险进行综合评估。

（三）营养需求

1. 能量需求　如果有条件且没有影响测量准确性的因素时，建议应用间接能量测定仪（indirect calorimetry，IC）确定能量需求。当没有 IC 时，可应用 HB 公式、理想体重测量公式、校正体重测量公式或基于体重的简化公式（每日 20~30kcal/kg）确定能量需求。

2. 蛋白质供给　对于成年重症患者，需连续评估蛋白质供应的充分性。蛋白质供给量可通过基于体重的测量公式（每日 1.2~2.0g/kg）计算。

3. 其他营养要素　包括碳水化合物、脂肪等。

【护理措施】

（一）肠内营养支持与护理

1. 肠内营养的途径

（1）经鼻胃管：常用于胃肠功能正常，非昏迷以及经短时间管饲即可过渡到口服饮食的患者。

（2）经鼻空肠管：由于导管通过幽门进入十二指肠或空肠，反流与误吸的发生率降低，患者对肠内营养的耐受性增加。但要求在喂养的开始阶段，营养液的渗透压不宜过高。

（3）经皮内镜下胃造瘘：适用于昏迷、食管梗阻等长时间不能进食，且胃排空良好的重症患者。减少了鼻咽与上呼吸道的感染，可长期留置营养管。

（4）经皮内镜下空肠造瘘：适合于有误吸风险及需要胃十二指肠减压的重症患者。

2. 肠内营养的输注方式

（1）一次性注入：将营养液用注射器缓慢注入喂养管内，每次不超过 200ml，每天 6~8 次。该方法操作方便，但易引起恶心、呕吐、腹胀、反流与误吸，临床一般仅用于经鼻胃管或经皮胃造瘘的患者。

（2）间歇重力滴注：即将营养液置于输液瓶或袋中，经专用输注管路与喂养管连接，借助重力将营养液缓慢滴入胃肠道内，每次 250~500ml，每天 4~6 次，速度为每分钟 20~30ml。这种方法临床上应用广泛，患者耐受性好。

（3）胃肠营养泵输注：适用于十二指肠或空肠近端喂养的患者。一般开始时，输注速度不宜快，浓度不宜高，速度可由每小时 40~60ml 开始，逐渐增加至 100~150ml，浓度也逐渐增加，使肠道有一个适应的过程。

3. 肠内营养的护理

（1）营养液的管理：配置营养液严格无菌操作，容器清洁消毒。开放输注的营养液室温保存不可大于 8 小时，4℃冰箱保存不可大于 24 小时。可使用自动恒温控制装置保持输入温度 37℃。

（2）喂养管的护理：妥善固定管道，准确记录管路刻度及所在位置。喂养前后，喂养过程中每 4~6 小时温开水至少 20ml 冲洗管路。药物充分研磨成粉末状充分溶解后方可注入，并在注药前后均使用至少 20ml 温开水冲洗管路。

（3）输注护理：使用肠内营养时应将床头抬高 30°~45°，防止反流误吸。遵循循序渐进的原则，浓度从低到高，量从少到多，速度从慢到快。对于具有误吸高危风险或不能耐受经胃喂养的重症患者,应减慢输注速度。观察患者的肠鸣音、排便次数、量及性状。每天监测肠内营养的耐受性,是否出现恶心、呕吐、腹泻及反流等。当患者血流动力学不稳定时,应暂停 EN 直至患者接受充分的复苏治疗和(或)病情稳定。

4. 肠内营养的并发症与护理

(1)机械性并发症:①黏膜损伤:喂养管置入时或置管后,由于局部组织压迫导致黏膜水肿、糜烂或坏死。置管时应动作轻柔,选择直径适宜、质地软而有韧性的喂养管,并熟练掌握置管操作技术;②喂养管堵塞:主要由膳食残渣或粉碎不全的药片黏附于管腔壁,或药物与膳食不相溶,形成沉淀附着于管壁所致。一旦发生堵塞,有研究建议应用胰酶加碳酸氢钠溶液反复抽吸、浸泡和冲管。

(2)感染性并发症:最常见的是吸入性肺炎,护理措施:①发生误吸应立即停止 EN,促进患者气道内的液体与食物微粒排出,必要时通过纤维支气管镜吸出;②遵医嘱应用肾上腺皮质激素抗肺水肿,应用抗生素抗感染。

(3)代谢性并发症:最常见为高血糖和低血糖。应加强对接受 EN 患者血糖的监测,出现血糖异常时及时报告医生进行处理;患者停止 EN 时应逐渐进行,避免突然停止。

(4)胃肠道并发症:①恶心、呕吐与腹胀:主要见于营养液输注速度过快、乳糖不耐受、膳食口味不耐受及膳食中脂肪含量过多等。应针对原因采取相应措施,如减慢输注速度、加入调味剂或更改膳食品种等;②腹泻:是 EN 最常见的并发症,可见于低蛋白血症和营养不良时小肠吸收力下降;乳糖酶缺乏者应用含乳糖的肠内营养膳食;脂肪酶缺乏、脂肪吸收障碍者;应用高渗性膳食;营养液温度过低及输注速度过快;EN 同时应用某些治疗性药物。一旦发生腹泻,应在继续喂养的同时查明原因,针对原因进行处置,必要时遵医嘱给予对症止泻剂。

(二)肠外营养支持与护理

1. 肠外营养的途径

(1)中心静脉营养:重症患者多选择经中心静脉输注肠外营养液,经锁骨下静脉、颈内静脉等置入导管,或应用经外周中心静脉导管输注营养物质。

(2)外周静脉营养:优点是操作简单。然而,肠外营养液浓度较高、渗透压大,易引起静脉炎或血栓形成。一般适用于患者病情较轻、营养物质输入量较少,输注时间不超过 2 周的患者。

2. 肠外营养液的配制　肠外营养液由葡萄糖、氨基酸、脂肪、维生素、电解质、微量元素和水制成,配制时将各营养液基质按要求在无菌条件下(有条件的可使用生物安全柜)混合装入 3L 无菌输液袋内,整个过程应不断晃动容器,一次完成,以保持混合均匀。配制的步骤为:

(1)电解质和微量元素加入氨基酸液中。

(2)磷酸盐加入葡萄糖中。

(3)脂溶性维生素溶解水溶性维生素后加入脂肪乳剂中。

(4)将以上混合液注入 3L 无菌输液袋内。

(5)最后加入脂肪乳剂混合液,摇匀混合物。

3. 肠外营养的护理

(1)营养液的配置保存:配置时严格无菌操作,最好在超净工作台内配置。营养液现用现配,配置好的营养液 24 小时内可用,备用时存于 4℃冰箱,使用前需室温下复温 0.5~1 小时。

（2）静脉导管的护理：妥善固定,注意观察置管深度,防止移位、外渗。换药时严格无菌操作。观察穿刺点有无局部感染症状,如红肿、硬结、脓性分泌物。监测体温变化,如出现发热、寒战应及时寻找感染源。可疑导管感染时留取血培养及导管尖端培养。外周静脉通路适用于输注渗透压≤800mOsm/L 的溶液,外周静脉导管使用 48~72 小时更换,以预防血栓及静脉炎的发生。

（3）输注护理：使用密闭输液器,与其相连的输液延长管、多通路接头等每 24 小时更换。开辟独立的路径,匀速输注。合理安排输入速度,保障营养液于 24 小时内输注完毕。

4. 肠外营养的并发症及护理

（1）机械性并发症：①置管操作相关并发症：包括气胸、血胸、皮下气肿、神经或血管损伤等,应熟练掌握相关操作技术流程和规范,操作动作应轻柔,减少置管时的机械性损伤;②导管堵塞：是 PN 最常见并发症之一,主要因营养液输注速度缓慢导致,巡视时应及时调整输注速度;③空气栓塞：可发生在置管、输液及拔管过程中。置管时患者取头低位;导管护理时,应防止空气经导管接口部位进入血液循环;拔管时速度不宜过快。

（2）感染性并发症：是 PN 最常见、最严重的并发症。护理措施：①置管过程严格遵循消毒与无菌操作,建立最大无菌屏障,减少穿刺部位病原菌经导管皮肤间隙入侵;②用无菌贴膜或无菌纱布覆盖导管穿刺点,预防感染;③连接导管前做好局部消毒,减少导管连接部位感染;④选择密闭式三通装置。

（3）代谢性并发症：常见于电解质紊乱（如低钾血症、低镁血症等）和糖代谢异常（如低血糖、高血糖）。应严密监测患者电解质及血糖、尿糖的变化,及早发现代谢紊乱,并配合医生进行有效处理。

（詹艳春）

第七节　ICU 患者的管路管理

一、概述

ICU 是重症患者集中的场所,为救治患者需要留置各种管路,包括治疗性管路,如气管导管、中心静脉导管、血滤治疗导管、肠内营养导管、三腔两囊导管等;监测性导管:漂浮导管、PICCO 导管、有创动脉监测导管等;引流导管:脑室引流管、胸腔闭式引流管、伤口引流管、T 管、胃管、腹腔引流管、导尿管等。

为保证治疗和监测的有效性,必须有效预防管路滑脱。非计划性拔管（unplanned extubation, UEX）又称意外拔管（accidental extubation, AX）,是指患者有意造成或任何意外所致的拔管,即非医护人员计划范畴内的拔管。非计划拔管通常包含以下情况：①未经医护人员同意患者自行拔除的导管;②各种原因导致的导管滑脱;③因导管质量问题及导管堵塞等情况需要提前拔除的导管。各种类型导管发生 UEX 会带来不同后果,危害患者安全,延长治疗时间,增加经济负担,还可能引发经济纠纷。其中气管导管 UEX 危险性较大,有可能导致患者支气管痉挛、心搏骤停甚至死亡,而再插管增加医院获得性肺炎发生的风险,甚至危及患者生命。因此非计划性拔管是衡量护理质量的敏感指标。

护理人员应对 UEX 发生原因进行系统分析,制定有效的防范措施,提供预见性护理,减少 UEX,提升护理质量。UEX 的发生不仅是单一护理不良事件,还与过程和结构指标密切相关。有研究发现 UEX 与管道不舒适、患者的意识水平有关,其中,Moons 等在一项为期3 个月的多中心病例对照研究中对 26 例发生 UEX 的患者一般资料与 48 例随机选取的未发生 UEX 的患者一般资料及临床情况进行多因素回归分析,结果显示,格拉斯哥昏迷评分量表评分(GCS)分值越高,患者自我拔管的风险就越高。与疾病有关,如慢性阻塞性肺部疾患者,医院感染患者是 UEX 的危险患者。还与不合理镇静、约束不规范、护理人力不足、拔管指征评估规范和拔管流程不完善等多种因素有关。若发现 UEX 危险因素是护理环节问题,应以改善护理工作环节入手;若非护理工作因素,应通过反馈、提醒危险因素环节的方式提升整体质量。

【护理评估】

1. 患者的病情、意识。

2. 管路的标识、种类、固定方式、置入深度或外露长度。

3. 管路的通畅情况。

4. 患者的约束情况。

【护理措施】

1. 根据患者的病情、合作程度、年龄、留置管路种类等预测患者的拔管风险。

2. 根据管路种类选择合适的固定方法。

3. 合理镇静,规范镇静流程。

4. 适当肢体约束。

5. 合理配备护理人员。

6. 医护合作制定留置管路的评估和拔管流程。

7. 对医护人员进行有效培训,监督落实。

8. 对自行拔管的高危人群及时采取有效交流和沟通等措施达到预防 UEX 发生的目的。

重症患者的管路种类多,如气管导管、中心静脉导管、血滤治疗导管,导尿管等在相关章节有具体介绍,在此不逐一赘述。本节仅选择几种在 ICU 常见的、危及患者生命的导管进行介绍。

二、肠内营养管的管理

保护肠道功能是重症患者治疗中的一个重要环节,肠内营养是保护肠道功能必不可少的措施。肠内营养管路的途径有:鼻胃管、鼻十二指肠、鼻空肠、胃造瘘、空肠造瘘。

【护理评估】

肠内营养管路的名称、标记、位置和外露刻度。固定方法牢固,管路通畅。输入的速度,胃残留量,输注后并发症。胃造瘘和空肠造瘘管的穿刺部位。

【护理措施】

1. 营养管路位置的确定

(1)床旁 X-线检查是确定营养管路位置的金标准。临床还可以通过床旁 B 超、内镜或胃肠营养监视系统(电子定位导航)来确定。

（2）每次管饲前确认管路的外露刻度,回抽液体,确认管路的位置后再进行管饲。

2. 营养管路的固定

（1）鼻胃、肠管固定牢固,管路无牵拉,在鼻腔中悬浮,不压迫鼻腔。

（2）胃造瘘和空肠造瘘管固定时避免牵拉过紧造成胃或空肠内壁缺血,或过松导致滑脱移位。球囊型的造瘘管应保持球囊的充水量防止脱出。

3. 保持营养管路的通畅

（1）管饲前先回抽,然后温水冲洗 20~30ml,再进行管饲。持续管饲时,每 4h 温水 20~30ml 冲洗一次营养管路。管饲结束后用温水 20~30ml 冲洗,冲洗后封管。

（2）注入药物时,要充分溶解药物,注入药物前后温水 20~30ml 冲洗营养管路。管饲不同营养制剂之间也要充分冲洗,避免堵塞营养管路。不推荐使用含酸的液体（如:水果、茶、果汁）与管饲喂养同时使用,有可能会使管路发生阻塞。

（3）冲洗时使用 20ml 以上注射器,避免压力过高导致营养管路破损。

4. 胃残留量的监测 在 2016 年 ASPEN/SCCM 重症患者营养指南中指出胃残留量不作为 ICU 患者肠内营养的常规监测项目。但对于仍然监测胃残留量的 ICU,应当避免在胃残留量 <500ml 且无其他不耐受表现时中止肠内营养。

在早期肠内营养的初始阶段 48~72 小时或 1~5 天、存在胃排空的因素或疾病时可进行每 4~6 小时的动态评估。

三、引流管路的护理

外科引流是将人体组织或体腔中积聚的脓、血、液体导引至体外,防止术后感染与影响伤口愈合,临床上应用的外科引流管种类很多,有的用于导尿,有的用于伤口、胸腔、颅腔、胃肠道、胆道等。

（一）封闭负压引流技术（vacuum-assisted closure,VAC）

VAC 是一种综合伤口治疗系统,适合于急性、延迟性愈合治疗及家庭治疗。以网状聚氨酯敷料或聚乙烯醇敷料放置在机体皮肤或软组织缺损、感染、坏死后形成的创面,再覆盖一层黏性薄膜覆盖封闭整个创面和腔隙,同时将引流管与仪器的负压导管连接,敷料上的开放孔能使负压均匀分布到整个伤口表面,而引流管则将积聚的液体引入积液罐中。

1. 护理评估

（1）引流的通畅情况。

（2）引流液的颜色、性质和量。

（3）负压引流的密闭性。

（4）伤口渗血、渗液情况。

（5）局部疼痛的程度。

2. 护理措施

（1）保持伤口的密闭性,敷料以及薄膜明显塌陷,说明密封较好,负压吸引有效,仪器默认的负压为 125mmHg。不能牵扯,压迫,折叠引流管。

（2）当发现大量新鲜血液被引出时,应马上通知值班医生,检查创面内是否有活动性出血,报告医生给予处理。

（3）引流管堵塞时可遵医嘱逆行缓慢注入 0.9% 氯化钠注射液浸泡 10~15min,待堵塞的引流物变软后,重新接通负压。

（4）引流液满时,更换引流袋。

（5）出现以下情况可以考虑以 25mmHg 的调量逐渐增加压力设置:①引流量过多;②创腔容积大;③密闭性薄弱。

（6）以下情况可以考虑以 25mmHg 的调量逐渐减少压力设置:①存在出血风险（如:正在进行抗凝治疗）;②循环障碍;③肉芽组织过度生长;④创面周围或创面床瘀斑;⑤疼痛突然加重。

（二）脑室引流

1. 护理评估

（1）患者的意识、病情。

（2）引流管的位置、高度、液面波动情况。

（3）引流管周围敷料,有无渗血渗液。

2. 护理措施

（1）保持引流系统的密闭和无菌,连接口用无菌纱布包裹。倾倒引流液时先夹闭引流管,按无菌操作,严格消毒引流管接口,更换引流袋。

（2）无禁忌证,取头高 15°~30°。

（3）维持正常的颅内压力,一般引流袋高于引流管出口 10~15cm,每日引流量不超过500ml。

（4）观察颜色、性质、量和流速。正常脑脊液为无色透明,若突然出现颜色转红,引流增加,常提示脑室出血;若引流液由清亮变为混浊或有絮状物,提示感染。

（5）保持引流管通畅,引流通畅时可见引流管内液面随呼吸上下波动,若出现堵塞时及时报告医师给予处理。

（6）拔管前先试行夹闭引流管 24 小时,若无颅内压增高症状,如头痛、呕吐、意识改变等,可拔管;反之重新开放引流,推迟拔管时间。

（三）胸腔闭式引流

目的是引流胸膜腔内积气、血液和渗液;重建胸膜腔负压,保持纵隔的正常位置;促进肺复张。

1. 护理评估

（1）患者的呼吸,呼吸音,气管位置。

（2）引流管位置,波动情况。

（3）引流管周围渗血渗液情况。

2. 护理措施

（1）保持引流系统密闭无菌,引流瓶低于胸壁引流口平面 60~100cm,更换引流装置或搬动患者时先夹闭引流管,松开引流管时先将引流瓶安置低于胸壁引流口平面位置,操作时遵循无菌原则。

（2）无禁忌证,取半卧位,保持引流管通畅,一般水柱波动在 4~6cm,鼓励患者咳嗽,深呼吸,利于引流液排出,促进肺复张。

（3）定时挤压引流管,捏紧引流管的远端,向胸腔方向挤压,再缓慢松开捏紧的引流管,防止引流液倒吸,观察引流液的颜色、性质和量,若引流超过 100ml/h,呈鲜红色,有血块,提示有活动性出血,立即报告医师处理。

（4）若引流系统密闭性破坏,立即反折或夹闭引流管。若引流管脱出,立即用手顺皮肤纹理方向捏紧引流管周围皮肤,立即报告医师处理。

（詹艳春）

第八节　ICU 患者的镇静管理

重症患者处于强烈的应激环境之中,常感觉到极度的"无助和恐惧",甚至因为这种"无助与恐惧"而躁动挣扎,危及生命安全。研究显示,离开 ICU 的患者中,约有 50% 的患者对于其在 ICU 中的经历保留有痛苦的记忆,而 70% 以上的患者在 ICU 期间存在着焦虑与躁动,失眠或睡眠被打扰也极为常见。因此,在抢救生命、治疗疾病的过程中,除充分镇痛外,还需给予患者适度镇静(sedation),使其避免感知在病情危重阶段的多种痛苦,降低对病情和护理质量的影响。

【护理评估】

定时评估镇静程度有利于调整镇静药物及其剂量以达到预期目标。重症患者理想的镇静水平是浅镇静,患者既能安静入睡又容易被唤醒。与深度镇静相比,浅镇静可明显提高患者的转归,如缩短机械通气的时间、降低 ICU 住院日和总住院日。深度镇静适用于颅内压增高等个别情况。因此在镇静治疗开始时需明确所需的镇静水平,定时、系统地进行评估和记录,并随时调整镇静用药以达到并维持所需的镇静水平。

（一）镇静和躁动的主观评估

Richmond 躁动 - 镇静评分和镇静 - 躁动评分是目前针对 ICU 患者最可靠、有效的评估工具。

1. Richmond 躁动 - 镇静评分(Richmond Agitation–Sedation Scale, RASS)(表 3–8–1)。

表 3-8-1　Richmond 躁动 - 镇静评分,RASS

分值	定义	描　述
+4	攻击行为	明显的攻击或暴力行为,对医务人员构成直接威胁
+3	非常躁动不安	扯动或拔除各种引流管或导管,或表示出对医务人员攻击的行为
+2	躁动不安	频繁出现无目的动作,或人机不同步
+1	烦躁不安	焦虑或担忧,但动作不强烈或无攻击性
0	清醒且平静	
−1	嗜睡	不完全清醒,但对声音刺激能够维持大于 10 秒的清醒,并有视觉接触
−2	轻度镇静	对声音刺激能够有短时间的清醒(小于 10 秒),且有视觉接触
−3	中度镇静	对声音刺激有运动反应(非视觉接触)
−4	重度镇静	对声音刺激无反应,但对身体刺激有运动反应
−5	不能唤醒	对语言或身体刺激无任何反应

2. 镇静 - 躁动评分（Sedation-Agitation Scale，SAS）　根据患者 7 项不同的行为，对其意识和躁动程度进行评分（表 3-8-2）。

表 3-8-2　镇静 - 躁动评分，SAS

分值	描述	定　义
7	危险躁动	拉拽气管内插管，试图拔除各种导管，翻越床栏，攻击医护人员，在床上辗转挣扎
6	非常躁动	需要保护性束缚并反复语言提示劝阻，咬气管导管
5	躁动	焦虑或身体躁动，经言语提示劝阻可安静
4	安静合作	安静，容易唤醒，服从指令
3	镇静	嗜睡，语言刺激或轻轻摇动可唤醒并能服从简单指令，但又迅即入睡
2	非常镇静	对躯体刺激有反应，不能交流及服从指令，有自主运动
1	不能唤醒	对恶性刺激无或仅有轻微反应，不能交流及服从指令

注：恶性刺激指吸痰或用力按压眼眶、胸骨或甲床 5s

（二）镇静的客观性评估

客观性评估是镇静评估的重要组成部分，但现有的客观性镇静评估方法的临床可靠性尚有待进一步验证。目前报道的方法有脑电双频指数（bispectral index，BIS）、心率变异系数及食管下段收缩性等。应用肌松药物和患有脑功能障碍的 ICU 成人患者，由于无法取得主观镇静监测结果，可使用上述方法进行镇静深度的评估。

（三）治疗

镇静药物的应用可减轻应激反应，辅助治疗患者的紧张焦虑及躁动，提高对机械通气及各种 ICU 日常诊疗操作的耐受能力，使其获得良好睡眠等。保持患者安全和舒适是 ICU 综合治疗的基础。研究显示，与苯二氮䓬类药物相比，非苯二氮䓬类镇静药物（丙泊酚或右美托咪定）可改善 ICU 机械通气患者的临床转归。

1. 丙泊酚　是一种广泛使用的静脉镇静药物，亦可产生遗忘作用和抗惊厥作用。特点是起效快，作用时间短，撤药后迅速清醒，且镇静深度呈剂量依赖性，镇静深度容易控制。丙泊酚单次注射时可出现暂时性呼吸抑制和血压下降、心动过缓，对血压的影响与剂量相关，尤见于心脏储备功能差、低血容量的患者。丙泊酚使用时可出现外周静脉注射痛。因此临床多采用持续缓慢静脉输注方式。

2. 右美托咪定　是目前唯一兼具良好镇静与镇痛作用的药物，且没有明显心血管抑制及停药后反跳，可单独应用，也可与阿片类或苯二氮䓬类药物合用。右美托咪定属于 α_2 受体激动药，有很强的镇静、抗焦虑作用，且同时具有镇痛作用，可减少阿片类药物的用量。具有抗交感神经作用，可导致心动过缓和（或）低血压。

3. 苯二氮䓬类药物　本身无镇痛作用，但与阿片类镇痛药有协同作用，可明显减少阿片类药物的用量。苯二氮䓬类药物的作用存在较大的个体差异，故用药上须按个体化原则进行调整。大剂量使用超过 1 周，可产生药物依赖性和戒断症状，可表现为躁动、睡眠障碍、肌肉痉挛、注意力不集中、打哈欠、焦虑、躁动、恶心、呕吐、出汗、流涕、声光敏感性增加、感觉异常、谵妄和癫痫发作等,因此停药时应有计划地逐渐减量,避免快速中断。ICU常用的苯二氮䓬类药为咪达唑仑、氯羟安定及安定。研究显示,与应用苯二氮䓬类药物相比,使用右美托咪定和丙泊酚更易达到浅镇静效果。

4. 镇静药物给药方式 应以持续静脉输注为主。首先应给予负荷剂量以尽快达到镇静目标。经肠道(口服、胃管、空肠造瘘管等)、肌内注射则多用于辅助改善患者的睡眠。间断静脉注射一般用于负荷剂量的给予,以及短时间镇静且无需频繁用药的患者。

【护理措施】

(一)呼吸功能的监护

1. 呼吸功能监测 密切观察患者的呼吸频率、幅度、节律、吸呼比、脉搏血氧饱和度,动脉血气分析结果,对机械通气患者定期监测自主呼吸潮气量、分钟通气量等。镇静不足时,患者可出现呼吸浅促、潮气量减少、脉搏血氧饱和度降低;镇静过深时,患者可出现呼吸频率减慢、幅度减小、缺氧和(或)二氧化碳蓄积。

2. 避免呼吸抑制 苯二氮䓬类药物、丙泊酚可导致呼吸抑制,表现为潮气量降低、呼吸频率增加,严重者可出现呼吸暂停。因此,未建立人工气道通路的患者需慎用苯二氮䓬类药物;丙泊酚在给予负荷剂量时应缓慢静脉推注,并从小剂量开始逐渐增加剂量。

3. 预防肺部并发症 患者深度镇静治疗期间,应尽可能实施每日唤醒计划,并在患者清醒期间鼓励其进行肢体运动与咳痰;缩短翻身、拍背的间隔时间,酌情给予背部叩击治疗和肺部理疗,结合体位引流,促进呼吸道分泌物排出,必要时应用纤维支气管镜协助治疗。

(二)循环功能的监护

1. 循环功能监测 严密监测血压、中心静脉压、心率和心律变化。镇静不足时,患者可表现为血压高、心率快;镇静过深时可发生低血压。右美托咪定最常见的副作用是低血压和心动过缓。

2. 维持血流动力学稳定 根据患者的血流动力学变化调整镇静药物的给药速度,必要时给予液体复苏和血管活性药物治疗,维持血流动力学平稳。

(三)神经肌肉功能的监护

1. 神经肌肉功能监测 严密监测患者的神志情况。苯二氮䓬类镇静剂可能引起躁动、谵妄等反常兴奋反应。

2. 每日唤醒 长时间深度镇静治疗可影响神经功能的观察和评估,应坚持每日唤醒以评估神经肌肉系统功能。

3. 预防深静脉血栓形成 长时间镇静使患者关节和肌肉活动减少,深静脉血栓形成的危险增加,应给予积极的物理治疗预防深静脉血栓形成并保护关节和肌肉的运动功能。

(四)代谢功能的监护

1. 血脂 丙泊酚以脂肪乳剂为载体,长时间或大剂量应用时应监测血甘油三酯水平,并根据丙泊酚用量相应减少营养支持中的脂肪乳剂供给量。

2. 丙泊酚输注综合征 长时间大剂量应用丙泊酚的患者[>5mg/(kg·h)],观察患者有无进展性心脏衰竭、心动过速、横纹肌溶解、代谢性酸中毒、高钾血症。若发生丙泊酚输注综合征,立即停药并进行血液净化治疗,同时加强对症支持。

(五)每日唤醒计划

在进行深度镇静治疗的过程中,为避免药物蓄积和药效延长,应每日定时中断镇静药物输注,评估患者的精神与神经功能状态。该项措施可减少用药量、减少机械通气时间和 ICU 停留时间,但患者清醒期应给予严密监护,以防患者自行拔管、坠床等意外的发生。

（六）以患者为中心的舒适化浅镇静策略（early comfort using analgesia, minimal sedatives and maximal humane care, eCASH）

1. **ICU 镇痛镇静目标**　ICU 患者最理想的状态是 3C 法则:calm（平静）、comfortable（舒适）、cooperative（合作）。

2. **完善疼痛管理**　以阿片类药物为核心,联合使用镇痛药物,并结合非药物干预的多模式组合,进行镇痛治疗。

3. **最小化使用镇静药物**　浅镇静策略,将患者维持在 3C 状态。理想状态下,患者处于清醒状态,能够配合医务人员进行物理治疗或眼神交流,在不受打扰时可逐渐入睡,即 RASS 评分 –1~0 分之间。

4. **核心环节**　重视并改善患者的睡眠;早期活动策略;多模式合作;有效的患者 / 家属 – 医务人员交流;医护人员、患者、家属共同协助,达到 3C 状态。

（詹艳春）

第九节　ICU 患者的疼痛管理

疼痛（pain）是一种与组织损伤或潜在组织损伤相关的不愉快的主观感觉和情感体验。既是机体对创伤或疾病的反应机制,也是疾病的症状。无论在休息或接受常规治疗期间,ICU 的成年患者通常都经历疼痛,甚至有部分患者转出后 6 个月仍记得在 ICU 住院期间经历的重度疼痛。除自身疾病和创伤外,手术治疗及各种诊疗、操作也是导致 ICU 患者疼痛的原因。疼痛处理不及时,会影响患者的睡眠和治疗效果,导致一系列生理和心理问题,延缓康复,降低生活质量。因此,疼痛管理是 ICU 护士的重要职责之一。

【护理评估】

疼痛是一种主观感觉,最有效的评估指标是患者的主诉。由于镇静或其他原因,ICU 患者的疼痛评估常得不到主诉。因此在 ICU 中,需要护士根据患者的情况,选择恰当的评估工具。常用的评估工具包括主观疼痛评估和客观疼痛评估。不提倡单独用生命体征（或含生命体征的观察性疼痛尺度）评估 ICU 患者的疼痛。

（一）主观疼痛评估工具

1. **数字评分（Numeric Rating Scale, NRS）**　用于理解数字并能表达疼痛的患者,将疼痛程度用 0~10 共 11 个数字表示,0 表示无疼痛,10 表示最剧烈的疼痛;数字越大,疼痛程度越重。由患者根据其疼痛程度选择相应的数字。

2. **口述分级（Verbal Rating Scale, VRS）**　用于理解文字并能表达疼痛的患者,根据患者对疼痛的表达,将疼痛程度分为无痛、轻度疼痛、中度疼痛、重度疼痛。轻度疼痛为有疼痛但可忍受,不影响睡眠;中度疼痛为疼痛明显,不能忍受,要求使用镇痛药物,影响睡眠;重度疼痛为疼痛剧烈,不能忍受,须用镇痛药物,严重影响睡眠。

3. **改良面部表情疼痛评估工具（Faces Pain Scale–Revised, FPS–R）**　用于不能理解数

字和文字的患者,由患者选择一张最能表达其疼痛程度的面部表情。

（二）客观疼痛评估工具

客观评估是指应用单维或多维的观察工具对患者进行疼痛评估。ICU 患者客观疼痛评估工具包括行为疼痛量表、重症疼痛观察工具、非语言成人疼痛评估量表等。美国危重病医学会在 2013 年发布的镇痛、镇静和谵妄治疗指南中推荐应用行为疼痛量表和重症疼痛观察工具,认为两者是监测疼痛的最为准确、可靠的行为量表。虽然不能单纯应用生命体征来评估疼痛,但是生命体征变化往往最先提示疼痛发作。指南中建议将生命体征作为患者需要接受进一步疼痛评估的提示。

1. 行为疼痛量表(Behavioral Pain Scale, BPS)　评估项目包括面部表情、休息状态、肌张力、安抚效果、发声(非气管插管患者)或通气依从性(气管插管患者)。每一项按 0~2 评分,总分为 10,数值越高说明疼痛程度越重(表 3-9-1)。

表 3-9-1　行为疼痛评估量表

序号	项目	数值		
		0	1	2
1	面部表情	放松	有时皱眉、紧张或淡漠	经常或一直皱眉,扭曲,紧咬
2	休息状态	安静	有时休息不好,变换体位	长时间休息不好,频繁变换体位
3	肌张力	放松	增加	僵硬,手指或脚趾屈曲
4	安抚效果	不需安抚	分散注意力能安抚	分散注意力很难安抚
5	发声(非气管插管患者)	无异常发声	有时呻吟、哭泣	频繁或持续呻吟、哭泣
	通气依从性(气管插管患者)	完全耐受	呛咳,但能耐受	对抗呼吸机

2. 重症疼痛观察工具(Critical-Pain Observation Tool, CPOT)(表 3-9-2)

表 3-9-2　重症疼痛观察工具

		分值	描述
面部表情	放松、平静	0	未见面部肌肉紧张
放松　紧张　痛苦　0　1　2	紧张	1	存在皱眉耸鼻或任何面部变化(如睁眼或疼痛时流泪)
	表情痛苦	2	所有之前的面部变化加上双目紧闭(患者可能口腔张开或者紧咬气管导管)
身体活动度	活动减少或保持正常体位	0	完全不动(不代表没有疼痛)或正常体位(不是因为疼痛或防卫而产生的运动)
	防护状态	1	缓慢小心的移动,轻抚痛处,通过移动身体引起别人注意
	焦虑不安	2	拉扯气管导管,试图坐起,在床上翻来覆去,不配合指示,袭击工作人员,试图翻越栏杆

续表

	分值		描述
人机协调（针对气管插管患者）	人机协调	0	通气顺畅,无呼吸机报警
	咳嗽但尚可耐管	1	呛咳,呼吸机报警触发、疼痛时自主呼吸暂停
	人机对抗	2	人机不同步、呼吸机频繁报警
或者二选一	语调平稳或不出声	0	说话时语调平稳或不出声
	叹息、呻吟	1	叹息、呻吟
发声（针对无气管导管患者）	哭喊、抽泣	2	哭喊、抽泣
肌紧张 当患者处于休眠状态时,对其上肢进行被动弯曲和伸展动作,并作出评估;或者被动翻身时,做出评估。	放松	0	对被动运动无抵抗
	紧张,僵直	1	抵抗被动运动
	非常紧张,僵直	2	对被动运动激烈抵抗,无法完成被动运动

使用说明:

1. 患者必须在休息 1min 后再进行观察,以获得 CPOT 基线值。

2. 应该在患者处于疼痛状态时观察其反应(如翻身、吸痰、更换伤口敷料等)。

3. 应该在对患者使用镇静剂前和镇痛剂达到峰值效应时进行评估,以评价治疗是否有效减轻患者疼痛。

4. 在对患者观察期间,对 CPOT 的等级评定应选择对应的最高分值。

5. 在对患者进行 CPOT 的等级评定中肌紧张应作为最后的评估项目,因为即使患者处于安静休息状态时,碰触刺激(手臂被动屈伸运动)也可以导致某些行为反应。

（三）评估疼痛的时机

1. 应每日评估,以下情况,应再进行疼痛程度评估:

（1）入院时;

（2）由他科转入时;

（3）手术患者返回病房后;

（4）接受可能引起中度及以上疼痛的诊疗操作后;

（5）患者主诉疼痛时。

2. 以下情况,应对住院患者进行动态评估:

（1）疼痛数字评分≥4 或中度及以上疼痛时,应动态评估患者疼痛的部位、性质、开始时间、持续时间、加重或缓解因素、伴随症状、对睡眠的影响。

（2）实施镇痛措施后,应适时评估镇痛效果和镇痛相关不良反应。

（3）实施镇痛措施后,疼痛数字评分 <4 或轻度及以下疼痛,且可耐受镇痛相关不良反应时,可只评估疼痛程度。

【护理措施】

（一）常用镇痛药物（analgesics）

1. 阿片类药物（opioids） 常用的阿片类镇痛药物有吗啡、哌替啶、芬太尼类、羟考酮、曲马多、可待因等。阿片类药物主要的副作用有:①抑制呼吸中枢,降低呼吸中枢对二氧化碳的敏感性,对呼吸中枢抑制程度为剂量依赖性,过大剂量可导致呼吸衰竭而死亡;②可抑制咳嗽中枢,产生镇咳作用;③兴奋平滑肌,使肠道平滑肌张力增加而导致便秘,可使胆道、输尿管、支气管平滑肌张力增加;④促进内源性组胺释放而导致外周血管扩张、血压下降、脑血管扩张、颅内压增高。

2. 非甾体类抗炎药(NSAIDS) 主要有阿司匹林、对乙酰氨基酚、吲哚美辛、布洛芬等,主要副作用包括外周血管扩张、过敏反应、胃肠道反应和消化道出血等。

3. 其他镇痛药物 有卡马西平、加巴喷丁等。

(二)用药护理

1. 应用镇痛药前,了解药物的基本作用、使用剂量、给药途径、副作用和注意事项。

2. 在患者诊断未明确前,不能随意使用镇痛药,以免延误病情。

3. 遵医嘱按时、准确给药。根据患者病情估计患者疼痛程度较重时,应预防性使用镇痛药,从而以较小剂量的药物达到良好的镇痛效果。

4. 给药方法

(1)常用的给药途径:口服、皮下注射、肌内注射、静脉注射、椎管内给药。

(2)患者自控式镇痛法(patient controlled analgesia,PCA):是一种患者能自行操作的镇痛技术。临床上使用的镇痛泵一般由注药泵、自控装置、管道及无反流的单向活瓣组成,常用的给药途径为静脉或硬膜外。PCA开始启动时,常给予负荷剂量,然后再持续、稳定地小剂量给药。预设患者按动按钮时注射泵单次给药剂量,以及一次给药后需要锁定的时间。在患者感到疼痛时,可按压镇痛泵自控装置,注药泵按照单次给药剂量泵入药物;在锁定时间内,患者即使再次按压按钮,也无药物泵出,保证在首次剂量发挥有效作用之前无法再次给药,从而有效避免用药过量及呼吸抑制情况。对于使用PAC的患者,应指导其学会正确的使用方法。

5. 镇痛药物副作用的观察与处理

(1)呼吸抑制:密切观察患者的呼吸频率、节律、幅度,监测脉搏血氧饱和度的变化,保持呼吸道通畅。

(2)恶心、呕吐:一般发生在用药初期,4~7天内可缓解,可根据治疗情况预防性使用甲氧氯普胺等止吐药,严重者应按时给予止吐药。

(3)便秘:在病情允许的情况下鼓励患者多饮水,进食高纤维素的食物,必要时使用缓泻剂或予以灌肠。

(4)应用非甾体类抗炎药物者,观察患者有无胃肠道及其他部位出血,应用阿片类镇痛药物时,需警惕“阿片类药物诱导的呼吸抑制或非计划性深度镇静”。呼吸抑制是由阿片类药物引起的最严重的不良反应。多数研究证明手术后24小时内是阿片类镇痛药物诱导的呼吸抑制的高发期,75%的患者死亡及81%可逆转的呼吸重症事件发生在阿片类药物镇痛的最初24小时内,尤其是在使用小剂量的患者中。个体对于阿片类药物的敏感可能是导致不可逆事件发生及死亡的主要因素之一。当患者应用此类药物时出现呼吸次数下降(低于8或10次/分),呼吸节律异常,胸廓起伏幅度变小,脉搏血氧饱和度下降,呼吸费力时,提示发生阿片类药物诱导的呼吸抑制。应用时出现非计划性的深度镇静,往往是患者出现呼吸抑制的预警,需要增加评估意识和呼吸状态的频率。

6. 应用镇痛药物后,及时观察评价镇痛效果,并根据镇痛效果调整用药剂量。镇痛效果评价可以采用疼痛量表进行动态测评,或将疼痛疗效分为四级:①完全缓解:疼痛完全消失;②部分缓解:疼痛明显减轻,睡眠基本正常,能正常生活;③轻度缓解:疼痛有所减轻,但仍感到明显疼痛,睡眠生活仍受到影响;④无效:疼痛无减轻。

7. 向患者及家属进行药物知识、镇痛治疗措施和重要性的知识宣教,使患者正确认识药物成瘾、用药不良反应,使患者和家属能够正确对待疼痛,配合治疗。指导患者如何表达自己的疼痛性质、程度、持续时间和部位。

(三)非药物镇痛

1. 解除焦虑　尽量陪伴患者,鼓励患者倾诉,让患者明确忍受疼痛是不必要的。指导患者预防及减轻疼痛的技巧,进行可能引起疼痛的操作时需提前告知患者。

2. 转移注意力　采用交谈、阅读、听收音机或看电视等方法转移患者的注意力。当进行可能产生疼痛的操作时,采取转移患者注意力的相应措施,既要让患者知道在进行什么活动,又要将患者的注意力放在其他事上。

3. 物理治疗　可采用电疗、光疗、磁疗、石蜡疗法等,达到消炎、消肿、镇痛、解痉,改善局部血液循环、提高组织新陈代谢,兴奋局部神经肌肉等作用。

4. 其他方法　采用针灸、按摩、冷热敷、取适当体位、调整引流管位置等方法缓解疼痛。

(詹艳春)

第十节　ICU 谵妄管理

谵妄(delirium)是一种意识和注意力的障碍,伴有认知功能的改变或感知障碍,以急性起病和病情反复波动为特征。谵妄是我国综合性医院中最为常见的一种精神障碍,在重症患者中的发生率约为35%~60%,在机械通气患者中的发生率高达81.7%,并且有超过66%的病例未被诊断。ICU谵妄并非是一种良性的、自限性疾病,能够导致死亡率增加、ICU和住院时间延长及认知障碍发生率增加。

【护理评估】

(一)危险因素

1. 易患因素　指患者入住ICU时存在的容易导致谵妄的因素,包括:①神经精神病史:痴呆史、脑卒中史、癫痫史、抑郁症史;②合并其他疾病:如高血压,心、肾、肝功能不全;③高龄:尤其是70岁以上;④吸烟史和酗酒史;⑤入院时病情危重;⑥入院时有视力或听力减退。

2. 诱发因素　指患者入住ICU后经受的医源性因素打击,包括:①感染;②药物,如抗胆碱能药物、麻醉剂、镇静剂或多重用药;③代谢异常或代谢障碍性疾病;④缺氧状态;⑤疼痛;⑥睡眠剥夺;⑦心理社会应激;⑧长时间约束患者和长期卧床不活动。其中,感染和用药是最常见的原因。

(二)临床表现

ICU谵妄可以分为3种类型,躁动型、安静型和混合型。临床上纯粹躁动型谵妄仅占约1.6%,安静型谵妄占约43.5%,混合型谵妄占约54.9%。

1. 前驱症状　少数患者可出现倦怠、焦虑、恐惧、烦躁不安、对声光的敏感性增高、失眠、噩梦等前驱症状,常于夜间开始。

2. 意识障碍　可出现意识清晰度下降、嗜睡、意识模糊甚至昏迷。

3. 认知障碍　①注意力障碍：早期出现注意力不易集中，随之出现逻辑推理能力降低或思维混乱，记忆力减退或记忆错误；②定向力障碍：时间、地点定向最易受损，严重者可出现人物定向障碍；③说话跑题或语无伦次：安静型患者可表现为语速缓慢。

4. 感知障碍　主要表现为错觉、幻觉（幻视多见），内容常带有恐怖性。

5. 情感障碍　情感变化无常。①安静型：表现为抑郁、表情淡漠；②躁动型：表现为焦虑、恐惧、易激惹。

6. 行为障碍　①安静型：表现为活动减少、动作迟缓、行动呆滞、反应迟钝，说话语速缓慢、嗜睡甚至呈现亚木僵状态；②躁动型：表现兴奋、躁动不安、过度活动、动作快，说话速度快，对刺激敏感、反应增多，若有恐怖的视幻觉或错觉时，可出现逃避或攻击行为。

7. 睡眠 – 觉醒周期障碍　睡眠 – 觉醒周期紊乱，甚至颠倒。

8. ICU 谵妄的临床特点　①起病：常为急性起病，一般在入住 ICU 的第 2 天发生；②病程：一般可持续数小时或数天，也可持续数周；③预后：谵妄缓解后患者对病中的表现全部或大部分遗忘，轻度谵妄患者常描述做了一场噩梦；若病情未予控制，可发展为昏迷，或残留遗忘、痴呆，甚至死亡；④症状昼轻夜重，呈波动性。

（三）评估工具

ICU 意识模糊评估法和重症监护谵妄筛查检查表是目前最可靠并有效的评估工具。

1. ICU 意识模糊评估法（Confusion Assessment Method for the ICU, CAM-ICU）（表 3-10-1）是专门为评估 ICU 患者，尤其是气管插管和不能说话的患者是否存在谵妄而设计的评估工具，具有快速、方便、正确等特点。应用 CAM-ICU 进行谵妄评估实际上是总体意识状态评估的一部分，由意识水平和意识内容两部分决定。第一步是评估意识水平，推荐使用 Richmond 躁动 – 镇静量表（Richmond Agitation-Sedation Scale, RASS）进行评估（量表详见本章第八节）。第二步是评估意识内容。当处于深度意识障碍时（RASS 得分 –4 和 –5 分），患者没有反应，很难确定意识内容，这种意识水平称为昏迷。在这种情况下，不能应用 CAM-ICU，判断为"无法评估"。当处于轻度意识障碍时（RASS 得分在 –3 分及以上），患者能够做出有意义的反应（如对声音做出反应），可以评估其思维的清晰度，方使用 CAM-ICU 评估谵妄状态。

表 3-10-1　ICU 谵妄诊断的意识状态评估法（CAM-ICU）

序号	临床特征	评价指标
特征 1	精神状态突然改变或反复波动	评判标准：出现 1A 或 1B 任意一项，为阳性。 1A：与基线情况相比，患者的意识状态不同。 1B：在过去的 24h 内，患者的意识状态出现波动。 （RASS 评分、GCS 评分或既往谵妄评估得分出现波动）
特征 2	注意力缺损	评判标准：2A 或 2B 的得分 <8 分，为阳性。先进行 2A，如不能进行或得分不明确，则进行 2B。 2A：ASE 的听觉测试（患者对一连串随机字母读音中出现"A 时捏手示意，如读到字母 A 时患者没有捏手，或读到其他字母时患者做出捏手动作，不能得分）。 2B：ASE 的视觉测试（对 10 个画面的回忆准确度）

续表

序号	临床特征	评价指标
特征 3	思维紊乱	评价标准：正确者得分，3A+3B 总分 <4 分为阳性。 3A：是非题，应用 A 组或 B 组进行测试，必要时每天可交替使用。 A 组：①石头是否浮在水面上？②海里是否有鱼？ 　　　③1 斤是否比 2 斤重？④是否能用榔头钉钉子？ B 组：①树叶是否能浮在水面上？②海里是否有大象？ 　　　②2 斤是否比 1 斤重？④是否能用榔头切割木头？ 3B：指令题，成功完成全部指令，得 1 分。 ①检查者在患者面前伸出两根手指，跟患者说"伸出这几根手指"。 ②跟患者说"现在换一只手，做同样的动作"，此次检查者不再重复动作。如患者另外一只手不能动，第二个指令改为要求患者"再增加一根手指"
特征 4	意识清晰度改变	评价标准：清醒以外的任何意识状态均为阳性。 ①清醒：正常、自主的感知周围环境，反应适度。 ②警醒：过于兴奋。 ③嗜睡：瞌睡但易于唤醒，对某些事物没有意识，不能自主、适当的交谈，给予轻微刺激就能完全觉醒并应答适当。 ④昏睡：难以唤醒，对外界部分或完全无感知，对交谈无自主、适当的应答。当予强烈刺激时，有不完全清醒和不适当的应答，强刺激一旦停止，又重新进入无反应状态。 ⑤昏迷：不可唤醒，对外界完全无意识，给予强烈刺激也无法进行交流

注：①先进行镇静状态（RASS）评估，如 RASS 得分 –3~+4，再进行谵妄评估；②特征 1+2+3，或特征 1+2+4，说明患者存在谵妄

2. ICU 谵妄筛查表（The Intensive Care Delirium Screening Checklist, ICDSC）（表 3-10-2）ICDSC 有 8 项指标：意识水平改变；注意缺损；定向力障碍；幻觉或错觉；精神运动性兴奋或迟缓；不恰当的言语或心情；睡眠（觉醒）周期紊乱；症状波动。每个症状得分为 1 分，总分 8 分，≥4 分为谵妄。ICDSC 的敏感度较高，能够在较短的时间内完成，易于纳入到护士的日常工作中。ICDSC 的不足之处为：特异度较低，评估方法较为主观，且评估指标中仍包含对患者言语能力的评估，因此对于机械通气患者的应用具有一定的限度。

表 3-10-2　ICU 谵妄筛查表（ICDSC）

1. 意识水平改变 　整个班次处于深度镇静 / 昏迷状态（SAS=1, 2；RASS=–4, –5）= 无法评估 　任何时点躁动（SAS=5, 6, 或 7；RASS=1–4）=1 分 　整个班次正常觉醒（SAS=4；RASS=0）=0 分 　轻度镇静（SAS=3；RASS=–1, –2, –3）=1 分（如果近期没有使用镇静剂） 　　　　　　　　　　　　　　　　　　　　=0 分（如果近期使用过镇静剂）	否　0　是　1
2. 注意缺损 　不能按照指令（作出动作）或说话，容易被外部刺激分心	否　0　是　1

	否	0	是	1
3. 定向力障碍 患者是否能识别姓名、地点、日期和 ICU 护理人员 患者是否知道自己在什么地方？（例如：医院、家或工作单位）	否	0	是	1
4. 幻觉或错觉 询问患者是否有幻觉或错觉（例如：尝试抓到不存在的物体） 患者是否害怕周围的人或者物品？	否	0	是	1
5. 精神运动性兴奋或迟缓 患者存在以下任何一种症状： ①躁动需要使用镇静药物或约束来控制潜在的危险行为（例如：拔除静脉通路或者攻击医务人员） ②过于安静或者临床上明显的精神运动减缓或迟缓	否	0	是	1
6. 不恰当的言语或心情 患者表现出不适当的情感、混乱或不连贯的言论、行为或不适当的互动、冷漠或过度苛刻	否	0	是	1
7. 睡眠（觉醒）周期紊乱 患者存在以下任何一种症状： ①频繁醒来/夜间睡眠少于 4 个小时 ②白天大部分时间在睡眠	否	0	是	1
8. 症状波动 以上症状波动超过 24 小时	否	0	是	1

注：每个症状得分为 1 分，总分 8 分，≥4 分为谵妄

（四）用药评估

由于治疗谵妄的药物都会加重谵妄患者的感知障碍、延长谵妄的持续时间，因此，在进行药物治疗前首先要考虑以下两个方面的问题：①导致谵妄的危险因素是否已经纠正：只有在纠正导致谵妄的危险因素（如睡眠障碍、约束患者等）之后，如患者仍处于谵妄状态，才考虑采用药物治疗；②是否有威胁患者生命的情况存在：谵妄有时可能是由一些严重威胁患者生命的急性状态，如急性而严重的缺氧、急性二氧化碳潴留、低血糖、代谢紊乱或休克引起，因此必须及时纠正。如导致谵妄的原因尚未解决，需首先治疗其发生原因。

目前并没有治疗谵妄的特效药物，临床常对躁动不安的患者采取对症治疗。

氟哌啶醇　是治疗躁动型谵妄的首选药物，属于丁酰苯类抗精神病药物，抗焦虑症、抗精神病作用强而久，对精神分裂症与其他精神病的躁狂症状都有效。其半衰期长，对急性发作谵妄的患者需给予负荷剂量，以快速起效。副作用为锥体外系症状（EPS），还可引起剂量相关的 QT 间期延长，增加室性心律失常的危险，应用过程中须监测心电图。既往有心脏病史的患者更易出现此类副作用。禁用于基底神经节病变、帕金森综合征、帕金森病、严重中枢神经抑制状态者、骨髓抑制、青光眼、重症肌无力患者。

【护理措施】

（一）每日监测谵妄

每日监测谵妄是日常护理重要的组成部分。谵妄持续发作和新发是非常重要的临床指标，但是部分患者未被发现，尤其是患有安静型谵妄的患者。这些患者可能能够遵从直接口令，例如伸舌头、握手或者回答："是" 或 "否"。为了及时发现谵妄状态，每日使用谵妄评估工具评估患者至关重要。

（二）监测、处理诱发因素

1. 一般监测　体温、呼吸、血压、脉搏血氧饱和度、心电图、尿量、出入量等。

2. 实验室检查　生化、血常规、动脉血气等。

3. 药物监测　遵医嘱应用镇静、镇痛药物，并监测药物的副作用。

4. 减少感染源　严格无菌操作，及时拔除不必要的插管。

5. 纠正代谢紊乱　给予营养支持，纠正水、电酸碱平衡紊乱。

（三）非药物治疗

非药物治疗是唯一被证实能够纠正谵妄的方法，与病室环境、日常护理及与患者个体相关的治疗诊疗、护理措施相关。

1. 病室环境　保证自然光线能够通过窗户照入病室内；避免突然移动患者；降低噪音；保证患者能够清晰看到时钟。

2. 建立正常的睡眠周期　床旁为患者反复进行时间和地点的介绍，促进患者对周围环境的感知，必要时提供眼镜、助听器、日历和收音机等；避免便秘；尽量缩短尿管留置时间；控制夜间灯光和噪音水平，合理安排夜间的护理操作，保证夜间睡眠质量，促使睡眠觉醒周期的正常化；缓解疼痛，促进舒适；尽量避免患者看到同病室患者抢救、死亡的场面。

3. 早期运动　机械通气伴镇静的患者，协助被动关节运动，病情允许时协助早期下床活动。早期运动可降低谵妄的发生，并促进患者恢复日常生活能力。

4. 谵妄合并躁动患者的安全　保证专人护理，并能够得到更多的协助；加放床栏，防止坠床；妥善固定引流管，防止意外拔管；保证病室的绝对安静；尽量减少不必要的约束；同时注意保护自身安全，防止受到伤害。

5. 心理护理　主动了解患者需求，满足需要；积极做好患者的心理安抚，给予亲情和情感支持；了解患者对疾病、入住 ICU 的看法，引导患者积极看待疾病和治疗；为患者提供更多信息，帮助患者确定解决问题的方法；采用弹性探视制度，增加探视的时间与次数；告知患者家属急性谵妄是一种暂时的情况，治疗后可以改善，并指导家属与患者进行互动，保持对时间、地点、人物的定向力。

（四）用药护理

氟哌啶醇　用药期间密切监测心电图变化，尤其是对既往有心脏病史的患者，观察有无低血压及室性心律失常的发生。观察患者是否出现锥体外系反应，如眼上翻，斜颈，颈后倾，面部扭曲等局部肌群持续性强直性收缩等表现。

（五）"ABCDEF"集束化管理

"ABCDEF Bundle" 融合了治疗 ICU 谵妄的循证医学证据，将镇静和镇痛药物、机械通气、早期活动等针对性的措施组合成为了一个整体。具体内容为：A 评估、预防、管理疼痛

（Assess, prevent, and manage pain）；B 每日唤醒和自主呼吸试验（Both spontaneous awakening trials and spontaneous breathing trials）；C 选择恰当的镇痛药物和镇静药物（Choice of analgesia and sedation）；D 评估、预防、管理谵妄（Delirium：assess, prevent and manage）；E 早期活动和运动（Early mobility and exercise）；F 家庭参与和赋权（Family engagement and empowerment）。应用 "ABCDEF" 集束化管理的优势包括：优化疼痛控制及减少机械通气患者镇静药物的使用和持续使用时间；降低谵妄和昏迷的时长；团队协作，促进早期活动；让家人参与护理；通过应用在线数据收集工具来改进依从性；通过应用有证据支持的护理措施来提高团队合作等。

（詹艳春）

第十一节　ICU 安宁护理

安宁护理（palliative care）是对安宁患者及家属所提供的一种全面的护理，包括身体、心理和社会等各方面，其目的在于使安宁患者的生命质量得到提高，能够无痛苦和舒适地走完人生的最后旅程，并使其家属的身心健康得到维护和增强。安宁护理不是针对疾病的治疗，也不是依靠监护和先进技术延长生存时间，而是支持患者和症状控制。护理集中于患者及其家属，视患者及家属为整体，提供舒适照护，给予心理、精神和社会支持。

虽然 ICU 收治的患者病情危重，死亡率相对较高，但是与安宁病房和晚期癌症患者的临终护理有本质上的不同。患者转入 ICU 的初衷是挽救生命，而不是等待死亡。多数患者为了生存而在 ICU 中接受各种生命支持治疗，患者和家属往往没有做好面对死亡的准备。因此如何使其接受死亡的现实是 ICU 医护人员面临的巨大挑战。再有，多脏器的支持治疗均通过各种管路和仪器设备完成，如何让患者体面而有尊严的离世也是 ICU 医护人员需要面对的问题。

近年来，国外的研究多集中于讨论撤离生命支持治疗的决策判断及与患者和家属的沟通，但由于法律、传统教育及医疗环境的差异，目前国内对 "放弃治疗" 仍然存在一定的争议。对于临终 ICU 患者的家属，处在一个敏感且易受打击和伤害的特殊时期，无效的沟通极易产生误解并导致医疗纠纷。因此与家属有效的沟通至关重要。

【护理评估】

（一）躯体症状

1. 疼痛评估　患者疼痛的部位、性质、程度、发生及持续的时间，疼痛的诱发因素、伴随症状，既往史及患者的心理反应；根据患者的认知能力和疼痛评估的目的，选择合适的疼痛评估工具，对患者进行动态的连续评估并记录疼痛控制情况（详见本章第九节）。

2. 呼吸困难　评估病史、发生时间、起病缓急、诱因、伴随症状、活动情况、心理反应和用药情况等；评估患者神志、面容与表情、口唇、指（趾）端皮肤颜色，呼吸的频率、节律、深浅度，体位、脉搏血氧饱和度、血压、心率、心律等。

3. 发热　评估发热的时间、程度及诱因、伴随症状等；评估意识状态、生命体征的变化；了解患者相关检查结果。

4. 睡眠 / 觉醒障碍　评估患者性别、年龄、既往失眠史；评估睡眠障碍发生的药物及环境因素；评估患者睡眠卫生习惯及生活方式；有无谵妄、抑郁或焦虑状态等精神障碍。

5. 谵妄　评估患者意识水平、注意力、思维、认知、记忆、精神行为、情感和觉醒规律的改变；评估谵妄发生的药物及环境因素（详见本章第十节）。

（二）医患沟通

评估和观察患者的意识状态和沟通能力；患者和家属对沟通的心理需求程度。

（三）患者的情绪反应

1. 评估患者的心理状况和情绪反应，应用恰当的评估工具筛查和评估患者的焦虑、抑郁程度及有无自杀倾向。

2. 评估患者对死亡的态度，及性别、年龄、受教育程度、疾病状况、应对能力、家庭关系等影响死亡态度的个体和社会因素。

（四）社会支持系统

1. 观察患者在医院的适应情况。

2. 评估患者的人际关系状况，家属的支持情况。

【护理措施】

（一）躯体症状的护理

1. 疼痛的护理　根据疼痛的部位协助患者采取舒适的体位；给予安静、舒适环境；遵医嘱给予止痛药，缓解疼痛症状时应当注意观察药物疗效和不良反应；有针对性地开展多种形式的疼痛教育，鼓励患者主动讲述疼痛，教会患者疼痛自评方法，告知患者及家属疼痛的原因或诱因及减轻和避免疼痛的其他方法，包括音乐疗法、注意力分散法、自我暗示法等放松技巧。

2. 呼吸困难的护理　提供安静、舒适、洁净、温湿度适宜的环境；每日摄入适度的热量，根据营养支持方式做好口腔护理和穿刺部位护理；保持呼吸道通畅，痰液不易咳出者采用辅助排痰法，协助患者有效排痰；根据病情取坐位或半卧位，改善通气，以患者自觉舒适为原则；根据病情的严重程度及患者实际情况选择合理的氧疗；指导患者进行正确、有效的呼吸肌功能训练；指导患者有计划地进行休息和活动。

3. 发热的护理　监测体温变化，观察热型；卧床休息；高热患者给予物理降温或遵医嘱药物降温；降温过程中出汗时及时擦干皮肤，随时更换衣物，保持皮肤和床单清洁、干燥；注意降温后的反应，避免虚脱；做好口腔、皮肤护理。

4. 睡眠 / 觉醒障碍的护理　改善睡眠环境，减少夜间强光及噪声刺激；对于躯体症状如疼痛、呼吸困难等引发的失眠应积极控制症状；采取促进患者睡眠的措施，如：增加日间活动、听音乐、按摩双手或足部；定期进行失眠症防治的健康教育。

5. 谵妄的护理　保持环境安静，避免刺激；尽可能提供单独的房间，降低说话的声音，降低照明，应用夜视灯，使用日历和熟悉的物品，较少的改变房间摆设，以免引起不必要的注意力转移；安抚患者，对患者的诉说作出反应，帮助患者适应环境，减少恐惧。

（二）促进与患者和家属的有效沟通

1. 倾听并注视对方眼睛，身体微微前倾，适当给予语言回应，必要时可重复患者语言。

2. 适时使用共情技术，尽量理解患者情绪和感受，并用语言和行为表达对患者情感的理解和愿意帮助患者。

3. 陪伴时，对患者运用耐心、鼓励性和指导性的话语，适时使用治疗性抚触。

4. 注意事项

（1）言语沟通时,语速缓慢清晰,用词简单易理解,信息告知清晰简短,注意交流时机得当。

（2）非言语沟通时,表情亲切、态度诚恳。

（三）帮助患者应对情绪反应

1. 鼓励患者充分表达感受。

2. 恰当应用沟通技巧表达对患者的理解和关怀(如:倾听、沉默、触摸等)。

3. 鼓励家属陪伴,促进家属和患者的有效沟通。

4. 指导患者使用放松技术减轻焦虑,如深呼吸、放松训练、听音乐等。

5. 如患者出现愤怒情绪,帮助查找引起愤怒的原因,给予有针对性的个体化辅导。

6. 如患者有明显抑郁状态,请心理咨询或治疗师进行专业干预。

7. 如患者出现自杀倾向,应及早发现,做好防范,预防意外发生。

8. 注意事项

（1）提供安宁、隐私的环境,减少外界对情绪的影响。

（2）尊重患者的权利,维护其尊严。

（3）正确识别患者的焦虑、抑郁、恐惧和愤怒的情绪,帮助其有效应对。

（四）提供恰当的社会支持

1. 对患者家属进行教育,让家属了解治疗过程,参与其中部分心理护理。

2. 尊重患者的知情权利,引导患者面对和接受当前疾病状况;帮助患者获得有关死亡、濒死相关知识,引导患者正确认识死亡;评估患者对死亡的顾虑和担忧,给予针对性的解答和辅导;允许家属陪伴,与亲人告别。

（五）哀伤辅导

1. 提供安静、隐私的环境。

2. 在尸体料理过程中,尊重逝者和家属的习俗,允许家属参与,满足家属的需求。

3. 陪伴、倾听,鼓励家属充分表达悲伤情绪。

4. 采用适合的悼念仪式让家属接受现实,与逝者真正告别。

（六）安宁护理的质量监测

1. 安宁护理的标准

（1）根据患者及家属的需求制定安宁护理计划,尊重他们的愿望与需求。

（2）在护理过程中能持续评估患者与家属的愿望与需求。

（3）能够顾及临终患者的特殊需求,使其得到最大的尊重与舒适。

（4）护理措施符合地域文化、价值和环境。

（5）有恰当的渠道让患者和家属能够得到情感支持和社会支持。

（6）在管理层面上,实施持续质量改进和临床研究。

（7）实施安宁护理的医务人员定期参加继续教育以提升个人能力,具备相应的护理能力。

（8）多学科参与讨论方案,协作实施。

2. 客观指标

（1）接受安宁护理的患者在 24 小时内得到镇痛的比例。

（2）主诉疼痛的患者接受安宁护理 48 小时内达到舒适的比例。

（3）初次评估时发现呼吸困难的比例。

（4）患者完成心理社会评估的比例。

（5）患者接受文化宗教评估的比例。

（詹艳春）

第十二节　器官捐献

一、概念

公民逝世后器官捐献器官移植（Deceased Organ Donation and Transplantation）是依据科学原则，采用技术手段，遵循伦理原理，按照法律法规，将自然人死亡后自愿捐献出的、具有生物活性的人体器官移植于终末期患者体内，以拯救其生命或恢复其健康（saving life and restore health）的一种特殊医疗活动。因此，科学是准则；技术是手段；伦理是境界；法律是底线。公民逝世后器官捐献与器官移植以"拯救生命，恢复健康"为宗旨。为实现这一宗旨，以上四条必须完美结合，而且缺一不可。

二、意义

没有器官捐献就没有器官；没有器官就没有器官移植；没有器官移植就不能拯救众多的生命。简单地说，自然人在死亡后，遵循自愿、无偿之原则，通过严格的法定程序和科学的医疗处置，贡献出体内部分或全部器官，用于拯救他人生命或恢复他人健康的公益行为，称之为"公民逝世后器官捐献"。

三、中国公民逝世后器官捐献工作流程

（一）报名登记

凡居住在中华人民共和国境内、年满18周岁的完全民事行为能力人，愿意身故后无偿捐献器官，可进行报名登记，到就近管理机构填写并递交《中国人体器官捐献志愿登记表》，或登录中国人体器官捐献管理中心网站（www.codac.org.cn）进行网上登记，通过邮寄、传真等形式向管理机构递交《中国人体器官捐献志愿登记表》。

（二）捐献评估

当潜在捐献情况出现后，如果本人曾经登记过器官捐献意愿或家属有捐献意向，可以由家属或医院的主管医生联系所在医院的信息员或协调员，并上报省级人体器官捐献管理机构。

潜在捐献案例评估标准　潜在捐献案例应为临床发现的重症脑病患者，具体要求如下：

（1）病因明确：常见病因有以下五大类，病因不明确的患者不可列为潜在捐献案例。①外伤：包括交通事故、高处坠落伤、钝器伤、枪弹伤、电击伤等明确外伤病史，较为多见的是交通事故伤；②脑血管意外：包括脑出血、脑梗死。较为多见的是脑各个部位的出血性疾病；

③低氧性脑损伤：指各种原因明确的缺血缺氧性脑损伤，常见的包括溺水、窒息、癫痫持续发作、心搏骤停心肺复苏术后等；④中毒：常见的有一氧化碳中毒、药物中毒、糖尿病酮症酸中毒等。但中毒所致脑损伤需注意损伤是否可逆，通常伴有心搏骤停心肺复苏史的患者易造成不可逆的脑损伤。单纯中毒原因造成的可逆性的脑损伤需慎重；⑤脑肿瘤：包括脑恶性肿瘤、脑良性肿瘤。其中脑恶性肿瘤应为恶性病灶位于颅内且明确无转移颅外可能，需注意头面部恶性肿瘤患者因其存在远处转移可能不宜列为潜在捐献案例。

（2）病情达标：潜在捐献案例的病情状态要求国际上并无统一标准，参考美国、英国、加拿大、西班牙等国标准，结合我国国情，建议如下：①患者自主呼吸≤12次/分，需呼吸机辅助呼吸；②患者昏迷评分（格拉斯哥评分）≤5分。上述两个条件须同时符合，仅达一条者不可列为潜在捐献案例。

（3）年龄适当：国际上潜在捐献案例的年龄最小要求并无具体标准，国内事件中，器官捐献的最小年龄纪录也在不断刷新，但临床上由于新生儿及婴幼儿脑部生长发育的特殊性，脑损伤的预后判定往往需慎重，建议结合国家卫生和计划生育委员会脑损伤质控评价中心2014版的《脑死亡判定标准与技术规范（儿童质控版）》实施。潜在捐献案例的年龄上限虽无国际统一标准，但结合我国国情，目前以≤65岁为宜。随着器官捐献工作的推进、临床器官功能维护水平的提高，捐献案例的年龄上限也在不断刷新纪录。

（4）身份明确：潜在捐献案例应为身份明确的自然人，应具备能够证明其身份的合法文件，如身份证、户籍证明，并能够联系到其亲属作为法定代理人，法定代理人身份亦应明确并能够提供相关身份及关系证明文件，如身份证、户籍证明、其他具有法律效力的证明材料。

（三）潜在捐献案例排除标准

1. 病因不明；
2. HIV感染；
3. 未经控制的全身性细菌、病毒或真菌感染；
4. 未治愈的颅外恶性肿瘤（包括血液系统）；
5. 进行性多发病灶性脑白质病；
6. 亚急性硬化性全脑炎；
7. 朊病毒相关疾病（如克 - 雅病，或其家族史）；
8. 身份不明确（如"三无人员"）。

（四）潜在供体评估参数

由于潜在捐献案例病情及状态的多样性和复杂性，供体评估的方法和参数设定尚难统一。在此介绍一种较为常用的供体评估方法，该评估方法分初步评估和进一步评估两个部分，简称为ABC-HOME评估方法。

1. 初步评估（ABC）

（1）年龄（Age）≤65岁。

（2）脑损伤程度（Brain damage）：①昏迷原因明确；②自主呼吸≤12次/分；③昏迷评分（格拉斯哥评分）≤5分。

（3）循环（Circulation）情况和禁忌证：①循环参数包括：当前循环状况是否稳定；收缩压、平均动脉压、中心静脉压情况；心肺复苏的时次。②禁忌证参数包括：HIV感染、颅外恶性肿瘤、全身性感染情况等。

2. 进一步评估（HOME）

（1）病史详情（History）：①既往史：高血压、糖尿病等疾病情况、传染病情况、手术情况；②个人史：吸烟、饮酒、药物成瘾等情况；③ICU 住院时间。

（2）器官功能（Organ function）：①心脏参数：心肌酶及生化、脑钠肽、心电图、心脏超声等；②肺脏参数：呼吸机支持参数、动脉血气分析、胸片或 CT、纤支镜检情况；③肝脏参数：肝功能生化、肝脏超声或 CT、肝功能储备检查情况；④肾脏情况：肾功能生化、肾脏超声或 CT、尿量情况。

（3）药物治疗（Medication）：①血管活性药物使用情况；②利尿脱水药物使用情况；③抗生素使用情况；④其他可能对脏器功能损害的药物使用情况。

（4）内环境（Environment）：①血钾、钠等电解质情况；②血液 pH 值；③血红蛋白值；④白蛋白值。

（五）潜在供体维护

潜在供体维护是指利用各类临床诊疗技术对潜在供体进行规范化管理和诊疗，以保障或改善捐献器官的功能和质量、提高捐献器官的利用率、进而提高移植物和移植受者的存活率。潜在供体维护包括监测项目、维护目标、常规措施和特殊措施等四个部分。

1. 监测项目

（1）基本项目：①留置尿管、胃管、各引流管并记录尿量、引流量；②严格记录液体出入量；③严密监测生命体征变化（心率、血压、血氧饱和度、体温）；④监测并记录呼吸机支持参数（呼吸机模式、潮气量、频率、吸氧浓度、呼气末正压、吸呼比）；⑤循环监测（中心静脉压监测、动脉血压监测）。

（2）实验室检查：①血常规（每 8~12 小时检测一次）；②血清尿素氮、肌酐、谷丙转氨酶、谷草转氨酶、总胆红素、白蛋白、凝血酶原时间、国际标准化比值（每 6~12 小时检测一次）；③动脉血气分析、电解质、血糖、心肌酶（每 4~12 小时检测一次，必要时随时检查）；④尿常规、胰腺生化（每天一次）。

（3）感染项目：①血培养、尿培养呼吸道细菌培养（每天一次）；②降钙素原、C- 反应蛋白（每天一次）；③巨细胞病毒、EB 病毒抗体检测；④预防性或治疗性抗生素使用情况。

（4）辅助检查：①多导联心电图检查（每天一次）；②心脏、肝脏、肾脏超声检查（每天一次）；③胸部 X 线检查（每天一次）；④呼吸道纤维支气管镜检查（每天一次）。

2. 维护目标

（1）改善组织供血供氧：①平均动脉压大于 70mmHg；②收缩压大于 100mmHg；③中心静脉压控制在 6~10cmH$_2$O；④血氧饱和度大于 95%。

（2）纠正内环境紊乱：①血红蛋白 >100g/L；②白蛋白 >35g/L；③pH 控制在 7.35~7.45。

（3）控制感染：①各项培养结果阴性；②胸片肺部无明显感染灶。

（4）理想器官功能评价指标：①尿量 0.5~3ml/（kg·h）；②谷丙转氨酶稳定或呈下降趋势，低于 400U/L；③总胆红素稳定或呈下降趋势，低于 85μmol/L；④血肌酐稳定或呈下降趋势，低于 200μmol/L；⑤心电图正常或轻微 ST–T 改变，无心脏传导异常；⑥氧合指数大于 300mmHg。

3. 常规措施

（1）循环系统的支持治疗：首先，鉴于供体在之前的治疗过程中通常应用脱水、降低颅内压方案,往往在供体维护时出现血容量不足的情况,故应补充血容量,利用中心静脉压监测指导快速补液,但应注意维持渗透压,防止发生肺水肿。必要时应给予输血使血细胞比容维持在 25%~30%。其次,在血容量补足的前提下,根据收缩压、平均动脉压监测情况调整血管活性药物的使用,原则上应维持收缩压在 100~140mmHg。

（2）呼吸系统的支持治疗:首先,供体的呼吸机支持条件应根据血氧饱和度、动脉血气分析等检测情况适时调整,既要确保氧供,又要避免肺损伤;其次,应注意气道管理和肺部感染的预防和治疗干预。根据肺部听诊情况、胸片、CT 的动态监测,结合痰培养、纤维支气管镜检查的情况,合理使用抗生素。尤其是 ICU 住院时间较长的供体,应加强气道分泌物的检验、排痰处理,避免肺部感染失去控制。

（3）纠正水电解质平衡紊乱

1）尿崩症的处理:尿崩症在脑死亡患者中比较常见,发生率为 38%~87% 不等。尿崩症易导致大量液体和电解质丢失,应根据尿量给予低张晶体液,及时监测电解质变化。合并高钠血症时,宜采用 1/2 生理盐水加 1/2 5% 葡萄糖补液。尿量大于 200ml/h,应给予垂体后叶素,也可用去氨基 –8–D– 精氨酸加压素,但半衰期长,剂量调整困难。

2）糖代谢紊乱的处理:脑死亡患者由于下丘脑 – 垂体轴功能丧失,可造成缺胰岛素性糖代谢紊乱。同时葡萄糖液体输注、儿茶酚胺释放以及血管活性药物的使用,往往存在高糖血症。可以根据血糖水平调整胰岛素用量,使用胰岛素时应监测钾离子水平,防止低钾导致的心律失常。

3）高钠血症的处理:颅脑损伤后出现的高钠血症有脑部损伤因素和医源性因素。血钠紊乱是下丘脑功能障碍的常见表现;医源性因素主要为管理不善引起。颅脑损伤急性期为降低颅内压,常大量使用渗透性利尿药甘露醇脱水,液体出量大于入量或过分的液体限制可引起低容量性高钠血症。胃肠道摄水减少、不显性失水增多等也是导致高钠血症的常见病因。出现高钠血症是预后不良的重要指标。处理上,应先去除导致高钠血症的原因,如停用渗透性利尿药甘露醇,控制体温,减少不显性失水;控制钠盐入量,经胃管鼻饲温开水等。但因颅脑损伤程度危重,尤其中线结构损害致 ADH 分泌减少,ACTH 分泌增多是高钠血症形成的决定因素,故往往常规治疗对于控制供体高钠血症起效缓慢或无效,必要时可考虑使用血液滤过治疗控制血钠升高。

（4）控制感染:供体抗生素宜选择广谱、强效、肝肾毒性较小的药物治疗方案,必要时可给予预防性抗真菌治疗。

（5）其他药物维持措施:包括各类护肝药物、乌司他丁、激素等减轻炎症反应药物可根据实际器官功能维护需要使用。需要特别指出的是白蛋白的补充对于器官功能维护具有较为重要的作用,具体补充的用法和用量往往超出常规治疗用法用量。

4. 体外膜肺氧合（extracorporeal membranceoxygenation,ECMO）的应用　特别危重的脑损伤供体常伴有心功能衰竭、循环不稳定、ARDS 等问题,临床上常常需要使用大剂量甚至多种联合的血管活性药物,循环不稳定加上组织缺氧,往往导致潜在供体肝、肾等器官功能损害,这些问题通过常规措施往往难以解决。此外,循环不稳定、呼吸机条件较高时,也难以将潜在供体从基层医院安全转运到有条件实施获取手术的医院。另外,中国三类（DBCD）供体心脏停搏过程,肝肾器官常常会有时间不确定的热缺血损伤。所有这些问题上述的常规维护措施往往难以奏效,需要采用 ECMO 技术。

ECMO 是在体外建立有效血液循环及氧合的一种支持方式。伦理上,目前较无争议的是在严格判定脑死亡以后的应用,但使用前需家属知情同意。方法主要通过股静脉和股动脉插管的方法建立起静脉 – 动脉循环通道,再通过离心泵和体外膜肺氧合建立起有氧合的体外循环。在 ECMO 支持下,潜在供体的循环可以趋于稳定,氧合更为充分,供体器官供血供氧可以得到较为明显的改善,血管活性药物使用可以减少或撤除,呼吸机条件明显降低,心肺负荷减低,同时肝肾等器官功能可以获得改善。此外,在 ECMO 支持下可以实施潜在供体远程安全转运。另外,ECMO 辅助中国三类(DBCD)供体获取,可有效避免心脏停搏过程器官的热缺血损伤。对于中国二类(DCD)供体,在宣布死亡后使用 ECMO 支持,可以在一定程度上修复供体器官热缺血损伤。

（尹利华）

第四章 水电解质平衡管理

学习目标

完成本章内容学习后,学生将能:

1. 复述高渗性脱水、低渗性脱水、等渗性脱水、低钾血症、高钾血症、低钙血症、高磷血症的概念;

2. 列出高渗性脱水、低渗性脱水、等渗性脱水、低钾血症、高钾血症、低钙血症、高磷血症的病因;

3. 描述高渗性脱水、低渗性脱水、等渗性脱水的临床表现和处理原则;能比较低钾血症、高钾血症的临床表现和处理原则;

4. 识别临床常见水、电解质平衡失调;能运用护理程序为水、电解质失调患者制定护理计划。

第一节 概 述

水和电解质是维持生命基本物质的组成部分。

人体进行新陈代谢的过程实质上是一系列复杂的、相互关联的生物物理和生物化学反应的过程,而且主要是在细胞内进行的。这些反应过程都离不开水。体内水的容量和分布以及溶解于水中的电解质浓度都由人体的调节功能加以控制,使细胞内和细胞外体液的容量、电解质浓度、渗透压等能够经常维持在一定的范围内,这就是水和电解质的平衡。

这种平衡是细胞正常代谢所必需的条件,是维持人体生命、维持各脏器生理功能所必需的条件。但是这种平衡可能由于手术、创伤、感染等侵袭或错误的治疗措施而遭到破坏;如果机体无能力进行调节或超过了机体可能代偿的程度,便会发生水与电解质紊乱。当然,水与电解质平衡紊乱不等于疾病的本身,它是疾病引起的后果或同时伴有的现象。讨论和处理水与电解质紊乱问题,不能脱离原发疾病的诊断和治疗。不过,当疾病发展到一定阶段,水与电解质紊乱甚至可以成为威胁生命的主要因素。

一、体液的分布和化学成分

体液是人体的重要组成部分,总体液约占体重55%~60%,在肥胖者中占的比重较小,因为脂肪组织含水分较少。

(一)体液的分布

体液分布在细胞内外,其总量的1/3为细胞外液(约占体重的20%),2/3为细胞内液

（约占体重的 30%~40% ）。细胞外液又分两部分,流动于血管与淋巴管中的血浆和淋巴液,占体重的 4.5%~5%,组织间液约占体重的 15%。细胞外液还包含着一部分通透细胞的液体,即胃肠道分泌液、脑脊液以及胸膜、腹膜、滑液囊等处的液体。这一部分的容量变化很大,主要取决于胃肠道液体的变化。正常情况下,约占体重的 1%~3%。血容量由血细胞与血浆组成,在疾病情况时,应分别测量,才能得到可靠的结果。

（二）体液的化学成分

正常体液的主要成分为水,并含两大类溶质,一类是无机物:钠、钾、钙、镁、氯、HCO_3^-、HPO_4^{2-}、SO_4^{2-} 等电解质,以及 CO_2、O_2 等,另一类是有机物:蛋白质、脂肪、碳水化合物、激素、酶等以及多种代谢产物和废物。正常情况下,细胞内外的各种成分都是稳定的。经常保持着平衡状态,摄取的和从碳水化合物、脂肪、蛋白质等氧化而得到水分总量必须与从肾、肺、皮肤和胃肠道丢失的水分总量相等,各组织脏器的代谢过程方得以正常运行,机体的生命得以延续。

细胞内和细胞外的电解质成分和含量均有差别,但内外的渗透压是经常保持相等的,处于平衡状态,主要靠电解质的活动和交换来维持。

细胞外主要的阳离子为钠(Na^+),含量为 142mmol/L,主要阴离子为 Cl^- 和 HCO_3^-,细胞内主要的阳离子为钾(K^+),含量为 140mmol/L,细胞外液的 Na^+ 浓度比细胞内 Na^+ 浓度大 10 倍多,而细胞内液钾浓度比细胞外液钾浓度大 20~30 倍。这种内外悬殊的差别是由细胞膜、酶、能量代谢等一系列过程来维持的,在严重创伤时,这些功能会发生重度紊乱。细胞外液电解质含量(表 4-1-1)。

表 4-1-1　细胞外液电解质含量(近似值)

成分	电解质	mmol/L
阳离子	Na^+	142
	K^+	5
	Ca^{2+}	5
	Mg^{2+}	2
总量		154
阴离子	HCO_3^-	27
	Cl^-	102
	HPO_4^{2-}	2
	SO_4^{2-}	1
	有机酸	6
	蛋白质	16
总量		154

二、渗透压

渗透压:半透膜是渗透压存在的基本条件之一。那种只能由溶剂分子通过而溶质分子不能通过的隔膜称为半透膜。当水和溶液被半透膜分隔时，可以发现水通过半透膜进入溶液，这种现象称为渗透作用。当水和溶液用半透膜隔开时，由于溶液含有一定数目的溶质微粒，对水产生一定的吸引力，水即渗过半透膜而进入溶液，这种对水的吸引力就称为渗透压。

知识拓展

渗透压 / 渗透度

　　体液渗透压的概念，从广义上讲应包括晶体渗透压和胶体渗透压。晶体渗透压是指小分子晶体物质产生的渗透压，如体液中的氧化钠、碳酸氢钠、尿素氮、葡萄糖、氯化钾等小分子晶体物质产生。而体液中尚有高分子化合物，如蛋白质、脂类、糖类等，其产生的渗透压称为胶体渗透压。晶体渗透压是细胞内外液体移动的动力，对于细胞内、外体液的平衡起着重要作用。而胶体渗透压是血管内外液体移动的动力。这两种渗透压，加之血管及细胞内的静水压，以及血管壁、细胞膜的通透性、淋巴循环等因素产生对水及电解质平衡的影响。因此对晶体渗透压和胶体渗透压的监测是十分重要的。

　　临床上渗透压的单位是毫渗透分子量 / 升（毫渗量 / 升，mOsm/L），1mOsm/L 即每升溶液中含有 1 毫克分子量（mmol）的溶质所产生的对水的吸引力。

　　细胞外液的渗透压主要靠电解质含量来决定。因此可用下列公式来估算：渗透压（mOsm/L）$= 2 \times (Na^+[mmol/L] + K^+[mmol/L]) +$ 尿素氮（mmol/L）+ 葡萄糖（mmol/L）。

三、水与电解质平衡及调节

（一）水平衡

1. 需水量　按体重来称，一般工作量的成人每日需水量为 30~40ml/kg，体重为 50kg 者每日需水量很少超过 3000ml。按比例儿童的需水量要比成人大得多，每日需水 50~90ml/kg。

需水量与食物种类有关，每克食物氧化后产水量和代谢后排水量（表 4-1-2）。

表 4-1-2　氧化后每克食物含水量

每克食物	氧化后产水量（ml）
糖类	0.6
脂肪	1.1
蛋白质	0.3

2. 水排出的途径

（1）肾脏：每日约 1000~2000ml 尿，最少为 500ml，否则会影响代谢废物的清除，就不能维持细胞外液成分的稳定性。

（2）肠道：粪中水分每日 50~200ml。

（3）皮肤分泌：在气温较低时每日有 350~700ml 未被察觉的汗分泌。高温情况下，汗液的排出每日可高达数千毫升。

（4）肺脏：正常人每日呼出 250~350ml 水分。

正常人消化道中每日分泌大量消化液,其中含水量约为血浆量的 1~2 倍。但几乎全被吸收,很少部分在粪便中排出。因此,如发生大量呕吐或腹泻,丢失水分之多是可想而知的。

3. 水的交换　虽然血浆和淋巴液仅占细胞外液总量的 1/4,但由于血管和淋巴管分布面积很广,由毛细血管组成的滤过面和吸收面极广,几乎是人体表面积的 3650 倍,且血液和淋巴液的流速很快,所以血管和淋巴管内、外水分交换迅速、频繁,有利于气体交换,养料供应和代谢产物的输送。正常情况时,动脉端毛细血管内流体静压平均超过血浆胶体渗透压,动脉端水分流向细胞间质,静脉端毛细血管内流体静压低于血浆蛋白渗透压。因此,水分又自间质透入静脉端的毛细血管内,形成血浆（或淋巴液）与组织间液的交换。但任何影响血管内流体静压或血浆蛋白渗透压的情况都可以破坏正常的体液交换,发生水肿等病理现象。细胞内、外的水分交换主要取决于细胞内、外电解质含量及渗透压的变化。

4. 水的调节　水电解质平衡的正常调节受抗利尿激素（ADH）和醛固酮（Aldosterone）的控制,前者调节细胞外液的渗透压,后者调节细胞内、外液的电解质含量,两者都受血容量的影响。失水时血容量下降,血浆渗透压升高,通过刺激渗透压受体,ADH 的分泌增多作用于肾远曲小管及集合管,加强了水分的再吸收,尿量下降,减少水分丢失。醛固酮通过调节钠盐经肾远曲小管、肠黏膜等的再吸收和钾的排出来维持细胞外液电解质量的稳定。

（二）电解质平衡

1. 钠的平衡　正常人体可交换的钠总量平均 37~41mmol/L,其中大部分在细胞外液和骨骼中。Na^+ 是细胞外液中的主要阳离子,只有约 10% 存在于细胞内液中,它是调节体液渗透压和容量的主要离子。

（1）钠的摄入:临床上通常测定的是血清中的钠含量,其正常值平均为 142mmol/L（137~148mmol/L）。正常成人每日需钠量一般为 100~170mmol/L（6~10g）,随气温变化,劳动强度等变化。钠的调节机制现在还不十分清楚。钠的吸收主要在胃肠道,少量在胃,大量在空肠吸收,可能通过 Na^+~K^+ 激活的 ATP 酶（三磷酸腺苷酶）系统来进行的。醛固酮或醋酸去羟皮质醇（DOCA）加强了这个运输系统的作用。

（2）钠的排出与回吸收:钠从尿、汗、粪中排出,其中肾脏是主要的调节器官。约 2/3 从肾小球滤出的钠,在肾近曲小管回吸收,小球与小管之间紧密联系配合的机制尚不明了。有两种假说,其一为渗透压假说,当肾血流量不变,如肾小球滤过率增加,其后果为滤过部分加大,在肾小球输出小动脉中血容量减少,于是输出小动脉中蛋白质含量增高,小管周围渗透压升高,这样近曲小管对盐和水的回吸收也加大,始终保持着小球 – 小管平衡。另一假说认为在视丘下或间脑分泌一种利钠激素,调节着近曲小管对钠的回收,虽然已经有相当多的间接证据支持着后一种假说,但是始终没有分离出这种激素。

肾脏回收钠的部位还有远曲小管和髓袢。钠回收的细调在远曲小管进行,受醛固酮的影响,而后者分泌受肾素 – 血管紧张素系统以及钾平衡的控制,肾素作用于血管紧张素原生成血管紧张素 I,又经转换酶的作用转换为血管紧张素 II,再经分解酶作用生成血管紧张素 III,后者刺激肾上腺分泌醛固酮,促使肾素分泌的因素是:肾灌注压降低或远曲小管的钠浓度改变。在髓袢钠的回吸收可能是继发于氯的主动回吸收。

（3）钠的生理功能：正常仅有约 1% 小球滤过的钠排出于尿。钠离子可以加强神经肌肉和心肌的兴奋性，但由于它是细胞外液中的主要阳离子，所以它的主要功能是参与维持和调节渗透压。血钠异常会引起神经肌肉活动异常（如肌肉痉挛、意识下降等）。

2. 钾的平衡 正常人体内可交换钾的总量为 34~35mmol/kg，是用同位素稀释法测定的。其中极大部分（98%）存在于细胞内，为细胞内液的主要阳离子。正常人血浆钾含量平均为 5mmol/L（3.5~5.5mmol/L）。细胞内液含钾平均 146mmol/L，大部分可以自由渗透。

（1）钾的摄入：人体内钾的来源主要为食物，一般为 3~4g/d。上消化道对钾的吸收是相当完全的，在下消化道血浆中的钾与肠腔中的钠交换，通过这个方法，钠可保存，因此腹泻、长期服泻药或经常灌肠均可导致大量失钾。

（2）钾的排出：正常情况下，钾从尿和汗液中丢失。体内钾的调节主要由肾脏来调节。肾小球滤过的钾有 15% 从尿中排出。如服大量钾剂，尿中排出量可达肾小球滤过液的两倍以上，说明肾小管有排钾的能力。因此，尿液中大部分钾是由肾小管排出的，而不是从小球滤液中来的。

（3）钾的回吸收：从肾小球滤过的钾，有 60%~80% 在近曲肾小管回吸收。到髓袢，钾的浓度增加，但在远曲肾小管的上段，其浓度降低至血浆浓度以下。再往下，钠的浓度和绝对值又渐增，此时钾的排出是由于钠的回吸收后造成的电解质梯度所致。虽然钾的排出取决于钠的回吸收，但在远曲小管细胞中的交换，并不是一个离子对一个离子的交换，因为在远曲小管，腔内还有 H^+ 也在与 Na^+ 交换。

在肾脏调节钾平衡上，醛固酮起着重要作用，它作用在远曲肾小管，可能通过改变小管腔膜对钠的通透性，于是增加腔内钠与细胞内钠交换。

（4）钾的生理功能

1）参与糖、蛋白质和能量代谢：糖原合成时，需要钾与之一同进入细胞，糖原分解时，钾又从细胞内释出。蛋白合成时每克氮约需要钾 3mEq，分解时，则释出钾，ATP 形成时亦需要钾。

2）参与维持细胞内、外液的渗透压和酸碱平衡。钾是细胞内的主要阳离子，所以能维持细胞内液的渗透压。酸中毒时，由于肾脏排钾量减少，以及钾从细胞内向外移，所以血钾往往同时升高，碱中毒时，情况相反。

3）维持神经肌肉的兴奋性。

4）维持心电功能。心肌细胞膜的电位变化主要动力之一是由于钾离子的细胞内外转移。钾的主要作用在于调节及稳定心肌细胞膜的休止电位，进而稳定心电活动。血钾过高会压抑及减慢心电活动（如心动过缓、房室传导阻滞）；血钾过低会刺激心电及加快心电活动（如早搏、心动过速）。

3. 镁的平衡 正常成人体内镁的总量约 1000~2000mmol，其中约 50%~60% 存在于骨骼中，其余储存在骨骼肌、心肌、肝、肾、脑等组织细胞内。体内镁离子总量仅 1% 在血浆中，正常平均为 2mmol/L（1.4~2.4mmol/L）。谷类、蔬菜、干果（如花生、栗子等）中镁含量均很丰富，牛奶、肉、鱼、海产品内镁的含量也不少。正常成人每天摄入镁在 10~25mmol 之间。约 70% 的摄入量排于粪便中，增加维生素 D 可增加镁的吸收，而钙的摄入量增加，镁吸收就减少。血清镁含量主要由肾调节，约 1/3 的摄入量由尿排出，钙负荷可增加镁的排出量。甲状旁腺素加强肾小管对滤液中镁的回吸收，甚至可以全部回吸收。低血清镁可以增加甲状旁腺素的释出,减少尿中镁的排出,并升高血清钙含量。但血清镁含量并不能作为镁缺乏的可靠指标,血清镁降低时,镁不一定确实丢失,同样,镁缺乏时,血清镁可能正常。镁的主要作用在于它是激活 ATP 酶和其他多种酶的金属辅酶,尤其在糖原分解过程中,镁起着很重要的作用。镁缺乏可能与洋地黄抑制 ATP 酶起协同作用,其结果为加大细胞内钾离子丢失,导致心肌对洋地黄敏感,加大对它的吸收,以致通常是非中毒剂量即可诱发洋地黄中毒,此外,镁缺乏可以加强神经肌肉的兴奋性,故急性低镁血症时,常见患者有抽搐症状。

第二节　水钠代谢失衡

　　水、钠关系十分密切,缺水和缺钠常伴存,体液代谢失衡有以失水为主或以缺钠为主,或二者等比例缺失(表 4-2-1)。故临床常因原发病的病因不同,水钠代谢紊乱的类型、代偿机制、临床表现、处理原则和护理措施亦不同。

表 4-2-1　不同类型脱水的特征

缺水类型	丢失成分	临床表现	实验室检查
等渗性	等比钠和水	舌干、不渴	血浓缩、血钠正常
低渗性	失钠大于失水	神志差,不渴	血钠↓
高渗性	失水大于失钠	口渴	血钠↑

一、高渗性脱水

【概述】

　　高渗性脱水(hypertonic dehydration)是因失水量多于失钠量,细胞外液形成高渗,与等渗的细胞内液形成渗透压梯度,水分从细胞内流向细胞外,引起细胞内脱水及各组织器官功能障碍。

【病因与机制】

　　1. 入水量不足　昏迷或重度精神失常缺乏口渴感、拒食、体力极度衰弱不能自理生活,意外事故造成与水源断绝超过一定时限,上消化道疾病引起进食困难等因素都是造成摄入水量不足的原因。

　　2. 失水量过多　①皮肤:正常人在高温环境下或发热患者大量出汗[汗内含氯化钠 5~43mmol/L(0.03~0.25g/dl)];②呼吸道:长时间过度呼吸、气管切开使呼出的水量比正常多达数倍;③消化道:大量呕吐及腹泻,尤其是低渗性水泻;④内分泌、代谢及泌尿系疾病等:尿崩症、对昏迷患者以高蛋白营养流质鼻饲引起的渗透性利尿,糖尿病非酮症高渗性昏迷,或以高渗葡萄糖液、甘露醇、山梨醇、甘氨酸等进行脱水治疗;肾小管对 ADH 不敏感;泌尿系梗阻性疾病等。

【临床评估与判断】

　　1. 病情评估　轻度脱水(失水量占体重 2%~3%),口渴。中度脱水(失水量占体重

3%~6%），极度口渴，烦躁不安，口腔黏膜干燥，心率增快，皮肤温热，直立性低血压。重度脱水（失水量占体重 6% 以上），面颊潮红，发热，谵妄，躁狂，昏迷，可出现休克，心衰，肾衰。

2. 辅助检查　有导致高渗性脱水的病史及症状，实验室检查：血红蛋白略高，血细胞比容略高，平均红细胞容积缩小，血钠 >145mmol/L，血浆渗透压 >310mmol/L（mOsm/kg·H_2O），尿少，尿比重增高，尿渗透压增高。

【急救与护理措施】

1. 可采取静脉输入补充丢失的水分，积极治疗原发病，去除病因。

2. 计算失水量公式

$$失水量 = \frac{实测血清钠量 - 正常血清钠量}{正常血清钠量} \times 0.6 \times 体重（kg）$$

此公式是将血钠降至 140mmol/L 时所需补水量，能口服者尽量口服，重症者可静脉输入，可用 5% 葡萄糖溶液，严重高钠者可用 0.45% 氯化钠溶液，纠正时不宜过快，以每小时血钠下降 0.5~1mmol/L 为宜。

过快易导致脑水肿和或神经脱髓鞘病变。补液过程中注意监测血钠及渗透压和神经系统症状。对于 ADH 过少引起者，应给予垂体后叶素治疗，对渗透性利尿药引起者应停用利尿药，同时注意血钾变化。

知识拓展

渗透性脱髓鞘综合征

渗透性脱髓鞘综合征（osmotic demyelination syndrome，ODS）或中央脑桥髓鞘溶解（central pontile myelinolysis，CPM）是一种严重的神经系统疾病，主要表现为脑桥中央髓鞘溶解症和脑桥外髓鞘溶解症。其发病原因及具体机制尚不清楚。1976 年 Tomlinson 首次发现治疗严重低钠血症时，快速纠正血钠水平可能出现严重并发症 ODS。此后又有证据表明，长期酗酒、营养不良、长期使用抗利尿药、肝功能衰竭、烧伤等也可以成为 ODS 的危险因素。临床表现为在低钠纠正后，脑病表现暂时缓解，但一段时间后，神经症状进一步恶化，比如假性延髓麻痹和痉挛性麻痹后出现一过性脑病、失语、行为改变甚至昏迷。神经胶质细胞凋亡是 ODS 发生最根本原因。

二、低渗性脱水

【概述】

低渗性脱水（hypotonic dehydration）是电解质的丢失大于水分的丢失。由于电解质的丢失，细胞外液因水向细胞内流动而浓缩，如同时又有水分的丢失，则细胞外液的浓缩和水分丢失更为严重，因此，临床上极易出现低血容量休克，同时由于细胞内液容量增大，细胞内液电解质浓度下降，最后导致细胞功能障碍，特别是细胞内代谢障碍，出现细胞水肿。

【病因与机制】

1. 引起等渗性脱水的原因如不及时治疗,均可导致低渗性脱水,可认为低渗性脱水是等渗性脱水进一步发展的结果。

2. 内分泌、代谢及泌尿系统疾病　慢性肾上腺皮质功能减退,糖尿病酮症酸中毒,急性肾功能衰竭多尿期,肾远曲小管酸中毒等。

3. 使用利尿药治疗时可引起失血性低钠血症。

知识拓展

抗利尿激素分泌不适当综合征

抗利尿激素分泌不适当综合征(syndrome of inappropriate secretion of antidiuretic hormone,SIADH)是由于抗利尿激素(ADH)分泌不按血浆渗透度的调节而异常增加,导致体内水的潴留、稀释性低钠血症等一系列临床表现。实验室检查表现为血钠 <130mmol/L、血浆渗透压 <270mmol/L、尿钠排泄增多、尿渗透压 > 血渗透压、肾功能正常。病因可由于肺癌(特别是燕麦细胞癌)、前列腺癌、淋巴瘤、肺部疾病(慢阻肺、肺结核、肺炎等)以及某些药物如长春新碱、环磷酰胺、三环类抗抑郁药等。治疗主要是病因治疗、限制入水量,血钠低于 120mmol/L 者补给高渗盐水。

【临床评估与判断】

1. 病情评估

(1)轻度脱水(每千克体重缺 NaCl 0.5g),头晕,乏力,手足麻木。

(2)中度脱水(每千克体重缺 NaCl 0.5~0.75g),恶心,呕吐,视物模糊,眼窝凹陷明显,皮肤弹性差,肌肉痉挛,血压下降,四肢厥冷,周围循环衰竭症状明显。

(3)重度脱水(每千克体重缺 NaCl 0.75~1.25g),出现神志淡漠,木僵,昏迷等。中枢神经系统因组织水肿而出现功能障碍。

2. 辅助检查　有导致低渗性脱水的病史及症状,实验室检查:血红蛋白增高,血细胞比容增高,平均红细胞容积体积增大,血钠 <135mmol/L,血浆渗透压 <280mmol/L,尿量早期多,后期少,尿钠少,后期极微,尿比重 <1.010。

【急救与护理措施】

根据症状及实验室检查结果,补充电解质及水分,同时治疗原发病去除病因。

1. 缺钠量的计算方法　根据所测血清钠含量(mmol/L)计算每千克体重缺少的氯化钠量。血清内 1mmol/L 钠 = 氯化钠 60mg,即以正常血清钠(135mmol/L)– 实测血清钠含量 / 体重(kg)。此比值乘以 60mg,就得出每千克体重需要补充的氯化钠量(mg/kg)。

2. 低渗性脱水失水量的计算公式

$$失水量(kg) = \frac{血清失钠量 \times 失水前体重}{正常血清钠}$$

应注意：

（1）因血清钠正常值为 135~145mmol/L，而血清氯正常值为 103mmol/L，故按计算应补充的氯化钠补充时，有可能导致高氯血症。

（2）纠正血钠的速度不宜过快，一般对急性低钠血症者最初 3~4 小时以 1~2mmol/L·h 为宜，直至症状缓解，24 小时不宜超过 10~12mmol/L。

（3）注意血钾、尿素氮等溶质对血钠的影响，要注意监测血清渗透压的变化。

（4）轻度患者可口服补充钠盐和水，中、重度的患者应以生理盐水静脉输入为主，严重的低钠血症时可用 3% 氯化钠溶液补充，同时注意纠正可能出现的其他电解质（K、Ca 等）和酸碱平衡失调。

三、等渗性脱水

【概述】

等渗性脱水（isotonic dehydration）是指水与电解质的丢失比例大致相等，以细胞外液减少为主。

【病因与机制】

1. 大面积皮肤烧伤、剥脱性皮炎等均从皮损处渗出大量血浆。

2. 胸膜炎引起的胸腔大量渗液以及长期的胸腔引流。

3. 消化道分泌液除唾液、胃液及结肠黏液含钠较少外，其余各段分泌液均属等渗性，故肠梗阻、胃肠减压、消化道瘘管等均使机体丢失大量等渗性体液，腹膜或腹膜后感染均使体液向炎症区积聚，炎症区的引流液造成等渗性失水，最常见的原因为呕吐和腹泻。

【临床评估与判断】

1. 病情评估

（1）轻度脱水（失水量占体重 2%~3%），口渴。

（2）中度脱水（失水量占体重 3%~6%），口渴加剧，烦躁乏力，肢端湿冷，脉搏细弱，皮肤弹性差，血压不稳等血容量不足的表现。

（3）重度脱水（失水量占体重 6% 以上），可出现休克，循环衰竭，肾衰及酸碱平衡失调。

2. 辅助检查　有导致等渗性脱水的病史及症状，实验室检查：血红蛋白增高，血细胞比容增高，血钠正常，血浆渗透压正常，尿量减少，尿比重增高。

【急救与护理措施】

同时补充水分及丢失的电解质，治疗原发病及去除病因。因为丢失的液体以等渗的方式使细胞外液减少，细胞内液无变化，但血细胞比容增加，故其失水量公式如下：

$$失水量 = \frac{失水后血细胞比容 - 正常血细胞比容}{正常血细胞比容} \times 0.6 \times 体重（kg）$$

首剂先给计算失水量的 1/3，补液种类，可选择生理盐水，5% 葡萄糖盐水，同时根据血气及电解质情况选择输入碳酸氢钠、林格液、氯化钾等溶液。原则仍是轻度可口服，重度则静脉补充，补液速度一般为 1 小时可补 1~2 升，根据其心功能及病情调整补液速度。

第三节　钾代谢失衡

一、低钾血症

【概述】

低钾血症是指血清钾浓度 <3.5mmol/L 的一种病理生理状态。造成低钾血症的主要原因是机体总钾量丢失，称为钾缺失。临床上体内总钾量不缺乏，也可因稀释或转移到细胞内而导致血清钾降低；反之，虽然钾缺乏，但钾从细胞内转移至细胞外或血液浓缩，又可维持正常血钾浓度，甚至增高。

【病因与机制】

1. 缺钾性低钾血症　特点是机体总钾量、细胞内钾和血清钾浓度均降低，其本质上是钾缺乏。

（1）摄入不足长期禁食、少食，每日钾的摄入量 <3g，并持续 2 周以上。

（2）排出过多主要经胃肠或肾丢失。①胃肠失钾；②肾失钾；③其他失钾如：大面积烧伤、放腹水、腹腔引流、腹膜透析、不适当的血液透析等。

2. 转移性低钾血症　由于细胞外钾转移至细胞内引起；体内总钾量正常，细胞内钾增多，血清钾浓度降低。

3. 稀释性低钾血症　细胞外液水潴留时，血钾浓度相对降低，机体总钾量和细胞内钾正常，见于水过多和水中毒，或过多、过快补液而未及时补钾时。

【临床评估与判断】

1. 病情评估

（1）缺钾性低钾血症

1）骨骼肌表现：一般血清钾 <3.0mmol/L 时，患者感疲乏、软弱、乏力；<2.5mmol/L 时，全身性肌无力，肢体软瘫，腱反射减弱或消失，甚而膈肌、呼吸肌麻痹，呼吸困难、吞咽困难，严重者可窒息。可伴麻木、疼痛等感觉障碍。病情较长者常伴肌纤维溶解、坏死、萎缩和神经退变等病变。

2）消化系统表现：为恶心、呕吐、厌食、腹胀、便秘、肠蠕动减弱或消失、肠麻痹等。严重者肠黏膜下组织水肿。

3）中枢神经系统表现：萎靡不振、反应迟钝、定向力障碍、嗜睡、昏迷。

4）循环系统表现：早期使心肌应激性增强，心动过速，可有房性、室性期前收缩；严重者呈低钾性心肌病，心肌坏死、纤维化。心电图显示：血钾降至 3.5mmol/L 时 T 波宽而低，Q-T 间期延长，出现 u 波；重者 T 波倒置，ST 段下移，出现多源性期前收缩或房性、室性心动过速、心室扑动，甚至心室颤动、心搏骤停。严重者因血管扩张可致血压下降。

5）泌尿系统表现：长期或严重失钾可致肾小管细胞变性、坏死，尿浓缩功能差，口渴多饮、夜尿多；进而发生失钾性肾病，出现蛋白尿、管型尿等。

6）代谢紊乱表现：钾缺乏时细胞内缺钾，细胞外 Na^+ 和 H^+ 进入细胞内，肾远端小管 K^+ 与 Na^+ 交换减少而 H^+ 和 Na^+ 交换增多，故导致代谢性碱中毒、细胞内酸中毒及矛盾性酸性尿,远端型肾小管酸中毒也可致低钾血症。

（2）转移性低钾血症:主要表现为发作性软瘫,称为周期性瘫痪。常突然起病（多在半夜或者凌晨发现肢体瘫痪或软弱）,多数以双下肢为主,少数累及四肢,严重者累及颈部以上,2小时达高峰,一般持续数小时或数日。

（3）稀释性低钾血症:主要见于水过多或水中毒时。

2. 辅助检查　血清钾 <3.5mmol/L。典型心电图改变为早期出现 T 波降低、变平或倒置,随后出现 ST 段降低、Q-T 间期延长和 u 波。但并非每位患者都出现心电图改变,故心电图检查仅作为辅助性诊断手段。

【急救与护理措施】

积极治疗原发病,给予富含钾的食物。除积极治疗原发病外,应及时补钾。

1. 补钾参照血清钾水平,大致估计补钾量

（1）轻度补钾:血清钾 3.0~3.5mmol/L,可补充钾 100mmol（相当于氯化钾 8.0 克）。

（2）中度补钾:血清钾 2.5~3.0mmol/L,可补充钾 300mmol（相当于氯化钾 24 克）。

（3）重度补钾:血清钾 2.0~2.5mmol/L,可补充钾 500mmol（相当于氯化钾 40 克）,但一般每日补钾不超过 200mmol（15 克氯化钾）为宜。

2. 药物补钾

（1）氯化钾:每克含钾 13~14mmol,最常用。

（2）枸橼酸钾:每克含钾约 9mmol。

（3）醋酸钾:每克含钾约 10mmol,枸橼酸钾和醋酸钾适用于伴高氯血症者（如肾小管性酸中毒）的治疗。

（4）谷氨酸钾:每克含钾约 4.5mmol,适用于肝衰伴低钾血症者。

（5）L-门冬氨酸钾镁溶液:每克含钾 3.0mmol,门冬氨酸和镁有助于钾进入细胞内。

3. 补钾途径

（1）轻者鼓励进食,口服钾盐,以氯化钾为首选,宜将 10% 氯化钾溶液稀释于果汁或牛奶中餐后服用,或改用氯化钾控释片,或换用枸橼酸钾或鼻饲补钾。可减少肠道反应。严重病例需静脉滴注补钾。

（2）静脉补钾速度以每小时补入 20~40mmol 为宜。

（3）浓度以含钾 20~40mmol/L 或氯化钾 1.5~3.0g/L 为宜。避免对静脉刺激。

二、高钾血症

【概述】

高钾血症是指血清钾浓度 >5.5mmol/L 的一种病理生理状态,此时体内钾总量可增多（钾过多）、正常或缺乏。

【病因与机制】

1. 钾排出减少　肾排钾减少,如肾小球滤过率下降、肾小管排钾减少如急性肾衰竭、应用保钾利尿药（如螺内酯、氨苯蝶啶）、盐皮质激素分泌不足等。

2. 钾摄入过多　饮食钾过多、服用含钾丰富的药物、静脉补钾过多、输入较大量库存血等。

3. 体内钾分布异常　细胞内钾移出至细胞外,见于溶血、严重组织损伤（横纹肌溶解综合征、挤压综合征、大面积烧伤）、代谢性酸中毒等。

> **知识拓展**
>
> ## 横纹肌溶解综合征（Rhabdomyolysis）
>
> 横纹肌溶解综合征是一系列影响横纹肌细胞膜、膜通道及其能量供应的多种遗传性或获得性疾病导致的横纹肌损伤、细胞膜完整性改变、细胞内容物（如肌红蛋白、肌酸激酶、小分子物质）漏出。表现有急性肾功能衰竭及代谢紊乱。常见病因：过度运动、肌肉挤压伤、缺血、代谢紊乱、毒物、药物、感染、自身免疫、极端体温差、生化检查、血清激酶增高、肌酐、尿素氮、尿酸增高、高钾、高磷血症、代谢性酸中毒、肌红蛋白血症等。临床症状可有肌肉强直、疼痛、病变部位肌肉退化、重症肌无力、尿色异常（黑、红或可乐色）。

【临床评估与判断】

1. 病情评估　主要表现为心肌收缩功能降低，心音低钝，出现心率减慢、室性期前收缩、房室传导阻滞、心室颤动及心跳停搏。心电图是诊断高钾血症程度的重要参考指标：血清钾 >6mmol/L 时，出现基底窄而高尖的 T 波；7~9mmol/L 时，PR 间期延长，QRS 波群变宽，R 波渐低，S 波渐深，ST 段与 T 波融合；>9~10mmol/L 时，出现正弦波，QRS 波群延长，T 波高尖，进而心室颤动。血压早期升高，晚期降低，出现血管收缩等类缺血症；皮肤苍白、湿冷、麻木、酸痛等中枢神经症状。

2. 辅助检查　血清钾 >5.5mmol/L。典型的心电图改变为早期 T 波高而尖，Q-T 间期延长，随后出现 QRS 波增宽，P-R 间期延长；心电图有辅助诊断价值。

【急救与护理措施】

当血钾 >6mmol/L，或者血钾尚不太高，但心电图已有典型高钾表现，或者有高钾所致的典型神经肌肉症状时，必须进行紧急处理。促使血钾水平下降的措施主要有：

1. 葡萄糖酸钙　可直接对抗血钾过高对细胞膜极化状况的影响，使阈电位恢复正常，防止或减低出现室颤的风险。常用 10% 葡萄糖酸钙溶液 10~20ml，稀释后在心电监护下缓慢静脉滴注。本法作用很快，治疗后 1~3 分钟即可见效，但持续时间较短，仅 30~60 分钟。如 10~20 分钟后未见效果可重复注射，但对使用洋地黄类药物者应慎用。

2. 碳酸氢钠　除对抗高钾对细胞膜作用外，还能促使钾进入细胞内。可用 5%NaHCO$_3$ 溶液静脉滴注，用后 30~60 分钟起作用，并持续数小时。本法优点为纠正高钾血症的同时还可以纠正酸中毒，但合并心力衰竭者慎用。小部分病例由于注射后快速产生碱血症，可诱发抽搐或手足搐搦症，此时可同时注射葡萄糖酸钙或氯化钙以对抗。

3. 葡萄糖和胰岛素　可促使细胞对 K$^+$ 摄取，从而使血钾下降，同时注射葡萄糖则可防止低血糖出现。使用方法为 10U 胰岛素加 50g 葡萄糖（10% 葡萄糖溶液 500ml）在 1 小时左右滴完。注射开始后 30 分钟起效，持续时间为 4~6 小时。通常应用上述剂量后血钾可下降 0.5~1.2mmol/L，必要时 6 小时后再重复一次。

4. 呋塞米　可促使钾从肾排出，一般可静注 40~80mg，但肾功能障碍时效果欠佳。

5. 离子交换树脂（Resonium）　可用降钾树脂（聚磺苯乙烯）25g 口服，每日 2~3 次。如不能口服可予以灌肠，剂量为 50g，每 6~8 小时一次。本药容易产生便秘，常与泻药如山梨醇合用（70% 山梨醇 15ml 口服或将降钾树脂与 50g 山梨醇混于 10% 葡萄糖 200ml 中灌肠）。降钾树脂的起效时间：口服约 1~2 小时，灌肠为 4~6 小时。每 50g 降钾树脂大约可使血钾下降约 0.5~1.0mmol/L。除恶心、便秘等副作用外，本药还同时可使 Ca^{2+} 从肠道排出。另外，降钾树脂中所含 Na^+ 与 K^+ 交换后进入体内，对心功能不全者有可能促发心力衰竭。

6. 透析　为最快和最有效的方法。可采用血液透析或腹膜透析，血液透析对钾的清除速度明显快于腹膜透析，血液透析每小时可清除 25~50mmol 钾，与血清钾浓度、血流量、透析器、透析液钾浓度等有关。腹透应用普通标准透析液在每小时交换 2L 情况下，大约可交换出 5mmol 钾，连续透析 36~48 小时可以去除 180~240mmol 钾。

7. 其他　包括处理原发疾病（如清创、排出胃肠道积血）及避免摄入含钾过多的饮食（如水果、咖啡等）。如酸中毒为诱发高钾血症的原因，应尽快同时纠正酸中毒。停用可使血钾水平上升的药物，包括抑制肾素 – 血管紧张素 – 醛固酮系统的药物、β- 肾上腺素能受体阻断、吲哚美辛及抑制钾在远端肾小管分泌的药物（如螺内酯、氨苯蝶啶）等。

第四节　钙磷代谢失衡

人体内钙绝大部分（99%）储存在骨骼中，细胞外液中钙含量很少。血清钙浓度为 2.25~2.75mmol/L，其中 50% 钙以离子形式存在。钙有维持神经肌肉稳定性的作用。依血清钙浓度不同，钙代谢异常可分为低钙血症和高钙血症，以前者多见。人体内的磷约 85% 存在于骨骼中，细胞外液中含量很少。正常血清磷浓度为 0.96~1.62mmol/L。磷是核酸及磷脂的基本成分，参与高能磷酸键的合成、蛋白质的磷酸化、细胞膜的组成及维持酸碱平衡等。磷代谢紊乱包括低磷血症与高磷血症，后者多见。但如果患者营养不良，会出现低磷血症，这会令身体细胞线粒体内的 ATP 减少，可产生肌肉无力，不利于长期使用呼吸机患者的脱机。

一、低钙血症

【概述】

低钙血症（hypocalcemia）是指血清钙浓度 <2.25mmol/L 的一种病生理状态。

【病因与机制】

1. 甲状旁腺功能减退症

（1）甲状旁腺激素分泌缺乏

1）特发性（自身免疫性）。

2）甲状旁腺激素基因突变。

3）手术后甲状旁腺功能减退症。

4）甲状旁腺浸润性疾病（血色病、肝豆状核变性）。

（2）功能性

1）低镁血症。

2）甲状旁腺术后（暂时性）。

（3）甲状旁腺素作用缺乏（甲状旁腺素抵抗）

1）低镁血症。

2）假性甲状旁腺功能减退症Ⅰ、Ⅱ型。

2. 甲状旁腺功能正常或增高

（1）肾功能衰竭。

（2）肠吸收不良。

（3）急性胰腺炎。

（4）维生素D缺乏或抵抗。

（5）药物：静脉注射双膦酸盐类、某些抗肿瘤药物。

知识拓展

低 钙 血 症

　　成人体内总的钙量约1000~1300g，99%以骨盐形式存在于骨骼和牙齿中，其余存在于各种组织中，细胞外液钙仅占总钙量的0.1%，约1g左右。成人血钙水平约为：2.25~2.75mmol/L，主要以三种形式存在：①游离钙（50%），也称离子钙；②蛋白结合钙（40%）；③可扩散钙（10%）。酸中毒或低蛋白血症时仅蛋白结合钙低，此时血钙低于正常但离子钙不低，不发生临床症状。反之碱中毒或高蛋白血症时，游离钙低，但蛋白结合钙增高，故血清钙正常，也会出现低钙血症的症状。因此低蛋白血症时要计算校正的钙浓度去诊断低钙血症。

【临床评估与判断】

1. 病情评估

（1）急性低钙血症表现

1）低钙血症的临床表现多种多样，轻者仅有生化改变，而无临床症状，病情严重者甚至威胁生命。该症的主要表现是神经肌肉的兴奋性增高，决定于血游离钙降低的程度和速度，还可因其他电解质的异常而加重，尤其是低镁血症。

2）低钙血症可有不同程度的手足搐搦、口周麻木。肢体远端感觉异常或肌肉痉挛、易激惹、焦虑或抑郁等症状。严重低钙血症可有喉痉挛、晕厥和各种类型的癫痫发作。

3）神经肌肉兴奋性增高的体征：包括面神经叩击征（Chvostek征）和束臂加压征（Trousseau征）。敲击患者耳前的面神经，诱发同侧面肌收缩为Chvostek征阳性（约10%正常成人可有Chvostek征呈假阳性）；束臂加压征用血压计袖套绑住上臂，将压力打至收缩压之上20mmHg维持2~3分钟，造成前臂缺血，阳性反应为拇指内收，腕及掌指关节屈曲，指间关节伸展。

4）低钙血症还可伴有非特异性的脑电图改变、颅内压升高和视神经盘水肿。血钙浓度明显下降还可对心肌产生影响，心电图表现为Q-T间期延长，可伴有心律失常或心功能不全。

（2）慢性低钙血症表现

1）长期低钙血症还可伴有一些外胚层来源组织的异常体征，如皮肤干燥、毛发枯萎和指甲易碎。牙齿异常的类型有助于判断低钙血症的初发年龄。

2）长期低钙和高磷血症可引起白内障。

3）甲状旁腺功能减退症患者可发生不同程度的基底节和大脑皮层钙化，头颅 CT 扫描的发现率约 50%，而头颅 X 线片发现率仅为 1%~2%。颅内钙化可引起不同程度的神经精神或认知功能障碍，以及骨转换减慢、骨钙动员减少、血磷升高，可引起韧带和肌腱等软组织钙化和骨质硬化。

2. 辅助检查 根据典型的神经肌肉兴奋性增高症状和体征，结合血总钙和游离钙水平，即可作出低钙血症的诊断，病史可帮助了解低血钙病因。

（1）血钙：低钙血症是重要的诊断依据，血总钙水平≤2.13mmol/L（8.5mg/dl）；有症状者，血总钙值一般≤1.88mmol/L（7.5mg/dl），血游离钙≤0.95mmol/L（3.8mg/dl）。血总钙水平测定简便易行，但由于 40%~50% 的血钙为蛋白结合钙，而主要与钙结合的蛋白是血白蛋白，因此在诊断时应注意血白蛋白对血钙的影响。常用的校正方法为血白蛋白每下降 1g/dl，血总钙下降 0.8mg/dl。在低白蛋白血症时，血游离钙的测定对诊断有重要意义。

（2）血磷：高血磷常提示甲旁减、假性甲旁减、肾功能衰竭，而低磷血症常见于维生素 D 代谢紊乱或肠道吸收障碍等。

（3）血碱性磷酸酶：甲状旁腺功能减退症时，血碱性磷酸酶正常，肾功能衰竭、维生素 D 缺乏时血碱性磷酸酶可升高。

（4）血 PTH：可帮助区分是否因甲状旁腺功能受损引起低钙血症。

（5）引起低钙血症的各种疾病的相关检查有助于明确病因诊断。

【急救与护理措施】

1. 治疗原则

（1）急性低钙血症：升高血钙至正常或接近正常范围，消除手足抽搐、喉痉挛、癫痫发作等症状；慢性低钙血症：纠正低钙血症，避免治疗后继发的高尿钙、高血钙，预防因长期低钙血症造成的慢性并发症。

（2）治疗引起低钙血症的原发病，如纠正维生素 D 缺乏、低镁血症、碱中毒或高磷血症等。

2. 治疗方法

（1）急性低钙血症的处理：对于有手足抽搐、癫痫发作、喉痉挛等急性低血钙情况，均需积极静脉补钙治疗。用 10% 葡萄糖酸钙 10~20ml 缓慢静脉推注（注射时间为 10 分钟左右），通常能使症状立即消失；如果症状复发，可于数小时后重复给药。抽搐严重顽固难以缓解者，可采用持续静脉滴注钙剂，10% 葡萄糖酸钙 100ml（含元素钙 930mg）稀释于生理盐水或葡萄糖液 500~1000ml 内，速度以每小时不超过元素钙 4mg/kg 体重为宜，定期监测血清钙水平，使之维持在 2.0~2.2mmol/L（8.0~8.8mg/dl）即可，避免发生高钙血症，以免出现致死性心律不齐。于 2 周内曾应用洋地黄类药物者需慎用钙剂，如临床必须用钙剂，一般不用静脉推注而采用滴注，且应进行心脏监护。

可同时每日口服补充 1000~2000mg 元素钙，并服用快速起效的 1, 25-（OH）$_2$D$_3$ 或 1-（OH）D$_3$，以促进钙的吸收。

（2）慢性低钙血症的处理：应长期口服钙剂及维生素 D 制剂。口服钙剂每日补充元素钙 1~1.5g，葡萄糖酸钙、乳酸钙、氯化钙和碳酸钙中分别含元素钙 9.3%、13%、27% 和 40%。钙剂在小剂量和酸性环境中吸收较好，宜少量多次，胃酸缺乏者，建议在进食后立即服用。

轻度无症状的慢性低钙血症患者,单纯口服钙剂就能恢复正常,调整剂量,不使 24 小时尿钙超过 350mg,以免发生尿路结石。

维生素 D_2 或 D_3 起效较慢,但作用时间长。$1,25-(OH)_2D_3$、$1-(OH)D_3$ 起效较快,作用维持时间短,停药后作用迅速减弱,无长期蓄积作用。肾功能不全者最好选用 $1-(OH)D_3$ 或 $1,25-(OH)_2D_3$,而肝功能不全者使用 $1,25-(OH)_2D_3$ 较为合适。

二、高磷血症

【概述】

高磷血症是指血磷浓度 >1.62mmol/L 的一种病生理状态。

【病因与机制】

1. 肾功能衰竭 排磷障碍导致血磷升高 80%,透析患者大多存在高磷血症。

2. 甲状旁腺功能减退 尿磷回吸收增多,血磷升高,血钙降低。

3. 维生素 D 过量 由于肠及肾小管吸收钙磷增加,骨动员钙磷入血可引起血磷增高。

4. 细胞损坏后磷转入血液内 由于多种原因导致的细胞破损,如高热、中毒等引起的代谢性酸中毒,常伴细胞分解代谢亢进和崩解。多种恶性肿瘤,特别是淋巴瘤、白血病化疗时由于细胞崩解而磷溢出至血循环。

5. 摄入与肠道吸收过多。

【临床评估与诊断】

1. 病情评估 高磷血症本身症状不明显,主要是原发病的一些表现。但高磷血症可引起残余肾功能进一步恶化、甲状旁腺功能亢进、肾性骨病、维生素 D_3 代谢障碍,会出现皮肤瘙痒、红眼、骨痛、骨折、关节痛等症状。合并低钙血症表现。异位钙化是高磷血症的一种表现。高磷血症可致心瓣膜钙化等心血管并发症的表现。

2. 辅助检查 导致高磷血症的病史及症状。实验室检查:血磷 >1.6mmol/L(儿童 >2mmol/L),血钙: <2.2mmol/L。提示甲状旁腺功能减退或有肾功能不全。血 PTH(甲状旁腺激素)下降,则提示原发性甲旁功能减退。血碱性磷酸酶,肾功能衰竭时可增高。X 线检查可有骨膜下钙化、皮下钙化、血管钙化表现。ECG 可有 Q–T 延长或异常 T 波表现。

【急救与护理措施】

1. 针对原发病治疗 如慢性肾功能衰竭、甲状旁腺功能减退。注意高磷对心血管的损害。

知识拓展

高磷血症对心血管的作用

高磷血症是慢性肾脏病的最常见的并发症,心血管疾病也是慢性肾脏患者死亡的一类诱因,超过 50% 的终末期肾病患者死于心血管疾病。大量临床资料研究与实践研究证实,高磷血症与慢性肾脏病矿物质与骨异常的多个不良结局相关,其中包括对心血管的危害,如外周动脉硬化、血管钙化、内皮功能受损、心肌纤维化,使心肌收缩力下降,冠状动脉硬化进一步加重。因此对于慢性肾脏病患者血磷的管理应予重视。

2. 对症治疗

（1）急性高磷血症患者,可输入葡萄糖扩容液,同时使用胰岛素及排钠利尿药。肾功能不全者可透析治疗。

（2）慢性高磷血症患者,如合并低钙血症,应针对低钙血症进行治疗,同时对高磷血症可口服与磷络合的药物,目前常用的有:①铝制剂（氢氧化铝凝胶）;②钙制剂（碳酸钙）;③镁制剂（醋酸镁）;④交换树脂类（司维拉姆）;⑤碳酸镧（福斯利诺）,前 3 种可有高钙血症副作用等,后 3 种疗效较好,但费用高。

（夏欣华）

第五章　酸碱平衡管理

学习目标

完成本内容学习后,学生将能:

1. 复述酸碱平衡常见指标的正常值及意义;
2. 列出常见的单纯酸碱平衡失调的病因、临床表现及血气分析的特点;
3. 描述混合酸碱平衡失调的常见类型;
4. 应用血气分析结果,判断酸碱平衡紊乱的类型。

第一节　单纯性酸碱平衡失调

在正常情况下,人体不断摄入和产生酸性、碱性的物质,通过血液缓冲以及肺和肾脏的调节作用使体液的酸碱度维持在正常的范围内,保证组织和细胞的正常功能,细胞外液适宜的酸碱度用 pH 值表示,正常范围为 7.35~7.45,这种生理情况下体液酸碱度相对稳定称为酸碱平衡。若体内的酸、碱物质超出人体代偿的范围,或调节机制发生障碍,即将出现不同类型的酸碱平衡失调。

知识拓展

酸中毒和碱中毒的代偿

当遭遇酸碱时,机体试图保持 pH 值稳定,呼吸功能和肾脏功能紊乱时代偿机制是不同的。在单纯酸碱平衡紊乱中,由原发紊乱刺激产生的 pH 值变化(而非 CO_2 或 HCO_3^- 的变化)是代偿的刺激因素。

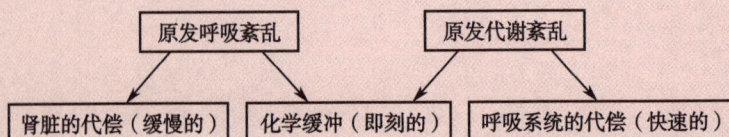

```
原发呼吸紊乱              原发代谢紊乱
    ↓      ↓            ↓        ↓
肾脏的代偿(缓慢的)  化学缓冲(即刻的)  呼吸系统的代偿(快速的)
```

一、代谢性酸中毒

代谢性酸中毒(metabolic acidosis)以原发性 HCO_3^- 降低(<22mmol/L)和 pH 值降低

（<7.35）为特征,主要原因是 H^+ 产生过多、排出受阻,或者 HCO_3^- 丢失过多,是最常见的一种酸碱平衡紊乱。

【病因与发病机制】

1. 代谢产生的酸性物质过多　腹膜炎、休克、高热等酸性产物过多导致体内强酸增加,如乳酸（乳酸性酸中毒）、酮酸（糖尿病酮症酸中毒）等。

2. 酸性物质摄入过多　外源性输入过多的酸性药物或摄入过多的酸性食物。

3. 氢离子排出减少　急性肾衰所致 H^+ 排出障碍以及Ⅰ型肾小管酸中毒。

4. 碱性物质丢失过多　腹泻、肠瘘、胆瘘、胰瘘等导致大量 HCO_3^- 经消化道丢失;肾脏 HCO_3^- 丢失包括:Ⅱ型肾小管酸中毒、碳酸抑制剂的使用以及糖尿病酮症酸中毒时酮酸的丢失等。

【分类】

1. 阴离子间隙（AG）增高性代谢性酸中毒　AG 增高性代谢性酸中毒的特点是 $AG>14mmol/L$（$AG=Na^+-HCO_3^--Cl^-$）,但血 Cl^- 正常,是由于固定酸摄入、产生过多和肾脏排泄固定酸减少所致。

（1）乳酸酸中毒:是 ICU 中最常见的 AG 增高性酸中毒,见于多种疾病,如脓毒症、脓毒性休克、低氧血症、局部组织缺血等。各种原因引起缺氧后导致细胞内糖无氧酵解增加,乳酸生成增加。乳酸是休克患者预后的标记物,也是治疗脓毒性休克复苏反应的标记物。

（2）酮症酸中毒:由于酮体堆积所致,临床多见于糖尿病酮症酸中毒、饥饿性酮症酸中毒、酒精性酮症酸中毒。

（3）肾性酸中毒:见于尿毒症、急性肾衰竭等。

2. 阴离子间隙（AG）正常性代谢性酸中毒　AG 正常是指 <14mmol/L,丢失的碳酸氢盐被氯化物所替代,结果阴离子间隙保持不变,维持在正常范围。由于 HCO_3^- 浓度降低而同时伴有 Cl^- 浓度代偿性升高,阴离子间隙正常性代谢性酸中毒也被认为是高氯性酸中毒。常见于碳酸氢盐经消化道丢失,如腹泻、肠瘘等;大面积烧伤时血浆外渗,伴有 HCO_3^- 丢失;肾性碳酸氢盐丢失或生成障碍,如肾衰时分泌 H^+ 减少、肾小管酸中毒 HCO_3^- 重吸收减少、碳酸抑制剂的使用等。

【代偿性反应】

1. 呼吸代偿　代谢性酸中毒时,体内 HCO_3^- 减少,H_2CO_3 相对增加,H^+ 浓度升高,呼吸的反应立刻开始,由于中央和化学感受器的刺激会在几分钟内就开始出现过度通气,加速 CO_2 的排出,降低 $PaCO_2$,并使 HCO_3^-/H_2CO_3 的比值接近或维持于 20:1,从而维持血液 pH 值在正常范围。但是整体的代偿反应充分发挥作用也需要 12~24h。如果肺部不通过这种方式来代偿（机械通气使用不当,产生不恰当的低分钟通气量）,代谢性酸中毒可能危及生命。

2. 代谢代偿　代谢性酸中毒时肾脏的代偿是辅助的,肾小管上皮细胞中的碳酸酐酶和谷氨酰胺酶活性增加,促进 NH_3 与 H^+ 结合后形成 NH_4^+,通过尿液排出,从而增加 H^+ 排出。此外,虽 $NaHCO_3$ 重吸收增加,但代偿能力有限。

【临床表现】

代偿阶段除原发病表现外可无明显酸中毒症状,仅有化验结果的改变。失代偿期可引起心血管系统、中枢神经系统和呼吸系统代偿性增加的改变。临床表现随病因的表现而不同，轻者常被原发病掩盖，可出现疲倦、乏力、口渴、少尿等；病情继续发展会出现较典型的呼吸深快，呼吸时有酮味；面色潮红，心率加快，脉搏细速微弱，血压下降，神志不清，甚至昏迷，患者常伴严重缺水的症状；酸中毒还可引起心肌收缩力和周围血管对儿茶酚胺的敏感性降低引起心律不齐和血管扩张，血压下降，急性肾功能不全和休克；对称性肌张力减退，腱反射减弱或消失；尿液检查一般呈酸性反应。急性或严重代谢性酸中毒对全身的影响见表 5-1-1。

表 5-1-1 急性或严重代谢性酸中毒对全身的影响

组织系统	代谢性酸中毒的影响
心血管	心肌收缩力下降、心排血量下降；心律失常、心电传导障碍；体循环动脉扩张会出现低血压
呼吸	过度通气，潮气量增加；肺血管阻力增加导致肺水肿；膈肌的力量减小出现呼吸肌疲劳
电解质与代谢	胰岛素抵抗/糖耐量改变；高血钾；高血钙；交感神经兴奋；儿茶酚胺与醛固酮释放
大脑	脑血流增加，精神状态萎靡，昏迷
肾脏	肾脏肥大、钙化或结石

【诊断】

1. 结合原发病的病史和临床表现。

2. 血气分析结果 pH 值 <7.35，$HCO_3^- <22mmol/L$，AB（实际 HCO_3^-）、BB（缓冲碱）、SB（标准 HCO_3^-）减少，AB<SB。若通过呼吸代偿，$PaCO_2$ 降低。

【治疗】

1. 积极治疗引起代谢性酸中毒的原发疾病。纠正电解质紊乱，恢复有效循环，改善组织灌注，改善肾功能等。

2. 阴离子间隙正常性代谢性酸中毒的特点是各种原因引起的 HCO_3^- 浓度降低，Cl^- 代偿性增高，所以治疗以补充 $NaHCO_3$ 等碱性药物为主。

3. 阴离子间隙增高性代谢性酸中毒的特点是 AG 增高，但 Cl^- 正常。主要原因是固定酸摄入过多、产生过多和肾排泄固定酸减少，治疗主要靠处理病因、改善通气和微循环为主，碱性药物不做首选。

4. 代谢性酸中毒严重时，可使用碳酸氢钠或乳酸钠补充 HCO_3^- 缓冲 H^+，碳酸氢钠作用迅速，疗效确切，不良反应较小。补充碱 5%$NaHCO_3$ 毫升数 =（BE-3）× 0.5 × kg，首剂 1/2 量，其余部分应根据血气分析结果进行调整。乳酸钠需在有氧条件下经肝乳酸脱氢酶作用转化，再经三羧酸循环才能起作用，已不作为一线补碱用药。

5. 综合处理时，由于代谢性酸中毒是原发病发展的一个病理生理过程，常伴水、电解质等内环境紊乱，由于病因不同，病情发展程度不一，因此进行补碱、补液等治疗措施也应根据具体情况而实施。

知识拓展

酸中毒与血清钾

　　酸中毒可引起高钾血症,相反,高血钾也可以引起酸中毒。但在临床中必须注意,有的代谢性酸中毒的患者可能伴随低钾血症的发生,纠正酸中毒时大量 K^+ 转移至细胞内,血清钾浓度会进一步下降危及生命,可见于糖尿病患者渗透性利尿而失钾,腹泻患者的失钾等。纠正酸中毒时应密切监测血清钾的水平,适当补钾。

二、代谢性碱中毒

　　代谢性碱中毒(metabolic alkalosis)以体内 HCO_3^- 升高(>26mmol/L)和 pH 增高(>7.45)为特征,基本原因是失酸(H^+)或得碱(HCO_3^-)。

【病因与发病机制】

　　1. 氢离子经胃肠道丢失过多　严重呕吐(幽门梗阻)或持续胃肠减压等所致 H^+ 丢失过多。

　　2. 利尿药的作用　呋塞米等利尿药抑制近曲肾小管对 Na^+ 和 Cl^- 的重吸收,利尿后 Na^+ 和 Cl^- 丢失过多,导致低氯性碱中毒。

　　3. 碱性物质摄入过多　消化性溃疡时服用大量碳酸氢钠导致 HCO_3^- 摄入过多;输入 $NaHCO_3$ 纠正酸中毒和抗休克后,乳酸被较快清除,也可出现代谢性碱中毒。

　　4. 低钾血症　低钾时,细胞内 K^+ 向细胞外转移,同时细胞外 H^+ 向细胞内移动,发生代谢性碱中毒,此时细胞内 H^+ 增多,肾脏泌 H^+ 增多,出现反常性酸性尿。

【代偿反应】

　　1. 呼吸代偿　在所有酸碱平衡紊乱中,代谢性碱中毒继发的呼吸代偿是最大的。代谢性碱中毒时 H^+ 浓度降低,导致代偿性低通气,低通气导致低氧血症,由于低氧的刺激,呼吸中枢受抑制,呼吸变浅变弱,使 CO_2 排出减少,$PaCO_2$ 升高维持 HCO_3^-/H_2CO_3 接近正常,从而稳定 pH 值。但这种代偿往往是不完全的,呼吸抑制有一定限度,这也限制了碱中毒的呼吸代偿程度,肺代偿的极限是 $PaCO_2$ 高达 60mmHg,如果超出则可能会并发呼吸性酸中毒或非常严重的代谢性碱中毒。

　　2. 代谢代偿　肾脏的作用发挥较晚,肾小管上皮细胞中的碳酸酐酶和谷氨酰胺酶活性降低,一方面泌 H^+ 和 NH_3 生成减少,另一方面 HCO_3^- 重吸收减少,使血浆 HCO_3^- 浓度下降。另外,代谢性碱中毒时氧合血红蛋白解离曲线左移,氧气不易从血红蛋白中释放,组织获得氧气减少,患者出现低氧状态。

【临床表现】

　　轻者常无明显表现,且易被原发病的症状如呕吐等掩盖。有时会表现为呼吸浅慢或精神症状,如躁动、兴奋、嗜睡等,严重时发生昏迷;血浆游离钙降低,导致神经肌肉兴奋性增加,可能会有手足搐搦,腱反射亢进的表现;常伴有低钾血症,引起多尿、口渴,严重时出现心律失常。急性或严重代谢性碱中毒对全身的影响见表 5-1-2。

表 5-1-2 急性或严重代谢性碱中毒对全身的影响

组织系统	代谢性碱中毒的影响
心血管	心肌收缩力增强,冠状动脉血流下降,心律失常
呼吸	通气量降低
电解质与代谢	低血钾,低血钙,低血磷
神经肌肉	脑血管收缩,手足抽搐,淡漠、谵妄、昏迷

【诊断】

1. 结合原发病的病史和临床表现。

2. 血气分析的结果 pH 值 >7.45,$HCO_3^->26mmol/L$,AB、BB、SB 增加,AB>SB。若通过呼吸代偿,$PaCO_2$ 升高,但不超过极限。

【治疗】

积极消除病因,治疗原发病才能彻底治愈碱中毒。可使用 NH_4Cl 纠正碱中毒的同时纠正低钾血症或低氯血症,肝功能障碍者不宜使用。轻度碱中毒的患者可选用等渗盐水静点,其中 Cl^- 含量高于血清中 Cl^- 含量约 1/3,能纠正低氯性碱中毒。根据监测结果及时纠正低血钾、低血钙等电解质紊乱。对于体液容量增加或水负荷增加的患者,可考虑给予碳酸酐酶抑制剂(如乙酰唑胺),以增加 HCO_3^- 从尿液排出。

三、呼吸性酸中毒

呼吸性酸中毒(respiratory acidosis)以原发性的 $PaCO_2$ 增高(>45mmHg)及 pH 值降低(<7.35)为特征的高碳酸血症,主要由肺泡通气功能障碍所致。

【病因与发病机制】

1. 呼吸中枢受抑制 镇静、麻醉药物使用过量,中枢神经病变等。

2. 呼吸道梗阻 喉痉挛、支气管痉挛、溺水、颈部肿块或血肿压迫气管等。

3. 肺部疾病 ARDS、肺不张、肺水肿等。

4. 胸部疾病 胸腔积液、气胸、手术、创伤等

5. 神经肌肉类疾病 重症肌无力、脊髓灰质炎、破伤风等。

【代偿反应】

呼吸性酸中毒时由于肺通气功能障碍,人体主要通过非碳酸氢盐缓冲系统及肾脏代偿。急性呼吸性酸中毒时,肾脏代谢缓慢,主要靠细胞内外离子交换及细胞内缓冲代偿。由于 CO_2 增多,血浆 H_2CO_3 升高,解离生成 H^+ 和 HCO_3^-,H^+ 与细胞内 K^+ 交换进入细胞内被蛋白质缓冲,HCO_3^- 浓度升高。此外,血浆中 CO_2 也可弥散进入红细胞,进一步转变成 H^+ 和 HCO_3^-,H^+ 被血红蛋白缓冲,HCO_3^- 进入血浆与 Cl^- 交换,从而使血浆中 HCO_3^- 浓度升高。由于这种离子的缓冲十分有限,不足以维持 HCO_3^-/H_2CO_3 接近正常,所以常表现为代偿不足或失代偿状态。慢性呼吸性酸中毒的代偿反应见第三节。

【临床表现】

临床主要表现为呼吸困难,可出现气促、胸闷,因缺氧导致发绀、头痛等;若酸中毒加重可伴有血压下降、嗜睡、谵妄或昏迷。CO_2 蓄积过多会导致脑血管扩张、颅内压增

高,严重脑缺氧可引起脑水肿、脑疝的发生。另外,严重酸中毒时出现高钾血症,血钾浓度急剧上升会出现心律失常,可引起突发性心室纤颤。急性呼吸性酸中毒的临床特点见表 5-1-3。

表 5-1-3　急性呼吸性酸中毒的临床特点

组织系统	临床特点
大脑	脑血管扩张,导致颅内压增高,出现意识模糊,严重情况导致意识丧失
心血管系统	由于交感神经刺激,出现心动过速、心律失常等 由于周围血管扩张导致低血压、头痛
血液	急性高碳酸血症能短暂的使氧 – 血红蛋白解离曲线右移
肺	呼吸困难、气促、胸闷,横膈膜收缩力和耐受力下降时出现呼吸肌疲劳
电解质	高钾血症

【诊断】

1. 结合原发病史及临床表现。

2. 血气分析结果　pH 值 <7.35,$PaCO_2$ 原发性升高 >45mmHg,AB、BB、SB、BE(碱剩余)增加或正常。若通过代谢代偿,HCO_3^- 升高。

【治疗】

积极治疗原发病,改善通气功能,排出过多的 CO_2,必要时给予气管插管或气管切开,根据患者具体情况实施人工通气、解除支气管痉挛、祛痰、兴奋呼吸中枢、给氧等措施,应避免给予高浓度吸氧,以免抑制呼吸中枢。使用机械通气的患者,应利用呼吸机去增大潮气容积和加快呼吸速率,促使体内蓄积的 CO_2 排出体外。另外,还需及时纠正伴随的水、电解质紊乱。

四、呼吸性碱中毒

呼吸性碱中毒(respiratory alkalosis)以原发性的 $PaCO_2$ 降低(<35mmHg)及 pH 值增高(>7.45)为特征的低碳酸血症。主要由肺泡通气过度所致。

【病因与发病机制】

1. 代谢异常　甲状腺功能亢进、高热等。

2. 精神性过度通气　可见于癔症。

3. 中枢神经系统疾病　如颅内压增高、脑卒中、中枢神经系统感染、颅脑损伤、颅内出血的患者。

4. 乏氧性缺氧　如肺炎、肺血栓栓塞症、气胸等引起胸廓、肺血管或肺组织传入神经受刺激而反射性通气增加。

5. 人工通气过度　呼吸机使用不当。

6. 其他　妊娠、分娩等情况。

【代偿反应】

在急性和慢性急性呼吸性碱中毒时,血清中碳酸氢盐作为代偿过程,下降的幅度是不一样的。急性呼吸性碱中毒常见于人工呼吸机过度通气、高热等情况，血浆 H_2CO_3 浓度迅速降低，HCO_3^- 相对升高，主要通过细胞内缓冲，H^+ 移至细胞外与 HCO_3^- 结合，使 HCO_3^- 下降，H_2CO_3 有所回升，维持 HCO_3^-/H_2CO_3 接近正常范围。此外，部分血浆中 HCO_3^- 与红细胞内的 Cl^- 交换，进入细胞内与 H^+ 结合生成 CO_2，弥散入血浆，使 H_2CO_3 有所回升。慢性呼吸性碱中毒代偿反应见第三节。

【临床表现】

呼吸由深快转为浅快、短促；由于组织缺氧常伴有头痛、头晕等精神症状；血清游离钙降低引起感觉异样，如口周局部麻木及针刺感、肌震颤、手足抽搐及 Trousseau 阳性，常伴心率加快。急性呼吸性碱中毒的临床特点见表 5-1-4。

表 5-1-4　急性呼吸性碱中毒的临床特点

组织系统	临床特点
中枢神经系统	感觉异样、手足痉挛、口周麻木、肌肉痉挛、扑翼样震颤、意识模糊、意识丧失
心血管系统	心律失常、冠状动脉缺血、心肌收缩力下降
血液	血液浓缩（由于血浆转移到血管外），Hb 对 O_2 的亲和力增加
肺	低碳酸血症时 O_2 的摄取增加，O_2 对外周组织的释放降低
电解质	轻度的血钾降低，血浆中游离钙离子下降，可能还存在低钠血症和低氯血症

【诊断】

1. 结合原发病史及临床表现。

2. 血气分析结果　pH 值 >7.45，$PaCO_2$<35mmHg，AB、BB、SB、BE 下降或正常。若通过代谢代偿，HCO_3^- 降低。

【治疗】

积极处理原发病的同时给予对症治疗。一般把患者安静下来后，会减少 CO_2 的呼出。对于机械通气的患者来说，可利用呼吸机去减低潮气容积和减慢呼吸频率，促使体内的 $PaCO_2$ 回升。手足抽搐时可静脉给予葡萄糖酸钙。治疗的同时应密切注意电解质的变化，给予纠正。

五、血气分析

【血气分析的各种指标和意义】

1. pH 值　为 H^+ 浓度的负对数，由代谢成分和呼吸成分的比值决定。正常动脉血 pH 值为 7.35~7.45。受呼吸和代谢双重因素影响。pH 值 >7.45 表示碱中毒，pH 值 <7.35 表示酸中毒，pH 值在正常范围内也可能存在酸碱平衡紊乱，但机体处于代偿期。

2. 动脉血二氧化碳分压（$PaCO_2$）　是指呈物理状态溶解在血浆中的二氧化碳所产生的张力。正常值为 35~45mmHg。二氧化碳弥散的速度很快，$PaCO_2$ 与肺泡二氧化碳分压相似，是反映呼吸性酸碱平衡紊乱的重要指标。

3. 标准碳酸氢盐（standard bicarbonate，SB）　是指全血在标准条件下（温度 37℃，血红蛋白的氧饱和度为 100%，$PaCO_2$ 为 40mmHg）测得的血浆中 HCO_3^- 的含量。正常值为 22~26mmol/L。是反映代谢性酸碱平衡紊乱的指标，不受呼吸因素的影响。代谢性酸中毒时降低，代谢性碱中毒时升高。

4. 实际碳酸氢（actual bicarbonate，AB）　是隔绝空气的标本在实际体温、$PaCO_2$ 与血氧饱和度条件下测得的 HCO_3^- 的含量。正常值为 22~26mmol/L。AB 反映的血液中代谢成分的含量，也受呼吸因素的影响。AB>SB 表明有二氧化碳潴留，见于呼吸性酸中毒或代偿后的代谢性碱中毒，AB<SB 表明通气过度，见于呼吸性碱中毒或代偿后的代谢性酸中毒。

5. 缓冲碱（buffer base，BB）　是指血液中一切具有缓冲作用的所有负离子的总和。通常在标准条件下测定，正常值为 45~55mmol/L。反映代谢因素的指标，不受呼吸因素的影响，代谢性酸中毒时减小，代谢性碱中毒时增加。

6. 碱剩余（base excess，BE）　是指在标准条件下，将 1L 全血或血浆的 pH 滴定到 7.40 时所需要的酸或碱的量，正值表示碱剩余，负值表示碱不足。BE 正常值为 −3~+3mmol/L。是反映代谢成分的指标，但在慢性呼吸性酸中毒或碱中毒时 BE 也可出现代偿性变化。

7. 阴离子间隙（anion gap，AG）　是指血浆中未测定的阴离子与未测定的阳离子的差值。细胞外液阴离子总量相等，故 AG 可用血浆中可测定的阴离子与阳离子的差值算出，正常值约为 14mmol/L。AG 是反映血浆中固定酸含量的指标，能够帮助区别代谢性酸中毒的类型和诊断混合型酸碱平衡紊乱。计算公式为：$AG = Na^+ - HCO_3^- - Cl^-$。

8. 二氧化碳结合力（CO_2CP）　是指血浆中呈化学结合状态的二氧化碳的量。反映血浆中 HCO_3^- 的含量，正常值为 23~32mmol/L。

【酸碱平衡的判断】

急重症患者血气分析及酸碱平衡紊乱的判断是非常复杂的。可用六步解读法来分析 pH、HCO_3^-，以及代偿的程度，这种方法以 Henderson Hasselbalch 公式为核心。这种方法是一种快速的解读方法。根据测量与计算血液 pH、$PaCO_2$、HCO_3^- 和 AG 来分析酸碱平衡紊乱主要组成部分，包括对代偿是否完全的二次计算，以及 HCO_3^- 是否代偿了 AG 的变化。单纯酸碱平衡紊乱的代偿公式见表 5-1-5。几种常见酸碱平衡紊乱的血气分析见表 5-1-6。

表 5-1-5　单纯酸碱平衡紊乱的代偿公式

酸碱紊乱的类型	代偿公式	代偿限值
代谢性酸中毒	$PaCO_2 = (1.5 \times HCO_3^-) + 8 \pm 2$	10mmHg
代谢性碱中毒	$PaCO_2 = (0.7 \times HCO_3^-) + 21 \pm 1.5^*$	55mmHg
急性呼吸性酸中毒	$HCO_3^- = [(PaCO_2 - 40)/10] + 24$	30mmol/L
慢性呼吸性酸中毒	$HCO_3^- = [(PaCO_2 - 40)/3] + 24$	45mmol/L
急性呼吸性碱中毒	$HCO_3^- = [(40 - PaCO_2)/5] + 24$	18mmol/L
慢性呼吸性碱中毒	$HCO_3^- = [(40 - PaCO_2)/2] + 24$	12~15mmol/L

注：* 当 $HCO_3^- > 40$mmol/L 时，用公式 $PaCO_2 = (0.75 \times HCO_3^-) + 19 \pm 7.5$

表 5-1-6　几种常见酸碱平衡紊乱的血气分析

类型			HCO₃⁻/H₂CO₃	pH	SB mmol/L	PaCO₂ mmHg	BE mmol/L
正常值			20/1	7.4（7.35~7.45）	24（22~26）	40（33~46）	±3
酸中毒	代谢性	代偿性	=	=	↓	↓	−→
		失代偿性	<20/1	↓	↓↓	↓	−→
	呼吸性	代偿性	=	=	↑	↑	+→
		失代偿性	<20/1	↓	=↑	↑↑	=+→
碱中毒	代谢性	代偿性	=	=	↑	↑	+→
		失代偿性	>20/1	↑	↑↑	↑	+→
	呼吸性	代偿性	=	=	↓	↓	−→
		失代偿性	>20/1	↑	=↓	↓↓	=−→

注：↑升高，↓下降，→增大，=接近正常，+正值，−负值

第一步：判断患者存在酸中毒还是碱中毒——混合性紊乱时 pH 值可能在正常范围，应根据 PaCO₂、碳酸氢盐、阴离子间隙是否正常判断。

第二步：判断患者主要存在代谢性紊乱还是呼吸性紊乱——判断引起 pH 值变化的是 PaCO₂ 还是 HCO₃⁻，当血清 HCO₃⁻ 降低存在代谢性酸中毒，升高存在代谢性碱中毒；PaCO₂ 升高存在呼吸性酸中毒，降低存在呼吸性碱中毒。

第三步：明确对于主要的紊乱是否发生了适当的代偿——如果存在代谢性酸碱紊乱，呼吸代偿是否完全？如果存在呼吸性酸碱紊乱代谢代偿是否完全？

第四步：阴离子间隙是否升高——如 AG 升高，那么 AG 的改变是否约等于血清中碳酸氢盐浓度的改变？如果不是，应考虑额外的非阴离子间隙性酸中毒或碱中毒。

第五步：确定分析结果是否支持临床情况。

第六步：判断血气检测设备和标本的可靠性。应用 Henderson Hasselbalch 方程计算检测到的参数 $[H^+]=24 \times PaCO_2/[HCO_3^-]$。

（关 欣）

第二节　混合性酸碱平衡失调

重症患者病情严重、发展迅速常导致多器官功能受累，易发生两种或两种以上的酸碱平衡紊乱同时出现，称为混合性酸碱平衡紊乱。随着病情的变化及治疗的进展，酸碱平衡紊乱会出现不同的组合和表现形式，因此，在病因治疗的基础上正确识别和判断酸平衡紊乱的类型具有重要的临床指导意义。多种酸碱紊乱共存的情况见表 5-2-1。

表 5-2-1　多种酸碱紊乱共存的情况

2 种呼吸性酸碱紊乱 不能共存:肺不可能 同时保留和排出 CO_2	其他 4 种(单纯)酸碱平衡紊乱可能出现不同的组合		
	2 种酸碱紊乱并存		3 种酸碱紊乱并存
	2 种代谢酸碱紊乱可 以同时存在	1 种代谢性酸碱紊乱 可以与 1 种呼吸性酸 碱紊乱同时存在	2 种代谢性酸碱紊乱 可以与 1 种呼吸性酸 碱紊乱同时发生

一、相加性酸碱平衡紊乱

（一）代谢性酸中毒并呼吸性酸中毒

在严重通气功能障碍,CO_2 潴留的基础上,由于低氧血症导致有机酸产生增多,阴离子间隙增高会出现代谢性酸中毒并呼吸性酸中毒。

此时,由于呼吸性和代谢性因素的指标均向酸性变化,呈严重的失代偿状态。pH 值明显下降,$PaCO_2$ 增高,HCO_3^- 降低、AB>SB、BE 负值增大、AG 增大。治疗时应控制原发病,改善循环,纠正缺氧、改善通气,加速 CO_2 的排出。

（二）代谢性碱中毒并呼吸性碱中毒

代谢性碱中毒并呼吸性碱中毒临床较为少见,应用呼吸机治疗并输入碱性药物过多时可发生。此时,呼吸性和代谢性因素的指标均向碱性变化,pH 值明显升高,$PaCO_2$ 下降,HCO_3^- 升高,AB<SB、BE 正值增大,出现电解质紊乱,如低血钾、低血氯、低血钙等。治疗时应减少通气、及时补充电解质。

二、相消性酸碱平衡紊乱

（一）代谢性酸中毒并呼吸性碱中毒

重症患者在出现代谢性酸中毒时,若引起代偿性过度通气而发生呼吸性碱中毒,则称为代谢性酸中毒并呼吸性碱中毒。此时,pH 值可正常,HCO_3^- 明显减少,BE 负值增大,AB<SB,$PaCO_2$ 下降,血氯及 AG 均增高。

（二）代谢性碱中毒并呼吸性酸中毒

常见于通气功能障碍的患者,在通气未改善之前使用大量 $NaHCO_3$ 或大量使用利尿药。pH 值变化不大,甚至在正常范围。$PaCO_2$ 与 HCO_3^- 均升高,而且超过了彼此代偿的范围,BE 正值增大。

（三）代谢性酸中毒并代谢性碱中毒

在糖尿病或肾脏功能不全时易发生代谢性酸中毒并代谢性碱中毒,血气特点为 pH 值与 $PaCO_2$ 均正常,AG 增高提示代谢性酸中毒,HCO_3^- 可正常,但实际测得的 HCO_3^- 是被增高的 AG 消耗一部分后的值,应低于正常,如实测 HCO_3^- 不低,则表明存在代谢性碱中毒。治疗应在控制原发病的基础上保护肾功能,改善循环,增加尿量,加速 AG 的降低。常见混合性酸碱平衡紊乱的临床情况见表 5-2-2。

表 5-2-2　混合性酸碱平衡紊乱的临床情况

临床情况	酸碱平衡紊乱
心跳呼吸骤停	代谢性酸中毒（循环衰竭导致乳酸酸中毒）+呼吸性酸中毒（呼吸停止）
心源性休克伴肺水肿	代谢性酸中毒（循环衰竭和低氧血症导致乳酸酸中毒）+呼吸性酸中毒（肺水肿导致低通气）
慢性肾衰竭伴有呼吸衰竭	代谢性酸中毒+呼吸性酸中毒（任何原因导致的呼吸性酸中毒）
电解质异常伴有腹泻	代谢性酸中毒（分泌性腹泻，低钾血症的主要病因）+呼吸性酸中毒（低钾血症相关的呼吸肌疲劳）
妊娠剧烈呕吐	代谢性酸中毒（呕吐导致低氯性碱中毒）+呼吸性碱中毒（妊娠导致生理性高通气）
肝硬化伴有呕吐	代谢性酸中毒（呕吐导致低氯碱中毒）+呼吸性碱中毒（慢性肝病）
肝硬化使用利尿药	代谢性酸中毒（利尿药）+呼吸性碱中毒（慢性肝病）
脓毒症休克	代谢性酸中毒（乳酸酸中毒）+呼吸性碱中毒（反射性呼吸急促）
糖尿病酮症酸中毒和脓毒症（如肺炎）	代谢性酸中毒（糖尿病酮症酸中毒）+呼吸性碱中毒（脓毒症/肺炎相关的呼吸急促）
肾衰竭和肺炎	代谢性酸中毒+呼吸性碱中毒（肺炎相关性反射性呼吸急促）
肝肾综合征	代谢性酸中毒（肝和肾源性）+呼吸性碱中毒（肝源性）
慢性呼吸衰竭合并呕吐	代谢性酸中毒（低氯碱中毒）+呼吸性酸中毒（早已存在的慢性呼吸系统疾病）

（韩媛媛）

第三节　慢性酸碱平衡失调

一、慢性呼吸性酸中毒

慢性呼吸性酸中毒一般见于以下情况：肺实质长期存严重的间质性肺病；慢性神经肌肉类疾病；原发性肺泡低通气；胸壁疾病；持续哮喘、严重 COPD 等。

与急性呼吸性酸中毒相比，慢性呼吸性酸中毒时机体能产生相对较好的耐受，由于代偿机制，患者会有很高的 $PaCO_2$ 水平，却保持无明显的症状。

慢性呼吸性酸中毒主要由肾脏代偿，由于 $PaCO_2$ 和 H^+ 浓度增加，增加了肾小管上皮细胞碳酸酐酶和线粒体中谷氨酰胺的活性促使肾小管上皮泌 H^+ 和 NH_4^+，同时增加对 HCO_3^- 的重吸收，利于维持 HCO_3^-/H_2CO_3。经过一段时间代偿，pH 值可恢复到接近正常的水平，如

pH 值呈明显酸性,可预期在慢性呼吸性酸中毒的基础上又出现了急性呼吸性酸中毒,或代谢性酸中毒。

二、慢性呼吸性碱中毒

慢性呼吸性碱中毒一般见于慢性颅脑疾病、肺部疾病、肝脏疾病等引起低碳酸血症持续存在,主要通过肾脏代偿。

小结:一般而言,分析急性单纯性酸碱失调比较简单,可以从 pH、$PaCO_2$ 及 HCO_3^- 的变化来推断。但分析混合性及慢性酸碱失调比较复杂,很难单纯依靠 pH、$PaCO_2$ 及 HCO_3^- 的变化和之间的关系就能推断出结果,还要结合患者病史、代偿反应、临床表现及利用方程式进行推算,才能作出更有效及准确的分析和判断。

（韩媛媛）

第六章 呼吸系统疾病重症患者的护理

第一节 呼吸衰竭

【概述】

呼吸衰竭(respiratory failure)简称呼衰,是指各种原因引起的肺通气和(或)换气功能严重损害以致在静息状态下亦不能维持足够的气体交换,导致缺氧伴或不伴二氧化碳潴留,从而引起一系列生理功能和代谢紊乱的临床综合征。呼吸衰竭是临床上经常遇到的一种危重病症,实际上许多重症疾病均可发生呼吸衰竭,故呼吸衰竭实际上是一个综合征,而不是一种疾病。其临床表现缺乏特异性,明确诊断有赖于动脉血气分析:在海平面、静息状态、呼吸空气条件下,动脉血氧分压(PaO_2)<60mmHg,伴或不伴有二氧化碳分压($PaCO_2$)>50mmHg,可诊断为呼吸衰竭。在临床实践中,通常按照动脉血气分析、发病急缓及发病机制进行分类:

1. 按照动脉血气分析　分为低氧性呼吸衰竭(又称Ⅰ型呼吸衰竭)和高碳酸性呼吸衰竭(又称Ⅱ型呼吸衰竭),见表 6-1-1。

表 6-1-1　动脉血气分析判断呼吸衰竭类型

类型	低氧性呼吸衰竭	高碳酸性呼吸衰竭
缺氧或 CO_2 潴留	仅有缺氧,无 CO_2 潴留	既有缺氧,又有 CO_2 潴留
血气分析	PaO_2<60mmHg,$PaCO_2$ 降低或正常	PaO_2<60mmHg,$PaCO_2$>50mmHg
原因	肺换气功能障碍	肺泡通气不足

2. 按照发病急缓　可分为急性呼吸衰竭和慢性呼吸衰竭;
3. 按照发病机制　可分为通气性衰竭(泵衰竭)和换气性衰竭(肺衰竭)。

【病因与发病机制】

1. 病因　完整的呼吸过程由相互衔接且同时进行的外呼吸、气体运输和内呼吸三个环节组成。参与外呼吸（即肺通气和肺换气）任何一个环节的严重病变都可以导致呼吸衰竭。引起呼吸衰竭的病因有：

（1）气道阻塞性病变：气管－支气管的炎症、痉挛、肿瘤、异物、纤维化瘢痕等均可引起气道阻塞，导致肺通气不足或通气/血流比例失调，发生缺氧和（或）CO_2潴留，甚至呼吸衰竭，如COPD、哮喘急性加重等。

（2）肺组织病变：各种累及肺泡和（或）肺间质的病变，如肺炎、肺气肿、严重肺结核等都可使有效弥散面积减少、肺顺应性降低、通气/血流比例失调，导致缺氧或合并CO_2潴留。

（3）肺血管疾病：肺栓塞、肺血管炎等可引起通气/血流比例失调，或部分静脉血未经氧合而直接流入肺静脉导致呼吸衰竭。

（4）心脏疾病：各种缺血性心脏疾病、严重心瓣膜疾病、心肌病、心包疾病、严重心律失常等均可导致通气和换气功能障碍从而导致缺氧和（或）CO_2潴留。

（5）胸廓与胸膜病变：胸部外伤所致的连枷胸、严重的自发性或外伤性气胸、严重的脊柱畸形、广泛胸腔肥厚与粘连、强直性脊柱炎等，均可限制胸廓活动和肺扩张，导致通气不足及吸入气体分布不均，从而发生呼吸衰竭。

（6）神经肌肉疾病：脑血管疾病、颅脑外伤、脑炎及镇静催眠剂中毒可直接或间接抑制呼吸中枢。脊髓颈段或高位胸段损伤（肿瘤或外伤）、脊髓灰质炎、多发神经炎、重症肌无力、有机磷中毒、破伤风以及严重的钾代谢紊乱均可累及呼吸肌，造成呼吸肌无力、疲劳、麻痹，因呼吸动力下降而发生肺通气不足。

2. 发病机制　各种病因通过肺通气不足、弥散障碍、通气/血流比例失调、肺内动－静脉解剖分流增加、氧耗量增加五个主要机制，使肺通气和（或）换气过程发生障碍，导致呼吸衰竭。临床上单一机制引起的呼吸衰竭很少见，往往是多种机制并存或随着疾病的发展先后参与发挥作用（图6-1-1）。

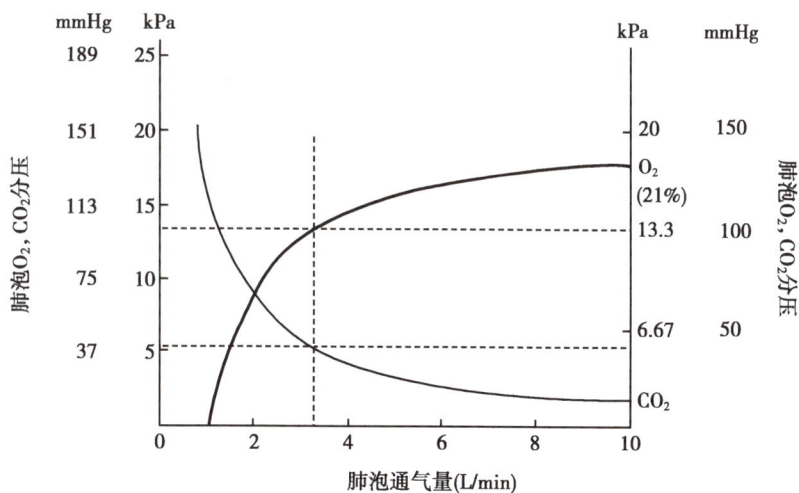

图 6-1-1　P_AO_2 和 P_ACO_2 与肺泡通气量的关系

3. 缺氧和二氧化碳潴留对机体的影响

（1）对中枢神经系统的影响：缺氧对中枢神经系统的影响程度取决于缺氧的程度（表 6-1-2）和发生的速度。通常停止供氧 4~5min 即可引起不可逆脑损害。

表 6-1-2　缺氧程度对中枢神经系统的影响

PaO_2（mmHg）	临床表现
<60	注意力不集中、智力和视力轻度减退
<40~50	一系列神经精神症状（如头痛、烦躁不安、定向力和记忆力障碍等）
<30	神志丧失乃至昏迷
<20	数分钟可造成神经细胞不可逆性损伤

轻度 CO_2 潴留：对皮质下层的刺激加强，间接引起皮层兴奋，出现失眠、精神兴奋、烦躁不安等兴奋症状。重度 CO_2 潴留：脑脊液 H^+ 浓度增加，影响脑细胞代谢，降低脑细胞兴奋性，抑制皮质活动，表现为嗜睡、昏迷、抽搐和呼吸抑制，这种由缺氧和 CO_2 潴留所导致的神经精神障碍症候群称为肺性脑病（pulmonary encephalopathy），又称为 CO_2 麻醉（carbon dioxide narcosis）。

（2）对循环系统的影响：缺氧和 CO_2 潴留均可引起反射性心率加快、心肌收缩力增强、心排血量增加。同时可使交感神经兴奋，引起皮肤和腹腔器官血管收缩，而冠状血管主要受局部代谢产物的影响而扩张，血流增加。严重缺氧和 CO_2 潴留可直接抑制心血管中枢，造成心脏活动受抑制和血管扩张、血压下降和心律失常等严重后果。急性严重缺氧可导致心室颤动或心搏骤停。长期慢性缺氧可导致心肌纤维化、心肌硬化、肺动脉高压，最终发展为肺源性心脏病。

（3）对呼吸的影响：缺氧和 CO_2 潴留对呼吸的影响都是双向的，既有兴奋作用又有抑制作用。当 $PaO_2<60mmHg$，刺激颈动脉窦、主动脉体化学感受器，使通气加强，而 $PaO_2<30mmHg$ 时，呼吸受到抑制。

（4）其他：对肾功能的影响：功能性改变，甚至发生肾功能不全。对消化系统的影响：缺氧直接或间接损害肝细胞导致丙氨酸氨基转移酶上升呼吸衰竭引起消化功能障碍，甚至出现胃肠黏膜糜烂、坏死、出血、溃疡。缺氧抑制细胞代谢，产生大量乳酸，导致代谢性酸中毒。二氧化碳潴留，导致呼吸性酸中毒。严重或持续缺氧可使能量产生不足，导致钠泵功能障碍，造成高钾血症和细胞内酸中毒。

【临床评估与判断】

1. 病情评估

（1）临床表现：①呼吸困难（dyspnea）：最早出现的症状。急性呼吸衰竭早期表现为呼吸频率增加，病情严重时出现呼吸困难，辅助呼吸肌活动增加，可出现"三凹征"。慢性呼吸衰竭表现为呼吸费力伴呼气延长，严重时呼吸浅快，并发 CO_2 麻醉时出现浅慢呼吸或潮式呼吸；中枢性疾病或中枢性神经抑制药物所致的呼吸衰竭，表现为呼吸节律改变，如潮式呼吸、比奥呼吸等；②发绀：缺氧的典型表现，但贫血者不明显或者不出现发绀，因严重休克等引起末梢循环障碍的患者，即使动脉血氧分压尚正常，也可出现发绀，称作外周性发绀，而真正由于动脉血氧饱和度降低引起的发绀，称作中央性发绀；③精神神经症状：急性缺氧可导致精神错乱、躁狂、昏迷、抽搐等症状，如合并急性 CO_2 潴留，可出现肺性脑病，肺性脑病表现为神志淡漠、嗜睡、扑翼样震颤,甚至呼吸骤停;④循环系统表现:多数患者有心动过速,严重低氧血症和酸中毒可导致心肌损害,亦可引起周围循环衰竭、血压下降、心律失常、心搏骤停;⑤其他:尿中出现蛋白、红细胞、红细胞管型,应激性溃疡导致上消化道出血。

（2）临床评估:①判断患者是否需要马上进行气管插管和正压通气。如果患者意识状态严重受抑制或昏迷,严重呼吸窘迫,非常慢而不规则的濒死性呼吸频率,明显的呼吸肌疲劳,周围性发绀或面临发生呼吸心搏骤停的高度危险,通常需要马上进行气管插管和机械通气;②患者是否存在呼吸窘迫,呼吸窘迫常提示呼吸中枢的功能是正常的,是接受了因血气异常刺激化学感受器的反馈作用引起的;③是否存在皮肤、口唇或甲床的周围性发绀,如有则代表显著的低氧血症存在,但是没有发绀并不能排除严重性低氧性呼吸衰竭,尤其对于严重贫血和黑人患者;④中枢呼吸驱动水平以下的损害常表现为浅快呼吸和呼吸窘迫,而急性低氧性呼吸衰竭常表现为快而深的呼吸用力和呼吸窘迫。

2. 辅助检查

（1）动脉血气分析:判断呼吸衰竭和酸碱失衡的严重程度及指导治疗。

（2）肺功能检测:某些重症患者的检测受到限制,但是可以通过肺功能判断通气功能障碍的性质（阻塞性、限制性或混合性）及是否合并换气功能障碍,并对其严重程度进行判断。

（3）肺部影像学检查:有助于分析呼吸衰竭的病因。

【监测与护理】

（一）监测要点

1. 观察患者生命体征,尤其是呼吸频率、节律、深度的变化,缺氧及二氧化碳潴留改善情况,观察意识状态及神经精神症状、心率、心律、血压;观察紫绀、皮肤温湿度、皮肤黏膜的完整性、出血倾向,结膜有无充血及水肿、两侧呼吸运动的对称性,肺部叩诊,呼吸音及啰音,心率、心律,腹部有无胀气及肠鸣音的情况,昏迷患者要检查瞳孔大小及对光反射、肌张力、腱反射及病理反射等。

2. 监测血氧饱和度（SpO_2）　可通过监护仪上的血氧仪直接测到,它是一种无创性连续监测,对评估缺氧程度、考核氧疗效果及调整吸氧浓度有一定的参考价值,但由于氧离曲线的特点及局部血液循环状态会影响 SpO_2 值,使其在抢救中受到一定限制。

3. 液体平衡状态　观察和记录每小时尿量和液体出入量,注意电解质变化。

4. 及时监测动脉血气分析和生化检查结果,了解电解质和酸碱平衡情况。

（二）护理措施

1. 保持呼吸道通畅　保持呼吸道通畅是最基本、最重要的治疗、护理措施。①若患者昏迷应使其气道处于开放状态;②清除气道内分泌物和异物:保持呼吸道湿化,根据病情进行翻身、拍背等,如果分泌物严重阻塞气道时,应立即进行机械吸引;③必要时建立人工气道;④缓解支气管痉挛,支气管扩张药,必要时遵医嘱应用肾上腺皮质激素。做好口咽部护理、防止误吸,选择适当胸部物理治疗。

2. 机械通气护理　根据病情选择有创通气或者无创通气,预防机械通气并发症:气胸、呼吸机相关性肺炎等;人工气道的护理:固定稳妥、湿化满意、气囊监测、气道分泌物吸引及撤机护理。

3. 氧疗　氧疗是改善低氧血症的主要手段,氧疗的效应是通过提高肺泡氧分压,增加氧弥散能力,提高 PaO_2,改善低氧血症导致的组织缺氧,一般将 $PaO_2<60mmHg$ 定为氧疗的指征,根据缺氧程度决定给氧浓度,一般分为三种:①低浓度给氧,吸入氧气浓度低于 35%;②中浓度给氧,吸入氧气浓度为 35%~60%;③高浓度给氧,吸入氧气浓度高于 60%。急性呼吸衰竭患者保证 PaO_2 迅速提高到 60mmHg,或 SpO_2 达 90% 以上的前提下,尽量降低氧浓度;低氧性呼吸衰竭患者应提高氧浓度,增加 PEEP 或延长吸气时间(Ti),以增加氧饱和度;高碳酸性呼吸衰竭患者,应增加潮气量,或加快呼吸机的呼吸频率,以加速 CO_2 排出。

4. 支持治疗　重症患者需进行积极抢救和监护,进行机械通气时,预防和控制感染,做好院内感染的预防措施,避免医院感染的发生。

5. 饮食护理　给予高蛋白、高脂肪、低糖饮食,必要时给予鼻饲、静脉营养。

6. 心理护理　急性呼吸衰竭的患者因呼吸困难,预感病情危重,可能危及生命,常会产生紧张焦虑情绪,应多了解和关心患者的心理状况,特别是对建立人工气道和使用机械通气的患者,应经常巡视,让患者说出或写出引起或加剧焦虑的因素,指导患者放松,分散注意力和引导性想象技术,以缓解紧张和焦虑情绪。

7. 健康教育　①讲解疾病的康复知识。②鼓励进行呼吸运动锻炼,教会患者进行有效咳嗽、咳痰技术,如缩唇呼吸、腹式呼吸、体位引流、拍背等方法。③遵医嘱正确使用药物,熟悉药物的用法、剂量和注意事项等。④教会家庭氧疗的方法,告知注意事项。⑤指导患者制订合理的活动与休息计划,教会其减少氧耗量的活动与休息方法。⑥增强体质,避免各种引起呼吸衰竭的诱因。如鼓励患者进行耐寒锻炼和呼吸功能锻炼,如用冷水洗脸等,来提高呼吸道抗感染的能力;指导患者合理安排膳食,加强营养,达到改善体质的目的;避免吸入刺激性气体,劝告吸烟者戒烟;避免劳累、情绪激动等不良影响因素刺激;嘱患者少去人群拥挤的地方,尽量避免与呼吸道感染者接触,减少感染机会。

知识拓展

加热加湿高流量氧疗

加热加湿高流量氧疗(heated humidified high-flow oxygen therapy),又名经鼻高流量氧疗(nasal high-flow oxygen therapy)或者高流量鼻导管氧疗(nasal high-flow cannula oxygen therapy)。高流量氧疗是由空氧混合器、加湿器、简易的热循环装置组成,经由鼻或鼻导管实现给氧,输送足够充分的气体,流速超过或者大致等于患者自主吸气的流速来满足患者自主呼吸的流速需求(气体流速可达 60L/min,氧浓度可以达到 100%)。与传统低流速氧疗相比高流量氧疗可以提供额外的加热湿化功能。因其有一系列的生理学效应,如减少无效腔、利于二氧化碳的排出产生 PEEP 效应、抵消内源性 PEEP,有利于呼吸道分泌物清除,具有较好的舒适性和耐受性,可以减轻患者焦虑和呼吸困难。

近年来高流量氧疗应用于不同的疾病,如低氧性呼吸衰竭、急性心力衰竭、COPD 急性加重、拔管前氧疗、手术后或拔管后呼吸衰竭的预防和治疗。临床研究显示,加热加湿高流量氧疗可以有效处理患有低及中度低氧血症患者,而不需要采用无创通气或机械通气。

第二节　急性肺损伤和急性呼吸窘迫综合征

【概述】

急性肺损伤（acute lung injury，ALI）是一个以急性炎症和肺毛细血管通透性增加为特征的临床综合征，其病理特点为弥漫性肺泡毛细血管膜损伤，X线胸片出现肺弥漫性浸润影，临床表现为单纯给氧难以纠正的低氧血症，ALI最严重的情况是急性呼吸窘迫综合征（acute respiratory distress syndrome，ARDS）。ARDS是指由各种肺内和肺外致病因素所导致的急性弥漫性肺损伤和进而发展的急性呼吸衰竭。主要病理特征是炎症导致的肺微血管通透性增高，肺泡腔渗出富含蛋白质的液体，进而导致肺水肿及透明膜形成，常伴有肺泡出血。病理生理改变以肺顺应性降低，肺内分流增加以及通气血流比值失调为主。目前采用中华医学会呼吸病分会制定的诊断标准：

1. 有ALI和（或）ARDS的高危因素。

2. 急性起病、呼吸频数和（或）呼吸窘迫。

3. 低氧血症，氧合指数（PaO_2/FiO_2）≤300mmHg时为轻度ARDS，≤200mmHg时为中度ARDS，≤100mmHg时为重度ARDS。

4. 胸部X线检查示两肺浸润阴影。

5. 肺毛细血管楔压（PCWP）≤18mmHg或临床上能排除心源性肺水肿。

> **知识拓展**
>
> ### ARDS 柏林定义（2012）
>
> | 时间 | 1周以内，存在已知的ARDS高危因素，或者新出现的呼吸道症状，或者原有呼吸道症状恶化 |
> | --- | --- |
> | 胸部影像学改变 | 双肺密度增高影，并且无法用胸腔积液、肺不张或者肺部结节解释 |
> | 肺水肿原因 | 无法用心力衰竭或液体负荷过重进行解释的呼吸衰竭，如果不存在ARDS高危因素，则需要进行客观评估（例如超声心动图）以排除静水压性肺水肿 |
> | 氧合状态 | 轻度　$PaO_2/FiO_2=201\sim300$mmHg，伴PEEP或CPAP≥5cmH_2O
中度　$PaO_2/FiO_2=101\sim200$mmHg，伴PEEP≥5cmH_2O
重度　$PaO_2/FiO_2≤100$mmHg，伴PEEP≥5cmH_2O |

【病因与发病机制】

1. 病因　引起ARDS的病因很多，可以分为肺内因素（直接因素）和肺外因素（间接因素），但这些直接和间接因素及其所引起的炎症反应、影响改变及病理生理反应常常相互重叠。常见病因如下：

（1）肺内因素：指对肺的直接损伤。包括：①化学性因素，如吸入胃内容物、毒气、烟尘及长时间吸入纯氧等；②物理性因素：如肺挫伤、淹溺；③生物性因素，如重症肺炎。国外报道，误吸胃内容物是发生 ARDS 最常见因素，当吸入物的 pH 小于 2.5 时尤其容易发生 ALI，而我国最主要的危险因素是重症肺炎。

（2）肺外因素：包括各种类型的休克、败血症、严重的非胸部创伤、大量输血、急性重症胰腺炎、药物或麻醉品中毒等。

2. 发病机制　ALI 和 ARDS 的发病机制尚未完全阐明。目前认为，除上述危险因素对肺泡膜造成直接损伤外，最重要的是多种炎症细胞（巨噬细胞、中性粒细胞、血小板）及其释放的炎性介质和细胞因子间接介导的肺炎症反应，激发机体产生系统性炎症反应综合征，即机体失控的自我持续放大和自我破坏的炎症反应，使肺功能残气量和有效参与气体交换的肺泡数量减少，导致弥散和通气功能障碍、通气/血流比例失调和肺顺应性下降。ARDS 主要有三个病理阶段：渗出期、增生期和纤维化期，常重叠存在。肺组织的大体表现为呈暗红或紫红的肝样变，可见水肿、出血，重量明显增加，切面有液体渗出。

【临床评估与判断】

1. 病情评估

（1）询问患者或家属有无原发病，如感染、外伤、大手术、中毒等，症状出现的时间，患者的呼吸状况。患者除原发病的表现外，常在受到发病因素攻击（严重创伤、休克、误吸胃内容物等）后 12~48 小时内（偶有长达 5 天）突然出现进行性呼吸困难、发绀，常伴有烦躁、焦虑、出汗，患者常感到胸廓紧束、严重憋气，即呼吸窘迫，不能被氧疗所改善，也不能用其他心肺疾病所解释。咳嗽、咳痰，甚至出现咯血水样痰或小量咯血。早期多无阳性体征或闻及少量细湿啰音；后期可闻及水泡音及管状呼吸音。

（2）呼吸窘迫：是 ARDS 最常见的症状。主要表现为气急和呼吸频率增加。呼吸次数大多在 25~50 次/分，其严重程度与基础呼吸频率和肺损伤的严重程度有关。基础呼吸频率越快和肺损伤越严重，气急和呼吸频率增加越明显。

2. 辅助检查

（1）X 线胸片：X 线胸片以演变快速多变为特点。早期无异常或出现肺纹理增多，边缘模糊，继之出现斑片并逐渐融合成大片状磨玻璃或实变浸润阴影，大片状阴影中可见支气管充气征。后期可出现肺间质纤维化改变。

（2）动脉血气分析：典型的改变为 $PaCO_2$ 降低，$PaCO_2$ 降低，pH 升高。在后期，如果出现呼吸肌疲劳或合并代谢性酸中毒，则 pH 值可低于正常，甚至出现 $PaCO_2$ 高于正常。

（3）床边肺功能监测：肺顺应性降低，无效腔通气量比例（V_d/V_t）增加，但无呼气流速受限。

（4）血流动力学监测：通常仅用于与左心衰鉴别有困难时，一般毛细血管楔压（PCWP）<12mmHg，若 >18mmHg 则支持左心衰的诊断。

【监测与护理】

（一）监测

1. 密切监测生命体征，尤其是呼吸频率、节律、深度的变化，如呼吸频率，当安静平卧时，呼吸频率 >25 次/分，常提示有呼吸功能不全，是 ALI 的先兆期表现。

2. 准确记录每小时出入量，合理安排输液速度避免入量过多加重肺水肿。

3. 肠内营养时应注意观察有无胃内潴留，对有消化道出血的患者可进行肠外营养，注意监测血糖变化。

4. 机械通气监测　机械通气是 ALI/ARDS 治疗的最为有效的方法之一，ALI 阶段的患者可试用无创正压通气，无效或病情加重时尽快气管插管或切开进行有创机械通气。机械通气可减少呼吸功耗，以达到改善换气和组织氧合的目的。其治疗 ALI/ARDS 的关键在于：复张萎陷的肺泡并使其维持在开放状态，以增加肺容积和改善氧合，同时避免肺泡随呼吸周期反复开闭所造成的损伤。监测内容见第十八章机械通气相关操作。

目前 ALI/ARDS 的机械通气推荐采用肺保护性通气策略和肺开放通气策略。肺保护性通气策略的概念主要包括以下两点：①严格限制潮气量和气道压，减少肺容积伤和压力伤的发生；②使用一定水平的呼吸末正压（PEEP）减少肺萎陷伤的发生。肺开放通气策略主要是采用肺泡复张手法在机械通气过程中，间断给予高于常规平均气道压的压力并维持一定的时间（40s），一方面可使更多的萎陷肺泡重新复张，另一方面还可以防止吸收性肺不张。

（二）护理

1. ARDS 的干预措施　ARDS 是属于很难处理并且死亡率高的临床综合征。很多专家在过去几十年发展了各种类型的干预措施去处理 ARDS，包括：

（1）采用小潮气量（6ml/kg）进行通气。

（2）发展各种肺部保护通气模式，如双水平气道正压通气模式（BiVent，Bi-level，Biphasic）、APRV、PRVC 等通气模式。

（3）肺泡复张术（alveolar recruitment maneuver，ARM）：当 ARDS 病人出现严重缺氧时，利用呼吸机给予病人一个高 PEEP（如 $40cmH_2O$）和保持一段时间（如 40s），可以把部分已经塌陷的肺泡重新打开。

（4）俯卧位通气（prone ventilation）：如果进行过几次肺泡复张术，但患者仍然处于缺氧，可以把患者翻身进行俯卧位通气（严重的低血压、室性心律失常、颜面部创伤及未处理的不稳定性骨折为俯卧位通气的相对禁忌证）。俯卧位通气可以把曾经被心脏和纵隔压致塌塌的肺泡重新打开，改善通气灌注比，增加氧合。俯卧位通气的翻身时间长度在国际上没有统一的标准，从 4h 到 48h 才翻身一次都有，但以 12~16h 翻身一次最普遍。近年的 Meta 分析显示，合并采用肺部保护模式（小潮气量）进行通气，并同时采用俯卧位通气，能降低 ARDS 患者的死亡率。

（5）体外膜氧合（ECMO）：体外膜氧合是过去几十年一直用于心胸外科病房或 ICU 对心肺衰竭作为一种心肺支持性的一种体外循环技术。2009 年出现的甲流，导致很多患者出现了 ARDS。有些国家采用 ECMO 来治疗这类患者，发现可以提高生存率，此后世界各地的 ICU 都开始采用 ECMO 来治疗此类患者。ECMO 可以分 VV-ECMO 及 VA-ECMO。VV-ECMO 用于处理肺部疾病，如 ARDS；VA-ECMO 用于处理心脏疾病，如心肌炎。但要强调，ECMO 本身是没有治疗功效的，它只是让患者的器官暂时休息，再让身体进行自我修复。

（6）其他干预：有一些干预曾经使用过，但后来由于循证证据不多，目前应用较少。这些干预包括：吸入性一氧化氮（inhaled nitric oxide）；高频震荡通气（high frequency oscillation ventilation）；液体通气等。

2. 护理措施

（1）机械通气护理：详见机械通气部分。ARDS 的通气的重点是预防难治性低氧血症的出现。小潮气量和足够水平呼气末正压（PEEP）的应用，可在降低进一步气压伤和院内获得性肺炎的同时维持氧合在一个合适的水平。进行机械通气时多需建立人工气道，因而必须做好人工气道的护理，如人工气道固定、湿化、分泌物吸引等工作。长期进行机械通气的患者，停用呼吸机前做好撤机前的护理。

（2）氧疗护理：一般需高浓度（>50%）给氧，使 PaO_2>60mmHg 或 SpO_2>90%。但通常的鼻导管或面罩吸氧难以纠正缺氧状态，必须及早应用机械通气。注意观察患者的呼吸状况、口唇颜色、呼吸变化时还应注意有无烦躁、恶心、呕吐等氧中毒症状，一经发现立即降低氧流量并通知医生处理。注意监测动脉血气分析，及早发现病情变化在氧疗中尤为重要。

（3）液体管理：保持循环系统较低的前负荷可减少肺水的含量，可以缩短上机时间和降低病死率。ARDS 液体管理的目标是，在最低水平（5~8mmHg）的 PCWP 下维持足够的心排血量及氧运输量。在早期可给予高渗晶体液，一般不推荐胶体溶液，可通过输血保持血细胞比容在 40%~50%，同时限制入量，辅以利尿药，使出入量保持一定水平的负平衡。有条件可监测 PCWP，在不明显影响心排血量和血压的情况下尽量降低 PCWP。若限液后血压偏低，可使用多巴胺和多巴酚丁胺等血管活性药物。

近年来，呼吸支持技术的进步可使多数 ARDS 患者不再死于低氧血症，而主要死于MODS。ARDS 可使肺外脏器功能受损，而肺外脏器功能受损又能反过来加重 ARDS。因此加强液体管理、尽早开始肠内营养，注意循环功能、肾功能和肝功能的支持对于防止 MODS的发生有重要意义。

（4）用药护理：感染是导致 ARDS 的常见原因，也是 ALI/ARDS 的首位高危因素；而ALI/ARDS 又易并发感染，所以对于所有的患者都应怀疑感染的可能，除非有明确的其他导致 ALI/ARDS 的原因存在。治疗上宜选择广谱抗生素。抗菌药物遵医嘱在规定的时间内滴入，使用过程中注意药物的不良反应；使用呼吸兴奋剂使时要保证呼吸道通畅，滴速不宜过快，用药后注意患者神志及呼吸的变化，若出现头痛、恶心、呕吐、上腹不适等不良反应时要减慢滴速，并报告医生；使用糖皮质激素时要定期检查口腔等部位有无真菌感染，并做相应处理；纠正低血钾，并了解补钾后血钾变化的情况。

（5）生活护理：病室空气清新，保持室内温湿度适宜；做好皮肤护理，定时协助患者更换体位，保持床单位干燥清洁，防止压疮的形成；做好口腔护理，每日 2 次；协助患者保持肢体功能位，并进行肢体功能锻炼；鼓励患者进食高蛋白、高脂肪、低碳水化合物的食物，遵医嘱做好鼻饲或静脉营养；进行肠内营养时注意观察患者有无胃内潴留，对有消化道出血的患者可进行肠外营养，注意监测血糖变化，保证充足的液体入量，液体入量保持 2500~3000ml。

（6）心理护理：由于患者健康状况发生变化，不适应环境，易出现紧张不安、抑郁、焦虑、悲痛、治疗不合作等。因此医护人员应充分理解患者，主动亲近、关心患者，积极采用语言与非语言的沟通方式，了解患者的心理障碍及需求，提供必要的帮助，同时安排其与家人或朋友的探视，以缓解压力，满足其爱与归属的需求，促进健康。

（7）健康教育：①疾病知识指导：向患者及家属讲解疾病的发生、发展与转归，讲解配合治疗的意义。②呼吸功能的锻炼：指导患者深呼吸，有效咳嗽、咳痰，体位引流，翻身拍背，提高患者自我护理能力，加速康复，延缓肺功能恶化。③给予用药指导，告知患者药物使用的方法剂量、注意事项，药物的作用及不良反应的观察。④指导患者进行家庭氧疗，并讲解其注意事项，吸氧浓度不宜太高，高浓度吸氧时间不能超过 48~72 小时。⑤病情好转后给予适当的活动，制定合理的活动计划，如床上手足运动－坐－站－呼吸－体操－步行。⑥增强体质,避免诱发因素:避免劳累、情绪激动等不良因素的刺激;尽量少去人员密集的地方,避免接触呼吸道感染的患者,减少感染的机会;指导安排合理的饮食,加强营养,达到改善体质的目的;戒烟,避免吸入刺激性气体和有毒气体;鼓励患者积极进行耐寒锻炼和呼吸功能锻炼,如冷水洗脸可以提高呼吸道抗感染的能力。⑦告知患者若呼吸困难加重,发绀明显应尽早,及时就医治疗。

> **知识拓展**
>
> ## ARDS 小潮气量通气
>
> 在 ARDS 实施机械通气时,首先要保证基本的氧合和通气需求,同时还应尽量避免肺损伤的发生。由于肺容积较低和较高均可引起肺损伤,所以机械通气的压力和容量应设在一定范围的"安全区"内。越来越多的研究表明高潮气量通气对患者的预后不利。近年来,小潮气量通气(6ml/kg)与平台压≤30cmH$_2$O 已经在医学界得到普遍认同,认为这是预防性保护肺损伤的一种有效方法。因此,ARDS 小潮气量通气是肺保护性通气的基础。

第三节　肺　部　感　染

一、概述

呼吸系统结构复杂精细,包括鼻、咽、喉、气管、支气管、肺、胸膜及胸膜腔等。呼吸系统的任何部位均可发生感染,气管以上部位的感染称为上呼吸道感染,支气管以下部位的感染可统称为下呼吸道感染,下呼吸道感染习惯上也称为肺部感染。其病原微生物种类繁多,按其结构、组成等差异可分为三大类:①非细胞型微生物——病毒;②原核细胞型微生物——细菌、支原体、衣原体、立克次体、螺旋体、放线菌;③真核细胞型微生物——真菌、原虫。在我国,以细菌感染性疾病最常见。

肺部感染是指感染性病原体引起的肺炎。发生肺部感染与否取决于侵入下呼吸道的病原体的毒力和数量以及机体的机械屏障和免疫功能状态。微生物入侵下呼吸道和肺的途径有:①通过向纵隔或膈下区直接蔓延;②肺外感染灶的血行种植;③环境空气中的微生物被吸入到下呼吸道;④口咽部分泌物的误吸。

进入下呼吸道的病原体只有达到一定数量才会导致感染,正常情况下,人体可以通过自身的构造达到阻止微生物增殖的作用:①支气管黏液捕获病原体,再经过纤毛上皮细胞摆动和咳嗽动作将黏液排出到咽喉部;②溶酶菌、乳铁蛋白、免疫球蛋白和补体等呼吸道分泌物中的体液免疫因子可杀死细菌或抑制黏附,一些分泌蛋白有抑制呼吸道病毒的作用;③肺泡巨噬细胞等具有免疫功能。因此当这些构造受到损伤,其保护作用也大大下降,因此相应的发生肺部感染的可能性增加。

不同感染途径以及不同宿主的肺炎在病原学上有不同的分布规律,临床各有特点。肺炎的分类有以下几种：

（一）按感染来源分类

1. 细菌性肺炎（bacterial pneumonia）　最常见，占成人各类病原体肺炎的 80%，病原菌为肺炎链球菌、金黄色葡萄球菌、甲型溶血链球菌等需氧革兰氏染色阳性球菌，肺炎克雷伯杆菌、流感嗜血杆菌、铜绿假单胞菌等需氧革兰氏染色阴性杆菌，棒状杆菌、梭形杆菌等厌氧杆菌。其重要特点是临床表现的多样化、病原谱多元化，耐药菌株不断增加。

2. 真菌性肺炎（fungal pneumonia）　真菌引起的疾病是真菌病，肺部真菌病占内脏深部真菌感染的 60% 以上，大多数为条件致病菌，以念珠菌和曲霉菌最为常见。

3. 非典型肺炎（atypical pneumonia）　是指由支原体、衣原体、军团菌、立克次体、腺病毒以及其他一些不明微生物引起的肺炎。

4. 非感染性肺炎　其他如放射性、化学、过敏等因素亦能引起肺炎。

（二）按照患病环境分类

1. 医院获得性肺炎（hospital acquired pneumonia，HAP）　又称医院内肺炎，是指患者入院时不存在、也不处于感染的潜伏期，入院 48 小时后在医院（包括老年护理院、康复院）内发生的肺炎。其发生率为 1.3~3.4%，占医院感染的第一位。细菌为最常见的病原体，约占 90%，其中 1/3 为混合感染。

2. 社区获得性肺炎（community acquired pneumonia，CAP）　又称院外肺炎，是指在医院外罹患的感染性肺实质炎症，包括有明确潜伏期的病原体感染而在入院后于平均潜伏期内发病的肺炎。细菌是主要病原体，以肺炎链球菌最多见。

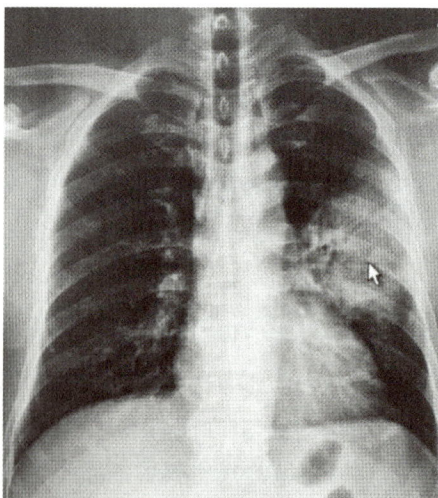

图 6-3-1　大叶性肺炎

（三）按解剖部位分类

1. 可分为大叶性肺炎（lobar pneumonia）　致病菌以肺炎链球菌最常见。病原体先在肺泡引起炎症，经肺泡间孔（Cohn 孔）向其他肺泡扩散，致病变累及部分肺段或整个肺段、肺叶，又称肺泡性肺炎，主要表现为肺实质炎症，通常不累及支气管（图 6-3-1）。

2. 小叶性肺炎（lobular pneumonia）　致病菌有肺炎链球菌、葡萄球菌、病毒、肺炎支原体等。病变起于支气管或细支气管，继而累及终末细支气管和肺泡，又称支气管性肺炎（bronchial pneumonia）。

3. 间质性肺炎（interstitial pneumonia）　可由细菌、支原体、衣原体、病毒或肺孢子菌等引起。是以肺间质为主的炎症，病变主要累及支气管壁及其周围组织，由于病变在肺间质，呼吸道症状较轻，异常体征较少。

二、细菌性肺炎

【概述】

细菌性肺炎（bacterial pneumonia）最常见，占成人各类病原体肺炎的 80%，本节以病原菌为肺炎链球菌、金黄色葡萄球菌引起的肺炎为例讲述细菌性肺炎。肺炎链球菌肺炎

（streptococcal pneumonia）是由肺炎链球菌或呈肺炎球菌所引起的肺炎。约占社区获得性肺炎的半数。葡萄球菌肺炎（staphylococcal pneumonia）是由葡萄球菌引起的急性化脓性炎症。常发生于有基础疾病如糖尿病、血液病、艾滋病、肝病、营养不良、酒精中毒、静脉吸毒或原有支气管肺疾病者，流感后、病毒性肺炎后或儿童患麻疹时也易罹患。若不及时治疗或治疗不当，病死率很高。

【病因与发病机制】

肺炎链球菌为革兰氏染色阳性球菌，有荚膜，毒力与荚膜中的多糖有关系，可在干燥痰液中存活数月，但在阳光直射 1 小时或加热至 52℃ 10 分钟即可被杀灭。机体免疫功能正常时，它是寄居在口腔及鼻咽部的一种正常菌群，免疫功能受损直接侵入人体而致病。

葡萄球菌为革兰氏染色阳性球菌其致病物质主要是毒素与酶，金葡菌凝固酶为阳性，是化脓性感染的主要原因，但其他凝固酶阴性也可引起感染。

【临床评估与判断】

1. 病情评估

（1）了解患者近期有无受凉、淋雨、疲劳、醉酒、病毒感染史；是否有挑食、不良生活习惯等；是否患有慢性疾病等；是否接种过流感疫苗、肺炎疫苗等。

（2）临床表现：两者症状均起病急骤，出现寒战、高热、咳嗽，肺炎链球菌肺炎痰不多可带血，典型者为铁锈色痰可有胸痛，深呼吸加重，并可放射至肩部及腹部，偶有恶心、呕吐、腹泻或腹痛，易被误诊为急腹症；葡萄球菌肺炎咳痰量多，为脓性痰，带血丝或呈粉红色乳状，毒血症状明显，全身肌肉关节酸痛，体质衰弱，精神萎靡，病情严重者可出现周围循环衰竭。

（3）体征：肺炎链球菌呈急性病容，面颊绯红，鼻翼扇动，皮肤灼热，干燥，口角及鼻周有单纯疱疹；病变广泛时可有发绀，有脓毒症者可出现皮肤、黏膜出血点，巩膜黄染。早期肺部体征不明显，发生实变后叩诊浊音，触觉语颤增强并可闻及支气管呼吸音，重症感染时可伴休克、ARDS 及神经精神症状。

葡萄球菌肺炎早期可无体征，常与严重的中毒症状和呼吸道症状不平行，然后可出现两肺散在的湿啰音，病变较大或融合时可有肺实变体征，气胸或脓气胸可有相应体征。

2. 辅助检查

（1）血常规：血白细胞升高，中性粒细胞升高，并有核左移。

（2）胸部 X 线：肺炎链球菌肺炎早期影像仅见肺纹理增粗，或受累的肺段、肺叶稍模糊，随病情进展，表现为大片炎症浸润阴影或实变影，在实变影中可见支气管充气征，肋膈角可有少量胸腔积液。葡萄球菌肺炎影像显示肺段或肺叶实变，可早期形成空洞，或成小叶状浸润，其中有多个或单个的液气囊腔。

（3）痰培养：24~48 小时可以确定病原体。肺炎链球菌肺炎患者可咳出脓性或铁锈色痰。

（4）血培养：约 10%~20% 的患者合并菌血症，故重症肺炎应做血培养。

（5）其他：抽胸水细菌培养，聚合酶链反应及荧光标记抗体检测等。

三、病毒性肺炎

【概述】

病毒性肺炎（viral pneumonia）是由上呼吸道病毒感染向下蔓延所致的肺部感染。引起成人病毒性肺炎的常见病毒为甲、乙型流感病毒、副流感病毒、腺病毒、呼吸道合胞病毒和冠状病毒等。呼吸道病毒可通过飞沫或直接接触传播,传播速度快。因病毒从呼吸道侵入,所以病毒性肺炎常伴有气管、支气管炎。本病多发生于冬、春季节,可暴发或散发流行。婴幼儿、老人或原有心肺疾病者病情较重,死亡率高。

巨细胞病毒在人群中的自然感染率最高,血清学检测巨细胞(cytomegalovirus,CMV)抗体阳性率达40%~100%,CMV是先天性获得免疫缺陷儿童和继发性免疫功能低下患者感染最常见的病原体之一。在肾、肝、心、肺移植受体和获得性免疫缺陷综合征患者中,CMV是引起感染和死亡的最主要病原体之一,同时巨细胞病毒的感染可以使机体免疫功能进一步下降,易导致更为严重的真菌和细菌二重感染。

【病因与发病机制】

免疫抑制宿主为疱疹病毒、麻疹病毒的易感者;骨髓移植和器官移植受者易患疱疹病毒和巨细胞病毒性肺炎。患者可同时受一种以上病毒感染,并常继发细菌感染如金葡萄球菌感染,免疫抑制宿主还常继发真菌感染。病毒性肺炎为吸入性感染。

【临床评估与判断】

1. 病情评估

(1)了解患者既往史,是否进行过器官移植或者是否有免疫性相关疾病;了解患者居住史是否处于病毒流行区域;了解患者密切接触的人有无特殊患病经过。

(2)临床表现:病毒性肺炎起病较急,发热、头痛、全身酸痛、倦怠等全身症状较突出,常在急性流感症状尚未消退时即出现咳嗽、少痰或白色黏痰、咽痛等呼吸道症状。小儿或老年人易发生重症肺炎,表现为呼吸困难、发绀、嗜睡、精神萎靡甚至发生休克、心力衰竭和呼吸衰竭或ARDS等并发症。本病常无显著的胸部体征,病情严重者有呼吸浅速、心率增快、发绀、肺部干、湿性啰音。

2. 辅助检查

(1)血常规:白细胞总数正常,稍高或偏低。血沉通常在正常范围。

(2)痰培养:痰涂片白细胞中以单核细胞较多,痰培养常无致病细菌生长。

(3)胸部X线:检查可见肺纹理增多,磨玻璃状阴影,小片状浸润或广泛浸润、实变,病情较为严重者显示双肺弥漫性结节性浸润,但大叶实变及胸腔积液者均不多见。病毒性肺炎的致病原不同,其影像亦有不同。

(4)病原学检查:病毒分离、血清学检查。

四、真菌性肺炎

【概述】

肺真菌病(pulmonary mycosis,or fungal pneumonia)是指有真菌引起的肺部疾病,主要指肺和支气管的真菌性炎症或相关病变,广义上讲可以包括胸膜和纵隔。引起肺真菌病的真菌种类目前以念珠菌、曲霉、组织胞浆菌最为常见,其次为新型隐球菌、球孢子菌、毛霉菌等。

临床上通常把真菌分为致病性真菌与条件致病性真菌。①致病性真菌:或称为传染性真菌,属原发性真菌,常导致原发性外源性真菌感染,可侵袭免疫功能正常宿主,免疫功能缺陷的患者易致全身播散,病原性真菌主要有组织胞浆菌、球孢子菌,副球孢子菌,皮炎芽生菌、足癣菌和孢子丝菌等;②条件致病性真菌:或称为机会性致病菌,如念珠菌、曲霉菌、隐球菌等,这些真菌多为腐生菌或植物致病菌,对人体的病原性弱,但在宿主存在真菌感染的易患因素时,会导致深部真菌感染,但临床上也可见到无明确宿主因素的病例。

【病因与发病机制】

真菌多在土壤中生长,孢子飞扬于空气中,被吸入到肺部可引起肺真菌病(外源性)有些真菌为寄生菌,当机体免疫力下降时可引起感染,体内其他部位真菌感染亦可经淋巴或血液到肺部,为继发性肺真菌病。健康人对于真菌具有较强的抵抗力,很少患有此类疾病,当机体有基础疾病(如糖尿病、白血病等)或免疫功能受损的情况下,尤其是长期应用广谱抗生素、糖皮质激素、免疫抑制剂、细胞毒性药物及体内留置导管时,真菌乘虚而入,发生肺真菌病。近年来由于人口老龄化及上述药物的广泛应用,肺真菌感染有逐渐增多的趋势,而本病症状、体征及 X 线征象多无特征性,诊断有一定困难,治疗上尚无理想药物,预后差,死亡率高,因此预防就更为重要。

【临床评估与判断】

1. 病情评估

(1)了解患者的一般情况,是否有某些慢性基础疾病,如肺结核、恶性肿瘤、糖尿病、营养不良、烧伤等;近期是否进行创伤性检查,如导管置入;是否接触过发霉或霉变的东西,或者长时间在潮湿环境中生活;有无长期使用抗生素、免疫抑制剂、细胞毒性药物等。

(2)临床表现:在有基础疾病(如白血病、恶性肿瘤等)、使用糖皮质激素、免疫抑制剂、广谱抗生素或体内留置导管的情况下,有发热、咳嗽、咳痰(黏液痰或呈乳白色、棕黄色痰,也可有血痰)、胸痛、消瘦、乏力等症状时,应考虑肺真菌感染的可能。肺部体征呼吸音减低,出现干湿啰音,也可有肺部叩诊浊音。

2. 辅助检查

(1)痰液检查:痰涂片可见真菌的菌丝或孢子。痰培养可鉴定菌种。肺念珠菌病的支气管炎型咳痰为多量白泡沫塑料状稀痰,随病情进展,痰稠如蛋糊状,而肺炎型,痰可呈胶冻状;肺曲霉病中五种类型,其中变应性支气管肺曲霉病咳棕黄色脓痰,痰中有大量嗜酸性粒细胞及曲霉丝,烟曲霉培养为阳性。

(2)胸部 X 线、CT 检查:可呈多种炎性阴影,如叶、段性的片状、块状或弥漫性小结节状阴影,但无特异性。支气管炎型肺念珠菌病,X 线影像可仅示两肺中下野纹理增粗,肺炎型肺念珠菌病 X 线检查可显示双下肺纹理增多有纤维条索影,伴散在的大小不等、形状不一的结节状阴影;侵袭性肺曲霉病 X 线胸片示以胸膜为基底的多发楔形、结节、肿块阴影或空洞,有些患者的 CT 表现早期为晕轮征,后期为新月体征,变应性支气管肺曲霉病胸片或 CT 显示中央型支气管扩张(肺野内侧 2/3 的支气管)和一过性肺浸润,表现为上叶一过性实变或不张,磨玻璃阴影伴马赛克征,黏液嵌塞,可发生于双侧;肺隐球菌影像学特征为胸膜下结节或团块,单发或多发,边缘光整常有空洞形成,洞壁比较光滑;肺孢子菌肺炎CT 检查可见磨玻璃样肺间质浸润(图 6-3-2),伴有低氧血症。

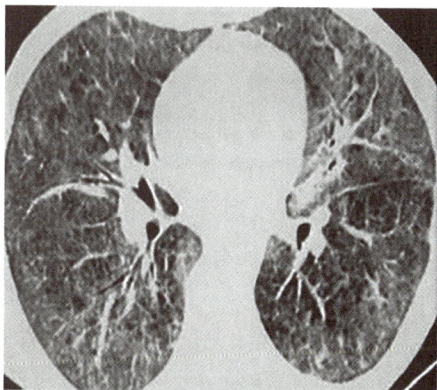

图 6-3-2　CT 示肺孢子菌肺炎

（3）血清学检查特异性抗体检测有助于诊断。

五、免疫受损宿主肺部感染

【概述】

正常机体具有物理和化学屏障、非特异性免疫和特异性免疫功能,防御各种病原体侵入机体和感染。任何原因所致的影响和(或)损伤上述免疫功能,均可导致机体免疫功能受损,容易引起感染。近年来,随着肿瘤放化疗等治疗技术的进步、肿瘤患者生存期延长、器官移植的突破和发展、HIV 感染和获得性免疫缺陷综合征(AIDS)的出现和流行,免疫功能受损(immunocompromised host,ICH)的患者明显增加和不断积累,已经成为临床的一大难题。感染是影响 ICH 患者病程和预后的最主要因素,其中肺部为最常见的感染靶器官。

【病因与发病机制】

ICH 的肺部感染受两方面的影响,即患者的功能状态和患者所接触的环境。ICH 肺部感染根据患者所接触的环境可分为社区和医院获得性感染。一般认为体液免疫受损易导致细胞外寄生菌的感染,细胞免疫受损易引起细胞内寄生菌的感染。机制有:

1. 粒细胞缺陷　粒细胞数量减少(0.5~1.0)×10^9/L,如白血病化疗、实体肿瘤化疗、再生障碍性贫血、实体器官移植和骨髓移植患者中易发生;粒细胞功能异常:高免疫球蛋白 E 综合征,遗传性氧化杀伤活性异常。

2. 细胞免疫缺陷　临床大多为继发性的细胞免疫缺陷,如淋巴瘤、实体肿瘤患者的化疗和放疗、器官移植、AIDS 等。

3. 体液免疫缺陷　主要见于补体缺乏症、免疫球蛋白缺乏、多发性骨髓瘤、脾切除等。

4. 皮肤黏膜的完整性受损　各种导管的内放置、烧伤、心瓣膜置换术、创伤等可引起皮肤黏膜的损伤,破坏其防御功能,易引起皮肤邻近部位寄植菌和医院内耐药菌侵入机体,发生肺部感染。

【临床评估与判断】

1. 病情评估

（1）了解患者既往病史,是否患有肿瘤进行放化疗,是否进行过器官移植等;了解患者既往接触的环境;进行体格检查,了解基本情况,进行相应病原体检查。

（2）临床表现起病隐匿或急剧,起病隐匿常不被患者或临床医师所察觉,而某些患者突发起病,呈暴发性经过,极易发展成为呼吸衰竭。临床症状多变,高热较为常见,少数患者因糖皮质激素、免疫抑制药等因素掩盖,未表现出发热。咳嗽少见,且以干咳居多,肺部体检较少闻及干湿性啰音等肺部感染阳性体征,而患者的临床症状相对较为严重或危重,存在"症状与体征相分离"的现象。

2. 辅助检查

（1）胸部 X 线检查:表现为双侧病变,表现为肺部感染不易局限化,实变少见,以小片状浸润影多见,还有肺部间质改变,也有患者影像学无异常改变。

（2）痰培养及痰涂片:是细菌性肺炎的诊断的常用简便方法。

（3）血培养:免疫功能低下患者并发菌血症机会较免疫功能健全者高。

（4）血清学及分子生物学检测:血清学对分离困难的病原体诊断有一定的帮助。

（5）创伤性诊断措施:纤维支气管镜、经皮肺穿刺活检及开胸肺活检。

六、肺部感染的监测与护理

（一）监测

1. 密切监测患者的生命体征　持续监护心电、血压、呼吸、血氧饱和度,监护呼吸频率、节律、呼吸音,有无出现呼吸急促、呼吸困难,口唇、指(趾)甲末梢有无发绀,如有则需及时给予鼻导管或者面罩有效吸氧,根据病情变化调节氧浓度和氧流量。

2. 观察患者的神志状态　有无神志模糊、昏睡和烦躁等。如果患者表现出烦躁不安,则可能预示病情加重,若出现嗜睡昏迷则应采取紧急救治措施。

3. 进行体温监测　体温 >41℃,或高热骤降伴大汗淋漓,脉速,四肢厥冷,提示病情危重。高热患者在体温 >38.5℃时,给予抽取血培养及物理和(或)药物降温。

4. 监测患者的动脉血气分析结果　及时判断患者肺通气及换气功能状态、电解质和酸碱平衡状态。

5. 监测尿量、肾功能、血糖的变化。

6. 监测患者的循环功能　重症肺炎患者并发循环障碍时可有右房平均压正常或下降、肺动脉楔压下降、左室排出量指数升高、肺小动脉阻力下降等。

（二）护理措施

1. 对症护理

（1）高热护理每 4 小时监测体温一次,观察热型,变化规律;观察患者的面色、脉搏、呼吸、血压、食欲及出汗等情况;卧床休息减少机体耗能;加强晨晚间口腔护理,防止口腔感染;鼓励患者多饮水,每日饮水量 2000ml,必要时静脉补液。

（2）根据病情,合理给氧。常规鼻导管及无创正压通气不能改善缺氧时,采取气管插管呼吸机辅助通气。

（3）按照医嘱送痰培养 2 次,血培养 1 次(用抗生素前)。

（4）咳嗽、咳痰的护理:①鼓励患者深呼吸,协助翻身及进行胸部叩击,指导有效咳嗽,清除呼吸道分泌物,保持呼吸道通畅,有利于肺部气体交换;②痰液黏稠不易咳出时,按照医嘱给予雾化吸入。

（5）胸痛的护理:①观察患者疼痛的部位、性质和程度;②嘱患者注意休息,调整情绪,转移注意力,减轻疼痛;③协助患者取舒适体位:患侧卧位以降低患侧胸廓活动度,缓解疼痛;④指导患者在深呼吸和咳嗽时用手按压患侧胸部降低幅度减轻疼痛。

2. 用药护理

（1）抗生素选择:遵循大剂量、联合、静脉应用抗生素原则。轻至中度肺炎,抗生素可选择第 2 代及不具有抗假单胞菌活性的第 3 代头孢菌素(头孢曲松、头孢噻肟),β 内酰胺类和 β 内酰胺酶抑制药(氨苄西林、舒巴坦),氟喹诺酮类(环丙沙星、莫西沙星、左氧氟沙星);重症肺炎可选择抗假单胞菌 β 内酰胺类(头孢他啶、头孢哌酮、哌拉西林等),碳青霉烯类(亚胺培南),必要时联合万古霉素。

（2）抗真菌药物可选择卡泊芬净、氟胞嘧啶、多烯类等,具有较强的肝肾毒性,必须谨慎选择用药时机和类型。

（3）病毒性肺炎可选择更昔洛韦、膦甲酸钠等,也可用其他增强抗巨细胞病毒免疫能力的辅助治疗药物,如人免疫球蛋白巨噬细胞病毒 – 特异性 CD8+T 细胞等。

（4）应用血管活性药物,在患者经过补充血容量、吸氧、纠正酸中毒等综合治疗措施后,血压仍未回升,症状未见好转时,可以应用血管活性药物。

（5）抗胆碱能药物,抑制交感神经活动,解除血管痉挛,改善微循环灌流,解除支气管痉挛,减少支气管分泌物,保持呼吸道通畅。

（6）糖皮质激素的应用,越早越好,在有效抗感染的基础上可大量短期应用,情况好转后迅速撤停。

3. 并发症护理

（1）合并感染性休克时取去枕平卧位,下肢抬高 20°~30°,增加回心血量和脑部血流量,保持静脉通畅,积极补充血容量,根据病情调节输液速度,防止肺水肿,动态观察病情,及时反馈给医生,为治疗方案做出调整。

（2）合并急性肾衰竭的护理,留置导尿管,记录每小时尿量,严密观察肾功能和电解质变化,严格控制补液量和补液速度,并发急性肾功能衰竭达到透析指征者需作血液透析治疗。

4. 生活护理

（1）饮食护理:鼓励进食软质流食,易消化、高营养、高热量的流质或半流质饮食,需要鼻饲患者可适当增加白蛋白、氨基酸等营养物质以提高抵抗力,增强抗感染效果。

（2）舒适护理:急性期绝对卧床休息,休克时取去枕平卧位;保持室内清洁安静,空气湿润;定时开窗通风,防止受凉;保持口腔清洁;大汗患者及时更换衣物,保持床铺、衣物干燥整洁。

5. 心理护理　评估患者的心理状态,采取有针对性的护理。患者病情加重,呼吸困难、发热、咳嗽等明显不适,导致患者烦躁和恐惧,加压通气、气管插管、机械通气患者尤为明显,上述情绪加重呼吸困难。护士要鼓励患者倾诉,多与其交流,语言交流困难时,用文字或体态语言主动沟通,尽量消除紧张恐惧心理。了解患者的经济状况及家庭成员情况,帮助患者寻求更多支持和帮助。及时向患者及家属解释,介绍病情和治疗方案,使其信任和理解治疗和护理的作用,增加安全感,保持情绪稳定。

6. 健康教育

（1）锻炼身体,指导患者坚持呼吸功能锻炼,做深呼吸运动,增强机体免疫力。

（2）减少去公共场所的次数,外出可戴口罩,感冒流行时尽量不去公共场所。

（3）季节交换时避免受凉,避免过度疲劳,尽早防治呼吸道感染。

（4）居室保持良好通风,保持空气清新,均衡膳食,戒烟限酒。

第四节　慢性阻塞性肺疾病急性加重

【概述】

慢性阻塞性肺疾病急性加重（acute exacerbation of chronic obstructive pulmonary disease,AECOPD）,是慢性阻塞性肺疾病患者重要的临床病程,以呼吸道症状加重为特征的临床事件,其症状变化程度超过日常变异范围,并导致药物治疗方案改变。频繁发作的急性加重对 COPD 患者的生活质量产生巨大负面影响,是呼吸重症常见疾病。慢性阻塞性肺疾病

（Chronic Obstructive Pulmonary Disease，COPD），简称慢阻肺，是一种重要的慢性呼吸系统疾病，患者人数多，病死率高。目前 COPD 在全球已成为第四位的致死病因，引起了世界各国的重视。COPD 是一种可以预防、可以治疗的疾病，以持续气流受限为特征的破坏性的肺部疾病，这种气流受限不完全可逆、呈进行性发展，与肺部对有害颗粒或气体的异常炎症反应有关。其症状为气流受限、气短、咳嗽、气喘并且伴有咳痰，会逐渐削弱患者的呼吸功能。COPD 与慢性支气管炎和肺气肿密切相关。肺功能检查可以明确诊断 COPD，即在应用支气管扩张剂后 FEV_1 占预计值 %<70%。应用气流受限的程度进行肺功能评估，即以 FEV_1 占预计值 % 为分级标准。慢阻肺患者气流受限的肺功能分级分为 4 级：

Ⅰ级（轻度）：FEV_1/FVC<70%，FEV_1≥80% 预计值，伴或不伴有慢性症状（咳嗽、咳痰）。

Ⅱ级（中度）：FEV_1/FVC<70%，50%≤FEV_1<80% 预计值，伴或不伴有慢性症状（咳嗽、咳痰、呼吸困难）。

Ⅲ级（重度）：30%≤FEV_1<50% 预计值，伴或不伴有慢性症状（咳嗽、咳痰、呼吸困难）。

Ⅳ级（极重度）：FEV_1/FVC<70%，FEV_1<30% 预计值或 FEV_1<50% 预计值，合并呼吸衰竭或临床有右心衰竭的体征。

知识拓展

COPD 的慢性阻塞性肺疾病全球倡议

2017 年慢性阻塞性肺疾病全球倡议（Global Initiative for Chronic Obstructive Lung Disease，GOLD）将 COPD 定义为一种常见、可预防、可治疗的疾病。COPD 主要是因为显著暴露于有毒颗粒或气体导致气道和（或）肺泡异常，典型的临床表现为持续性呼吸系统症状和气流受限。

要了解慢阻肺病情对患者的影响，应综合症状评估、肺功能分级和急性加重的风险综合评估，症状评估采用改良版英国医学研究委员会呼吸问卷（breathlessness measurement using the modified British Medical Research Council，mMRC）对呼吸困难严重程度进行评估，或采用慢阻肺患者自我评估测试（COPD assessment test，CAT）问卷进行评估。

【病因与发病机制】

AECOPD 的病因通常包括：①呼吸道感染：最常见，包括病毒性上呼吸道感染和支气管感染；②空气污染；③合并肺炎、肺栓塞、心力衰竭、心律失常、气胸和胸腔积液等；④病因不明，表现为急性加重的易感性，每年急性发作≥2 次，称之为"频繁急性发作者"，也许是 COPD 的一种亚型。另外稳定期治疗的中断也是急性加重的原因之一。COPD 的有关发病因素包括个体易感因素以及环境因素两个方面，这两者相互影响。个体因素包括遗传因素、气道高反应性；环境因素包括吸烟、职业粉尘和化学物质、大气污染、感染、社会经济地位等，其中吸烟是现今公认的 COPD 重要发病因素。

发病机制如下：

1. 由于支气管的慢性炎症，使管腔狭窄形成不完全梗阻，吸气时气体容易进入肺泡，呼气时由于胸腔内压力增加使大气道闭塞,残留肺泡的气体过多,使肺泡充气过度。

2. 慢性炎症破坏小支气管壁软骨,失去支气管正常的支架作用,吸气时支气管舒张,气体尚能进入肺泡,但呼气时支气管过度缩小、陷闭,阻碍气体排出,肺泡内积聚多量的气体,使肺泡明显膨胀和压力增高。

3. 肺部慢性炎症时白细胞和巨噬细胞释放的蛋白分解酶增加,损害肺组织和肺泡壁,致使多个肺泡融合成肺大疱或气肿;此外,吸烟尚可通过细胞毒性反应和刺激有活性的细胞而使中性粒细胞释放弹性蛋白酶。

4. 肺泡壁的毛细血管受压,血液供应减少,肺组织营养障碍,也引起肺泡壁弹性减退,更易促成肺气肿的发生。

【临床评估与判断】

1. 病情评估

(1)诱因和前驱症状:AECOPD 的最常见原因是气管－支气管感染,主要是病毒、细菌感染。部分病例难以确定。肺炎、充血性心力衰竭、气胸、胸腔积液、肺血栓栓塞和心律失常都是引起与 AECOPD 类似的症状,需加以鉴别。患者急性发作前有无接触变应原,COPD 患者有关的检查和治疗经过,是否按照医嘱进行治疗。

(2)临床表现:AECOPD 的主要症状是气促加重,常伴有喘息、胸闷、咳嗽加剧、痰量增多、痰液颜色和(或)黏度的改变以及发热等,此外,亦可出现全身不适、失眠、嗜睡、疲乏、抑郁和精神错乱等症状。当患者出现运动耐力下降、发热和(或)胸部 X 线影像异常时可成为 AECOPD 的征兆。痰量增加以及出现脓性痰常提示细菌感染。与加重前的病史、症状、体格检查、肺功能测定、动脉血气分析检测和其他实验检查指标进行比较,对判断 AECOPD 的严重性甚为重要。应注意了解本次病情加重或新症状出现的时间,气促、咳嗽的严重程度和频度,痰量和颜色,日常受限程度,是否出现水肿及持续时间,既往加重情况和是否住院治疗,以及目前的治疗方案等。本次加重期肺功能和动脉血气分析结果与既往对比可提供非常重要的信息,这些指标的急性改变较其绝对值更为重要。对于严重 COPD 患者,神志变化是病情变化的最重要指标,一旦出现需及时送医院诊治。是否出现辅助呼吸肌参与呼吸运动、胸腔矛盾呼吸、发绀、外周水肿、右心衰竭、血流动力学不稳定等征象亦可有助于判定 COPD 加重的严重程度。

2. 辅助检查

(1)肺功能检查:是判断气流受限的主要客观指标(图 6-4-1),对 COPD 诊断、严重程度评价、疾病进展、预后及治疗反应等有重要意义。适用于稳定期患者,对于大多数急性加重期患者,常不能配合完成肺功能检查。

(2)胸部影像学检查:X 线胸片或 CT 有助于发现 AECOPD 的诱因及与其他类似症状疾病的鉴别诊断。

(3)动脉血气分析:AECOPD 患者的重要评价指标,能指导合理氧疗和机械通气,需参考稳定期的水平。有助于确定低氧血症、高碳酸血症、酸碱平衡失调及判断呼吸衰竭类型。

(4)其他检查:COPD 并发细菌感染时,外周白细胞增高,核左移。痰培养可能检出病原菌。

结论：阻塞性通气功能障碍

　　　　残/总比增加

　　　　弥散功能减低

　　　　支气管舒张试验阴性

| | Pre-Bronch | | | Post-Bronch | | |
	Actual	Pred	%Pred	Actual	%Pred	%Chng
—肺通气—						
FVC（L）	2.19	3.42	64	2.15	63	−2
FEV_1（L）	0.93	2.62	35	0.90	34	−3
FEV_1/FVC（%）	42	78	54	42	54	−1
FEF25%（L/sec）	0.66	6.13	11	0.78	13	18
FEF50%（L/sec）	0.43	3.21	13	0.36	11	−16
FEF25−75%（L/sec）	0.40	2.70	15	0.36	13	−10
FEF Max（L/sec）	2.84	7.89	36	2.70	34	−5
FIVC（L）	1.64	3.85	43	1.52	40	−7
FIF Max（L/sec）	2.14	3.21	67	2.65	83	24

图 6-4-1　COPD 肺功能检查

【监测与护理】

（一）监测

1. 血气分析是判断病情变化的重要依据。$PaCO_2$ 持续升高或不下降，提示病情危重；有创正压通气时避免 $PaCO_2$ 值下降过快。$PaCO_2$ 每天下降 ≤10mmHg，使 $PaCO_2$ 值逐渐恢复到缓解期水平，以免 $PaCO_2$ 下降过快而导致碱中毒发生。

2. 观察咳嗽、喘息、意识的变化，关注患者的主诉，有无头痛、意识障碍、球结膜水肿等。若患者出现注意力不集中，好言多动，烦躁不安，昼睡夜醒，寻衣摸物，意识恍惚，为肺性脑病的先兆，应立即报告医师进行抢救。

3. 观察发绀的程度，如颜面、末梢发绀逐渐加重，提示患者缺氧及二氧化碳潴留严重。

4. 观察痰液的颜色和量，黄脓痰，量多提示感染未控制；如为白痰、量少提示感染控制、病情好转。

5. 观察患者气道反应性并记录：机械通气时峰压高，咳嗽频繁，提示气道痉挛无改善，给予镇静、雾化吸入。

6. 观察人机配合及反应：一般研究显示，COPD 患者采用无创正压通气比采用有创正压通气会有更好的效果。使用有创正压通气时，需采用小潮气量、缩短吸气时间（Ti），以保护患者的肺部，同时能更有效地排出 CO_2。

7. 观察镇静药物的副作用，如低血压、呼吸抑制等。

8. 观察患者腹胀、应激性溃疡的情况，必要时给予胃肠减压。

（二）护理措施

1. 对症护理　发作期的患者呼吸道分泌物增多，黏稠，咳痰困难，协助患者拍背，鼓励和指导患者深呼吸和有效咳嗽，必要时给予雾化吸入。

2. 呼吸功能锻炼　COPD 患者急性症状控制后应尽早进行呼吸功能锻炼，教会患者及家属缩唇腹式呼吸方法。

3. 用药护理　①祛痰止咳药物：观察用药后痰液是否变稀容易咳出，及时协助患者排痰，对于呼吸储备功能减弱的老年人或痰量较多者，应以祛痰为主，协助排痰，不应选用强烈的镇咳药，以免抑制呼吸中枢加重呼吸道梗阻和炎症，导致病情恶化。止咳糖浆服用后半小时内不宜饮水。②解痉平喘药物：观察用药后患者咳嗽是否减轻，气喘是否消失，β₂受体兴奋药常同时有心悸、心率加快、肌肉震颤的副作用，用药一段时间后症状可减轻，如症状明显应酌情减量，茶碱引起的不良反应与其血药浓度密切相关，个体差异大，常有恶心、呕吐、头痛、失眠，严重者心动过速、精神失常、昏迷等。

4. 氧疗过程中的护理　患者有呼吸困难、发绀等缺氧症状时，可用氧气吸入，用氧前向患者及家属做好解释工作，在吸氧过程中监测患者的心率、血压、呼吸频率及血气指标的变化。

5. 病情严重危急者，给予无创或者有创正压通气，并做好护理。

6. 心理护理　COPD 患者因长期患病，会有各种消极心理反应，每次加重可能使患者心理产生恐惧和焦虑。经常与患者交流沟通了解其心理状态，尤其是与气管插管患者的非语言交流，保持心情舒畅，避免情绪激动、紧张。

7. 饮食护理　对于心肝肾功能正常的患者，应给予充足水分和热量，每日饮水量1500ml 以上，有利于维持呼吸道黏膜湿润，使痰的黏稠度降低，易于咳出。饮食宜温热、清淡、富含营养和维生素的食物。忌肥腻、辛辣、刺激性和易产气的食物，不宜进食过饱。

8. 健康教育　①戒烟、减少职业粉尘和化学品吸入、减少室内外空气污染，是预防COPD 发生和防止病情进展的重要措施。戒烟是唯一最有效和最经济的降低 COPD 危险因素和终止其进行性发展的措施。告诉患者及家属应避免烟尘吸入，气候骤变时注意预防感冒，避免受凉以及与上呼吸道感染者接触。②加强体育锻炼，要根据每个人的病情、体质及年龄等情况量力而行，循序渐进，天气良好时到户外活动，如散步、慢跑、打太极拳、练气功等，以不感到疲劳为主。③教会患者学会自我监测病情变化，尽早治疗呼吸道感染，可在家中配备常用药物及掌握其使用方法。④重视营养的摄入，改善全身营养状况，提高机体免疫力。⑤严重低氧血症患者坚持长期家庭氧疗，可明显提高生活质量和劳动能力，改善生命质量，每天吸氧 10~15h，氧流量 1~2L/min，并告知家属及患者氧疗的目的及注意事项。

第五节　心源性肺水肿

【概述】

肺水肿（pulmonary edema）是指各种原因引起肺内血管与组织之间液体交换功能紊乱，致肺内间质液体积聚过多，甚至侵入肺泡，严重影响呼吸功能的一类疾病。肺水肿作为引起呼吸衰竭的常见病因之一，其转归受病因、肺水肿严重程度、并发症、治疗方法等多种因素的影响。临床上根据病因可将肺水肿分成两大类型：心源性肺水肿（静水压增高性水肿，如心梗后出现的肺水肿）和非心源性肺水肿（通透性增强性肺水肿，如 ARDS 之后产生的肺水肿）。心源性与非心源性肺水肿鉴别要点如表 6-5-1 所示。

表 6-5-1　心源性与非心源性肺水肿

项目	心源性肺水肿	非心源性肺水肿
病史	有心脏病史	一般无心脏病史但具有其他基础疾病病史
起病	急	相对较缓
体位	端坐呼吸	可平卧
痰的性质	粉红色泡沫样痰	非泡沫痰
X 线表现	自肺门向周围蝴蝶状浸润,肺上野血管影增深	肺门不大,双肺周围弥漫性小斑片阴影
水肿液性质	蛋白含量低	蛋白含量高
水肿液胶体渗透压 / 血浆胶体渗透压	<60%	>75%
肺毛细血管楔压	>18mmHg	<18mmHg
听诊	双下肺湿啰音	广泛分布的湿啰音
心排血量	下降	正常或升高

心源性肺水肿(cardiogenicpulmonary edema)主要指二尖瓣狭窄及高血压等心脏病引起的左心功能衰竭所致。急性心源性肺水肿(acute cardiogenicpulmonary edema,ACPE)是内科临床常见的一种急症,ACPE 往往由于肺泡及间质水肿、肺水增加、弥散功能障碍、肺容量减少、肺顺应性降低、气道阻力增加,导致呼吸肌做功增加,呼吸窘迫,影响气体交换,常迅速出现严重低氧血症。传统治疗为氧疗、强心、利尿、血管扩张、激素等,大部分 ACPE 患者经初始治疗可迅速缓解症状,但仍有部分患者呈进行性恶化,因严重低氧血症、呼吸、循环衰竭而死亡。研究 ACPE 患者死亡危险因素可了解死亡原因和规律,有助于提高抢救成功率和临床预后。

【病因与发病机制】

1. 病因　心源性肺水肿的患者大多患有心脏病,如冠心病、心肌病、慢性瓣膜性心脏病、先天性心脏血管畸形等,遇到一些诱发因素,如高热、感染、大量过快输液、心肌梗死、严重心律失常等。

2. 发病机制　心源性肺水肿的发病机制主要是静水压增高。正常情况下,肺毛细血管内静水压力和间质内静水压力受重力、全身容量状态等多种因素的影响,但由于存在一些自我代偿机制,使肺组织能在一定范围内维持合适的干、湿状态。疾病状态下,随着肺毛细血管静水压力的逐步升高,肺血管首先出现膨胀,当超出自身代偿调节范围时,即出现肺间质水肿和肺泡水肿。

【临床评估与判断】

1. 病情评估

(1)评估患者有无急性广泛性前壁心肌梗死、高血压危象;有无急性肾炎、妊娠高血压、主动脉缩窄或脑肿瘤等；患者有无感染、心律失常、劳累、输液不当及药物作用等；有无因呼吸困难而取被动体位；有无晚上睡眠因气闷、气急而突然惊醒，被迫端坐位；有无出现咳大量粉红色泡沫痰；有无交感神经兴奋症状，如四肢厥冷、苍白、出冷汗等。

（2）临床表现：常表现为急性起病，进展较快，若不及时治疗，病死率极高，其临床表现可以划分为4个时期：①间质性水肿期：主要表现为夜间阵发性呼吸困难、大汗、口唇发绀，查体可见颈静脉怒张，双肺可闻及湿啰音或哮鸣音，有时还伴有心动过速、血压升高，这是由于肺间质压力增高、气体交换功能变差、细小支气管受压变窄、缺氧等引起的支气管痉挛所致；②肺泡性水肿期：主要表现为严重的呼吸困难，呈端坐呼吸，伴有窒息感，口唇发绀加重，大汗淋漓，咳嗽，咳大量粉红色泡沫痰，心尖部第一心音减弱，可闻及病理性第三心音和第四心音，可闻及舒张期奔马律；③休克期：短时间内，大量血管内液体渗入到肺间质和肺泡，可由于心肌收缩力减弱引起心源性休克，表现为意识障碍、血压下降、皮肤湿冷、少尿或无尿；④终末期：若肺水肿进行性加重，最终会导致昏迷，因心肺功能衰竭而死亡。

2. 辅助检查

（1）血液生化学检查：可了解患者有无肝、肾、胰腺功能异常和低蛋白血症，心肌酶作为心肌细胞损伤的敏感指标，对心源性水肿的识别有特别重要的意义。

（2）血浆钠尿肽（BNP）：可用于鉴别心力衰竭及容量负荷过重的肺水肿。纽约心功能分级（NYHA）心衰Ⅰ级平均BNP水平是152±16pg/ml；Ⅱ级是332±25pg/ml；Ⅲ级是590±31pg/ml；Ⅳ级是960±34pg/ml。

（3）心电图：提示是否有心肌缺血、心肌梗死、恶性心律失常等。

（4）胸部影像学检查：X线检查可以发现自肺门向周围蝴蝶状浸润，肺上野血管影增深。必要时可做胸部CT和核磁共振，进一步评估肺水肿。

（5）血气分析：由于肺间质和肺泡水肿、支气管痉挛等，使得肺泡的通气功能下降，通气/血流比例失调并伴有氧弥散障碍，血气分析中PaO_2随病情发展呈进行性下降趋势。

（6）肺功能：肺水肿早期，弥散功能下降，肺顺应性轻度下降，后期随着肺顺应性越来越差，肺活量明显减少，呼吸功增加。

（7）超声心动图：有助于评价心脏结构、瓣膜功能状态及心肌收缩力等。

【监测与护理】

（一）监测

1. 严密监测体温、血压、脉搏、呼吸、心率、心律、血氧饱和度的变化。

2. 严密监测病情，注意患者咳嗽、咳痰情况。

3. 监测皮肤、黏膜及颈静脉充盈情况。

4. 准确记录出入量，观察尿量情况。

5. 观察身体部位水肿情况，如双下肢、腰骶部水肿。

6. 监测药物的不良反应，如利尿药易引起水电解质紊乱，血管扩张药易引起头痛，洋地黄制剂易引起黄绿视、恶心、呕吐及镇静药易引起中毒反应等。

（二）护理措施

1. 急救的护理

（1）体位：立即协助患者取坐位，双腿下垂，以减少静脉回流，患者常烦躁不安，需防跌倒受伤。

（2）吸氧：在保证气道通畅的情况下高流量（6~8L/min）鼻导管或面罩给氧,湿化瓶中加入 20%~30% 的乙醇湿化,使肺泡内的表面张力降低而使泡沫破裂,有利于改善肺泡通气。对于病情特别严重者应给予无创呼吸机正压通气加压面罩给氧,上述措施无效时采取气管插管。

（3）药物治疗：迅速建立两套静脉通路,遵医嘱正确用药,观察疗效和不良反应,减少肺容量,降低肺循环压力的药物：吗啡、利尿药、血管扩张药,增加心肌收缩力的药物：毛花苷 C、氨茶碱、多巴胺,其他：激素,如地塞米松。

（4）其他：发生心源性休克时,尤其是急性心肌梗死合并肺水肿者,可采取主动脉内球囊反搏术增加心排血量,改善肺水肿。

2. 生活护理　保持病室安静,注意为患者保暖,随时帮助患者擦干汗液,更换衣服,保持皮肤清洁、干爽,取舒适卧位,尽量多休息减轻心脏负荷,预防压疮的发生。饮食采用低热量饮食以减轻心脏负荷,限制钠盐摄入,避免豆类等易产气的食物,预防便秘。给予患者口腔护理。

3. 心理护理　患者常因呼吸困难而烦躁不安,焦虑、恐惧,这些情绪会加重心脏负荷,多给予安慰,向其解释检查治疗的目的,告知患者医护人员正在积极采取措施,不适症状会逐渐得到控制。医护人员应保持冷静,操作熟练做好记录,使患者感到安全并且充满信心,控制情绪积极配合治疗。

4. 健康教育

（1）积极治疗原发病,注意避免诱发因素,如感染、过度劳累、输液过快、情绪激动等。

（2）饮食应清淡、易消化、富营养,每餐不宜过饱。

（3）根据心功能或者医生建议合理安排休息与活动,注意劳逸结合、保持情绪稳定。

（4）指导患者严格遵医嘱服药,不可轻易停药或减量。教会患者识别药物的不良反应,若发生及时就诊。

（5）定期复查,出现憋喘、水肿、食欲不振、体重增加、反复咳嗽、咳痰、尿量减少等症状时,必须及时就诊。

第六节　肺　栓　塞

【概述】

肺栓塞（pulmonary embolism，PE）是来自全身静脉系统或右心的内源性栓子阻塞肺动脉或其分支引起肺循环和呼吸功能障碍的临床和病理生理综合征。PE 的栓子包括血栓、脂肪、羊水、空气、瘤栓和感染性栓子等,其中 99% 的 PE 的栓子是血栓,故称为肺血栓栓塞（pulmonary thromboembolism，PTE）。PTE 是指来自静脉系统或右心的血栓阻塞肺动脉或其分支所致疾病,为肺动脉或肺动脉某一分支被血栓堵塞而引起的病理生理过程,常常是许多疾病的一种严重并发症。临床上常见的血栓是来自下肢深静脉及盆腔静脉。肺血栓栓塞以肺循环和呼吸功能障碍为主要临床症状和病理生理特征,占肺栓塞的绝大多数,是最常见的肺栓塞类型,通常临床上所称的 PTE 即指肺栓塞。肺梗死（pulmonary infarction，PI）,定义为肺栓塞后,如果支配区域的肺组织因血流受限或中断而产生严重的血供障碍,因而发生坏死。深静脉血栓形成（deep venous thrombosis，DVT）是引起肺栓塞的主要来源,DVT 多发于下肢或者骨盆深静脉,脱落后随血流循环进入肺动脉及其分支,肺栓塞常为 DVT 的合并症。近年来,肺栓塞诊断和治疗已经取得了明显进步,心脏超声、下肢深静脉超声检查、D- 二聚体测定和螺旋 CT 或电子束 CT 肺动脉造影等一些先进的无创检查在临床诊断上已被广泛应用。

【病因与发病机制】

1. 病因 PTE 常常是静脉系统的血栓堵塞肺动脉及其分支所引起的疾病,栓子通常来源于下肢的深静脉。静脉血栓形成的原因可能与血流淤滞、血液高凝状态和静脉内皮损伤等因素有关。一般分为原发性和继发性两类因素:

(1)原发性因素:主要由遗传变异引起,包括 V 因子突变、蛋白 C 缺乏、蛋白 S 缺乏和抗凝血酶缺乏等,以 40 岁以下的年轻患者无明显诱因反复发生 DVT 和 PTE 为特征。

(2)继发性因素:是指后天获得的易发生 DVT 和 PTE 的病理生理改变、医源性因素及患者自身因素,如创伤和(或)骨折、脑卒中、心力衰竭、急性心肌梗死、恶性肿瘤、外科手术、植入人工假体、中心静脉插管、妊娠及产褥期、口服避孕药、因各种原因的制动 / 长期卧床、长途航空或乘车旅行和高龄等,这些因素可单独存在,也可同时存在并发挥协同作用。其中高龄是独立的危险因素。

2. 发病机制 外周静脉血栓形成后,一旦血栓脱落,即可随静脉血流移行至肺动脉内,形成 PTE,急性肺栓塞发生后,由于血栓机械性堵塞肺动脉及由此引发的神经体液因素的作用可导致一系列呼吸和循环功能的改变,PTE 的形成机制见图 6-6-1。

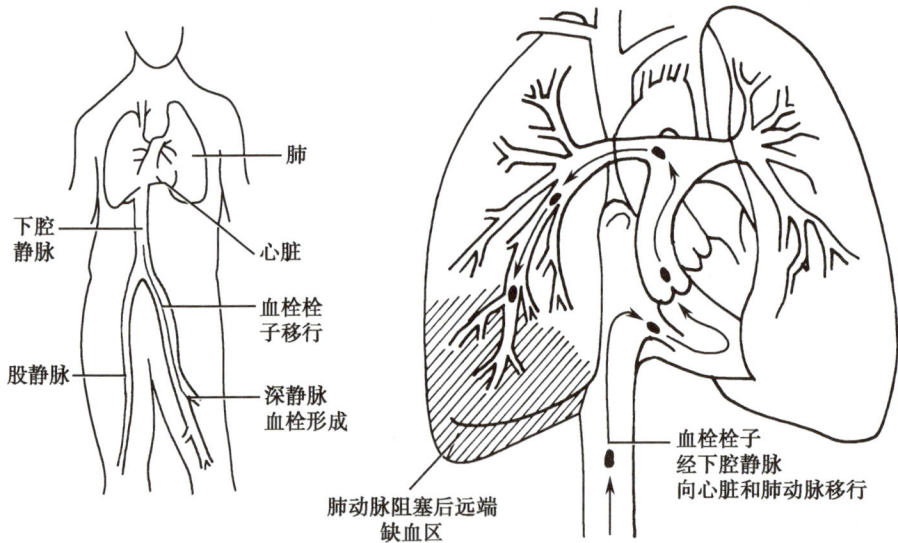

图 6-6-1 PTE 的形成机制

(1)呼吸功能不全:PTE 发生后可导致一系列病理生理改变,导致呼吸功能不全,出现低氧血症。主要变化包括:通气 / 血流比例失调,栓塞部位因血流减少,肺泡无效腔量增大,导致通气 / 血流比例增大,而非栓塞区由于血流重新分布使通气 / 血流比例减小。由于右心房压升高引起功能性闭合的卵圆孔重新开放,心内右向左分流。肺不张,栓塞部位肺泡表面活性物质分泌减少,肺泡萎陷,呼吸面积减小,同时肺顺应性下降使肺体积缩小,导致肺不张。由于各种炎性介质和血管活性物质释放引起间质和肺泡内液体增多,支气管痉挛,胸腔积液等。

（2）肺梗死（pulmonary infarction，PI）：肺组织接受肺动脉、支气管动脉和肺泡内气体弥散三重氧供，故 PTE 患者很少出现 PI，只有当患者同时存在心肺基础疾病或病情严重影响到肺组织的多重氧供时，才会导致 PI。

（3）对循环功能的影响：肺血管阻塞后，可以导致肺动脉高压、右心功能障碍和左心功能障碍等循环功能的改变。栓子阻塞肺动脉及其分支后，由于机械阻塞作用及由此引发的神经、体液反射和低氧血症，造成肺血管床面积减少，肺动脉阻力增大，导致肺动脉压增高，右心室后负荷增高，使体循环回心血量减少，静脉系统淤血，出现急性肺源性心脏病。肺动脉机械性堵塞和神经、体液因素引起的肺血管痉挛可使肺静脉回心血量减少，左室充盈压下降，导致心排血量下降，进而可引起低血压或休克。主动脉内低血压和右心房压升高，使冠状动脉灌注压下降，心肌血流灌注减少，加之 PTE 时心悸耗氧增加，可致心肌缺血，诱发心绞痛。

PTE 患者的严重程度取决于上述机制的综合作用，栓子的大小和数量、栓塞次数及间隔时间、是否同时存在其他心肺疾病等对发病过程和预后有重要影响。若急性 PTE 后肺动脉血栓未完全溶解或 PTE 反复发生，可形成慢性血栓栓塞型肺动脉高压，继而出现慢性肺源性心脏病和右心衰竭。

【临床评估与判断】

1. 病情评估

（1）了解患者的一般情况，如高龄、肥胖、吸烟史、活动情况及近期长时间坐位旅行史；既往有无静脉血栓栓塞症史或血栓性静脉炎、静脉曲张、晕厥病史、间断发作或进行性加重的呼吸困难和胸痛病史；有无肺栓塞家族史（家族中至少两位成员证实有肺栓塞或一级亲属中有遗传性血栓形成倾向）；近期有无创伤、手术、脑卒中、人工假体置入或下肢制动病史；有无已明确诊断或需要进一步检查的特殊疾病，如恶性肿瘤、肾病综合征、骨髓异常增生综合征等；了解妊娠及口服避孕药史，如妊娠及产后有无使用含雌激素的避孕药或激素替代、选择性雌激素受体调节药；近期有无静脉操作史，如深静脉留置导管、经静脉使用抗肿瘤药物、漂浮导管和射频消融治疗等。

（2）临床表现：①呼吸困难及气促：是最常见的症状，多于栓塞后立即出现，尤以活动后明显；②胸痛：包括胸膜炎性胸痛或心绞痛样疼痛，胸膜炎性胸痛是 PTE 最常见的胸痛类型，心绞痛样疼痛与体循环低血压、冠状动脉痉挛、右心室壁张力增高等因素引起冠脉血流减少、心肌耗氧量增加有关；③晕厥：可作为 PTE 唯一或首发症状，其中有约 30% 的患者表现为反复晕厥发作，PTE 所致晕厥的主要表现是突然发作的一过性意识丧失，多合并有呼吸困难和气促等表现，可伴有晕厥前症状，如头晕、黑曚、视物旋转等；④烦躁不安、惊恐甚至濒死感：是 PTE 常见症状，主要由严重的呼吸困难和（或）剧烈胸痛引起，因病情的严重程度不同，症状的轻重程度变异很大；⑤咯血：常为小量咯血，大量咯血少见；⑥咳嗽：多为干咳或少量白痰，当继发感染时，也可伴有喘息症状；⑦心悸：多于栓塞后即刻出现，主要由快速性心律失常引起；⑧腹痛：可能与膈肌受刺激或肠缺血有关；⑨猝死：猝死率不足 10%，但其后果严重，及时经积极而合理的治疗，抢救成功率仍然很低，是 PTE 最危重的临床类型。

2. 辅助检查

（1）血浆 D- 二聚体（D-dimer）测定：可作为 PTE 的初步筛选指标，急性 PTE 时 D-dimer 升高，若含量低于 $500\mu g/L$，可基本排除急性 PTE。动脉血气分析表现为低氧血症、低碳酸血症，肺泡 – 动脉血氧分压差增大。

知识拓展

2014 版欧洲心脏病学会急性肺血栓
栓塞症诊断治疗指南

新版指南引入校正年龄后的 D- 二聚体值,用于排除各年龄段肺栓塞临床患病概率低度或中度的患者。D- 二聚体水平随着年龄增长而自然增加。对于年龄 <50 岁的患者,D- 二聚体的标准界值为 500μg/L;对于年龄 ≥50 岁的患者,新版指南推荐使用年龄校正的界值:年龄 ×10μg/L(以 65 岁患者为例,D- 二聚体界值为 650μg/L)。这样可以更大程度地排除年龄较大肺栓塞临床患病概率低度或中度的患者。

(2)心电图与超声心动图:大多数 PTE 患者可出现非特异性心电图异常,以窦性心动过速最常见,常见改变还有 V_1~V_4 的 T 波倒置和 ST 段下移,典型者可表现为 $S_1Q_{III}T_{III}$(即 I 导联 S 波加深,III 导联出现 Q 波及 T 波倒置)(图 6-6-2),其他改变还包括不完全右束支传导阻滞(RBBB)、肺型 P 波、电轴右偏、顺钟向转位等。超声心动图表现为右心室和(或)右心房扩大、室间隔左移和运动异常、近端肺动脉扩张、三尖瓣反流和下腔静脉扩张等。

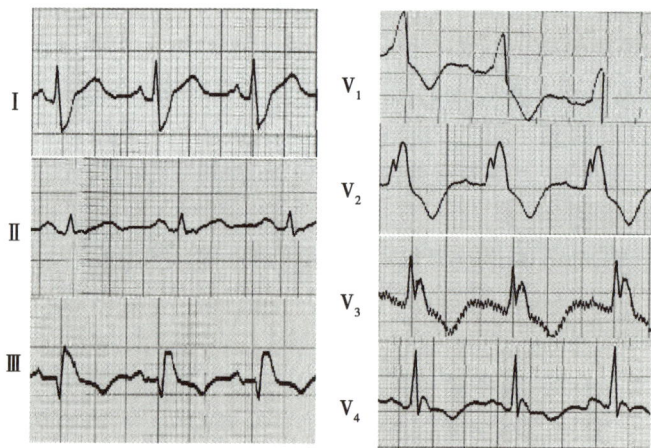

图 6-6-2　PTE 患者的非特异性心电图异常 $S_1Q_{III}T_{III}$

(3)下肢深静脉超声检查:为诊断 DVT 最简便的方法,若阳性可以诊断为 DVT,同时对 PTE 有重要提示意义。

(4)影像学检查:①X 线胸片:肺栓塞的典型 X 线征象为尖端指向肺门的楔形阴影,但不常见。多数表现为区域性肺纹理变细、稀疏或消失,肺野透亮度增加。右下肺动脉干增宽或伴截断征,肺动脉段膨隆,右心室扩大。有肺不张侧的横膈抬高,偶见少量胸腔积液;②CT 肺动脉造影(CT pulmonary angiography, CTPA):是目前最常用的 PTE 确诊手段,直接征象表现为肺动脉内低密度充盈缺损,部分或完全包围在不透光的血流之间(轨道征),或呈完全充盈缺损,间接征象包括肺野楔形密度增高影,条带状高密度区或盘状肺不张,中心肺动脉扩张及远端血管分支减少或消失;③放射性核素肺通气/灌注扫描:是 PTE 诊断重要方法,以肺段分布的肺血流灌注缺损,并与通气显像不匹配为典型特征;④磁共振显像(MRI):用于诊断肺段以上肺动脉血栓及对碘造影剂过敏的患者;⑤肺动脉造影:是诊断 PTE 的金标准,以肺动脉内造影剂充盈缺损,伴或不伴有轨道征的血流阻断为直接征象,是目前临床诊断 PTE 的经典方法,但由于本检查为有创性检查,有发生严重甚至致命性并发症的可能,因此不作为首选检查和常规检查。

【监测与护理】

(一)监测

1. 严密监测患者的呼吸、心率、血压、血氧饱和度、动脉血气及肺部体征的变化,当出现呼吸加速、浅表、动脉血氧饱和度低、心率加快等表现,提示呼吸功能受损,机体缺氧。

2. 监测患者有无烦躁不安、嗜睡、意识模糊、定向力障碍等缺氧的表现。

3. 监测患者有无颈静脉充盈度增高、肝大、肝颈静脉反流征阳性、下肢水肿及静脉压升高等右心功能不全的表现。当较大的肺动脉栓塞后,可使左心充盈压降低,心排血量减少,因此需严密监测血压和心率的改变。

4. 溶栓治疗后如出现胸导联 T 波倒置加深可能是溶栓成功、右心负荷减轻、急性右心扩张好转的反应。严重缺氧的患者可导致心动过速和心律失常,需严密监测患者的心电改变。

5. 监测患者的血红蛋白、血细胞比容和血小板计数以及确定血型。认真评价溶栓治疗的益处及可能存在的危险性,在此基础上,方可决定是否进行溶栓治疗,溶栓治疗期间严密监测患者的 APTT。

6. 出血并发症的监测:①脑出血:观察神志、瞳孔的变化;②消化道出血:观察胃肠道反应、呕吐物及大便颜色变化;③腹膜后出血:观察有无腹痛、腹胀、贫血;④泌尿系出血:观察尿的颜色;⑤呼吸道出血:观察痰的颜色;⑥皮肤出血:观察穿刺点有无渗血、血肿。

7. 观察下肢深静脉血栓形成的征象:由于下肢深静脉血栓形成以单侧下肢水肿最为常见,因此需要测量和比较下肢周径,并观察有无局部颜色的改变,如发绀。下肢周径的测量方法:大、小腿周径的测量点分别为髌骨上缘以上 15cm 和髌骨下缘以下 10cm 处,双侧下肢周径差 >1cm 有临床意义。

(二)护理措施

1. 急性期的护理

(1)为防止栓子再次脱落,对于合并近端深静脉血栓形成的患者,要求绝对卧床休息,避免下肢过度屈曲,一般在充分抗凝的前提下卧床 2~3 周。

(2)保持大便通畅,避免用力,以防下肢血管内压力突然升高,使血栓再次脱落形成新的危及生命的栓塞。

(3)对有低氧血症的患者,可采用经鼻导管或面罩吸氧;当合并严重呼吸衰竭时,可使用经鼻/面罩无创性机械通气或经气管插管行机械通气;对大面积 PTE 可收入重症监护室。

(4)应避免做气管切开,以免在抗凝或溶栓过程中局部大量出血。应用机械通气中需注意尽量减少正压通气对循环的不利影响。

2. 溶栓及抗凝治疗的护理

(1)溶栓前的护理:溶栓前宜留置外周静脉套管针,以方便溶栓中取血监测,治疗期间避免皮内、皮下、肌内注射及动、静脉穿刺,以防出血。

(2)溶栓治疗:溶栓治疗主要适用于大面积 PTE 病例,即出现因栓塞所致休克和(或)

低血压的病例；对于次大面积 PTE，即血压正常但超声心动图显示右心室运动功能减退的病例，若无禁忌证可以进行溶栓；对于血压和右心室功能均正常的病例不推荐进行溶栓。早期研究发现，溶栓进行的越早，治疗效果越好。

（3）抗凝治疗：使用抗凝治疗可以减少 PTE 的复发率，延长患者寿命。常用抗凝药物有肝素、低分子肝素和华法林。在溶栓治疗结束后应测定 APTT，如果 APTT<2.5 倍正常值，则开始使用肝素治疗。如果开始 APTT 超过此上限，应每 2~4 小时重复测定 1 次，直到 APTT 达到治疗范围后开始肝素治疗。肝素治疗要给予足够剂量并维持足够时间。

（4）不良反应观察：遵医嘱及时、正确给予溶栓剂及抗凝药，注意药物疗效及不良反应。在溶栓治疗时，应尽量降低出血的风险，避免静脉切开，动脉穿刺以及其他侵入性操作。其他溶栓的并发症有发热，过敏反应和一些不良反应如：恶心、呕吐、肌痛和头痛。这些反应通常为链激酶引起，可以使用乙酰氨基酚、抗组胺药和氢化可的松进行治疗。

3. 其他　对于出现右心功能不全，心排血量下降，但血压尚正常的病例，可给予具有一定肺血管扩张作用和正性肌力作用的多巴酚丁胺和多巴胺；若出现血压下降，可增大剂量或使用其他血管加压药物，如肾上腺素等。对于液体负荷疗法需持审慎态度，因过大的液体负荷可能会加重右心室扩张并进而影响心排血量，一般给予负荷量限于 500ml 之内。

4. 介入治疗的护理

（1）栓子摘除术适应证为：肺动脉造影确诊的巨大栓子；经 2h 积极内科治疗后病情不能改善，出现严重缺氧（PaO$_2$<60mmHg）和严重血流动力学紊乱（SP<90mmHg，尿量 <20ml/h）者；有溶栓禁忌证者。对于某些患者可以行栓子摘除术的，做好术前准备及术后护理措施。

（2）若有如下情况：肝素治疗失败；肝素治疗禁忌者；肺内反复小栓子造成慢性肺动脉高压；栓子切除术后。通过在下腔静脉放置滤网后同时抗凝治疗，进行下腔静脉阻断进行治疗。

（3）若以上治疗方法无效或禁忌时：可以考虑经皮导管治疗近端肺动脉栓塞，通过导管可以将大的栓子推向肺动脉血管远端，或击碎栓子，或将栓子吸出，从而减轻肺动脉阻塞。

5. 恢复期的护理　下肢需进行适当的活动或被动关节活动，穿抗栓袜或气压袜，不可只在小腿下放置垫子或枕头，以免加重下肢循环障碍。

6. 心理护理　做好心理护理，消除患者的恐惧心理，急性 PTE 患者一般发病急、病情变化快，患者易出现惊慌、恐惧等心理变化。要根据患者的情况做好心理护理，解除思想负担，使其能很好地配合治疗和护理。

7. 健康教育　①定期随诊按时服药，特别是抗凝血药服用一定要按照医嘱服用，刺激性药物饭后服用。②自我观察出血征现象。③按照医嘱定期复查抗凝指标，并学会看抗凝血指标化验单。④平时生活中注意下肢活动，有下肢静脉曲张者可穿弹力袜等，避免下肢深静脉血液滞留，血栓复发。⑤病情有变化时及时就医。

第七节　重症哮喘

【概述】

支气管哮喘（bronchial asthma）简称哮喘，是由多种细胞（如嗜酸性粒细胞、肥大细胞、T 淋巴细胞、中性粒细胞、平滑肌细胞、气道上皮细胞等）和细胞组分参与的气道慢性炎症性疾病。主要特征包括气道慢性炎症,气道对多种刺激因素呈现的高反应性,广泛多变的可逆性气流受限以及随病程延长而导致的一系列气道结构的改变,即气道重构。

哮喘患者的肺功能均有不同程度的损害,哮喘病情的严重程度因人而异,有的患者发作程度轻,常规治疗即可控制症状;有的患者表现非常严重,虽积极治疗,但病情仍然进展,甚至在短时间即发展为呼吸衰竭。哮喘发作时,虽经数小时的积极治疗,病情仍不得到有效控制,且急剧进展,称为重症哮喘(severe asthma)或哮喘持续状态(status asthmaticus)。重症哮喘或哮喘持续状态常因病情重且不稳定而有可能危及生命,故需要加强监护治疗。

虽然哮喘患者均有气道阻塞,但哮喘的严重程度却大不相同,有的患者肺功能在几天内受损而有的患者肺功能在几小时甚至几秒钟内即有损害,并导致危及生命的气道阻塞。大多数到急诊就诊的患者,其症状往往几小时内即明显加重,以下是两种重症哮喘的典型特点,见表6-7-1。

表 6-7-1　两种重症哮喘典型特点

	急性重症哮喘	急性窒息性哮喘
性别	女 > 男	男 > 女
基础状况	中到重度气道阻塞	正常或轻度肺功能受损
发作时限	几天到几周	几分钟到几小时
病理特点	1. 气道壁水肿	1. 急性支气管痉挛
	2. 黏液腺肥大	2. 中性粒细胞而非嗜酸性粒细胞支气管炎
	3. 分泌物黏稠	
治疗反应	慢	快

【病因与发病机制】

1. 病因　重症哮喘的发病原因有很多,发现和排除患者的起病原因非常重要,目前已基本明确的发病原因有:

(1)哮喘触发因素持续存在:诱发哮喘的吸入性变应原或其他刺激因素持续存在,使机体持续地产生抗原 – 抗体反应,发生气道炎症、气道高反应性和支气管平滑肌痉挛。如果患者不断吸入或接触变应原,气道炎症将进行性加重,并损伤支气管黏膜,使支气管黏膜充血水肿、黏液大量分泌并形成黏液栓,加上支气管平滑肌的极度痉挛,可导致严重的气道阻塞。

(2)呼吸道感染:细菌、病毒、肺炎支原体和衣原体等引起的呼吸道感染,病原体及其代谢产物可刺激支气管和损伤支气管黏膜,引起黏膜炎症、充血、水肿和黏液的大量分泌,使小气道阻塞。呼吸道感染也使气道高反应性加重,导致支气管平滑肌进一步缩窄,呈现哮喘持续状态。

(3)糖皮质激素使用不当:长期应用糖皮质激素后突然减量或停用,可造成体内糖皮质激素水平的突然降低,致使哮喘恶化且对支气管扩张剂的反应不佳。尤其是长期吸入或口服大剂量的激素(每日使用丙酸倍氯米松超过800μg)者。

(4)水电解质紊乱和酸中毒:哮喘急性发作时,患者多汗和呼吸道内丢失大量水分,并且使用茶碱类制剂导致尿量增多,患者可有不同程度脱水,使痰液更为黏稠,形成难以咳出的痰栓,可广泛阻塞中小支气管,加重呼吸困难且难以缓解。此外,低氧血症使体内酸性代谢产物积累,患者可合并代谢性酸中毒。此时气道对许多支气管扩张药的反应性降低,进一步加重哮喘患者的病情。

(5)精神因素:精神紧张、不安、恐惧和焦虑等因素导致哮喘病情的恶化和发作加剧。精神因素也可通过影响某些神经肽的分泌等途径而加重哮喘。

(6)阿司匹林或其他非甾体类抗炎药(non-steroid anti-inflammation drugs,NSAID)的使用:此类药物可诱发哮喘。

(7)出现严重的并发症:当哮喘患者合并气胸、纵隔气肿或肺不张等,以及伴发其他脏器功能障碍时均可导致哮喘症状加剧。

2. 发病机制 哮喘的发病机制尚未完全阐明,目前可以概括为气道免疫－炎症机制、神经调节机制及其相互作用。

(1)气道免疫－炎症机制:①气道炎症形成机制:气道慢性炎症反应是由多种炎症细胞、炎症介质和细胞因子共同参与、相互作用的结果;②气道高反应(airway hyperresponsiveness,AHR):是指气道对各种刺激因子如变应原、理化因素、运动、药物呈现的高度敏感状态,表现为患者接触这些刺激因子时气道出现过强或过早的收缩反应。AHR是哮喘的基本特征,可通过支气管激发试验来量化和评估,有症状的哮喘患者基本都存在AHR;③气道重构:是哮喘的重要病理特征,表现为气道上皮细胞黏液化生、平滑肌肥大/增生、上皮下胶原沉积和纤维化、血管增生等,多出现反复发作、长期没有得到良好控制的哮喘患者。

(2)神经调节机制:神经因素是哮喘发病的重要环节之一。支气管受复杂的自主神经支配,除肾上腺素能神经、胆碱能神经外,还有非肾上腺素能非胆碱能神经系统。

有关哮喘的发病机制见图6-7-1。

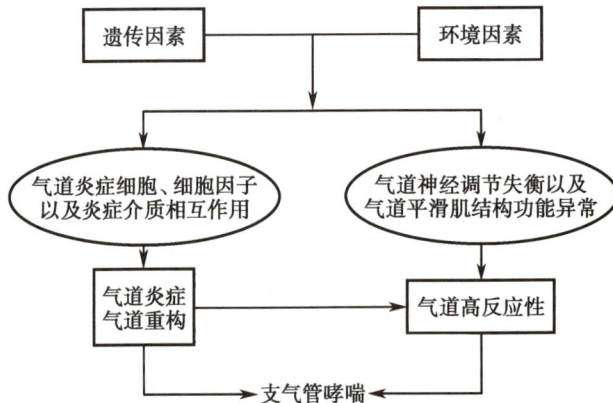

图6-7-1 哮喘发病机制示意图

【临床评估与判断】

1. 病情评估

(1)临床评估:对哮喘的严重性和控制水平的评价十分重要。美国国家哮喘教育和预防计划指南以2个参数作为控制水平的依据,即活动受限或无能力的评估和针对具体患者未来风险评估。哮喘患者伴有的持续症状,频繁的夜间唤醒,频繁的给药缓解症状以及肺功能的下降都会降低其日常活动。而且哮喘患者症状频繁恶化,肺功能进行性下降,有合并症以及药物相关的不良反应都会导致以后疾病的恶化和预后不良。哮喘急性发作时病情的严重程度的分级见表6-7-2。

表 6-7-2　哮喘急性发作时病情的严重程度的分级

病情程度	临床表现	血气分析	血氧饱和度	支气管舒张剂
轻度	对日常生活影响不大,可平卧,说话连续长句,步行、上楼时有气短。呼吸频率轻度增加,呼吸末期散在哮鸣音。脉率 <100 次 / 分,可有焦虑	PaO_2 正常 $PaCO_2$<45mmHg	>95%	能被控制
中度	日常生活受限,稍事活动便有喘息,喜坐位,讲话常有中断。呼吸频率增加,哮鸣音响亮而弥漫。脉率 100~120 次 / 分,有焦虑和烦躁	$PaO_2$60~80mmHg $PaCO_2$≤45mmHg	91%~95%	仅有部分缓解
重度	日常生活受限,喘息持续发作,只能单字讲话,端坐呼吸,大汗淋漓。呼吸频率 >30 次 / 分,哮鸣音响亮而弥漫。脉率 >100 次 / 分,常有焦虑和烦躁	PaO_2<60mmHg $PaCO_2$>45mmHg	≤90%	无效
危重	患者不能讲话,出现嗜睡、意识模糊,呼吸时,哮鸣音明显减弱或消失。脉率 >120 次 / 分或变慢和不规则	PaO_2<60mmHg $PaCO_2$>45mmHg	<90%	无效

（2）临床表现：重症哮喘的早期诊断有助于及时进行有效地治疗,防治哮喘病情的进一步加重,改善患者的预后,降低哮喘的病死率。临床上根据患者的病史、哮喘发作的预兆及临床表现,结合体格检查和必要的实验室检查,立即作出临床诊断和治疗。

1）重症哮喘：患者多有喘息、咳嗽、呼吸困难、呼吸频率增加（>30 次 / 分）。部分重症哮喘患者常表现极度严重的呼气性呼吸困难,吸气浅,呼气延长且费力。患者有强迫端坐呼吸,不能平卧,不能讲话,大汗淋漓,焦虑,表情痛苦而恐惧。病情严重的患者可出现意识障碍,甚至昏迷。

2）体格检查：重症哮喘典型发作时,患者面色苍白、口唇发绀、可有明显的三凹征。常常有辅助呼吸肌参与呼吸运动,胸锁乳突肌痉挛性收缩,胸廓饱满。有时呼吸运动可呈矛盾运动,即吸气时下胸部向前而上腹部向内侧运动。呼气时间明显延长,呼气期双肺布满哮鸣音,有时不用听诊器也可闻及。但是危重哮喘患者呼吸音或哮鸣音可明显降低甚至消失,表现为所谓的"静息胸"。可有血压下降,心率 >120 次 / 分,有时可发现"肺性奇脉"。如果患者出现神志改变、意识模糊、嗜睡、精神淡漠等,为病情危重征象。

2. 辅助检查

（1）痰液检查：患者痰涂片检查可见较多嗜酸性粒细胞。

（2）气道阻塞程度检查：哮喘的诊断一旦成立,则需要动态观察呼出气峰流速（PEFR）,PEFR 值保持在 80%~100%,为安全区,说明哮喘控制理想；PEFR50%~80% 为警告区,说明哮喘加重,需及时调整治疗方案；PEFR<50% 为危险区,说明哮喘严重,需立即到医院就诊。

（3）动脉血气分析：哮喘持续状态患者均存在中等程度的低氧血症,甚至是重度低氧血症。对于 PEFR<30% 预计值和呼吸窘迫的患者,测定动脉血气分析非常重要。

（4）常规实验室检查：重症哮喘患者可有电解质的紊乱，但无特异性。常见中性粒细胞和嗜酸性粒细胞升高，但与哮喘的严重程度无关。

（5）胸部 X 线检查：可表现为肺过度充气，也可见到气胸、纵隔气肿、肺不张或肺炎等表现。

（6）心电图：可表现为窦性心动过速等。

【监测与护理】

（一）紧急处理

1. 立即给予患者心电监护，尤其是血氧饱和度的监测。

2. 立即纠正患者缺氧状态，首先给予低流量吸氧，若无改善，立即准备无创呼吸机，给予患者戴口鼻罩行无创通气处理，严重者应选择气管插管协助医师建立人工气道行机械通气。对哮喘患者进行通气，一般会采用允许性高碳酸血症通气（permissive hypercapnic ventilation，PHV）。PHV 是指（供氧充足的条件下）采用小潮气量以进行肺部保护；采用容控通气，因为哮喘患者气道痉挛，如采用压控气流则不能进入；设定吸气时间（Ti）缩短，或保持 Ti 时间不变但减慢呼吸速率，以延长呼气时间，以减少内源性 PEEP（intrinsic PEEP）的出现。内源性 PEEP 出现会导致肺部过度充胀，并出现肺部受伤。

3. 及时清除呼吸道分泌物，必要时可使纤维支气管镜深部吸痰。

4. 解痉平喘治疗　①糖皮质激素：使用原则是早期、足量、短程、静脉用药和（或）雾化吸入。糖皮质激素与支气管扩张药联合应用效果更好，因为两者合用可达到及时舒张支气管平滑肌，继而控制气道变应性炎症的作用；②β₂ 受体激动药：其为最有效的支气管扩张药，广泛用于哮喘的临床治疗。常用药为短效沙丁胺醇、特布他林等；③茶碱类：此类药物是一类非选择性磷酸二酯酶抑制药，不仅扩张支气管，还具有弱的调节和抗炎作用，可减轻持续性哮喘的严重程度，减少发作频率；④抗胆碱药物：吸入性抗胆碱药物多作为哮喘治疗的辅助用药，对夜间哮喘发作有一定的预防作用，常用药物有噻托溴铵、异丙托溴铵等。

5. 纠正酸碱失衡。

6. 建立人工气道后，为减轻患者痛苦及气管插管带来的气道高反应，减少呼吸做功，保持人机协调，可遵医嘱使用镇静药。

7. 为防止患者烦躁脱管，可给予适当约束。

8. 因患者张口呼吸，易造成胃肠胀气，给予留置胃管行胃肠减压。

（二）监测

1. 观察患者的镇静程度，根据镇静评分调整镇静药用量。

2. 观察患者的生命体征，尤其是血压，因为行机械通气及使用镇静药均可导致血压降低。

3. 监测血气分析变化，判断缺氧和二氧化碳潴留改善情况。

4. 观察呼吸机参数的变化，尤其是气道峰压的变化。根据监测参数下调设定参数，判断有无停呼吸机辅助呼吸指征。

5. 对使用口鼻罩行无创通气者，注意观察受压区域的皮肤颜色变化，尤其是鼻梁部，同时观察有无胃胀气。

6. 密切观察患者有无自发性气胸、脱水、酸中毒、电解质紊乱、肺不张等并发症。

（三）护理措施

1. 对症护理　重症哮喘发作有可能导致呼吸衰竭、窒息等危险，因此，应备好气管插管和所需物品及各种抢救物品,配合医师抢救。

2. 用药护理　①糖皮质激素:指导患者吸入药物后用清水充分漱口,使口咽部无药物残留,减轻局部反应,长期用药可引起骨质疏松等全身反应,指导患者联合用药,减轻激素的用量,口服用药时指导患者不可自行停药或减量;②β_2受体激动药:用药方法应严格遵医嘱间隔给药,用药期间注意不良反应,如心悸、低血钾和骨骼肌震颤等。但一般反应较轻,停药后症状即可消失,应宽慰患者不必担心;③茶碱:主要不良反应为胃肠道症状(恶心、呕吐)、心血管症状(心动过速、心律失常、血压下降)。最好用药中监测血浆茶碱浓度。发热、妊娠、小儿或老年、患有肝、心、肾功能障碍及甲状腺功能亢进者尤其慎用;④其他:明确治疗计划,指导患者了解自己所用每种药的药名、用法及使用时的注意事项,制定简明的用药表,使定期用药成为患者日常生活的常规。

3. 生活护理　①发现和避免诱发因素,有助于哮喘症状的控制,并保持环境清洁、空气清新;②饮食护理:根据需要供给热量,必要时可静脉补充营养,禁忌食用可能诱发哮喘的食物,如鱼虾蟹、牛奶及蛋类。

4. 心理护理　哮喘的反复发作可以导致心理障碍,而心理障碍也会影响哮喘的临床表现和治疗效果。正确认识和处理这些心理问题,有利于提高哮喘的治疗成功率。护士应关心、体贴患者,通过暗示、说服、示范、解释、训练患者逐渐学会放松技巧及转移自己的注意力。

5. 健康教育　①指导患者注意哮喘发作的前驱症状,自我处理并及时就医,鼓励并指导患者坚持每日测量峰流速值(PEF)、监视病情变化、记录哮喘日记。指导患者各种雾化吸入器的正确使用方法。②积极参加锻炼,尽可能改善肺功能,最大限度恢复劳动能力,预防疾病向不可逆性发展,预防发生猝死。③指导患者了解目前使用的每一种药物的主要作用、用药时间、频率和方法及各种药物的不良反应。④指导峰流速仪的使用。⑤指导患者识别和避免过敏原或诱因,并采取相应措施,如在花粉和真菌最高季节应尽量减少外出;保持居住环境干净、无尘、无烟,窗帘、床单、枕头及时清洗;避免香水、香的化妆品及发胶可能的过敏,回避宠物,不用皮毛制成的衣物或被褥,若必须拜访有宠物家庭,提前吸入气雾剂;运动性哮喘患者在运动前使用气雾剂;充分休息、合理饮食、定期运动、情绪放松、预防感冒。⑥推荐患者家庭参与哮喘的管理,起到监督管理作用。

知识拓展

哮喘的自我管理

为患者制定长期防治计划,指导患者进行自我管理,包括了解哮喘的激发因素及避免诱因的方法,熟悉哮喘发作先兆表现及相应处理办法,学会在家中自行监测病情变化并进行评定、重点掌握峰流速仪的使用方法、坚持记哮喘日记,学会哮喘发作时进行简单的紧急自我处理方法,掌握正确的吸入技术,了解什么情况下应去医院就诊,与医生及护士一起制定防止复发、保持长期稳定的方案。成功的哮喘管理目标是:①达到并维持症状的控制;②维持正常活动,包括运动能力;③维持肺功能水平尽量接近正常;④预防哮喘急性加重;⑤避免因哮喘药物治疗导致的不良反应;⑥预防哮喘导致的死亡。

第八节　肺部肿瘤

【概述】

肺部肿瘤（lung tumor）包括原发性和转移性肿瘤，原发性肿瘤中多数为恶性肿瘤，最常见的是肺癌，肉瘤则少见。肺的转移瘤大多数为其他器官组织的恶性肿瘤经血行播散到肺部。肺癌（lung cancer）又称原发性支气管肺癌（primarybronchopulmonary carcinoma），为原发于支气管、肺的癌。因绝大多数均起源于各级支气管黏膜上皮，源于支气管腺体或肺泡上皮细胞者较少，因而肺癌实为支气管源性癌（bronchogenic carcinoma），包括鳞癌、腺癌、小细胞癌和大细胞癌几种主要类型。

全国肿瘤登记中心 2014 年发布的数据显示，2010 年，我国新发肺癌病例 60.59 万（男性 41.63 万，女性 18.96 万），居恶性肿瘤首位（男性首位，女性第 2 位），占恶性肿瘤新发病例的 19.59%（男性 23.03%，女性 14.75%）。肺癌发病率为 35.23/10 万（男性 49.27/10 万，女性 21.66/10 万）。同期，我国肺癌死亡人数为 48.66 万（男性 33.68 万，女性 16.62 万），占恶性肿瘤死因的 24.87%（男性 26.85%，女性 21.32%）。肺癌死亡率为 27.93/10 万（男性 39.79/10 万，女性 16.62/10 万）。预测至 2025 年我国每年死亡于肺癌者达 90 万人，世界卫生组织报告肺癌和艾滋病将是 21 世纪危害人类最严重的两种常见病。

【病因与发病机制】

1. 病因　肺癌的病因复杂，至今仍不十分清楚，研究表明肺癌的发生与下列因素有关：

（1）吸烟：肺癌患者中 3/4 有重度吸烟。吸烟者比不吸烟者肺癌发病率高 10~13 倍，且与开始吸烟年龄有关，19 岁以下青少年开始吸烟，死亡于肺癌的机会更大。

（2）大气污染：城市空气中的致癌物质明显高于农村，因城市中工业燃料燃烧后及大量机动车排出的废气中具有 3,4- 苯并芘、甲基胆蒽类环烃化合物，SO_2、NO_2 和飘尘等，这些物质均具有致癌作用。

（3）室内微小环境的污染：女性肺癌的发病与室内空气污染有关，如厨房小环境内焦油、煤烟、烹调的油烟等污染；香烟物；室内氡气等均可成为女性肺癌的危险因素。

（4）职业危害：某些职业的劳动环境中可能有导致或促进肺癌发生、发展的致癌物质。已确认的致癌物质有：铬镍、砷、铍、石棉、煤烟、煤焦油、芥子气、异丙油、二氯甲基醚及电离辐射。推测有致癌物质如：丙烯、氯乙烯、镉、玻璃纤维、人工纤维、二氯化硅、滑石粉及氯化苯等。肺癌的形成是一个相当漫长的过程，因此停止接触后需要相当长的时间才发现肺癌。

（5）慢性肺部疾病：慢性支气管炎、肺结核等与肺癌危险度有显著关系。甚至结节病及间质性肺纤维化患者中，肺癌的相对危险度也较高。

（6）营养状况：维生素 E、B_2 的缺乏在肺癌患者中较为突出，食物中长期缺乏维生素 A、维甲类、β 胡萝卜素和微量元素（锌、硒）等易发生肺癌。

（7）遗传因素

2. 发病机制　随着分子生物学的研究和发展，对肺癌的发生过程中一系列分子生物学的异常有了进一步的了解。由于原癌基因的活化、抑癌基因的失活、DNA损伤及其修复基因异常等,导致细胞调节和生长调控途径的改变,从而形成临床可见的恶性肿瘤。肿瘤侵袭、转移及对治疗的反应也受到肿瘤分子生物学特征的影响。

3. 分类

(1)按解剖学部位分类:①中央型肺癌:发生于主支气管以上的肺癌称为中央型,约占3/4,以鳞状上皮细胞癌和小细胞癌多见;②周围型肺癌:发生在段支气管以下的癌称为周围型,约占1/4,以腺癌较为多见。

(2)病理组织学分类:按照组织学分类目前将肺癌分为两大类:①小细胞癌(SCLC,占25%),多见于男性,较年轻,多见40~50岁左右,是肺癌中恶性程度最高者,早期即发生血行和淋巴转移,即使局部生长的肿瘤,也显示浸润行为,对放化疗均敏感;②非小细胞癌(NSCLC,占75%),包括鳞癌、腺癌、大细胞癌及腺鳞癌。鳞癌占全部肺癌30%,为肺癌最常见类型,男性多见,与吸烟密切相关。血行转移发生较晚,手术切除疗效较好。腺癌,约占原发性肺癌25%,多见女性,生长缓慢,早期即可侵犯血管和淋巴管,引起远处转移,多累及胸膜。大细胞癌,是一种高度恶性的上皮肿瘤,多发生于周边肺实质,占肺癌中15%。腺鳞癌,具有明确的腺癌、鳞癌的组织结构,两种成分混杂在一起或单独存在于同一瘤块内。

肺癌病理学分类采用的是2004年世界卫生组织(WHO)修订的病例分型标准,按照细胞类型将肺癌分为九种,见表6-8-1。

表6-8-1　肺癌病理组织学分类(WHO 2004)

1. 鳞状细胞癌	4. 大细胞癌	7. 类癌
2. 小细胞癌	5. 腺鳞癌	8. 唾液腺癌
3. 腺癌	6. 肉瘤样癌	9. 未分类癌

【临床评估与判断】

1. 病情评估

(1)了解患者年龄性别,尤其以40岁以上的男性为主,患者吸烟史,应包括吸烟时间和吸烟量及有无戒烟。患者是否经常暴露在危险因子中,如石棉、无机砷化合物、铬、镍等化学物质及患者的居住环境。是否患有慢性支气管炎或其他呼吸系统慢性疾病,以及患者的家族史中是否患有肺部肿瘤。

(2)临床表现:多数患者在就诊时已有症状,仅5%~15%的患者无症状,临床表现与肿瘤所在部位、大小、类型、发展阶段、有无并发症或转移有密切关系。

由原发肿瘤引起的症状和体征:

1)呼吸系统症状

咳嗽:约有3/4患者有咳嗽症状,为肺癌最常见的早期表现,常为阵发性、刺激性干咳或有少量黏液痰;

咯血或血痰:由于癌组织中血管丰富,局部组织易发生坏死,故肺癌患者常有咯血,多见于中央型肺癌;

气短或喘鸣:肿瘤向支气管内生长,或转移到肺门淋巴结导致肿大的淋巴结压迫主支气管或隆突，或引起部分气道阻塞，出现呼吸困难、气短、喘息，偶尔表现为喘鸣，听诊有局限或者单侧哮鸣音；

发热：肿瘤组织局部坏死可引起发热，但多数发热是由肿瘤引起的阻塞性肺炎所致；

体重下降：肿瘤发展到晚期，患者表现为消瘦或者恶病质。

2）肺外胸内扩展引起的症状和体征

胸痛：肿瘤侵犯胸膜、肋骨和胸壁；

呼吸困难：肿瘤压迫支气管，可出现吸气性呼吸困难；

声音嘶哑：肿瘤直接压迫或转移至纵隔淋巴结压迫喉返神经（多见左侧）引起声音嘶哑；

吞咽困难：癌肿侵犯或压迫食管，可引起咽下困难，也可引起气管 – 食管瘘，导致肺部感染；

胸水：约 10% 的患者有不同程度的胸水，提示肿瘤转移累及胸膜或淋巴回流受阻；

上腔静脉阻塞综合征：肿瘤侵犯纵隔压迫上腔静脉时，使上腔静脉回流受阻，致头面部、颈部和上肢水肿，前胸部淤血和静脉曲张，并可引起头痛头晕等症状；

Horner 综合征：肺尖部的肺癌又称肺上沟瘤，易压迫颈部交感神经，引起病侧眼睑下垂、瞳孔缩小、眼球内陷、同侧额部与胸壁少汗或无汗。也常有压迫臂丛神经造成以腋下为主、向上肢内侧放射的火灼样疼痛，在夜间尤甚。

3）胸外转移引起的症状和体征

转移至中枢神经系统：可引起颅内高压的症状如头痛、呕吐、精神异常等，少数有复视、偏瘫、共济失调等；

转移至浅表淋巴结：可有锁骨上及颈部淋巴结肿大，多无痛感，淋巴结固定而质地坚硬；

转移至骨骼：肺癌转移至肋骨最多见，其次为脊柱骨盆，常有局部疼痛和压痛表现；

转移至腹部：转移到肝脏、胰腺，可引起肝区疼痛、胰腺炎症状、阻塞性黄疸等，也可转移到胃肠道、肾上腺和腹膜后淋巴结等；

胸外表现：又称副癌综合征，肥大性肺性骨关节病杵状指（趾）；男性乳房发育；库欣综合征；稀释性低钠综合征；神经肌肉综合征；高钙血症。

2. 辅助检查

（1）影像学检查：胸片、CT、磁共振显像（MRI）、正电子发射体层显像（PET）等。

（2）痰脱落细胞检查：中央型肺癌的诊断率可达 80%，周围型肺癌的诊断率可达 50%，注意多次、深部咳出、新鲜痰液，立即送检。

（3）纤维支气管镜检：通过支气管镜可直接窥察支气管黏膜及管腔的病理变化情况。中央型可直接窥视、活检、刷检；阳性率可达到 80%~90%，表现为管腔阻塞、隆突增宽等；周围型肺癌无法窥视，支气管镜肺活检（TBLB），可提高周围型肺癌的诊断率。

（4）其他：如肿瘤标志物、胸腔镜检查、组织活检、放射性核素扫描、剖胸探查等。

知识拓展

支气管镜检查技术

　　临床怀疑的肺癌病例应常规进行支气管镜检查,其主要目的:①观察气管和支气管中的病变,并取得病理证据(包括在直视下钳取、刷检、肺泡灌洗);②病灶准确定位,对制订手术切除范围、方式有重要意义;③发现可能同时存在的气管内原位癌。近年新出现的自发荧光电子支气管镜技术能进一步提高对肉眼未能观察到的原位癌或隐性肺癌的诊断。

【监测与护理】

（一）监测

1. 观察患者症状,如咳嗽、咯血、胸痛、呼吸困难等症状的变化;

2. 观察体温、呼吸频率及节律、体重、营养状态、肺部体征的变化;

3. 肺癌转移症状及体征;

4. 观察放疗、化疗患者的反应,及时给予干预措施;

5. 及时观察患者的血液白细胞总数、分类及血小板计数的变化。

（二）护理措施

1. 化疗患者的护理　护士要了解药物的作用及副作用,并对患者做出解释和说明;安全用药,选择合适的静脉,注射过程中严禁药物外渗;密切观察和发现药物不良反应,及时给予处理。

（1）评估患者应用化疗药物后机体是否产毒性反应以及严重程度;

（2）恶心呕吐的护理:嘱家属不要紧张,以免增加患者心理负担,减慢药物滴注速度,并遵医嘱给予止吐药物;化疗前后 2 小时避免进食,少量多餐,避免不良气味,进食色香味俱全、清淡、适合患者口味的食物。如果入量不足,应静脉补充水电解质及营养;

（3）骨髓抑制的护理:化疗期间密切观察血象变化,应用抗感染药物,预防感染,并做好保护性隔离;

（4）口腔护理:化疗的患者易发生口腔真菌感染和牙周病,嘱患者不要进食较硬的食物,用软毛牙刷刷牙,并用盐水或漱口水漱口;

（5）预防局部组织坏死和栓塞性静脉炎:注意保护静脉血管,输注药物确定通畅无外渗,若发生外漏,停止输注,立即处理。

2. 放疗患者的护理

（1）全身反应的护理:放疗后患者可有头痛、头晕、恶心、呕吐等反应,因此照射前不应进食,照射后宜卧床休息 30 分钟,进食易消化食物,多食蔬菜水果,多饮水,促进毒素排出,避免刺激性饮食,注意观察血象;

（2）局部照射皮肤的护理:照射部位避免用肥皂水或过冷、过热水清洗或用力揉抓,应穿柔软、宽大、吸湿性强的内衣,避免衣服的摩擦,出现渗出性炎及时处理。

3. 症状护理

（1）疼痛:评估患者疼痛的程度,遵医嘱按时用药,警惕药物的不良反应;避免加重疼痛的因素,如预防上呼吸道感染,尽量避免咳嗽,平缓的给患者更换体位,避免推拉动作;教会患者转移注意力的技巧,帮助患者找出适宜的减轻疼痛的方法;

（2）维持气道通畅:如采取坐位或半卧位,进行胸部叩击,遵医嘱给予止咳化痰药物等。

4. 生活护理　应给予患者高蛋白、高热量、高维生素、易消化的食物,动植物蛋白应合理搭配,维持良好的进食环境及口腔清洁以增进食欲,鼓励患者摄取足够水分,若无法进食时,则应给予鼻饲或肠道外营养,以补充所需的热量和营养。

5. 心理护理　加强与患者的沟通,耐心倾听患者的主诉,动员家属给予患者心理和经济上的支持,帮助患者面对现实,调整情绪,以积极的态度对待疾病,接受必要的检查,尽早开始治疗。对肺癌晚期患者应做好临终关怀工作,使患者安详、无憾、有尊严的离开人世。

6. 健康教育　①环境:保持休养环境的安静、舒适,室内保持适宜的温湿度,每日上下午各开窗通风至少 0.5h,以保持空气新鲜。根据天气变化增减衣物,不要在空气污染的场所停留,避免吸入二手烟,尽量避免感冒。②饮食:维持正常饮食即可,宜清淡、新鲜、富于营养、易消化。不吃或少吃辛辣刺激的食物,禁烟酒。③活动:保持适当的活动,每日坚持进行低强度的有氧锻炼,如散步、打太极拳等,多做深呼吸运动,锻炼心肺功能,注意保持乐观开朗的心态,充分调动身体内部的抗病机制。④其他:术后切口周围可能会出现的疼痛或麻木属于正常反应,随时间推移,症状会逐渐减轻或消失,不影响活动,出院后 3 个月进行复查,如有不适随时就诊。

> ### 知识拓展
>
> #### 肺癌患者教育
>
> 对原发性支气管肺癌患者及其家属的教育内容包括:①让患者认识到疾病的性质,知道原发性支气管肺癌是一个慢性疾病,需要长期的治疗;原发性支气管肺癌虽不能被治愈,但经过规范治疗后的 5 年生存率有了明显增加,尤其是早期肺癌,5 年生存率可达50%。②教会患者及家属化疗后的饮食护理。③教会患者避免感染及并发症的方法。④教会患者预防静脉炎的注意事项。⑤建议患者参加群体治疗。

第九节　肺　移　植

肺移植术是治疗多种终末期肺疾病的重要治疗手段,同时肺移植是风险最高的器官移植手术之一。尽管供者管理、供肺保护、受者术前医疗以及肺移植术后技术已经取得了长足的进步,但肺移植仍有相当高的并发症发生率和病死率,近期生存率也较其他实体脏器移植低。患者围手术期的管理是临床关注的重点,也是延长患者生命、提高生活质量的关键。

【概述】

1963 年,James Hardy 医生首次为 1 例主支气管鳞状细胞癌患者成功进行了肺移植手术。1983 年首例肺移植成功,从此肺移植在世界各地相继开展,在南北美、欧洲和澳洲取得了巨大的成功。根据国际心肺移植协会(International Society for Heart & Lung Transplantation, ISHLT)的最新统计,到 2009 年年底,世界上已完成肺移植 32 652 例,患者术后 1、3、5、10 年累积存活率分别为 79%、63%、52% 和 29%。据不完全统计,我国内地至今已经有 25 家医院先后开展了肺移植术,其中无锡人民医院、同济大学附属肺科医院报告的存活率与 ISHLT 的数据较为接近。

【病因与发病机制】

1. 肺移植的适应证　肺移植受体的一般指征为:慢性终末期肺疾病内科治疗无效,符合以下条件的患者:①不进行移植则两年内因肺疾病死亡风险高于 50%。②移植后预计存活大于 90 天的可能性大于 80%。③在假定移植肺功能正常的前提下,预计移植 5 年存活率高于 80%。④受体年龄大于 14 岁。⑤受体参加术前功能锻炼。⑥受体有经济能力接受手术、术后免疫抑制剂应用、各种支持治疗措施。⑦情绪稳定和较好的心理素质。慢性终末期肺疾病包括间质性肺疾病、慢性阻塞性肺疾病、囊性纤维化、支气管扩张、肺血管病等。

2. 肺移植的禁忌证(表 6-9-1)

表 6-9-1　肺移植的禁忌证

绝对禁忌证

- 近 2 年内恶性肿瘤(皮肤鳞状细胞和基底细胞癌除外)
- 难以纠正的心、肝、肾等重要脏器功能不全;冠心病不能通过介入治疗或冠脉搭桥手术治疗缓解或伴有严重的左心功能不全是相对禁忌证,但是部分患者经过严格选择后可以考虑心肺联合移植
- 不能治愈的严重慢性肺外感染,如活动性 B 型肝炎和 C 型肝炎,HIV 感染
- 严重的胸壁或脊柱畸形
- 患者的依从性差,不能配合医生治疗或定期随访
- 难以治疗的心理障碍
- 近 6 个月内仍然持续的严重不良嗜好,如吸烟、酗酒或滥用违禁药品

相对禁忌证

- 年龄 >65 岁
- 病情危重或通气、血流动力学不稳定
- 严重的运动功能障碍,不能进行康复训练
- 耐药细菌、真菌或结核分枝杆菌寄殖
- 重度肥胖,BMI>30
- 严重的症状性骨质疏松
- 机械通气,但是仔细选择一些无其他重要脏器的急性或慢性功能不全,能积极参加康复训练的机械通气患者,移植可能成功
- 其他合并症,但没有导致终末期脏器功能不全,如糖尿病、高血压病、消化性溃疡病、胃食管反流病等,可以通过有效控制

3. 手术方式

(1)单肺移植术:用于心脏功能好的终末期肺病患者,一般成人单肺移植无需体外循环,儿童肺移植和肺叶移植的患者则要在体外循环下完成。

(2)序贯双肺移植术:切除所有病肺组织,用于纤维化性肺病、阻塞性肺疾病、脓毒症性肺病包括支气管扩张患者的慢性肺部感染、肺血管疾病。就受体而言,一次双肺移植比两次

单肺移植节省开支,更重要的是其效果优于单肺移植,双肺移植者具有正常生理功能的支气管肺泡数量远多于单肺移植者,因此抵御闭塞性细支气管炎综合征的能力更强。

（3）心肺联合移植术:针对有心脏病的肺动脉高压症患者,具有操作简单、保留了冠状动脉支气管侧支的优点,缺点在于对器官的需求量大。

（4）活体肺移植术或双侧肺叶移植术:在供体短缺的情况下,肺叶移植为一种挽救性措施。活体肺叶移植需要选择两个健康的供体,两个供体分别行左下肺叶、右下肺叶切取,分别移植到受体左右肺。

【临床评估与判断】

1. 并发症的观察与判断－非感染性并发症

（1）急性排斥反应:常发生于肺移植术后几天至几周。临床表现为呼吸困难、体温升高、低氧血症、白细胞计数增高,乏力,运动耐量下降,听诊有喘鸣或吸气爆裂音,X线可见肺门阴影增大,或肺内出现大片云雾状阴影。

（2）慢性排斥反应:发生于移植后几个月至几年,但启动机制可在移植即刻发生。多表现为细支气管闭塞综合征,是成人肺移植的主要死亡原因。发病机制不清,可能与移植后早期炎症反应等有关。

（3）气道吻合口并发症:这是肺移植后吻合口并发症中最常见的部位,气管支气管吻合口裂开引发漏气、出血、坏死、感染等,患者多因呼吸衰竭或腐蚀血管大出血死亡。吻合口并发症的危险因素涉及缺血时间过长、供肺保存技术的好坏、术中休克或低血压减少支气管血液供应、排斥或感染、吻合口供血不足和应用激素等。近年来肺移植生存率已有稳定提高,但支气管吻合口并发症的情况在过去十多年来却没有明显的变化。吻合口狭窄或软化的发生率为5%~14%,危险因素包括:①缺血气道损伤;②吻合口套叠;③支气管黏膜感染。通过吻合口狭窄或软化的临床表现如呼吸功能减低、痰多和喘鸣及纤维支气管镜可明确诊断。

（4）肺损伤:首当其冲的是肺缺血再灌注损伤,也是肺移植面对的固有的极为重要的危险因素。常发生于术后72h内,临床表现为肺水肿和低氧血症,胸部X线可见肺泡、肺门及基底部不对称的肺间质性纹状改变。

（5）血管吻合口并发症:此类并发症包括肺动脉狭窄和肺静脉/左心房袖血栓形成,前者表现为气短、肺动脉高压、右心室功能不全和通气/血流比异常,确诊需要肺动脉造影证实;后者大的血栓可阻塞肺静脉流出道,导致严重的顽固性肺水肿,小的血栓引发体循环栓塞或脑血管意外,最终因移植肺衰竭、多器官衰竭或系统抗凝后出血死亡。

（6）其他:主要有上呼吸道阻塞、出血、心律失常、呼吸心搏骤停和气胸等。

2. 并发症的观察与判断－感染性并发症

（1）细菌感染:移植后前30天的死亡病例中,20.3%是非巨细胞病毒（CMV）感染造成的。造成移植术后早期感染的细菌通常是存在于供体或受体的定植菌或移植中心近期流行的菌种,因此抗生素的选择依赖于移植受体分离鉴定出的病原菌的种类及抗生素的敏感性,这尤其适用于支气管扩张,术前存在泛耐或多耐药细菌寄植或感染者,另外也应该参考移植中心近期流行的病原菌及其对抗生素的敏感性。常规联合使用广谱抗生素以覆盖革兰氏阴性杆菌尤其是铜绿假单胞菌,革兰氏阳性球菌尤其是耐甲氧西林葡萄球菌（MRSA）。

（2）真菌感染:系统性真菌感染见于支气管吻合口、气管支气管树、侵袭肺炎或弥漫性感染。曲霉菌感染是术后常见的真菌感染,其中烟曲霉（aspergillus fumigatus）最多,黄曲霉

（aspergillus flavus）不到 2%。

（3）病毒感染：CMV 感染是肺移植术后的第二常见感染，也是肺移植术后最常见的病毒性感染，尤其是存在 CMV 感染高危因素如受体抗 CMV 阴性和供体抗 CMV 抗体阳性不匹配状态。

【监测与护理】

术后早期的管理中，重点在维持患者血流动力学的监测管理、辅助通气支持、免疫抑制剂合理使用及药物浓度监测、严格执行无菌操作及合理使用抗感染治疗、术后近期并发症的观察与处理等方面进行干预，促进患者平稳地度过术后危重期。目前认为，在供肺保护、移植外科技术等条件相对成熟的前提下，术后早期合理的围术期管理能够明显减少移植肺损伤程度，对近、远期肺功能的恢复大有意义。

1. 循环系统监测　由于肺移植不可避免的再灌注肺损伤和肺水肿，因此术后早期应该在维持循环稳定的基础上，严格控制出入量，适当应用利尿药，使中心静脉压 <10mmHg，平均动脉压 >65mmHg，血细胞比容 >30%，以保持足够的脏器灌注、氧输送和尿量，保护心、脑、肾等重要脏器的功能，并保持术后数天肺"干燥"。移植术后早期需密切监测心率、心排血量或心脏指数、中心静脉压、动脉血压、肺动脉压、尿量、动脉和混合静脉氧分压和血氧饱和度等，以及时发现和处理不稳定的血流动力学问题。

（1）液体：肺移植术后早期原则应限液，给予最低必需剂量液体，以维持循环稳定与新陈代谢产物和药物的排出，术后 48 小时应该试图维持液体负平衡。每小时进行出入量平衡计算，每天测体重一次。每小时记录尿量并测尿比重，如 1 小时尿量 <30ml 应通知医生处理。

（2）利尿药：适当使用利尿药，维持体重在术前水平，保护肾脏功能，但要避免使用过强的利尿药、以免导致肾功能不全。

（3）血管活性药物：没有循证医学证据支持术后常规使用小剂量多巴胺 <5μg/（kg·min）可以改善肝肾血流灌注。然而，循环不稳定者可以酌情使用多巴胺、多巴酚丁胺等。有肺动脉高压者可以给予伊洛前列素或 NO 吸入治疗，或静脉给予前列腺素 E1（PGE1）。

（4）抗心律失常药：心房纤颤和心房扑动是肺移植后常见的心律失常，使用地高辛和（或）胺碘酮通常可以纠正。

2. 呼吸支持治疗

（1）机械通气模式与参数：在保证足够氧合的前提下，移植受体术后常规应用压力控制模式限制气道峰压，并设定平台压不超过 35mmHg，以预防气压伤、支气管吻合口漏。通常采用低水平 PEEP，以降低气道压，减少肺损伤和动态肺过度充气，注意密切监测患者呼吸机各参数的变化。

（2）气道管理：肺移植术后患者遵循呼吸危重症或大型胸腔手术后的常规气道管理。需要强调的是肺移植术后，患者因咳嗽反射减低和纤毛运动功能障碍造成分泌物排出困难，而支气管黏液分泌增多和支气管收缩又是常见现象，因此，进行有效呼吸道引流在术后早期非常重要。包括加强气道湿化、胸部物理治疗、气道吸引等。拔管后应该鼓励和帮助患者活动，加强体位引流，锻炼咳嗽和深呼吸，防止肺不张，促进肺脏康复。如果患者因早期移植肺功能不全需要长期插管者，早期气管切开有利于气道管理。

（3）如果术后最初动脉血气分析显示 PaO_2 ≥70mmHg 和（或）SaO_2 ≥90%，可以逐渐降

低 FiO_2，如果没有严重再灌注肺水肿，FiO_2 可以在术后 24 小时降至 30% 或更低，24~48 小时内撤离呼吸机和拔除气管插管。常规在拔除气管插管前进行纤维支气管镜检查，进一步了解支气管吻合口情况，充分清除气道分泌物，同时留取分泌物进行相关病原学检查。

3. 胸腔引流管的管理　严密监测引流液的颜色、性质、量及水柱波动情况，如引流液每小时引流量大于 200ml 连续 3 小时，应考虑活动性出血的存在，及时通知医生给予相应处理；妥善固定胸引管，交接班时观察置管部位情况，防止脱管；定时挤压引流管，保持引流管通畅；术侧如大量气泡冒出，应警惕支气管吻合口裂开。

4. 抗排斥治疗及护理　急性排斥反应是术后严重并发症之一，临床表现为呼吸困难、体温升高（升高 0.5℃ 有意义）、肺部浸润性改变、低氧血症、白细胞计数升高等。肺移植术后常用的维持治疗采用环孢素 A（CsA）、硫唑嘌呤与糖皮质激素联合用药。应严格掌握用药剂量，服药时间及时准确。开始时应每天监测血药浓度，根据监测值调整用药剂量；为保证监测准确，应在服药前 30min 抽取血标本，并注意饮食及药物的影响（如葡萄柚汁及大扶康、利福平等药物可影响 CsA 浓度）。同时应密切监测肝肾功能，以早期发现毒副作用。

5. 管路管理　患者全身管路多，管路固定应顺畅、稳妥；每班检查并记录管路位置；对管路进行操作时要严格无菌技术；更换体位时需多人，避免脱管；管路标识清楚，避免误操作。

6. 并发症管理

（1）出血：加强胸腔闭式引流管护理，注意患者血流动力学的改变，如血压下降、脉搏增快，应警惕是否有出血的发生；注意患者血红蛋白情况，当血红蛋白进行性下降时，应积极寻找原因并及时补液、输血。

（2）感染

1）细菌性感染预防：泰能、万古霉素等。

2）巨细胞病毒感染预防：监测 CMV-PP65、CMV 核酸检测，使用更昔洛韦抗病毒治疗。

3）真菌感染预防：制霉菌素口腔护理，两性霉素 B 雾化，抗真菌药物（伏立康唑、卡泊芬净等）静点。

4）肺孢子菌肺炎预防：增效联磺口服。

5）感染预防常规：加强伤口部位及导管穿刺处换药；严格控制探视人数；严格遵守无菌原则；严格执行手卫生；每日监测体温、血象、PCT 等情况；改善全身营养状态；控制好血糖。

（3）气道并发症：早期主要问题是支气管吻合口裂开和坏死，常表现为漏气，护理的重点为注意观察患者胸腔引流情况，如出现明显气泡增多，应警惕吻合口瘘的出现，及时通知医生。晚期气道问题：支气管狭窄、支气管软化。

7. 其他

（1）营养支持：术后早期给予胃肠内营养，每日摄入热量保证在 1500 千卡，注意抬高床头，防止误吸。拔除气管插管 6 小时后予流质饮食，并逐渐过渡至普通饮食，注意摄入高热量、高蛋白、低脂肪食物。

（2）皮肤护理：注意卧床期间的皮肤护理，保持皮肤清洁、床单平整干燥，骶尾、脚踝部等骨突部位使用压疮贴保护皮肤，定时翻身，有效预防压疮。

（3）肢体功能锻炼：术后的肺移植患者应注意肺康复锻炼，患者卧床期间协助其保持肢体功能位，并进行肢体功能锻炼，防止废用性肢体功能障碍。术后早期鼓励患者下地活动。

> **知识拓展**
>
> ## 肺　康　复
>
> 　　肺康复（Pulmonary Rehabilitation，PR）是对有症状、日常生活能力下降的慢性呼吸系统疾病患者采取的多学科综合干预措施。肺康复是一个整体的康复过程。包括肺康复、运动耐力康复、心理康复以及对出院后返回社会的准备等方面，肺康复已经被公认为促进肺移植术后康复最有效的措施之一。美国胸科学会（American Thoracic Society，ATS）于 2007 设立了肺康复治疗专场，美国胸科学会和欧洲呼吸学会（European Respiratory Society，ERS）指南为肺康复的推广提供了科学指导，亦为其提供了全面而有力的循证医学证据。2007 年，ACCP 在 1997 版指南的基础上，回顾了近 10 年的相关文献，进行系统、循证地总结，制订了新的肺康复指南。新指南将上下肢功能锻炼，肌肉力量训练，健康相关生命质量的综合促进方案推荐级别为 A 级；将健康教育，无创正压通气等推荐为 B 级；将氧疗推荐为 C 级。新指南更加明确地指出了有效的肺康复具有 3 个特点：多学科、个体化及注重改善患者的躯体功能和社会功能。

（张会芝）

第七章　心血管系统疾病重症患者的护理

学习目标

完成本内容学习后,学生将能:
1. 复述常见的心血管系统疾病。
2. 列出心血管系统常见危重症疾病的病因及诊断。
3. 描述心血管系统疾病的发病原因、诊断。
4. 应用所学到的护理知识对心血管系统疾病的重症患者进行护理。

第一节　急性冠脉综合征

【概述】

急性冠脉综合征(acute coronary syndrome, ACS)特指在冠状动脉粥样硬化病变的基础上,病变斑块不稳定,继而斑块破裂、出血、血栓形成,引起冠状动脉不完全或完全性堵塞,冠状动脉内血流减少导致心肌缺血的一系列病理生理过程的临床综合征。ACS作为一组严重进展性疾病谱,包括ST段抬高型心肌梗死(STEMI)、非ST段抬高型心肌梗死(NSTEMI)和不稳定型心绞痛(UA)。不同类型的ACS都具有急性发病的特点,而急性发病大多与内膜损伤和斑块破裂有直接的关系。内膜损伤常诱发血管痉挛,在血管痉挛的基础上可伴有继发血栓形成,而斑块破裂则多诱发急性血栓,其血栓形成的速度和类型主要取决于斑块破裂的程度、斑块下脂质暴露于血液循环的多少和体内凝血及纤溶活性之前的而平衡状态等,而患者症状的严重程度及预后则取决于心肌缺氧的持续时间和程度。

ACS是一组严重危及生命的常见疾患。《中国心血管病报告2008—2009》显示,我国每年至少有50万人新发心肌梗死,现有心肌梗死患者至少200万人。2004年,美国国家卫生统计中心显示,将ACS作为第一或第二诊断的住院患者达1 565 000例次,其中UA669 000例次,心肌梗死为896 000例次。在过去的25年中,UA/NSTEMI的相对发生率增加,ACS已经成为临床医师在门诊和急诊经常遇到的心血管疾患,其预后与STEMI基本相同。现有的国外大型注册研究以及我国的CPACS-1研究都表明,临床之间对ACS的治疗与询证医学证据及指南之间存在不小差距。因此,提高UA/NSTEMI诊断水平、改善治疗效果仍然是心血管医师面临的挑战。

ACS按ST段抬高与否可分为ST段抬高ACS和非ST段抬高ACS。由于溶栓治疗效果的差异,目前更主张在传统分型基础上经ST段抬高与否补充到传统分型之中,即ACS先按ST段抬高与否分为ST段抬高ACS和非ST段抬高ACS。

综上所述,不同的发病机制造成不同类型 ACS 其近、远期预后有较大差别,因此正确识别 ACS 的高危人群并给予及时和有效的治疗可明显改善其预后,具有重要的临床意义。

临床上主要根据患者症状、体征、心电图以及血流动力学指标对其进行危险分层:

(一)ST 段抬高型心肌梗死

此类患者中 90% 为斑块破裂诱发闭塞性血栓所致,紧急血运重建是最有效的治疗,对于高危患者受益则更大。具有以下任何一项者可被确定为高危患者:①年龄 >70 岁;②前壁心肌梗死;③多部位心肌梗死(指两个部位以上,如下壁 + 后壁 + 右室等);④伴有血流动力学不稳定如低血压,窦性心动过速 >100 次 / 分,严重心律失常,快速心房颤动,肺水肿或心源性休克等;⑤左、右束支阻滞源于 AMI;⑥既往有心肌梗死病史;⑦合并糖尿病和未控制的高血压。

(二)非 ST 段抬高型心肌梗死

非 ST 段抬高 AMI 与 ST 段抬高 AMI 相比,梗死相关血管完全闭塞的发生率较低(20%~30%),单多支血管病变和陈旧性心肌梗死发生率比 ST 段抬高者多见。在病史方面两者比较,糖尿病、高血压、心力衰竭和外周血管病在非 ST 段抬高 AMI 患者中更常见。因此在住院病死率和远期预后方面两者差异并无显著性。

(三)不稳定型心绞痛

UA 是介于稳定型心绞痛和急性心肌梗死之间的一组临床心绞痛综合征,其中包括多种亚型,在不同亚型之间冠状动脉病变程度有较大区别,例如初发劳力性心绞痛患者冠状动脉病变相对较轻,发作常有痉挛因素参与,恶化劳力性心绞痛患者冠状动脉病变常较严重,而静息心绞痛患者冠状动脉病变严重并常伴有血栓存在。由于上述不同类型心绞痛中的病理生理基础的差异,及时采取有效的治疗将对改善患者的预后有十分重要的影响,因此对 UA 进行危险分层显得尤为重要。

【病因与发病机制】

血栓是冠状动脉阻塞最常见的原因,通常由于粥样硬化斑块存在已有冠状动脉部分狭窄,而粥样硬化斑块发生破裂或撕伤加重阻塞。同时破裂的粥样硬化斑块不仅限制了血液在动脉里流动,本身将血小板黏附聚集促使血栓形成。

引起心肌梗死的一个少见的原因是来自心脏本身的血栓栓塞。有时血栓在心脏内形成,碎裂下来的小血块随血液流到冠状动脉导致动脉阻塞。另一个少见的原因是冠状动脉痉挛引起的冠脉血流阻断。痉挛可以由于药物(如可卡因等)或吸烟引起,但有时原因不明。

心肌梗死发生后心脏的泵血功能直接与损伤组织(梗死组织)的范围和部位相关。如果一半以上的心肌组织损伤,将不能维持心脏功能,发生严重的障碍和死亡。有时虽然心肌组织损伤范围并不广泛,但由于泵功能的下降,不能泵出足够的血液,也可导致心衰或休克。损伤的心脏逐渐增大来部分代偿心脏泵功能下降(增大的心脏收缩更有力),而心脏的增大也反映了心肌本身的损伤;心肌梗死发生后心脏增大者的预后比心脏正常者差。

【临床评估与判断】

1. 临床症状 多数 ACS 患者有心绞痛前驱症状,80% 的患者有既往冠心病史,3/4 的 NSTEMI 患者和一半以上的 UA 患者为男性,而在迅速增多的老年 UA 患者中女性居多。ACS 具有昼夜节律周期性,半夜至清晨 6 点是发作高峰时间。剧烈运动可诱发 ACS,尤其是以前生活方式为久坐不动者。情绪应激（包括自然灾害所致）可导致斑块破裂、ACS 和心源性猝死。然而，多数 ACS 患者并无明显的诱因。

ACS 的标志是缺血性胸痛。对于 UA 和 NSTEMI，缺血性胸痛发作呈渐进式，不会在数分钟之内达到峰强度。对于 STEMI，典型胸痛呈突发式、程度稳定并维持 30min 以上。相比较而言，UA 时胸痛常时轻时重，持续数分钟到 20min，一般不超过 20min。患者常用压迫、烧灼、咬啮、紧缩、沉重等词语来描述胸痛，有时形容为剧痛或压榨感等。这些描述提示疼痛来自内脏而非表浅部位。不适症状从很轻到极重变化不等，取决于患者的感觉和缺血或坏死心肌的数量。缺血性胸痛可因劳累而加重，因休息而缓解。

ACS 胸痛最常位于胸部正中或左侧，放射至左肩或左臂、颈及下颌，位于上腹部不太常见，容易导致被误认为是消化不良，位于右胸或肩胛间区的缺血性胸痛极为罕见。严重并放射至背部的剧烈胸痛提示主动脉夹层较 ACS 的可能性大。患者可用手指定位的胸痛很少是缺血性胸痛，确切而言，缺血性胸痛通常占据更大的范围。患者将拳头紧握置于胸前以描述胸痛，即"Levine"征是 AMI 的经典表现。

ACS 患者，尤为 AMI 患者（包括 STEMI 和 NSTEMI）胸痛时常伴有其他症状，最常见为呼吸困难、出汗、恶心、呕吐和心悸等。消化道症状最常见于下壁缺血而非前壁。其他症状包括恐怖和焦虑、晕厥、急性心力衰竭、全身乏力及突发精神状态变化。缺乏胸痛或缺乏临床表现的 ACS 患者多见于女性、老年、糖尿病和有心力衰竭史的患者。当这些症状出现而不伴有胸痛时可称之"心绞痛等同症状"，以呼吸困难为最常见。动态 ST 段监测有助于发现无症状心肌缺血。

2. 体格检查　ACS 患者体检差异很大，可以完全无任何特殊发现，也可以出现显著体征，取决于缺血程度、部位和患者的个体因素。AMI（包括 NSTEMI）较 UA 更常伴随较为严重的体征，而后者的急性缺血体征可呈一过性、随缺血缓解而迅速消失。ACS 患者常表现为焦虑，很多患者烦躁不安、试图找到一个舒适的体位，患者会按摩其胸部，常见出汗，有时大汗淋漓，尤其是下壁心肌梗死时，可呈明显的面色苍白。患者心率变化不定，取决于焦虑程度、血流动力学状态、缺血部位和心律情况。通常会出现心率加快和室性期前收缩，而下壁缺血常伴心动过缓。UA 患者通常血压正常，当严重疼痛或焦虑时，由于肾上腺素释放血压可能会升高。下壁缺血时由于副交感神经张力过高而常见低血压。应用硝酸酯类有助于减轻或消除缺血性胸痛，但可能加重低血压状态，尤其是当患者存在右室缺血或梗死时。

UA 患者体温通常正常，而心肌梗死患者由于对坏死心肌的非特异性应答而常伴发热，这些患者往往为低热，起于梗死后 4~8h，4~5 天恢复正常。

3. 心脏检查　虽然症状严重、缺血范围广泛，ACS 患者的心脏检查往往非常正常。AMI 患者异常表现较 UA 患者更为常见，但这些异常也可以短暂出现于各种临床表现的 ACS。

心前区触诊可发现胸骨左缘异常收缩期搏动，反映左室节段性运动障碍。UA 患者急性缺血性发作时心尖区常出现明显收缩期前搏动，而心肌梗死患者这一现象可持续数天。S1 低钝反映急性左室功能不全，或在一度房室传导阻滞时可闻及。在 ACS 患者常可闻及 S4，通常于胸骨左缘和心尖区听诊最清楚，反映与缺血相关的左室顺应性降低。左室舒张早期快速充盈时，跨二尖瓣血流流速骤减导致出现 S3，提示左室收缩功能不全。

4. 诊断　ACS 的诊断首先基于识别典型或提示性症状，查体时除非有并发症极少有症状，例如充血性心力衰竭、二尖瓣反流或其他。首先获得 12 导联心电图，以排除 STEMI，后者需要考虑即刻再灌注治疗。有胸痛或其他症状时却没有 ST-T 变化,仍然不能够从心电图上排除隐匿性 ACS,需要采用其他的诊断方法。

一般而言,高危患者需要即刻进行冠状动脉造影,中低危不太紧急的患者需要进行系列 ECG 和心脏肌钙蛋白检查,必要时进行超声心动图和(或)核素灌注成像检查。对于有胸痛但没有高危 ACS 明确证据的患者并且其症状也可以归咎于主动脉或肺动脉急性危及生命情况时,安排 CT 血管显像扫描是最恰当的诊断性检查。

胸痛的时限对于医师帮助很大,胸痛持续 20 分钟以上通常与肌钙蛋白升高有关,肌钙蛋白是全球采用的诊断心肌梗死的生物标志物,它具有心肌组织特异性和高敏感性,可以反映显微镜下才能观察到的小灶性心肌坏死,因此心脏肌钙蛋白 I 或肌钙蛋白 T 是首选心肌损伤标志物。这种标志物能够在临床检测到少量的心肌坏死。心脏肌钙蛋白分析可以早在胸痛发作后 3~6h 发现升高,目前常规临床实践中引入新的敏感的肌钙蛋白分析方法可望进一步提高诊断的敏感性。

【监测与护理】

治疗的目的就是增加氧供和减少氧耗。

（一）急救流程

入院前的积极救护与"绿色通道":急诊室备好急救器材,对胸痛患者有效指征时进行快速评价和紧急做心电图,建立可靠的静脉通道,为进一步治疗做好准备;抽血查心肌酶谱、肌钙蛋白及其他相关化验。给予患者充分休息,稳定患者情绪,给予心理支持。给予持续低流量氧气吸入,可改善心肌氧含量,提高氧分压,有利于心肌缺血的供氧,缓解疼痛。给予溶栓和抗栓治疗,目的是开通和维持冠状动脉的开放,恢复和维持充足的氧供;紧急介入治疗,迅速使闭塞梗死相关的冠状动脉再通,恢复远端血流。抗心律失常、低血压、低血容量治疗、泵衰竭治疗,必要时给予机械辅助循环支持和手术治疗。

（二）治疗原则

1. 对所有被怀疑出现 ACS 的胸痛患者都给予 MONA。MONA 是指:M=Morphine 吗啡减痛;O=Oxygen 氧气;N=Nitroglycerin 硝酸甘油;A=Aspirin 阿司匹林。

（1）给氧:给予患者鼻导管吸氧 2~4L/min,当心肌供氧增加时,疼痛可以被缓解。如果患者发生病情恶化,可以采用面罩吸氧法,或使用呼吸机供氧。

（2）使用硝酸盐/硝酸甘油（nitrate/nitroglycerin, NTG）:可用于短期治疗或长期持续治疗,非静脉用药(口服、舌下含服)常用于心肌缺血或心绞痛,而不是心肌梗死。静脉使用硝酸盐/硝酸甘油适用于不稳定型心绞痛或心肌梗死演变期,持续静脉点滴至疼痛缓解。在保持患者收缩压在 80mmHg 的情况下,一般可用到 0.2mg/min。

（3）使用口服阿司匹林 160~325mg,作为抗血小板药物。

（4）如果尝试过硝酸甘油三次但镇痛无效,应使用静脉吗啡硫酸盐:从小剂量增加直至疼痛缓解。

2. 然后给患者进行全导联心电图检查,以诊断出患者是属于哪一种 ACS。

3. 确切性治疗

（1）ST 段抬高心梗:给予患者溶栓药,或安排进行介入治疗 PCI。

（2）非 ST 段抬高心梗:给予辅助治疗 adjunctive therapy,包括肝素（抗凝）、β-肾上腺素阻滞药（如美托洛尔、卡维地洛等,用来减低心脏做功）和抗血小板药物（如氯吡格雷、糖蛋白 GPⅡb/Ⅲa）等。

4. 心律失常的识别、治疗以及预防　有时使用抗心律失常的药物会使急性心肌梗死时不稳定的传导系统恶化。心电治疗（如同步电复律、除颤、体外／经胸起搏、经静脉起搏等）可能会给这些患者提供安全的策略。

（三）监测与护理

护理人员应从急性心肌梗死的急救、院内重症监护、特殊治疗的配合和护理等方面着手，同时加强康复指导和健康教育，降低急性心肌梗死的发病和死亡率。

1. 急性心肌梗死患者的院前及急诊处理

（1）人群的宣传教育：急性心肌梗死如不及时治疗，死亡率很高，而且远期预后也不好，所以特别强调早发现、早治疗。而患者本人的行为是很重要的限速因素，必须加强人群的宣传教育。

（2）完善的急救系统：多数患者的死亡发生在起病后的最初 4h 内，所以尽早送入医院并尽早开始治疗至关重要。急救中心不但应提高效率、增加网点、改善设备、使用现代化工具，而且应该通过业务学习和技能训练提高自己水平，做到早发现、早到达、早除颤。选择医院的原则是"就近"，但是同时要考虑到医院是否有 24h 的心脏专科急诊，当然，有 CCU 的医院就更加理想了。

（3）入院前的处理：不论在医院的急诊室还是其他发病现场，对于可能或确定急性心肌梗死发作的患者，应该就地抢救：就地平卧，绝对休息，用最短的时间测患者的生命体征，初步判断患者有无心律失常、心力衰竭或休克；迅速舌下含服硝酸甘油；有条件的应马上吸氧；如出现心搏骤停，应立即给予就地心肺复苏；转送途中应备好抢救药品和物品，争取时间，在最短的时间内进入急诊或 CCU 病房。

（4）急诊的处理：急性胸痛患者进入急诊室，应迅速对患者进行评估，包括生命体征、18 导联心电图、简单询问病史、心电监护（应含血氧饱和度），并建立静脉通道，采集静脉血标本测定心肌酶、血常规、凝血指标、电解质等。对于有缺血样胸痛的患者，只要没有过敏或禁忌，护士应该配合医生进行常规治疗：鼻导管或面罩吸氧 4L/min，维持氧饱和度 90% 以上；口服阿司匹林 160~325mg；硝酸甘油舌下含服或持续静脉滴注，使用中注意观察血压变化；对于疼痛不能缓解的患者，可以使用哌替啶肌内注射或吗啡 2~4mg 静脉注射；安慰患者，给患者安全感。同时护士应认识到，时间的延误不仅发生在患者寻求救助的过程中，即使在进入急诊室后，也可因为各种原因发生延误；必须抓住对于急性心肌梗死患者最为重要的四个时间点，采取积极措施缩短开始治疗的时间。

2. 急性心肌梗死患者的重症监测与护理

（1）常用监护技术：急性心肌梗死患者进入病房后应立即予以持续心电监测，急性心肌梗死最初 24h 内心律失常发生率最高，护士应密切观察，特别注意患者有恶性心律失常发生。对于出现严重低血压、心源性休克、心脏泵功能不全、合并有恶性心律失常、严重心肌缺血患者予以持续血压监测；对急性心肌梗死合并心脏泵功能衰竭（急性左心衰并心源性休克）和低心排时需要进行床旁血流动力学监测。

（2）病情评估和判断：一个好的心血管专科护士还应具有一定的预见能力，准确评估和判断病情。当急性心肌梗死患者心电图提示为广泛前壁心肌梗死；出现休克、明显低血压、严重心律失常或心力衰竭等并发症；剧烈胸痛持续 1~2 天不能控制；血清酶大幅度增高；窦性心动过速持续 2~3 天（尤其是心率 >110 次 / 分）等情况时，提示患者预后不佳，护士应随时做好抢救准备，并做好交班。

（3）氧疗：一般采用鼻导管吸氧，急性心肌梗死有轻度缺氧伴严重二氧化碳潴留时，持续低流量（1~2L/min）给氧；无二氧化碳潴留者，持续中流量（2~4L/min）给氧；急性心肌梗死合并急性左心衰、肺水肿、心源性休克者，PaO_2<80mmHg，可持续高流量（4~6L/min）给氧 2~3 天，然后根据血气分析随时调节氧流量或改为每日间断给氧，持续数天至数周。对于严重缺氧患者可采用面罩给氧的方法，氧流量 4~6L/min（伴二氧化碳潴留者氧流量 3~4L/min），对于严重低氧血症导致呼吸中枢抑制的患者，须及时行气管插管及呼吸机机械通气。

（4）休息与活动：无合并症的急性心肌梗死患者早期应绝对卧床休息 2~3 天，保持环境安静，减少探视，防止不良刺激。以后可以逐渐开始康复活动，对病情较为严重，并有并发症的患者，卧床时间应适当延长。

（5）饮食：急性心肌梗死患者应禁食直至胸痛消失，然后给予流质、半流质，逐步到普通饮食。食物应选择清淡、易消化，并做到少食多餐，禁饱餐、禁刺激性食物，禁烟酒。

（6）保持大便通畅：排便护理在急性心肌梗死护理中非常重要，无论是急性期或是恢复期的患者常因便秘而诱发心律失常、心绞痛、心源性休克、心力衰竭，甚至发生猝死，护士指导患者养成良好的排便习惯可以避免患者因排便困难带来的不良后果。

（7）心理护理：急性心肌梗死患者经常出现惊恐、忧虑、抑郁、易怒等情绪波动的表现，心肌缺血坏死所造成的疼痛使患者产生濒死感，感到非常恐惧；另一方面，担心心肌梗死是否会再次发生，以后的劳动能力是否受到影响。针对以上原因，护士可采取和蔼亲切的态度和娴熟的护理技术给患者提供安全感，特别是对疼痛没有缓解的患者；要让患者知道，护士一直密切观察情况，能体会患者的感受。及时对患者解释监护仪器等设备的作用和需要患者注意的事项。倾听患者的主诉，了解患者所担心的，尽量避免言语、行为对患者的不良刺激，特别是在抢救其他患者时，应压低声音，尽量减少对患者造成的不良影响。对特别焦虑、紧张的患者，应允许家属探视甚至陪伴，可以适当收听放松肌肉、消除精神紧张的音乐。

3. 急性心肌梗死介入检查护理

（1）冠脉造影术：是目前公认的冠心病检查的金标准，是诊断治疗心脏病常用的有创操作，可提供冠状动脉病变的严重性和病变部位的信息，对冠心病的治疗至关重要。心导管术中总的死亡风险为 0.1%，急诊导管术、左主干病变及高龄等可增加其风险；心脏导管术造成心肌梗死的风险为 0.05%、术中发生室颤的可能为 0.5%、脑血管意外的风险为 0.05% 等，还有假性动脉瘤、大血肿、动静脉瘘、动脉血栓及腹膜后出血等。手术结束拔出鞘管后局部压迫 20min，密切观察有无出血或血肿形成。密切观察患者病情变化，有无心前区不适主诉、生命体征变化、动脉搏动情况、皮肤温度、肢体感觉，并详细记录。常规描记 12 导联心电图，并与术前心电图比较。鼓励患者饮水（500~1000ml），但要注意患者心脏功能，2~5h 内尿量大于 500ml 后可正常饮水，并记录尿量。24h 总尿量应在 3000ml 左右，以利于造影剂的排出。

（2）经皮穿刺冠状动脉内球囊扩张术（PTCA）系经皮穿刺将特殊的球囊扩张导管送入冠状动脉狭窄部，在严密监护下加压使球囊机械性膨胀，造成粥样斑块的撕裂，而动脉中膜和外膜被扩张、伸展、重新塑型，使狭窄部位扩张，增加冠状动脉血流，改善心肌供血。

（3）经皮腔内斑块旋切术：是用一种通过手术切除装置取出冠状动脉斑块的方法，旋切器可分为高转速、低转速和定向的几类。

（4）冠状动脉支架：是一种中空的管状物，用于"撑开"冠状动脉狭窄段，必须进行抗凝和抗血小板治疗。

4. 心肌梗死的康复护理　现代护理对急性心肌梗死的患者应提倡早期离床、早期活动、康复锻炼、早期出院，运动要循序渐进。对患者和家属要进行有关降低冠心病危险因素和纠正不良生活方式的健康教育，帮助患者逐渐建立健康的生活方式，同时控制发病的危险因素。

（1）调整饮食结构：患者应养成吃清淡饮食的习惯，尽量减少高胆固醇、动物脂肪、含糖量高的食物的摄入、适量饮酒。

（2）控制体重：肥胖使心脏负担增加，患者应在医生护士的指导下力求达到标准体重，在减肥的过程中，低热量低脂饮食及适当的运动是关键。

（3）戒烟：香烟中的尼古丁可使心率加快，刺激冠状动脉痉挛，还可以直接损害血管内皮，并增加血液黏稠度，使患者发生心绞痛及心肌梗死。因此对于急性心肌梗死的患者，特别是行 PTCA 或 CABG 的患者，要督促其戒烟。

（4）控制其他危险因素：高血压、高血脂、糖尿病是冠心病三大主要危险因素，而且这些因素有协同作用，合并在一起可以使冠心病的危险因素增加，因此控制血压、降低血脂水平、控制血糖就显得非常重要。

（5）另外，坚持药物治疗、定期复查也是至关重要的。

第二节　主动脉夹层

【概述】

主动脉夹层是一种病情凶险、进展快、死亡率高的急性主动脉疾病。主动脉夹层发于主动脉壁内膜和中层撕裂形成内膜撕裂口，使中层直接暴露于管腔，主动脉腔内血液在脉压的驱动下，经内膜撕裂口直接穿透病变中层，将中层分离形成夹层。

【病因与发病机制】

各种原因导致的主动脉壁退变或中层弹力纤维和平滑肌病变是主动脉夹层形成的内因，而主动脉腔内血流动力学变化（如高血压）是夹层形成的外因。

1. 主动脉壁中层胶原及弹力纤维蛋白退行性变　即所谓的囊性中层坏死，被认为是首要易患因素。文献报道约 20% 急性主动脉夹层患者有囊性中层退行性变。罕见的有主动脉的动脉炎，特别是巨细胞动脉炎，常并发主动脉夹层。

2. 马方综合征　是急性主动脉夹层形成的一个重要因素，20%~40% 的马方综合征患者发展为急性主动脉夹层，而马方综合征占主动脉夹层的 6%~9%。主动脉根部夹层和破裂以及慢性主动脉瓣关闭不全是马方综合征患者死亡的主要原因。最近研究证实马方综合征患者原纤维蛋白（fibrillin）合成障碍，胶原蛋白是构成主动脉壁中层内弹力组织最重要成分。这种异常是由于基因缺陷所致。

3. 主动脉瓣二瓣化畸形常伴发急性主动脉夹层。Larson 和 Edwards 研究证实二瓣化畸形患者急性主动脉夹层的发病率是三瓣叶患者的 9 倍。这样高的发病率可能是有二瓣化畸形患者主动脉先天发育异常所致。

4. 主动脉缩窄常伴发急性主动脉夹层,体循环动脉压增高可能是引起主动脉夹层最危险的因素。这些患者常常伴二瓣化畸形和升主动脉发育异常等危险因素。

5. 妊娠后期主动脉夹层的发病率增高,原因尚不明确,可能与妊娠后期血容量、心输出量增加及血压增高有关。

6. 升主动脉扩张(管径大于 5.0~5.5cm)常伴有二瓣化畸形,主动脉瓣环扩大(有或无马方综合征)或主动脉瓣膜置换术,可增加主动脉夹层发生危险。

7. 主动脉直接创伤也可引起主动脉夹层。医源性创伤也是导致主动脉夹层的原因之一,如主动脉插管(包括各种动脉造影、介入治疗和主动脉球囊反搏)。

8. 除上述因素外,主动脉壁内血肿可能是主动脉夹层的先兆病变或特殊类型。Core 提出,主动脉壁内滋养血管自发破裂形成主动脉壁内血肿,从而导致主动脉壁强度减弱,最终内膜撕裂发展成典型主动脉夹层。对动脉粥样硬化是否为主动脉夹层的诱发因素仍有争议。多数主动脉夹层患者的中层退行性变程度比同龄人程度严重。年龄增长和高血压似乎是两个最重要的因素。此外,主动脉腔内血流动力学变化是主动脉夹层形成的最重要原因。临床上约 70%~90% 的主动脉夹层患者伴有高血压病史,研究证明血流动力学变化在主动脉夹层的发生和发展过程中起着非常重要而复杂作用。

【临床评估与判断】

1. 血流动力学变化 在急性期,主动脉夹层死亡率或猝死率极高,其血流动力学变化非常复杂。部分患者可表现为不同程度的低血压,急性期后一些患者低血压可能有一定好转,但部分患者假腔内血液进一步渗漏到主动脉周围或胸腔,导致循环血量进一步减低或血流动力学进一步恶化。有报道称大约 38% 的患者两上肢血压及脉搏不一致,此为夹层累及或压迫无名动脉及锁骨下动脉,这可以造成所谓的"假性低血压"。少数患者急性期没有明显血流动力学变化和临床症状,而被漏诊或误诊。假腔内血液慢性渗漏或破裂出血引起纵隔血肿和(或)胸腔积血,压迫周围组织可引起声音嘶哑、吞咽困难和上腔静脉综合征等。发生肺炎和肺不张则会出现不明原因的发热和呼吸困难等症状。

高血压或有高血压史也是急性主动脉夹层最常见的临床表现之一,特别是 Stanford B 型主动脉夹层的患者,约 80%~90% 有高血压。Spittell 等报道的 236 例主动脉夹层患者中,80% 伴有高血压,因血压升高可能会进一步扩大夹层撕裂范围,或增加假腔内血液急性渗漏或破裂出血的危险,控制患者血压是急性期主动脉夹层的重要治疗措施之一。

2. 疼痛 胸背部剧烈疼痛是急性主动脉夹层最常见的临床症状,占 74%~90%。无心电图 ST-T 改变的胸部和(或)背部等处剧烈不缓解的疼痛是急性主动脉夹层最常见的首发症状,疼痛一般位于胸部的正前后方,呈刺痛、撕裂痛、刀割样痛。常突然发作,很少放射到颈、肩、手臂,这一点常可与冠心病鉴别。国外学者对急性主动脉夹层患者的疼痛进行分析,95% 患者有疼痛表现,而其中 85% 为突发,64% 患者表现为刀割样疼痛,51% 有撕裂样疼痛。73% 伴背痛,30% 伴腹痛。升主动脉及主动脉弓部夹层以前胸痛为主,降主动脉夹层以胸背痛为主。疼痛的另一特点为放射性,通常与夹层扩展方向一致,当疼痛向腹部甚至大腿放射时,则提示夹层向远端撕裂。

3. 脏器缺血的临床表现 主要分支血管受累导致脏器缺血是主动脉夹层最重要的病理生理改变之一,其临床表现是:

（1）夹层累及冠状动脉开口可导致急性心肌梗死或左心功能衰竭,患者可表现典型冠状动脉综合征,如胸痛、胸闷和呼吸困难,心电图 ST 段抬高和 T 波改变。文献报道约38%的急性主动脉夹层患者早期被误诊为急性冠状动脉综合征、肺栓塞和其他胸肺疾病;

（2）夹层累及无名动脉或左颈总动脉可导致中枢神经系统症状,文献报道约 3%~6%的患者发生脑血管意外。当夹层影响脊髓动脉灌注时,脊髓局部缺血或坏死可导致下肢轻瘫或截瘫;

（3）夹层累及一侧或双侧肾动脉时可有血尿、无尿和严重高血压,甚至急性肾衰竭;

（4）夹层累及腹腔动脉、肠系膜上及肠系膜下动脉时可表现为急腹症及肠坏死等。偶尔腹腔动脉受累引起肝脏梗死或脾脏梗死;

（5）累及下肢动脉时可出现急性下肢缺血症状,如无脉、疼痛等。

4. 影像学诊断　临床可疑急性主动脉夹层或急性主动脉综合征时,必须迅速准确地做出诊断。临床研究证明,断层影像学检查,包括多排螺旋计算机体层摄影（multi-detector row computed tomography, MDCT）、核磁共振成像（magnetic resonance imaging, MRI）和经食管超声心动图（transesophageal echocardiography, TEE）对于诊断急性主动脉夹层是非常准确和可靠的。

（1）X 线胸片:对主动脉夹层的诊断缺乏特异性,但通过一些间接征象,结合无明显心电图改变的典型疼痛症状,常可提出提示性诊断意见,为尽早进行 MDCT 和 MRI 等定性检查争取时间。主动脉夹层在胸部平片上可出现如下表现:

1）胸主动脉全程或局部（升主动脉或弓降部以远）扩张增宽,急性者边界可较模糊。升主动脉高度扩张者提示继发于马方综合征的主动脉瘤或夹层;

2）如患者主动脉壁有钙化,则钙化自主动脉壁内移超过 4mm 提示主动脉壁增宽,钙化部位存在夹层,此为具有诊断意义的征象;

3）心影可因继发的主动脉关闭不全或心包积液而增大,胸腔积液多发生在左侧或左侧积液量较对侧多。

（2）主动脉造影:过去一直是诊断主动脉夹层的"金标准"。文献报道,其敏感性为88%,特异性为95%。然而这种技术对于急性主动脉夹层的诊断还存在一些缺点:①属有创性检查,需穿刺插管、需注入造影剂和有 X 线辐射,在应用上有一定并发症但对于 Stanford A 型急性主动脉夹层,通常不主张冠状动脉造影,因可能会增加患者的死亡率和并发症发生率（特别是对于 Stanford A 型急性主动脉夹层,危险性相当高）;②检查时间长,常因为检查延迟治疗,从而进一步增加患者的危险性;③没有横断面图像,对内膜破口、真假腔和内膜片有时显示不清,甚至造成假阴性的诊断结果。

（3）超声心动图:最大的优点是操作简单和费用低。它可以移动到床旁,能对病情较重或血流动力学不稳定的临床可疑急性主动脉夹层或急性主动脉综合征患者进行检查。超声也可以同时评价心脏和瓣膜功能及异常。由于受图像空间分辨率、声窗及操作者经验的限制,超声对于主动脉夹层诊断有一定的假阴性和假阳性率。经食管超声心动图是主动脉疾病诊断最重要的影像学方法之一,对主动脉夹层诊断的敏感度和特异度可达95%。经食管超声心动图的局限性是不能对整个主动脉成像或对主动脉某些区域显示不清,另外超声探头需要插入食管进行检查,对急危重患者有一定的危险性,需严格掌握检查的适应证和禁忌证。如食管疾病如狭窄、呼吸衰竭和凝血功能障碍为经食管超声心动检查的禁忌证。

（4）多排螺旋 CT 血管成像：自螺旋 CT 于 20 世纪 90 年代早期问世以来，CT 血管成像一直被视为胸主动脉疾病诊断最重要的方法之一，多排螺旋 CT（特别是 64 排螺旋 CT）的出现，实现了真正意义的胸主动脉 3D 容积血管成像。文献报道 CT 对主动脉夹层诊断的特异度和敏感度接近 100%，不仅可以显示 3D 血管形态解剖，而且还可以显示血管腔、血管壁和血管周围结构，这对显示主动脉夹层的影像特征（如内膜破口、内膜片和真假腔等）、主动脉壁异常以及主要分支血管受累情况非常重要，根据国外文献报道，61% 以上的急性主动脉综合征患者首选 CT 检查。

（5）磁共振成像：早在 20 世纪 90 年代，MRI 就被用于主动脉疾病和主动脉夹层的诊断，近年来发展的快速 MRI 血管成像技术，使 MRI 对急性主动脉综合征的诊断取得了进展。文献报道，MRI 对主动脉夹层诊断的特异度和敏感度接近 100%，是多平面和多序列成像，可提供主动脉夹层形态、功能和血流信息，有利于主动脉夹层的综合评价和复杂性主动脉夹层的诊断，属于无创、无电离辐射的检查，可用或不用造影剂进行血管成像，但 MRI 血管成像应用的不是碘造影剂，而是更安全的钆螯合剂，可同时提供心脏形态结构、功能和主动脉瓣的功能信息，对于心包积液、胸腔积液和破裂出血等并发症的显示更敏感。目前，MRI 已成为主动脉夹层诊断的"金标准"。

【监测与护理】

（一）术前护理

目前主动脉夹层的手术治疗仍以人工血管替换术为主。但适宜的药物治疗不仅是主动脉夹层的非手术治疗方法，同时也是手术前、手术后处理的重要手段。一旦确诊为急性主动脉夹层，甚至高度怀疑主动脉夹层而伴有高血压时，即应当给予适当的药物治疗，目的是控制血压和心排量，以防止主动脉破裂和夹层继续发展。

1. 监测心律（率）、四肢血压等生命体征，严格控制血压，预防夹层继续剥离和动脉瘤破裂。急性主动脉夹层一般以静脉持续输入硝普钠为主，同时配合应用 β 受体阻滞药或钙离子拮抗剂。慢性主动脉夹层采用口服降压药及其他口服药物。血压维持在收缩压 100~110mmHg 为宜，发病前血压较高者要注意患者神志、尿量等，以防止血压下降后造成重要脏器供血不全。

2. 观察病情变化，重要脏器是否由于夹层累及而导致供血障碍，需要监测肝、肾功能，记录患者的尿量，观察四肢动脉搏动和四肢运动情况，有无腹痛、腹胀等。

3. 疼痛是主动脉夹层的突出特征，表现为突发前胸、后背、腰、腹的剧烈疼痛，这种疼痛常呈撕裂样、刀割样等难于忍受的剧痛，多呈持续性。疼痛常沿着胸、后背放散，有的可达腹部甚至大腿部。由于剧烈的疼痛患者常表现大汗淋漓、烦躁不安、异常恐惧，有濒死感。应给予患者对症治疗，镇静止痛，缓解疼痛，使患者处于安静状态。

4. 当主动脉弓部三大分支受累时可表现为意识障碍、偏瘫、单瘫，肋间动脉及腰动脉受累时出现截瘫。观察患者的精神、意识，瞳孔大小、对光反射；四肢肌力、指令性运动等。

5. 当病变累及主动脉瓣时可导致主动脉瓣关闭不全，可有急性左心衰竭，呼吸困难，咳粉红色泡沫痰。听诊常闻及舒张期杂音。要严密观察患者有无呼吸困难、烦躁不安、咳嗽等。

6. 患者绝对卧床休息，限制活动，避免剧烈咳嗽、情绪激动。为患者提供清洁、舒适、安静、温湿度适宜的休息环境,保障患者睡眠质量。为患者提供清淡易消化的饮食,避免引起便秘,告知患者不能用力排便,防止胸腔或腹腔压力过大造成瘤体破裂。

7. 由于此病发病急,加之有不同程度的疼痛,患者会表现出焦虑、烦躁、情绪低落等,应理解患者的心理改变,积极给予心理疏导,缓解焦虑症状,为准备手术的患者给予术前准备及宣教,术前准备同心外科常规手术,建议不给予大量不保留灌肠,可用开塞露清洁肠道。

（二）术后护理

1. **心电监测**　主动脉手术范围广,吻合口多,心肌阻断和体外循环时间长,可能导致术后心律失常、心肌缺血、低心排甚至心搏骤停等。术后需要多参数生理监测及血流动力学监测,常规术后即刻做心电图,当发现心电图异常时及时汇报、及时处理。

2. **血压监测**　术前高血压、手术低温、术后疼痛、意识模糊等都可引起术后血压增高,血压高容易引起手术吻合口渗血、缝线撕脱,所以术后必须控制血压。术后保暖、镇静可以防止由于血管收缩、疼痛、紧张引起的血压升高。可以给予血管扩张药物,常用的有:硝酸甘油、硝普钠、尼卡地平等,一般需要控制在收缩压 110mmHg 左右。若由于术中及术后渗血多,血容量不足引起低血压并出现乳酸增高时,应及时输入血浆、白蛋白或代血浆等胶体。补液的速度根据患者的心脏功能及中心静脉压来控制。若血容量已经补足,中心静脉压已经高于正常范围,但血压仍处于低水平,考虑低心排或心脏压塞的可能,遵医嘱给予多巴胺、去甲肾上腺素、肾上腺素等正性肌力药物,增加心肌收缩力,或及时开胸探查。

3. **呼吸道护理**　手术后患者需要机械辅助呼吸,初始设置吸入氧浓度为80%,随后根据血气结果调整呼吸机参数。保持呼吸道通畅,按需吸痰。常规每日拍 X 线胸片,根据结果对症治疗。当拔除气管插管后常由于手术对肺本身的影响,伤口范围大造成疼痛,术后乏力使患者不能有效咳痰,应积极雾化、体疗、应用排痰仪等肺部理疗,必要时可经鼻腔吸痰,帮助患者有效清理呼吸道。

4. **神志的观察**　在患者清醒过程中注意观察患者神志、瞳孔情况,麻醉清醒后观察患者是否可以做指令性动作和自主活动情况。对于延迟苏醒、神志不清或躁动的患者可以给予营养脑部神经的药物和脱水药,比如醒脑静、甘露醇等。脱离呼吸机辅助呼吸的患者要保证充分供氧,将血压控制在稍高水平,防止脑部缺血缺氧。

5. **肾功能的监测**　术后常规留置导尿管,每小时记录一次尿量,大于 1ml/（kg·h）表示循环良好。如果由于血容量不足、血压低引起尿少,可以及时补充血容量,当血容量充足仍尿少时,可以静脉给予利尿药。注意检查尿比重,每日监测 BUN、Cr 值。

6. **引流液的观察**　术后早期应随时观察胸腹腔引流液的量及性质,若引流液持续增多,大于 4ml/（kg·h）,则需及时通知外科医生判断是否需要二次开胸止血。观察引流液中是否有凝血块,通过监测 ACT 值了解术中鱼精蛋白中和情况,可以遵医嘱给予鱼精蛋白、新鲜血浆、纤维蛋白原或直接输入凝血因子,以增加患者血浆中凝血因子,或给予巴曲酶注射液、止血敏、氨甲苯酸（止血芳酸）、VitK 等药物,减少术后渗血。

7. **主动脉主要分支供血的观察**　术后人工血管与主动脉主要分支的连接障碍、夹层的出现、血栓的形成都可以引起分支血管供应器官的缺血缺氧,功能不全。因此需要随时观察患者四肢末梢动脉搏动是否良好,四肢皮肤的温度、色泽。监测四肢血压,每 6 小时监测记录一次,并与之前血压水平进行对比,若出现差距很大的情况,通知医生找出原因。

8. 消化系统的观察　术后常规留置胃管,保持胃管通畅,可间断用温水冲洗。给予间断胃肠减压,观察胃液的量、颜色、性质,若胃液为鲜红色,应考虑是否有应激性消化道出血。术后常规给予抑酸药,预防应激性溃疡的发生。每日听诊肠鸣音,询问患者是否排气。未排气者应禁食水,若口渴严重可以饮少量清水,使患者感到舒适一些。饮水量一般为 10~20ml/ 次,以湿润口腔为限。准确记录饮水量。禁食水的患者需要口腔护理,保持口腔清洁。出现胃肠胀气可以通过胃肠减压,或给予开塞露促进肠蠕动,尽早排气。

（三）不同部位主动脉夹层手术术后特殊护理

了解不同手术方法,并根据手术涉及的范围,严密观察相关脏器功能,给予相应的术后护理措施。

1. 主动脉根部升主动脉手术后特殊护理　主动脉根部病变常合并不同程度的主动脉瓣关闭不全,对于术前由于主动脉瓣反流引起左心室增大造成的心功能下降,术后常需强心、利尿药物支持,要注意水电解质平衡,及时补充钾、镁、钙离子。合并主动脉瓣置换的患者,术后次日晨开始监测 PTT、PTA,根据 INR 水平给予抗凝治疗。主动脉根部手术常需移植冠状动脉,术后密切监测心电图的变化,有异常时及时汇报,可以作 CTNT、CTNI 检查,帮助判断冠状动脉是否有异常情况。

2. 主动脉弓部手术涉及无名动脉、左颈总动脉、左锁骨下动脉,所以术后需特别观察双侧上肢的供血情况,对于术前为主动脉夹层的患者,同时监测双下肢血压,每 6h 测量血压一次。术后需要监测患者神志恢复和精神状况,每班记录瞳孔大小、对光反射。麻醉苏醒后观察患者的指令性活动或沟通能力,对延迟苏醒或伴有精神症状的患者,积极给予脱水、氧疗、营养脑细胞等措施。当尿少或肾功能有损伤时,慎用甘露醇,可以静脉滴注甘油果糖。机械通气的患者给予纯氧治疗 2h,每日 2~3 次。

3. 胸 / 胸腹主动脉手术后特殊护理

（1）胸腹主动脉置换术中需要重建肋间动脉和腹腔脏器动脉。术后需要观察主动脉各分支的血流情况,观察患者末梢动脉搏动的情况、皮肤的颜色、温度;各主要脏器的血供;涉及腹主动脉替换者定时测量腹围,记录并与之前水平对比;生化检查可以及时发现内脏缺血的情况。

（2）胸降主动脉或胸腹主动脉置换的患者术中需要重建肋间动脉,如脊髓缺血可造成截瘫,麻醉苏醒后及时观察患者下肢肌力、肌张力、感觉和活动等情况。

（3）胸腹主动脉置换的患者术后需要禁食水、持续给予胃肠减压,观察胃液的颜色、性质、量,听诊腹部肠鸣音,观察胃肠功能恢复情况。术后常规给予抑酸药,防止应激性消化道出血。每班听诊腹部有无肠鸣音,观察腹壁张力,测量腹围并记录以及时发现腹腔脏器缺血性病变。如肠鸣音恢复正常,可给予胃肠营养,胃肠功能恢复慢者,应尽早给予静脉营养支持。

（4）保持出入量平衡:由于手术范围广及手术时间长,术后可能因为动脉壁脆弱、凝血机制障碍、体外循环等因素导致引流多,不仅术后早期血性引流液多,术后浆性渗出液也比较多,应及时补充丢失的液体,补充血容量,保证尿量 >1ml/(kg·h)。术后补液应参考多方面因素,心率、血压、中心静脉压、引流量、尿量及心功能等。血容量不足应以补充全血、血浆、白蛋白等胶体为主,维持血红蛋白 100g/L 以上,血浆可以防止由于凝血因子缺乏导致引起的引流液增多,补充胶体还可以防止胶体渗透压下降引起间质水肿,护理过程中不可机械的控制液体,由于手术创伤大、术中丢失液体多,所以术后护理对容量的控制不同于其他心外科术后患者,可以适当增大补液量,同时应注意纠正电解质紊乱及酸碱平衡失调,及时补充钾、镁、钙等离子。

（5）呼吸道护理:由于体外循环时间长、肺内损伤重、切口大,尤其左胸后外切口疼痛剧烈,术后发生神经系统并发症等均易引起不同程度的呼吸功能障碍,患者呼吸机辅助时间延长。根据血气结果调整呼吸机参数,术后按需吸痰,吸痰前后给予2分钟纯氧吸入。为防止吸痰刺激引起血压骤升,可根据患者情况适当镇静。

（6）胸腹主动脉手术范围大,术后切口会出现渗液,应保持切口处的干燥,及时更换浸湿的敷料。术后以胸带包扎,既可以减轻患者疼痛又可促进切口愈合。

第三节 心 律 失 常

【概述】

（一）心脏传导系统的解剖

心脏传导系统有负责正常心电冲动形成与传导的特殊心肌组成,它包括窦房结、结间束、房室结、希氏束、左、右束支和浦肯野纤维网。

1. 窦房结 是心脏正常窦性心律的起搏点,位于上腔静脉入口与右心房后壁的交界处,长10~20mm,宽2~3mm。主要由P（起搏）细胞与T（移行）细胞组成。冲动在P细胞形成后,通过T细胞传导至窦房结以外的心房组织。窦房结动脉起源于右冠状动脉占60%,起源于左冠状动脉回旋支者占40%。

2. 结间束 连接窦房结与房室结,分成前、中、后三束。房室结位于房间隔的右后下部、冠状窦开口前、三尖瓣附着部的上方,长7mm,宽4mm。其上部为移行细胞区,与心房肌接续;中部为致密部,肌纤维交织排列;下部纤维呈纵向行走,延续至希氏束。房室结的血供通常来自右冠状动脉。

3. 希氏束 为索状结构,长15mm,起自房室结前下缘,穿越中央纤维体后,行走于室间隔嵴上,然后分成左、右束支。左束支稍后分为前、后分支,分别进入两组乳头肌。由于左束支最先抵达室间隔左室面,遂使该区域称为心脏最早的激动部位。右束支沿室间隔右侧面行进,至前乳头肌根部再分成许多细小分支。左、右束支的终末部呈树枝状分布,组成浦肯野纤维网,潜行于心脏内膜下。这些组织的血液供应来自冠状动脉前降支与后降支。

冲动在窦房结形成后,随即由结间通道和普通心房肌传递,抵达房室结及左心房。冲动在房室结内传导速度极为缓慢,抵达希氏束后传导再度加速。束支与浦肯野纤维的传导速度均极为快捷,使全部心室肌几乎同时被激动。最后,冲动抵达心外膜,完成一次心动周期。

心脏传导系统接受迷走与交感神经支配,迷走神经兴奋性增加抑制窦房结的自律性与传导性,延长窦房结与周围组织的不应期,减慢房室结的传导并延长其不应期。交感神经的作用与迷走神经相反。

（二）心律失常的分类

心律失常是指心脏冲动的频率、节律、起源部位、传导速度或激动次序的异常。按其发生原理,可分为冲动形成异常和冲动传导异常两大类。按照心律失常发生时心率的快慢,可分为快速性和缓慢性心律失常两大类。

1. 冲动形成异常

（1）窦性心律失常：窦性心动过速、窦性心动过缓、窦性心律不齐、窦性停搏。

（2）异位心律失常

1）被动性异位心律：房性逸搏及房性逸搏心律、交界区逸搏及交界区逸搏心律、室性逸搏及室性逸搏心律。

2）主动性异位心律：期前收缩（房性、房室交界区性、室性）、阵发性心动过速（房性、房室交界区性、房室折返性、室性）、心房扑动、心房颤动、心室颤动。

2. 冲动传导异常

（1）生理性：干扰及干扰性房室分离。

（2）病理性

1）心脏传导阻滞：窦房传导阻滞、房内传导阻滞、房室传导阻滞（一度、二度和三度房室阻滞）、束支或分支阻滞（左、右束支及左束支分支传导阻滞）或室内阻滞。

2）折返性心律：阵发性心动过速（常见房室结折返、房室折返和心室内折返）。

3）房室间传导途径异常：预激综合征。

【病因与发病机制】

心律失常的发生机制包括冲动形成的异常和（或）冲动传导的异常。

（一）冲动形成异常

窦房结、结间束、冠状窦口附近、房室结的远端和希氏束 - 浦肯野系统等处的心肌细胞均具有自律性。自主神经系统兴奋性改变或其内在病变，均可导致不适当的冲动发放。此外，原来无自律性的心肌细胞，如心房、心室肌细胞，亦可在病理状态下出现异常自律性，诸如心肌缺血、药物、电解质紊乱、儿茶酚胺增多等均可导致自律性异常增高而形成各种快速性心律失常。

触发活动是指心房、心室与希氏束 - 浦肯野组织在动作电位后产生除极活动，被称为后除极。若后除极的振幅增高并达到阈值，便可引起反复激动，持续的反复激动即构成快速性心律失常。它可见于局部出现儿茶酚胺浓度过高、心肌缺血 - 再灌注、低血钾、高血钙及洋地黄中毒时。

（二）冲动传导异常

折返是快速心律失常最常见发生机制。产生折返的基本条件是传导异常，它包括：

1. 心脏两个或多个部位的传导性与不应期各不相同，相互连接形成个闭合环；

2. 多条通道发生单向传导阻滞；

3. 通道传导缓慢，使原先发生阻滞的通道有足够时间恢复兴奋性；

4. 原先阻滞的通道再次激动，从而完成此次折返激动。冲动在环内反复循环，产生持续而快速的心律失常。

冲动传导至某处心肌，如适逢生理性不应期，可形成生理性阻滞或干扰现象。传导障碍并非由于生理性不应期所致者，称为病理性传导阻滞。

【临床评估与判断】

1. 病史　病史通常能提供对诊断有用的线索：

（1）心律失常的存在及其类型；

（2）心律失常的诱发因素：烟、酒、咖啡、运动及精神刺激等；

（3）心律失常发作的频繁程度、起止方式；

（4）心律失常对患者造成的影响,产生症状或存在的潜在预后意义；

（5）心律失常对药物和非药物方法如体位、呼吸、活动等的反应。

2. 体格检查　除检查心率与节律外,某些心脏体征有助于心律失常的诊断。例如,完全性房室传导阻滞或房室分离时心律规则,因 PR 间期不同,第一心音强度亦随之变化。若心房收缩与房室瓣关闭同时发生,颈静脉可见巨大 α 波（canon wave）。左束支传导阻滞可伴随第二心音反常分裂。

颈动脉窦按摩通过提高迷走神经张力,减慢窦房结冲动发放频率和延长房室结传导时间与不应期,可对某些心律失常的及时终止和诊断提供帮助。其操作方法是：患者取平卧位,尽量伸展颈部,头部转向对侧,轻轻推开胸锁乳突肌,在下颌角处触及颈动脉搏动,先以手指轻触并观察患者反应。如无心率变化,继续以轻柔的按摩手法逐渐增加压力,持续约 5 秒。严禁双侧同时实施。老年患者颈动脉按摩偶尔会引起脑梗死,事前应在颈部听诊,如听到颈动脉血管杂音应禁止实施。窦性心动过速对颈动脉按摩的反应是心率逐渐减慢,停止按摩后恢复至原来水平。房室结参与的折返性心动过速的反应是可能心动过速突然终止。心房颤动与扑动的反应是心室率减慢,后者心房率与心室率可呈 2~4：1 比例变化,随后恢复原来心室率,但心房颤动与扑动依然存在。

3. 心电图检查

（1）心电图：是诊断心律失常最重要的一项无创伤检查技术。应记录 12 导联心电图,并记录清楚显示 P 波导联的心电图长条以备分析,通常选择 V_1 或 II 导联。系统分析应包括：心房与心室节律是否规则,频率各为多少？ PR 间期是否恒定？ P 波与 QRS 波形态是否正常？ P 波与 QRS 波的相互关系等。

（2）动态心电图（Holter ECG monitoring）：检查使用的一种小型便携式记录器,连续记录患者 24 小时的心电图,患者日常工作与活动均不受限制。这项检查便于了解心悸与晕厥等症状的发生是否与心律失常有关、明确心律失常或心肌缺血发作与日常活动的关系以及昼夜分布特征、协助评价抗心律失常药物疗效、起搏器或植入性心律转复除颤器的疗效以及是否出现功能障碍。

若患者心律失常间歇发作且不频繁,有时难以用动态心电图检查发现。此时,可应用事件记录器（event recorder）记录发生心律失常及其前后的心电图,通过直接回放或经电话（包括手机）或互联网将实时记录的心电图传输至医院。植入式循环心电记录仪（implantable loop recorder, ILRs）埋于患者皮下,可自行启动、检测和记录心律失常,其电池寿命达 36 个月,可用于发作不频繁、原因不明而可能系心律失常所致的晕厥患者。缺点是需要个小切口手术,费用高昂。

（3）食管心电图：解剖上左心房后壁毗邻食管,因此,插入食管电极导管并置于心房水平时,能记录到清晰的心房电位,并能进行心房快速起搏或程序电刺激。

食管心电图结合电刺激技术对常见室上性心动过速发生机制的判断可提供帮助,如确定是否存在房室结双径路。食管心电图能清晰的识别心房与心室电活动,便于确定房室分离,有助于鉴别室上性心动过速伴有室内差异性传导与室性心动过速。食管快速心房起搏能使预激图形明显变化,有助于不典型的预激综合征患者确诊。应用电刺激诱发与终止心动过速,可协助评价心律失常药物疗效。食管心房刺激技术亦用于评价窦房结功能,或用来终止不愿/不能应用药物或药物治疗无效的某些类型室上性折返性心动过速。

4. 运动试验(Treadmill)　亦可发生室性期前收缩。运动试验诊断心律失常的敏感性不如动态心电图。

5. 心腔内电生理检查(Electro-physiologic Studies)　心腔内心电生理检查是将几根多电极导管经静脉和(或)动脉插入,放置在心腔内的不同部位辅以8~12通道以上多导生理仪同步记录各部位电活动,包括右心房、右心室、希氏束、冠状静脉窦(反应左心房、心室电活动)。同时可应用程序电刺激和快速心房或心室起搏,测定心脏不同组织的电生理功能;诱发临床出现过的心动过速;预测和评价不同的治疗措施(如药物、起搏器、植入型心律转复除颤器、导管消融与手术治疗)的疗效。心腔内电生理检查多基于以下三个方面的原因:

(1)诊断性应用:确立心律失常及其类型的诊断,了解心律失常的起源部位与发生机制。

(2)治疗性应用:以电刺激终止心动过速发作或评价某项治疗措施能否防止电刺激诱发的心动过速;植入性电装置能否正确识别与终止电诱发的心动过速;通过电极导管,以不同种类的能量(射频、冷冻、超声等)消融参与心动过速形成的心肌,以达到治愈心动过速的目的。

(3)判断预后:通过电刺激确定患者是否易于诱发室性心动过速、有无发生心脏性猝死的危险。

6. 三维心脏电生理标测及导航系统　常规的心腔内电生理标测对于复杂的心律失常,往往因空间定位不确切使得手术时间和X线曝光时间长且手术成功率不高。三维心脏电生理标测及导航系统(三维标测系统)是近年来出现的新的标测技术,能够减少X线曝光时间,提高消融成功率,加深对心律失常机制的理解。

临床上常应用的三维标测系统包括:心脏电解剖标测系统(Carto)、接触标测系统(EnSite NavX)以及非接触标测系统(Ensite Array)。主要功能包括:三维解剖定位、激动顺序标测、电压标测以及碎裂电位标测等,还可以将心脏三维CT、磁共振影像等与系统构建的三维模型进行整合,建立更为直观、准确的心脏解剖构形。临床中三维标测系统可用于不适当窦性心动过速、室上性心动过速、预激综合征、频发房性期前收缩、局灶性或折返性房性心动过速、心房扑动、心房颤动、室性期前收缩、特发性室性心动过速、器质性室性心律失常的导管消融等。

【监测与护理】

(一)异常心电图

1. 窦性心律失常　正常窦性心律的冲动起源于窦房结,频率为60~100次/分。心电图显示窦性心律的P波在Ⅰ、Ⅱ、aVF导联直立,aVR倒置,PR间期0.12~0.20s。窦性心律失常是由于窦房结冲动发放频率的异常或窦性冲动向心房的传导受阻所导致的心律失常。根据心电图及临床表现分为窦性心动过速、窦性心动过缓、窦性停搏、窦房传导阻滞以及病态窦房结综合征。

(1)窦性心动过速:成人窦性心律的频率超过100次/分为窦性心动过速。窦性心动过速可见健康人吸烟、饮茶或咖啡、饮酒、体力活动及情绪激动时。某些病理状态,如发热、甲状腺功能亢进、贫血、休克、心肌缺血、充血性心力衰竭以及应用肾上腺素、阿托品等药物亦可引起窦性心动过速。

（2）窦性心动过缓：成人窦性心律的频率低于60次/分称为窦性心动过缓。窦性心动过缓常见于健康的青年人、运动员与睡眠状态。其他原因包括颅内疾患、严重缺氧、低温、甲状腺功能减退、阻塞性黄疸以及应用拟胆碱药物、胺碘酮、β受体拮抗剂、非二氢吡啶类的钙通道阻滞药或洋地黄等药物。窦房结病变和急性下壁心肌梗死亦常发生窦性心动过缓。

（3）窦性停搏：窦性停搏或窦性静止是指窦房结不能产生冲动。心电图表现为在较正常PP间期显著长的间期内无P波发生，或P波与QRS波均不出现，长的PP间期与基本的窦性PP间期无倍数关系。长时间的窦性停搏后，下位的潜在起搏点，如房室交界处或心室，可发出单个逸搏或逸搏性心律控制心室。过长时间的窦性停搏（>3s）且无逸搏发生时，患者可出现黑朦、短暂意识障碍或晕厥，严重者可发生Stokes-Adams综合征，甚至死亡。窦性停搏多见于窦房结变性与纤维化、急性下壁心肌梗死、脑血管意外等病变以及迷走神经张力增高或颈动脉窦过敏。此外，应用洋地黄类药物、乙酰胆碱等药物亦可以引起窦性停搏。

2. 期前收缩（早搏）　按起搏点的部位可分为房性期前收缩、窦房交界性期前收缩、室性期前收缩等。

（1）房性期前收缩：是指源于窦房结以外心房的任何部位的心房激动，是临床上常见的心律失常。主要表现为心悸，一些患者有胸闷、乏力症状，自觉有停跳感，有些患者可能无任何症状。多为功能性，正常成人进行24h心电检测，大约60%有房性期前收缩发生。在各种器质性心脏病如冠心病、肺心病、心肌病等患者中，房性期前收缩的发生率明显增加，并常可引发其他快速性房性心律失常。

（2）室性期前收缩：是最常见的心律失常，是指希氏束分叉以下部位过早发生的，提前使心肌除极的心搏。正常人与各种心脏病患者均可发生室性期前收缩。正常人发生室性期前收缩的机会随年龄的增长而增加。心肌炎、缺血、麻醉和手术均可使心肌受到机械、电、生化性刺激而发生室性期前收缩。洋地黄、奎尼丁、三环类抗抑郁药中毒发生严重心律失常之前常先有室性期前收缩出现。电解质紊乱（低钾、低镁等）、精神不安、过量烟、酒、咖啡亦能诱发室性期前收缩。室性期前收缩常见于高血压、冠心病、心肌病、风湿性心脏病与二尖瓣脱垂患者。

3. 阵发性心动过速　当异位兴奋灶自律性进步增高，突然发生连续3次或3次以上的早搏，即为阵发性心动过速；表现为突然发作，突然终止，心率快（150~220次/分），持续时间较短，可分为室上性和室性。

（1）阵发性室上性心动过速：阵发性室上性心动过速简称室上速。大多数心电图表现为QRS波形态正常、RR间期规则的快速心律。大部分室上速由折返机制引起，折返可发生在窦房结、房室结与心房，分别称为窦房折返性心动过速、房室结内折返性心动过速与心房折返性心动过速。此外，利用隐匿性房室旁路逆行传导的房室折返性心动过速习惯上亦归属室上速的范畴，但折返回路并不局限于房室交界区。在全部室上速病例中，房室结内折返性心动过速与利用隐匿性房室旁路的房室折返性心动过速约占90%以上。

患者通常无器质性心脏病表现，不同性别与年龄均可发生。心动过速发作突然起始与终止，持续时间长短不一。症状包括心悸、胸闷、焦虑不安、头晕，少见有晕厥、心绞痛、心力衰竭与休克有关者。症状轻重取决于发作时心室率快速的程度以及持续时间,亦与原发病的严重程度有关。若发作时心室率过快,使心输出量与脑血流量锐减或心动过速猝然终止,窦房结未能及时恢复自律性导致心搏停顿,均可发生晕厥。体检心尖区第一心音强度恒定,心律绝对规则。

心电图表现为:①心率 150~250 次 / 分,节律规则;②QRS 波形态与时限均正常,但发生室内差异性传导或原有束支传导阻滞时,QRS 波形态异常;③P 波为逆行性(Ⅱ、Ⅲ、aVF 导联倒置),常埋藏于 QRS 波内或位于其终末部分,P 波与 QRS 波保持固定关系;④起始突然,通常由一个房性期前收缩触发,其下传的 PR 间期显著延长,随之引起心动过速发作。

(2)阵发性室速:室性心动过速简称室速,是起源于希氏束分支以下的特殊传导系统或者心室肌的连续 3 个或 3 个以上的异位心搏。及时正确的判断和治疗室速具有非常重要的临床意义。

室速常发生于各种器质性心脏病患者。最常见为冠心病,特别是曾有心肌梗死的患者,其次是心肌病、心力衰竭、二尖瓣脱垂、心瓣膜病等,其他病因包括代谢障碍、电解质紊乱、长QT 综合征等。室速偶可发生在无器质性心脏病者。

室速的心电图特征为:①3 个或以上的室性期前收缩连续出现;②QRS 波形态畸形,时限超过 0.12 秒,ST-T 波方向与 QRS 波主波方向相反;③心室率通常为 100~250 次 / 分,心律规则,但亦可略不规则;④心房独立活动与 QRS 波无固定关系,形成房室分离,偶尔个别或所有心室激动逆传夺获心房;⑤通常发作突然开始;⑥心室夺获与室性融合波:室速发作时少数室上性冲动可下传心室,产生心室夺获,表现为在 P 波之后,提前发生次正常的 QRS 波。室性融合波的 QRS 波形态介于窦性与异位心室搏动之间,其意义为部分夺获心室。心室夺获与室性融合波的存在对确立室速诊断提供重要依据。按室速发作时 QRS 波的形态,可将室速区分为单形性室速和多形性室速。QRS 波方向呈交替变换着称双向性室速。

4. 扑动与颤动 即异位起搏点自律性极度增高,产生比阵速频率更快的主动性快速性心律失常。分为房扑、房颤、室扑、室颤;后者多发生于器质性心脏病,可致命。

(1)心房扑动:心房扑动简称房扑,是介于房速和心房颤动之间的快速性心律失常。健康者很少见,患者多伴有器质性心脏病。

房扑的病因包括风湿性心脏病、冠心病、高血压性心脏病、心肌病等。此外,肺栓塞,慢性充血性心力衰竭,二、三尖瓣狭窄与反流导致心房扩大,亦可出现房扑。其他病因:甲状腺功能亢进、酒精中毒、心包炎等。部分患者也可无明显病因。

心电图特征为:①心房活动呈现规律的锯齿状扑动波称为 F 波,扑动波之间的等电位线消失,在 Ⅱ、Ⅲ、aVF 或 V$_1$ 导联最为明显。典型房扑的频率常为 250~300 次 / 分。②心室律规则或不规则,取决于房室传导比例是否恒定。当心房率为 300 次 / 分,未经药物治疗时,心室率通常为 150 次 / 分(2:1 功能性传导阻滞 functional block)。③QRS 波形态正常,当出现室内差异传导、原先有束支传导阻滞或经房室旁路下传时,QRS 波增宽、形态异常。

(2)心房颤动:心房颤动简称房颤,是种常见的心律失常,是指规则有序的心房电活动丧失,代之以快速无序的颤动波,是严重的心房电活动紊乱。心房无序的颤动即失去了有效的收缩与舒张,心房泵血功能恶化或丧失,加之房室结对快速心房激动的递减传导,引起心室极不规则的反应。因此，心室律（率）紊乱、心功能受损和心房附壁血栓形成是房颤患者的主要病理生理特点。

心电图表现包括：①P波消失，代之以小而不规则的基线波动，形态与振幅均变化不定，称为f波；频率约300~600次/分；②心室律极不规则，房颤未接受药物治疗、房室传导正常者，心室率通常在100~160次/分之间，药物（儿茶酚胺类等）、运动、发热、甲状腺功能亢进等均可缩短房室结不应期，使心室率加速；相反，洋地黄延长房室结不应期，减慢心室率；③QRS波形态通常正常，当心室率过快，发生室内差异性传导，QRS波增宽变形。

（3）心室颤动：心室颤动常见于缺血性心脏病。此外，抗心律失常药物，特别是引起QT间期延长与尖端扭转型的药物，严重缺氧、缺血、预激综合征合并房颤与极快的心室率、电击伤等亦可以引起。心室颤动为致命性心律失常。

心室颤动的波形、振幅与频率极不规则，无法辨认QRS波、ST段与T波。急性心肌梗死的原发性心室颤动，可由于舒张早期的室性期前收缩落在T波上触发室速，然后演变为心室颤动。

临床症状包括意识丧失、抽搐、呼吸停顿甚至死亡、听诊心音消失、脉搏触不到、血压亦无法测到。

伴随急性心肌梗死发生而不伴有泵衰竭或心源性休克的原发性心室颤动，预后较佳，抢救存活率较高，复发率很低。相反，非伴随急性心肌梗死的心室颤动，年内复发率高达20%~30%。

5. 房室传导阻滞　房室传导阻滞又称房室阻滞，是指房室交界区脱离了生理不应期后，心房冲动传导延迟或不能传导至心室。房室阻滞可以发生在房室结、希氏束以及束支等不同的部位。

正常人或运动员可发生文氏型房室阻滞（莫氏Ⅰ型），与迷走神经张力增高有关，常发生于夜间。其他导致房室阻滞的病变有：急性心肌梗死、冠状动脉痉挛、病毒性心肌病、心内膜炎、心肌病、急性风湿热、钙化性主动脉瓣狭窄、心脏肿瘤（特别是心包间皮瘤）、先天性心血管病、原发性高血压、心脏手术、电解质紊乱、药物中毒、Lyme病（螺旋体感染、可致心肌病）、Chagas病（原虫感染、可致心肌病）、黏液性水肿等。Lev病（心脏纤维支架的钙化与硬化）与Lenegre病（传导系统本身的原发性硬化变性疾病）可能是成人孤立性慢性心脏传导阻滞最常见的病因。

（1）一度房室传导阻滞：每个心房冲动都能传导至心室，但PR间期超过0.20秒。房室传导束的任何部位发生传导缓慢，均可导致PR间期延长。如QRS波形态与时限均正常，房室传导延缓部位几乎都在房室结，极少数在希氏束本身；QRS波呈现束支传导阻滞图形者，传导延缓可能位于房室结和（或）希氏束－浦肯野系统。希氏束心电图记录可协助确定部位。如传导延缓发生在房室结，AH间期延长；位于希氏束－浦肯野系统，HV间期延长。传导延缓亦可能同时在两处发生。偶尔房内传导延缓亦可发生PR间期延长。

（2）二度房室传导阻滞：通常将二度房室传导阻滞分为Ⅰ型和Ⅱ型，Ⅰ型又称文氏阻滞。

1）二度Ⅰ型房室传导阻滞：这是最常见的二度房室阻滞类型，表现为：①PR间期进行性延长、直至一个P波受阻不能下传心室；②相邻RR间期进行性缩短，直至一个P波不能下传心室；③包含受阻P在内的RR间期小于正常窦性PP间期的两倍。最常见的房室传导比例为 3 : 2 和 5 : 4。在大多数情况下,阻滞位于房室结,QRS 波正常,极少数可位于希氏束下部,QRS 波呈束支传导阻滞图形。二度 I 型房室阻滞很少发展为三度房室阻滞。

2）二度 II 型房室传导阻滞:心房冲动传导突然阻滞,但 PR 间期恒定不变。下传搏动的 PR 间期大多正常。当 QRS 波增宽,形态异常时,阻滞位于希氏束 – 浦肯野系统;若 QRS 波正常,阻滞可能位于房室结内。

2 : 1 房室阻滞可能属 I 型或 II 型房室阻滞。QRS 波正常者,可能为 I 型;若同时记录到 3 : 2 阻滞,第二个心动周期之 PR 间期延长者,便可确诊为 I 型阻滞。当 QRS 波呈束支传导阻滞图形,需作心电生理检查,始能确定阻滞部位。

（3）三度（完全性）房室阻滞:此时全部心房冲动均不能传导至心室。其特征为:①心房与心室活动各自独立、互不相关;②心房率快于心室率,心房冲动来自窦房结或异位心房节律（房性心动过速、扑动或颤动）;③心室起搏点通常在阻滞部位稍下方。如位于希氏束及其近邻位置,心室率约 40~60 次 / 分,QRS 波正常,心律亦较稳定;如位于室内传导系统的远端,心室率可低至 40 次 / 分以下,QRS 波增宽,心室率亦常不稳定。心电生理检查如能记录到希氏束波,有助于确定阻滞部位。如阻滞发生在房室结,心房波后无希氏束波,但每一个心室波前均有一个希氏束波。如阻滞位于希氏束远端,每一个心房波后均有希氏束波,心室前则无希氏束波。

（二）心律失常的监护

1. 窦性心动过速　一般无需治疗,仅对原发病作相应治疗即可。对于有明确诱因的正常人去除诱因即可。常见诱因有剧烈活动、情绪激动、吸烟、饮浓茶、饮咖啡、饮酒等。

2. 室上性心律失常

（1）阵发性室上性心动过速的护理:①教会患者刺激迷走神经减慢心率的方法。②刺激迷走神经无效时即刻给予维拉帕米（异搏定）5~10mg 稀释于 5% 葡萄糖中在 3 分钟内注入,注射时应监测心律,一旦转律即停止药物注入。③采用同步直流电复律。④嘱患者避免劳累、情绪激动、饱餐、剧烈运动等诱发因素,对防止阵发性室上性心动过速的复发有重要意义。

（2）心房扑动和心房颤动的护理:①对发作时心室率快,伴有心绞痛、严重心力衰竭、低心排血量的患者应采用同步直流电复律,但对洋地黄中毒的患者应禁止使用。②无论药物转律还是电复律,都有较高的栓塞危险,故应在转律治疗开始前 3 周到复律后 4 周使用抗凝药物（口服华法林）;应在此期间观察患者有无出血倾向。

3. 室性心律失常

（1）室性早搏的护理:在无明显器质性心脏病的情况下,室性早搏并不影响人的预期寿命,无猝死危险,因此凡是无器质性心脏病、无症状的室性早搏不需使用心律失常药物。但当室早发生于急性心肌梗死、低血压、洋地黄中毒等心电不稳定状态时,易于进展为恶性心律失常,应迅速使用药物治疗。

（2）室性心动过速的护理:对有短阵室速的患者应采用可自动报警的监护仪 24 小时连续心电监测,并做到密切监测。一旦发生室速应及时通报医生,给予适当处理。应准备好静脉通路,必要时备好抢救器材。如果室速导致意识丧失、低血压、长时间心肌缺血和心力衰竭应立即使用直流电复律。当药物治疗无效时,需应用埋藏式自动心脏复律除颤器。

（3）心室颤动的护理:发生室颤时应立即进行非同步直流电除颤,在除颤器准备好之前,作为现场的护士应先进行有效的心肺复苏术。特别是心脏专科护士对处理这情况应沉着、冷静、争分夺秒,并且应有定的自主处理权。

4. 缓慢性心律失常　常见的有窦性心动过缓、病态窦房结综合征(SSS)、房室传导阻滞等。对这些患者的护理,重点在于监护患者的心率,防止过慢的心率影响重要的器官供血。治疗上除了采用药物外,还可选用人工起搏器。由于静脉使用的加快心率的药物要求输注速度慢而均匀,所以应选用输液泵给药,并及时根据心率调整药物速度。缓慢性心律失常伴阿-斯综合征,到场护士应立即锤击患者心前区,进行有效的心肺复苏。有条件的医院应立即给予体外人工起搏,进而安装临时人工起搏器,对于不能恢复的患者安装永久起搏器。

第四节　休　克

【概述】

休克是许多危重疾病的临床综合征之一,也是急症医学中经常遇见的难题,几乎所有的危重病最终都可能会因为发生休克而导致死亡。然而,休克并不一定会致命,它也可能是其他危重病的一个并发症,只要实施及时有效的救治和护理,休克患者完全有可能获得痊愈。

休克是 Shock 的英文谐音。身体每一个器官的细胞都需要足够的养分(葡萄糖)和氧气才能跟器官细胞的 ATP 结合,才能产生能量,器官才能够正常运作。当血流灌注到身体各个器官减少,葡萄糖和氧气的供应就大大减少,不能跟器官细胞的 ATP 结合产生足够能量,并且细胞会进行无氧新陈代谢产生乳酸(令身体出现酸中毒)。身体各器官的功能便会出现总体下降的表现,包括头晕、血压低、心动过速、呼吸加快、尿量减少、皮肤湿冷(是自主神经的代偿)和血清乳酸增高等,这个状态称为休克。

尽管引起休克的原因是多样的,包括低血容量、心源性、感染、过敏和创伤等原因。但治疗重点均集中于提高组织灌注和氧输送。休克多通过其潜伏在病理生理机制来分类:血管内容量的缺失、血管张力的破坏以及心肌收缩力的改变。在重症监护病房收治的重症患者中,休克是最为常见的一种临床表现。

对休克患者的早期诊断及管理有助于逆转疾病进程并改变患者预后。传统的休克标志为低血压(收缩压低于 90mmHg),但其可被视为一个误导信号,往往提示了疾病发展进程较晚,并应将此时视为一个应进行医疗干预的紧急状态。因此,通过密切的观察发现其他早期提示患者病情恶化的症状和体征,并在休克进展为不可逆转之前作出应对就变得至关重要。没有一个生命体征在诊断休克或明确休克进程上是足够的,亦没有一项实验室检查可以诊断休克综合征。

【病因与发病机制】

传统上,休克可根据病因学分为低血容量休克、心源性休克及分布性休克,每一类型的休克都有其特殊的机制并最终导致了组织灌注的不足以及细胞水平上氧和营养的摄入不足,事实上,我们经常能发现不同类型的休克出现重叠(例如在脓毒血症患者中存在低血容量的同时往往合并心功能异常)。

休克的类型及特点

休克类型	主要特点
低血容量性休克	由出血、脱水或体液丢失造成的有效循环血量减少
心源性休克	泵衰竭（心肌收缩力的损伤），通常由心肌梗死造成
分布性休克	脓毒症、过敏和神经源性损伤会造成的循环分布不当
阻塞性休克	心脏压塞或张力性气胸

机体组织代谢需求不能被满足时即会出现休克；组织灌注血流量的减少导致细胞功能异常，打破了营养供需平衡的稳态，当代偿机制不能满足循环需求时即出现休克。机体代偿反应主要是通过位于气管及大血管的神经感受器来感知血压（压力感受器）和生化（化学感受器）的微小变化。这些感受器反馈于下丘脑并通过调节垂体和肾上腺皮质来对抗休克的发展。与此同时直接反馈作用于交感神经系统，调节以小动脉为主血管的张力，同时作用于肾上腺和肾等靶器官并释放内源性儿茶酚胺、盐皮质激素和糖皮质激素及激活肾素 – 血管紧张素 – 醛固酮系统（RAAS）。RAAS 系统激活后产生血管紧张素Ⅱ——一种可进一步强化外周血管容量减少作用的强效缩血管剂。

总体上，这些反应形成了一个调节休克系统反应的交感 – 内分泌 – 肾上腺轴。这个轴保证了对重要器官的循环灌注、联合炎症反应使局部和全身组织的损害最小化并最终获得良好预后。联合反应包括充分的血管收缩、少尿或无尿，重要器官的血流再分布，高血糖、免疫调节剂激活凝血机制。上述潜在休克时的普遍反应对代偿有效循环血量的减少卓有成效，但在泵衰竭或是再分布的失代偿期则可能会起到相反的作用。

循环血量相对正常时也可能出现低灌注，往往此时尚未出现临床表现。分布性休克相关（脓毒症、神经源性和过敏性休克）以影响血管张力为特点，往往可出现末梢组织灌注不足而其他部位分布过量，这种循环分布不当可造成一些器官长时间缺血从而导致器官功能不全甚至衰竭。

不同器官对休克的表现呈多样化且很难被直接测量，全身低灌注的替代标志物多被用于预测休克的严重程度。这些对休克的"替代"生物标记物（pH、血乳酸、标准碱剩余）评价了酸中毒状态及休克严重程度。乳酸作为糖代谢的产物是一种在正常情况下每天可产生 1500~4500mmol 的强效阴离子。乳酸水平升高见于组织缺氧、高代谢状态、乳酸清除率下降、丙酮酸脱氢酶的抑制状态和炎性细胞的激活，均可为休克发展期的特点。乳酸可视为无氧代谢的标志，因此，乳酸水平的升高提示了潜在器官衰竭，休克患者的血乳酸水平直接与患者预后相关。

当休克进展且机体失代偿时，机体器官将出现功能障碍，这可视为系统性全身炎症反应（SIRS）的并发症，而 SIRS 既可作为休克状态的直接产生原因，亦可发展为休克进展期的后果，造成"毛细血管渗漏"或微血管渗漏性增强，作为组织内皮系统改变的后果则表现为间质水肿。许多炎性介质，包括细胞因子、氧自由基和活化的中性粒细胞改变了内皮细胞的结构，为较大的血管内分子伴随着蛋白质及水分子游走至血管外间隙提供空间。这种反应机制将富有营养的体液分配至受损的局部，然而从整体上，体液的移动导致了低血容量、器官功能障碍并导致了急性器官受损，这种发展中的器官损伤可视为器官衰竭的先行表现。

【类型】

（一）低血容量性休克

低血容量不仅是引起休克的最常见原发性病因，亦是其他类型休克发展的因素。循环血量不足作为其根本机制，引起了心排血量的下降和灌注状态的改变。失血相关性死亡往往出现在受伤后的最初几小时，最显而易见的原因是血管直接受损导致的出血，除此之外还有些潜在原因，诸如持续呕吐及腹泻导致的脱水、脓毒症及烧伤。当休克进展恶化，相关代偿机制出现过度代偿，而当低氧输送持续存在时，低血容量休克则可恶化呈多脏器功能障碍。

由于大出血（内出血或外出血）、失水（严重呕吐、糖尿病酸中毒、大量利尿、严重烧伤）或创伤等引起。大量血液、血浆或水分的丢失使血容量突然减少 30%~40% 甚至更多，以致静脉压减低，回心血量减少，心排血量减少，血压降低和组织灌注不足。其中最常见的类型有：

1. 失血性休克　临床上常见的原因有消化道出血、凝血异常等。

2. 烧伤性休克　通常见于高温造成的中度以上热烧伤。

3. 创伤性休克　多见于严重创伤，如挤压伤、骨折、大手术等。

（二）心源性休克

由于心脏排血功能急剧下降所致，如心肌梗死、急性心肌炎、二尖瓣关闭不全、室间隔破裂、心力衰竭、心律失常等。

心源性休克是由于泵衰竭造成的循环衰竭，表现为低心排血量［CI<2.1L/min·m²］、低血压和严重肺动脉淤血、高中心血管灌注压（CVP；PAOP>18mmHg）。其他有创性监测参数包括胸腔内血容量 >850ml/m²，全心舒张末期容积 >700ml/m²，血管外肺水指数 >10ml/kg。心源性休克常见于左心室局部缺血面积超过 40% 的心肌梗死患者。也可发生于机械活动失常（急性心脏瓣膜活动失常或膈缺陷）、心肌病恶化及充血性心脏衰竭、创伤及左心室流出道梗阻（归属于梗阻性休克，如肺动脉栓塞，动脉瘤破裂及心脏压塞）。由脓毒症、酸中毒、心肌抑制因子、高钙血症及药物损伤等非心源性因素造成的心肌顿抑也可引起心源性休克。

急性心肌梗死患者出现心源性休克的发病率约为 3%，尽管现在可行急诊血管重建，治疗水平明显提高，病死率仍高达 50%~80%，而单纯心肌梗死的病死率则为 7%。通过介入治疗行血供重建可改善处于急性期患者的预后。

（三）分布型休克

分布型休克状态造成血管系统（血液分布系统）的衰竭，造成了组织的氧及营养输送受损。分布性休克是指病人的静脉系统大量扩张，身体就把动脉系统内的血液调配或分布到静脉系统去填满被扩大的空间，因此导致动脉系统的血容量不足，血压变低。临床上常将分布性休克分为败血性休克（又称感染性休克）、过敏性休克及神经源性休克。

1. 败血性休克（Septic shock）　败血性休克也称感染性休克、中毒性休克，由化脓性感染引起的又称为脓毒性休克。均由严重感染引起。年老、体弱、营养不良、有糖尿病或恶性肿瘤等慢性消耗性疾病或长期应用激素、免疫抑制剂者尤易发生。感染性休克主要由致病菌的毒素所引起，以革兰氏阴性菌（如大肠杆菌、副大肠杆菌、变形杆菌、绿脓杆菌）所产生的内毒素和革兰氏阳性细菌（如肺炎球菌、金黄色葡萄球菌、溶血性链球菌）所产生的外毒素造成的休克最为常见。真菌、病毒和立克次体感染也可引起休克。

严重脓毒症及败血性休克是 ICU 收治患者首要病因，并往往和高病死率相关。"严重脓毒症"和"败血性休克"是由描述了系统性炎症反应（SIRS）的国际统一会议定义并修正的。SIRS 是指由包括脓毒症、烧伤、胰腺炎和创伤在内的全身炎症引起的一系列临床表现。这一定义常因为其描述全身性表现及其非特异性而在使用时受到局限并出现问题。由感染（脓毒症）引起的 SIRS 反应产生的临床症状和体征：高血糖、神志状态改变、外周水肿、一系列炎症表现、血流动力学改变及组织灌注改变。

当病原体及感染诱导介质入血并对血流动力学产生代偿改变时即产生感染性休克。初始感染性休克的特点：异常外周血管舒张造成组织氧输送和氧解离能力的降低，尽管此时心排血量得以维持甚至有所升高。感染性休克时由于其特征性的增加血管扩张作用，亦可出现低血容量。不同于低血容量休克及心源性休克患者，早期感染性休克患者由于其心排血量升高，临床表现为温暖、红润及良好的循环灌注征象。

若未加干预，失代偿可引起细胞膜损伤、离子梯度破坏、溶酶体酶渗漏、细胞蛋白酶活化引发蛋白分解、细胞储存能量减少甚至细胞死亡，均可表现为细胞功能障碍。一旦重要器官的一定数量细胞达到上述阶段，即使纠正脓毒症原因，休克亦进展为不可逆甚至出现死亡。将近一半的感染性休克患者死于多器官功能衰竭。

脓毒症及感染性休克与心血管系统有紧密的相关性；由于系统血管阻力下降，其血流动力学变化特点为全身性动脉扩张。动脉血管扩张作用是由循环系统中的细胞因子及过度表达的一氧化氮合成酶所介导产生。血管系统为应对由一氧化氮及 ATP 敏感性钾离子通道活化产生的血管扩张作用，而关闭细胞膜上的电压门控性钙离子通道。由于去甲肾上腺素和血管紧张素的缩血管作用有赖于钙离子通道的开放，而作为核心代偿机制，若细胞对这些升压药物的反应不良则不可避免的出现功能性线粒体氧输送障碍，并导致脓毒症患者出现乳酸性酸中毒。

2. 神经源性休克（Neurogenic shock）　由外伤、剧痛、脊髓损伤或麻醉意外等引起。由于反射作用，使血管扩张，周围血管阻力降低，有效血容量相对不足所致。

神经源性休克 Neurogenic shock 是神经传出通路受到干扰或阻塞造成血管张力丧失的一类分布性休克。其特征性表现为收缩压 <90~100mmHg 和除外其他明显原因的心率 <80 次 /min。值得注意的是 HR 在可接受的正常范围之内。经常表现为低血压、心动过缓和低体温三联征。最常见原因为高于 T_6 截断的脊髓损伤，其次为 T_1 到 L_2 平面交感传出神经的截断，由于迷走神经对抗作用的缺失，造成血管阻力的下降，进而引进血管舒张。神经源性休克也可见于麻醉后，尤其是脊髓麻醉，脑脊髓缺血或出现胸正中平面以上的脊髓完全或部分性损伤时。

脊休克 Spinalshock 是指受损之脊髓以下的感觉及运动功能缺失和出现大小便失禁的状态。对于受伤 2h 内出现的 ED 和主要颈部损伤的患者中脊休克的发病率达 14%。脊休克也可见于脊索撕裂伤及挫伤，并可造成不同程度的感觉与运动障碍。

脊休克出现低血压之前由于儿茶酚胺的释放可表现为血压升高。患者可表现为包括膀胱和肠道在内的软瘫，甚至出现持续性阴茎异常勃起。症状可持续几小时甚至数天，直至损伤平面以下的反射弧开始恢复功能。优于脊髓损伤，可表现为：损伤平面以上表现为皮肤苍白、寒冷,而损伤平面以下则表现为皮肤温暖、红润。患者也可表现为无汗症(出汗缺失)。患者可表现为心动过缓,甚至需要临床干预。

3. 过敏性休克(Anaphylactic shock)　对于某些药物或血清制剂过敏所致。过敏反应中外来的抗原物质作用于人体产生相应的抗体,抗原抗体作用后致敏细胞释出血清素、组胺、缓激肽等物质,使血管扩张,血浆渗出,血压下降而发生休克,常伴有喉头水肿、气管痉挛、肺水肿等。

过敏性休克是最严重、最可能威胁生命的一类变态反应,经常表现为 I 型超敏反应(IgE- 介导的超敏反应)。过敏性休克发生率较低,0.01%~0.02% 的人群为易感个体。过敏性休克更常见于西方国家,但这可能与其更普遍的报道机制有关。该超敏反应是通过 IgE 介导的宿主肥大细胞反应,并由嗜碱性粒细胞(肥大细胞)产生显影抗体。易感个体一旦接触过敏原,再次暴露时将引发超敏反应—激活肥大细胞并释放组胺。过敏反应本身不能预测过敏性休克出现的可能,因为再次暴露时更强或更弱的反应都可能出现。临床上存在一个初始反应阶段,可被 24h 内的临床治疗所改善,但在初次暴露于过敏原之后的 8~10h 经常出现二次或反弹反应。

过敏原的暴露导致组胺及其他介质的释放,以及随后的血管舒张及毛细血管渗透性增强——分布性休克。组胺起效快并可迅速代谢,而其他介质则有较长的维持效果。抗原－抗体反应可直接损伤血管壁,而血管活化介质,如组胺、血清素、缓激肽和前列腺素的释放激活系统反应,造成血管舒张和毛细血管渗透性增加,大量液体渗出至组织间隙造成低血容量。血压和心排量或心指数可因心率增快的代偿作用而降低。介质诱导的气管水肿和肺血管平滑肌收缩可造成严重器官痉挛的出现。

数据表明,哮喘及正在应用 β 受体阻滞药和 ACEI 类药物的患者病死率较高;这些药物可限制肾上腺素的治疗效果。高龄和肺疾病的前期表现是与疾病严重程度相关的最重要因素;老年患者、合并哮喘及其他气道疾病的患者出现威胁生命的反应可能性较高。

【分期】

引起休克的原因虽不相同,但都具有共同的病理生理基础,根据血流动力学和微循环变化规律,休克的发展过程一般可分为 3 期。

(一)休克代偿期

又称微循环收缩期、缺血缺氧期。当机体受到致休克因素侵袭后(如大出血),血容量下降,心排血量也因此下降;机体要保持血压稳定,唯一的出路是增加外周血管阻力,即使周围血管收缩。机体这种代偿反应是通过中枢和交感神经系统的兴奋和体液因素等综合作用形成的。儿茶酚胺等血管收缩物质大量分泌,可以引起周围血管强烈收缩,使血液重新分布,以保证心、脑等重要脏器的血流灌注。此外,肾素—血管紧张素—醛固酮系统兴奋,血管升压素分泌增多,有助于血压和微循环代偿。随着病情的发展,某些器官中的微循环动静脉吻合支开放,使部分微动脉血液直接进入微静脉。此期患者表现为血压正常或稍增高,如能及时采取有效措施,容易恢复;若被忽视,甚至误用降压药,则病情很快恶化。

(二)休克期

又称淤血缺氧期或微循环扩张期。此期小血管持续收缩,组织缺氧明显,经无氧代谢后大量乳酸堆积,引起代谢性酸中毒。微动脉和毛细血管前括约肌对酸性代谢产物刺激较敏感而呈舒张反应,而微静脉和毛细血管后括约肌对酸性环境耐受性强,仍呈持续收缩状态,致使大量血液进入毛细血管网,造成微循环淤血。微血管周围肥大细胞释放组胺,致毛细血管通透性增加,大量血浆外渗,使微循环血量锐减。

(三)休克晚期

又称 DIC 期。休克中期微循环扩张如果不能及时纠正,血流在微循环中淤滞,缺氧严重,组织遭受损害,毛细血管通透性增加,水和小分子的血浆蛋白因而渗至血管外第三间隙。血液浓缩,黏性增大,凝血机制发生紊乱,甚至形成微栓子,因而导致弥散性血管内凝血(DIC),进入休克晚期及微循环衰竭期。如果 DIC 不能制止,可以发生血管阻塞,形成细胞和组织坏死,最终导致重要脏器发生严重损害,功能衰竭,此为休克的不可逆阶段,使治疗更为棘手。

【临床评估与判断】

作为心血管系统失衡的结果,重症患者经常表现为组织缺氧,理想状态中,器官和组织应被逐一监测,但在作出治疗决策时,全身的监测指标,如灌注压、心排血量和 DO$_2$ 常被视为替代指标。患者的评估和包括计算心排血量在内的血流动力学监测,常被用于区分不同的休克状态和评估治疗效果。由于心排血量是决定氧输送的重要因素,因此,许多临床医师将心排血量视为休克患者的重要评估指标。尽管可以通过物理检查来评价患者的心排血量,但由于其准确性不佳及病程变化迅速,重症患者很少通过临床进行评估。因此,在重症患者中往往应用有创监测技术监测心排血量。

1. 无创评估　灌注状态可以通过显而易见的器官功能来进行临床评估,如精神状态、尿量及外周四肢的温度程度和颜色变化。对心血管系统、中枢神经系统和肾功能的基础评估对评价患者休克风险时至关重要。尿量、心率和毛细血管的微小变化均为对休克造成的组织灌注状态改变的生理性代偿机制。常规监测上述生命体征和通过仔细的记录其趋势变化可以提示临床医师以阻止休克恶化的进程。神志状态的改变可能提示着病情恶化,早期可表现为焦虑,进而出现不安、躁动、神志昏迷。其他评估指标包括寒冷、皮肤湿冷、直立性低血压、心动过速和尿量减少,在 ICU 中,持续心电监测和有创监测技术可对心血管状态提供客观评价。

2. 有创评估　通过动脉置管可以进行持续监测心率及血压,还可以通过适时抽取血气以检测血乳酸水平、电解质状态及包括 pH 值在内的血气分析。

以温度(热稀释)为信号的指示剂稀释法是 ICU 中测量 CO 采用的方法,该方法通过在肺动脉处(PAC)置入导管或将中心线路与带有热敏装置的动脉套管(跨肺动脉温度稀释法)连接,但这方法在世界各国已经减少采用,因为其参数会受胸腔内压增高所影响(如采用呼吸机及 PEEP 的患者)。其他测量 CO 的有创监测技术包括脉搏轮廓法、动脉压力分析及经食管的多普勒超声,上述方法均存在不同程度的有创性,需要时间消耗来确保测量的准确性,价格昂贵且有出现并发症的可能。

一种较为先进的有创测量方法是在 PAC 中应用一种发光感受器来对混合静脉血氧饱和度进行持续监测。当氧输送不能满足组织需求及氧解离增高,回输肺血的残余血氧含量下降,以此作为组织氧需不能被满足的替代表现。在 Rivers 及其同事的研究中应用该项技术作为标志物。该项技术可作为脓毒症恶化的早期监测、评估容量复苏的必要性以及作为目标导向治疗中的一部分来管理患者。这项单中心的美国研究由于其宣传的可改善患者预后引来众多关注,并在一项多中心研究中,通过多篇文章证实该目标导向治疗可改变重症医疗技术。

3. 临床表现　各型休克的临床表现各有其特点,但总的表现大致相似。一般来说,代偿期的脉搏、血压、尿量均可表现正常,临床上可能只有少许皮肤色泽改变或神情紧张,不易察觉,因此,仔细采集病史尤为重要。失代偿期可有以下改变:

(1)意识与表情:患者早期可有精神紧张、焦虑、烦躁不安和精神异常;随着休克的进展,可出现神志淡漠、意识模糊、嗜睡和昏迷。

(2)皮肤黏膜:可表现为四肢冰冷、潮湿或呈花斑状,皮肤苍白,过敏性休克时则可表现为皮肤潮红。

(3)脉搏与血压:可有脉搏增快,心排血量增加,外周血管收缩,使血压正常或稍低(偶有上升),故不能仅以血压作为判断休克的指标。随休克进展,脉搏细速,血压下降,脉压差减小。最终脉搏、血压可测不出。

(4)末梢循环:四肢末端充盈减慢,温度下降,发绀,进而四肢冰冷、皮肤黏膜发绀或瘀斑。

(5)呼吸:早期无明显变化,随休克进展,可出现呼吸急促,晚期因严重酸中毒可出现呼吸慢而深,呼吸节律改变甚至停止。感染性休克在病程早期即可出现急性呼吸窘迫综合征。

(6)尿量:尿量减少,晚期无尿,但严重的感染性休克早期即可出现少尿。

(7)体温:体温可下降或不升,伴感染者可有高热。

4. 诊断

(1)诊断标准:判断休克以低血压、微循环灌注不良、交感神经代偿性亢进等几方面的临床表现为依据,具体包括:

1)有诱发休克的病因;

2)意识异常;

3)脉搏细速 >100 次 / 分或不能触知;

4)四肢湿冷、胸骨部位皮肤指压征阳性(压后再充血时间 >2 秒)、皮肤花纹、黏膜苍白或发绀,尿量 <30ml/h 或尿闭;

5)收缩压 <80mmHg;

6)脉压差 <20mmHg;

7)原有高血压者,收缩压较原水平下降 30mmHg 以上。

凡符合上述第 1 条以及 2、4、7 条中的 2 项和 5、6、7 条中的 1 项即可诊断为休克。

(2)休克早、中、晚三期的诊断标准:

1)早期:表现为交感神经功能亢进及儿茶酚胺分泌增多的临床征象,如苍白微绀、手足湿冷,脉速有力,烦躁激动,恶心呕吐,意识清楚,尿量减少,血压正常或稍低,收缩压 ≤80mmHg,原有高血压者收缩压降低 40~80mmHg 以上,脉压差 <20mmHg。

2)中期:患者意识虽清楚,但表情淡漠,反应迟钝,口渴,脉细速,浅静脉萎陷,呼吸浅速,尿量 <20ml/h,收缩压 60~80mmHg。

3)晚期:患者面色青灰,手足发绀,皮肤出现花斑且湿冷,脉细弱不清,收缩压 <60mmHg或测不清,脉压差很小,嗜睡,昏迷,尿闭,呼吸急促,潮式呼吸,DIC 倾向,酸中毒表现。

【监测与护理】

（一）监测

早期监测休克患者的血流动力学改变和组织缺氧状况是治疗休克的基础。近年来，由于监护技术发展迅速，为休克患者的治疗护理创造了良好条件。对于休克的监测，除患者的临床主诉和体征外，最主要的是对重要脏器功能和组织灌注的监测。目前临床上常用的休克监测指标如下：

1. 中心静脉压（central venous pressure，CVP）　CVP 代表右心房或上、下腔静脉近右心房处的平均压力，是反映右心前负荷的指标。监测中心静脉压可区别循环功能障碍是心功能不全还是血容量不足所致，对决定输液的量和速度以及选用强心、利尿或血管扩张药有较大指导意义。

健康人平卧时的正常值为 5~10cmH_2O，小于 2~5cmH_2O 常提示右心房充盈欠佳或血容量不足，大于 15~20cmH_2O 提示右心功能不全或右心负荷过重。CVP 是休克时补液或脱水的重要参考指标，但它可受循环血量、静脉血管张力、右心室排血能力、胸腔、心包内压力及静脉回流量等影响，在判断结果时应注意综合考虑。

2. 肺动脉楔压（pulmonary arterial wedge pressure，PAWP）　用 Swan-Ganz 肺动脉漂浮导管，从周围静脉插入上腔静脉后，将气囊充气，使其随血流经右心房、右心室而进入肺动脉测定肺动脉楔压。PAWP 的监测可了解肺静脉、左心房、左心室舒张末期压力，借此反映肺循环情况。正常值 8~12mmHg，增高常提示肺循环阻力增加，降低则说明左心室后负荷不足，此时如果不存在右心衰竭，则表明血容量不足。PAWP 特别适用于高原条件下监测肺水肿的发生，也可为扩容，使用心肌收缩药、血管收缩剂或心血管药物治疗提供依据。但这方法在世界各国已经减少采用，因为其参数会受胸腔内压增高所影响（如采用呼吸机及 PEEP 的患者）。

3. 心排血量（cardiac output，CO）和心脏指数（cardiac index，CI）　CO 是每搏输出量与心率的乘积，可经 Swan-Ganz 导管应用热稀释法测出，是反映心脏泵功能的一项综合指标，受心率、前负荷、后负荷及心肌协调性和收缩性等因素影响。正常值为 4~8L/min。休克时心排量一般都较低，但感染性休克时，心排血量可较正常值高。单位体表面积上的心排血量称心脏指数（CI），正常值为 2.5~4L/（m²·min），降低常提示组织低灌注。

4. 血气分析　休克时患者处于缺氧状态，如同时还存在胸廓或肺的损伤则会进一步恶化呼吸功能，因此血气分析是判断肺功能状态的最基本指标，通过血气分析可监测患者的氧合状态以及酸碱平衡情况，为危重患者的诊疗提供可靠依据，是重症患者必不可少的监测项目。

动脉血 pH 正常值为 7.35~7.45，休克时可逐渐下降。正常人动脉血氧分压（PaO_2）为 80~100mmHg。一般认为 60~80mmHg 为轻度低氧血症，40~60mmHg 为中度低氧血症，低于 40mmHg 为重度低氧血症，当降至 30mmHg 时，组织即处于无氧状态。在休克早期 PaO_2 可维持在正常范围内，随着休克程度的加重 PaO_2 明显下降。动脉血二氧化碳分压（PaCO_2）正常值为 35~45mmHg，是反映肺泡通气功能的指标。休克早期常有不同程度的下降，主要与过度通气有关；若 PaCO_2 逐渐升高，则表明有较严重的气道阻塞性病变如肺水肿、肺不张或有呼吸中枢抑制。

5. 肾功能监测

（1）常用指标：包括尿量、尿比重及尿液的显微镜下检查等。尿量的多少是休克时反映肾功能状况最敏感、最及时的指标,正常情况下尿量约 0.5ml/(kg·h),休克时由于肾灌注不足而明显下降。若尿量减少且比重增加,表明存在肾血管收缩和供血量不足;如经充分液体复苏仍无尿或尿量甚少,提示可能存在严重肾衰竭。因此在休克时应常规留置导尿管以监测尿量变化,为休克的复苏治疗提供依据。

(2)浓缩尿液:是肾脏的重要功能之一,除观察每小时尿量外,尚需监测尿液比重。休克时尿比重≥1.020 呈高渗时表明肾血流灌注不足,但肾功能尚好,未进入肾衰竭阶段;若尿比重≤1.010 呈等渗或低渗尿时,提示已发展为急性肾衰竭。

(3)尿常规检查:休克时进行显微镜下尿常规检查也可提供重要信息,如有镜下血尿,表明尿路损伤的可能性大(应除外肾小球疾患);如镜检发现管型则有助于肾小管坏死、肾衰竭的诊断。

6. 出凝血机制监测　严重休克情况下,常因大量失血而补液、输入库血、血浆代用品等使血液稀释,尤其是体内凝血因子的大量稀释,常导致凝血障碍、出血不止,严重影响患者的预后,给救治工作带来极大困难,因此监测出凝血指标极其重要。常用的监测指标有:出血时间(BT)、凝血时间(CT)、活化部分凝血活酶时间(APTT)、凝血酶原时间(PT)、血小板计数(Platelet)、纤维蛋白原和纤维蛋白降解产物(FDP)等。

(二)护理

1. 一般护理

(1)卧位:为利于休克患者血液循环,畅通气道和便于呕吐物流出,防止窒息及吸入性肺炎,应使患者取平卧位或中凹卧位,即头偏向一侧,抬高头胸部 10°~20°,抬高下肢 20°~30° 以促进静脉回流,增加回心血量(疑有脊柱损伤时禁用此体位)。并注意尽量减少对患者的搬动,保持安静。

(2)吸氧:休克患者均存在不同程度的低氧血症,通常以鼻导管吸氧(2~6L/min)或面罩供氧,必要时可进行人工加压呼吸或呼吸机辅助呼吸,如有痰液,应及时吸痰,以保持呼吸道通畅,保证氧疗效果。

(3)保暖:注意四肢和躯干的保暖,适当加盖棉被、毛毯。但对高热患者应降温,以物理降温为主,以避免因药物降温导致出汗过多而加重休克,尤其是对低血压和低血容量者绝对忌用药物降温。头部可置冰帽,以降低脑代谢,保护脑细胞。

(4)及早建立静脉通道:快速建立有效的静脉输液通道是扩充血容量的先决条件,并可同时抽血进行血型检查及配血。一般应选用粗针头或套管针,建立两条或两条以上的静脉通道,以保障扩容治疗和各类药物的及时使用,其中一条应为深静脉,以供监测中心静脉压。

(5)镇静止痛:剧烈疼痛可引起和加重休克,因此,对创伤性休克、神经源性休克、急性心肌梗死引起的心源性休克等患者,应注意及时控制剧烈疼痛,遵医嘱使用相应药物。

(6)预防感染:观察与感染有关的征象,做好血、尿标本的收集和送检,监测白细胞计数和分类情况,做好伤口、静脉切口、静脉留置导管、导尿管、气管插管、气管切开等的护理。

2. 病情评估与护理　休克患者经初期急救处理后,若病情稳定,应及时送有救治条件的医疗单位或重症医学中心。

观察患者生命体征

(1)意识:患者的意识状况常反映神经中枢的血液灌注。在休克早期,脑组织缺血缺氧尚不明显,常表现为烦躁不安、紧张、激动等自主神经兴奋症状;此时需耐心劝慰患者,使之积极配合治疗护理。若休克进一步发展,脑组织严重缺血缺氧,神经细胞功能受到抑制,则可表现为表情淡漠、意识模糊甚至昏迷;此时应加用床栏以防坠床。

（2）脉搏:休克时脉率增快常出现在血压下降之前,随着病情恶化,脉率加速,脉搏变为细弱甚至触不到。若脉搏逐渐增强,脉率转为正常,脉压由小变大,提示病情好转。

（3）血压:低血压是诊断休克的一个重要指标,但不是一个早期指标。休克早期血压变化不明显,收缩压尚能维持在正常范围内;但由于周围血管收缩,舒张压升高更为明显,因而脉压差减小是休克早期特征性血压变化。当休克进入失代偿期,血压明显下降。临床常用休克指数(脉率与收缩压的比值)来判断休克的严重程度。休克指数正常值为0.5,若上升至1.0~1.5时患者即已处于休克状态,而达2.0以上时,患者已处于严重休克状态。

（4）呼吸:早期由于缺氧和代谢性酸中毒,呼吸深快;晚期由于呼吸中枢受抑制,呼吸浅慢甚至不规则。

（5）尿量:是反映肾脏血液灌流情况的重要指标之一,借此也可反映生命器官血液灌流情况。休克时应及早留置导尿管,观察每小时尿量,并测定尿液比重、pH及有无蛋白及管型等。若尿量每小时减少,比重增加,表明肾血管收缩仍存在或血容量仍不足;若血压正常,但尿量少,比重降低,则应警惕急性肾衰竭的发生,应注意控制输液量。如尿量稳定在>0.5ml/(kg·h)以上时,表明休克纠正。但应参考血清乳酸为准。血清乳酸正常代表细胞氧分充足;反之,血清乳酸升高代表细胞仍然缺氧,休克仍然存在。

（6）末梢循环:肤色的改变往往出现在血压、脉搏变化之前,而恢复则在其后,应注意仔细观察。皮肤颜色由红润转为苍白是休克的重要体征,反应外周血管收缩,血流量减少;若口唇和(或)甲床发绀则说明微循环淤滞,休克在继续恶化;皮肤有出血点或瘀斑,提示可能发生DIC。

肢端温度降低和肢端与躯干温差加大,是因为周围血管收缩,血流量减少所致。休克早期,仅有手足发凉,干燥或潮湿;若皮肤温度降低范围扩大,延及肘及膝部以上,四肢湿冷或伴出冷汗,表示休克程度加重。温差的缩小或加大,可作为判断周围循环血液灌注状态的参考。

（7）其他:由于休克患者病情危重,不少休克患者,其休克本身与伤口的继发性出血、大量渗血、化脓感染、骨折端压迫疼痛等有直接因果关系,因此,应注意仔细检查患者的受伤部位、数量、伤口大小、出血等情况,经常观察伤口有无出血、肿胀,分泌物颜色、气味,有无气泡等,发现异常及时报告医生。

3. 液体复苏的护理　液体复苏时护士不仅需要遵医嘱迅速建立输液通道并保持输液畅通,准确记录出入量,密切观察输液反应等常规护理,尚需在液体复苏中加强临床监测,及时发现或避免液体复苏的并发症。

（1）穿刺部位的选择:在抢救休克时需要合理选择穿刺部位,尽量避免在伤部或伤肢补液,尤其是腹部多脏器伤时不宜做下肢静脉穿刺或插管,一般可选用上肢或颈部静脉;若上肢、头部有创伤者,则选用下肢静脉,否则会加重出血。

（2）补液速度:等量的液体缓慢或快速输入,其产生的作用可显著不同。在复苏过程中不仅需选择合适的液体,还需以适当的速度输入,才能取得满意的效果。一般原则是先快后慢,第一个小时输入平衡液1500ml,右旋糖酐500ml;待休克缓解后减慢输液速度,其余液体何在 6~8 小时内输入。但对于非控制性失血性休克患者,在彻底止血前补液速度应缓慢,一般以维持组织基本灌注为宜。总之,补液的同时必须根据各项监测指标随时调整输液速度及评估补液效果,并注意观察患者有无肺水肿及心衰的临床表现。

(3)补液量:补液虽遵医嘱执行,但护士应明确补液原则。现代观点认为休克时需要"适当的超量补充"。但在高原或患者存在肺功能不全的情况下,过度的容量复苏可导致肺水肿,因此在液体复苏过程中护士必须密切监测患者的病情变化。一般可根据患者血压、脉搏、脉压差及尿量等的改变情况来判断有效循环血量是否已补足,并及时报告医生,随时加以调整。

第五节　心　力　衰　竭

【概述】

心力衰竭(heart failure, HF)是各种心脏结构或功能疾病所导致心室充盈和(或)射血能力受损,心排血量不能满足机体组织代谢需要,以肺循环和(或)体循环淤血,器官、组织血液灌注不足为临床表现的一组综合征,主要表现为呼吸困难、体力活动受限和体液潴留。心功能不全(cardiac dysfunction)或心功能障碍理论上是一个更广泛的概念,伴有临床症状的心功能不全称之为心力衰竭(简称心衰)。

心力衰竭是各种心脏疾病导致心功能不全的一种综合征,一旦出现心衰,大部分患者就步入一个进行性恶化的过程。其中慢性心力衰竭是目前唯一的发病率仍在上升的心血管病,患者数量日益增加。随着年龄增高,心衰的患病率显著上升;Framingham 研究显示,在 45~94 岁年龄段,年龄每增加 10 岁,心衰的发病率约翻一倍,是老年人死亡的主要原因之一。

心力衰竭是一种复杂的临床综合征,是由于潜在的心脏结构或功能异常,导致心室充盈或射血能力受损。由于人口老龄化、冠心病和高血压患病率增加、与心力衰竭相关的疾病不断增长,心力衰竭患者的生存率及预后非常差。大约 50% 诊断心力衰竭的患者在确诊后 5 年内死亡。与癌症患者(除了肺癌)相比,心力衰竭患者的 5 年生存率是最低的。在国际上,心力衰竭是 70 岁以上老年人住院的最常见原因,因心力衰竭住院的患者约 40% 在出院 1 年内发生再住院或死亡。

类型

1. 左心衰竭、右心衰竭和全心衰竭　左心衰竭由左心室代偿功能不全所致,以肺循环淤血为特征,临床上较为常见。单纯的右心衰竭主要见于肺源性心脏病及某些先天性心脏病,以体循环淤血为主要表现。左心衰竭后肺动脉压增高,使右心负荷加重,右心衰竭继之出现,即为全心衰竭。心肌炎、心肌病患者左右心同时受损,左右心衰可同时出现而表现为全心衰竭。

单纯二尖瓣狭窄引起的是一种特殊类型的心衰,不涉及左心室的收缩功能,而直接因左心房压力升高而导致肺循环高压,有明显的肺淤血和相继出现的右心功能不全。

2. 急性和慢性心力衰竭　急性心衰系因急性的严重心肌损害、心律失常或突然加重的心脏负荷,使心功能正常或处于代偿期的心脏在短时间内发生衰竭或慢性心衰急剧恶化。

临床上以急性左心衰常见,表现为急性肺水肿或心源性休克。

慢性心衰有一个缓慢的发展过程,一般均有代偿性心脏扩大或肥厚及其他代偿机制的参与。

3. 收缩性和舒张性心力衰竭　心脏以其收缩射血为主要功能。收缩功能障碍,心排血量下降并有循环淤血的表现即为收缩性心力衰竭,临床常见。心脏正常的舒张功能是为了保证收缩期的有效泵血,心脏的收缩功能不全常同时存在舒张功能障碍。舒张性心力衰竭是由心室主动舒张功能障碍或心室肌顺应性减退及充盈障碍所导致,单纯的舒张性心衰可见于冠心病和高血压心脏病心功能不全早期,舒张期射血功能尚未明显降低,但因舒张功能障碍而致左心室充盈压增高,肺循环淤血。严重的舒张性心衰见于限制型心肌病、肥厚型心肌病等。

4. 心力衰竭的分期与分级

(1)心力衰竭分期

1)前心衰阶段(pre-heart failure):患者存在心衰高危因素,但目前尚无心脏结构或功能异常,也无心衰的症状和(或)体征。包括高血压病、冠心病、糖尿病和肥胖、代谢综合征等最终可累及心脏的疾病以及应用心脏毒性药物史、酗酒史、风湿热史或心肌病家族史等。

2)前临床心衰阶段(pre-clinical heart failure):患者无心衰的症状和(或)体征,但已发展为结构性心脏病,如左心室肥大、无症状瓣膜性心脏病、既往心肌梗死史等。

3)临床心衰阶段(clinical heart failure):患者已有基础结构性心脏病,既往或目前有心衰的症状和(或)体征。

4)难治性终末期心衰阶段(refractory end-stage heart failure):患者虽经严格优化内科治疗,但休息时仍有症状,常伴心源性恶病质,须反复长期住院。

心衰分期全面评价了病情进展阶段,提出对不同阶段进行相应的治疗。通过治疗只能延缓而不能逆转病情进展。

(2)心力衰竭分级:心力衰竭的严重程度通常采用美国纽约心脏病学会(New York Heart Association, NYHA)的心功能分级方法。

1)Ⅰ级:心脏病患者日常活动量不受限制,一般活动不引起乏力、呼吸困难等心衰症状。

2)Ⅱ级:心脏病患者体力活动轻度受限,休息时无自觉症状,一般活动下可出现心衰症状。

3)Ⅲ级:心脏病患者体力活动明显受限,低于平时一般活动即引起心衰症状。

4)Ⅳ级:心脏病患者不能从事任何体力活动,休息状态下也存在心衰症状,活动后加重。

这种分级方案的优点是简便易行,但缺点是仅凭患者的主观感受和(或)医生的主观评价,短时间内变化的可能性较大,患者个体间的差异也较大。

(3)6分钟步行实验:简单易行、安全方便,通过评定慢性心衰患者的运动耐力来评价心衰严重程度和疗效。要求患者在平直走廊里尽快行走,测定6分钟的步行距离,根据 US Carvedilol 研究设定的标准,6min 步行距离 <150m 为重度心衰;150~450m 和 >450m 分别为中度和轻度心衰。

【病因与发病机制】

心衰的病因复杂多样,临床上左心衰竭的常见原因可能是高血压、心肌梗死引起的非功能心肌损伤、病毒性心肌炎;氧供不足导致冠状动脉狭窄可能会引起心肌收缩力不足,也会引发左心衰;还可由瓣膜关闭不全、房间隔缺损或室间隔缺损造成。右心衰竭最常见的病因是继发于左心衰,另外可由于任何增加肺内压力的因素造成,如肺气肿、肿瘤、早期肺动脉高压、阻塞性睡眠呼吸暂停以及机械通气。

超过 50% 新诊断的心力衰竭患者伴发缺血性心脏病,65% 有高血压病,特发性扩张型心肌病占病例的 5%~10%。心力衰竭的病因可根据如下分类:心肌疾病、心律失常、瓣膜疾病、心包疾病和先天性疾病。心肌疾病可以由心肌梗死和长期缺血性心脏病导致的纤维化引起,约占收缩性心力衰竭的 2/3,后者导致收缩功能不全及射血分数降低。心律失常,包括缓慢性及快速心律失常,均可能导致心力衰竭,因其可改变心室充盈时间,从而影响心脏前负荷及心排血量。在发生心律失常时,心肌的氧需求量增加,如果心脏灌注不足,会影响心肌的收缩功能。心力衰竭患者也是发生心脏猝死的高危人群,这是由于心室颤动(室颤)或心动过缓所致。瓣膜性心脏病导致心力衰竭通常涉及心脏的二尖瓣和(或)主动脉瓣,主动脉瓣狭窄增加心室后负荷,发生心室肥大,降低心室舒张顺应性,从而导致射血分数降低。二尖瓣狭窄通常由风湿性心脏病所致。瓣膜关闭不全导致心室扩张以适应增加的瓣膜反流量,为了排空心腔内的血,心室每搏量增加及心室壁增厚,随着时间的进展,心室无法维持不断增加的工作负荷,于是发生了心力衰竭。

(一)基本病因

主要由原发性心肌损害和心脏长期容量和(或)压力负荷过重导致心肌功能由代偿最终发展为失代偿两大类。

1. 原发性心肌损害

(1)缺血性心肌损害:冠心病心肌缺血、心肌梗死是引起心衰最常见的原因之一。

(2)心肌炎和心肌病:各种类型的心肌炎及心肌病均可导致心力衰竭,以病毒性心肌炎及原发性扩张型心肌病最为常见。

(3)心肌代谢障碍性疾病:以糖尿病心肌病最为常见,其他如继发于甲状腺功能亢进或减低的心肌病、心肌淀粉样变性等。

2. 心脏负荷过重

(1)压力负荷(后负荷)过重:见于高血压、主动脉瓣狭窄、肺动脉高压、肺动脉瓣狭窄等左、右心室收缩期射血阻力增加的疾病。心肌代偿性肥厚以克服增高的阻力,保证射血量,久之终致心肌结构、功能发生改变而失代偿。

(2)容量负荷(前负荷)过重:见于心脏瓣膜关闭不全,血液反流及左右心或动、静脉分流性先天性心血管病。此外,伴有全身循环血量增多的疾病如慢性贫血、甲状腺功能亢进症、围生期心肌病等,心脏的容量负荷增加。早期心室腔代偿性扩大,心肌收缩功能尚能代偿,但心脏结构和功能发生改变超过一定限度后即出现失代偿表现。

(二)诱因

有基础心脏病的患者,其心力衰竭症状往往由一些增加心脏负荷的因素所诱发。

1. 感染　呼吸道感染是最常见、最重要的诱因,感染性心内膜炎也不少见,常因其发病隐匿而易漏诊。

2. 心律失常　心房颤动是器质性心脏病最常见的心律失常之一,也是诱发心力衰竭最重要的因素。其他各种类型的快速性心律失常以及严重缓慢性心律失常均可诱发心力衰竭。

3. 血容量增加　如钠盐摄入过多,静脉液体输入过多、过快等。

4. 过度体力消耗或情绪激动　如妊娠后期及分娩过程、暴怒等。

5. 治疗不当　如不恰当停用利尿药物或降血压药等。

6. 原有心脏病变加重或并发其他疾病　如冠心病发生心肌梗死,风湿性心瓣膜病出现风湿活动,合并甲状腺功能亢进或贫血等。

（三）代偿机制

当心肌收缩力受损和（或）心室超负荷血流动力学因素存在时,机体通过以下代偿机制是心功能在短期内维持相对正常的水平。

1. Frank-Starling 机制　增加心脏前负荷,回心血量增多,心室舒张末期容积增加,从而增加心排血量及心脏做功量,但同时也导致心室舒张末压力增高,心房压、静脉压随之升高,达到一定程度时可出现肺循环和（或）体循环静脉淤血。

2. 神经体液机制　当心脏排血量不足,心腔压力升高,机体全面启动神经体液机制进行代偿,包括:

（1）交感神经兴奋性增强:心力衰竭患者血中去肾上腺素（NE）水平升高,作用于心肌 β_1 肾上腺素能受体,增强心肌收缩力并提高心率,从而提高心排血量。但同时周围血管收缩,心脏后负荷增加及心率加快,均使心肌耗氧量增加。NE 还对心肌细胞有直接毒性作用,促使心肌细胞凋亡,参与心室重塑的病理过程。此外,交感神经兴奋还可使心肌应激性增强而有促心律失常作用。

（2）肾素-血管紧张素-醛固酮系统激活:心排血量降低致肾血流量减低,肾素-血管紧张素-醛固酮系统激活,心肌收缩力增强,周围血管收缩维持血压,调节血液再分配,保证心、脑等重要脏器的血供,并促进醛固酮分泌,水、钠潴留,增加体液量及心脏前负荷,起到代偿作用。但同时肾素-血管紧张素-醛固酮系统激活促进心脏和血管重塑,加重心肌损伤和心功能恶化。

3. 心肌肥厚　当心脏后负荷增高时常以心肌肥厚为最主要代偿机制,可伴或不伴心室扩张。心肌肥厚以心肌细胞肥大、心肌纤维化为主,但心肌细胞数量并不增多。细胞核及线粒体的增大、增多均落后于心肌的纤维化,致心肌供能不足,继续发展终致心肌细胞死亡。心肌肥厚心肌收缩力增强,克服后负荷阻力,使心排血量在相当长时间内维持正常,但心肌顺应性差,舒张功能降低,心室舒张末压升高。

4. 体液因子的改变　心力衰竭时可引起一系列复杂的神经体液变化,有众多体液调节因子参与心血管系统调节,并在心肌和血管重塑中起重要作用。

（1）精氨酸加压素（arginine vasopressin, AVP）由垂体分泌,具有抗利尿和促周围血管收缩作用。其释放受心房牵张感受器调控,心力衰竭时心房牵张感受器敏感性下降,不能抑制 AVP 释放而使血浆 AVP 升高。AVP 通过 V1 受体引起全身血管收缩,通过 V2 受体减少水清除,致水潴留增加,同时增加心脏前、后负荷。心衰早期,AVP 的效应有一定代偿作用,而长期的 AVP 增加将使心衰进一步恶化。

（2）利钠肽类:人类有三种利钠肽类:心钠肽（atrial natriuretic peptide, ANP）、脑钠肽

（brain natriuretic peptide，BNP）和 C 型利钠肽（C-type natriuretic peptide，CNP）。心钠肽主要由心房分泌，心房压力增高时释放，其生理作用为扩张血管和利尿排钠。心力衰竭时，心室壁张力增加，脑钠肽和心钠肽分泌明显增加，其增高的程度与心衰的严重程度成正相关，可作为评定心衰进程和判断预后的指标。

（3）内皮素：是由循环系统内皮细胞释放的强效血管收缩肽。心力衰竭时，血管活性物质及细胞因子促进内皮素分泌，且血浆内皮素水平直接与肺动脉压特别是肺血管阻力与全身血管阻力的比值相关。除血流动力学效应外，内皮素还可导致细胞肥大增生，参与心脏重塑过程。临床应用内皮素受体拮抗剂初步显示其在心力衰竭的急、慢性治疗中具有一定效果。

（4）细胞因子：心肌细胞合成纤维细胞等能表达肽类生长因子如转化生长因子 -β，在心力衰竭时能诱导心肌细胞、血管平滑肌细胞、内皮细胞、成纤维细胞的生长并调节基因的表达，血流动力学超负荷和去甲肾上腺素能促进该类细胞因子表达。它们在调节心力衰竭的心肌结构和功能改变中可能起着重要作用。

心力衰竭时，血液循环中的炎性细胞因子、肿瘤坏死因子 -α 水平增高，均可能参与慢性心力衰竭的病理生理过程。

【临床评估与判断】

全面评估病史对确定慢性心力衰竭的病因以及评估疾病的严重程度至关重要。详细的体格检查对于初始诊断、评价治疗效果及疾病进展非常重要，对患者的体格检查重点关注对心血管及肺的评估。心血管评估包括心率（律）、静脉压、血压、末梢循环等，肺部评价包括听诊呼吸音有无湿啰音，湿啰音最初在肺底可闻及，随着肺淤血程度加重，可遍及全肺。对患者的一般评估包括监测每天体重，观察有无恶病质体征（通常与严重慢性心力衰竭相关）、贫血及头晕等表现。

1. 临床表现　临床上左心衰较为常见，尤其是左心衰竭后继发右心衰竭而致的全心衰竭，由于严重广泛的心肌疾病同时波及左、右心而发生全心衰竭者在住院患者中更为多见。

（1）左心衰竭　以肺循环淤血及心排血量降低为主要表现。

1）症状：①不同程度的呼吸困难：劳力性呼吸困难是左心衰竭最早出现的症状。端坐呼吸、夜间阵发性呼吸困难，急性肺水肿是"心源性哮喘"的进一步发展，是左心衰呼吸困难最严重的形式。②咳嗽、咳痰、咯血：咳痰是肺泡和支气管黏膜淤血所致，开始常于夜间发作，白色浆液性泡沫状痰为其特点。急性左心衰发作时可出现粉红色泡沫样痰。③乏力、疲倦、运动耐量减低、头晕、心慌等器官、组织灌注不足及代偿性心率加快所致的症状。④少尿及肾功能损害症状：严重的左心衰血液进行再分配时，肾血流首先减少，可出现少尿。长期慢性的肾血流量减少可出现尿素氮、肌酐升高并有肾功能不全的相应症状。

2）体征：①肺部湿啰音：由于肺毛细血管压增高，液体渗出到肺泡而出现湿性啰音，随着病情的加重，肺部啰音可从局限于肺底部直至全肺，侧卧位时下垂的一侧啰音较多。②心脏体征：除基础心脏病固有的体征外，一般均有心脏扩大（单纯舒张性心衰除外）及相对性二尖瓣关闭不全的反流性杂音、肺动脉瓣区第二心音亢进及舒张期奔马律。

（2）右心衰竭：以体循环淤血为主要表现。

1）症状：①消化道症状：胃肠道及肝淤血引起腹胀、食欲不振、恶心、呕吐等是右心衰最常见的症状。②劳力性呼吸困难：继发于左心衰的右心衰呼吸困难也已存在。单纯性右心衰为分流性先天性心脏病或肺部疾患所致,也均有明显的呼吸困难。

2)体征:①水肿:体静脉压力升高使软组织出现水肿,表现为始于身体低垂部位的对称性凹陷性水肿。也可表现为胸腔积液,以双侧多见。因胸膜静脉部分回流到肺静脉,故胸腔积液更多见于全心衰竭。②颈静脉征:颈静脉波动增强、充盈、怒张是右心衰的主要体征,肝颈静脉反流征阳性则更具有特征性。③肝脏肿大:肝淤血肿大常伴压痛,持续慢性右心衰可致心源性肝硬化。④心脏体征:除基础心脏病的相应体征外,可因右心室显著扩大而出现三尖瓣关闭不全的反流性杂音。

(3)全心衰竭:右心衰竭继发于左心衰竭而形成全心衰竭。右心衰竭时右心排血量减少,因此阵发性呼吸困难等肺淤血症状反而有所减轻。扩张型心肌病等表现为左、右心室衰竭者,肺淤血症状往往不严重,左心衰竭的表现主要为心排血量减少的相关症状和体征。

2. 辅助检查

(1)实验室检查

1)利钠肽:是心衰诊断、患者管理、临床事件风险评估中的重要指标,临床上常用 BNP 及 NT-proBNP。未经治疗者若利钠肽水平正常可基本排除心衰诊断,已接受治疗者利钠肽水平高则提示预后差,但左心室肥大、心动过速、心肌缺血、肺动脉栓塞、慢性阻塞性肺疾病(COPD)等缺氧状态、肾功能不全、肝硬化、感染、败血症、高龄等均可引起利钠肽升高,因其特异性不高。

2)肌钙蛋白:严重心衰或心衰失代偿期、败血症患者的肌钙蛋白可有轻微升高,但心衰患者检测肌钙蛋白更重要的目的是明确是否存在急性冠状动脉综合征。肌钙蛋白升高,特别是同时伴有利钠肽升高,也是心衰预后的强预测因子。

3)常规检查:血常规检查可以发现贫血及轻度血小板减少,检查肝功能可以发现谷草转氨酶(AST)、谷丙转氨酶(ALT)、乳酸脱氢酶(LDH)及血清胆红素(Bil)水平升高。对于老年及长期服用利尿药、肾素血管紧张素系统抑制剂(RASI)类药物的患者尤为重要,在接受药物治疗的心衰患者的随访中也需要适当监测。甲状腺功能监测不容忽视,因为无论甲状腺功能亢进或减退均可导致心力衰竭。

(2)心电图:心力衰竭并无特异性心电图表现,但能帮助判断心肌缺血、既往心肌梗死、传导阻滞心律失常等。心电图常见的异常包括 ST-T 段改变、左束支传导阻滞、左前分支传导阻滞、左心室肥大、心房颤动及窦性心动过速。

(3)影像学检查

1)X 线检查:是确诊左心衰竭肺水肿的主要依据,并有助于心衰与肺部疾病的鉴别。胸片检查可以发现心影增大、肺纹理增多,以及肺间质水肿的征象,外带肺血管纹理、基底部少量胸腔积液使肋膈角变模糊、Kerley-B 线(提示左房压升高)。心脏扩大的程度与动态改变也间接反映了心脏的功能状态,但并非所有心衰患者均存在心影增大。

2)超声心动检查:是用来明确诊断最有用的检查方法,它是心力衰竭诊断的金标准,它可以区分收缩功能不全(左心室射血分数 LVEF40%)和舒张功能不全,因而有助于确定治疗。超声心动图可以提供关于左右心室大小、容积、左心室血栓、左心室壁厚度及运动等信息,不需要侵入性操作即可评估瓣膜结构和功能,以及心腔内及肺动脉压力,脉冲多普勒和组织多普勒检查可用于明确舒张功能不全。

3)心脏磁共振(cardiac magnetic resonance,CMR):能评价左右心室容积、心功能、节段性室壁运动、心肌厚度、心脏肿瘤、瓣膜、先天性畸形及心包疾病等。因其精确度及可重复性成为评价心室容积、肿瘤、室壁运动的金标准。增强磁共振能为心肌梗死、心肌炎、心包炎、心肌病、浸润性疾病提供诊断依据,但费用昂贵,部分心律失常或起搏器植入的患者等不能接受 CMR,故具一定的局限性。

4)心功能评估也可采用侵入性操作技术(如冠状动脉造影)、心脏核医学检查方法(如门控核素心血管造影检查)以及右心漂浮导管(Swan-Ganz 导管)和脉搏指示剂连续心排量监测(pulse-contour indicator continuous cardiac output, PiCCO)。

【监测与护理】

（一）心衰的监测

心力衰竭患者虽经治疗,死亡率仍然很高。在患者方面,常因治疗依从性较差,长期心衰造成悲观情绪,对治疗前景失去信心。患者的就诊、随访率较低,使一些患者失去了其他治疗机会,例如伴有房颤患者的抗血栓治疗,冠心病、瓣膜病的介入治疗和手术治疗等。因此,急需落实心衰患者的规范治疗,而护理在"心衰的预防、早期诊断、制定优化治疗方案、制定患者随访计划"中起着重要的作用,需要发挥专科的特长。

心力衰竭的主要监测包括心电监测、心功能及血流动力学监测,以及生化指标、血药浓度的监测等。心力衰竭的症状和体征标准:临床上具备以下 2 个主要条件,或 1 个主要条件和 2 个次要条件时可判断患者有心力衰竭:

1. 主要条件　颈静脉怒张、肺部啰音、心脏扩大、急性肺水肿、奔马律、阵发性夜间呼吸困难或端坐呼吸、静脉压上升超过 12mmHg（1.6kPa）、循环时间 >25 秒、肝颈静脉反流征阳性。

2. 次要条件　踝部水肿、夜间咳嗽、劳累性呼吸困难、淤血性肝肿大、胸腔积液、潮气量减少到最大量的 1/3、心率 >120 次 / 分。

区分左、右心衰的常用指标为:

（1）左侧心力衰竭:肺毛细血管楔压（PCWP）>1.6kPa（12mmHg）,左室舒张末压 >1.33kPa（10mmHg）,心排指数（CI）<2.6L/（min·m²）。

（2）右侧心力衰竭:右室舒张末压 >0.667kPa（5mmHg）,心排指数（CI）<2.6L/（min·m²）。

（二）急性心力衰竭的护理

1. 急性心力衰竭的主要表现　特征性表现为急性肺水肿。患者突发严重呼吸困难、端坐呼吸、有窒息感、口唇发绀、大汗淋漓、极度烦躁不安、咳嗽、咳粉红色泡沫样痰。听诊心率加快,心尖部可闻及奔马律,双肺对称性布满湿啰音和哮鸣音,还可有晕厥、休克及心搏骤停等表现。

2. 急救措施　护士往往是面对这一症状的第一人,当看到患者出现以上情况时,应想到患者有极度的濒死感,必须表现出镇定、可依靠,因此急性肺水肿的抢救应该在护士第一次来到患者身边就已经开始:

（1）体位:协助患者呈坐位,双腿下垂,注意为患者抬高床头,或提供高背、高枕等靠物,并防止患者坠床。有条件的医院可以为患者提供床桌及软枕,使患者可以休息。

（2）镇静:陪伴安慰患者,给他安全感,保持环境安静,禁止大喊大叫,以免给患者造成不良刺激。必要时皮下注射吗啡 3~5mg,不仅可以使患者镇静,减少躁动所带来的额外的心脏负担,同时也具有舒张小血管的功能而减轻心脏负荷,必要时每间隔 15 分钟重复 1 次,共

2~3 次。老年患者可减量或改为肌内注射。

（3）酒精湿化吸氧：高流量氧气吸入（10~20L/min），通过 20%~30% 酒精湿化液，但应注意时间不宜过长（一般不超过 24h），以防酒精中毒，湿化瓶标签应注明酒精浓度及开始使用时间。严重者采用无创呼吸机的 CPAP 或 BiPAP 模式给氧，增加肺泡内压，既可加强气体交换，又可对抗组织液向肺泡内渗透。

（4）强心：毛花苷 C 静脉给药最适合用于有快速心室率的心房颤动、心室扩大伴左心室收缩功能不全者，首剂 0.4~0.8mg，2 小时后可酌情再给 0.2~0.4mg。毛花苷 C 稀释后静脉缓慢推注，推注前后监测心率，如心率低于 60 次 / 分应慎用。

（5）利尿：遵医嘱予以呋塞米 20~40mg 于 2min 内静脉注射，4h 后可重复 1 次，除利尿作用外，还有静脉扩张作用，有利于肺水肿缓解。

（6）扩血管：舌下或静脉应用硝酸甘油。

（7）解除支气管痉挛：氨茶碱 0.25g 以 50% 葡萄糖 40ml 稀释后缓慢静脉推注，应在 15~20 分钟内推完。氨茶碱不仅能解除支气管痉挛，还有一定的增强心肌收缩力、扩张外周血管作用。

（8）监测：观察患者生命体征，注意心电图、尿量及血气分析的变化，观察患者生命体征。

（9）机械辅助治疗：主动脉球囊反搏（intra-aortic balloon counterpulsation，IABP）可用于冠心病急性左心衰患者，对于急危重患者，有条件的医院可采用 LVAD 和临时心肺辅助系统。

（10）病因治疗：应根据条件适时对诱因及基本病因进行治疗。

（三）慢性心力衰竭患者的护理

1. 一般护理

（1）充足的睡眠和休息：体力和精神休息可以降低心脏的负荷。患者情绪要稳定，避免激动、紧张、情绪忧郁不畅、恼怒及过度兴奋等。入睡困难者，按病情给予适当的镇静剂。严重心功能不全者应卧床休息。睡眠时可采用高枕或半卧位姿势。

（2）适当活动：轻度心衰患者可适当进行活动；比较重者需要限制日常活动，每天卧床休息时间保持在 12~24 小时；严重心衰患者则需要完全卧床休息，但仍应保持经常的床上被动活动。

（3）合理饮食：以高维生素、低热量、少盐、少油、富含电解质及适量纤维素及无机盐的食物为好，注意供给足量的钙，根据病情限制钠的摄入非常重要。

（4）吸氧：急诊入院时可给予高浓度高流量吸氧，病情稳定后给予鼻导管持续低流量吸氧。

（5）皮肤及口腔护理：重度水肿者，应定时翻身，保持床单位整洁、干燥，防止压疮的发生。加强口腔护理，防止口腔内溃疡感染。

2. 用药护理

（1）利尿药：排钾利尿药（氢氯噻嗪、速尿等）有较强的排钾作用，使用时注意观察患者是否低钾表现。保钾利尿药（安体舒通、氨苯蝶啶）利尿作用较弱，常与排钾利尿药合用以防低血钾。应准确记录 24h 尿量，观察用药反应。

（2）硝普钠：是同时扩张小动脉和静脉的药物，使用时注意观察有无低血压发生，特别要注意避光,每4~6h更换一次新鲜配制的溶液,防止氰化物中毒。

（3）洋地黄:加强心肌收缩力,减慢心率,增强心排血量,正性传导。适用于中、重度收缩性心功能不全患者,不宜应用于病态窦房结综合征、Ⅱ度或高度房室传导阻滞、急性心肌梗死等。最初24h内,应密切观察洋地黄中毒或过敏等情况。

3. 健康教育　鼓励患者积极治疗原发病,避免心衰的诱发因素;保持情绪稳定;适当安排休息和活动。护士可以随访者或心衰院外管理者的身份指导患者自我监测病情,如观察足踝下水肿情况;有无夜间呼吸困难发生;服用洋地黄类药物前自测脉搏;定期门诊随访,监测地高辛血药浓度。

第六节　急性心肌炎

【概述】

心肌炎是指由某种感染源引起的心脏炎症过程,炎症可累及心肌细胞、间质组织、血管成分及（或）心包。心肌炎出现在各种病毒性、立克次体、细菌性、原虫性及后生动物性疾病的当时和病后,实际上任何一种感染源都可以引起心脏的炎症,各种感染源通过三种基本机制造成心肌损害:直接侵袭心肌;产生心肌毒素,如白喉;免疫介导性心肌损害。心肌炎呈现急性或慢性过程,也可在围生期中发生。致感染性心肌炎的特异性病原体的确定常须凭靠有关的心外表现,盖因心肌炎的心血管症状和体征往往是非特异性的,组织学表现视疾病的阶段、心肌损害机制和特异性病原体的不同而有所变异。心肌受累可为局灶性或弥漫性,但心肌损害常随机分布于心脏不同部位,因而临床结局在很大程度上取决于病损的大小和数量,然而若单一小病损定位于心脏传导系统内,也可产生严重的后果。

【病因与发病机制】

（一）病毒性心肌炎

约有24种病毒可能与心肌炎的临床表现有关,在初始的全身感染之后,经数周间歇性、特征性的发展为心肌炎,这一过程提示在心肌炎发生中有免疫机制参与。众多因素都可增加心肌损害的易感性,其中包括辐射、营养不良、类固醇类激素、运动以及原先存在的心肌损伤等,婴儿和孕妇的病毒性心肌炎可能特别险恶。

病毒感染引起的心肌局限性或弥漫性炎症病变,病因以引起呼吸道和肠道感染的各种病毒最常见,如柯萨奇病毒A和B、巨细胞病毒、埃可病毒、脊髓灰质炎病毒、流感病毒和疱疹病毒,尤其是柯萨奇病毒B,病毒直接侵犯心肌,造成心肌细胞溶解、免疫反应同时存在,在病变晚期,免疫反应是造成心肌损伤的主要原因,发病率以青壮年最高。

人类免疫缺陷病毒（HIV）获得性免疫缺陷综合征（AIDS）的心脏受累可由以下几种情况构成:卡波西肉瘤的转移性病变,各种感染性及非特异型心肌炎,伴或不伴有渗出液的心包炎,心内膜炎（特别是非细菌性血栓性心内膜炎）,以及扩张型心肌病等。约有1/4~1/2的AIDS患者可发生心脏受累。HIV感染时引起心肌损害的原因尚未确切阐明,但可能是多种因素作用的结果。虽然有些心脏影响一般是由相关的机会性感染引起,但心肌损害也可能是HIV病毒本身及（或）通过免疫系统激活所造成的。AIDS患者的心脏病理表现颇为常见,其中最常见的是心肌炎,HIV 相关的心肌炎可在某些患者中导致扩张型心肌病。

(二)细菌性心肌炎

布氏菌病病程中心脏受累少见,通常表现为心内膜炎。梭状芽胞杆菌感染有多器官受累的患者常有心脏累及,心肌损害系由细菌产生的毒素引起,病理所见很具有特征性,在心肌内常有气泡存在,随着心肌穿孔,结果可导致化脓性心包炎。心肌受累是白喉较严重的并发症之一,高达 1/4 的病例可遭此罹患,心肌受累是白喉最常见的死因。白喉杆菌释放的毒素对于心脏传导系统有特殊的亲和力,该毒素干扰了氨基酸从可溶性核糖核酸向处于合成代谢中的多肽链转移,从而抑制了蛋白质的合成,造成心脏损害。

【临床评估与判断】

1. 临床表现　心肌炎的临床表现可轻如局灶性感染所致的无症状状态,重至弥漫性心肌炎引起的暴发性致命性充血性心力衰竭。病毒性心肌炎的初始发作或许可被忽略和遗忘,以致在首次发现时就可能已经发展到"特发性"扩张型心肌病。虽然很多感染性疾病患者出现提示心肌受累的一过性心电图异常,但大多数患者并无心肌炎的其他临床表现。鉴于大多数急性感染性疾病时的心肌受累都属于亚临床性,故绝大部分患者均无心血管系统特有的主诉,心肌炎存在与否常需根据心电图上 ST 段和 T 波异常来加以推断。从临床上看,心肌受累伴有乏力、呼吸困难、心悸及心前区不适等非特异性症状。有些病例的临床表现(胸痛、心电图异常,心肌酶水平升高及节段性室壁运动异常)可与急性心肌梗死相似。心动过速常见且与体温升高不成比例,无临床症状者心脏大小常正常,但有充血性心力衰竭的患者心脏可扩张。

2. 辅助检查

(1)心电图:心电图异常往往是一过性,且远比临床心肌受累更为多见。最常见的变化是 ST 段和 T 波异常,但也可出现房性、特别是室性心律失常,房室传导和室内传导障碍,偶尔可见异常 Q 波,完全性房室传导阻滞常呈一过性,并可不留遗患地消失,但有时可称为心肌炎患者猝死的原因。

(2)胸部 X 线检查:显示心脏可正常大小,也可显著扩大,暴发型病例可见肺淤血存在。

(3)超声心动图:很多有临床症状的心肌炎患者多有某种程度左室功能不全。常见的超声心动图表现包括室壁厚度增加、左室内血栓、舒张期充钆延迟增强扫描可见心肌片状强化。心肌、损伤标志物检查可有心肌肌酸激酶(CK-MB)及肌钙蛋白(T 或 I)增高。

(4)非特异性炎症指标检测:红细胞沉降率加快,C 反应蛋白等非特异性炎症指标常升高。

(5)心内膜心肌活检:除本病诊断外还有助于病情及预后的判断。因其有创,本检查主要用于病情急重、治疗反应差、原因不明的患者,对于轻症患者,一般不常规检查。

【监测与护理】

1. 根据病情的轻重不同,动静结合,量力而行。

2. 急性发作或伴有严重心律失常、心力衰竭症状明显者,应严格控制活动量,卧床休息,禁止用力,以减轻心脏负荷,减少心肌耗氧量。

3. 体温过高者给予药物或物理降温。

4. 避免情绪激动,保证患者足够的休息和睡眠。

5. 注意保持排便通畅,必要时给予缓泻剂,避免因便秘而加重心脏负担。

6. 待体温、心电图、X 线胸片及症状恢复正常后可逐渐增加活动量。

7. 饮食给予高热量、高蛋白、高维生素饮食,以促进心肌细胞恢复。注意进食不宜过饱,禁止食用咖啡、茶及其他刺激性食物,心力衰竭患者限制钠盐摄入、忌烟酒。

第七节　心　脏　压　塞

【概述】

心脏压塞或称心脏填塞,是由于心包腔内液体或血液积聚引起心包腔内压力增加,限制心脏舒张造成,是心包疾病的危重并发症,以心包腔内压力升高、进行性心室舒张期充盈受限、心搏量和心输出量降低为特征。

【病因与发病机制】

各种病因的心包炎均可伴有心包积液,最常见的 3 个原因是肿瘤、特发性心包炎和肾衰竭。严重的体循环淤血也可产生漏出性心包积液;穿刺伤、心室破裂等可造成血性心包积液。迅速或大量心包积液可引起心脏压塞。

正常时心包腔平均压力接近于零或低于大气压,吸气时呈轻度负压,呼气时近于正压。心包内少量积液一般不影响血流动力学。但如果液体迅速增多即使仅达 200ml,也因为心包无法迅速伸展而使心包内压力急剧上升,即可引起心脏受压,导致心室舒张期充盈受阻,周围静脉压升高,最终使心排量显著降低,血压下降,产生急性心脏压塞的临床表现。而慢性心包积液则由于心包逐渐伸展适应,积液量可达 2000ml。

【临床评估与判断】

1. 临床表现　心脏压塞是可以通过代偿机制缓慢出现,也可以迅速发展为急性心脏压塞。急性心脏压塞主要表现为低血压、急性循环衰竭,可迅速出现心搏骤停、死亡;慢性和亚急性心脏压塞主要表现为体循环静脉淤血、奇脉等。

(1)心包积血引起的快速急性心脏压塞:多见于心脏贯通伤、破裂或心导管术致心脏穿孔,有明确的心脏穿孔伤口、破裂口、心脏贯通伤口,血液大量涌入心包,很快有血凝块形成阻塞心包伤口,心包内血液积聚不足 200ml,即可使心包内压力骤然上升 20~30mmHg 以上,而在数分钟或 1~2h 内迅速出现急性心脏压塞。患者出现呼吸困难、焦虑不安、神志恍惚及神志不清。

(2)心包积液引起的心脏压塞:由于积液增长速度一般缓慢,心包逐渐扩张适应积液量的增加,心包积液量达到 1000~2000ml 才出现心脏压塞,主要见于各种病因的心包炎引起的心包渗出液积聚,以急性、亚急性、慢性形式出现。主要症状是呼吸困难、端坐呼吸、心悸、消瘦、厌食和乏力等全身症状及原发病症状。

(3)低压性心脏压塞:低压性心脏压塞是在严重低血容量情况下,右心房充盈不足,这时心包积液使心包腔内压力升高,与低的右心室舒张期充盈压相等,发生心脏压塞,但心脏压塞的临床症状不典型,甚至无明显颈静脉怒张,常常是心脏压塞发展的早期阶段,主要见于结核性和肿瘤性心包炎伴严重脱水的低血容量的患者。

2. 评估

（1）急性心脏压塞

1）症状：患者有心悸、胸闷、心前区痛、乏力、厌食、吞咽困难、咳嗽等症状，严重病例可有休克及意识障碍，也可受限表现出并发症如肾功能衰竭的症状。

2）体征：端坐呼吸、呼吸急促、心动过速、血压下降、心前区搏动减弱或消失、心脏相对浊音界增大、心音遥远或听不到；快速出现的心脏压塞由于没有充足时间让血容量增加，而且由于快速出现严重的低血压通常掩盖奇脉，所以以颈静脉怒张和奇脉可不明显。典型的表现为体动脉压下降、体循环静脉压升高、心脏小而安静。部分急性心脏压塞患者无心动过速；相反表现为心动过缓，如心脏介入性诊断和治疗引起的急性心脏压塞患者，主要表现为血压的突然降低、心率急剧下降，出现烦躁、心悸和大汗，若不及时诊断或处理，患者很快发生心搏骤停而死亡。

（2）心包积液引起的心脏压塞

1）症状：多表现为胸部不适，气短，劳力性呼吸困难，逐渐发展为端坐呼吸，可有咳嗽、吞咽困难、声嘶、呃逆、恶心等压迫症状，还可有消瘦、厌食和明显乏力等全身症状，偶有表现为意识障碍发作。

2）体征：最常见的体征是颈静脉怒张，并可出现 Kussmaul 静脉征，即吸气时颈静脉明显膨胀，系右心房不能接纳吸气时静脉回心血量所引起；奇脉，系指在吸气时动脉搏动减弱或完全消失，用袖带测量血压可发现血压在吸气时下降超过 10mmHg 以上，在缓慢出现的亚急性或慢性心脏压塞患者中，奇脉是很常见的体征，心包积液患者中，一旦出现奇脉，即表示心脏压塞已经发生；呼吸急促，呼吸频率大于 20 次 / 分也是很常见的特征；心动过速、心率大于 100 次 / 分；心尖搏动减弱或消失，心脏相对浊音界增大，坐位时呈三角烧瓶形改变，心音遥远或消失，部分患者出现心包摩擦音；肝大、腹水等体循环淤血征象；可出现低血压、脉压减小。

3. 辅助检查

（1）X 线检查：可见心影向两侧增大呈烧瓶状，心脏搏动减弱或消失，特别是肺野清晰而心影显著增大常是心包积液的有力证据，有助于鉴别心力衰竭。

（2）心电图：心包积液时可见肢体导联 QRS 电压低，大量渗液时可见 P 波、QRS 波、T 波电交替，常伴窦性心动过速。

（3）超声心动图：对诊断心包积液简单易行，迅速可靠。心脏压塞时的特征为：舒张末期右心房塌陷及舒张早期右心室游离壁塌陷。此外，还可观察到吸气时右心室内径增大，左心室内径减少，室间隔左移等。超声心动图可用于引导心包穿刺引流。

【监测与护理】

（一）急救流程

心脏压塞属于急危重，须及时、迅速治疗，方可挽救患者生命。支持疗法和针对病因治疗，尽快心包穿刺或心包切开排出心包积液或积血，是解除心脏压塞最主要的治疗方法。

1. 支持疗法　对考虑有心包积血引起的急性心脏压塞患者，应严密监测血压、心率、中心静脉压（CVP）等生命体征，定时检查血细胞比容、尿量和动脉血气分析。已确诊病例，在尽快争取手术时间的同时，予扩容改善患者的血流动力学，以促进心室充盈，维持心排血量，延缓右心室舒张期塌陷和血流动力学恶化的出现。静脉滴注异丙肾上腺素维持心脏压塞时的血液循环,以增加心肌收缩力、减少心脏的体积,减轻心脏压塞的严重程度,增加心排血量和维持血压。

2. 针对病因治疗 心脏贯通伤、心脏破裂者紧急行心脏修补术,心包炎引起心脏压塞者根据病因不同进行相应治疗。

3. 解除心脏压塞

(1)开胸切开心包引流加修补术:此法适用于心脏贯通伤、心脏破裂、主动脉夹层破裂、主动脉瘤破裂、心脏介入治疗致心脏穿孔或撕裂伤所致的急性心脏压塞,一旦确诊,建立静脉通路后立即直接送手术室急诊手术治疗。

(2)经皮心包穿刺术:此法适用于各种急性、亚急性和慢性心脏压塞。益处在于能迅速缓解心脏压塞和有机会获得在心包抽液前后准确的血流动力学测量;采用心电监护、血流动力学监测和 X 线、超声心动图指引下穿刺,减少了术中戳破心脏、动脉或肺的危险,术后在心包内留置软导管,既可测压,又能抽取心包积液,减少心脏撕裂的危险。

(3)剑突下心包切开术:此法适用于反复出现心脏压塞患者,如肿瘤性心包炎、尿毒症性心包炎和放射性心包炎引起的患者。

(二)监测

密切监测患者的血流动力学是否稳定。血流动力学不稳定者要立即行心包穿刺引流术,有时抽出 100ml 左右液体时心脏压塞症状即可缓解,血流动力学明显改善。

1. 心包穿刺应严格无菌操作,抽液时动作轻柔缓慢,第一次抽液不宜太多,以 100ml 为宜,以防因放液过多而发生急性左心衰,以后每次抽液不超过 500ml 为宜。

2. 术中及术后严密观察呼吸、血压、脉搏及面色,以便及时抢救。

3. 解除心脏压塞的成功指标 心包内的压力降至 $-3\sim3$mmHg($-0.4\sim0.4$kPa);升高的右心房压下降以及左右心室之间的舒张压分离;监测心排血量增加和血压上升;奇脉消失。

第八节　心脏手术和移植

【概述】

心脏位于胸腔中纵隔内,心尖搏动的体表位置在第 5 肋间。心脏由心腔、心包、冠状血管以及传导系统等组成。心脏是实现泵血功能的肌肉器官,心肌细胞有产生和传导电活动的能力,具有自律性、兴奋性、传导性和收缩性。心血管系统由心脏和血管构成,其生理活动的调节有神经调节和体液调节。

心血管由动脉、小动脉、毛细血管、小静脉及静脉组成。动脉强而柔韧,它运载从心脏来的血液,并经受最高的血液压力(血压)。动脉血管的回弹性有助于维持两次心搏之间的血压。较小的动脉和小动脉壁的肌层能调节其管径以增加或减少流向某一区域的血液。毛细血管非常细小,其管壁极薄,它在动脉与静脉之间起桥梁作用。毛细血管管壁可允许血液中的氧气和营养物质进入组织,同时亦允许组织内的代谢产物进入血液。而后,这些血液流经小静脉、静脉,最后回到心脏。由于静脉的管壁薄且通常管径比动脉大,因此,在运送相同体积的血液时,其流速较慢,压力也较低。

调节循环系统的神经有两组,即交感神经和副交感神经。当交感神经兴奋时,通过肾上

腺素能 α 和 β 受体,使心率加快,心肌收缩力增强,外周血管阻力增加,血压升高。当副交感神经兴奋时,通过乙酰胆碱能受体,使心率减慢,心肌收缩力减弱,外周血管阻力减少,血压下降。调节循环系统的体液因素有肾素 – 血管紧张素 – 醛固酮系统、血管内皮因子、电解质、某些激素和代谢产物等。肾素 – 血管紧张素 – 醛固酮系统是调节钠钾平衡、血容量和血压的重要环节;血管内皮细胞生成收缩物质和舒张物质,这两类物质的平衡对维持正常的循环功能起重要作用。

心脏手术包括结构异常的修复、瓣膜狭窄和关闭不全的修复或置换、跨越冠状动脉病变的冠状动脉旁路移植术、与心脏相连接的动脉和静脉血管手术及心脏移植术。

【病因与发病机制】

对于需要接受心脏手术并进行评估及管理的患者,对所治疾病的发生、发展有个基本的了解是很重要的。

（一）冠状动脉疾病

冠状动脉（简称冠脉）疾病（CAD）是由于冠状动脉粥样硬化斑块破裂形成的血栓堵塞冠状动脉而引起的,高危因素包括高血压、血脂紊乱、糖尿病、吸烟以及肥胖,其临床症状来源于氧的供需平衡被打破造成对心肌细胞灌注不足并难以满足心肌代谢需求（即心肌缺血）。血管腔进行性堵塞而引起的血液供求不平衡常常导致慢性心绞痛症状的发作;血栓斑块突然发生破裂通常将引起急性冠脉综合征（ACS）——包括典型的“不稳定型心绞痛（UA）”、非 ST 段抬高心肌梗死（NSTEMI）和 ST 段抬高心绞痛（STEMI）。有趣的是,斑块破裂通常发生在狭窄并不严重的冠状动脉节段。内皮细胞功能紊乱逐渐被认为是心肌缺血症状加重的病因。对于急性冠脉综合征的患者,C 反应蛋白（CRP）水平的升高表明存在全身系统性炎症并预示着患者预后不良。

（二）主动脉瓣反流

主动脉瓣反流可由瓣叶异常（钙化退行性变、二叶畸形、感染性心内膜炎）或者由主动脉根部扩张后主动脉瓣叶对合不良而引起（先天性主动脉扩张导致主动脉窦部扩张、主动脉夹层引起瓣环脱垂）。

感染性心内膜炎或者 A 型动脉夹层引起的急性主动脉瓣反流,因左室不能急性扩张以适应容量负荷的增加,可导致急性左心衰、心源性休克及肺水肿。如果左室肥厚的情况下发生急性主动脉瓣反流将会使充盈压力急剧增加。后负荷增加（左室扩张）、代偿性心动过速及冠脉灌注压力的减少都会引起急性心肌缺血,结果可能发生猝死。

慢性主动脉瓣反流使得左室压力和容量都超负荷,结果导致左室扩张（左室收缩末容积增加）、室壁压力增加、左室顺应性下降及左室进行性肥厚。即使有重度主动脉瓣反流,大多数患者仍可维持多年无症状,因为室壁肥厚所代偿的前负荷可以抵消增加的后负荷并维持正常的 EF 值。每搏量增加可以维持正常血供并表现为脉压增加以及脉搏有力。最终,后负荷增加导致左室收缩功能紊乱并引起 EF 值下降。此时患者出现呼吸困难等临床表现,冠脉血流供应不足引起心绞痛。术前如果是由于过度后负荷引起的左室收缩功能下降则手术后 EF 可恢复正常,但对于术前心肌收缩已受到损害者手术很难纠正 EF 值。

（三）二尖瓣狭窄

二尖瓣狭窄（MS）几乎都发生于风湿感染后,瓣叶逐渐增厚、瓣膜边缘融合、腱索融合缩短,上述病理改变使得二尖瓣瓣口面积变小,左室充盈受限。收缩期二尖瓣跨瓣压差增大使左房和肺静脉压力升高,最终导致 CHF。为了适应这一些列改变并减轻症状,肺微小动脉的通透性会下降,从而肺小动脉收缩并增厚,导致肺动脉压力增高,并进一步引起右心衰竭以及三尖瓣反流(TR)。随着二尖瓣狭窄及肺动脉高压的加重,静息状态下心排血量也受累并且难以负荷运动量的增加。房颤会进一步增加左房压力、减少左室充盈压并减少心排血量。

(四)二尖瓣反流

二尖瓣反流(MR)的原因包括瓣环扩张、感染性心内膜炎后瓣叶损毁、风湿性心脏病引起的瓣叶萎缩、腱索脱垂或乳头肌功能障碍。

急性二尖瓣反流多见于急性心肌缺血或梗死后乳头肌断裂、感染性心内膜炎、原发性乳头肌断裂。急性左室容积增加导致前向血流减少,一部分血流返回左房,严重时产生心源性休克和肺水肿。

慢性二尖瓣反流是由于左室的渐进性扩大,左房和左室的顺应性逐渐增加、前负荷增加以维持心排血量。与此同时,因部分血流反流回左房、左室后负荷降低,故在 EF 值正常时左室功能可能已受到损伤。患者可能在无症状时左室功能已进入失代偿期。最终,左室功能不全逐渐加重,左室扩张、充盈压增加。结果前向输出减少,CHF 症状加重。二尖瓣反流程度和左室直径及功能可做超声心动图检查进行系列的随访。

"缺血性二尖瓣关闭不全"可分为急性或慢性。急性二尖瓣关闭不全一般为乳头肌断裂而导致的机械性功能障碍,慢性二尖瓣关闭不全源于心肌缺血、左室扩张、瓣环相应扩张或在二尖瓣重塑过程中乳头肌异位而致瓣膜对合不良。缺血性二尖瓣关闭不全预后较差,这是因为二尖瓣反流是由于左室功能不全引起的,而并非由原发性瓣膜病或腱索病变引起的。

(五)三尖瓣疾病

三尖瓣狭窄(TS)十分少见,常由于风湿性心脏病导致。三尖瓣反流常常是功能性的,多由于二尖瓣疾病引起肺动脉高压、右心室扩张以及三尖瓣环扩张所致。右室收缩功能障碍造成右房扩张及中心静脉压升高,导致右心衰。另外,AF 也很常见。前向血流可能会减少,导致疲劳以及低心排血量状态(简称低心排状态)。其他导致三尖瓣关闭不全的原因包括心内膜炎(静脉内药物滥用、内置起搏器导线或血液透析导管)以及肺动脉高压。

(六)主动脉夹层

主动脉夹层是由主动脉内膜撕裂、血液进入动脉壁中层并形成假腔所致。这个腔外部由中层及主动脉外膜层构成,随着每一次心脏收缩,夹层就往远端或近端扩展,从而导致分支动脉受累并造成外壁因薄弱而发生破裂。当夹层发生 2 周之内被诊断则称为急性夹层,否则为慢性夹层。

(七)心包疾病

在许多系统性疾病进程中,均可累及心包而引起心包积液或心包缩窄。心包积液的常见原因包括自发性(可能由病毒感染)、恶性肿瘤、尿毒症、化脓性感染及结核病。心包缩窄最常见的病因包括自发性、放射性及结核性疾病。

大量心包积液形成心脏压塞时会引起进行性低心排血量状态。二维超声心动检查是最佳的确诊方法,可以显示积液量并提供心脏压塞的血流动力学证据,这些证据包括心室舒张充盈不良、肝静脉在心房收缩期逆向血流增加、下腔静脉扩张和吸气性塌陷,以及舒张期上腔静脉血流量减少。心内导管检查可以检测心内压力的平衡水平[右室舒张末压(RVEDP)=肺毛细血管楔压(PCWP)=左室舒张末压(LVEDP)]。

尽管心包缩窄不会损害收缩功能,但同样会产生低心排血量状态。心脏导管检查能够显示右室压力曲线"平方根现象",说明右室充盈严重受损而出现早期快速充盈以及舒张期高原波。CT检查可以用来估计心包的厚度。心包缩窄能够通过外科手术纠正,而心包限制则不能,两者之间存在很多共性因而难以区分。尽管限制性心包疾病常常引起舒张功能障碍,却不一定导致收缩功能障碍。但是如果存在明显的肺动脉高压则表现存在限制性心包病变,因为这在缩窄性心包疾病中很少见。很多心脏超声检查方法可以用于区分心包缩窄和心包限制。

(八)梗阻性肥厚型心肌病

梗阻性肥厚型心肌病(HOCM)患者的特点是舒张功能障碍并伴有不同程度的动力性左室流出道梗阻。后者常常由于室间隔肥厚导致二尖瓣室间隔对合不良(收缩期二尖瓣前向运动,SAM)。瓣叶对合不良也是造成二尖瓣反流的主要原因。异常的乳头肌长入瓣叶也会导致二尖瓣关闭不全,并且导致心室肥大、心腔梗阻。

慢性心衰的症状通常是由于舒张功能不全以及流出道梗阻所致,后者则是最能代表预后不良的指征。心绞痛通常与异常的冠脉微血管及不同程度的肥厚心肌毛细血管密度不足有关。晕厥症状也会发生。猝死的风险估计每年1%,但可能随以下因素增加,即心搏骤停病史、持续的室性心动过速(VT,简称室速)或反复延长的、突发的阵发室速、与HOCM有关的早亡家族史、运动的高血压反应、原因不明的晕厥或室壁超过30mm的严重左室肥厚。20%~25%的患者会因左房扩大引起AF并且可能引起脑血栓事件。晚期心衰可能需要左室重塑甚至需要心脏移植。

(九)终末期心力衰竭

终末期心力衰竭是由于与左室重塑有关的左室功能进行性恶化发展形成的临床综合征。最常见的病因为冠状动脉疾病(缺血性心肌病)导致的多发心梗引起的,但也可由扩张型心肌病或终末期瓣膜病所引起。随着左室功能恶化,左室扩张并由椭圆形变为球形。这会增加室壁张力,同时增加需氧量,从而导致病理性心肌肥厚,进一步损害收缩功能,并引起功能性二尖瓣反流。这些改变会导致顽固性心力衰竭。另外,心室重塑也增加了发生室性心律失常的可能性。

包括血管紧张素Ⅱ、醛固酮、去甲肾上腺素、内皮素、血管升压素及细胞因子等水平的升高可能会促进左室重塑。这些保钠激素同时会增加血管收缩力,导致血流动力学压力增加。另外它们对心肌有直接的毒性作用,促进纤维组织的形成。这些神经激素激活与慢性心力衰竭的联系构成了药物治疗CHF的基础。长期患有高血压的患者易于导致舒张性心力衰竭。ACC/AHA指南将CHF的进展过程分为四个阶段,即A阶段(有发展为慢性心力衰竭的高危因素)、B阶段(器质性心脏病伴有左室肥厚及EF降低,但无CHF)、C阶段(器质性心脏病伴有CHF)和D阶段(顽固性CHF并需要干预治疗)。A阶段的患者需要对其高危因素积极处理。B阶段和C阶段的患者需要接受更为积极的药物治疗并考虑手术治疗。D阶段的患者可能需要心脏辅助设备或进行心脏移植。

【临床评估与判断】

诊断心血管病应根据病史、临床症状和体征、实验室检查和器械检查等资料作出综合分析。

1. 临床评估

（1）病史：获取完整、准确的病史对心血管疾病的诊断十分重要。有的疾病如冠心病心绞痛、阵发性室上性心动过速等，患者一般在疾病发作间歇期就诊，此时可以完全无症状和阳性体征。常规心电图、心脏X线及超声心动图检查也可能无异常发现。典型的病史可为疾病的诊断提供线索。例如根据胸痛的发作方式、性质、部位、持续时间、诱发和缓解因素，可初步判断患者冠心病心绞痛的可能性有多大。建立正确的询问方法需要掌握系统的临床医学知识，需要具有与不同文化、不同社会背景的患者进行沟通的能力，并需要临床实践和训练。

在主诉和现病史的询问中，除常见心血管疾病的症状外，应注意询问患者的运动耐量、有无黑矇、晕厥等情况。大多数心血管疾病的中晚期都可伴有心功能不全、心律失常及栓塞等并发症。这些信息对判断疾病的严重程度和预后具有重要意义。患者的主诉有时并不能提示疾病的本质，例如，少数急性心肌梗死患者以恶心、呕吐、上腹疼痛起病，而胸痛不明显。因此，应注意询问相关症状、发作方式和特点。从相关症状中，一般可找到提示心血管疾病的线索。在病史询问中，还应注意询问有无拔牙、外伤、病毒感染、静脉使用毒品的历史，这些可能与感染性心内膜炎、心肌炎、心包炎等的发病有关。冠心病危险因素的询问，如吸烟、糖尿病、高血压、高脂血症等，对诊断和治疗均具有重要意义。应尽可能获得患者近期用药和治疗等情况，包括药名、剂量和用法。有的药物（如三环类抗抑郁药、茶碱类或拟交感胺类支气管扩张剂、洋地黄类等）可能引起心律失常及其相关症状。此外，其他系统、器官的疾病（如内分泌疾病、尿毒症、严重贫血等）也可伴发心血管系统的症状，在问诊中注意获取有助于鉴别诊断的信息。

心血管病的症状常见的有：发绀、呼吸困难、胸痛、心悸、水肿、晕厥，其他症状还包括咳嗽、头痛、头昏或眩晕、上腹胀痛、恶心、呕吐、声音嘶哑等。多数症状也见于一些其他系统的疾病，因此分析时要作出仔细的鉴别。

（2）体征：体征对诊断心血管病多数具有特异性，尤其有助于诊断心脏瓣膜病、先天性心脏病、心包炎、心力衰竭和心律失常。心血管病常见体征有：

1）望诊：主要观察一般情况、呼吸状况（是否存在端坐呼吸等）、是否存在发绀、贫血、颈静脉怒张、水肿等。此外，环形红斑、皮下结节等有助于诊断风湿热、两颧呈紫红色有助于诊断二尖瓣狭窄和肺动脉高压，皮肤黏膜的瘀点、Osler结节、Janeway点等有助于诊断感染性心内膜炎，杵状指（趾）有助于诊断右向左分流的先天性心脏病。

2）触诊：主要观察是否存在心尖搏动异常、毛细血管搏动、静脉充盈或异常搏动、脉搏的异常变化、肝颈静脉反流、肝脾大、下肢水肿等。

3）叩诊：主要观察是否存在心界增大等。

4）听诊：主要观察是否存在心音的异常变化、额外心音、心脏杂音和心包摩擦音、心律失常、肺部啰音、周围动脉的杂音和"枪击声"等。

（3）实验室检查：主要包括常规血、尿、多种生化检查，包括动脉粥样硬化时血液中各种脂质检查；急性心肌梗死是血肌钙蛋白、肌红蛋白和心肌酶的测定；心力衰竭时脑钠肽的测定等。此外，微生物和免疫学检查有助于诊断，如感染性心脏病时体液的微生物培养、血液培养、病毒核酸及抗体等检查；风湿性心脏病时有关链球菌抗体和炎症反应（如抗"O"、血沉、C反应蛋白）的血液检查。

2. 辅助检查

（1）血压测定：包括诊所血压、家庭自测血压和动态血压监测。24h动态血压监测有助于早期高血压病的诊断，可协助鉴别原发性、继发性和难治性高血压，指导合理用药，更好的预防心脑血管并发症的发生，预测高血压的并发症和死亡的发生。

（2）心电图检查：包括常规心电图、24h动态心电图、心电图运动负荷试验、遥测心电图、心室电位和心率变异性分析等。

1）常规心电图：分析内容主要包括心率、节律、各传导时间、波形振幅、波形形态等，了解是否存在各种心律失常、心肌缺血/梗死、房室肥大或电解质紊乱等。

2）运动负荷试验：是目前诊断冠心病最常用的一种辅助手段。通过运动增加心脏负荷而诱发心肌缺血，从而出现缺血性心电图改变的试验方法，常用活动平板运动试验。其优点是运动中即可观察心电图和血压的变化，运动量可按预计目标逐步增加。

3）动态心电图：又称Holter监测，可连续记录24~72h心电信号，这样可以提高对非持续性心律失常，尤其是对一过性心律失常及短暂的心肌缺血发作的检出率，对于诊断各种心律失常、晕厥原因、了解起搏器工作情况和采取措施预防猝死有重要意义。

（3）心脏超声检查

1）M型超声心动图：它把心脏各层的解剖结构回声以运动曲线的形式予以显示，有助于深入分析心脏的活动。目前主要用于重点监测主动脉根部、二尖瓣和左室的功能活动。

2）二维超声心动图（又称心脏超声断层显像法）：是各种心脏超声检查最重要和最基本的方法，也是临床上应用最广泛的检查。它具有良好的空间方位性，直观且能显示心脏的结构和运动状态。常用的切面包括胸骨旁左室长轴切面，胸骨旁主动脉短轴切面、心尖四腔切面等。

3）多普勒超声心动图：包括彩色多普勒血流显像（CDFI）和频谱多普勒，后者又分为脉冲多普勒（PW）和连续波多普勒（CW）可分析血流发生的时间、方向、流速以及血流性质。在二维超声基础上应用多普勒技术可很好的观察心脏各瓣膜的功能。另外，近年来多普勒超声心动图（TDI）技术快速进步，日益成为评价心脏收缩、舒张功能以及左心室充盈血流动力学的主要定量手段。

4）经食管超声：由于食管位置接近心脏，因此提高了许多心脏结构，尤其是后方心内结构，如房间隔、左侧心瓣膜及左侧心腔内病变的可视性。此外，探头与心脏距离的缩短，允许使用更高频率的超声探头，进一步提高了图像的分辨率。

5）心脏声学造影：声学造影是将含有微小气泡的溶液经血管注入体内，把对比剂微气泡作为载体，对特定的靶器官进行造影，使靶器官显影，从而为临床提供重要依据。右心系统声学造影在发绀型先天性心脏病诊断上仍具有重要价值。而左心系统与冠状动脉声学造影则有助于确定心肌灌注面积，了解冠状动脉血液状态及储备能力，判断存活心肌，了解侧支循环情况，评价血运重建的效果。

6）实时三维心脏超声：可以更好地对心脏大小、形态及功能进行定量，尤其是为手术计划中异常病变进行定位，为手术预后提供重要信息，还可指导某些心导管操作，包括右心室心肌活检等。

（4）X线胸片：能显示出心脏大血管的大小、形态、位置和轮廓，能观察心脏与毗邻器官的关系和肺内血管的变化，可用于心脏及其径线的测量。左前斜位片显示主动脉的全貌和左右心室及右心房增大的情况。右前斜位片有助于观察左心房增大、肺动脉段突出和右心室漏斗部增大的变化。左侧位片能观察心、胸的前后径和胸廓畸形等情况，对主动脉瘤与纵隔肿物的鉴别及定位尤为重要。

（5）心脏CT：以往心脏CT主要用于观察心脏结构、心肌、心包和大血管改变，而近几年，冠状动脉CT造影（CTA）发展迅速，逐渐成为评估冠状动脉粥样硬化的有效的无创成像方法，是筛查和诊断冠心病的重要手段。

（6）心脏MRI：心脏MRI除了可以观察心脏结构、功能、心肌心包病变外，随技术进步，近年来MRI可用于识别急性心肌梗死后冠状动脉再灌注后的微血管阻塞；采用延迟增强技术可定量测定心肌瘢痕大小，识别存活的心肌。

（7）心脏核医学：正常或有功能的心肌细胞可选择性摄取某些显像药物，摄取量与该部位冠状动脉灌注血流量成正比，也与局部心肌细胞的功能或活性密切相关。利用正常或有功能的心肌显影，而坏死和缺血的心肌不显影（缺损）或影像变淡（稀疏），可以定量分析心肌灌注、心肌存活和心脏功能。显像技术包括心血池显像、心肌灌注显像、心肌代谢显像等。临床上常用的成像技术包括单光子发射计算机断层显像（SPECT）和正电子发射计算机断层显像（PET），与SPECT相比，PET特异性、敏感性更高。

（8）右心导管检查：是一种有创介入技术。将心导管经周围静脉送入上、下腔静脉、右心房、右心室、肺动脉及其分支，在腔静脉及右侧心腔进行血流动力学、血氧和心排血量测定，经导管内注射对比剂进行腔静脉、右心房、右心室或肺动脉造影，可以了解血流动力学改变，用于诊断先天性心脏病、判断手术适应证和评估心功能状态。

临床上可应用漂浮导管在床旁经静脉（多为股静脉或颈内静脉）利用压力变化将气囊导管送至肺动脉远端，可持续床旁血流动力学测定，主要用于急性心肌梗死、心力衰竭、休克等有明显血流动力学改变的危重患者的监测。

（9）左心导管

1）左心导管检查：经周围动脉插入导管，逆行至主动脉、左心室等处进行压力测定和血管造影，可了解左心室功能、室壁运动及心腔大小、主动脉瓣和二尖瓣功能，并可发现主动脉、颈动脉、锁骨下动脉、肾动脉及髂总动脉的血管病变。

2）选择性冠状动脉造影：是目前诊断冠心病的"金标准"。将造影导管插到冠状动脉开口内，注入少量对比剂用以显示冠状动脉情况，动态观察冠状动脉血流及解剖情况，了解冠状动脉病变的性质、部位、范围、程度等，观察冠状动脉有无畸形、钙化及有无侧支循环形成。

（10）心脏电生理检查：心脏电生理检查是以整体心脏或心脏的一部分为对象，记录心内心电图、标测心电图和应用各种特定的电脉冲刺激，借以诊断和研究心律失常的一种方法。对于窦房结、房室结功能评价，预激综合征旁路定位，室上性心动过速和室性心动过速的机制研究以及筛选抗心律失常药物和拟定最佳治疗方案，均有实际重要意义。对埋藏式心脏起搏器、植入型自动心律转复除颤器（ICD）和抗心动过速起搏器适应证的选择和临床功能参数的选定也是必不可少的。对导管射频消融治疗心动过速更是必需的。

（11）腔内成像技术

1）心腔内超声：将带超声探头的导管经周围静脉插入右心系统，显示的心脏结构图像清晰,对瓣膜介入及房间隔穿刺等有较大帮助。

2)血管内超声(IVUS):将小型超声换能器安装于心导管顶端,送入血管腔内,可显示血管的横截面图像,并进行三维重建,可评价冠状动脉病变的性质,定量测定其最小管径、面积、斑块大小及血管狭窄百分比等,对估计冠脉病变严重程度、指导介入治疗等有重要价值。

3)光学相干断层扫描(OCT):将利用红外光的成像导丝送入血管内,可显示血管的横截面图像,并进行三维重建,其成像分辨率较血管内超声提高约10倍。

(12)心内膜和心肌活检:利用活检钳夹取心脏内壁组织,以了解心脏组织结构及其病理变化。一般多采用经静脉右心室途径,偶用经动脉左心室途径。对于心肌炎、心肌病、心脏淀粉样变性、心肌纤维化等疾病具有确诊意义。对心脏移植后排斥反应的判断及疗效评价具有重要意义。

(13)心包穿刺:是借助穿刺针直接刺入心包腔的诊疗技术。其目的是:①引流心包腔内积液,降低心包腔内压,是急性心脏压塞的急救措施;②通过穿刺抽取心包积液,做生化测定,涂片寻找细菌和病理细胞,做结核分枝杆菌或其他细菌培养,以鉴别诊断各种性质的心包疾病;③通过心包穿刺,注射抗生素等药物进行治疗。

【监测与护理】

心脏外科手术大多在低温体外循环下施行,机体可能由此出现一些列病理生理改变;术后早期患者病情复杂、危重且多变,因此必须加强监护,使患者平稳度过围手术期,顺利康复。手术患者的治疗、监护和护理应从停止手术的即可开始,术后48h是监护治疗的重要阶段。心脏术后患者早期的管理目标包括心血管系统功能达到最优化、重新建立和(或)维持正常生命体征、促进止血、通气支持与管理、预防和管理心律失常、优化器官灌注。

(一)心功能监测

心脏手术后常出现血容量不足、心肌收缩力下降或外周血管阻力增加,导致心排血量降低,引起组织缺血、缺氧,因此应加强心功能的维护。心脏手术后最常见的:

1. 血压、心律(率)的监测

(1)心律和心率的监测:术后持续心电监护,密切观察心律(率)的变化,心率是影响心排血量的因素之一,成人术后心率80~100次/分为宜。常见心律失常有:

1)心动过速,应根据病情选用胺碘酮、洋地黄类制剂或钙离子拮抗剂,并查找原因,进行针对性的处理,必要时可给予同步电复律。

2)心动过缓:应给予阿托品、异丙肾上腺素等药物治疗,或给予应用临时心脏起搏器。

3)术后常见心律失常还有室早、室颤、房早、房颤、房室传导阻滞等,应认真识别,进行抗心律失常处理。

(2)血压:血压反映心泵功能,心脏术后患者应采用有创法进行血压直接连续监测,常见异常有低血压,此时应首先判断原因,是容量负荷问题还是心功能问题,可参考中心静脉压、肺毛细血管楔压和左房压进行判断,根据结果补充血容量。

2. 补充血容量　术中失血、低温体外循环下、术后失血或渗血未及时补充。大量利尿是患者术后血容量不足的主要原因,应及时处理。

(1)容量补充的种类:应考虑胶体溶液与晶体溶液的补充比例,术后早期胶体溶液的补充应根据每小时胸腔引流量,以等量补充全血或血浆,由血红蛋白和血细胞比容估计输入的血量是否已充分。

（2）输入液量：应综合分析失血量、每日出入平衡量、每日生理需要量、生化检验值和临床症状体征等进行判断，实施中严格掌握单位时间内入量的控制，液体过多过快输入可造成急性心力衰竭。通常可参考中心静脉压来判定血容量；但中心静脉压可受右心功能、静脉血管张力、心包内压力等多种因素的影响，临床仅做参考。对于重症患者，主要根据左房压或肺毛细血管楔压，同时参考血压和中心静脉压进行血容量的补充。血容量补充要求左房压达到 8~12mmHg，中心静脉压 6~12cmH$_2$O，血红蛋白 10~12g/dl，血细胞比容 28%~30%，患者循环稳定，末梢温暖，尿量满意。

（3）保持静脉通路畅通：心脏术后患者一般均有中心和外周两条静脉通路，以保障输血、输液和药物的输入。严防输血、输液导致的心肺功能损害，最严重的急性肺水肿和肺栓塞。①急性肺水肿：主要因过快、过量输液引起，术后心功能低下者易发生。应立即减慢输液速度，保留静脉通路供急救应用，采取面罩吸氧，氧流量 6~8L/min，并经过 30% 酒精湿化，同时立即报告医生做紧急抢救。②肺动脉栓塞：静脉输入空气或微粒均可阻塞肺小动脉、肺毛细血管，降低肺的气体交换能力，临床表现颇似成人呼吸窘迫综合征；重者行机械通气治疗。因输血、输液而产生的心肺功能损害重在预防，主要措施有：①均匀分配输液量；②杜绝空气输入；③减少高浓度药物对血管内膜造成的化学性损伤，防止静脉炎发生；④缩短静脉导管的留置时间，防止发生继发感染或形成静脉血栓。

3. 心功能维护　术后早期应注意调节心脏前后负荷、增强心肌收缩力、优化心律、改善组织供氧和心肌代谢以预防和治疗低心排。

（1）调节心脏前后负荷：通过补充血容量来调节前负荷，末梢循环不良时，后负荷增加，需应用血管扩张剂治疗。应用时应从小剂量开始，根据监测值逐渐调节用量。常用药物有：①硝普钠：为首选扩血管药物，具有扩张动脉、降低体动脉压和肺动脉压的作用，扩张静脉的作用较轻。常用剂量 1~6μg/（kg·min），应用后作用立即出现，停药后作用立即消失。②酚妥拉明：主要扩张动脉，可降低肺动脉压和降低血压，作用发生快，持续时间短，常用剂量 1.5~2μg/（kg·min）。③硝酸甘油：扩张动脉的作用远不及硝普钠，但可降低静脉张力和降低冠状血管阻力，多用于治疗心肌缺血，常用剂量 0.5~3μg/（kg·min）。

（2）增加心肌收缩性：①正性肌力药物和血管活性药物的应用：对于心肌功能处于边缘状态的患者，可以有多种血管活性药物选用，以维持血流动力学稳定。血管活性药物的输入速度应由微量注射泵控制，以防血压、心率在短时间内出现大幅度波动，导致生命危险。输入血管活性药物的通路不可同时输入其他药物，以避免因药物输入量的突然变化造成血压的波动。使用期间应注意观察心率、血压的变化，据此调节药物的剂量，并注意药物的不良反应。血管活性药物对血管有较强的刺激作用，应由中心静脉输入，并做好药物标记方便核查。②主动脉内球囊反搏（IABP）：主动脉球囊反搏时经股动脉置入球囊导管到左锁骨下 2~3cm 处，受机械驱动作用，气囊在主动脉瓣关闭后快速充气，增加舒张压以增加舒张期的心脏灌注，在心室收缩、主动脉瓣开放前快速放气，从而减少左心室的射血阻力，从而改善心肌供氧，减少氧耗。应用于围手术期心肌缺血、心源性休克、低心排综合征并对中等剂量的正性肌力药物反应不佳、急性心功能衰竭等患者。IABP 可能引起的并发症有下肢缺血（5%~18%）置管部位出血（2%~4%）、感染（1%~2%）、主动脉或髂动脉穿孔（1%~2%）、主动脉夹层（1%）、肾动脉血栓或栓塞（1%）、肠系膜坏死（1%）、脊髓损伤（0.5%~1%）、气囊破裂栓塞（0.5%）等，在应用期间加强监护，在保证使用效果的同时，避免并发症的发生。

（二）呼吸功能监测

心脏术后由于麻醉药物作用,手术切口疼痛、体外循环对肺的影响,患者可能存在肺间质水肿和呼吸功能不全,因此术后常规给予呼吸机辅助,帮助患者安全度过术后的危险期。术后常规用定容呼吸模式,潮气量 10~12ml/kg,呼吸频率 10~14 次/分,氧浓度（FiO_2）初始设定 0.8~1.0,逐渐减至 0.4,视患者具体情况设定 PEEP,患者入 ICU 30min 后测动脉血气,根据血气结果调整呼吸机参数,维持血气值在正常范围:pH 7.35~7.45,$PO_2>80mmHg$,PCO_2 35~45mmHg。

进入 ICU 时要确定气管插管的位置和安全性:听诊双肺呼吸音并观察胸廓起伏以初步判断气管插管的位置,记录气管插管的深度,妥善固定气管插管,对于患者因疼痛或对插管不适出现躁动时应给予适当的镇静。拍 X 线胸片帮助确定气管插管的位置,必要时调整插管深度。应用气囊测压表测量气囊充气量,保证通气时不漏气,防止口腔分泌物流入下呼吸道,同时也避免压力过高压迫气道黏膜形成溃疡或造成气囊破裂。及时清除呼吸道分泌物,操作时应注意观察心率（律）,出现异常时及时停止吸痰并作出相应的处理。

呼吸机过渡的标准:患者神志清楚,血流动力学稳定[心排指数 $>2.2L/(min\cdot m^2)$,只有小量的血管活性药支持,没有心律失常],中心温度 $>35.5℃$,肌松剂的作用已消失,氧合满意（$FIO_2<50\%$,$PO_2>70mmHg$,PEEP$<5cmH_2O$）,通气正常,肌力恢复,引流量小于 50ml/h,无外科二次开胸指征。拔管前通常带管呼吸 30min,复查血气正常就可以拔除气管插管。也可以用呼吸机 SIMV 模式过渡,设定呼吸次数每 30min 减 2 次,同时观察 $SatO_2$,然后用持续气道正压（CPAP）模式,压力在 $5cmH_2O$,如果血气、呼吸和肌力都正常,达到拔管指征就可以拔出气管插管。

如果出现以下情况应停止过渡并恢复呼吸机支持:动脉压增加 $>20mmHg$,心率增加 >20 次/分或 >110 次/分,呼吸频率增加 >10 次/分或 >30 次/分,出现了心律失常或原有的更频发,$SatO_2$ 下降到 90% 以下或 $PO_2<60mmHg$,或 $PCO_2>50mmHg$,pH<7.30,血流动力学不稳定等情况。

近年来早期拔管是一个趋势,在一些中心,合适的心脏术后患者在转入 ICU 之前已拔管。早期拔管的优点是:可减少正压呼吸对血流动力学的影响,增加静脉血回流,减轻右心后负荷,增加左心室充盈,从而提高心排量;能早期活动,降低肺部并发症发生率。一组随机早期拔管的试验结果显示,早拔管的患者可以更早转出 ICU 且使住 ICU 时间缩短 1 天。

除去快速拔管,一般患者需要呼吸机支持 2~6h。呼吸机支持超过这个时间范围的原因包括:术中神经系统事件、气体交换不足合并不能解决的低氧血症、通气不足、血流动力学不稳定、患者夜里从手术室回来时会用呼吸机支持至次日。以优化拔管后的呼吸能力对大多数患者来说,呼吸机支持完全是为了提供早期呼吸通道和呼吸暂停保护,而不是为了治疗肺部疾患。短期呼吸机支持和快速脱机有脱机失败的风险,脱机失败会给心血管外科手术合并肺动脉高压的患者带来很大的影响,比如呼吸性酸中毒导致肺血管收缩,肺动脉高压急剧加重、肺水肿及右心衰竭。术后肺部问题导致呼吸机辅助时间延长,脱机应该更加谨慎。与长期应用呼吸机辅助的普通患者一样,逐渐减少呼吸机频率或增加自主呼吸时间来帮助脱机。

拔管后应密切观察患者的呼吸功能情况,给予面罩和（或）鼻导管吸氧,鼓励患者活动,应用呼吸训练器,防止肺不张。使用自控镇痛泵（PCA）镇痛有助于改善患者的呼吸功能。定时血气分析,尽量避免再次插管。如果经过上述处理仍无好转,应不失时机的重新插管。呼吸频率 >30 次/分、$SatO_2$ 出现异常、发绀对再插管的判断具有重要意义,应果断再次气管插管,以避免重要脏器的不可逆损伤。

（三）肾功能监测

多种因素可造成心脏术后患者肾功能损害,如果处理不当可进一步发展为急性肾衰竭,应加强预防和处理,尤其要重视术后心肺功能不全的患者。

肾功能的变化可以直接反映心脏功能,所以心脏术后应严密观察尿量的变化,保持尿管的通畅,每小时测量尿量,观察尿量的趋势与循环功能参数变化趋势间的相关性。正常情况下尿量应 >30ml/h,比重 1.015~1.025,术后早期由于血液稀释出现渗透性利尿,尿量多,颜色清。如果体外循环时间长,红细胞破坏严重,可出现血红蛋白尿,输入碳酸氢钠碱化尿液,防止血红蛋白沉积于肾小管引起肾衰竭。如术后尿量 <1ml/（kg·h）,须及时查找原因处理,要排除尿管阻塞、位置不当等原因。尿量 ≤1ml/（kg·h）、尿比重 <1.010,常为肾脏供血不足或灌注压过低（如休克）所致,应针对原因进行纠正与治疗,并应警惕急性肾衰竭的发生。

术后应注意控制液体摄入,避免液体超负荷,纠正高血钾、代谢性酸中毒和高血糖,纠正钙、镁等离子的代谢异常;限制有损肾功能的药物如氨基糖苷类抗生素、非甾体类抗炎药的应用;维持其他脏器功能的稳定,尤其是心肺功能,防止缺氧。术后早期如发生尿少,受限应调整心脏前、后负荷和心肌收缩力,调节心律和速率,尽量减少缩血管药物的用量,维持动脉收缩压在 130~150mmHg,以维持肾灌注。当出现尿量减少时,应使用利尿药,以增加尿量。出现肾功能不全症状时,给予腹膜透析或血液透析治疗。

（四）水电解质、酸碱平衡监测

为减轻心脏负荷,消除组织间质水肿,改善心肺功能,对心脏术后患者应严格控制液体输入量,应以液体输入量（不包括纠正血容量不足而输入的胶体液量）少于排出量（包括显性和隐性排出量）为原则,输入量的控制应使其达到临床上轻度脱水的程度:患者感到口渴、球结膜水肿消退、眼眶轻度凹陷。术后第二天患者如能开始饮食,则输液量应仅限于正性肌力药物、能量合剂与抗生素等药物的输入液量。一般控制在每天 750~1000ml。如仍不能正常饮食,应视具体情况酌情予以加量,但应保持出入液平衡或略负为原则。

心脏术后出现的电解质代谢紊乱主要为钾、钠、钙、镁离子的失调,其中术后低钾血症最为常见。

1. 低钾血症 大量利尿又未能及时补钾、进行胰岛素治疗或碱中毒时都可出现低钾血症,低血钾可诱发异位心律,应及时予以补钾治疗。补钾前必须审慎评估肾功能,如有少尿或肾功能不全,慎重补钾,因为患者会很快出现高血钾;补钾时应给予心电监护,注意严密观察心律变化;将钾加入溶液后由中心静脉通道输入,避免钾对外周血管的刺激;补钾时速度要适当,过快可造成高血钾,过慢则难以迅速纠正已发生的心律失常,补钾后要及时复查血钾。

2. 高钾血症 少尿、严重组织缺血或急、慢性肾功能衰竭时血钾会升高,当血钾升高超过 6.5mmol/L 时,心脏在舒张期停搏,应立即阻止外源性钾的输入（包括库存血）,并停止使用使血钾升高的药物;缓慢静推 10% 葡萄糖酸钙 5~10ml、静脉点滴 5% 碳酸氢钠 50~100ml 纠正酸中毒,以促使钾离子向细胞内转移;静脉推注 50% 葡萄糖 + 胰岛素 10 单位;进行利尿或透析增加血钾的排出。

3. 低血钙 血液稀释、低温、pH 变化和输入含枸橼酸抗凝剂的血制品可以使血钙降低,而钙在术后再灌注损伤和心肌能量代谢中具有非常重要的作用。血钙离子小于 1mmol/L应补钙,静脉缓慢推注 10% 葡萄糖酸钙 10ml。

4. 低镁血症　利尿及血液稀释可导致血镁浓度下降,而低镁会引起冠状动脉痉挛,导致心律失常,静脉补充硫酸镁、门冬氨酸钾镁等药物提高血镁浓度。

5. 代谢性酸中毒　低心排、败血症或肾功能衰竭时患者可出现代谢性酸中毒。代谢性酸中毒可降低心肌收缩力,降低血压,导致心律失常和呼吸困难,产生高血糖和高血钾,出现神志淡漠或昏迷。首先应直接进行病因治疗,SBE<-8mmol/L 时应给予碳酸氢钠。

6. 代谢性碱中毒　大量利尿、胃管大量引流而静脉电解质补充不足、全胃肠道外营养成分不合理或呼吸性酸中毒代偿期间均可出现代谢性碱中毒。代谢性碱中毒可使血钾浓度下降、小动脉收缩,冠状动脉灌注受抑,出现神经系统的异常,包括头痛、癫痫、强直和昏睡等。应及时对因处理外,首选输注氯离子,通常首选氯化钾或氯化钠,合理选择何种液体要看血钾浓度和血容量。

7. 高血糖　高血糖可导致渗透性利尿,伤口愈合受损,增加感染机会。术后应激性增高、心脏术后药物输注时用葡萄糖作为载体、全胃肠道外营养时胰岛素分泌不足或败血症时使血糖增高。术后应严密监测血糖变化,及时补充胰岛素。皮下注射胰岛素吸收不可靠,应静脉补给,同时注意补充血钾,输注期间反复监测血糖,调节胰岛素滴速。

(五)心理护理和家庭支持

被诊断出心脏病,等待手术、手术和恢复这一系列过程是患者和家属的情感旅程,尽管病死率低,患者仍担心可能的死亡风险和伤口疼痛,因此接受心脏手术的患者经常焦虑和抑郁,使患者和家属感到痛苦。接受心脏手术的女性患者比男性患者更容易受到这些情绪的影响。尽管焦虑是正常的保护性反应,但焦虑过度可能有害。焦虑和抑郁是降低术后康复的重要影响因子,可使患者心理社会适应能力下降、生活质量降低和心脏并发症增多以及再次入院,因此,对心脏手术患者的心理护理尤为重要。

护士术前宣教为患者提供必要的信息和支持,以便患者及家属熟悉治疗过程,恢复期间取得合作,从而可以使患者对术后成功康复充满信心。对于许多患者来说,快通道过程,如入院当天手术、早拔管、早出院能减少因担心离家和高额的手术费用等相关不适,还有一部分患者根本来不及告知和了解术后和出院须知,所以护士必须予以关注。家庭成员在支持和帮助患者理解康复过程中的要求这方面承担了重要角色。尤其是出院后一周,家庭成员的理解和帮助分担一部分焦虑和抑郁非常重要。当亲属看见自己所爱的人生病,面对不熟悉的 ICU 环境和设备,他们的心情沉重,还需要他们去理解和帮助患者,对他们来说任务也很繁重。这时将手术、康复和情绪相关问题打印成册交给患者和家属定能有一定帮助。

第九节　心脏移植

【概述】

1967 年 12 月 Barnard 在南非成功地实施人类第一例同种异体原位心脏移植术,心脏移植的最终目标是改善生存质量和延长终末期心脏疾病患者的生存时间。随着医学基础学科的发展和外科技术的进步,以及心脏移植经验的积累,手术疗效也在不断提高。患者术后存活时间延长,生活品质也有根本性改变。心脏移植已经成为一种拯救生命、具有成本效益的治疗,它提高了慢性心力衰竭患者的生活质量。

心脏移植适用于各种类型的心肌疾病以及其他原因导致的终末期心脏病。围手术期加强心功能及肺功能的监测与支持、合理免疫抑制剂治疗、预防排斥反应及感染是保证患者顺利康复的重要环节。

手术绝对禁忌证有：ABO 血型不相容者；全肺阻力 >6wood 单位；全身活动性感染，包括 HIV 抗体或丙肝抗体阳性者；恶性肿瘤（已治愈除外）者；肝肾等器官功能不可逆的减退者；严重慢性肺疾患（第一秒用力呼吸量 $FEV_1<1L$）者；糖尿病伴有终末期器官受损者；伴有精神心理疾患者；吸毒或酒精成瘾者。

【心脏移植的护理】

（一）术前准备

心脏移植的准备工作是把握取得手术成功，尽可能防止发生术后并发症（急、慢性排斥、感染等）以及提高术后成活率最关键的工作。

1. 严格掌握手术适应证及正确评估接受心脏移植患者（受体）的心、肺、肝、肾、脑等重要器官功能和进行必要治疗，尽可能选择最佳条件的受体。

2. 受体在等待和寻找合适的供体期间，运用各种辅助手段（如 IABP、心室辅助等）或药物维持，提供或保持好受体的心、肺、肝、肾、脑等以及使机体达到（或接近）正常状态，提高对各种创伤（手术、缺氧、缺血等）的抗病能力。

3. 做好受体的血清对随意抽取排列的抗体筛选交叉试验（panel reactive antibody screen，PRA）和对供体心脏淋巴细胞毒杀交叉试验（lymphocytotoxin，LXM）。PRA>20% 及 LXM 强阳性者预示术后急性或慢性排斥有高风险发生率。

4. 收取供体心脏必须组成专门小组并配备熟练技术人员以确保能做到：冰冷（降温）、保持心脏血运不会完全中断、快捷（最快、最短时间）运送条件。提取到的心脏送到心脏移植的手术间，与此同时，按既定的手术方案及时间表，手术组人员对受体实施麻醉开胸，建立体外循环，在供心到达手术间时已切下受体的病心，及时将供心移植在原位上。

（二）手术方法

1. 标准法　标准法原位心脏移植由 Shumway 等于 1966 年提出，切除受体心脏时，保留大部分左、右心房，以便与供心左、右心房吻合。这种手术操作简便。但术后左、右心房腔均增大，又由于保留了受体窦房结，所以术后受体心房与供体心房收缩不同步。房内血液产生涡流，甚至导致心腔内形成血栓。如左、右房室瓣启闭不同步，又可造成二尖瓣或三尖瓣反流。

2. 双腔法　基于上述缺点，Dreyfus 等于 1991 年设计了新的手术方式，即切除受体所有左、右心房，于供心分别吻合上、下腔静脉和肺静脉。手术较复杂，但术后减少了房性心律失常和传导异常的发生率，右心室衰减的发生率也降低，并缩短了住院时间。

（三）术后监护

1. 加强生命体征观察及循环系统监护　患者入 ICU 后持续有创血压和心电监测，观察体温、呼吸、血氧饱和度、心律（率）、血压、中心静脉压、尿量、引流量等情况，经 Swan-Ganz 导管监测肺动脉压、心排血量等。维持心率在 90~110 次 / 分，血压在 90~120/60~80mmHg，血细胞比容在 30%~50%，在维持血压平稳的情况下 CVP 保持在 10mmHg 以下。术后一周内每日定时定位做 12 导联心电图 1~2 次，术后 2 周内做超声心动图隔日 1 次。标准法心脏移植后特异性心电图表现为 2 个 P 波，分析心电图时注意区别供心 P 波和受心 P 波。

2. 支持心功能 由于供心缺血时间长,心肌再灌注损伤、心脏顿抑及受体术前肺动脉高压,术后易发生低心排综合征和心律失常。因此术后常规应用正性肌力药物和血管活性药物支持心功能,如多巴胺、多巴酚丁胺、前列腺素 E 等。因为供体是去神经的,因此阿托品对移植的心脏无效,所以心率慢时应用异丙肾上腺素注射液,移植后的心脏每搏输出量相对固定,同时心输出量将非常敏感地随心率变化,有时暂停输入异丙肾上腺素(如更换液体时),亦可使血流动力学恶化。术后早期因体内水分较多应加强利尿,以降低心脏负荷,维持循环功能稳定。用药时必须精确计算各种药物剂量,用微量注射泵控制输液速度,严密观察用药效果,保证药物准确、可靠输入。

3. 呼吸系统监护 监护期间应加强肺部及呼吸道的常规护理,加强口腔护理,防止肺部感染。定时听诊肺部呼吸音、动脉血气分析和痰培养,术后 2 周内每日做胸部 X 线检查。在病情允许的情况下尽可能早拔气管插管。

4. 感染的监测和预防 感染是术后早期最主要的死亡原因,尤其是肺部感染。除常规消毒、隔离措施外,对所有发热患者均应做血液、伤口、呼吸道分泌物的培养和胸部 X 线检查,对患者新发生的咳嗽、分泌物改变、胸片改变等保持高度关注。

5. 各种管道的护理 术后患者体内留置多种管道,包括气管插管、漂浮导管、心包纵隔引流管、尿管、胃管、桡动脉测压管、中心静脉输液管等等。患者进入 ICU 后先妥善固定好各种管道,并明显标记,保持各管道通畅,记录引流液性状及量。一般于术后 2 日拔除胸腔闭式引流管、漂浮导管;术后 3 日拔除尿管。所拔除管道均做尖端细菌和真菌培养。

6. 急性排斥反应的监测 心脏移植后排斥反应一般有超急性、急性、慢性排斥反应 3 种类型。超急性排斥多在术中即刻发生,后果严重。急性排斥多发生在术后 2~20 周内,是术后 3 个月内导致低心排血量最多见的病因。

(1)急性排斥反应临床表现:症状有体温高、疲乏无力、嗜睡、纳差、呼吸困难、精神变化无常等;心电图各导联 QRS 电压绝对值明显降低、ST-T 改变、出现早搏;心音低弱、心律失常、心排血量下降、不明原因的低血压等。X 线心胸比例明显增大、胸腔积液;心肌酶谱及肌钙蛋白升高;超声心动图变化。

(2)诊断与治疗:采用综合评估,但心内膜心肌活检是急性排斥反应的唯一确诊手段,治疗上一般采用大剂量甲泼尼龙冲击疗法。

(3)护理:心脏在发生轻度排斥反应时,一般无明显症状,早期急性排斥反应的临床表现无特异性,易与大剂量免疫抑制剂的药物副作用相混淆,应密切观察患者各项症状体征的动态变化,一旦怀疑,应及时做好心内膜心肌活检的准备。

7. 低心排血量 是心脏移植术后早期常见的并发症,发病率为 4%~25%。主要原因为心功能保护不良、肺动脉高压、急性排斥、血容量不足、感染等,其中 43% 是由于左心衰竭所致肺动脉高压引起的右心衰竭。术前肺小动脉阻力 >20(kPa·s)/L,术后即可发生右心衰竭,故术前判断肺动脉压及肺血管阻力是预防的关键因素。临床表现为:表情淡漠、轻度发绀、四肢湿冷、心律失常、动脉压低、中心静脉压和左房压高、少尿、血肌酐及尿素氮升高、低氧血症等。治疗应合理使用血管扩张剂和利尿药、心功能支持、血液透析等,必要时应用 IABP、ECMO 等机械辅助循环支持。

(杜桂芳)

第八章　神经系统疾病重症患者的护理

第八章　神经系统疾病重症患者的护理

学习目标

完成本章内容学习后,学生将能:
1. 依据诊断复述出患者发生疾病的部位与临床症状;
2. 列出预防高颅内压脑疝的急救流程与救治策略;
3. 描述出各种神经疾病患者的发病特点;
4. 应用各种专科评估量表进行神经重症患者的评估;
5. 能够应用监测与护理内容指导临床的急救。

第一节　脑血管性疾病

一、缺血性脑卒中

【概述】

　　缺血性脑卒中患者发病率、致残率、致死率是脑血管病发生率最高之一,因此在临床上,医护人员应给予高度的重视与管理。缺血性脑梗死由于梗死的部位、大小、侧支循环代偿能力,继发脑水肿等,可有不同的临床病理类型,因此可采用牛津郡社区卒中研究分型(OCSP),不依赖影像学结果,常规 CT、MRI 尚未能发现病灶时,可根据临床表现迅速分型,并提示闭塞血管和梗死灶的大小和部位,临床简单易行,对指导治疗及溶栓术后护理、评估预后有重要价值,尤其对于重症监护室的护士,更为有利于早期判断患者的病情变化。OCSP 临床分型标准,详见表 8-1-1。

表 8-1-1　OCSP 临床分型标准

类型	表现	部位
完全前循环梗死(TACI)	表现三联征:完全大脑中动脉综合征表现,大脑较高级神经活动障碍(意识障碍、失语、失算、空间定向力障碍等);同向偏盲;对侧三个部位(面、上下肢)较严重运动和(或)感觉障碍	多为大脑中动脉近段主干,少数为颈内动脉虹吸段闭塞
部分前循环梗死(PACI)	有以上三联征中的两个或只有高级神经活动障碍,或感觉运动缺损较 TACI 局限	是大脑中动脉远段主干、各级分支或 ACA 及分支闭塞

续表

类型	表现	部位
后循环梗死（POCI）	表现为各种不同程度的椎－基底动脉综合征：同侧脑神经瘫痪及对侧感觉运动障碍；双侧感觉运动障碍；双眼协同活动及小脑功能障碍，无长束征或视野缺损等	椎－基底动脉及分支闭塞
腔隙性梗死（LACI）	表现为腔隙综合征，如纯运动性轻偏瘫、纯感觉性脑卒中、共济失调性轻偏瘫、手笨拙－构音不良综合征	基底节或脑桥小穿通支病变引起

【前循环脑梗死患者的护理】

（一）概述

额颞顶大面积脑梗死是严重缺血性脑卒中的一种，起病急、进展快、致残率致死率高、预后差，约占缺血性脑卒中的 10% 左右，年发病率在 10~20/10 万，属于完全前循环梗死。

（二）发生机制

额颞顶大面积脑梗死主要是由于颅内大动脉粥样硬化斑块形成、血管狭窄、闭塞；栓子脱落栓塞颅内动脉，可由动脉－动脉性、心源性或不明原因性栓子所致。但常见颈内动脉或大脑中动脉主干闭塞所致。

大脑动脉环（Willis 环）是由双侧大脑前动脉、大脑后动脉、前交通动脉和后交通动脉、颈内动脉组成。引起前循环梗死的供血动脉在 Willis 中的分布见图 8-1-1。常见前循环梗死引起的相关受累的组织与临床症状见表 8-1-2。

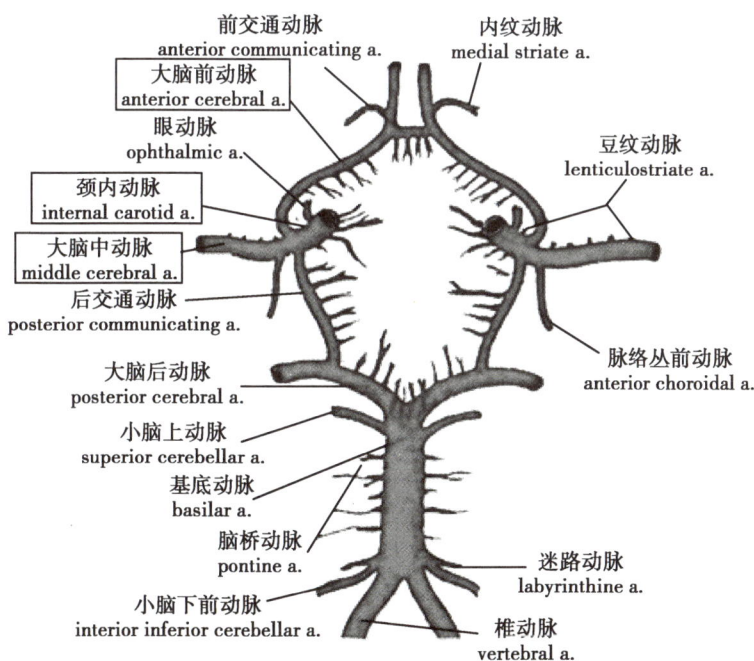

大脑动脉环(Willis环)

前交通动脉 anterior communicating a.
内纹动脉 medial striate a.
大脑前动脉 anterior cerebral a.
眼动脉 ophthalmic a.
豆纹动脉 lenticulostriate a.
颈内动脉 internal carotid a.
大脑中动脉 middle cerebral a.
后交通动脉 posterior communicating a.
脉络丛前动脉 anterior choroidal a.
大脑后动脉 posterior cerebral a.
小脑上动脉 superior cerebellar a.
基底动脉 basilar a.
脑桥动脉 pontine a.
迷路动脉 labyrinthine a.
小脑下前动脉 interior inferior cerebellar a.
椎动脉 vertebral a.

图 8-1-1　主要引起前循环梗死的供血动脉在 Willis 中的分布

表 8-1-2　常见前循环梗死引起的相关受累的组织与临床症状

受累血管	受累的脑组织	临床症状
颈内动脉	额叶、顶叶、基底节部分、颞叶	病变对侧偏瘫、偏身感觉障碍、偏盲和失语（优势半球受累）；病侧 Horner 征，视力障碍、颈动脉波动减弱或消失；重者出现意识障碍
大脑中动脉	大脑半球凸面（中央前回、中央后回、缘上回、颞中回、角回、颞上回、额下回）和基底节	病变对侧出现三偏征和失语（优势半球受累），注视麻痹，失写
大脑前动脉	额叶内侧、额极、额上回、胼胝体、内囊等	病变对侧出现下肢瘫痪和感觉障碍，尿潴留或尿急，精神障碍

（三）临床评估与判断

大面积脑梗死内科治疗有脱水降颅压、过度换气、抬高头位等。据 2010 年中国急性缺血性脑卒中诊治指南推荐意见，严重脑水肿和颅内压增高可使用甘露醇静脉滴注（Ⅰ级推荐，C 级证据）；必要时也可用甘油果糖或呋塞米等（Ⅱ级推荐，B 级证据）。2015 年美国神经重症协会（NCS）幕上大面积脑梗死（Large hemispheric infarction, LHI）指南中提出，短期过度换气可以作为挽救脑疝的方法（弱推荐，低质量证据），不应预防性的进行过度换气（强推荐，低质量证据）。大部分 LHI 患者都应该保持水平卧位，ICP 增高者建议床头抬高 30°（弱推荐，低质量证据）。内科治疗措施效果有限，病死率在 80% 左右。而对于发病 48 小时内，60 岁以下的恶性大脑中动脉梗死伴严重颅内压增高、内科治疗不满意且无禁忌证者，可请脑外科会诊考虑行减压术（Ⅰ级推荐，A 级证据）。大脑半球大面积脑梗死（≥大脑中动脉供血区的 2/3）患者因病情严重可以考虑低温治疗（C 级推荐）。

> **知识拓展**
>
> ## 大面积脑梗死诊断标准
>
> 目前国内外尚无统一定义和诊断标准
>
> 1. 国外常用的诊断标准　CT 显示梗死面积至少 > 大脑中动脉供应区 2/3 和（或）部分基底节区，有或无同侧大脑前动脉或大脑后动脉供应区梗死；CT 显示梗死面积大于大脑中动脉供应区的 50% 和 DWI 提示梗死体积 >145cm³。
>
> 2. 国内常用的诊断标准　按 Adamas 分类法，梗死面积直径 >3cm 并累及脑解剖部位的 2 支血管主干供应区者为大面积脑梗死；大脑半球梗死超过 1 个脑叶（2 个脑叶或以上），梗死直径在 5cm 以上为大面积脑梗死；梗死灶直径 >4.0cm 并且梗死波及 2 个脑叶以上者或梗死面积大于同侧大脑半球的 1/3 或 1/2 或 2/3 者；梗死灶跨两个脑叶以上者，梗死总面积 ≥20cm²，则属大面积脑梗死。
>
> 3. 以上诊断标准同时满足　CT/MRI 检查排除脑出血以及其他非卒中颅内疾病，且急性起病有大面积脑梗死相关症状（如头痛、恶心呕吐、意识水平改变、偏瘫、偏盲、偏身

感觉障碍、失语、瞳孔改变等）。除大脑半球的大面积梗死外,还有其他部位的大面积梗死,如小脑梗死面积大于小脑面积的1/3,纹状体内囊区梗死灶径线≥3cm。

4.《急性缺血性卒中血管内治疗中国指南2015》不推荐影像提示大面积梗死的患者进行血管内治疗（Ⅲ类推荐,B级证据）。

【后循环脑梗死患者护理】

（一）概述

后循环又称为椎基底动脉系统,为大脑半球后2/5供血,由椎动脉、基底动脉、大脑后动脉及其各级分支组成,主要供血给脑干、小脑、丘脑、枕叶、部分颞叶及上段脊髓。脑干内分布着重要的神经核和传导束,被称为人的生命中枢。后循环脑梗死（POCI）约占所有脑梗死的20%,多数患者发病急,病情凶险,致死率高。

（二）发病机制

动脉粥样硬化是后循环脑梗死的主要原因,椎动脉起始部位发生动脉粥样硬化是最常见的部位。栓塞也是引起POCI的重要原因,大部分栓子来源于心房血栓、心脏瓣膜的赘生物、病变心肌的附壁血栓等。脂肪变性可使血管壁增粗、动脉瘤样扩张,导致局部组织缺血,因其病灶小且为圆形,成为腔隙性脑梗死,约占后循环脑梗死的14%。此外,椎动脉起始部之前的锁骨下动脉闭塞造成椎动脉血液向锁骨下动脉逆向分流,脑循环血液大量逆向分流,形成锁骨下动脉盗血综合征,可以诱发POCI的发生。

引起后循环梗死的供血动脉的分布,见图8-1-2。常见后循环梗死引起的相关症状,见表8-1-3。

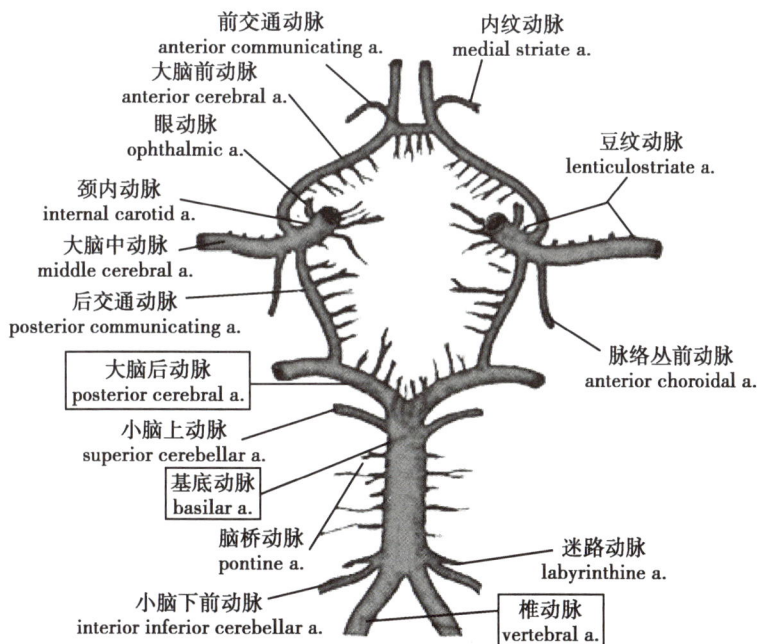

图 8-1-2 引起后循环梗死供血动脉的分布

表 8-1-3 常见后循环梗死引起的相关受累组织与临床症状

受累血管	受累的脑组织	临床症状
大脑后动脉	丘脑底面、下丘脑、颞叶内侧面及底面,枕叶	偏盲、偏瘫、偏身感觉障碍,丘脑综合征等症状
基底动脉	中脑、丘脑、枕叶、颞叶内侧面以及脑干、小脑上部	基底动脉尖综合征:意识障碍、瞳孔改变、偏盲、谵妄等症状;眩晕、四肢瘫或交叉瘫、延髓麻痹、共济运动障碍、意识障碍等,部分表现为闭锁综合征
椎动脉	延髓、小脑	眩晕、呕吐、吞咽困难、构音障碍、病变侧 Horner 综合征,病变对侧肢体痛觉和温度觉丧失等

（三）临床评估与判断

脑水肿及颅内压增高的卧床患者,床头可抬高至 30°,避免和出现引起颅内压增高的因素,即包括头颈部过度扭曲、激动、用力、发热、癫痫、呼吸道不通畅、咳嗽、便秘等（Ⅰ级推荐,D 级证据）。吞咽功能障碍的患者,建议于患者进食前采用饮水试验进行吞咽功能评估（Ⅱ级推荐,B 级证据）。吞咽困难短期内不能恢复者可早期安放鼻胃管进食（Ⅰ级推荐,B 级证据）,吞咽困难长期不能恢复者可行胃造口进食（Ⅲ级推荐,C 级证据）。早期评估和处理吞咽困难和误吸问题,对意识障碍患者应特别注意预防肺炎（Ⅰ级推荐,C 级证据）。鼓励患者尽早活动、抬高下肢;尽量避免下肢尤其是瘫痪侧静脉输液（Ⅰ级推荐）,可联合加压治疗（交替式压迫装置）和药物预防深静脉血栓形成,但对有抗栓禁忌的缺血性卒中患者,推荐单独应用加压治疗预防深静脉血栓形成和肺栓塞。

【监测与护理】

（一）急救护理流程

对于疑似卒中患者,护士应协助医生快速完善各项检查,完成评估和诊断,观察患者的意识、基本生命体征（体温、心率/律、呼吸、血氧、血压、血氧饱和度、瞳孔）的变化,监测是否存在高颅压体征、癫痫样发作、评估肢体瘫痪的程度、是否存在尿便失禁、吞咽障碍等病情加重的体征。即刻为患者实施:连接多参数监护仪、清除口鼻腔分泌物、吸氧（维持氧饱和度 >95%）、呼吸衰竭患者应给予呼吸机支持（气管插管或切开）进行辅助呼吸、无禁忌证时将患者床头抬高 30°、建立和保持输液通畅以保证药物的及时应用。

知识拓展

后循环脑梗死治疗指南推荐

《中国急性缺血性脑卒中诊治指南（2014）》指出,后循环脑梗死患者应维持血氧饱和度在 94% 以上,气道功能障碍者应给予气道支持及辅助呼吸;发病 24h 后应常规进行心电图检查,以便早期发现心房纤颤,避免应用加重心脏负担的药物;体温升高者应寻找发热原因,如存在感染给予抗生素治疗;缺血性脑卒中患者发病 24h 内血压升高者,应谨慎处理，控制恶心、呕吐、颅内压增高等原因后，若收缩压血压>200mmHg，舒张压>110mmHg，或伴有严重心功能不全，高血压脑病的患者可以给予降压治疗，严密观察病情变化。患者因恶心、呕吐、延髓性麻痹等无法进食，应尽早给予营养支持，保证患者的营养供应。对患者进行全面系统的评估，选择最佳治疗方式。《急性缺血性卒中血管内治疗中国指南（2015）》指出，对于急性后循环动脉闭塞的患者，动脉溶栓时间窗可延至24h（Ⅱb类证据，C级推荐），急性基底动脉闭塞者应行多模态（CT或MRI）检查，评估后可实施机械取栓，可在静脉溶栓的基础上进行（Ⅱa类证据，B级推荐）。

（二）颅内压增高的护理

1. 防止护理操作引起瞬间颅内压增高 吸痰末颅内压会随着吸痰时间延长明显高于吸痰前，为此瞬间颅内压增高可能会导致脑疝，因此高颅内压患者最佳吸痰时间应保持在10秒以内；体位移动、翻身前中后、振动排痰时需观察颅内压变化，当颅内压<15mmHg，可进行体位改变或翻身，动作要轻柔、不要过度用力，防止脑疝。

2. 去骨瓣减压术的护理 需要做好减压创监测，为患者翻身时，需专人固定头部，防止去骨瓣减压创部受压；观察患者头部伤口，保持伤口敷料干燥，无渗血、渗液情况；动态观察减压创肿胀情况，防止患者出现高颅内压症状；保持无菌，头下垫无菌小巾24小时更换，一旦被血液、污渍污染需及时更换；预防患者枕部压疮，头下垫软枕或脂肪垫。

3. 血压监护 对于去骨瓣减压术后的患者，大面积脑梗死患者的血压监测十分必要，准确的监测技术可以为临床的治疗提供可靠的证据。此时会由于血压的增高导致患者的脑疝发生，因此一般给予每2h进行一次血压的监控，同时观察患者的呼吸、瞳孔、心率的变化，给予持续泵入降压药物时，需要注意患者对药物的敏感性，如果患者血压控制降低速度过快，容易出现并发症。因此指南推荐缺血性卒中不合并出血的患者平均动脉压应该维持在85mmHg以上，收缩压维持在220mmHg以内，避免过度波动。

4. 脱水药物的监测 患者应用大剂量的脱水药物，需要动态进行电解质的观察，尤其血钾钠的紊乱。因为每克甘露醇可以带出体内12.5ml水分，因此需要患者给予水分的补充，可200ml每4h给予一次。当患者出现低钾血症时，应注意补充，补钾剂量不宜过多，细胞内血清钾恢复较慢，一般4~6d才能纠正，重症患者需要10~20d以上，因此每日补钾量应限制在氯化钾6~8g，同时注意心电监护，注意高血钾的发生。当患者出现低血钠时，需要观察患者有无木僵状态、癫痫、昏迷等症状，补钠时速不能过快，应<1mmol/（L·h），24h<10mmol/L。

5. 预防脑疝 观察生命体征，低温过程中给予每30min进行生命体征的观察，防止脑疝发生。病灶侧颞叶钩回疝常常压迫同侧中脑，故而出现病灶侧瞳孔变化，随着病情的进展病灶侧瞳孔明显散大，对光反射消失；颞叶钩回疝可将脑干推向对侧，中脑受累严重时出现大脑强直发作，因此需要密切观察，脑疝抢救流程，详见图8-1-3。如若患者麻醉术后躁动明显，可给予镇静，减轻高颅内压脑水肿情况的发生，同时需要应用RASS评分进行镇静评估。

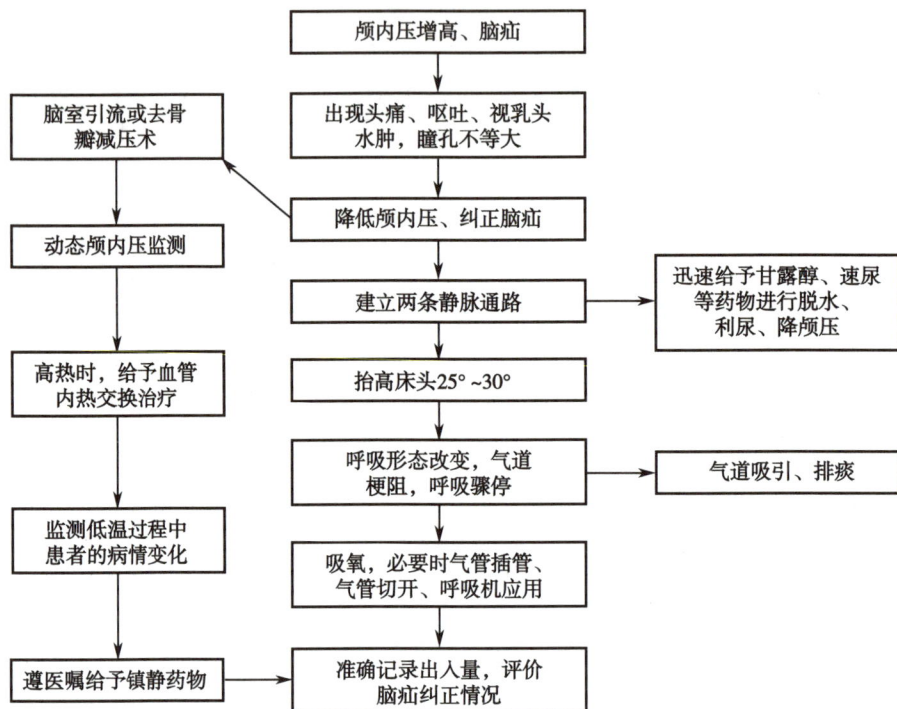

图 8-1-3　脑疝急救流程

6. 血管内低温治疗　血管内低温技术是目前救治重症缺血性脑卒中高颅压脑疝患者的有效方案之一,其安全可行,耐受性好,控温精准,允许体表加温,从而使寒战程度减轻,抗寒战药物减少,但存在有创操作的风险。具有达到目标温度时间明显缩短,较少出现不达标或过度降温,维持温度波动小,复温控制较好的优势,但是护理中需要做好降温、维持、复温三期的护理。

（三）预防并发症

首先做好机械通气的护理,适时进行气道吸引,保持呼吸道通畅;血管内复温后,需要给予患者增加胸肺部护理,给予振动排痰;动态监测胃内残留液,防止患者反流、误吸的发生;早期放置鼻肠管,保持患者的营养状态。根据患者的病情,早期给予患者呼吸机撤离,当患者的意识状态好转、咳嗽反射明显,同时伴有血气分析指标正常时,可以考虑患者进行呼吸机撤离;给予根据患者的病情,给予抗血栓压力泵的应用,防止静脉血栓的发生。

【急性缺血性脑卒中患者的溶栓】

急性缺血性脑卒中患者血管内治疗的主要方法有静脉溶栓、动脉溶栓、非支架机械取栓治疗、支架机械取栓治疗等,在全球各国制定的指南中,静脉注射重组组织型纤溶酶原激活剂（rt-PA）标准剂量 0.9mg/kg 的治疗被推荐为缺血性脑卒中急性期的标准治疗方案。但由于静脉溶栓具有严格的时间窗限制,能够通过其获益的患者不到 3%,对合并有大血管闭塞或病情较重的患者效果不佳,其再通率低（13%~18%）。因此,对于发病 6h 内由大脑中动脉闭塞导致的严重卒中且不适合静脉溶栓的患者,经过严格选择后可在有条件的医院进行动脉溶栓,但也应尽早进行避免时间延误。

（一）静脉溶栓的护理

1. 绿色通道流程时间的安排　①急诊预检分诊护士在 1 分钟内进行预检分诊。②急诊医生需要在 8 分钟内完成初始评估,包括病史、NIHSS 评分及相关的实验室检查。③10 分钟内通知相关卒中治疗的医护人员,溶栓医生到达急诊室。④20 分钟内完成 CT 扫描。⑤40 分钟内 CT 及实验室检查报告完成。⑥60 分钟内符合溶栓指征的患者要给予 rt-PA 溶栓治疗。

2. 静脉溶栓常用药物　尿激酶、链激酶为静脉溶栓的第一代药物,由于尿激酶不是只特异作用于血栓中的纤维蛋白,也可溶解血液中的纤维蛋白原,有引起出血的可能。rt-PA 为第二代溶栓药物,其安全性和有效性已被公认,被多指南推荐。

3. 患者静脉溶栓的适应证及禁忌证见表 8-1-4。

表 8-1-4　症状出现 <3h 静脉溶栓适应证及禁忌证

适应证		禁忌证
1. 有神经功能缺损症状	1. 近 3 个月有重大颅外伤或卒中史	6. 活动性内出血
2. 症状出现 <3h	2. 可疑蛛网膜下腔出血	7. 急性出血倾向,包括血小板计数低于 100×10^9/L 或其他情况
3. 年龄 ≥18 岁	3. 近 1 周内有在不易压迫止血部位的动脉穿刺	8. 48h 内接受过肝素治疗(APTT 超出正常范围上限)
4. 患者或家属签署知情同意书	4. 既往有颅内出血	9. 口服抗凝剂者 INR>1.7 或 PT>15s
	5. 颅内肿瘤,动静脉畸形	10. 正在使用凝血酶抑制剂或 Xa 因子抑制剂,各种敏感的实验室检查异常(如 APTT、INR、血小板计数、ECT；TT 或恰当的 Xa 因子活性测定等)
	近期有颅内或椎管内手术	11. 血糖 <2.7mmol/L
	血压升高:收缩压 ≥180mmHg,或舒张压 ≥100mmHg	12. CT 提示多脑叶梗死(低密度 >1/3 大脑半球)

4. 3~4.5h 内 rt-PA 静脉溶栓的适应证及禁忌证见表 8-1-5。

表 8-1-5　3~4.5h 内 rt-PA 静脉溶栓的适应证及禁忌证

适应证	禁忌证(同表 8-1-4,在此基础上另行补充)
1. 缺血性卒中导致的神经功能缺损	1. 年龄 >80 岁
2. 症状持续 3~4.5h	2. 严重卒中(NIHSS 评分 >25 分)
3. 年龄 ≥18 岁	3. 口服抗凝药(不考虑 INR 水平)
4. 患者或家属签署知情同意书	4. 有糖尿病和缺血性卒中病史

5. 监测与护理

(1)围溶栓期的护理

1)溶栓前,开通脑卒中溶栓绿色通道,进行影像学检查,化验血常规、凝血常规、血糖、心肌酶、肝肾功能。选择较为粗大的血管留置静脉留置针,保证溶栓药物能够进入血管内。密切监测患者生命体征、意识、瞳孔变化,采集患者相关病史,进行 NIHSS 评分,短时间内获取各项必要检查结果,准确计算溶栓药物剂量。

2)溶栓时,rt-PA 药物半衰期较短,为 4~5min,溶栓过程中先将总用量的 10% 药量 1min 内输入患者体内,剩余的 90% 的药量 1h 内输入患者体内。溶栓过程中每 15min 监测患者的血压、意识状态、语言及肌力恢复情况;

3)溶栓后,患者绝对卧床 24h,减少搬动和不必要的探视,24h 后常规复查头部 CT、血常规、凝血常规,无禁忌证者给予抗凝药物,防止血栓形成。

(2)病情观察

1)血压监测:急性脑梗死的患者血压升高可以保证脑组织稳定的血流量,是一种保护机制,因此当收缩压 <160mmHg 一般不给予处置。在溶栓 2h 内,每 15min 监测血压和神经功能评估,然后每 30min 一次,持续监测 6h,之后每小时一次直至 24h。如果收缩压 >180mmHg 或舒张压大于 100mmHg,通知医生给予必要的降压措施。

2)意识状态的评估:患者在溶栓过程中出现头痛、意识状态加重、瞳孔不等大、突发的血压持续升高(>180mmHg),恶心呕吐等应立即通知医生。

(3)出血的观察:患者溶栓 24h 内是否有牙龈出血、穿刺点的出血,胃肠道、泌尿系统的出血、中枢神经系统及实质脏器的出血。

(4)并发症的预防

1)再灌注损伤:当脑组织重新灌注后可出现再灌注损伤,发生脑水肿引起颅内压增高,严重者可发生脑疝而导致患者死亡。护士应密切观察患者瞳孔及意识状态的变化,是否有头痛、视神经盘水肿的发生,若出现以上症状,应立即给予脱水治疗,防止脑水肿进一步加重。

2)过敏反应的发生:溶栓过程中患者出现显著的低血压、血管性水肿应警惕过敏反应的发生,应立即停止用药,给予抗过敏治疗。

3)中枢神经系统出血的预防:患者溶栓后,病情允许下,应推迟鼻饲管、导尿管、动脉内血压监测管的置入及静脉穿刺,减少出血的发生。若患者出现烦躁、意识障碍加重、血压下降等情况应立即通知医生,复查血常规、凝血常规、头部 CT,警惕出血的可能。

4)血管再闭塞:急性脑梗死静脉溶栓治疗可能存在溶栓无效,临床症状无改善及血管再通后血管再次闭塞,此时应遵医嘱给予抗凝药物的应用。

(二)动脉溶栓的护理

1. 动脉溶栓的机制 动脉溶栓治疗是经皮穿刺后借助导管直接将溶栓药物注射至血栓局部,可明显提升血栓的局部药物浓度,血管再通率应高于静脉溶栓,且对全身纤溶系统的影响更小,出血风险降低。其优点在于能提高阻塞血管的再通率及改善患者的预后,建议使用 rt-PA 和尿激酶,最佳剂量和灌注速率尚不确定。

2. 动脉溶栓适应证和禁忌证

(1)适应证:年龄 18~80 岁;临床诊断为缺血性卒中,神经功能缺损症状 >30min 且在治疗前未缓解;6h 以内,后循环可酌情延长至 24h(症状出现时间定义为患者能够被证实的最后正常时间);CT 检查排除颅内出血,且无大面积脑梗死影像学早期征象或低密度影[前循环未超过大脑中动脉(MCA)供血区 1/3,后循环未超过脑干体积 1/3];多模式或多时相(或单项)CT 血管成像(CTA)/MR 血管成像(MRA)检查证实责任大血管狭窄或闭塞;患者或法定代理人同意并签署知情同意书。

（2）禁忌证：有出血性脑血管病史，包括活动性出血或已知有出血倾向者；6个月内有严重致残性卒中可采用改良 Rankin 量表（mRS）评分 >3 分或颅脑、脊柱手术史；卒中时伴发癫痫；血管闭塞的病因初步判定为非动脉粥样硬化性；患者存在可能影响神经功能评估的精神或神经疾病病史；可疑的脓毒性栓子或细菌性心内膜炎；生存期预期 <90d；已知脑出血、蛛网膜下腔出血、颅内动静脉畸形或肿瘤病史；最近 3 个月内存在增加出血风险的疾病，如严重肝脏疾病、溃疡性胃肠疾病；过去 10d 内接受大型手术，有显著创伤或出血性疾病；未能控制的高血压：间隔至少 10min 的 3 次重复测量确认收缩压 >185mmHg 或舒张压 >110mmHg；肾功能衰竭；血小板计数 <100×10^9/L；血糖水平 <2.8mmol/L 或 >22.2mmol/L；患者正在口服抗凝药物治疗；临床病史结合过去的影像或临床判断，提示脑梗死为慢性病变；无股动脉搏动者。

知识拓展

溶 栓 治 疗

　　溶栓治疗是目前最重要的恢复血流措施，对于发病 6h 内由大脑中动脉闭塞导致的严重卒中且不适合静脉溶栓的患者，经过严格选择后可在有条件的医院进行动脉溶栓（Ⅰ级推荐，B 级证据）。由后循环大动脉闭塞导致的严重卒中且不适合静脉溶栓的患者，经过严格选择后可在有条件的单位进行动脉溶栓，虽目前有在发病 24h 内使用的经验，但也应尽早进行避免时间延误（Ⅲ级推荐，C 级证据）。可以在足量静脉溶栓基础上对部分适宜患者进行动脉溶栓。发病 6h 内的 MCA 供血区的 AIS，当不适合静脉溶栓或静脉溶栓无效且无法实施机械取栓时，可严格筛选患者后实施动脉溶栓（Ⅰ类推荐，B 级证据）。

3. 监测与护理

（1）围溶栓期的护理：溶栓前向患者及家属进行解释，术前禁食水。开通脑卒中溶栓绿色通道，争取短时间内获取各项必要检查结果。双侧腹股沟备皮，密切监测患者生命体征、意识、瞳孔变化，进行 NIHSS 评分。

（2）溶栓术后监测：患者返回病房，连接监护仪，评估患者意识状态及肌力，与手术医生沟通了解患者术中情况及术后血压控制范围、护理观察要点等。2h 内每 15min 监测一次生命体征，随后 6h 内每 30min 1 次，此后为每小时 1 次按常规监护并记录。每 15min 观察腹股沟穿刺部位，观察有无渗血及皮下出血，双侧足背动脉搏动，24h 内复查头颅 CT。

（3）动脉鞘护理：绝对卧床 24h，减少搬动和不必要的探视；未给予拔鞘患者，留置动脉鞘肢体制动避免鞘管折断或移位，必要时给予膝盖处约束；术后医生根据患者病情及时拔除动脉鞘，拔鞘后弹力绷带加压包扎 24h，肢体制动 8h，需严密观察穿刺处伤口有无出血及血肿。

（4）促进造影剂排除：术后遵医嘱补液，可鼓励患者多饮水，以促进患者尿液排出，利于造影剂的稀释及排出。

（5）防止出血、再灌注损伤、血管再闭塞等并发症的预防措施同静脉溶栓。

（三）动脉取栓的护理

1. 动脉取栓的机制　血管内治疗包含动脉溶栓、机械取栓和急诊血管成形术。动脉取栓即机械取栓出现相对较晚，可以避免或减少溶栓药物的使用，使血栓破裂，增加溶栓药物接触面积，直接清除血栓，增加血管再通率，对于大血管闭塞及心源性栓塞性卒中具有更高的血管再通率，成为急性缺血性脑卒中的重要治疗手段。

2. 适应证　年龄在 18~80 岁；神经系统功能症状持续 30min 以上且治疗前未缓解；发病时间 8h 内、后循环可酌情延长至 24h；CT 检查排除颅内出血，无大面积脑梗死早期影像学征象，或低密度影（前循环未超过大脑中动脉供血区 1/3，后循环未超过脑干体积 1/3）；多模 CT 证实责任大血管狭窄或闭塞。

知识拓展

机 械 取 栓

　　静脉溶栓是血管再通的首选方法（Ⅰa），发病 6h 内由大脑中动脉闭塞导致的严重卒中患者，经严格选择后可在有条件的医院进行血管内治疗，对于静脉溶栓无效的大动脉闭塞的患者进行补救性的动脉溶栓或机械取栓（发病 8h 内）可能是合理的（Ⅱb）。血栓长度 >8mm，后循环病变、心源性栓塞、静脉溶栓无效及其他影像学证实为大血管闭塞的患者建议优先机械取栓（Ⅰc）。机械取栓为急性缺血性脑卒中患者的治疗提供了新的方法，血管再通率高是其最大特点，但是血管再通并不等于临床预后良好，尚需更多的临床随机对照试验进行验证。

---

3. 监测与护理

（1）术前急救与护理：因急性缺血性脑卒中患者治疗时间窗相对较窄，因此需要争分夺秒完成各项准备工作，联合院前 120、急诊科、检验科、放射科等科室建立急性脑卒中患者救治绿色通道，实施一体化全程救护。患者进入急诊室由分诊护士送至急诊医师处，初步评估在治疗时间窗内的患者立即联系卒中单元医师及护士，发放绿色通道卡，在医护陪同下完成影像学检查及各项实验室检查，争取患者及家属同意后立即给予监护吸氧、建立静脉通路、皮肤准备、开始溶栓、取栓治疗。

（2）术后护理

1）严密监测生命体征，加强病情观察：持续心电监护，密切观察生命体征变化。如果意识模糊甚至昏迷、反应迟钝、表情淡漠提示可能有脑灌流不良；注意监测神经功能、肌力、血糖、电解质；肢端体温显著低于正常常提示周围循环血容量不足；观察尿量变化，记录每小时尿量，可通过尿量估计组织血液灌流及监测肾功能。

2）穿刺肢体的护理：观察腹股沟穿刺点，有无渗出、有无皮下出血，双足背动脉搏动、双下肢皮温、肤色是否正常。观察带有动脉鞘一侧肢体是否制动，术后患者平卧 24h，术侧肢体制动 8h，拔鞘后加压包扎穿刺部位 12h，穿刺侧肢体禁止测量血压。若术侧足背动脉搏动较对侧明显减弱、下肢疼痛明显，皮肤色泽发绀，提示有下肢栓塞可能，应及时协助处理。

3）药物的治疗及护理：遵医嘱给予患者口服或鼻饲抗凝药物，注意监测用药后患者不良反应的发生，定期监测患者凝血及血常规。溶栓前后为防止血栓形成会给予抗凝、抗血小板治疗，有潜在的口鼻出血及便血、血尿风险。因此要密切观察有无皮下、齿龈、鼻腔及脏器出血症状，在进行血管穿刺处压迫止血时，确保无活动性渗血方可完成，监测血压时每班调整袖带并观察皮肤有无压力性紫癜。

4）并发症的预防：防止下肢静脉血栓及血肿，最为重要的是预防脑出血的发生，若患者出现意识状态、瞳孔改变等立即给予头颅 CT 检查。加强对血压的监护，每 15~30min 监测血压，将患者的收缩压控制在 110~140mmHg。

（刘 芳）

二、出血性脑卒中

【概述】

出血性卒中包括脑出血和蛛网膜下腔出血，是严重的脑血管疾病，约占脑卒中的 20%。出血性脑卒中的原因有原发性和继发性两大类，继发性本节不作叙述，而着重介绍原发性非外伤性的出血性脑卒中。脑内出血（Intracerebral Hemorrhage, ICH）是一种致残率和致死率高的临床急症。脑出血临床表现的轻重主要取决于出血量和出血部位，临床分类常见基底节区出血、脑叶出血、脑干出血、小脑出血和脑室出血，占脑卒中的 20%~30%。蛛网膜下腔出血（Subarachnoid Hemorrhage, SAH）是指脑底或脑表面血管破裂后，血液流入蛛网膜下腔引起相应临床症状的一种脑卒中，占所有脑卒中的 5%~10%。脑出血最常见的病因是高血压伴动脉粥样硬化，其他还有脑动静脉畸形、动脉瘤、血液病、脑动脉炎、抗凝或溶栓治疗的并发症等。蛛网膜下腔出血最常见的病因是颅内动脉瘤（70%），其次是脑血管畸形（10%），其他（20%）包括脑底血管网病、夹层动脉瘤、血液病、抗凝治疗并发症等。脑出血与蛛网膜下腔出血的临床表现有所不同，见表 8-1-6。

表 8-1-6　出血性脑卒中的鉴别

	脑出血	蛛网膜下腔出血
好发年龄	50~60 岁	中青年
主要病因	高血压脑动脉硬化	脑动脉瘤或血管畸形
起病方式	急（min/h）	急骤（min/s）
起病时血压	明显增高	增高或正常
好发部位	脑内穿通动脉	脑底动脉环附近血管
全脑症状	持续 / 较重	明显
头痛特点	疼痛明显	爆炸样疼痛
局灶性脑损害	有	无
脑膜刺激征	可有	明显
头颅 CT	脑内高密度灶	蛛网膜下腔高密度灶

【基底节脑出血患者的护理】

（一）概述

基底节区出血中壳核是高血压脑出血最常见的出血部位，约占 50%~60%，丘脑出血占24%，尾状核出血少见。

（二）发生机制

1. 基底节区出血　壳核出血主要是豆纹动脉破裂引起，因血肿扩散常波及内囊。临床表现与血肿的部位和血肿量有关。

2. 基底节区出血的受累组织与临床症状见表 8-1-7。

表 8-1-7　基底节脑出血的受累组织与临床症状

出血部位	受累的脑组织	临床症状
壳核出血	壳核、内囊	壳核出血临床症状与血肿部位和血肿量有关，中等和大量出血可见病变对侧偏瘫、偏身感觉障碍、偏盲和失语（优势半球受累）；双眼向病灶侧凝视；重者出现意识障碍。出血量较小可表现为运动或感觉障碍
丘脑出血	丘脑、内囊	丘脑出血：中等量或大量出血，引起病灶对侧偏瘫或偏身感觉障碍。失语，精神障碍，丘脑语言，丘脑痴呆等。破入第三脑室者意识障碍加深，瞳孔缩小，中枢性高热、去皮质强直等症状
尾状核出血	尾状核、脑室	尾状核出血：头痛、呕吐，对侧中枢性舌瘫与蛛网膜下腔出血的表现相似

（三）临床评估与判断

快速 CT 或 MRI 神经影像学检查，以鉴别缺血性卒中与 ICH（Ⅰ类；A 级证据）。对于收缩压在 150~220mmHg 之间、无急性降压治疗禁忌的 ICH 患者，将收缩压紧急降至140mmHg 是安全的（Ⅰ类，A 级证据），有利于改善功能预后（Ⅱa 类；B 级证据）。ICH 患者最初的监测和管理应在 ICU 或配备神经急性护理专长的医师和护士专门的卒中单元进行（Ⅰ类；B 级证据）。监测血糖水平，高血糖和低血糖均应避免（Ⅰ类；C 级证据）。所有患者开始经口进食前都要进行正式的吞咽困难筛查，以降低肺炎风险（Ⅰ类；B 级证据）。ICH 患者自住院开始即应给予间歇充气加压治疗以预防深静脉血栓形成（Ⅰ类；A 级证据）。由于潜在的严重性、残疾进展的复杂模式和有效性证据的增加，推荐所有脑出血患者接受综合康复治疗（Ⅰ类；A 级证据）。

【监测与护理】

1. 急救护理　ICH 患者收住重症监护病房可以显著降低死亡率。给予持续生命体征监测，神经系统功能及脑损伤评估，持续心肺监护，包括无创血压监测、心电图监测、氧饱和度监测，密切观察病情及血肿变化，应用血管活性药物的患者可考虑有创动脉血压监测。保持环境安静，防止继续出血，根据情况，适当降低颅内压，防治脑水肿，维持水电解质、血糖、体温平衡；同时加强呼吸道管理及护理，预防及防止各种颅内及全身并发症发生。对大量脑出血患者进行外科手术指征评估，开展微创血肿清除术是脑出血的重要急救措施之一。

2. 意识障碍的管理　可通过格拉斯哥昏迷评分进行意识障碍的评估,见表 8-1-8。

表 8-1-8　格拉斯哥昏迷评分(GCS)的应用

项目	睁眼反应(E)	言语反应(V)	运动反应(M)
6			遵嘱动作
5		回答正确	刺痛定位
4	自动睁眼	回答错误	刺痛躲避
3	呼唤睁眼	含糊不清	刺痛屈曲
2	刺痛睁眼	唯有声叹	刺痛伸直
1	无反应	不能发音	无反应

结果判断:最高 15 分正常,预后最好;最低 3 分,预后最差;计分越高,说明意识状态越趋于正常。GCS8 分以下即可认为昏迷。

3. 血压管理　遵循慎重、适度的原则,降压治疗做到个体化,准确动态监测血压。

4. 血糖的管理　监测血糖,注意危急值,警惕低血糖和高血糖风险。

5. 呼吸道管理　若意识障碍程度重,排痰不良或肺部感染者可考虑气管插管或尽早气管切开,排痰防治肺部感染。怀疑肺部感染患者,应早期作痰培养及药敏实验,选用有效抗生素治疗。

6. 应激性溃疡的预防和观察　观察患者有无恶心、上腹部疼痛、饱胀、呕血、黑便、尿量减少等症状和体征。胃管鼻饲患者每次鼻饲前先抽吸胃液,如为咖啡色或血性提示发生出血,留取标本做胃液隐血试验。观察大便颜色、量和性状,进行大便隐血试验,及时发现出血。

7. 下肢深静脉血栓预防　如疑似患者,进行 D- 二聚体检测及多普勒超声检查。鼓励患者尽早活动、腿抬高;尽可能避免下肢静脉输液,特别是瘫痪侧肢体。可使用间歇性空气压缩装置预防深静脉血栓。对易发生深静脉血栓的高危患者(排除凝血功能障碍所致的脑出血患者),遵医嘱用皮下注射小剂量低分子肝素预防深静脉血栓形成。

8. 营养管理　所有患者开始经口进食前都要进行正式的吞咽困难筛查,以降低肺炎风险。进行营养不良风险评估,评估机体需要量,实行个体化营养支持。

9. 护理并发症的管理

(1)压疮:根据 Braden 评分结果采取相应防范措施,加强皮肤护理和营养管理。

(2)跌倒:根据 Morse 评分结果采取安全措施,脑出血患者易发生偏瘫侧忽略导致坠床或跌倒风险增加。

(3)自理能力下降:根据 Bathel 指数评估患者日常生活自理能力,确定恰当的护理级别,实施分级护理。

(刘　芳)

三、颅内动脉瘤

【概述】

颅内动脉瘤（intracranial aneurysm）是由于颅内局部血管壁异常产生的囊性膨出。主要见于 40~60 岁的中老年人。80% 发生在大脑动脉环（Willis 动脉环）的前部及其邻近的动脉主干上。颅内动脉瘤破裂出血在脑血管意外中居第三位，仅次于脑血栓形成和高血压性脑出血。

【病因与发病机制】

动脉瘤的发病原因有先天性缺陷和后天性退变之说，后者主要指颅内动脉粥样硬化和高血压使动脉内弹力板破坏，概括如下：

（一）先天性因素

脑动脉管壁的厚度为身体其他部位同管径动脉的 2/3，周围缺乏组织支持，但承受的血流量大，尤其在动脉分叉部。管壁中层缺少弹力纤维，平滑肌较少，由于血流动力学方面的原因，分叉部又最易受到冲击，这与临床发现分叉部动脉瘤最多、向血流冲击方向突出是一致的（图 8-1-4）。管壁的中层有裂隙、胚胎血管的残留、先天动脉发育异常或缺陷（如内弹力板及中层发育不良）都是动脉瘤形成的重要因素。先天动脉发育不良不仅可发展成囊性动脉瘤，也可演变成梭形动脉瘤。

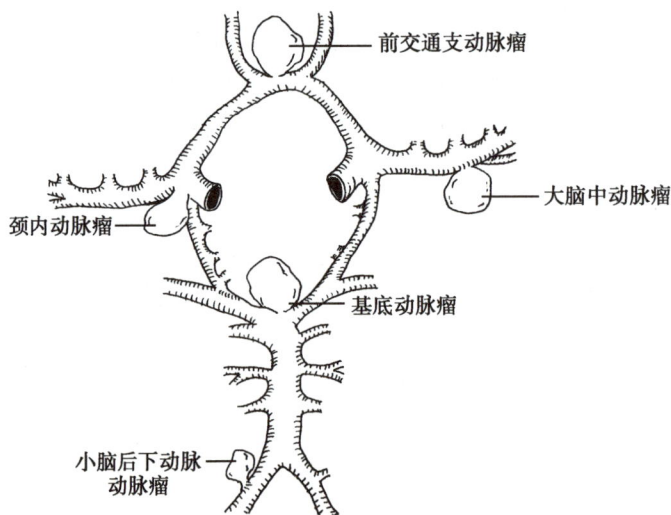

图 8-1-4　动脉瘤易出现的位置

（二）后天性因素

1. 动脉硬化　动脉壁发生粥样硬化使弹力纤维断裂及消失，削弱了动脉壁而不能承受巨大压力。硬化造成动脉营养血管闭塞，使血管壁变性。40~60 岁是动脉硬化发展的明显阶段，同时也是动脉瘤的好发年龄，这足以说明二者的相互关系。

2. 感染　感染性动脉瘤约占全部动脉瘤的 4%。身体各部的感染皆可以小栓子的形式经血液播散停留在脑动脉的周末支，少数栓子停留在动脉分叉部。颅底骨质感染、颅内脓肿、脑膜炎等也会由外方侵蚀动脉壁，引起感染性或真菌性动脉瘤。感染性动脉瘤的外形多不规则。

3. 创伤　颅脑闭合性或开放性损伤、手术创伤，由于异物、器械、骨片等直接伤及动脉管壁,或牵拉血管造成管壁薄弱,形成真性或假性动脉瘤。

4. 其他　此外,还有一些少见的原因如肿瘤等也能引起动脉瘤。颅底异常血管网症、脑动静脉畸形、颅内血管发育异常及脑动脉闭塞等也可伴发动脉瘤。

> **知识拓展**
>
> ### 动脉瘤形成的原因
>
> 　　除上述各原因外,还有一个共同的因素是血流动力学的冲击。动脉壁在上述先天因素、动脉硬化、感染或外伤等破坏的基础上,加上血流的冲击是动脉瘤形成的原因。
>
> 　　在临床上有时可见到下列情况发展成动脉瘤:①残余的动脉瘤蒂:即夹闭动脉瘤时剩下一小部分薄壁。②动脉分叉处的膨隆:如颈内动脉-后交通支交界处的膨隆。③动脉壁的一部分向外突出。这些可在 2~10 年演变成动脉瘤。

【临床评估与判断】

1. 常用辅助检查　DSA 是诊断动脉瘤的金标准。3D-DSA 能更加详细的描述动脉瘤形态及毗邻血管的关系。首次造影阴性的蛛网膜下腔出血患者 2~4 周后复查(14% 的患者存在动脉瘤)。

2. 临床表现　颅内动脉瘤患者在破裂出血之前,90% 的患者没有明显的症状和体征,只有极少数患者,因动脉瘤影响到邻近神经或脑部结构而产生特殊的表现。动脉瘤症状和体征大致可分为破裂前先兆症状、破裂时出血症状、局部定位体征以及颅内压增高症状等。

(1)出血引起的局灶性神经症状:蛛网膜下腔出血引起的神经症状为脑膜刺激征,表现为颈项强硬,凯尔尼格征阳性。大脑前动脉动脉瘤出血常侵入大脑半球的额叶,引起痴呆、记忆力下降、大小便失禁、偏瘫、失语等。大脑中动脉动脉瘤出血常引起颞叶血肿,表现为偏瘫、偏盲、失语及颞叶疝等症状。后交通动脉动脉瘤破裂出血时可出现同侧动眼神经麻痹等表现。

> **知识拓展**
>
> ### 蛛网膜下腔出血的原因
>
> 　　除了颅内动脉瘤破裂出血以外,脑动静脉畸形、硬脑膜动静脉瘘、海绵状血管瘤、烟雾病、脊髓血管畸形等同样能造成自发性蛛网膜下腔出血。脑血管造影检查与头颅的 CT 或 MRI 检查,均能够对相应疾病做出确定的诊断。

(2)全身性症状:起病后患者血压多突然升高,常为暂时性的,一般于数天到 3 周后恢复正常;多数患者体温不超过 39℃,多在 38℃左右,体温升高常发生在起病后 24~96h,一般于 5 天 ~2 周内恢复正常;脑心综合征为发病后 1~2 天内,表现为一过性高血压、意识障碍、呼吸困难、急性肺水肿、癫痫,严重者可出现急性心肌梗死(多在发病后第 1 周内发生)。意识障碍越重,出现心电图异常的概率越高;少数患者可出现上消化道出血征象,表现为呕吐咖啡样物或排柏油样便。

（3）颅内压增高症状：一般认为动脉瘤的直径超过 2.5cm 以上的未破裂的巨大型动脉瘤或破裂动脉瘤伴有颅内血肿时可引起颅内压增高。巨大型动脉瘤引起的眼底水肿改变，与破裂出血时引起的眼底水肿出血改变有所不同，前者为颅内压增高引起的视神经盘水肿，后者多为蛛网膜下腔出血引起的视神经盘水肿、视网膜出血。

> **知识拓展**
>
> # Hunt 及 Hess 根据患者临床表现
> ## 将颅内动脉瘤患者分为五级
>
> Ⅰ级：无症状，或轻微头痛及轻度颈强直。
> Ⅱ级：中度至重度头痛，颈强直，除有脑神经麻痹外，无其他神经功能缺失。
> Ⅲ级：嗜睡，意识模糊，或轻微的灶性神经功能缺失。
> Ⅳ级：木僵，中度至重度偏侧不全麻痹，可能有早期的去皮质强直及自主神经系统功能障碍。
> Ⅴ级：深昏迷，去皮质强直，濒死状态。

【治疗】

1. 非手术治疗　主要是防止出血以及控制动脉痉挛。卧床休息，对症处理，控制血压，降低颅内压。使用钙拮抗剂预防和治疗脑动脉痉挛。使用氨基己酸，抑制纤溶酶的形成，预防再次出血。

2. 手术治疗

（1）动脉瘤颈夹闭或结扎：手术目的在于阻断动脉瘤的血液供应，避免发生再出血；保持载瘤及供血动脉继续通畅，维持脑组织正常血运。

（2）动脉瘤孤立术：动脉瘤孤立术则是把载瘤动脉在瘤的远端及近端同时夹闭，使动脉瘤孤立于血循环之外。

（3）动脉瘤包裹术：采用不同的材料加固动脉瘤壁，虽瘤腔内仍充血，但可减少破裂的机会。目前临床应用的有筋膜和棉丝等。

3. 血管内介入治疗　对于患动脉瘤的患者开颅手术极其高危、开颅手术失败，或因全身情况及局部情况不适宜开颅手术等，可用血管内栓塞治疗。对于动脉瘤没有上述情况者，也可以先选择栓塞治疗。血管内介入治疗的手术目的在于：利用股动脉穿刺，将纤细的微导管放置于动脉瘤囊内或瘤颈部位，再经过微导管将柔软的钛合金弹簧圈送入动脉瘤囊内并将其充满，使得动脉瘤囊内血流消失，从而消除再次破裂出血的风险。

【监测与护理】

1. 术前护理

（1）进食高蛋白、高热量、易消化的高营养的饮食，以提高机体抵抗力及术后组织的修复能力。

（2）术前进食 10~12h，禁饮 6~8h，以免麻醉后呕吐造成误吸。

（3）术前保证充足的睡眠,避免诱发颅内压升高的因素,如咳嗽、用力大便、情绪激动等。

（4）训练床上大小便,避免术后因不习惯在床上排便引起便秘、尿潴留,保持大小便通畅。

（5）皮肤准备:头部手术者剃光头发后,用肥皂水和热水洗净,以免伤口或颅内感染。

（6）心理护理:避免情绪激动,因为情绪激动时,交感神经兴奋,引起小动脉痉挛,导致血压升高,可诱发出血。

2. 术后护理

（1）一般护理:术后指导患者作息,饮食与活动,术后坚持卧床 2d,保持充足睡眠,关注饮食丰富性与合理性,尽量选择易于消化食物及含有较高的热量、蛋白质及维生素,注重患者肢体被动与主动活动,密切关注各项生命体征的变化。

（2）病情观察:术后继续给予患者心电监护,严密观察患者血压、脉搏、呼吸、意识、瞳孔及肢体活动情况。

（3）预防再次出血:出血发生后应卧床休息,保持安静,避免情绪激动,保持大便通畅,遵医嘱给予止血剂,镇静剂,脱水剂,维持血压在正常范围,降低颅内压。

（4）预防和处理并发症:密切观察生命体征,神志,瞳孔、伤口及引流等变化,注意有无颅内压增高迹象;遵医嘱使用抗菌药物预防感染,降低颅内压;使用药物降血压时,注意观察患者有无头晕、意识改变等脑缺血症状,若有,及时通知医生处理;使用氨基己酸时,注意观察有无血栓形成迹象。

（5）告知患者颅内动脉瘤破裂的相关知识

1）避免诱因:控制血压于稳定状态,避免血压大幅度波动造成动脉瘤破裂,保持大便通畅,必要时使用缓泻剂,避免情绪激动和剧烈运动。

2）注意安全:尽量不要单独外出活动或锁门洗澡,以免发生意外影响抢救。

3）及时就诊:发现动脉瘤破裂出血表现,如头痛、呕吐、意识障碍、偏瘫时及时诊治。

3. 并发症预防及护理

（1）动脉瘤破裂再出血:术后主要观察患者的神志、瞳孔和生命体征和肢体肌力的变化,需要严密控制血压,收缩压控制在 140mmHg 以下,舒张压控制在 90mmHg 以下,并根据血压调整降压药用量。若出现了头痛剧烈、频繁呕吐、意识障碍加深、瞳孔大小变化应立即通知医生急行头颅 CT 检查,若示出血量增加,做好再次手术准备。术后绝对卧床,勿剧烈摇晃头部,指导患者多食粗纤维食物,多饮水,保持大便通畅,避免诱因。

（2）脑血管痉挛:术后常规遵医嘱根据血压给予尼莫地平,持续 24 小时微泵泵入,根据病情逐步减量改为口服。同时可采用“3H”疗法,即保持足够的血容量、控制高血压、予以血液稀释、药物及血管内治疗。

（3）脑梗死:术后应早期严密观察语言、运动和感觉功能的变化,经常与患者交流以便及早发现病情的变化,若患者出现一侧肢体无力、神志不清、双侧瞳孔不等大,应立即通知医生进行 CT 检查,一经确诊,立即给予抗凝、扩容及甘露醇脱水治疗。

（4）下肢动脉栓塞:术后应密切观察穿刺侧足背动脉搏动有无减弱或消失、皮肤颜色是否苍白、皮温是否正常、下肢有无疼痛和感觉障碍,并与健侧肢体对比。一旦出现肢端苍白、小腿剧烈疼痛、麻木、皮温下降、足背动脉搏动减弱或消失则提示有股动脉栓塞的可能,及时通知医生采取措施。嘱患者绝对卧床休息,抬高患者,限制肢体活动,增加静脉回流。忌患肢按摩,以免引起栓子脱落,引起肺栓塞。给予溶栓和抗凝治疗,注意观察有无出血倾向。急性期过后下床活动要穿弹力袜或弹性绷带。

（李桂云）

四、颅内动静脉畸形

【概述】

颅内动静脉畸形(arteriovenous malformation,AVM)是先天性脑血管发育异常,是脑血管畸形中最多见的一种,位于脑的浅表或深部。发病年龄多在 20-30 岁,男性稍多于女性。动静脉畸形是由一团动脉、静脉及动脉化的静脉样血管组成,动脉直接与静脉交通,其间无毛细血管网,畸形血管周围的脑卒中因缺血而萎缩(图 8-1-5)。

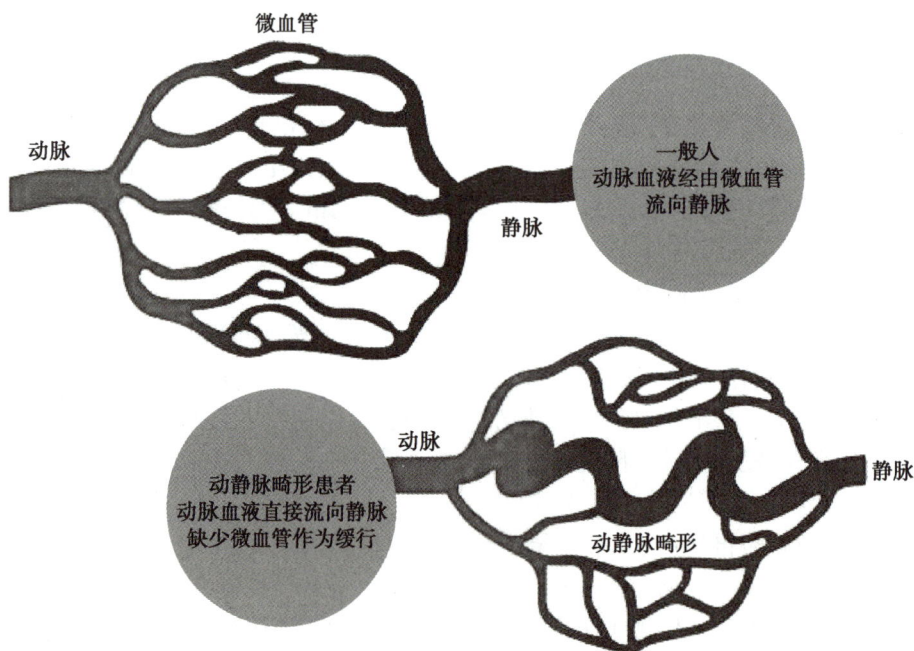

图 8-1-5 动静脉畸形的血管组成

【病因与发病机制】

颅内动静脉畸形是一种先天性疾患,是胚胎发育过程中脑血管发生变异而形成的,是在胚胎三、四期,脑血管发育过程受到阻碍,动静脉之间直接交通而形成的先天性疾病。颅内动静脉畸形病灶中动静脉之间缺乏毛细血管结构,动脉血直接流入静脉,血流阻力骤然减少,导致局部脑动脉压下降,脑静脉压增高,由此产生一系列血流动力学的紊乱和病理生理过程。

【临床评估与判断】

1. 常用辅助检查

（1）头部 CT:AVM 表现为混杂密度区,大脑半球中线结构无移位。在急性出血期,CT

可以确定出血的部位及程度。

（2）头部 MRI：因病变内高速血流表现为流空现象，另外，MRI 能显示良好的病变与脑解剖关系，为切除 AVM 选择手术入路提供依据。

（3）脑血管造影：是确诊本病的必需手段。可了解畸形血管团大小、范围、供血动脉、引流静脉以及血流速度有时还可见由对侧颈内动脉或椎基底动脉系统的盗血现象。

（4）脑电图检查：患侧大脑半球病变区及其周围可出现慢波或棘波。对有抽搐的患者术中脑电图监测，切除癫痫病灶，可减少术后抽搐发作。

2. 临床表现

（1）颅内出血：是最常见的症状之一，发生率 52%~77%，常在情绪激动或剧烈运动时急性发作，急性血管破裂可致脑内、脑室内和蛛网膜下隙出血，患者突然出现剧烈头痛、呕吐等症状；少量出血时可不明显。重者出现意识丧失、颈项强直、Kerning 征阳性。

（2）癫痫：文献报道发生率为 28%~64%，以癫痫为首发症状为 17%~47%。可在颅内出血时发生，也可单独出现。与脑缺血、病变周围胶质样变以及出血后的含铁血黄素刺激大脑皮质有关。多见于较大病灶或有大量"盗血"的 AVM。AVM 团越大，癫痫的发生率越高，顶叶 AVM 的癫痫发生率最高，为局灶性癫痫，其次为额叶和颞叶病变，枕叶和大脑深部较少，额叶多表现为全身性癫痫。

（3）头痛：大部分有头痛史，以头痛为首发症状者为 15%~24%，可能与供血动脉、引流静脉及窦的扩张有关，或与脑出血、脑积水及颅内压增高有关。表现为常局限于一侧，多为持续性痛，偏头痛。AVM 出血时多为剧烈疼痛，伴有恶心、呕吐症状。

（4）神经功能障碍及其他症状：由于 AVM 周围脑组织缺血萎缩、血肿压迫、可出现智力障碍及精神症状，婴儿和儿童可因颅内血管短路，出现心力衰竭。

【治疗】

1. 一般治疗

（1）避免剧烈运动和情绪波动。

（2）禁止烟、酒。

（3）适当控制血压。

2. 手术治疗

（1）手术切除：是治疗颅内动静脉畸形的最根本方法，不仅能杜绝病变再出血，还能阻止畸形血管盗血现象，从而改善脑血流。

（2）γ- 刀或 X- 刀治疗：对位于脑深部重要功能区如脑干、间脑等部位的 AVM，不适宜手术切除。手术切除后残存的 AVM，直径小于 3cm，可考虑 γ- 刀或 X- 刀治疗，使畸形血管内皮缓慢增生，血管壁增厚。形成血栓而闭塞、但在治疗期间，仍有出血可能。

【监测与护理】

1. 术前护理

（1）协助患者做好各项术前的检查，如心电图，胸片，血常规、凝血功能等，告知患者术前禁饮食 6h。

（2）常规给予患者备皮，术前 1h 留置尿管。

（3）遵医嘱术前 2d 给予患者降压药物，每 30 分钟监测一次。

知识拓展

降压药的应用与观察

1. 降压药　降压药是一类能控制血压、用于治疗高血压的药物。降压药主要通过影响交感神经系统、肾素－血管紧张素－醛固酮系统和内皮素系统等对血压的生理调节起重要作用的系统而发挥降压效应。

2. 降压药种类　利尿降压药、交感神经抑制药、钙拮抗药。

3. 利尿药的副作用　电解质紊乱（低钾、低钠、低氯、低钙、低镁）、直立性低血压或血压下降、血尿酸升高、痛风、糖耐量减低、脂质代谢紊乱、氮质血症。

4. 钙离子拮抗剂副作用　直立性低血压、心动过速、头痛、颜面潮红、便秘、胫前、踝部水肿、心动过缓或传导阻滞、抑制心肌收缩力、皮疹和过敏反应。

5. 肾素－血管紧张素系统抑制药的副作用　咳嗽、高钾血症、肝功能异常、味觉和胃肠功能紊乱、血管神经性水肿。

6. 观察要点　遵医嘱按时用药，不可自行减量或停药；在首次给予α受体阻滞药时，应重点观察患者有无发生直立性低血压。为避免首剂低血压的发生，建议首次给药放在睡觉前，且剂量减半。注意观察生命体征（血压、心率）的变化，有无头痛、咳嗽，注意监测有无低血钾症状的发生。

（4）严密观察生命体征、意识、瞳孔及肢体活动情况。避免情绪激动，保持呼吸道通畅，避免剧烈咳嗽，保持大便通畅，避免用力排便。

（5）给予患者心理护理。

2. 术后护理

（1）一般护理：全麻清醒后去枕平卧6h，禁饮食4~6h，平稳后给予高蛋白、高维生素、高热量的流质饮食或半流质饮食，鼓励患者多饮水，以促进造影剂的排出。嘱患者绝对卧床，术后48h内勿剧烈活动头部。

（2）管路护理：留置导尿管妥善固定，防扭曲、尿液逆流，导尿管一般于术后3~4d拔除，拔管后注意观察患者排尿情况，同时保持患者情绪稳定，避免过度兴奋。

（3）病情观察：术后继续给予患者心电监护，严密观察患者血压、脉搏、呼吸、意识、瞳孔及肢体活动情况，观察穿刺处有无出血、血肿、观察穿刺侧肢体远端血液循环情况，如皮肤颜色、温度、感觉及足背动脉搏动情况等。

（4）对症护理：肢体活动不便者应做好皮肤护理，勤翻身，防止压疮，加强肢体功能锻炼。失语者可采用书面或肢体语言交流，了解患者的想法，并指导患者练习发音。有癫痫病史患者要注意保证患者安全，由专人护理，及时发现癫痫发作先兆，积极处理。

（5）心理护理：患者常有头痛、呕吐或癫痫发作等症状，加上对手术治疗的不了解及潜在的风险，易产生紧张、恐惧心理、护理人员应根据不同病情、不同年龄对患者实施心理护理，向患者介绍手术的方法、优点、同种病例治疗效果，消除患者的思想顾虑，增强治疗信心。

3. 并发症预防及护理

（1）颅内出血：是术后严重并发症，表现为头痛、恶心、呕吐、烦躁、颈项强直，可伴有意识障碍。正确地处理颅内出血，可减轻出血对脑实质的损害，降低致残率；术后可持续低血压调控、持续镇静镇痛 24 小时以上，保持情绪稳定，避免一切可能导致血压升高的因素。

（2）脑梗死：由于反复插管栓塞对血管壁的刺激，患者可出现脑血管痉挛或误栓正常血管，表现为剧烈头痛、肢体瘫痪、麻木、失语等，应遵医嘱给予扩血管药物及钙离子拮抗剂。

（3）癫痫：脑血管畸形的患者本身就有癫痫发作的可能，术后遵医嘱给予患者抗癫痫药物，注意观察患者癫痫发作的临床表现。

4. 出院指导　嘱患者术后 3~6 个月后行 DSA 复查造影，并告知患者复查的必要性，嘱其注意休息，避免情绪激动，养成良好的生活习惯，进食低盐、易消化饮食，忌烟、酒，控制血压，对伴有瘫痪、失语的患者，指导家属协助患者进行功能锻炼，有癫痫患者嘱其按时服药，避免单独外出。

（李桂云）

第二节　重症肌无力及吉兰—巴雷综合征

一、重症肌无力

【概述】

重症肌无力（myasthenia gravis，MG）是一种由神经 – 肌肉接头处传递功能障碍所引起的自身免疫性疾病，病变主要累及神经肌肉接头突触后膜上乙酰胆碱受体（acetylcholine receptor，AChR）。发病率为（8~20）/10 万，患病率为 50/10 万，临床特征为部分或全身骨骼肌极易疲劳，通常在活动后加重，经休息和胆碱酯酶抑制剂治疗后症状减轻。

【病因与发病机制】

1. 发病机制　MG 的发病机制为体内产生的 AChR 抗体，在补体参与下与突触后膜的 AChR 产生了免疫应答，占据了大量的 AChR，令正常的突触后膜传递出现障碍，产生肌无力。

2. 病因　感染、药物、80% 患者有胸腺肥大，淋巴滤泡增生患者，正常生理情况如月经、怀孕和分娩、精神创伤、过度疲劳等都能诱发危象。也有的肌无力的恶化是自发的，约 30% 危象患者无明显的诱发因素。

【临床症状及表现】

重症肌无力在任何年龄组均可发病，但有两个发病年龄高峰：一是 20~40 岁，女性多于男性，约为 3:2；另一是 40~60 岁，男性多见，合并胸腺瘤。我国 10 岁以下的发病者占重症肌无力患者的 10%，家族性病例少见。

1. 重症肌无力有以下临床特征表现

（1）受累骨骼肌病态疲劳：肌肉连续收缩后出现严重肌无力甚至瘫痪，经短暂休息后可见症状减轻或暂时好转。肌无力症状易波动，多见于下午或傍晚劳累后加重，晨起和休息后减轻,称之为"晨轻暮重"。

（2）受累肌肉的分布:虽然全身骨骼肌均可受累,但脑神经支配的肌肉较脊神经支配的肌肉更易受累。主要特征包括:单侧眼外肌麻痹,如上睑下垂,斜视和复视,面部肌肉和口咽肌会出现表情淡漠、苦笑面容;连续咀嚼无力、进食时间长;说话带鼻音,饮水呛咳,吞咽困难;常从一组肌群无力开始,由上而下(从手到脚)逐步累及到其他肌群;一般先影响近端肌肉(如肩部)。若胸锁乳突肌和斜方肌受累则颈软、抬头困难、转颈、耸肩无力。四肢肌肉受累则出现咳嗽无力、呼吸困难,心肌偶可受累,引起突然死亡。

（3）胆碱酯酶抑制剂治疗有效,这是重症肌无力一个重要的临床特征。

（4）起病隐袭,整个病程有波动,缓解与复发交替,晚期患者休息后不能完全恢复,但重症肌无力不是持续进行性加重疾病。

2. 临床分型

（1）成年型(Osserman 分型)见表 8-2-1。

表 8-2-1　重症肌无力患者临床分型

分型	发生率	表现
Ⅰ 眼肌型	20%~30%	眼外肌、眼睑下垂、复视
ⅡA 轻度全身型	30%	四肢肌肉轻度无力,生活可自理,药物治疗效果好,无呼吸肌麻痹
ⅡB 中度全身型	25%	四肢肌肉重度无力,生活不能自理,药物治疗欠佳,无呼吸困难
Ⅲ 急性暴发性	15%	起病急,病情发展迅速,可见严重肌无力症状与呼吸肌麻痹,常合并胸腺瘤
Ⅳ 晚期重症型	10%	病程 2 年以上,由各型发展而来,症状重合并胸腺瘤,预后差

（2）临床将重症肌无力危象分为三种类型:重症肌无力(MG)危象是指 MG 症状恶化,呼吸肌和(或)吞咽肌严重无力,呼吸肌麻痹导致呼吸困难,咽喉肌无力导致排痰无力,阻塞气道,不能维持换气功能,如不及时抢救将危及生命。这是 MG 的主要死因之一。需要气管插管或气管切开,呼吸机人工辅助呼吸。MG 危象是一种神经内科急诊情况,是 MG 最严重的并发症,发生率为 15%~20%,危及患者生命,需要立即识别,及时救治(表 8-2-2)。

表 8-2-2　三种肌无力危象的鉴别

危象	发生机制	试验证明	紧急处理
肌无力危象	抗胆碱酯酶药物不足	注射新斯的明后症状缓解	增加抗胆碱酯酶药物的剂量,支持呼吸功能
胆碱能危象	抗胆碱酯酶药物过量	注射新斯的明后症状加重	停用,并调整抗胆碱酯酶药物的剂量
反拗性危象	对抗胆碱酯酶药物不敏感	注射新斯的明后无反应	停用抗胆碱酯酶药,支持呼吸功能

【临床评估与判断】

1. 临床检查

（1）疲劳试验：令受累肌肉在较短时间内重复收缩，如果出现无力或瘫痪，休息后又恢复正常者为阳性。常嘱患者重复睁眼、咀嚼。

> **知识拓展**
>
> ## 疲劳试验方法
>
> 用力持续睁眼的最大睑裂≥10mm；持续睁眼60秒，无眼睑下垂；用力闭眼埋睫征存在；平举、抬头、抬腿的最长时间各≥120秒；蹲起最多次数≥10次。

（2）抗胆碱酯酶药物试验：①滕喜龙试验：静脉注射滕喜龙 5~10mg，症状迅速缓解者为阳性，一般只维持 10 分钟左右又恢复原状。②新斯的明试验：肌内注射甲基硫酸新斯的明 0.5~1mg，20 分钟症状明显减轻者为阳性，可持续 2 小时左右。为对抗新斯的明的毒蕈碱样作用，可同时注射阿托品 0.3~0.5mg。③重复神经电刺激：必须在停用新斯的明 24 小时后进行，低频重复刺激尺神经、面神经或腋神经，记录远端诱发电位及衰减程度，如递减幅度大于 10% 者为阳性。约 80% 低频刺激出现阳性。④肌电图：用于脊髓前角细胞及其以下的病变检查，重症肌无力者间隔时间延长。⑤AChR 抗体滴度测定：80% 以上的病例滴度增高，但眼肌型仅约 70% 抗体滴度增高。

2. 肌无力危象的判断　肌无力危象容易造成咽喉肌肉无力，逐渐加重，引起呼吸肌无力导致呼吸困难；胆碱能危象容易出现恶心、呕吐、腹痛等，加重后可引起呼吸困难；反拗性危象较为少见，易引起呼吸困难，最终均可导致呼吸泵衰竭。

【监测与护理】

1. 急救与护理　护士要持续监测，提早发现病人有否恶化。最基本的监测包括：肌力；利用床旁肺活量仪找出病人之肺活量有否持续下跌；观察患者的延髓征象（Bulbar sign）有否加剧，延髓征象是指病人之发音及吞咽能力是否持续下跌。如果发现这些征象出现，需要立即监测血气分析结果，一旦出现二氧化碳潴留或氧分压降低，应积极行气管插管或气管切开并给予呼吸机辅助通气。在呼吸机辅助通气时，可停用溴吡斯的明 72h，而后从小剂量开始逐渐加量，已达到适合患者的最佳剂量。

> **知识拓展**
>
> ## 缩短 MG 危象时间的 10 项措施
>
> 1. 实行保守的及早插管，以防止延迟插管可能发生的肺不张或加重肌无力。
> 2. 暂停溴吡斯的明，插管后药物可能导致分泌物增加和气道填塞。
> 3. 尽早开始血浆交换治疗，留置深静脉置管。

4. 避免或停止使用加重肌无力的药物。

5. 使用大潮气量（12ml/kg）和高呼气末正压（5~15cmH$_2$O）的通气策略,扩展塌陷的肺泡,防止肺不张。

6. 有明显肺塌陷者,必须积极进行纤维支气管镜治疗,清除滞留的分泌物和促进肺复张。

7. 保留经细菌培养证实治疗有效的抗生素。

8. 停止每天使用镇静药物,尽早实现自主呼吸功能锻炼。

9. 及时诊断和治疗可加重肌无力症状的低钾血症等。

10. 若经口或鼻留置气管插管达 2 周,应切开气管,减少无效腔和气管导管产生的并发症,有利于尽早撤机。

2. 抗胆碱酯酶药物的应用 溴吡斯的明:成人口服 60~120mg/ 次,3~4 次 / 日,餐前 30 分钟,口服 2 小时后达血药浓度高峰,作用时间 6~8 小时,且作用温和、平稳、副作用小。

3. 免疫球蛋白冲击治疗 静脉注射用丙种球蛋白:此疗法主要用于病情急性进展、胸腺手术术前准备的 MG 患者,可与起效较慢的免疫抑制药物或可能诱发肌无力危象的大剂量糖皮质激素联合使用,多于使用后 5~10 日左右起效,作用可持续 2 个月。与血浆置换疗效相同但不良反应更小（A 级推荐,Ⅰ类证据）。但有头痛、无菌性脑膜炎、流感样症状和肾功能损害等不良反应。输注时按照输血流程执行,防止反应的发生。

4. 血浆置换 此疗法使用适应证与静脉注射丙种球蛋白相同（B 级推荐,Ⅳ类证据）,长期重复使用并不能增加远期疗效（B 级推荐,Ⅰ类证据）。

5. 胸腺肿瘤切除 对患有胸腺肿瘤的病人可进行胸腺肿瘤切除术,及给予术后护理。

6. 加强病情监测 密切观察患者的病情,注意患者呼吸频率和节律的改变,观察有无呼吸困难加重、发绀、咳嗽无力、腹痛、瞳孔变化、出汗、唾液或喉头分泌物增多等现象;避免感冒、感染、外伤、疲劳和过度紧张等诱发肌无力危象的因素,激素使用过程中监测药物不良反应。

7. 做好下呼吸道感染的控制 做好机械通气的护理,抬高床头 ≥30°,及时吸痰,清除口鼻分泌物,以保持呼吸道通畅,加强胸肺部护理,给予振动排痰。肺不张在 MG 危象患者中发生率较高,必要时行纤维支气管镜检查与冲洗治疗严重的肺不张或肺叶塌陷。同时做好呼吸机外管路的管理。

8. 由于患者出现吞咽功能障碍,需要给患者留置鼻胃管,并持续泵入肠内营养,保证患者充足的营养供应状态,提高患者自身抵抗力。动态监测胃内残留液,如有胃潴留,可早期放置鼻肠管,以防止患者反流、误吸的发生。根据患者的病情,早期给予患者呼吸机撤离,当患者的肌无力症状好转、咳嗽反射明显,同时伴有血气分析指标正常时,可以考虑患者进行呼吸机撤离。

9. 加强语言沟通,做好心理护理 患者神志清醒,但由于其咽喉、舌肌等受累、气管插管或切开等致构音障碍,需要护士耐心倾听、猜测患者的需求。由于患者运动受限,需要护士协助患者做好洗漱、进食、穿衣、个人卫生等生活护理,保持口腔清洁,防止外伤和皮肤压疮的发生。并指导患者充分的休息,避免疲劳。因为患者呼吸困难,担心会随时出现呼吸停止,容易产生紧张、害怕甚至死亡的恐惧心理,护士应耐心解释病情,详细告知药物治疗可改善症状,让患者了解只要积极配合治疗,避免诱因,树立战胜疾病的信心。

> **知识拓展**
>
> # MG 的预后
>
> 　　眼肌型 MG 患者中 10%~20% 可以自愈,20%~30% 始终局限于眼外肌,其余50%~70% 绝大多数可能在起病 3 年内逐渐累及延髓和肢体肌肉,发展成全身型 MG。约 2/3 在发病 1 年内疾病严重程度达到高峰,20% 左右在发病 1 年内可能出现危象。肌无力症状和体征在某些条件下会有所加重,如上呼吸道感染、腹泻、甲状腺疾病、怀孕、体温升高、精神创伤和使用影响神经肌肉接头传递的药物等。在广泛使用免疫抑制药物治疗之前,死亡率(包括直接死于 MG 及其并发症)高达 30%,随着机械通气、重症监护技术以及免疫治疗的发展,目前死亡率已降至 5% 以下。

二、吉兰—巴雷综合征

【概述】

　　吉兰—巴雷综合征(Guillain-Barré 综合征)是常见的脊神经和周围神经的脱髓鞘疾病(图 8-2-1、图 8-2-2),又称急性多发性神经根神经炎。临床上表现为进行性上升性对称性麻痹、四肢软瘫,以及不同程度的感觉障碍。患者呈急性或亚急性临床经过,多数可完全恢复,少数严重者可引起致死性呼吸麻痹和双侧面瘫。脑脊液检查可出现典型的蛋白质增加而细胞数正常,又称蛋白细胞分离现象。

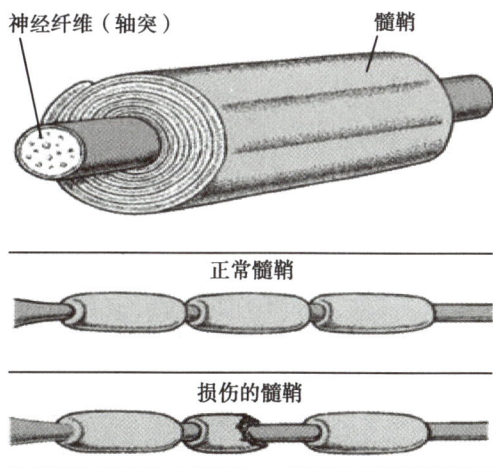

图 8-2-1　正常髓鞘与损伤髓鞘

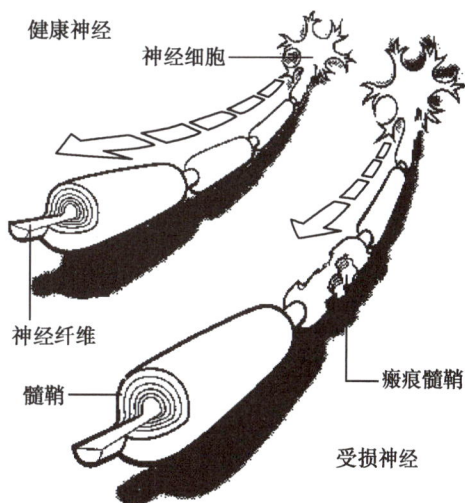

图 8-2-2　正常神经传导与损伤后神经传导

【病因与发病机制】

多数患者发病前有巨细胞病毒、EB病毒或支原体等感染,但少数病例的病因不明。本病性质尚不清楚,可能与免疫损伤有关。但至今尚未能从患者血液中分离出髓鞘蛋白的抗体。患者发病前1~4周可有胃肠道或呼吸道感染症状以及疫苗接种史,同时伴有前驱症状喉痛、鼻塞、发热等呼吸道症状,以及腹泻史,有的与被动免疫注射疫苗有关。任何年龄均可发病,但以青壮年为多见。发病率:0.6~1.9/10万,发病无季节差异,但国内报道以夏秋季多见。

【临床评估与判断】

1. 常用辅助检查

(1)脑脊液:可见明显蛋白分离现象,即脑脊液中蛋白增高,细胞数正常或接近正常。

(2)肌电图:运动神经传导速度减慢,提示神经源损害。

(3)腓肠肌活检:可提示轻度周围神经病变。

2. 临床表现　主要特征包括:双侧进行性对称性肢体软瘫,主观感觉障碍,腱反射减弱或消失为主要症状。常从一组肌群无力开始,由下而上,以颈肩腰和下肢为多见。一般先影响远程肌肉(如脚部)。其他以急性临床中最为明显的症状为运动障碍、感觉障碍(如神经腺发炎所产生之疼痛)、自主神经功能障碍(如心律失常)以及脑神经障碍(如小脑障碍所产生之运动不协调)等。每种障碍的发生均可造成患者异常的体征。

> **知识拓展**
>
> ### 利用 Hughes 评分制定的 GBS 分级标准
>
> 0级:正常。
>
> 1级:有轻微神经系统症状,但能从事日常工作。
>
> 2级:不能从事日常工作,但能自己行走。
>
> 3级:需要人搀扶或拄拐杖才能行走。
>
> 4级:不能行走,卧床或坐在轮椅上。
>
> 5级:呼吸肌麻痹,需要辅助呼吸。
>
> 6级:死亡。

【监测与护理】

1. 急救护理　吉兰—巴雷综合征病情危急,病情变化快,急性期需要密切观察病情,给予患者吸氧;当患者出现疲乏、呼吸过速或异常呼吸运动(腹式呼吸)时或血氧饱和度下降时,应立即给予经口气管插管或气切,确保维持正常的呼吸功能,同时建立并维持静脉通道通畅。呼吸肌麻痹是吉兰-巴雷综合征主要的致死原因,而呼吸肌麻痹的抢救成功是提高吉兰—巴雷综合征的治愈率,降低病死率的关键。

2. 对症治疗　免疫球蛋白冲击治疗的护理。

尽早使用免疫球蛋白冲击治疗。在使用大剂量免疫球蛋白冲击治疗时,要密切观察患者生命体征的变化。刚开始输注时应严格控制滴速,不超过60ml/h,观察20min,无不良反应可重新调整滴速,但不应超过 180ml/h,同时观察用药后反应,如有严重的不良反应,应立即停止输液,报告医生。本病有自主神经功能异常,为此注意患者心率律的改变。给予预防感染、营养支持等护理措施,眼睑闭合不全患者要保护角膜,防止溃疡的发生。

3. 血浆置换的护理

知识拓展

血 浆 置 换

　　血浆置换(plasma exchange,PE)是通过清除患者血浆中致病性的抗体、淋巴因子、炎症介质,促进免疫球蛋白的平衡,恢复淋巴细胞和吞噬细胞功能,减轻免疫反应对自身的损害作用,是最早证实对 GBS 有效的治疗。免疫球蛋白滴注一般在发病 2 周内应用,其机制主要是抑制巨噬细胞介导的脱髓鞘作用。对于吉兰—巴雷综合征的患者,有强烈证据支持静脉注射人免疫球蛋白治疗在成人患者有效(A 级证据)。静脉应用免疫球蛋白与血浆置换同样有效,但不赞成联合应用免疫球蛋白和血浆置换治疗吉兰–巴雷综合征(B 级证据)。

4. 处理感觉障碍(如神经腺发炎所产生之疼痛),给予病人足够镇痛药。

5. 自主神经功能障碍(如心律失常),观察病人的心电图,如有心律失常应给予处理。

6. 气道护理

(1)病室温度 18~20℃,湿度 60%~70%,根据患者汗液情况随时予增减衣物及被服,保持床单位的清洁干燥。

(2)注意观察患者呼吸,有痰鸣音时及时吸痰,吸痰时动作应轻柔、吸痰管一次放置到位,然后旋转向上提拉,在痰多处停留,每次吸痰时间不超过 15s。可配合排痰机深度排痰,必要时予雾化治疗稀释痰液,控制气道炎症,行纤维支气管镜检查。

(3)对气管切开患者的护理,应严格执行无菌操作,护理中应观察伤口情况、分泌物情况、痰液的黏稠度、颜色、痰量等,对判断呼吸道的细菌感染种类有一定帮助,定时留取痰培养标本,监测气道定植菌生长情况,有利于临床合理应用抗生素。

(4)口腔护理 4 次 / 日,气囊压力 4h 监测一次,保持气囊压力 25~30cmH$_2$O,及时进行声门下引流,床头高度≥30°,预防胃内容物反流,预防误吸性肺炎。

(5)机械通气的患者,呼吸机管道污染时要及时更换,管道冷凝水及时倾倒,避免冷凝水回流至患者气道内。

(6)病情逐渐好转过程中,结合动脉血气分析、患者自主呼吸的动力循序渐进为患者进行脱机治疗。

7. 营养支持　24~48h 开始营养支持,首选肠内营养途径。每日评估患者肠道耐受情况,发生腹胀、腹泻、呕吐等肠内营养并发症时,及时对症处理。

8. 预防压疮　为患者提供气垫床,翻身拍背每 2h 一次,骨突处垫软枕。保持床单位干净整洁,避免拖、拉、硬、拽,增加摩擦力,同时保证患者足够营养支持,降低压疮风险。

9. 心理护理　患者意识清醒状态下,对自己的现状无能为力,对疾病的相关知识缺乏了解,易产生悲观绝望及恐惧心理。护理人员应对患者及家属进行疾病相关知识的健康宣教,及时了解患者的心理状态,并告知本病经过积极的治疗和康复锻炼,大多预后良好,并举出同类患者康复的事例,增强患者的信心,使其积极主动配合治疗。家属也应充分理解患者,多陪伴鼓励患者,尽量满足患者提出的合理性要求。

10. 康复护理

(1)被动进行肢体活动,每日2次。早期被动活动是增加肺活量、活动肌肉、减少肌肉疼痛、促进肢体早期康复的有效方法。

(2)翻身拍背后应帮助患者进行肢体功能体位的摆放,预防肢体挛缩畸形,为恢复期肢体功能恢复提供有利条件。

(3)每天用温水擦洗感觉障碍的身体部位,以促进血液循环和感觉恢复,以轻柔手法按摩患者的大腿、小腿及手臂的肌肉,急性期过后鼓励患者主动进行肌肉收缩训练和肢体活动。

(4)中频脉冲电治疗是目前首选也是最有效的物理训练方法,可预防肌肉萎缩。

(5)定期行患者下肢深静脉超声检查,根据超声结果给予患者抬高下肢20°~30°,促进静脉血液回流,减轻血液阻滞,同时可配合抗血栓压力泵的治疗,预防深静脉血栓。

(刘　芳)

第三节　ICU 获得性衰弱

【概述】

ICU 获得性衰弱(intensive care unit acquired weakness, ICU-AW)是指危重症患者除危重疾病本身之外无其他原因引起神经、肌肉功能紊乱而导致的肌无力。其特征为四肢对称性受累,肌张力下降,腱反射减弱或消失,感觉功能减退或异常。肌无力在四肢尤其是双下肢近端的神经肌肉区域最为明显,呼吸肌也可受累,而面部和眼部的肌肉、脑神经支配的肌肉很少受累。临床分型有危重病肌病(critical illness myopathy, CIM)、危重病多发性神经病(critical illness polyneuropathy, CIP)和危重病神经 – 肌肉病(critical illness neuromyopathy, CINM)。其中, CIM 是危重症患者发生的周围神经、神经肌肉接头或肌肉损害;CIP 是继发于危重病的感觉和运动神经元轴突变性疾病,尤以脓毒症和 MODS 的患者多见,CINM 是上述两者并存的疾病现象。

> **知识拓展**
>
> ## ICU-AW 的命名
>
> ICU-AW 的概念由 Ramsay 于 1993 年提出,Ramsay 认为神经肌肉功能紊乱导致的 ICU-AW 是危重症患者常见的严重并发症。2010 年,Schefold 等研究指出 ICU-AW 是在

ICU 危重症患者中出现的没有明确原因的衰弱,临床表现主要为机械通气患者出现脱机困难、轻瘫或四肢对称性瘫痪、腱反射减弱或消失和肌肉萎缩。对清醒合作的 ICU-AW 患者行床旁检查,发现四肢肌力对称性下降,首先影响的是下肢,最后发展到四肢,呼吸肌常受累,腱反射减弱甚至消失,一般不影响脑神经支配的肌肉。

【病因与发病机制】

（一）病因

目前 ICU-AW 的病因尚未明确,不少学者认为 ICU-AW 是多种原因引起的患者肌肉蛋白分解增加,合成减少,机体肌蛋白失衡,从而引起肌无力。年龄、性别、高血糖、全身炎症反应综合征、MODS、长期卧床和制动、糖皮质激素和神经肌肉阻滞药的应用是 ICU-AW 发生的危险因素。研究发现,女性的发病率是男性的四倍;70% 的全身炎症反应综合征的患者会发展成 CIP;MODS 使 ICU-AW 的发病率增加至 100%;采用机械通气、使用镇静药和止痛药的危重症患者,大多处于完全制动状态,各种生理功能和营养状况均较差,严重影响肌蛋白的合成与分解,更容易出现肌肉衰弱。

（二）发病机制

ICU-AW 的发病涉及神经肌肉的结构与功能改变。研究发现,自噬体系是介导去除损伤的大细胞器和蛋白质聚集物的细胞管理系统,并且具有维持肌肉纤维完整性的重要作用,缺乏自噬体系可能是导致 ICU-AW 发生的重要因素。在 CIP 中,病理学发现了机制未明的轴突变性。在 CIM 中,可发现肌肉萎缩和由钠通道功能障碍诱导的肌肉膜无力。

【临床评估与判断】

1. 病情评估　病情评估分为清醒患者的病情评估和昏迷患者的病情评估。清醒的患者要求能够清楚地回应以下简单命令中的至少 3 个:睁眼和（或）闭眼,目视,伸舌,点头,皱眉。清醒的患者主要依靠医学研究理事会评分（Medical Research Council score, MRC-score）来测定。昏迷患者通过肌电图或神经功能检查来诊断（表 8-3-1）。MRC-score 测试 12 组肌肉群的肌力,分别是双侧肩关节（或手臂）外展、双侧肘（前臂）屈曲、双侧手腕伸展、双侧髋关节屈曲、双侧膝关节伸展、双侧踝关节背屈（脚背屈曲）。MRC-score 得分范围 0~60 分,0 分为无肌肉收缩,60 分为肌力正常,低于 48 分可诊断为 ICU-AW。每组肌肉肌力得分范围为 0~5 分,分别对应 0~5 级肌力。0 级表示无可见 / 明显的肌肉收缩;1 级表示有可见 / 明显的肌肉收缩,但不伴肢体活动;2 级表示肢体可以移动,但不能对抗重力;3 级表示可以对抗重力,但是无法对抗阻力;4 级表示可以对抗阻力和重力,但程度较弱;5 级表示肌力正常。如果肌肉群因外周 / 中枢神经病变、整形、截肢或其他原因不能进行评分,可以从对侧肌肉组推算数值。若双侧手腕伸展和前臂弯曲得分均为 3 分,可以使用液压手动测压计来测双侧肌力。有学者认为 MRC-score 对患者的要求较高,对 ICU 患者适用性有限,同时有一定的主观性。

2. 辅助检查

（1）血清肌酸激酶测定:CIM 患者可见血清肌酸激酶升高,但血清肌酸激酶对诊断 ICU-AW 缺乏特异性和敏感性。

表 8-3-1　ICU-AW 的临床、电生理和组织学特征

评估	CIP	CIM	CINM
体格检查	远端肌无力	近端肌无力	远端和近端肌无力
电生理检查	远端感觉迟钝	感觉测验正常	远端感觉迟钝
	腱反射正常或减低	腱反射正常或减低	腱反射减低
	CMAP 和 SNAP 降低	CMAP 降低，SNAP 正常	CMAP 和 SNAP 降低
	MUAP 正常	MUAP 降低	MUAP 降低
	传导速度正常或接近正常	肌电图显示肌力下降，低振幅活动	肌电图显示肌力下降，低振幅活动
组织学	远端运动和感觉神经轴突变性	肌球蛋白损失，Ⅱ型纤维萎缩、坏死	轴突变性，Ⅱ型纤维萎缩、坏死

注：复合肌肉动作电位（compound muscle action potential，CMAP），肌肉单元动作电位（muscle unit action potential，MUAP），感觉神经动作电位（sensory nerve action potential，SNAP）

（2）神经肌肉超声检查：神经肌肉超声具有非侵入性、低成本、便携式特点，是早期诊断 CIM 和 CIP 的新方法。超声可显示肌肉厚度，但缺少对 ICU-AW 诊断的特异性。

3. 诊断要点　ICU-AW 是一个排他性诊断，在缺乏其他病因或与基础的危重症无关的外在情况下出现广泛肢体衰弱时应考虑 ICU-AW 诊断。Stevens RD 等人整理了 ICU-AW 诊断的大体框架。

（1）ICU-AW 诊断标准如下：①危重症发病之后出现的广泛衰弱；②衰弱是弥漫性的（同时累及近端和远端肌肉）、对称性、迟缓性的，一般不累及脑神经；③MRC 总分 <48，或在所有可测试的肌群中，间隔 24h 以上，至少有两次 MRC 均分 <4；④依赖机械通气；⑤衰弱原因与已排除的基础危重症无关。确诊为 ICU-AW 至少需满足①②③或④⑤。

（2）CIP 诊断：①满足 ICU-AW 标准的患者；②2 个及以上 CMAPs 振幅小于 80% 正常低限；③2 根神经的 SNAP 振幅降低到正常下限的 80%；④正常或接近正常的无传导阻滞的神经传导速度；⑤重复神经刺激无递减反应。

（3）CIM 诊断：①满足 ICU-AW 标准的患者；②2 根神经的 SNAP 振幅降低到正常下限的 80%；③2 组肌群短期持续时间内出现针尖样肌电图，早期或正常完整的补充低幅度动作电位，伴或不伴有纤颤电位；④2 组肌群的直接肌肉刺激证明兴奋性降低（肌肉 / 神经比大于 0.5）；⑤肌肉组织学与肌病表现一致。满足标准①②③或④或①和⑤提示可能发生 CIM。满足标准①②③或④⑤确定会发生 CIM。

（4）CINM 诊断：①符合 ICU-AW 诊断；②符合 CIP 诊断；③符合可能或明确的 CIM 诊断。同时满足以上三个条件可以诊断 CINM。

【监测与护理】

（一）早期康复

1. 早期肢体活动干预　研究表明，早期肢体活动干预开展越早，对控制患者病情越有利。在开展干预前期，医务人员应熟悉患者病情，了解患者肌力、神志情况，与患者和家属充分协商后，根据患者具体情况制定个性化的 ICU-AW 早期干预计划。对于行机械通气治疗的患者，医务人员应每天帮助患者进行四肢被动锻炼，时间和频率根据患者病情而定。此外，应每两个小时协助机械通气患者进行翻身，防止患者肢体受压，保持患者肢体处于功能

位置。如果患者意识恢复,则可以从辅助训练过渡到主动训练。待病情明显好转后,改为下床活动训练,循序渐进,至患者能够独立行走。整个肢体活动过程应有医务人员全程干预和指导,同时密切关注患者生命体征和病情变化,注意观察患者的反应,并倾听患者的主诉,如果患者有任何不适表现,应立即停止干预。

2. 悬吊运动疗法(sling exercise therapy,SET)　SET 是以骨骼肌疾病得到持久的改善为目的的主动治疗和运动的一个总的概念。该疗法以主动训练和康复治疗作为关键要素,包括诊断及治疗两大系统。前者通过逐渐增加开链和闭链运动的负荷来进行肌肉耐力测定,并结合肌肉骨骼疾病的常规检查。后者包括肌肉放松、增加关节活动范围、牵引、训练稳定肌肉系统、感觉运动协调训练、开链运动和闭链运动、活动肌动力训练、健体运动、小组训练。在临床使用中,主要是利用床边循环测力器,将患者双腿吊起,模拟骑自行车的动作训练。根据患者耐受情况循序渐进,增加训练时间和训练强度,锻炼持续进行直至患者出院。SET 可使患者肌肉放松、关节活动范围增大,有稳定肌肉系统、协调感觉运动、训练肌动力等方面的功能,有助于患者出院后尽快恢复肌力功能。

3. 日常活动能力(activities of daily living,ADL)　锻炼 ADL 是指个体为了照料自己的衣食住行,保持个人卫生整洁和进行独立的社区活动所必须具备的一系列的基本活动,是人们为了维持生存及适应生存环境而每天必须反复进行的、最基本的、最具有共性的活动。ICU 患者在病情允许下可进行 ADL 的锻炼,主要内容包括指导患者进行自理能力训练、功能性活动训练和交流能力训练。其中,自理能力训练包括穿脱衣训练、进食饮水训练、个人卫生训练、如厕训练;功能性训练包括翻身、床上直立坐姿、床边站立等;交流训练有语言表达、书写等。通过反复练习,可恢复患者日常活动能力,防止和减少肌力下降,从而提高患者出院后的生活质量。

4. 经皮神经肌肉电刺激(neuromuscular electrical stimulation,NMES)　NMES 是通过皮肤将特定的低频脉冲电流输入人体的电疗方法。对 ICU 中机械通气、严重感染和 MODS 的患者可每日行 NMES,主要作用于四肢部位,根据病情选择振幅为 20~200V,每天治疗 2 次,每次持续 30 分钟,治疗持续到患者出院。有学者研究表明,NMES 能增强肌肉收缩力,可使患者有较高的 MRC-score,肢体的活动范围也逐渐接近正常。

5. 音乐疗法　音乐声波的频率和声压会引起生理上的反应。每天给予患者 1~2 小时的音乐刺激能够引起肌肉发生和谐共振现象,从而达到防止肌力下降的目的。音乐疗法的疗程一般定为 1~2 月,每周 5~6 次,每次 1~2 小时。在具体实施时,如何选择音乐或歌曲是一个关键的问题,应根据患者的心理状态和病情,编制设计出一套适用于患者的音乐处方。

6. 镇静　研究发现,每日给予镇静后不能自主运动的患者被动的肢体活动和全关节运动,可缩短患者谵妄发生的时间,减少机械通气日数,降低 ICU-AW 的发病率,同时对患者的心理状态也有良好的导向功能。

(二)病情观察与护理

1. 监测　ICU-AW 的监测包括多方面,并贯穿于患者干预治疗的整个过程中,直至患者恢复原有躯体功能。应监测患者生命体征的变化,注意观察患者的呼吸频率、节律、深度有无变化,监测血氧饱和度,观察患者有无缺氧表现。此外,还应监测动脉血气分析,及时发现和解决患者的异常情况。在实施干预的过程中,监测到患者出现下列情况需要暂停干预:平均动脉压力小于 65mmHg 或超过 110mmHg;收缩压小于 90mmHg 或超过 200mmHg;心率小于

40 次/分或大于 130 次/分；呼吸频率低于 5 次/分或超过 40 次/分；血氧饱和度低于 88%。

此外，患者如出现下列病情变化则不能进行当次干预：持续性颅内压升高、上消化道出血活动期、心肌缺血急性期、持续性血液透析、患者情绪低落、拒绝接受治疗、呼吸机抵抗、患者躁动需要增加镇静管理或在过去的 30 分钟出现意外拔管风险。对于镇静的患者，定时进行 RASS 评分，监测患者的镇静状态，因过度镇静会影响患者的早期活动；高血糖是 ICU-AW 发生和发展的危险因素，要严密监测患者血糖的动态变化；遵医嘱正确用药，注意糖皮质激素和神经阻滞药等药物的不良反应。

2. 心理护理　ICU 患者因肌肉衰弱，肌力会受到不同程度的影响，若病变累及呼吸肌，患者呼吸受限，可引起恐慌、紧张心理。如果患者行机械通气治疗，呼吸机的异常响声、交流障碍、体位改变受限等因素更易使患者出现烦躁、焦虑、不配合治疗等问题。因此护士应详细了解患者的个体情况，采用写字板、肢体语言等各种方式鼓励患者表达内心的想法，多陪伴、安慰患者，及时疏导患者的不良情绪，满足患者的安全需要。

3. 健康教育　医务人员应帮助患者和家属了解 ICU-AW 的病因、发病机制、临床表现、预防和康复护理措施，使患者和家属对 ICU-AW 有整体的认识，与患者和家属共同制定防治计划，增强其对抗疾病的信心。

（李黎明）

第四节　癫痫持续状态

癫痫持续状态（status epilepticus, SE）是指一次癫痫发作（包括各种类型癫痫发作）持续时间超过了该型癫痫发作大多数患者发作的时间，或反复发作，在发作间期患者的意识状态不能恢复到基线状态。因其绝大多数发作不能自行缓解，需紧急治疗成为神经科常见急危重症，占癫痫患者的 2.6%~6.0%。重症的癫痫持续状态常伴有不同程度的意识、运动功能障碍，可因高热、循环衰竭或神经元兴奋毒性损伤导致不可逆的脑损伤和严重的生理功能紊乱，其致残率和病死率很高。

> **知识拓展**
>
> ### 重症癫痫持续状态的种类
>
> 1. 微小发作持续状态（subtle status epilepticus, SSE）　是非惊厥性癫痫持续状态（non-convulsive status epilepticus, NCSE）的一种类型，常发生在 CSE 发作后期，表现为不同程度意识障碍伴（或不伴）微小面肌、眼肌、肢体远端肌肉的节律性抽动，脑电图显示持续性痫性放电活动。
>
> 2. 难治性癫痫持续状态（refractory status epilepticus, RSE）　当足够剂量的一线抗 SE 药物，如苯二氮䓬类药物后续另一种抗癫痫药物（anti-epileptic drugs, AEDs）治疗仍无法终止惊厥发作和脑电图病性放电时，称为 RSE。

3. 超级难治性癫痫持续状态（super-refractory status epilepticus, super, RSE ）　2011 年 Shorvon 在第 3 届伦敦·因斯布鲁克 SE 研讨会上提出：当麻醉药物治疗 SE 超过 24h（包括麻醉剂维持或减量过程），临床惊厥发作或脑电图痫性放电仍无法终止或复发时，定义为 super RSE。

一、惊厥性癫痫持续状态

【概述】

惊厥性癫痫持续状态（convulsive status epilepticus, CSE）在所有癫痫持续状态发作类型中 CSE 最急、最重，表现为持续的肢体强直、阵挛或强直阵挛，并伴有意识障碍（包括意识模糊、嗜睡、昏睡、昏迷）。SE 的发病率为 5 万 ~20 万 / 年，其中全身惊厥性癫痫持续状态占多数。死亡的直接原因是进行性血压和心率下降、脑缺血缺氧、脑水肿和脑疝。

【病因与发病机制】

临床上癫痫发作通常是短暂和自限性的，与体内存在的发作终止神经元抑制机制有关，包括 GABA 的抑制效应、钙离子依赖的钾离子电流、镁离子对 NMDA 通道的阻断等。当这种内源性发作终止机制损害或功能障碍时，即形成癫痫持续状态。

1. 癫痫持续状态的分类及症状见表 8-4-1。

表 8-4-1　全面性惊厥性癫痫持续状态进行分类

分类	临床症状
早期 SE	癫痫发作 >5min
确定性 SE	癫痫发作 >30min
难治性 SE	对二线药物治疗无效，需全身麻醉治疗，通常发作持续 >60min
超难治性 SE	全身麻醉治疗 24 小时仍不终止发作，其中包括减停麻醉药过程中复发

2. 癫痫持续状态的发作原因分类见表 8-4-2。

表 8-4-2　按照癫痫发作的病因分类

分类	临床症状
急性症状性	SE 发生与感染性、代谢性、中毒性或血管性等因素所导致的脑急性损伤（通常 <7 天）有关
远期症状性	SE 发生与既往脑损伤或先天皮层发育异常等静止性脑部病灶有关
进行性脑病	SE 发生与进展性疾病累及脑部有关，如：脑肿瘤、自身免疫性疾病等
隐源性或特发性	与基因有关或原因不明
热性惊厥	符合儿童热性惊厥的诊断标准

【临床评估与判断】

1. 诊断原则

（1）癫痫的共性特点是一发作、二短暂、三重复、四刻板等四个特征，发作形式是部分、持续及全面性发作，因此需要根据临床的症状进行分析。

（2）EEG 在诊断、鉴别诊断、分类、监护、疗效判断等方面有重要的价值。

2. 治疗原则

（1）尽早治疗，遵循癫痫持续状态处理流程，尽快终止其发作。

（2）查找癫痫持续状态病因，如有可能进行对因治疗。

（3）支持治疗，维持患者呼吸、循环及水电解质平衡。癫痫持续状态患者的救治方案如图 8-4-1 所示。

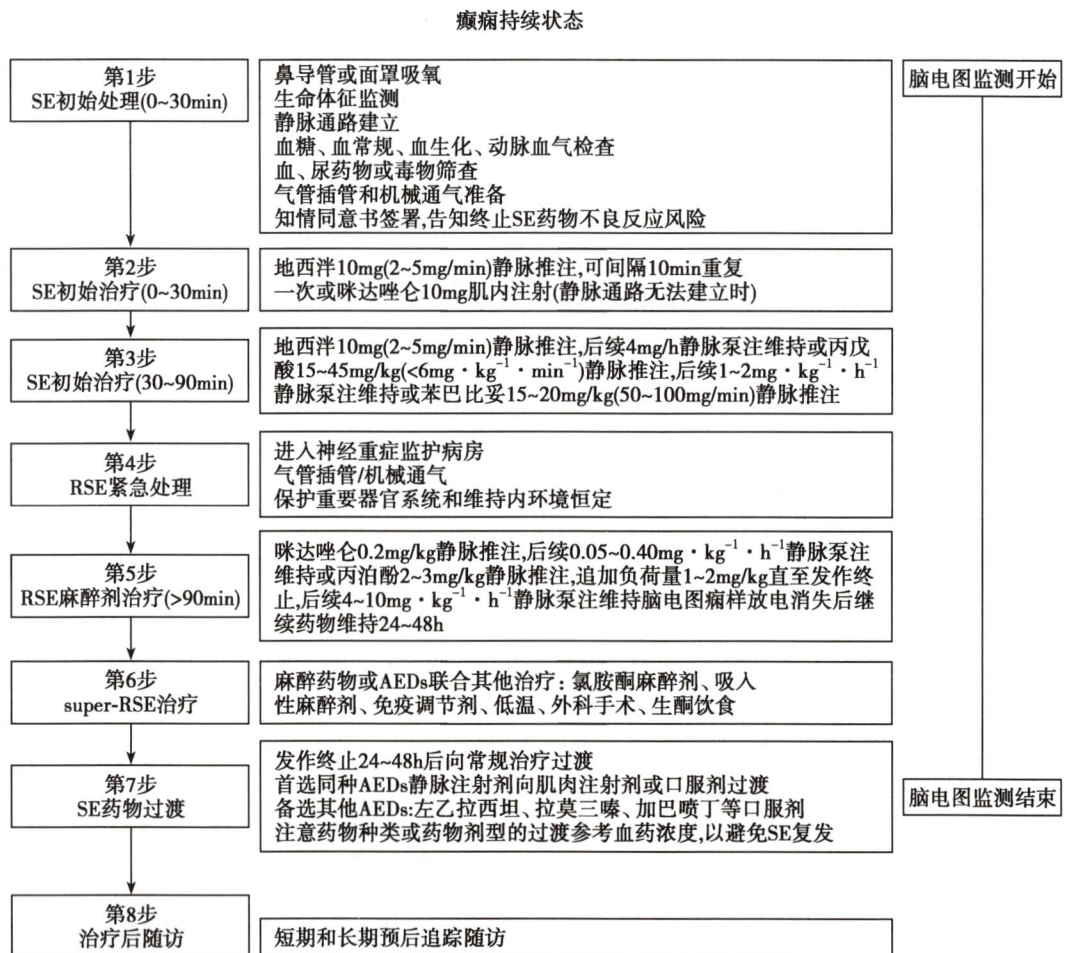

癫痫持续状态

第1步 SE初始处理(0~30min)	鼻导管或面罩吸氧 生命体征监测 静脉通路建立 血糖、血常规、血生化、动脉血气检查 血、尿药物或毒物筛查 气管插管和机械通气准备 知情同意书签署，告知终止SE药物不良反应风险	脑电图监测开始
第2步 SE初始治疗(0~30min)	地西泮10mg(2~5mg/min)静脉推注，可间隔10min重复 一次或咪达唑仑10mg肌内注射(静脉通路无法建立时)	
第3步 SE初始治疗(30~90min)	地西泮10mg(2~5mg/min)静脉推注，后续4mg/h静脉泵注维持或丙戊酸15~45mg/kg(<6mg·kg⁻¹·min⁻¹)静脉推注，后续1~2mg·kg⁻¹·h⁻¹静脉泵注维持或苯巴比妥15~20mg/kg(50~100mg/min)静脉推注	
第4步 RSE紧急处理	进入神经重症监护病房 气管插管/机械通气 保护重要器官系统和维持内环境恒定	
第5步 RSE麻醉剂治疗(>90min)	咪达唑仑0.2mg/kg静脉推注，后续0.05~0.40mg·kg⁻¹·h⁻¹静脉泵注维持或丙泊酚2~3mg/kg静脉推注，追加负荷量1~2mg/kg直至发作终止，后续4~10mg·kg⁻¹·h⁻¹静脉泵注维持脑电图痫样放电消失后继续药物维持24~48h	
第6步 super-RSE治疗	麻醉药物或AEDs联合其他治疗：氯胺酮麻醉剂、吸入性麻醉剂、免疫调节剂、低温、外科手术、生酮饮食	
第7步 SE药物过渡	发作终止24~48h后向常规治疗过渡 首选同种AEDs静脉注射剂向肌肉注射剂或口服剂过渡 备选其他AEDs:左乙拉西坦、拉莫三嗪、加巴喷丁等口服剂 注意药物种类或药物剂型的过渡参考血药浓度，以避免SE复发	脑电图监测结束
第8步 治疗后随访	短期和长期预后追踪随访	

图 8-4-1　SE 患者救治方案

3. 辅助检查

（1）实验室、影像学或其他辅助性检查，在寻找 SE 病因和判断 SE 继发性损害方面颇有帮助。根据病史和体格检查提供的线索，可迅速安排癫痫持续状态的实验室检查（表 8-4-3）。

表 8-4-3　癫痫持续状态的实验室检查

血细胞计数	癫痫药物血药浓度测定
血糖测定	毒物测定
电解质（血清钠、钙、镁）测定	动脉血气检测
肝、肾功能测定	脑脊液检查

（2）EEG 是重要的诊断依据，在给予监测前需要进行准备工作。

【监测与护理】

1. 急救护理

（1）入住 ICU：连接多参数监护仪、清除口鼻腔分泌物保持呼吸道通畅、吸氧（维持氧饱和度 >95%）、建立静脉通道，立即给予止痫的救治，保持输液通畅以保证药物的及时应用。保持呼吸道通畅，衰竭患者应给予呼吸机支持（气管插管或切开）进行辅助呼吸、无禁忌证时将患者床头抬高 30°。

（2）评估：SE 患者护士应协助医生快速完善各项检查，准备癫痫患者安全床单位，完成评估和诊断，观察患者的意识、基本生命体征（体温、心率、心律、呼吸、血氧、血压、血氧饱和度、瞳孔）的变化，监测是否存在高颅压、癫痫发作、评估肢体功能、是否伴有尿便失禁、吞咽障碍等病情加重的体征。

（3）癫痫持续状态护理抢救流程图，见图 8-4-2。

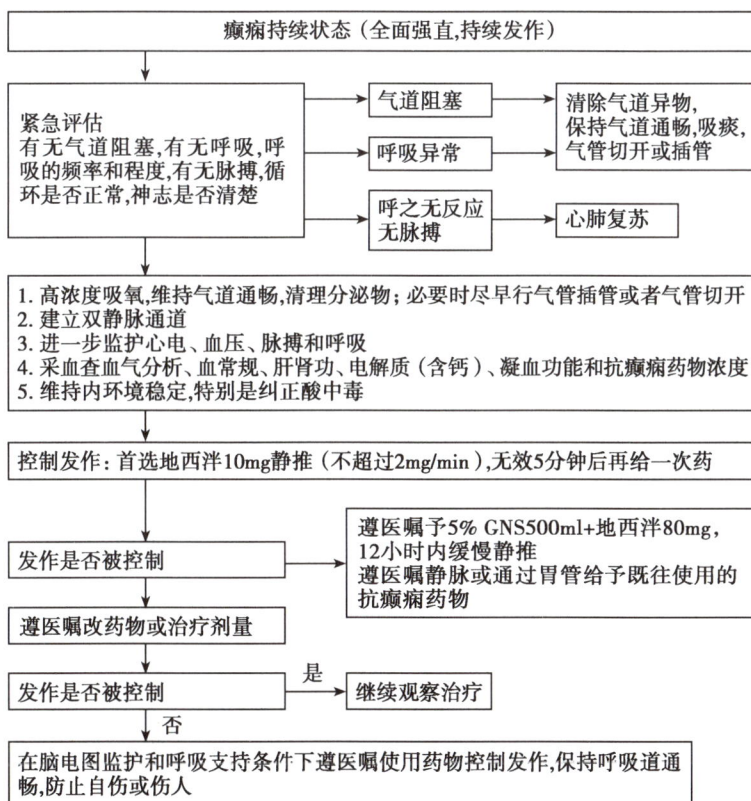

图 8-4-2　癫痫持续护理抢救流程图

2. 基础护理要点　具体详见图 8-4-3。

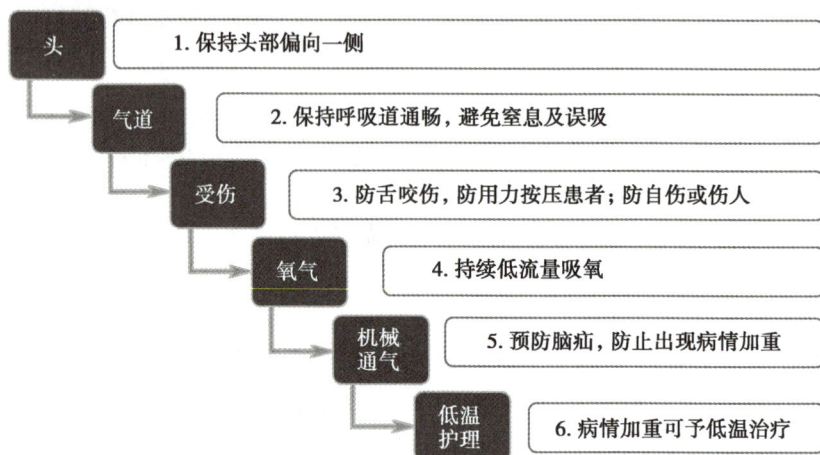

```
头 ──→ 1. 保持头部偏向一侧
   气道 ──→ 2. 保持呼吸道通畅，避免窒息及误吸
      受伤 ──→ 3. 防舌咬伤，防用力按压患者；防自伤或伤人
         氧气 ──→ 4. 持续低流量吸氧
            机械通气 ──→ 5. 预防脑疝，防止出现病情加重
               低温护理 ──→ 6. 病情加重可予低温治疗
```

图 8-4-3　癫痫持续状态患者救治流程

3. 连续脑电监测　连续脑电监测（continuous EEG monitoring, cEEG）能准确识别和记录癫痫发作，因此全面强直阵挛发作特别是在癫痫持续状态下可指导治疗强度和时间，护理观察监护电极的安全性，防止脱落收集错误信息发生。护士在观察到脑电图有异常时，立即报告医生，提示病情危重。但在使用过程中伪差形成多种多样，对脑电图的判读造成一定的困难。为此需要做好患者的护理，防止出现干扰。

（1）给予集中护理，安置在单间治疗，无操作时关门，关灯，防止声音及光线刺激。

（2）根据患者的病情安排好进行护理操作的时间及频次，尽量避免刺激患者。

4. 做好机械通气以及患者的气道管理。

5. 营养支持　用药期间须加强肝功能监测与保护、胃肠功能监测与保护：原发疾病、癫痫发作后状态和麻醉剂均可引发神经性胃肠动力障碍。2008 年澳大利亚一项 36 例危重症患者临床研究显示：应用咪达唑仑联合吗啡患者的胃潴留发生率为 95%，应用丙泊酚患者的胃潴留发生率为 56%（$P<0.01$）（2 级证据）。因此应用麻醉剂时须监测胃肠动力状态，控制胃残余量。经上述措施仍不能耐受肠内营养时，早期放置鼻肠管，仍然不耐受时应及时改为肠外营养。

6. 亚低温联合治疗癫痫持续状态的护理　亚低温治疗是神经功能保护治疗的常用方法之一。根据患者病情需要选择体内或体外亚低温治疗。

知识拓展

低温及血管内低温治疗

低温治疗可改善心肺复苏（cardiopulmonary resuscitation, CPR）后昏迷患者的结局和神经功能预后。近 20 年来，无论体表低温装置还是血管内低温装置的核心技术均取得实质性突破，尤其是血管内低温装置可使诱导低温、维持低温和恢复常温的调控更加精准，并使因皮肤寒冷刺激导致的寒战明显减轻，从而弥补了体表低温装置调控核心体温不稳定，实施低温过程中寒战显著的缺陷。

血管内低温操作流程：血管内低温操作包括热交换导管股静脉置入、温度探头导尿管（14F）膀胱置入、导管与热交换控制器连接和热交换控制器参数设定4个步骤。①热交换导管置入：自股静脉置入8.5F×38cm热交换导管至下腔静脉。热交换导管由输注腔和盐水腔（冷却球囊）组成，输注腔用于输注药物，盐水腔用于等渗盐水循环，盐水腔与血液充分接触进行热交换。②导尿管置入：自尿道置入14F温度探头导尿管至膀胱。③导管与热交换控制器连接：热交换导管和温度探头导尿管分别与热交换控制器连接。热交换控制器通过传入的膀胱温度自动调节盐水腔温度，从而实现对患者核心体温的调控。④热交换控制器参数设定：设定目标温度以及降温或升温速率。

7. 药物护理　熟悉常用药物的作用及副作用，正确实施药物的监测与护理。

（1）临床常用的AEDs：传统AEDs药物：卡马西平、氯硝西泮、乙琥胺、苯巴比妥、苯妥英钠。新型AEDs药物：非氨脂、加巴喷丁、拉莫三嗪、左乙拉西坦、奥卡西平、替加宾、托吡酯、氨己烯酸、唑尼沙胺。

（2）常见抗癫痫药物不良反应：①卡马西平：头晕、视物模糊、恶心、困倦、中性粒细胞减少、低钠血症。②氯硝西泮：常见：镇静（成人比儿童更常见）、共济失调。③苯巴比妥：疲劳、嗜睡、抑郁、注意力涣散、多动、易激惹（见于儿童）、攻击行为、记忆力下降。④苯妥英钠：眼球震颤、共济失调、厌食、恶心、呕吐、攻击行为、巨幼红细胞性贫血。⑤丙戊酸钠：震颤、厌食、恶心、呕吐、困倦。⑥拉莫三嗪：复视、头晕、头痛、恶心、呕吐、困倦、共济失调、嗜睡。⑦奥卡西平：疲劳、困倦、复视、头晕、共济失调、恶心。⑧左乙拉西坦：头痛、困倦、易激惹、感染、类流感综合征。⑨托吡酯：厌食、注意力、语言、记忆障碍、感觉异常、无汗。

（3）镇静评估：常规给予镇静药物后，需评估患者的镇静效果，镇静评分（RASS）是目前评估危重症患者镇静质量和深度最为有效和可靠的评估工具。可以通过应用RASS镇静评分来指导烦躁患者进行镇静治疗。日间RASS最好控制在0~2分，夜间控制在–1~–3分，根据镇静程度动态调节镇静用药剂量。具体评分内容见表8-4-4。

表8-4-4　躁动患者的镇静评分（RASS）

分值	命名	描述
+4	有攻击性	有暴力行为
+3	非常躁动	试着拔出呼吸管，胃管或静脉点滴
+2	躁动焦虑	身体激烈移动，无法配合呼吸机
+1	不安焦虑	焦虑紧张但身体只有轻微的移动
0	清醒平静	清醒自然状态
–1	昏昏欲睡	没有完全清醒，但可保持清醒超过10s

续表

分值	命名	描述
-2	轻度镇静	无法维持清醒超过10s
-3	中度镇静	对声音有反应
-4	重度镇静	对身体刺激有反应
-5	昏迷	对声音及身体刺激都无反应

（4）使用抗癫痫药物的观察要点：抗癫痫药物最常见的不良反应包括对中枢神经系统的影响如镇静、思睡、头晕、共济障碍、认知、记忆等，对全身多系统的影响包括血液系统、消化系统、体重改变、生育问题、骨骼健康和特异体质反应。特别关注药物治疗过程中，可能出现抗癫痫药物致死性副作用，护理的高度重视有助于提高临床用药的安全性。

知识拓展

抗痫药物的致死性副作用

致死性心律失常是癫痫患者药源性死亡的重要原因，抗癫痫药物是诱导猝死的危险因素，药物过量引起的中毒反应可诱发癫痫持续状态，高敏综合征表现为皮肤损伤、内脏损伤、血液系统的损伤。

高敏综合征常出现于抗癫痫药物治疗的前8周，患者首先出现皮疹、高热、面部水肿、舌肿胀、黏膜受损，严重的皮肤过敏反应可表现为表皮溶解坏死性皮炎。

抗癫痫药物引起的肝功能受损受到临床的高度重视，抗癫痫药物引起的再生障碍性贫血是严重的可致死性副作用之一。

多种抗癫痫药物联合应用是急性胰腺炎的危险因素。

8. 健康教育

（1）建立良好的遵医行为，严格遵守药物治疗原则：首先确定是否用药，尽可能单一用药，小剂量开始，正确选择药物，长期规律服药。其中擅自停药、换药、不规律服药是诱发癫痫持续状态的重要因素。因抗癫痫药物治疗周期长，减停药必须进行风险评估：通常情况下，癫痫患者如果持续无发作2年以上，即存在减停药的可能性，但是否减停药考虑患者的癫痫类型，既往治疗反应和个人情况。仔细评估停药复发风险，确定减停药复发风险低，与患者及监护人充分沟通减药与继续服药的风险/效益比之后，考虑开始渐减停药物。

（2）癫痫患者就诊应提供的病史资料：现病史、发作时的表现、发作持续时间、相关辅助检查、抗癫痫药物使用情况、既往史和家族史、首次发作年龄，发作前状态或促发因素（觉醒、清醒、睡眠、饮酒、少眠、过度疲劳、心理压力、精神刺激、发热、体位、运动、前驱症状及与月经的关系等）发作最初时的症状/体征（先兆、运动性表现等）。发作时表现：（睁眼、闭眼、姿势、肌张力、运动症状、自主神经症状、自动症、意识状态、舌咬伤、尿失禁等）发作演变过程,发作持续时间,发作后表现(清醒、烦躁、嗜睡、朦胧状态、Todd 麻痹、失语、遗忘、头痛、肌肉酸痛等)发作频率和严重程度(包括持续状态史)。既往脑电图检查情况,其他辅助检查(血压、血糖、电解质、心电图、头部影像学等);抗癫痫药物使用情况(种类、剂量、疗程、疗效、副反应、依从性等);发作间期状态(精神症状、记忆力、焦虑、抑郁等)。

(3)饮食指导:食物以清淡、无刺激性为宜,避免过饥、过饱,勿暴饮暴食,少喝含咖啡因的饮料,不宜过食油腻、生冷和刺激性食物,应保持大便通畅,多食新鲜蔬菜,营养丰富的食物,戒烟酒。

(4)安全指导:癫痫发作时,家属要保持冷静,将患者平卧,取出义齿、头偏一侧,松开衣领和裤带,口腔内放入小毛巾或牙垫,防止咬伤舌头,看护好患者,防止摔伤,但不要强行按压抽搐的肢体,防止骨折或脱臼,不可灌水、进食,对于口腔内的呕吐物要及时清除,防止窒息。如出现呼吸抑制、癫痫持续状态时应急打“120”送医院抢救。发作间歇不要擅自离开病房,并有专人陪护。

二、非惊厥性癫痫持续状态

【概述】

非惊厥性 SE(non-convulsive SE,NCSE)NCSE 是指持续性脑电发作导致的非惊厥性临床症状,通常定义为 >30min。NCSE 又分为可活动患者的 NCSE(包括某些癫痫患者的不典型失神持续状态、复杂部分性发作持续状态等)和危重患者的 NCSE(包括 CSE 治疗后、中枢神经系统感染、中毒性脑病、脑血管卒中后、代谢性脑病等危重症意识障碍患者)。

【分型】

1. 失神性癫痫持续状态(ASE)典型的表现为突发的意识障碍,临床表现与 EEG 的变化不同步,持续时间从数分钟至数天。ASE 的意识障碍程度轻,表现为嗜睡和意识混浊,自主运动减少和言语缓慢;伴有或不伴有其他临床征象,如定向力障碍、记忆力障碍(癫痫性失记忆)、复杂的自动症或神经症状。

2. 复杂部分癫痫持续状态(SPES)与上述类型的 SE 不同,意识状态基本正常,感觉异常发作包括躯体感觉的、视觉的、听觉的、嗅觉的和味觉的发作。运动异常发作包括躯体运动、眼球阵挛、软腭震颤、言语障碍和失语发作。特殊的自主神经异常发作和其他奇异的发作少见。

【监测与护理】

详见惊厥性癫痫持续状态的护理。

(刘　芳)

第五节　肝性脑病

【概述】

肝性脑病(hepatic encephalopathy,HE)是一种由肝功能不全和(或)门体静脉分流(Porto-systemic shunts,PSS)引起的大脑功能障碍,表现为从临床改变到昏迷的广谱的神经或精神异常。其主要临床表现为意识障碍、行为失常和昏迷。绝大多数肝硬化患者在病程中的某些阶段会出现不同程度的轻微型肝性脑病和（或）肝性脑病,是严重肝病常见的并发症及死亡原因之一。过去所称的肝昏迷（hepatic coma）,只是肝性脑病中程度严重的一级,并不能代表肝性脑病的全部。

1998 年,第 11 届世界胃肠病大会（World Congress of Gastroenterology,WCOG）成立工作小组对肝性脑病进行了讨论总结,并于 2002 年发表了《肝性脑病的定义、命名、诊断及定量分析》,将 HE 分为 A、B 和 C 三型:①A 型是与急性肝功能衰竭相关的 HE,多无明显诱因和前驱症状,起病急,常在数日内由轻度意识错乱迅速呈深昏迷状态,伴有急性肝功能衰竭的表现,如黄疸、出血、凝血酶原活动度降低等,其病理生理特征之一是脑水肿和颅内高压。②B 型是存在明显门 - 体分流但无肝实质损伤的脑病。分流的原因包括先天性血管畸形或在肝内、肝外水平门静脉血管的阻塞,以及各种压迫产生的门静脉高压和门 - 体旁路。③C 型是伴肝硬化和门静脉高压和（或）门 - 体分流的 HE,为 HE 中最为常见的类型,肝功能不全是本类发生的主要因素,而循环分流居于次要地位,但二者可有协同作用。A、B 两型定义非常明确,而 C 型相对复杂,包含范围广。C 型肝性脑病患者除脑病表现外,还常伴有慢性肝损伤及肝硬化等肝脏基础疾病的表现。根据 HE 的不同表现、持续时间和特性,C 型可分为:发作型 HE、持续型 HE 和轻微肝性脑病（minimal hepatic encephalopathy,MHE）（表 8-5-1）。

表 8-5-1　肝性脑病分类

HE 类型	定义	亚类	亚型
A 型	急性肝功能衰竭相关肝性脑病	无	无
B 型	门静脉 - 体循环分流相关肝性脑病,无干细胞损伤相关肝病	无	无
C 型	肝硬化相关肝性脑病,伴门静脉高压或门静脉 - 体血环分流	发作型肝性脑病	伴诱因、自发性、复发性
		持续型肝性脑病	轻型、重型、治疗依赖型
		轻微型肝性脑病	无

注:第十一届世界胃肠病大会推荐的肝性脑病分类(1998 年,维也纳)

2014 年 8 月美国肝病研究学会与欧洲肝脏研究学会联合发布了“2014 慢性肝病肝性脑病实践指南”,对 HE 的诊治提出一些新的观点。除根据基础疾病将 HE 分为以上 A、B、C 三型外,还根据病程分为发作型、复发型和持续型 HE 三种亚型。复发型 HE 系指两次发作间隔不超过 6 个月;持续型 HE 系指行为改变持续存在,并间发显性 HE;根据有无诱因分为自发性和诱发性 HE（表 8-5-2）。

HE 的临床表现轻重不等,轻者仅有无法觉察的精神神经异常,重者可能出现昏迷。目前较多采用 West-Haven 分级标准,分为 0~4 级（表 8-5-3）。

表 8-5-2 HE 描述和临床举例

类型	分级		时程	自发或诱发的
A	MHE	显性	发作	自发的
	1		复发	
B	2	隐性		
	3			诱发的
C	4		持续	

表 8-5-3 肝性脑病 West-Haven 分级标准

肝性脑病分级	临床要点
0 级	没有能觉察的人格或行为变化
	无扑翼样震颤
1 级	轻度认知障碍
	欣快或抑郁
	注意时间缩短
	加法计算能力降低
	可引出扑翼样震颤
2 级	倦怠或淡漠
	轻度定向异常（时间或空间定向）
	轻微人格改变
	行为错乱,语言不清
	减法计算能力异常
	容易引出扑翼样震颤
3 级	嗜睡到半昏迷,但是对语言刺激有反应
	意识模糊
	明显的定向障碍
	扑翼样震颤可能无法引出
4 级	昏迷（对语言和强刺激无反应）

0 级即轻微型 HE,是指无明显 HE 临床表现,但通过精细的神经心理或神经生理学检查可发现患者存在认知功能障碍。由于 1 级 HE 临床征象常难以觉察,2011 年国际肝性脑病和氨代谢协会（ISHEN）发布 SONIC 分级标准,将轻微型（0 级）和 1 级 HE 合称为隐匿性肝性脑病（covert hepatic encephalopathy, CHE）,其定义为有神经心理学和（或）神经生理

学异常，但无定向障碍、无扑翼样震颤的肝硬化患者。2~4 级临床症状较易辨认，统称为显性肝性脑病（overt hepatic encephalopathy，OHE）。OHE 是通过临床标准得以诊断的，可根据西汉文准则（West Haven criteria，WHC）和格拉斯哥昏迷评分（Glasgow Coma Scale，GCS）进行分级（表 8-5-4）。

表 8-5-4　WHC 和临床说明

包括轻微肝性脑病的 WHC	国际 HE 和氨代谢学会	说明	建议的操作标准	注释
未受损		完全无脑病，无 HE 史	验证并证实为正常	
轻微	隐性	心理测试或精神运动速度 / 执行功能测试的神经心理学改变或者没有精神改变临床证据的神经生理改变	确定的心理测试或神经心理测试的异常结果，无临床表现	无通用标准用于诊断。需要地方标准和专家意见
一级		● 不重要的缺乏意识 ● 欣快或焦虑 ● 注意力缩短 ● 加法或减法的计算能力减退 ● 睡眠节奏改变	尽管可以定向时间和空间，临床检查或者看护者发现患者存在就其标准而言的一些认知 / 行为衰退	临床发现通常无重复性
二级	显性	● 嗜睡或冷漠 ● 对时间的定向障碍 ● 明显的个性改变 ● 不恰当行为 ● 运动障碍 ● 扑翼样震颤	对时间不能定向（至少以下其中三点错误：月的哪一天、周的哪一天、月份、季节或年）± 提及的其他症状	临床发现多变，但是在某种程度上具有重复性
三级		● 嗜睡至半昏迷 ● 对刺激有反应 ● 神志不清 ● 严重的定向障碍 ● 怪异行为	对空间也不能定向［至少以下其中三点报告错误：国家、省（或地区）、城市或地点］± 提及的其他症状	临床发现在某种程度上具有重复性
四级		昏迷	即使对疼痛刺激也无反应	昏迷状态通常具有重复性

【病因与发病机制】

（一）病因

1. 导致肝功能严重障碍的肝脏疾病　各种原因引起急性肝功能衰竭及肝硬化是肝性脑病的主要原因。目前，我国引起肝功能衰竭及肝硬化的主要病因仍然是肝炎病毒，其中 HBV 约占 80%~85%，也可由门 - 体分流手术引起，其次是药物或肝毒性物质，如乙醇、化学制剂等。更少见的病因有妊娠急性脂肪肝、原发性肝癌以及严重胆道感染等。

2. 门 – 体分流异常　存在明显的门 – 体分流异常患者,可伴或不伴有肝功能障碍。

3. 其他代谢异常　尿素循环的关键酶异常或其他任何原因导致血氨升高,如先天性尿素循环障碍,均可诱发肝性脑病。

4. 肝性脑病的诱发因素　肝性脑病的发生多有明显的诱因(表 8-5-5),常见诱因:①上消化道出血,每 100ml 血液中约含 20g 蛋白质,上消化道出血后蛋白质分解,肠内产氨增多;②高蛋白饮食;③大量排钾利尿和腹腔放液,常可导致有效循环血容量减少及大量蛋白质和水电解质丢失,低血钾时,尿排钾减少而氢离子排出量增多,导致代谢性碱中毒,促使 NH_3 通过血 – 脑屏障,产生毒性作用;④药物的不恰当使用,安眠药、镇静、麻醉药等可直接抑制大脑和呼吸中枢,造成缺氧,脑组织缺氧可降低脑对氨的耐受性;⑤感染:感染使组织分解代谢增加,产氨增多;⑥便秘:便秘使含氨及其他有毒物质在肠道存留时间延长,促使毒物充分吸收;⑦外科手术;⑧尿毒症等。

表 8-5-5　OHE 的诱发因素按照频率降序排列

发作	复发
感染	电解质紊乱
胃肠道出血	感染
利尿药过量	未确定
电解质紊乱	便秘
便秘	利尿药过量
未确定	胃肠道出血

(二)发病机制

肝性脑病的发病机制与病理生理较复杂,迄今未完全阐明,一般认为其病理生理基础是肝细胞功能衰竭和门腔静脉之间有手术造成的或自然形成的侧支分流。主要来自肠道的许多毒性代谢产物,未经肝脏解毒,经侧支循环进入体循环,透过血 – 脑屏障至脑部,引起大脑功能紊乱。肝性脑病的发生是多种因素综合作用的结果,目前关于肝性脑病的发病机制主要存在以下假说。

1. 氨中毒学说　肝性脑病血氨增高对中枢神经系统具有毒性作用,肝性脑病患者血氨增加的原因是血氨生成过多和代谢清除过少。肝功能衰竭时,肝脏利用氨合成尿素的能力减退,而门 – 体分流存在时,肠道的氨未经肝脏解毒而直接进入体循环,使血氨增高。

2. 细菌感染与炎症反应　肝性脑病患者的炎性标志物水平明显增加,从而使血 – 脑屏障通透性增加,这也使炎症因子更易进入内皮细胞脑侧。

3. γ– 氨基丁酸神经递质与假性神经递质学说假性神经递质被脑细胞摄取并取代了突触中正常递质多巴胺或去甲肾上腺素,使神经传导发生障碍而出现意识障碍和昏迷。

4. 锰中毒假说　肝脏是锰排泄的主要器官,当其功能受到影响或存在门 – 体分流及胆汁排泄减少时均可使血锰浓度升高,中枢神经系统内的锰也增多。但血锰含量和肝性脑病的严重程度还没有持续可靠的相关性,清除锰对改善 HE 患者症状和神经系统症状是否有效尚需进一步证实。

5. 低钠血症　低钠血症是 HE 发病的一个独立危险因素，且血清钠水平越低，HE 的发病率越高。有学者认为，血清钠水平较低时，由于细胞内外的渗透压差作用导致星形胶质细胞水肿，也有学者认为低血钠可使星形胶质细胞发生氧化反应及氮化应激反应，神经细胞损伤及功能障碍，血 - 脑屏障受损，出现脑水肿。

【临床评估与判断】

1. 病情评估　由于肝性脑病是程度较深和范围较广的神经精神异常，尤其是 C 型肝性脑病，具有可逆性或进展性，因此需特别重视肝性脑病的病情动态评估。肝性脑病的临床表现因原有肝病的性质、肝功能情况及诱因的不同而不一致，根据患者意识障碍程度、神经系统表现及脑电图改变，采用 West-Haven 分级标准，自轻度的精神改变到深昏迷分为四期：

一期（前驱期）：轻度性格改变和精神异常，如焦虑、淡漠、欣快激动等，可有扑翼样震颤，脑电图多数正常，此期历时数日或数周，有时症状不明显易被忽略。

二期（昏迷前期）：以意识错乱、睡眠障碍、行为异常为主。前一期的症状加重，定向力和理解力均减退，对时间、地点、人物的概念混乱，不能完成简单的计算和智力构图，书写障碍、言语不清、举止异常也较为常见。此期患者存在明显的神经系统体征，如腱反射亢进、肌张力增高、Babinski 征阳性及踝阵挛等，存在扑翼样震颤，脑电图有特征性改变（θ 波），出现不随意运动及运动失调。

三期（昏睡期）：以昏睡和精神错乱为主，此期昏睡可唤醒，醒时尚可回答问话，常有神志不清或幻觉，有扑翼样震颤，肌张力增高，腱反射亢进，锥体束征常呈阳性，脑电图有异常波形（θ 波）。

四期（昏迷期）：神志完全丧失，不能被唤醒。患者不能合作而无法引出扑翼样震颤。浅昏迷时，腱反射和肌张力仍亢进；深昏迷时，各种反射消失，肌张力降低。脑电图明显的异常波形（极慢的 θ 波）。

以上各期界限不清，前后期临床表现可有重叠，病情发展或治疗好转时分期可有进退。

2. 辅助检查

（1）肝功能：如胆红素升高和白蛋白、凝血酶原活动度明显降低等，提示有肝功能严重障碍。

（2）血氨：空腹静脉血氨酶法测定正常值为 $18\sim72\mu mol/L$，动脉血氨含量为静脉血氨的 $0.5\sim2.0$ 倍，空腹动脉血氨比较稳定可靠。肝性脑病尤其是门 - 体分流性脑病患者多有血氨增高，但是血氨水平与病情严重程度之间无确切关系。

（3）神经生理学检测：包括脑电图和脑诱发电位。脑电图（EEG）反映大脑皮质功能，只有在严重肝性脑病患者中才能检测出特征性三相波，故不能作为肝性脑病早期诊断的指标。

（4）影像学检查：头颅 CT 及 MRI 检查在急性肝性脑病患者可发现脑水肿，慢性肝性脑病多有不同程度的脑萎缩。磁共振波谱分析（magnetic resonance spectroscopy，MRS）检测慢性肝病患者发现脑部的代谢改变，但诊断肝性脑病的效能尚处于研究阶段。此外，腹部 CT 或 MRI 有助于肝硬化及门 - 体分流的诊断。

（5）神经心理学测试：使用各种心理智能测验以测试患者在认知或精确运动方面的

细微改变。对于轻微型肝性脑病的患者,神经心理学测试能发现一系列异常,主要反应注意和处理速度功能的异常。WCOG 推荐使用肝性脑病心理学评分(psychometric hepatic encephalopathy score,PHES)诊断轻微型肝性脑病。

【监测与护理】

(一)病情观察

密切监测肝性脑病的早期征象,早期治疗是治疗肝性脑病成功的关键。加强对患者生命体征、瞳孔大小、对光反射、意识状态及行为表现的监测并作记录;观察患者的水电解质和酸碱平衡,注意有无低钾、低钠与碱中毒等情况。遵医嘱定期复查肝肾功能、血氨、电解质等。同时应注意患者有无出血、休克、脑水肿、感染以及肝肾综合征。

(二)消除诱因

评估诱发因素,协助消除诱因,减少有毒物质的生成和吸收。

1. 避免使用含氮的药物、催眠药、麻醉药及对肝脏有毒的药物。烦躁不安或抽搐者,可注射地西泮 5~10mg,忌用水合氯醛、吗啡、硫喷妥钠等药物。

2. 保持大便通畅,积极控制上消化道出血,及时清除肠道内积存血液、食物和其他含氮物质。如并发上消化道出血后的肝性脑病或发生便秘,给予灌肠或导泻以利于清除肠内含氮物质,可用生理盐水或弱酸性溶液灌肠,禁用肥皂水灌肠。对急性门 – 体分流性脑病昏迷患者应首先选用乳果糖 500ml 加水 500ml 做保留灌肠,也可口服或鼻饲 25% 硫酸镁 30~60ml 导泻。导泻过程中应注意观察血压、脉搏、尿量、排便量和粪便颜色,加强肛周护理。血容量不足、血压不稳定者不能导泻,以免引起脱水,使有效循环血量进一步下降。

3. 注意保持水、电解质和酸碱平衡,有肝性脑病倾向的患者应避免使用快速、大量排钾利尿药和大量放腹水。大量放腹水时应遵医嘱静脉输入白蛋白以维持有效循环血量,注意防止电解质紊乱。

4. 预防感染,卧床患者易发生吸入性肺炎、要加强皮肤护理、口腔护理,防止呼吸系统、泌尿系统感染。

5. 避免发生低血糖,低血糖时能量减少,脑内去氨活动停滞,氨的毒性增强。

(三)昏迷患者的护理

1. 保持呼吸道通畅,保证氧气供给。

2. 加强口腔、眼部护理,针对口腔情况选用合适护理液,对眼睑闭合不全、角膜外露的患者采用保护措施。

3. 翻身采用低幅度、操作轻柔、使肌肉处于松弛状态,以免肢体肌关节挛缩,以利功能恢复。

4. 采取适当功能锻炼、下肢气压泵治疗,防止深静脉血栓形成及肌肉萎缩。

5. 必要时用冰帽,降低颅内温度,减少脑细胞能量消耗,保护脑细胞功能。

(四)营养支持

主要目的在于促进机体的合成代谢,抑制分解代谢,保持正氮平衡。

1. 热量供给　每日能量摄入应为 35~40kcal/kg 理想体重,以糖类为主,昏迷患者以鼻饲 25% 葡萄糖液供热量,以减少组织蛋白质分解产氨,又有利于促进氨与谷氨酸结合形成谷氨酰胺而降低血氨。

2. 蛋白质供给　对于严重肝病患者,应该制定个体化的蛋白营养支持方案。每日蛋白质摄入量应为 1.2~1.5g/（kg·d），1997 年欧洲肠内与肠外营养学会（European Society of Parenteral and Enteral Nutrition, ESPEN）指南推荐肝性脑病 1 级和 2 级患者非蛋白质能量摄入量为 104.6~146.4 kJ/（kg·d）；蛋白质起始摄入量为 0.5g/（kg·d），之后逐渐增加至 1.0~1.5g/（kg·d）。蛋白质应首选植物蛋白，由于植物蛋白富含支链氨基酸和非吸收纤维，后者可促进肠蠕动，被细菌分解后能降低结肠 pH，加速毒物排出和减少氨的吸收。对于肝性脑病 3 级和 4 级患者推荐非蛋白质能量摄入量为 104.6~146.4kJ/（kg·d），蛋白质摄入量为 0.5~1.2g/（kg·d），肝性脑病患者首选肠内营养，若必须进行肠外营养时，建议脂肪供能占非蛋白能量的 35%~50%，其余由碳水化合物提供。对于不能耐受膳食蛋白的患者，口服支链氨基酸补充剂可以使患者达到和维持所推荐的氮摄入量。

3. 脂肪的供给　尽量少食用含脂肪高的食物，因脂肪可延缓胃的排空，增加有毒物质的吸收；高脂肪食物的摄入加重肝脏负担。

4. 维生素的供给　食物配置应注意含丰富维生素、尤其富含维生素 C、B、K、E 等，不宜用维生素 B_6。

5. 水、电解质的平衡　肝性脑病多有水钠潴留倾向，水不宜摄入过多，一般每天入量为尿量加 1000ml 左右，对可疑脑水肿患者，尤应限制。除肾功能障碍者，钾应补足，但钠盐要限制。正确记录出入量，按需要测量血钠、钾、氯化物、血氨、尿素等。

（五）用药护理

静脉注射精氨酸速度不宜过快，以免引起流涎、面色潮红与呕吐等反应。乳果糖在肠内产气增多可引起腹胀、腹痛、恶心、呕吐等不良反应，护理时要加以注意，服用乳果糖以调节到每天排便 2~3 次，大便 pH 以 5~6 为宜。应用谷氨酸钾或谷氨酸钠时要注意观察患者的尿量、腹水程度，以及电解质情况。新霉素不宜长期应用，一般不宜超过 1 个月，因其可引起听力和肾功能损害。

（六）人工肝支持治疗

目的在于清除血液中的氨和其他毒性物质，纠正水电解质紊乱及酸碱平衡失调，改善肝功能衰竭患者肝性脑病症状，临床上方式主要包括：血浆置换、血液灌流、血液滤过等。人工肝支持治疗中存在一些并发症和不良反应，如低血压、出血、管路凝血等，要求医务人员加强监测，对治疗过程中出现的并发症进行有效的护理干预，以保证治疗的顺利进行，为患者进行有效治疗提供保障。

> **知识拓展**
>
> ## 人　工　肝
>
> 人工肝脏简称为人工肝（artificial extracorporeal liver support），人工肝脏是借助体外机械，化学或生物性装置，暂时或部分替代肝脏功能，从而协助治疗肝脏功能不全或相关疾病。人工肝与一般内科药物治疗的最大区别在于，前者主要通过"功能替代"治病，后者主要通过"功能加强"治病。因此，在临床应用此项新技术时要特别注意适应证的鉴别，每种疗法各有利弊，要因人因病选用。人工肝目前尚无统一分类，传统上按照人

工肝组成及性质分为非生物型人工肝,生物型人工肝及组合型生物人工肝。20世纪50年代,多数的研究者认为引起肝昏迷的主要原因是毒性物质在体内的异常蓄积,而且这些毒素多数是可透析的小分子物质,因此早期人工肝装置的设计以提供小分子毒物血液净化的功能为主。这个技术早期被称为分子吸收再循环系统(Molecular Adsorbents Recirculating System, MARS),但因为没有大型的 RCT 证明它的功效,所以在世界各地的采用情况不一致。

(七)心理护理

由于肝性脑病疾病的特殊性,导致患者及其家属的内心紧张,随着病情发展而加重,患者可能出现抑郁、焦虑、恐惧等各种心理问题。观察患者的思维、认知情况,以判断患者意识障碍的程度,安慰患者,给予患者情感支持;患者清醒时向其讲解出现意识障碍的原因;患者如有烦躁不安要加强护理,以防出现意外伤害。同时要与患者因疾病出现精神障碍进行鉴别,评估患者及家属疾病的认识程度,指导患者及家属疾病相关知识,树立战胜疾病的信心。

(李黎明)

第六节　颅 脑 损 伤

【概述】

颅脑损伤(craniocerebral injury)在平时和战时均常见,仅次于四肢伤,死亡率和致残率高居身体各部位损伤之首。颅脑损伤按时间和类型可分为:原发性脑损伤和继发性脑损伤。原发性脑损伤是指直接暴力作用于颅脑,引起脑损伤,包括脑震荡伤、脑挫裂伤和原发性脑干损伤。继发性脑损伤是指受伤一定时间后出现的脑受损病变,主要有脑水肿和颅内血肿。颅脑损伤按部位可分为:头皮损伤、颅骨损伤、脑损伤。头皮损伤可分为头皮擦伤、头皮挫伤、头皮裂伤、头皮血肿、头皮撕脱伤。颅骨损伤即颅骨骨折,可分为颅盖骨折和颅底骨折。脑损伤可分为:脑震荡、脑挫裂伤、颅内血肿。

【病因与发病机制】

颅脑损伤在平时主要因交通事故、坠落、跌倒等所致,战时则多因火器伤造成。

颅脑损伤的病理生理变化是多方面的、复杂的,其主要致伤因素有两方面:

(一)颅骨变形、骨折

在外力直接作用于头部的瞬间,外力可导致颅骨变形即颅骨局部急速内凹和立即弹回,使颅内压相应的急速升高和降低。颅骨内凹时,在外力冲击和颅内压增高的共同作用下造成脑损伤;当内凹的颅骨弹回时,由于颅内压突然下降而产生负压吸引力,使脑再次受到损伤。

(二)脑组织在颅腔内运动

常见有直线和旋转运动两种。直线运动:在加速和减速运动时,脑的运动常落后于颅骨的运动,产生了局限性颅内压骤升和骤降,使脑被高压冲击到受力点对侧的颅壁,接着又被负压吸引到受力点的同侧并与颅壁相撞,于是在两侧都发生脑损伤。旋转运动:当外力作用的方向不通过头的轴心时,头部则沿某一轴线作旋转运动,高低不平的颅底、具有锐利游离缘的大脑镰和小脑镰幕,阻碍脑在颅内作旋转运动而产生应切力,使脑的有关部分受摩擦、牵扯、扭曲、碰撞、切割等而损伤。

【临床评估与判断】

1. **伤情分类方法** 临床常用伤情分类方法有"急性闭合性颅脑损伤的分型"标准、格拉斯哥(Glasgow)昏迷评分、影像学分类方法。

格拉斯哥昏迷评分法,依据患者睁眼、语言及运动反应进行评分,三者得分相加表示意识障碍程度。因气管插管或气管切开无法发声的重度昏迷者其语言评分以 T 表示。注意运动评分左侧右侧可能不同,用较高的分数进行评分。用于判定颅脑损伤伤情时,轻型伤:13~15 分;中型伤:9~12 分;重型伤:3~8 分。常将评分为 3~5 分的患者判断为特重型颅脑创伤。

2. **临床表现**

(1)头皮损伤:头皮擦伤、裂伤、撕脱伤等开放性头皮伤,创面不同程度出血或(和)头皮自帽状腱膜下或连同骨膜撕脱;头皮挫伤、头皮血肿等闭合性头皮伤,可两者相伴发,组织可因缺血,而出现局部头皮坏死或是深面颅骨骨折的间接征象。

(2)颅骨损伤

1)颅盖骨折线形骨折发生率最高,局部压痛、肿胀,患者常伴有局部骨膜下血肿;若骨折片损伤脑功能区,可出现偏瘫、失语、癫痫等神经系统定位体征。

2)颅底骨折以线性为主,多属于开放性骨折。①颅前窝骨折可出现脑脊液鼻漏,伤后逐渐出现眼帘的迟发性皮下瘀斑,称为"熊猫眼征"。累及的神经有嗅神经、视神经和动眼神经。②颅中窝骨折可出现脑脊液鼻漏和耳漏,耳后乳突区逐渐出现迟发性皮下瘀斑,受累的神经有面神经和听神经。③颅后窝骨折无脑脊液漏,出现枕颈后软组织显著肿胀和乳突区迟发性瘀斑、咽喉壁黏膜下血肿或瘀斑,累及后组脑神经。

(3)脑损伤

1)脑震荡伤后立即出现短暂的意识障碍,持续数秒或数分钟,一般不超过 30 分钟。清醒后大多不能回忆受伤当时及伤前近期的情况,而对往事记忆清晰,称为逆行性遗忘。

2)脑挫裂伤是常见的原发性脑损伤包括脑挫伤和脑裂伤。特点:出现意识障碍,患者伤后立即出现昏迷。患者可出现颅内压增高和脑疝,头痛、呕吐和相应的局灶症状和体征。原发性脑干损伤是脑挫裂伤中最严重的特殊类型。

3)颅内血肿是脑损伤中最多见、最严重、可逆的继发性病变。按血肿所在的部位分为三种:硬脑膜外血肿表现为进行性意识障碍,即伤后昏迷有"中间清醒期";硬脑膜下血肿急性期症状类似硬脑膜外血肿,少有"中间清醒期",慢性期表现为慢性颅内压增高症状,血肿压迫不同部位所致临床表现也不同;脑内血肿表现为进行性加重的意识障碍。

3. **影像学及辅助检查** 颅脑损伤多病情紧急,需通过病史询问、体格检查和必要的辅助检查,迅速明确诊断。计算机断层扫描(CT)和磁共振扫描(MRI)是目前最常用的检查技术;颅骨 X 线平片可以了解颅骨骨折部位、类型及颅内异物等情况;脑放射性核素扫描和脑电图有助于诊断亚急性和慢性颅内血肿;脑血管造影可发现有无外伤性的血管损伤或动静脉瘘；腰椎穿刺术可有助于了解脑脊液压力和成分改变。

【监测与护理】

（一）病情观察

1. 意识 意识是中枢神经系统对内外环境中各种刺激所产生的有意义的应答能力。能对熟悉的人物、时间和空间正确定向作为意识清醒的标准。传统方法将意识障碍分为：清醒、嗜睡、浅昏迷、昏迷和深昏迷五级（表8-6-1）。格拉斯哥（Glasgow）昏迷评分判断意识障碍的程度（表8-6-2）。

表 8-6-1 意识障碍的分级

意识状态	语言刺激反应	痛刺激反应	生理反应	大小便能否自理	配合检查
清醒	灵敏	灵敏	正常	能	能
嗜睡	迟钝	不灵敏	正常	有时不能	尚能
浅昏迷	无	迟钝	正常	不能	不能
昏迷	无	无防御	减弱	不能	不能
深昏迷	无	无	无	不能	不能

表 8-6-2 意识障碍的程度

意识障碍程度	GCS 评分	患者表现
清醒	13~15 分	定向功能好
嗜睡	9~12 分	唤醒后很快入睡，定向功能障碍
浅昏迷	7~8 分	患者表现意识丧失，对高声无反应，对强烈的痛刺激或有简单反应，角膜反射、咳嗽反射、吞咽反射及肌腱反射尚存在，生命体征一般尚平稳
昏迷	4~6 分	较浅昏迷重，患者表现为对疼痛刺激无反应；四肢完全处于瘫痪状态，角膜反射、瞳孔对光反射、咳嗽反射及吞咽反射尚存在，但明显减弱，肌腱反射亢进，病理反射阳性，呼吸、循环功能一般尚可
深昏迷	3 分	所有深浅反射消失；患者眼球固定、瞳孔散大；角膜反射、瞳孔对光反射、咳嗽反射及吞咽反射消失；四肢瘫痪，肌腱反射消失；生命体征不稳定，患者处于濒死状态

注：最高15分，表示意识清醒，8分以下为昏迷，最低为3分，分数越低表示意识障碍越严重

2. 瞳孔 瞳孔变化是反映颅脑损伤程度及病情变化的重要标志。正常成人瞳孔直径2~4mm，两眼对称，呈圆形，通常差异不超过0.25mm。观察瞳孔时应注意是否使用某些药物。瞳孔散大多见于脑干损伤；瞳孔缩小多见于脑桥损伤；瞳孔出现三角形或多边形，多见中脑损伤；如出现交替性瞳孔散大或缩小，多见于脑干损伤。

3. 生命体征

（1）呼吸：严密监测呼吸频率和呼吸型态，鉴别各种呼吸紊乱的形式。患者呼吸系统相关护理操作详见第十八章部分章节。

（2）脉搏：监测心率、心律、心电波形。

（3）血压：血压过高多见于颅内高压和血管痉挛导致的高血压，处理时要注意排除库欣征象（Cushing Sign）。血压过低多见于有效循环血容量不足以及心血管调节中枢受损，可建立中心静脉通路进行扩容和应用血管活性药物。

（4）体温：中枢性体温升高以物理降温为主；周围性体温升高需采取药物或物理降温。体温过低可采取保暖措施。

4. 肢体活动　肌力和肌张力检查是运动系统功能检查的基本内容。

肌力检查：临床上常用 MRC 肌力分级方法（表 8-6-3）。

表 8-6-3　MRC 肌力分级

级别	标　准
0 级	完全瘫痪不能作任何自由运动
1 级	可见肌肉轻微收缩（如手指或脚趾的活动）
2 级	肢体能在床上平行移动
3 级	肢体可以克服地心吸引力并能抬离床面几秒钟
4 级	肢体能做对抗外界阻力的运动
5 级	肌力正常运动自如

肌张力检查：临床上常用改良的 Ashworth 分级标准（表 8-6-4）。

表 8-6-4　Ashworth 肌张力分级

级别	标　准
0	无肌张力增加
1	肌张力略微增加，受累部分被动屈伸时，在关节活动范围之末时呈现最小的阻力或出现突然卡住和突然释放
1+	肌张力轻度增加，在关节活动范围后 50% 范围内出现突然卡住，然后在关节活动范围后 50% 均呈现最小阻力
2	肌张力较明显增加，通过关节活动范围的大部分时，肌张力均较明显的增加，但受累部分仍能较容易的被移动
3	肌张力严重增加，被动关节活动困难
4	僵直，受累部分被动屈伸时呈现僵直状态，不能活动

（二）护理措施

颅内压监测　颅内压（ICP）指颅内容物（脑组织、脑脊液、血液）对颅腔的压力。正常成人颅内压为 5~15mmHg。颅内压增高可导致脑灌注量减少或停止，继而导致或加剧脑缺血性损害，引起脑组织移位和脑疝而危及患者生命，因此对神经外科危重患者进行颅内压监测具有极为重要的临床意义。关于颅内压的监测护理方法详见第二十章第一节。

（三）冬眠低温疗法

冬眠低温疗法是利用药物和物理方法使患者体温降低,达到降低脑组织耗氧量维持正常脑血流和脑细胞能量代谢,减轻乳酸堆积和脑水肿,降低颅内压力,抑制脑损伤后内源性有害因子释放的效果。

1. 药物和物理方法　遵医嘱给予冬眠药物,如冬眠Ⅰ号合剂(氯丙嗪、异丙嗪及哌替啶)或冬眠Ⅱ号合剂(哌替啶、异丙嗪、氢化麦角碱)肌内注射或者经静脉通路微量泵泵入,待患者逐渐进入冬眠状态,对外界的刺激反应明显减弱,瞳孔缩小,对光反射迟钝,呼吸平稳,频率相对较慢,深反射减弱或消失后,方可对患者进行物理降温。

临床上应用最为广泛的是用降温机进行全身体表降温,可将患者的体温降低到设定温度,也可以和其他的体表降温办法联合应用,如冰水浸浴、冰袋法、冰敷、乙醇擦拭等。冬眠低温治疗维持时间最短 24h,最长 5~7d。

2. 脑温监测　脑温监测的直接测量法准确可靠,但需开颅手术。临床常用间接测量法,即测量中心温度:鼻咽温度、食管温度、直肠温度、膀胱温度(与脑温接近)和颞肌温度(可间接反映脑温)等。目前比较公认的降温程度是直肠温度在 32.5~33℃,脑温或中心温度在 33~34℃最为理想。

3. 复温方法　目前多主张自然复温法,即先停物理降温,后停冬眠合剂,再停呼吸机。复温应缓慢而平稳,以每 4h 体温升高 1℃左右为宜。整个复温过程持续约 12h,使其恢复到 37℃左右。复温过程中需遵医嘱适当使用镇静剂,以防肌颤。

（四）脑电功能监测

接受神经肌肉阻滞药物治疗、已知或怀疑癫痫发作的患者,需使用脑电监测客观反映脑功能的指标(如 AEPs、BIS、NI、PSI 或 SE),并辅助医护准确评估镇静程度,及时调整药物,确保镇静适度。

知识拓展

脑代谢监测

正常脑血流量是保证脑细胞代谢的前提,但不能全面、完整反映脑细胞代谢的状况。脑代谢监测包括多种,其中临床最常用的是颈静脉氧饱和度($SjvO_2$)监测,其他还有近红外光谱仪经颅脑氧饱和度监测、脑组织氧分压监测和脑微透析监测。

颈静脉氧饱和度监测:

$SjvO_2$ 监测是在颈静脉球处安置导管,获取混合静脉血样测定颈静脉血氧含量。可提示脑氧供给和消耗之间的平衡,并间接反映脑血流的情况。$SjvO_2$ 的正常值为 50%~70%。

高 ICP+ 高 $SjVO_2$ →代表大脑充血(处理:过度通气)。

高 ICP+ 低 $SjVO_2$ →代表大脑水肿/缺血(处理:甘露醇、巴比妥、低温术)。

正常 ICP+ 高 $SjVO_2$ →代表脑死亡(处理:没有)。

正常 ICP+ 低 $SjVO_2$ →代表大脑灌注不足(处理:补液、升压)。

知识拓展

脑血流量（CBF）监测

　　脑血流量一般可通过脑灌注压测算。脑灌注压（CPP）为脑动、静脉的压力差，接近于脑入口处（Willis）的平均动脉压（MAP）与颅内静脉压之差。当颅内压大于静脉压时，在计算脑灌注压时将用颅内压替代静脉压。即 CPP=MAP-ICP。当颅内压和静脉压低时，血压接近于脑灌注压。脑组织灌注取决于灌注压和血管阻力，正常成人脑自动调节功能使 CPP 在 50~150mmHg 范围保持稳定的脑血流量。但 CPP 正常不一定代表 CBF 足够。临床如发现病人 CPP 正常，但发现患者的神经功能没有好转，应为病人进行经颅多普勒超声监测（TCD）去找出大脑动脉是否出现痉挛。TCD 监测评价颅内动脉血流动力学的参数包括血流速度、血流方向、血流频谱形态（峰形、频窗的分析）血流声频、血管搏动指数 PI 和阻力指数 RI。

（五）手术患者的护理

　　1. 手术前护理　首先评估患者意识、瞳孔、生命体征、肢体活动以及有无其他伴随疾病，建立观察记录。然后遵医嘱快速输入脱水剂、激素、止血药等。立即更衣、剃头、配血、皮试、必要时导尿，准备术中用药、CT、MRI 片。

　　2. 手术后护理
　　（1）术后体位（表 8-6-5）

表 8-6-5　术后体位

类型	体位
全麻未清醒	平卧，头偏向一侧
清醒	抬高床头 20°~30°
经蝶入颅手术后	半坐卧位
脊柱手术	头颈和脊柱的轴线保持一致
后组脑神经受损、吞咽功能障碍者	侧卧位
开颅术后	健侧卧位

　　（2）引流管（表 8-6-6）
　　（3）伤口观察头部伤口情况，保持敷料清洁干燥。头部去骨瓣处禁止受压，观察脑组织膨隆的情况，有无切口疝。
　　（4）营养支持对重型脑损伤患者亚低温治疗早期即给予全胃肠外营养，选用中心静脉置管输入。患者无胃肠道功能紊乱早期即可进流食或鼻饲流食，病情好转后改为经口进食，从流食逐渐过渡到普食。

表 8-6-6　术后各种引流管的护理

类型	位置	拔管	其他
脑室引流管	高于侧脑室平面 10~15cm	术后 3~4 天, 在使用抗生素的情况下可适当延长至 10~14 天	引流速度不能过快, 引流量小于 500ml/d, 拔管前 1 天试行抬高引流袋 (瓶) 或夹闭引流管 24 小时, 了解颅内压的情况
创 (术) 腔引流管	早期高度与头部创 (术) 腔一致	术后 2~4 天	48 小时后根据引流性质决定高度, 若量较多、色浅, 应适当抬高引流袋 (瓶); 引流血性色深时, 引流袋 (瓶) 低于创 (术) 腔
硬膜外引流管	引流袋 (瓶) 低于创 (术) 腔	术后 1~2 天	可适当给予负压引流
硬膜下引流管	引流袋 (瓶) 低于创 (术) 腔 30cm	术后 3~5 天	头低足高, 必要时让患者吹气球。术后不适用脱水剂, 也不限制水分摄入
脓腔引流管	引流袋 (瓶) 低于脓腔 30cm	待脓腔闭合式时拔出	待术后 24 小时后, 创口周围初步形成粘连后, 方可进行囊内冲洗
腰穿持续引流	引流袋 (瓶) 悬吊于床下 20cm	术后 7~10 天	控制引流速度每分钟滴速不超过 5 滴每日引流 200~300ml, 预防感染, 及时送检脑脊液

（5）康复训练如患者遗留语言、运动或智力障碍, 协助患者制定康复计划, 尽早开始康复训练, 以提高生活自理能力及社会适应能力。

（6）并发症的护理

1）术后出血是最严重的并发症: 出血多发生于 24~48 小时内, 患者呈现库欣综合征及颅内高压或剧烈疼痛, 频繁呕吐, 颈项强直等症状。应严密观察引流液的颜色和量, 动态观察患者的病情变化, 必要时 CT 复查, 排除是否有颅内出血。

2）术后感染常见以下几种: 切口感染多发生在术后 3~5 天, 患者感到切口再次疼痛, 局部有明显红肿压痛及脓性分泌物; 颅内感染多发生在术后 3~4 天, 出现头痛、呕吐、发热、嗜睡甚至出现谵妄和抽搐, 脑膜刺激征阳性, 脑脊液混浊; 肺部感染多发生在术后一周, 应及时控制。应保持伤口敷料清洁干燥, 保持呼吸道通畅, 避免引流液反流引起逆行感染。

3）中枢性高热下丘脑、脑干、上颈髓损害均可引起中枢性体温调节障碍, 多发生于手术后 12~48 小时内, 体温高达 40℃。中枢性高热往往不易控制, 物理降温效果差, 应及时使用冬眠低温疗法。

4）尿崩症口渴、多饮、多尿（一般 4000ml 以上, 甚至可达 10 000ml, 比重低于 1.005 以下）、高血钠。遵医嘱给予肌注垂体后叶素、鞣酸加压素或口服弥凝片, 准确记录出入液量, 根据尿量的增减和血清电解质的水平调节用药剂量。

5）消化道出血下丘脑和脑干受损, 反射性引起胃黏膜糜烂、溃烂甚至穿孔。应暂禁食并胃肠减压, 观察引流液的颜色、性质和量, 遵医嘱使用止血药物。

6）顽固性呃逆常发生在三脑室、四脑室或脑干手术后。先检查上腹部, 如有胃胀气或胃潴留, 应留置胃管抽尽胃内容物。在排除因膈肌激惹所致的呃逆后, 可采用压迫眶上神经、刺激咳嗽、肌注氯丙嗪或利他灵等治疗。

7）术后癫痫　早期癫痫多为脑组织缺氧、大脑皮层运动区受刺激所致。术后 2~3 天内出现，多为暂时性，脑循环改善和水肿消失，不再发作；晚期（术后几个月）由脑瘢痕引起，常为持久性。术后癫痫以预防为主，观察患者有无癫痫发作的先兆和表现，及时通知医生并处理。晚期癫痫应用抗癫痫药物治疗，长期药物无效可考虑手术。抽搐发作时，将患者头偏向一侧，保持呼吸道通畅，以软物垫塞上下齿之间，以防咬伤舌和脸颊部，要保护大关节并防止坠床。加大吸氧流量，遵医嘱静脉缓慢推注安定，注意观察患者的呼吸情况，并详细记录全过程。

（李黎明）

第七节　脑　　炎

脑炎是由脑实质炎症引起的复杂疾病，是由于急性中枢神经系功能障碍、发热和（或）脑脊液（CSF）炎症表现和（或）神经影像学表现来确定。脑炎表现多样，可能的病因很多，多数情况下不能明确病因，与其他脑病的鉴别诊断较为困难。脑炎缺乏特异性治疗手段，病死率和致残率高。国际脑炎联盟脑炎的定义：需要存在持续至少 1 天的精神状态的改变，除外其他原因引起的脑病。确诊需要满足以下标准：CSF 中细胞增多、神经影像学和脑电图变化符合脑炎、癫痫发作、神经系统新发病灶。值得注意的是，个别病例可不出现脑炎的典型特征，如头痛、发热和 CSF 细胞增多。

一、重症病毒性脑炎

【概述】

病毒性脑炎（virus encephalitis，VE）是由多种嗜神经性病毒感染引起的脑实质性炎症或症候群，为了有别于其他病原体所致的脑炎而统称为病毒性脑炎。该病全球分布，可见于任何年龄，无明显性别差异，且发病无季节性。据世界卫生组织（WHO）估计，全球每年约有 20 万例病毒性脑炎患者，美国每年报告的病毒性脑炎达 2 万余例。重症病毒性脑炎（severe viral encephalitis，SVE），一般起病急，病程凶险、死亡和致残率高，是严重威胁人类尤其是儿童健康的重要疾病，其中单纯疱疹病毒（HSV）是主要的病因，而临床中也以单纯疱疹病毒性脑炎最为常见。

【病因与发病机制】

单纯疱疹病毒性脑炎，是由单纯疱疹病毒引起的急性中枢神经系统感染，病变主要侵犯颞叶、额叶和边缘叶脑组织（图 8-7-1）。

1. 临床分型　Ⅰ型疱疹病毒性脑炎：原发感染的潜伏期为 2~21 天，平均 6 天；前驱症状有上呼吸道感染；急性起病，病程长短不一，临床多表现为精神行为异常、认知功能障碍；1/3 患者出现癫痫发作，为全身强直阵挛性发作，严重者呈癫痫持续状态；可出现不同程度意识障碍，严重者可出现嗜睡、昏睡、昏迷或去皮质状态；可有颅内压增高的表现，如头痛、呕吐。Ⅱ型疱疹病毒性脑炎：多见于新生儿和青少年，特点为急性暴发性起病，主要表现为肝脏、肺脏等广泛的内脏坏死和弥漫性的脑损害。

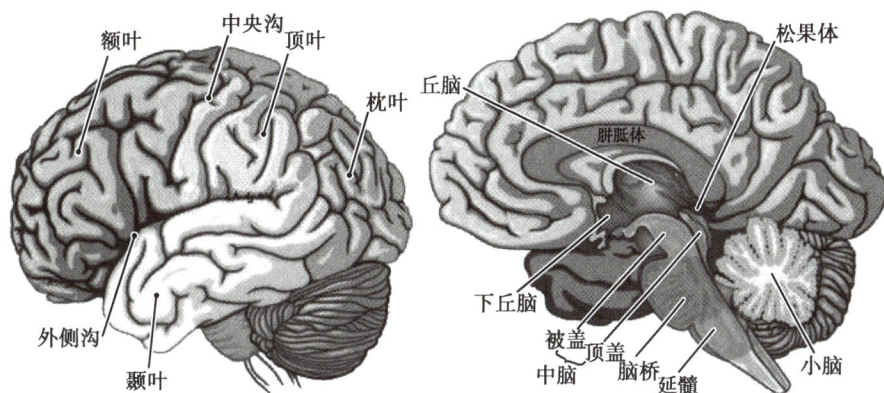

图 8-7-1　脑叶分布

2. CSF 标本中检出病原体与脑炎之间有着强有力的因果关系。

【临床评估与判断】

1. 临床表现　急性或亚急性起病。多有临床感染症状如发热和周身不适等,体温一般不超过 40℃,且年龄越大病情越重。患者多有剧烈头痛,多在额部或眶后,以及恶心、呕吐和颈项强直,部分患者有特定的病毒感染症状:腹痛、腹泻、咽痛、皮疹、心肌炎、腮腺炎等。

2. 脑炎的诊断及治疗原则　重症病毒性脑炎目前尚无特效治疗方法,其治疗以综合治疗为主,包括抗病毒、降颅压、退热、止惊,处理脑疝、呼吸衰竭、消化道出血等并发症,维持水电解质代谢平衡支持治疗,恢复期康复训练及高压氧治疗等。2008 年美国传染病学会关于脑炎临床诊疗指南对病毒、细菌、真菌、原虫和蠕虫感染所致脑炎的流行病学、临床特征、诊断和治疗进行了描述。指南中关于病毒性脑炎的诊疗意见包括:应该对所有脑炎患者的脑脊液样本进行单纯疱疹 PCR 检测(A 级证据,Ⅲ级推荐);应该对那些单纯疱疹 PCR 检测结果呈阴性而且伴随符合的临床综合征或颞叶癫痫、所有等待检测结果的疑似脑炎患者均应使用阿昔洛韦进行初始治疗(A 级证据,Ⅲ级推荐);单纯疱疹病毒感染推荐使用阿昔洛韦(A 级证据,Ⅰ级推荐);水痘带状疱疹病毒感染者,推荐使用阿昔洛韦(B 级证据,Ⅲ级推荐),更昔洛韦可作为备选药物使用(C 级证据,Ⅲ级推荐),可以考虑皮质甾醇类为辅助治疗药物(C 级证据,Ⅲ级推荐);但在使用之前必须进行潜在的风险 / 效益评估。

知识拓展

重症病毒性脑炎（SVE）

重症病毒性脑炎治疗不及时可留不同程度中枢神经系统后遗症,甚至威胁生命。因此早期诊断与及时治疗是提高治愈率的关键。除早期大剂量应用抗病毒治疗外,近年来发现免疫异常参与了重症病毒性脑炎的发病过程,此为采用免疫疗法治疗该类疾病提供了一定的理论依据。大剂量激素因强有力的抗炎作用有一定疗效,但尚有争议。丙种球蛋白含有多价抗原、IgG 抗体，具有对抗病毒抗原以及抗细菌抗原双重效果，但目前国内外对于大剂量应用丙种球蛋白治疗重症病毒性脑炎的相关研究较小，临床有研究将甲泼尼龙联合人血清蛋白治疗重症病毒性脑炎，结果显示不但能纠正蛋白质性营养不良和提高免疫力，保护血－脑屏障的完整性，发挥血清白蛋白高渗性脱水作用从而减轻脑水肿，提高激素受体的结合能力，使糖皮质激素更加有效地发挥作用，增强组织对药物的敏感性，增强抗炎作用又能减少激素导致病毒扩散和继发细菌感染等副作用，可明显提高重症病毒性脑炎的抢救成功率减少病残率。

3. 辅助检查

（1）CSF 检查：脑脊液压力轻至中度增高，淋巴细胞明显增高，白细胞数一般在（100~1000）× 10^6/L，蛋白含量轻度增高，糖和氯化物含量正常。

（2）免疫学检查：依据临床某些特异性症状作某种病毒学的检查。双份血清及脑脊液通过免疫荧光技术或放射免疫技术检测 IgM 或病毒抗原。

（3）感染性疾病，通过腰椎穿刺脑脊液的方法对疾病的诊断、鉴别诊断、疗效和预后判断具有重要价值。

（4）所有疑似/可能的脑炎患者均需进行一线辅助检查以助诊。

【监测与护理】

1. 用药的护理　重症病毒性脑炎患者用药品种多，除脱水降颅压及营养神经药物外还同时应用抗病毒、抗感染、镇静等药物。需严格掌握药物的配伍禁忌及副作用，用药过程中密切观察患者有无药物不良反应的发生。

知识拓展

脑炎的药物

1. 抗病毒药物　有肾功能不全或应用其他肾损伤药物的同时，应禁用或慎用此药，以免加重对肾脏的损害。

2. 抗感染药物　抗菌药物的合理应用目的是有效控制感染，同时防止人体内菌群失调，减少患者药物不良反应与细菌耐药性的产生。

3. 镇静药物　大剂量应用镇静药物会对心血管及呼吸有抑制作用，可能出现低血压、窦性心动过缓、窦性停搏、呼吸暂停等，需严密监测患者生命体征的变化。定期监测血药浓度，注意预防丙泊酚等药物在脂肪中蓄积而发生毒副作用的迟发反应。此外，在镇静药物持续推注过程中，更换药物时需使用双泵同时更换的方法以保证血药浓度的恒定确保药物的治疗效果。患者使用镇静药物时，应使用 RASS 镇静评估量表按时评估患者镇静质量及深度。

4. 脱水药物　临床上使用大量脱水药物，需严密监测患者尿量、尿比重、尿钠及血清钠离子的变化。

2. 颅内压增高的护理　详见缺血性脑血管疾病颅内压的护理。

3. 脱水药物的监测

（1）脱水药物在严重病毒性脑炎中应用广泛，因此需要做好用药的观察，详见表8-7-1。

表 8-7-1　常见脱水药物应用的方法及护理要点

药物名称	应用范围	操作方法	注意事项
20% 甘露醇	各种原因引起的 ICP 增高，脑水肿	125ml，快速静脉滴注，20~30分钟内滴完	1. 药液保存在 20℃室温，否则易出现结晶； 2. 选用粗大血管，必要时深静脉置管； 3. 可引起肾功能衰竭，注意监测肾功能指标； 4. 建议在 ICP 监测下使用
甘油果糖	慢性 ICP 升高，创伤性脑水肿	250~500ml 静脉滴注，每日 1~2 次，1~3h 滴完	1. 严重循环功能障碍、尿毒症和糖尿病患者慎用； 2. 定时监测各项检验指标
呋塞米	心源性、肾源性水肿，功能障碍或血管障碍引起的全身性水肿	20~40mg，静脉推注，每日 1~2 次，可与甘露醇交替使用	1. 禁用于严重肾病和无尿、少尿及电解质紊乱患者； 2. 易出现低血钾，应用过程中定期监测； 3. 可诱发痛风，使血糖增高，大量使用可出现暂时性视觉障碍； 4. 不应与多巴胺、胰岛素药物同时静脉推注
血清白蛋白	血容量不足、低蛋白血症的颅内高压、脑水肿患者	20% 白蛋白静脉滴注。15~30滴/分	1. 冰箱冷藏保存，应放置室温后再使用； 2. 心功能不全者严密观察生命体征

（2）观察电解质情况：患者应用大剂量的脱水药物，需要动态进行电解质的观察，尤其血钾钠的紊乱。因为每克甘露醇可以带出体内 12.5ml 水分，因此需要患者给予水分的补充，可 200ml，每 4h 给予一次。当患者出现低钾血症时，应注意补充，补钾剂量不宜过多，细胞内血清钾恢复较慢，一般 4~6d 才能纠正，重症患者需要 10~20d 以上，因此每日补钾量应限制在 80~100mmol，即氯化钾 6~8g，同时注意心电监护，注意高血钾的发生。当患者出现低血钠时，需要观察患者有无木僵状态、癫痫、昏迷等症状，补钠时速不能过快，应 <1mmol/h，24h<10mmol。

4. 腰椎穿刺的护理　腰椎穿刺前要准确评估患者的病情，了解腰椎穿刺的适应证及禁忌证，躁动不安患者给予适当镇静，患者排空膀胱；腰椎穿刺时协助患者取合适的体位；腰椎穿刺后记录脑脊液的颜色、量、性质及压力；患者宜采取去枕平卧位 4~6h，避免过早起床，以防脑脊液外漏及低颅压引起头痛，若患者发生头痛可鼓励患者多饮水，必要时静脉滴注生理盐水，注意保持穿刺点局部敷料完整，干燥，防止潮湿污染。

二、重症抗 N- 甲基 -D 天冬氨酸受体脑炎

【概述】

抗 N- 甲基 -D 天冬氨酸（N-methyl-D-aspartate，NMDA）受体脑炎是近年来新发现的

一类副肿瘤性边缘叶脑炎,简称抗NMDA受体脑炎。该病可见于任何年龄段,以年轻女性多见(约91%),约59%的患者伴有肿瘤,其中卵巢畸胎瘤的发生率为62%。近年逐渐在男性、儿童及没有肿瘤的女性患者中出现。男性肿瘤发生率为21%(睾丸畸胎瘤和小细胞肺癌)。抗NMDA受体脑炎准确发病率不详,Granerod报道在英国该病约占脑炎病因的4%,Dalmau也报道在英国仅3年内就报道了400例抗NMDA受体脑炎,美国的脑炎研究机构发现抗NMDA脑炎的发病率已超过所有已知类型的病毒性脑炎。国内自2010年报道了第一例抗NMDA受体脑炎以来,越来越多不明原因的脑炎被证实为抗NMDA受体脑炎。

【病因与发病机制】

抗NMDA受体脑炎,首次由Vitaliani等进行了报道,2007年由Dalmau等发现这是一种与主要表达于海马神经元细胞膜的抗NMDA受体抗体相关的自身免疫性疾病。目前该病已经成为脑炎疾病当中最主要的类型,是发病例数最多的种类,这和有关该疾病的研究不断深入以及对本病的了解不断加深有着密切的关系。

抗NMDA受体脑炎属于自身抗体介导性边缘叶脑炎的一种,由抗体介导的NMDA受体进行性缺失或功能减退,选择性累及海马、杏仁核、岛叶及扣带回皮质等边缘性结构(图8-7-2)。

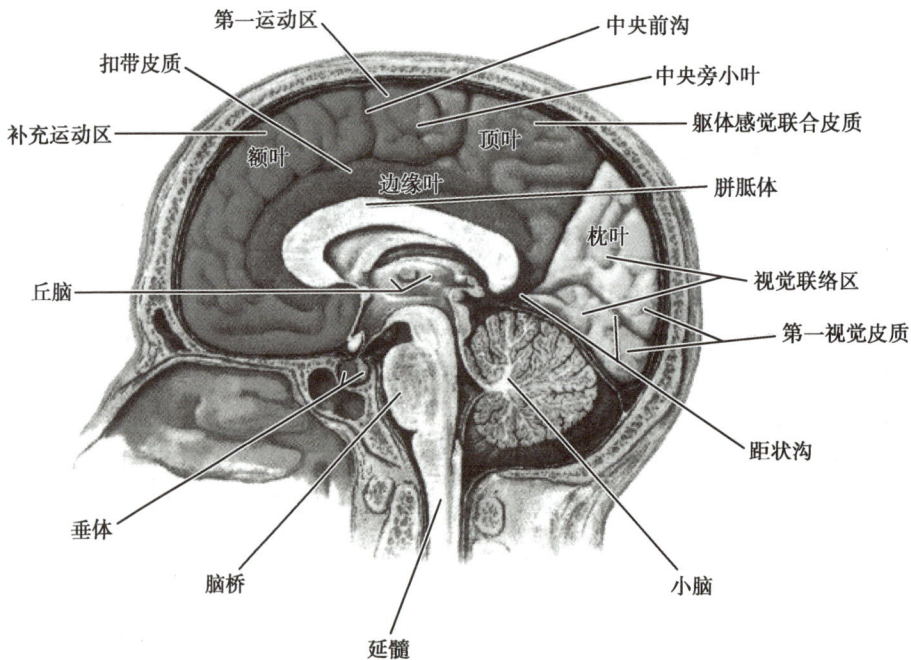

图 8-7-2　大脑内侧面 - 脑叶和功能区分布

抗NMDA受体脑炎临床表现一般可分3期,但各阶段并无严格界限。

1. 前驱期　症状不典型,在精神症状出现前多数呈类感冒症状,发热、头疼、疲劳、不适。精神症状表现为焦虑、情绪不稳、抑郁、行为和性格改变,偏执、妄想、幻觉,甚至伴随短时记忆丧失或抽搐。

2. 无反应期　此期患者激惹与无动症状交替出现,对刺激反应减弱或反常,部分患者表现为喃喃自语,或有模仿语言。此期缓和后可出现中枢性通气不足(需要机械通气辅助呼吸）、运动障碍以及自主神经功能紊乱。

3. 不随意运动期　运动障碍最常见者为口面不自主运动。患者可做怪相,口面不自主运动;还可出现手足徐动、肌阵挛、肌颤、失张力及节律性收缩;自主神经功能紊乱表现为心律失常、瞳孔散大、呼吸急促、血压不稳等。

【临床评估与判断】

抗 NMDA 受体脑炎目前尚没有明确的治疗指南,治疗主要依赖于免疫治疗及肿瘤切除。目前激素、免疫球蛋白冲击治疗及血浆置换为临床推荐的一线治疗方案,符合美国传染病学会 2008 年版脑炎临床诊疗指南中关于感染后 / 免疫后脑脊髓膜炎的治疗方案。对与发现肿瘤的患者,手术切除肿瘤联合一线免疫治疗方案能取得较好的临床疗效。部分患者在一线治疗后血清及脑脊液中仍有高滴度的抗体存在。可以再次使用激素、免疫球蛋白或血浆置换治疗,患者若一线免疫治疗 4 周后效果不佳或复发,可进一步实施二线免疫治疗,二线免疫治疗药物包括利妥昔单抗、环磷酰胺等免疫抑制剂,可根据情况单用或联合应用。

辅助检查

（1）影像学诊断。

（2）脑电图检查:超过 90% 患者脑电图表现异常,通常为频发慢波,可合并癫痫样波。当患者出现类似紧张症时,脑电图会出现连续、有节律的 δ 和 θ 波。当患者昏迷,脑电图显示有节律的 δ 活动时,则表明患者处于一种非惊厥性癫痫持续状态。

（3）患者血清和脑脊液中均可检测到抗 NMDA 受体抗体存在,即可确诊为抗 NMDA 受体脑炎,同时需行肿瘤筛查。

（4）脑组织活检改变呈非特异性,包括血管周围淋巴细胞聚集,脑实质少量 T 淋巴细胞浸润及活化的小胶质细胞,但无肿瘤组织,部分患者脑组织活检可正常。

【监测与护理】

1. 中枢性通气不足的护理　中枢性通气不足是抗 NMDA 受体脑炎的一个重要临床特征,在成年患者的发生率为 66%。中枢性通气不足可表现为呼吸困难、呼吸暂停等症状。

（1）患者呼吸费力、血氧饱和度下降或颜面、口唇及甲床出现发绀的表现时,可给予恒定的氧浓度及高流量的氧气吸入,纠正患者通气不足的症状。

（2）患者出现呼吸暂停症状时应立即给予患者轻度刺激,可轻拍患者双肩或呼唤患者姓名,刺激患者呼吸。

（3）患者出现神经精神症状及意识水平改变时需行血气分析,警惕因中枢性通气不足而发生呼吸性酸中毒,当动脉血氧分压 ≤60mmHg 和或二氧化碳分压 ≥60mmHg,出现严重呼吸衰竭时给予建立人工气道并行机械通气治疗。

（4）在患者未建立人工气道前禁用或慎用地西泮等镇静药物,以免因呼吸抑制而加重通气不足。

（5）在患者癫痫发作时要做好气道管理,保持呼吸道通畅及氧气吸入,防止因癫痫发作诱发或加重患者中枢性通气不足的表现。

2. 颅内压增高的护理　详见第八章第一节缺血性脑卒中。

3. 脱水药物的监测　详见第八章第一节缺血性脑卒中。

4. 不自主运动的护理　抗 NMDA 受体脑炎患者均存在典型异常运动:顽固性怪异性口 - 舌 - 面异常运动、强制性的下颌张开闭合、口不自主咀嚼样及咬牙动作、手足徐动样肌张力不全、四肢刻板样运动。以上因素使患者极易发生口唇、舌或牙齿自伤，外伤及坠床、误吸、窒息、非计划性拔管等的风险增加。

（1）在患者床旁方便取用的位置备好压舌板、开口器，口咽通气道，以防止因过度咀嚼及咬牙动作导致口唇、舌或牙齿自伤；并备有负压吸引装置、简易呼吸器及紧急气管插管等物品便于发生窒息时紧急抢救治疗的应用。

（2）对于紧急情况需建立人工气道的患者首选经鼻气管插管，必须经口气管插管的患者，避免患者牙齿直接接触气管插管，需使用坚固的气管插管固定器固定插管，防止由于过度咀嚼导致的气管插管被咬断、气囊损坏等情况的发生。并应尽早给予患者气管切开从而避免上述情况的发生。

（3）手足抽动严重者给予四肢保护性约束以防止肢体外伤及非计划性拔管的发生。

（4）抗 NMDA 受体脑炎患者由于肢体运动过度及药物难以控制的癫痫发作等有可能导致横纹肌溶解症的发生，故有效地控制不自主运动尤为重要。

5. 自主神经功能障碍的护理　自主神经功能障碍常表现为心动过速、心动过缓、高血压、低血压、高热、唾液分泌过多等，上述各种临床表现可交替或合并出现。

（1）存在心动过缓或窦性停搏的患者避免使用右美托咪啶，对于低血压的患者禁用或慎用丙泊酚等药物。

（2）对于持续高热的患者应用冰毯降温仪降温，每小时测量并记录患者体温；使用时冰毯平铺于患者肩部到臀部，不要触及颈部，以免因副交感神经兴奋而诱发或加重心跳过缓的发生。此外，有效地控制不自主运动也有助于患者降温。

（3）唾液分泌过多的护理：可使用纱布包裹吸痰管接负压吸引放于患者口腔内，给予间断或持续分泌物吸引，防止误吸的发生，且负压不宜过大，以不超过 200mmHg 为宜；建立人工气道的患者给予使用可冲洗型气管插管或气管切开内套管，给予间断或持续的声门下分泌物吸引防止气囊上滞留物坠入下呼吸道。

6. 用药的护理　重症抗 NMDA 受体脑炎患者用药品种多，包括：免疫球蛋白、激素、抗癫痫药、镇静、肌松等药物。

知识拓展

抗 NMDA 受体脑炎用药禁忌

在用药方面护士需要注意配伍禁忌，同时输注丙泊酚与右美托咪定时可因药物的相互作用而在中心静脉导管内产生结晶，使中心静脉导管发生堵塞，该两种药物应禁忌体外同一管腔输入，但药品说明书中并未提及。抗癫痫药物注意给药方法正确；抗癫痫类药物常见副作用为皮疹，用药过程中应严密观察患者有无不良反应；大剂量使用镇静药物会对心血管及呼吸有抑制作用，可能出现低血压、窦性心动过缓、窦性停搏、呼吸暂停等，需严密监测患者生命体征的变化；丙泊酚长期应用会有乳酸酸中毒、横纹肌溶解、心力衰竭、高钾血症、高脂血症、心搏骤停等不良反应，因此需严密监测肌酸激酶、乳酸、电解质及血气分析结果。

7. 静脉置管的护理

（1）早期置入中心静脉导管,患者住院病程较长,且需长期给予抗病毒、抗感染、脱水降颅压以及抗癫痫镇静药物治疗,需多通道同时给药,给予留置 PICC 置管,做好日常维护,同时做好留置 PICC 肢体的保护性约束,保持肢体伸直,避免肘部弯曲,同时避免因约束带过紧导致血液回流受限而发生静脉血栓。当有导管相关性感染、堵塞、脱管、移位等应尽早拔出管路。

（2）建立血管通路进行血浆置换,血浆置换是抗 NMDA 受体脑炎患者的重要治疗方案之一,通过股静脉留置双腔大管径导管在血浆置换中建立血管通路,但由于置管部位的影响及导管管腔大、管径粗,使导管相关性血流感染及静脉血栓的发生风险增加。应由专人维护并妥善固定导管末端,保持清洁、干燥,如若敷料污染、潮湿要及时更换,避免感染;另外,此管路不能作为常规输液。

8. 血浆置换的配合与护理　血浆置换可能的并发症有:过敏反应、低血容量、出血、凝血、置管处渗血等。在进行血浆置换时,密切观察患者生命体征及病情变化,有无过敏反应发生。保持管路通畅,大量肝素的应用会引起患者凝血功能异常,要注意观察穿刺点有无渗血和出血,每次血浆置换后应用 0.9% 氯化钠溶液把余血冲净,再用肝素盐水封管。血浆置换将会使患者镇静药物的血药浓度下降,患者的不自主运动表现更加明显,因此需要动态观察患者的临床表现,通知医生在血浆置换后继续给予镇静药物的应用。

> **知识拓展**
>
> ### 中毒性表皮坏死松解症
>
> 中毒性表皮坏死松解症是临床最严重的累及皮肤与黏膜的甚至威胁患者生命的药物不良反应。该病起病急,临床表现为弥漫性的皮肤斑丘疹和疱疹,而后发展为大面积皮肤黏膜松解脱落及糜烂;还多伴有口唇、眼部、外阴黏膜的损害,严重者可因败血症、肝肾功能衰竭、电解质紊乱而死亡。

（刘　芳）

第八节　脑　肿　瘤

脑肿瘤（brain tumors）是指发生于颅腔内的神经系统肿瘤。依其原发部位可分为原发性和继发性脑肿瘤两类。

【概述】

脑肿瘤的发病率各国报告资料不一致。国外资料报告原发性脑肿瘤年发病率为2~19/10 万人口,继发性脑肿瘤为 2.1~11.1/10 万人口。在我国,原发性脑肿瘤的年发病率为4~9/10 万人口,其中近半数为恶性肿瘤,颅内恶性肿瘤约占全身恶性肿瘤 1.5%,居全身恶性肿瘤的第 11 位。

脑肿瘤一般为缓慢起病,症状的演变以月、年计。继发性脑肿瘤的发展较快,病情的变化以日、周计。脑肿瘤的预后与病理类型、病期及生长部位有密切关系。脑肿瘤发病部位以大脑半球最多，其次是蝶鞍、鞍区周围、小脑脑桥角、小脑、脑室及脑干。许多脑肿瘤的组织学分化良好，生长缓慢，却限于生长部位而不能治疗。良性肿瘤单纯外科治疗有可能治愈；交界性肿瘤单纯外科治疗后易复发；恶性肿瘤一旦确诊，需要外科治疗辅助放射治疗、化疗，必要时采用免疫治疗、基因治疗、加热治疗、光动力学疗法、中医药等。

2016 年 5 月中枢神经系统（central nervous system, CNS）世界卫生组织（WHO）将分子信息纳入到 CNS 肿瘤分类中，加入了很多最新确定的实体肿瘤、变异型和分型，共分为十七类，临床上常见的脑肿瘤有以下几种。

（一）原发性脑肿瘤（primary brain tumor）

1. 弥漫性星形及少突胶质细胞肿瘤来源于神经上皮，是颅内最常见的恶性肿瘤。其中，星形细胞瘤恶性程度较低，生长缓慢；多形性胶质母细胞瘤恶性程度最高，肿瘤起源于白质，浸润生长迅速易坏死，病程短，高颅压症状明显；少突神经胶质瘤生长较慢，分界较清。

2. 垂体细胞瘤（pituicytoma）来源于腺垂体的良性肿瘤，约占脑肿瘤 10%。按细胞的分泌功能可分为催乳素腺瘤（PRL 瘤）、生长激素腺瘤（GH 瘤）、促肾上腺皮质激素腺瘤（ACTH 瘤）及混合性腺瘤。

3. 脑膜瘤（meningioma）约占脑肿瘤的 20%，肿瘤边界清，生长缓慢，良性脑肿瘤。多位于矢状窦旁、大脑凸面、蝶骨和鞍结节，邻近的颅骨有增生或被侵蚀的迹象。

4. 听神经瘤（acoustic neuroma）源于前庭神经上支 Schwann 细胞，为良性肿瘤，约占脑肿瘤 10%。可出现患侧神经性耳聋、耳鸣、前庭功能障碍、同侧三叉神经及面神经受累及小脑功能受损症状。

5. 颅咽管瘤（craniopharyngioma）为良性肿瘤，约占脑肿瘤 5%，多见于儿童及青少年，多位于蝶鞍膈上，主要表现为视力障碍、视野缺损、尿崩、肥胖和发育迟缓等。

6. 髓母细胞瘤（medulloblastoma）是儿童常见恶性肿瘤，肿瘤易阻塞第四脑室及导水管而引发脑积水。

（二）继发性脑肿瘤（secondary brain tumor）

入路途径为血液，肺、乳腺、甲状腺、消化道等部位的恶性肿瘤易造成脑转移，其中肺癌最常见。多位于幕上脑组织内，可单发或多发，是肿瘤患者致残和死亡的重要原因，预后较差。继发性脑肿瘤的实际上要多于原发性脑肿瘤，进行尸检的癌症患者有 25% 能够发现有继发性脑肿瘤。

【病因与发病机制】

脑肿瘤的发病原因至今尚不明确。可能诱发脑肿瘤的因素有：亚硝胺化合物、石油产品、多环芳香烃、离子射线与非离子射线等理化物质；致瘤病毒等生物因素；据统计有 5% 的脑肿瘤具有家族背景或遗传因素。

脑肿瘤包块本身可以侵袭、推移和压迫邻近的脑组织而引起功能丧失或者癫痫发作，还可以使血 - 脑屏障开放造成脑水肿。脑肿瘤受到生长上的限制可发生继发性病变，如坏死、出血、间变。

脑肿瘤一般不向颅外转移，但可在颅内直接向邻近正常脑组织浸润扩散，也可随脑脊液的循环通道转移。行脑肿瘤切除术后，瘤细胞与颅外淋巴管道接触机会增多，颅外转移的病例也日益增多。

【临床评估与判断】

1. 病情评估　脑肿瘤的症状体征取决于肿瘤的病变位置、大小、生长速度。约半数患者以头痛为首发症状，部分脑肿瘤可引起癫痫、局灶性神经体征（如偏瘫）或全身的功能障碍，综合脑肿瘤共性症状以颅内压增高和定位体征为主。

（1）颅内压增高约90%以上的患者表现为清晨阵发性头痛，咳嗽用力时加剧，可伴突发的喷射状呕吐，双侧视神经盘水肿。颅内高压压迫部分神经或精神功能区致患者头晕、复视、思维记忆力发生改变。颅内压升高急性期轻者可发生嗜睡、昏迷等意识障碍，亦可见抽搐及去大脑强直发作，重者可引起脑疝、生命体征改变甚至心跳呼吸骤停。

（2）定位体征颅内组织受到肿瘤的刺激、压迫、破坏，引起相应的神经功能缺陷体征，因肿瘤部位而异，最先出现的体征尤其具有定位意义。分为三种：刺激症状：如大脑半球肿瘤可发生癫痫；破坏性症状：顶叶下部角回和缘上回可导致失算、失读、失语等；压迫症状：鞍区肿瘤可引起视力、视野障碍。位于脑干等重要部位的肿瘤，早期即出现局部症状，而颅内压增高症状出现较晚。

2. 影像学及辅助检查　对脑肿瘤最具诊断价值的是CT及MRI检查，既能明确诊断，也能确定肿瘤的位置、大小及瘤周组织情况；若为垂体细胞瘤，还需作血清内分泌激素测定以确诊；神经核医学检查中正电子发射计算机断层显像（positron emission tomography，PET）可用于诊断早期脑肿瘤，单光子发射计算机断层显像（single photon emission computed tomography，SPECT）可以判断肿瘤的生长是否活跃、肿瘤的恶性程度；脑血管造影可用于术前评估肿瘤与重要血管的解剖关系、血供等；另外，还可以进行颅骨平片检查、活检术、肿瘤标志物检测等辅助检查方法。

脑肿瘤的病理检测和诊断报告需进行包含表型和基因型的综合诊断，以确定CNS肿瘤的类别。

【监测与护理】

（一）术前护理

术前要认真评估、观察记录患者的意识状态、瞳孔反射、生命体征，判断有无颅内高压的症状体征及各种神经功能障碍等，除常规护理外，有头痛、呕吐者尽量减轻患者不适，避免出现颅内压急剧增高的现象，有癫痫史者应控制好癫痫，加强心理护理，尤其对术前已经出现失语、视听觉障碍、面瘫、偏瘫的患者，选择有效沟通方法，预防意外发生。已经发生昏迷者给予氧气吸入，保持呼吸道通畅，积极营养支持，尽早明确诊断行手术治疗。常规开颅手术需术前剃头，经口鼻蝶窦入路手术，术前需剃胡须，剪鼻毛。

（二）术后护理

1. 病情观察

（1）意识：患者术中常规进行全身麻醉，术后4~6小时即进行患者意识判断，与术前状态进行比较。术后颅内血肿或脑水肿可致颅内压增高，患者意识状态逐渐下降。目前临床对意识障碍程度的分级有多种方法，现多用格拉斯哥（Glasgow）昏迷评分法，关于这方面的描述，详见第八章第六节。

（2）瞳孔观察：两侧瞳孔的形状、大小及对光反应，如出现双侧瞳孔不等大或对光反应迟钝、消失，可考虑颅压增高有脑疝迹象。双侧瞳孔散大固定，提示患者濒危阶段。

（3）颅内压：颅内压监测可以保证使用脱水降颅压药物时维持适宜的颅内压，即在保证有效脑灌注的前提下且预防颅内压骤降。避免颅内压增高的诱因：如便秘、咳嗽、癫痫发作等。关于颅内压的监测判断方法详见第二十章第一节。

知识拓展

颅高压危象

各种原因引起颅内压增高大于 15mmHg 的基础上，出现以下危及患者生命的征象：

神经系统：剧烈头痛、意识障碍（如烦躁不安、嗜睡、昏迷等）

循环系统：血压升高、心动首先过速然后减慢

呼吸系统：呼吸节律不规则（潮式呼吸＝过度通气及屏气交替出现）

内环境严重紊乱：高热、尿崩症、高钠血症等

临床表现：头痛、恶心、呕吐、视力障碍、运动异常、瞳孔扩大、库欣综合征（血压增高、心率减慢、潮式呼吸）、视神经盘水肿（特异性强、出现早、没有视神经盘水肿也不能排除颅内高压）

（4）生命体征：使用床旁心电监护仪持续有效监测呼吸节律和深度、脉搏快慢和强弱以及血压和脉压差直至病情稳定，并做好记录。术后在保证脑灌注压 >70mmHg 的情况下，将患者收缩压平稳地维持足够，可以减少术后血肿的发生，应避免血压骤升骤降的因素。术后 12~48 小时患者易出现中枢性高热，需及时采用冬眠低温治疗，偶有体温过低。血压上升、脉搏缓慢有力、呼吸深而慢，同时有进行性意识障碍，是颅内压增高所致的代偿性生命体征改变。患者呼吸系统相关护理操作详见第十八章部分章节。

（5）神经系统体征观察：患者术前定位体征是否改善，有无进行性加重等，如患者有肢体功能障碍，应保持肢体于功能位，并尽早进行肢体被动或主动功能锻炼，防止坠床、跌倒等意外损伤。

2. 有效镇痛　切口疼痛多发生于术后 24 小时内，给予一般镇痛药可缓解。应注意颅脑手术后不论何种原因引起的头痛，均不可使用吗啡或哌替啶，因为此类药物可抑制呼吸，影响气体交换，还有缩小瞳孔的不良反应，影响病情观察。

3. 控制癫痫　癫痫发作可以增加脑代谢，导致颅内压增高，术后需常规应用抗癫痫药物，有效控制癫痫，并注意保护患者，避免意外受伤，观察发作时表现并详细记录，待症状完全控制后，逐步减量后才能停药，不可突然中断用药。

4. 引流管护理　术后 48 小时内，术腔引流袋（瓶）置于头旁，高度与头部术腔保持一致，以保证术腔内一定的液体压力，不可随意放低引流袋（瓶），避免脑组织移位。若术后早期引流量多，应适当抬高引流袋（瓶）。48 小时后，可将引流袋（瓶）略放低，以较快引流出术腔内的液体，使脑组织膨出，减少局部残腔。引流管放置 3~4 日，一旦血性脑脊液转清或行 CT 检查，术腔出血少时即可拔除引流管，以免形成脑脊液漏或发生感染。

5. 生活护理

（1）体位：头颈部的体位通过几方面机制影响颅内压，头部扭转和颈静脉受压，引起缓慢和进行性颅内压增高。抬高床头至 30° 可以降低颅内压，同时避免术后脑水肿引起的一些不

良后果。搬动患者或为其翻身时,应有人扶持头部使头颈部成一条直线,防止头颈部过度扭曲或震动。体积较大的肿瘤切除后,因颅腔留有较大空隙,24~48 小时内手术区应保持高位,以免突然翻动时脑和脑干移位,引起大脑上静脉撕裂、硬脑膜下出血或脑干功能衰竭。开颅术后患者应健侧卧位或健侧俯卧位,避免切口受压;经口鼻蝶窦入路术后取半卧位,以利伤口引流。

（2）皮肤、黏膜:保持皮肤、黏膜清洁,卧床患者定时翻身,注意保护骨隆突部位皮肤避免发生压力性损伤;经口鼻蝶窦入路手术的患者,术后应加强口腔护理;眼睑闭合不全者,角膜涂药膏保护。

（3）饮食:术后次日可进流食,以后从半流食逐渐过渡到普食。颅后窝手术或听神经瘤手术后,因舌咽、迷走神经功能障碍而发生吞咽困难、饮水呛咳者,应严格禁食禁饮,采用鼻饲供给营养,待吞咽功能恢复后逐渐练习饮食。

6. 健康教育

（1）心理护理:对恢复过程中出现头痛、耳鸣、记忆力减退的患者,给予适当解释和安慰,使其树立信心。

（2）康复训练:如患者遗留语言、运动或智力障碍,协助患者制定康复计划,尽早开始康复训练,以提高生活自理能力及社会适应能力。

7. 并发症的预防与护理　开颅术后并发症多发生在 7 日内,这些并发症包括颅内压增高、颅内血肿、感染、脑积水、脑脊液漏、气颅、脑梗死、凝血功能异常等,常见有以下几种。

（1）颅内压增高:主要原因是周围脑组织损伤、肿瘤切除术中牵拉所致脑水肿或颅内出血。脑水肿的高峰一般在手术后 36~72 小时,但术后颅内出血造成的颅内压升高明显早于脑水肿且病情进展快。应密切观察生命体征、意识、瞳孔、肢体功能和颅内压的变化,遵医嘱给予甘露醇和糖皮质激素等,以降低颅内压。

（2）颅内血肿:常发生在术后 3 日内,多因术中止血不彻底,20~30ml 术后血肿即可造成病情恶化,甚至危及患者生命。要密切观察伤口敷料颜色、引流液颜色、量、引流是否通畅、患者的意识状态等,尽早发现及时处理。

（3）脑脊液漏:注意伤口、鼻、耳等处有无脑脊液漏。若出现脑脊液漏,及时通知医生,并做好相应护理,预防感染。

（4）尿崩症:主要发生于鞍上手术后,手术涉及下丘脑影响血管升压素分泌所致。患者出现多尿、多饮、口渴,每日尿量大于 4000ml,血钠和血渗透度升高;而尿钠和尿渗透度降低。尿比重低于 1.005。遵医嘱给予神经垂体素治疗时,准确记录出入液量,根据尿量的增减和血清电解质的水平调节用药剂量。

（5）感染:常见有切口感染、脑膜脑炎、脑脓肿等直接感染,肺部感染、泌尿系感染等间接感染。表现为术后 3~4 日外科热消退之后再次出现高热,或术后体温持续升高,伴头痛、呕吐、意识障碍,甚至出现抽搐、脑膜刺激征阳性。腰椎穿刺见脑脊液混浊、脓性,白细胞计数升高。预防脑部手术后感染的主要护理措施是严格无菌操作、加强营养及基础护理。

（李黎明）

第九章 消化系统疾病重症患者的护理

学习目标

完成本内容学习后,学生将能:

1. 复述消化道大出血、急性肝功能衰竭和重症胰腺炎的概念;
2. 列出消化道大出血、急性肝功能衰竭和重症胰腺炎的病因;
3. 描述消化道大出血、急性肝功能衰竭和重症胰腺炎的发病机制;
4. 描述消化道大出血、急性肝衰竭和重症胰腺炎的临床评估方法与内容;
5. 应用监测理论与技术,护理消化道大出血、急性肝功能衰竭和肝移植以及重症胰腺炎患者。

第一节 消化道大出血

【概述】

消化道出血是指从食管到肛门的管道,包括胃、十二指肠、空肠、回肠、盲肠、结肠及直肠的某个或多个部位出血。临床上病人一般出血达到 2000ml(或循环血量的 40% 以上)才会出现休克征象;所以一般出现消化道出血的患者是不需要接受 ICU 护理的,除非病人出现循环衰竭。

【病因与发病机制】

（一）分类

消化道出血分为上消化道出血、中消化道出血和下消化道出血。上消化道出血发病率大约是下消化道出血的 5 倍,男性多于女性,是临床常见而且非常严重的症状。

1. 上消化道出血　出血部位在十二指肠悬韧带(Treitz 韧带)以上。包括食管、胃、十二指肠、上段空肠以及胰管和胆管的出血。

2. 中消化道出血　出血部位在十二指肠悬韧带以下至回盲部。包括下段空肠、回肠。

3. 下消化道出血　出血部位在回盲部以下。包括结肠、直肠和肛门。

（二）病因及发病机制

1. 上消化道出血的常见病因及发病机制

（1）消化性溃疡:是上消化道大出血最常见的病因,约占 50%,因溃疡周围黏膜小血管破裂或溃疡基底部血管及溃疡肉芽组织内血管破裂出血。

（2）门脉高压食管胃底静脉曲张:门静脉压力增高,食管胃底静脉曲张破裂出血,常伴有血流动力学不稳定。

（3）急性胃黏膜病变：常好发于胃底和胃体部，偶可累及全身。因黏膜层或肌层糜烂、溃疡、肉芽组织增生坏死导致血管破裂出血。

（4）食管贲门黏膜撕裂综合征：常由剧烈呕吐或干呕使腹内压和胃内压猛增、冲击压力集中于贲门部导致出血。呕血多为鲜红色，量中等。

（5）肿瘤：导致的上消化道出血占消化道出血的1%~5%。肿瘤组织缺血性坏死，造成肿瘤表面糜烂、溃疡使血管破裂出血。

（6）Dieulafoy单纯性溃疡：也称曲张性动脉瘤。本病的特点是突发的无痛性、间歇性出血，有时是上消化道大出血，常伴有血流动力学不稳定。

2. 中消化道出血的常见病因　①肠血管畸形；②克罗恩病；③钩虫感染；④小肠肿瘤；⑤缺血性肠病；⑥肠系膜动脉栓塞。

3. 下消化道出血的常见病因　①痔疮、肛裂；②肠息肉、结肠癌；③静脉曲张；④溃疡性结肠炎；⑤感染性肠炎；⑥全身性疾病。

【临床评估与判断】

1. 病情评估

（1）呕血：胃内积血量在250~300ml以上时，即可引起呕血。幽门以上的消化道出血常有呕血的表现；幽门以下的患者如出血量大、速度快，血液反流入胃，也可出现呕血。

（2）黑便、血便：一次性出血量在50~70ml即可出现黑便。有黑便者可能没有呕血，但是有呕血者一定会出现黑便。大出血的患者由于血液在肠内推进的速度快，粪便可呈暗红甚至鲜红色。血便多为中或下消化道出血。

（3）急性循环衰竭：部分患者早期并没有出现呕血或黑便，而是出现软弱、乏力、心悸、肢体发冷、出冷汗，甚至是晕厥等急性循环衰竭的表现，严重者出现脉搏细速、血压下降、口唇发绀、呼吸急促、尿少等休克症状。

（4）发热：发生在24小时以内，一般低于38.5℃，持续3~5日。

（5）氮质血症：可分为肠源性、肾前性和肾性氮质血症。上消化道大量出血后，肠道中血液的蛋白质消化产物被吸收，引起血中尿素氮浓度增高，称为肠性氮质血症。血尿素氮多在一次出血后数小时上升，约24~48h达到高峰一般不超过14.3mmol/L，3~4日恢复正常。如患者血尿素氮持续增高超过3~4日，血容量已基本纠正且出血前肾功能正常，则提示上消化道继续出血或再次出血。

2. 辅助检查

（1）实验室检查：上消化道大量出血后，均有急性失血性贫血。出血早期血红蛋白浓度、红细胞计数与血细胞比容的变化可能不明显，经3~4h后，因组织液渗入血管内，使血液稀释，才出现失血性贫血。测定红细胞、白细胞和血小板计数，血红蛋白浓度、血细胞比容、D-二聚体、肝功能、肾功能、大便隐血等，有助于估计失血量及动态观察有无活动性出血，判断治疗效果及协助病因诊断。

知识拓展

D- 二聚体检测的临床意义

D- 二聚体（D-dimer）是临床上应用最广泛的凝血激活标志物。测定患者血浆 DD，有助于对急性上消化道出血患者进行病因判断、病情评估、再出血风险预测，指导医护人员诊治护理疾病。

肝硬化并发急性上消化道出血患者疾病发展过程中肝细胞破坏，肝脏的单核 - 巨噬细胞系统的功能也被损害，凝血因子活化功能减低，导致纤溶亢进，使血浆中 DD 显著升高，但组织型纤溶酶原激活物水平无显著性差异。高 DD 水平使出血风险增加，故检测 DD 可以了解病情严重性和预后。

上消化道肿瘤所致急性上消化道出血患者血浆 DD 显著升高。一方面癌细胞具有高水平的纤溶酶并产生 ADP，引起血小板聚集，血管受侵后，XII 因子被损伤的内皮细胞激活，凝血过程被启动。另一方面癌细胞产生大量纤维蛋白原激活物，主要是尿激酶诱发局部纤维蛋白溶解，导致血浆 DD 增高。

消化道溃疡引起急性上消化道出血患者因溃疡破坏黏膜或者血管的完整性，导致维持血管壁完整性的内皮细胞被破坏，引起凝血系统的激活，导致血栓形成。大量出血可消耗凝血因子而引发继发性纤溶亢进，纤溶酶使纤维蛋白降解产生 FDP 和 DD，血浆 DD 升高。简单来说，当体内出现有血块，FDP 和 DD 就升高。

（2）内镜检查：是上消化道出血病因诊断的首选检查方法。出血后 24~48h 内行急诊内镜检查，可以直接观察出血部位，明确出血的病因，同时对出血灶进行止血治疗（表 9-1-1）。胶囊内镜对排除小肠病变引起的出血有特殊价值。

表 9-1-1　消化性溃疡出血的 Forrest 内镜分级

Forrest	分级溃疡病变	再出血概率（%）
Ⅰa	喷射样出血	55
Ⅰb	活动性渗血	55
Ⅱa	血管显露	43
Ⅱb	附着血凝块	22
Ⅱc	黑色基底	10
Ⅲ	基底洁净	5

（3）X 线钡剂造影检查：对明确病因亦有价值。主要适用于不宜或不愿进行内镜检查者或胃镜检查未能发现出血原因，需排除十二指肠降段以下的小肠段有无出血病灶者。一般主张在出血停止且病情基本稳定数日后进行检查。

（4）其他：放射性核素扫描或选择性动脉造影如腹腔动脉、肠系膜上动脉造影帮助确定出血部位，适用于内镜及 X 线钡剂造影未能确诊而又反复出血者。不能耐受 X 线、内镜或动脉造影检查的患者,可作吞线试验,根据棉线有无沾染血迹及其部位,可以估计活动性出血部位。

【监测及护理】

1. 严密监测出血征象 ①记录呕血、黑便和便血的频度、颜色、性质、次数和总量。②定期复查红细胞计数、血红蛋白、血细胞比容与血尿素氮等。必要时对活动性出血或重度患者留置胃管,以观察出血停止与否。③监测意识状态、脉搏和血压、肢体温度,皮肤和甲床色泽、周围静脉特别是颈静脉充盈情况、尿量等,意识障碍和排尿困难者需留置尿管。危重大出血者必要时进行中心静脉压测定,老年患者常需心电、血氧饱和度、呼吸监护。

2. 一般处理 患者取平卧位,保持呼吸道通畅,避免呕血时误吸引起窒息,必要时吸氧。烦躁不安者使用镇静剂。呕血者禁食,单纯黑便者可进食少量流食,必要时留置胃管,以吸出胃内积血。不发热的患者,一般不需要使用抗生素。

3. 快速补液、输血纠正休克 动态观察患者的心率、血压,观察皮肤和甲床色泽,肢体温暖或是湿冷,周围静脉特别是颈静脉充盈情况,准确记录出入量。如患者烦躁不安、面色苍白、皮肤湿冷、四肢冰凉提示微循环血液灌注不足,立即建立有效静脉通道、立即配血、迅速补充血容量以稳定全身情况。输液速度既要及时补充有效血容量,又要注意防止肺水肿的发生,必要时可根据中心静脉压调节输液量。

4. 止血措施

(1)药物治疗:①冰盐水洗胃和胃内药物灌注:适用于消化性溃疡或胃黏膜病变的患者。用去甲肾上腺素 2~8mg 加 100ml 冰 0.9% 氯化钠注射液口服或注入胃内灌洗,灌洗之前用冰盐水反复洗胃,将血块和胃液洗干净,以利于药物与病变部位直接接触而起到止血的作用。②血管升压素:适用于食管静脉曲张破裂出血患者。血管升压素除了直接的血管效应外,还通过收缩食管平滑肌降低食管内血流,增加食管括约肌的张力,压迫黏膜下血管,促进止血。③抑制胃酸分泌药:对于急性胃黏膜损害及消化道溃疡引起的出血,可应用 H_2 受体阻断药、质子泵抑制剂,减少胃酸分泌。④生长抑素:对上消化道出血止血效果较好,可减少内脏血流量 30%~40%,临床上多用于食管胃底静脉曲张出血。出血后 3 日未解大便者,慎用泻药。使用特殊药物,如生长抑素、垂体后叶素时,严格控制输液速度,出现腹痛、腹泻、心律失常等不良反应时,应及时报告医师处理。

(2)三腔二囊管压迫止血:适用于食管胃底静脉曲张破裂出血。经鼻腔插入三腔两囊管,进入胃内后抽出胃内积血,然后注气,使胃气囊充气,然后向外牵拉,以达到压迫胃底曲张静脉止血的效果。气囊压迫时间太长会导致黏膜糜烂,因此持续压迫时间最长不超过 24 小时,必要时可间断重复充盈气囊,恢复牵引。本治疗方法虽止血效果肯定,但患者痛苦大,并发症多,早期再出血率高,易发生吸入性肺炎、食管炎、窒息、食管黏膜坏死以及心律失常等并发症。

(3)内镜直视下止血:在用药物治疗和气囊压迫基本控制出血,病情基本稳定后,进行急诊内镜检查和止血治疗。常用方法有:①硬化剂注射止血术:局部静脉内注射硬化剂,使曲张的食管静脉形成血栓,可消除曲张静脉并预防新的曲张静脉形成。②食管曲张静脉套扎术:用橡皮圈结扎出血或曲张的静脉,使血管闭合。③组织黏合剂注射法:局部注射组织黏合剂,使出血的曲张静脉闭塞。这些方法多能达到止血目的,可有效防止早期再出血,是目前治疗本病的重要止血手段亦可作为预防性治疗,预防曲张的食管胃底静脉破裂出血。

本治疗方法的并发症主要有局部溃疡、出血、穿孔、瘢痕狭窄、术后感染等。

（4）手术治疗：上消化道出血经内科积极治疗后大多可以停止，如出血时间超过24~48小时仍未能止住，或原因不明的大出血经内科治疗病情仍不稳定的患者，应积极做好手术止血准备。

（5）介入治疗：对于无法进行内镜治疗，又不能耐受手术的严重消化道大出血的患者，可考虑介入治疗。

5. 继续或再次出血的监测　观察中出现下列迹象，提示有活动性出血或再次出血：①反复呕血，甚至呕吐物由咖啡色转为鲜红色；②黑便次数增多且粪质稀薄，色泽转为暗红并伴肠鸣音亢进；③周围循环衰竭的表现经补液、输血而未改善，或好转后又恶化，血压波动，中心静脉压不稳定；④红细胞计数、血细胞比容、血红蛋白测定不断下降，网织红细胞计数持续增高；⑤在补液足够、尿量正常的情况下，血尿素氮持续或再次增高；⑥门静脉高压的患者原有脾大，在出血后常暂时缩小，如不见脾恢复肿大亦提示出血未止。

6. 基础护理　①出血期绝对禁食，出血停止后循序渐进给予温凉流质、半流质及易消化的软饮食。②每日清洁口腔2次，及时清除口腔内呕血，随时保持口腔清洁、无异味。③频繁大便者，保持臀部清洁、干燥，以防发生湿疹和压疮。④保持床单位清洁干燥，被服污染随时更换，避免给患者带来不良刺激。

7. 心理护理　患者在对疾病缺乏正确认识的前提下，易产生紧张恐惧的情绪而加重出血，尤其反复出血者因反复住院给家庭带来沉重的经济负担，消极悲观，对治疗失去信心。做好心理护理，可给患者以安全感，解除患者精神紧张及恐惧心理，有益于良好护患关系的建立和进一步治疗的配合。

8. 健康指导　①正确对待疾病，保持良好的心境和乐观主义精神。②注意饮食卫生，避免食用刺激性太强的食物。③适当的体育锻炼，增强体质合理安排作息时间，注意劳逸结合。④禁烟，不要饮用浓茶、咖啡等对胃有刺激的饮料。⑤忌用可诱发或加重溃疡病症状，甚至引起并发症的药物，如水杨酸类、利血平、保泰松等。

（李乐之）

第二节　急性肝功能衰竭和肝移植

【概述】

对于急性肝功能衰竭（acute liver failure, ALF）的定义，国内外学术界尚不一致。美国肝病联合会（American Association for the Study of Liver Diseases, AASLD）2005年发布的意见书《急性肝衰竭的处理》中定义为：预先不存在肝硬化的患者出现凝血异常（通常INR ≥1.5）、不同程度的意识改变（肝性脑病），疾病持续时间少于26周。意见书认为相比曾经用于描述ALF的其他名词如：暴发性肝衰竭、急性重型肝炎、暴发性肝坏死等，ALF是更好更全面的名称，它应该包括所有的持续少于26周的肝衰竭。而过去超急性（<7天）、急性（7~21天）和亚急性（>21天但≤26周）等用于区分病程长短的名称并无特殊帮助，因为这种方法并无比病因更好的预后判断价值。而在中华医学会感染病分会和中华医学会肝病学会 2006 年发布的《肝衰竭诊疗指南》中,肝衰竭的分类和定义见表 9-2-1。在我国,在慢性活动性肝炎或肝炎后肝硬化基础上出现急性重症肝炎临床表现的病例,称为慢加急性(亚急性)肝衰竭,占我国肝衰竭病例的绝大多数,具有特别重要的意义,故在我国的分类中予以单独列出。目前国际上并无统一的急性肝衰竭肝移植入选标准。由于 ALF 发病急骤,病情严重,进展迅速,死亡率高(若没有及时有效的干预可在数小时至数天内死亡),一般认为,对于内科治疗无效或虽经内科治疗但病情仍在进展(全身情况恶化,尤其神经系统状态恶化及凝血酶原时间延长)的 ALF 患者在排除肝移植禁忌证后都应列入移植等待名单,并在供肝分配上予以优先考虑。

表 9-2-1 我国肝衰竭的分类及定义

命名	定义
急性肝衰竭	急性起病,2 周以内出现以 II 期以上肝性脑病为特征的肝衰竭
亚急性肝衰竭	起病较急,15 天 ~26 周出现肝衰竭的临床表现
慢加急性(亚急性)肝衰竭	在慢性肝病基础上出现急性肝功能失代偿
慢性肝衰竭	在肝硬化基础上出现慢性肝功能失代偿

【病因及发病机制】

(一)病因

临床上能诱发急性肝衰竭的因素多种多样,主要包括:感染,药物及毒物,循环障碍,遗传代谢异常,其他(表 9-2-2),另有 10%~20% 的病例原因不明,很可能存在有尚未被发现的、潜在病原学因子,例如未被认识的药物、毒物、环境因素或致 ALF 的病毒。明确病因对于指导治疗及判断预后有重要价值。

表 9-2-2 急性肝衰竭的病因

分类	具体病因
感染	肝炎病毒:甲、乙、丙、丁、戊型;非肝炎病毒:单纯疱疹病毒、巨细胞病毒,EB 病毒、肠道病毒等;其他:细菌、真菌、寄生虫等
药物及毒物	药物:异烟肼、利福平、对乙酰氨基酚、苯妥英钠、四环素、酒精、某些中草药等;毒物:四氯化碳、黄磷、砷剂、毒蕈、鱼胆、氟烷、重金属化合物等
循环障碍	休克、急性循环衰竭、充血性心力衰竭、心肌梗死、心搏骤停、心脏压塞、肺栓塞、肝血管阻塞(Budd-Chiari 综合征)等
遗传代谢异常	Wilson 病、先天性胆道闭锁、半乳糖血症、酪氨酸血症、Reye 综合征、新生儿血色病、自身免疫性肝损害、肝移植、部分肝切除、中暑、癫痫、妊娠、肝肿瘤、肝外伤等

(二)发病机制

ALF 的发病机制比较复杂,是多种因素综合作用的结果。病因不同,其发病机制不完全一致,归纳起来有三个发病环节:①免疫病理反应;②细胞因子网络激活;③细胞代谢网络紊乱,即"三重打击"假说。首先,在病因作用下诱发免疫损伤,直接导致肝细胞死亡;免疫损伤以及局部肝细胞的死亡介导了局部炎症反应。其次，局部炎症反应一方面导致了微循环障碍，造成了缺血缺氧性损伤，另一方面在诱发内毒素血症中也起到关键作用。第三，缺血缺氧性损伤，既能直接导致肝细胞死亡，也能促进内毒素血症的发生。最后，肝脏解毒能力的降低、肠道屏障功能的障碍、免疫抑制等等，促进了内毒素血症的发生，内毒素血症加速了肝细胞的死亡。这三种环节是互相联系的，其中第一种环节引起原发性肝损伤（第 1 次攻击），第二、第三种环节是在原发性肝损伤基础上引起继发性肝损害（第 2 次攻击）。

【临床评估与判断】

2012 年我国的《肝衰竭诊治指南》明确指出：急性肝衰竭是指急性起病、2 周内出现 Ⅱ 期及以上肝性脑病（按 Ⅳ 期分类法划分）并有以下表现者：①极度乏力，并有明显厌食、腹胀、恶心、呕吐等严重消化道症状；②短期内黄疸进行性加深；③出血倾向明显，凝血酶原活动度 PT ≤40%（或 INR>1.5）并排除其他病因；④肝脏叩诊或影像学提示肝脏进行性缩小。

对于急性肝衰竭，接受肝移植治疗的关键问题是如何判断预后和把握患者的选择标准。目前，有两个主要的移植选择标准分别如下：

巴黎 Villejuif 标准：有肝性脑病，年龄 <30 岁、V 因子水平 <20%，或年龄 ≥30 岁、V 因子水平 <30%。

伦敦 King's College 标准：因对乙酰氨基酚过量所致的急性肝功能衰竭，服药后 24 小时动脉血 pH<7.3 或以下症状的同时出现：a. 凝血酶原时间 >100s；b. 肝性脑病 3 或 4 级；c. 肌酐 >300μmol/L。非对乙酰氨基酚因素所致的急性肝功能衰竭，凝血酶原时间 >100s，或者具备下列中的任意 3 个条件者：a. 年龄 <10 岁或 >40 岁；b. 凝血酶原时间 >50s；c. 胆红素 >300μmol/L；d. 黄疸到脑病的时间超过 7d。

国内学者提出对于急性重症肝炎患者，只要未合并进行性加重的肝性脑病、颅内高压、严重的肝肾综合征及无法纠正的呼吸衰竭等合并症，MELD 评分小于 45 分，在有合适供肝的前提下，可以考虑肝移植。

【监测与护理】

肝移植是复杂的外科大手术，术程长，出血多，术后须严密监测生命体征变化。除一般床边监测心电图（ECG）、心率（HR）、血压、呼吸、体温、外周血氧饱和度外，须加强对右颈内深静脉留置漂浮导管（PAC）、中心静脉压（CVP）、肺毛细血管楔压（PCWP）、心排血量及桡动脉置管、有创血压的监测，进行持续、动态、精确地反映肝移植术后心脏功能状况和血循环情况，为医疗提供依据。

1. 意识状态的监测　密切观察患者神志是否清醒，瞳孔变化，对呼唤有无反应以及四肢感觉与活动情况等。若长时间未清醒或清醒后又昏迷有可能出现严重并发症：脑水肿、脑出血、供肝原发性无功能、肝性脑病等，应准确记录意识改变的时间。

2. 体温的监测　术后由于长时间手术暴露，大量输液，供肝低温灌注等原因，患者入 ICU 时体表温度如低于 35℃，应给予使用复温毯复温，待体温上升到 36℃后停止使用，输入液体管道加温，温度恒定在 37℃。患者应在 2~4h 内体温复温至 36℃以上，并采用体温监测探头持续监测体温变化，防止感染及排斥反应的发生。

3. 血流动力学监测

（1）无创监测：采用监护仪监测心律及波形变化，可准确判断有无心律失常。护士必须掌握心电图的基本知识。

（2）有创血压监测：使用套管针穿刺桡动脉与换能器相接，提供可靠和持续的动脉血压数值。如监测值波动大［超过20mmHg（2.7kPa）］，应检查连接管路及重新校正零点。血压过高时注意高血压脑病、心力衰竭等并发症的发生，偏低时结合补液量、尿量等情况考虑是否血容量不足。

（3）血流动力学监测：使用漂浮导管经颈内静脉插入监测肺动脉压和中心静脉压，评估左、右心室功能，鉴别心源性和非心源性肺水肿，为扩容等治疗提供依据。中心静脉压指右心房及上下腔静脉胸腔段的压力，与血压结合观察，能反映右心功能及血容量、回心血量和右心排血功能的关系，对指导扩容、避免输液过量或不足是一个有价值的参考指标。肝移植术后早期血流动力学的稳定，维持有效血容量对肝功能的恢复十分重要，过低的有效血容量会降低肝脏的血液供应，引起肝脏缺血坏死；容量超负荷又会造成肝肿胀和充血。

CVP的正常值为6~12cmH$_2$O。在肝脏灌注良好的情况下，CVP>12cmH$_2$O，应采用限制补液及利尿等措施，但是CVP≥15cmH$_2$O除考虑心功能不全、输血、输液过量等情况外，还应考虑肝移植术后肝肿胀、腹水、肠胀气等原因引起的腹压增高和晚期肝病导致肺动脉高压所致的CVP升高，而实际有效血容量并未补足的情况。因此护士要依据具体病情认真分析、准确记录，结合临床情况如神志、心率、尿量情况，及时报告医生处理。

4. 呼吸系统监测及呼吸道管理　肝移植术后的患者，肺部感染的发生率很高，肺部并发症是肝移植患者死亡的主要原因之一，因此，预防肺部感染是保证患者存活的重要环节。

（1）机械通气时呼吸道的管理：机械通气参数设置：常规采用容量控制，入室时通气模式采取辅助控制通气，潮气量8~10ml/kg，呼吸频率12~16次/分，吸呼比1：（1.5~2），吸入氧浓度35%~40%，呼气末正压5cmH$_2$O；随着全麻渐醒调整为同步间歇指令通气过渡到自主呼吸（如压力支持PSV<15cmH$_2$O），吸入氧浓度<40%，呼吸频率<25次/分，氧合指数>300，心率、血压无变化，无二氧化碳潴留，患者按吩咐握手有力，咳嗽反射好即可拔除气管插管。

（2）拔除气管插管后呼吸道管理：持续给氧，严密观察患者呼吸频率、节律、血氧饱和度、血气分析，鼓励其咳嗽、咳痰、深呼吸，定时翻身、拍背、雾化治疗，可通过肺部听诊和胸部X线检查，了解肺部情况，预防肺部感染。

5. 容量监测

（1）专人专管，统筹规划：患者均经锁骨下静脉留置中心静脉导管，由特定护理人员负责静脉通路的维护及输液管理，对24小时预计总入量根据医嘱精确计算，使用容量泵及微量泵按小时量匀速泵入。记录每小时出入液量，对每4小时液体量给予小结，每24小时液体量给予总结，保持液体动态平衡。血管活性药物使用单独静脉通路泵入，多巴胺、去甲肾上腺素等药物配制浓度保持固定，避免经外周血管给药，以免造成局部血管收缩而影响组织灌注和给药效果。同时，对皮肤色泽及肢体末梢温度进行持续动态监测以判断组织灌注情况。

（2）动态监测，量出为入：动态监测心率、血压、血氧饱和度（SpO$_2$）及中心静脉压变化并做好记录，液体量要确保肝脏及肾脏灌注但又不可引起肝脏水肿，一般以CVP波动在10cmH$_2$O左右为宜，个体情况应结合患者心率、血压和尿量变化综合判断。准确记录每小时出入液量，监测尿液pH、尿糖及比重，判断体内容量状况，及时调整液体种类及泵速，量出为入，保持液体平衡，保证肺功能的良好状态，使SpO$_2$大于98%。

（3）特殊药物，加强监控：①对能够影响血流动力学稳定的药物在使用过程中加强监控，以免破坏机体稳态。血管活性药物应提前配制，在用量大或患者反应敏感的情况下更换药物时要先连接新药再撤除旧药,微量泵应先安装好注射器及管道,正常运转后再与患者静脉通路连接。②输注人血白蛋白时要注意速度,输注过快可导致循环负荷过重,如无特殊医嘱,20% 白蛋白 50ml 常规输液应控制在 1h 之内。

6. 营养支持与血糖管理　等待肝移植的患者常常存在营养不良,手术又引起术后负氮平衡和蛋白质的丢失。足够的热量是维持肝移植术后康复的必要条件,因此术后热量补充和血糖维持亦是一重要环节。控制葡萄糖的摄入量,降低机体负荷,一般在使用胰岛素的前提下将血糖控制在 7mmol/L 左右,尿糖阴性或弱阳性。术后早期静脉高营养 [TPN 20~30kcal/(kg·d)],蛋白质以 1.75g/(kg·d) 补充;胆红素恢复正常前,脂肪乳用量酌减,脂肪乳使用应选用中长链;适当应用支链氨基酸、还原型谷胱甘肽有利于患者的恢复;应用肠功能恢复汤、足三里封闭、温和灌肠等方法促进胃肠道恢复,及早开始肠内营养,以能全素、安素作为早期主要营养物质。必要时邀请营养师调整经肠道营养方案;为减少环孢素和类固醇的不良反应,所有肝移植患者术后均应实行低盐饮食,3~4g/d。

7. 引流管的观察与护理

(1) T 管的观察和护理:T 管放置的目的主要是支撑胆道同时便于观察胆汁分泌以便了解肝脏功能情况。做好 T 管护理,可减少或预防胆道并发症的发生,包括吻合口裂开、胆漏、胆道吻合口狭窄、梗阻而引起的上行性胆道感染。胆汁分泌的质和量是原位肝移植(Orthotopic Liver Transplantation, OLT)术后早期肝功能状况直接可靠的反映指标。正常胆汁应是低黏滞度、深金黄色。胆汁量的减少,色呈绿色或水样,均反映肝功能受损或感染,因此应做好 T 管的护理,防止脱出及感染。

1) T 管固定:手术完毕回 ICU 后,固定好 T 管,避免患者翻身时引流管脱落。

2) 保持引流管通畅,连接管长度适宜,避免扭曲、弯折、受压。

3) 观察并记录胆汁引流量、颜色、透明度和有无絮状物排出。

4) 保持 T 管周围皮肤的清洁,每天更换敷料。每天更换无菌引流袋,每次更换时用 0.5% 碘伏消毒 T 管末端,引流袋位置不应超过切口引流位置,防止逆行感染。

(2) 腹腔引流管的护理(肝左、肝右、左肝引流管):由于手术创伤大,易引起术后腹腔内渗出或出血,因此严密观察引流管引流情况。

1) 引流管多,患者返回监护室后,与医师认真核对,妥善固定并逐个标明引流管的名称与刻度,便于区分。

2) 保持引流管通畅,引流管长度适宜,避免扭曲、弯折、受压。防止脱落,每 1h 挤压 1 次引流管,防止堵塞。

3) 密切观察引流管的量、颜色、性状的变化;如引流的量较多,颜色呈鲜红色,说明有出血可能,立即报告医师。

4) 每天更换无菌引流袋并记量,更换时用 0.5% 碘伏消毒引流管末端,引流袋不能高于切口引流位置,严格无菌操作,防止逆行感染。

8. 肝移植术后凝血功能的监测　肝移植患者术前常有凝血功能异常,术后早期仍持续存在,加之术中血管吻合多,术后易发生渗血和出血,须监测凝血酶原时间,国际标准化比值,血常规等。要做好以下观察及护理:

(1) 密切观察引流的量、性质,防止腹腔内出血。

(2) 观察尿色的变化,防止膀胱出血。

（3）观察口腔及全身皮肤黏膜有无出血点、瘀斑，护理操作尽量集中，减少动、静脉的穿刺。

（4）观察神志及肢体活动情况，及时发现颅内出血早期征象。

9. 影像学检查　术后早期每周两次胸部 X 线检查，了解肺部情况（肺渗出、肺感染）；术后一周每日行彩色多普勒检查，检查项目包括移植肝大小、质地、肝动脉、门静脉及肝左、中、右静脉和腔静脉等血管情况，腹水情况，胸腔积液情况；术后 7~14d 行 T 管造影，了解有无吻合口瘘。胆道造影过程须注意无菌操作，并预防性使用抗生素。

（尹利华）

第三节　重症胰腺炎

【概述】

急性胰腺炎（acute pancreatitis，AP）是指胰腺分泌的消化酶被激活后对胰腺自身消化所引起的化学性炎症。根据其严重程度可分为轻型急性胰腺炎（mild acute pancreatitis，MAP）和重症急性胰腺炎（severe acute pancreatitis，SAP）。

重症急性胰腺炎（severe acute pancreatitis，SAP）是胰酶被激活引起的自身消化，胰腺细胞坏死、胰液外渗，使周围组织器官被消化而坏死，导致毒素和胰酶被吸收，引起多器官损害的一种过程。它属于急性胰腺炎的特殊类型，是一种病情险恶、并发症多、病死率较高的急腹症，占整个急性胰腺炎的 10%~20%，病死率高达 10%~30%。因此，及时准确地诊断与处理 SAP，可显著改善其预后。

【病因与发病机制】

（一）病因

70%~80% 的重症急性胰腺炎是由于胆道疾病、肝胰壶腹括约肌功能障碍、酗酒和暴饮暴食所引起的。

1. 胆道疾病　急、慢性胆囊炎或胆管炎时，可伴发十二指肠乳头炎症性痉挛或狭窄而导致胆汁反流入胰管。胆结石一旦进入胰管，容易损伤胰管而引起炎症和感染。

2. 肝胰壶腹括约肌功能障碍　可使壶腹部的压力升高，影响胆汁与胰液的排泄，甚至导致胆汁逆流入胰管，从而引发重症急性胰腺炎。

3. 酗酒或暴饮暴食　可因大量食糜进入十二指肠、酒精刺激促胰液素和胆囊收缩素释放而使胰液分泌增加，进而引起乳头水肿和肝胰壶腹括约肌痉挛，最终导致重症急性胰腺炎发病。

（二）发病机制

1. 胰酶异常激活

（1）胆汁反流：胰管与胆总管的远端形成一条共同通道，胆道结石、胆道感染、十二指肠乳头炎症性痉挛或狭窄，均可导致胆汁反流至胰管内，激活胰酶中的磷脂酶原 A 转变为磷脂酶 A。磷脂酶 A 作用于胆汁中的卵磷脂，产生溶血卵磷脂而致使胰腺组织坏死。还可破坏肺泡表面的卵磷脂，改变肺泡表面张力，促使组胺释放，导致呼吸和循环衰竭。

（2）十二指肠反流：穿透性十二指肠溃疡、十二指肠炎性狭窄、十二指肠憩室等，可使十二指肠压力升高，肠内容物反流入胰管，磷脂酶 A 及分解蛋白的酶被激活，导致胰腺组织自身消化而发生胰腺炎。

（3）胰管结石：胰管内结石堵塞胰管，胰液不能流入肠腔内，造成胰腺组织内压升高，胰腺血流灌注量减少与缺血，致使胰腺组织坏死。

2. 酒精中毒

（1）酒精的刺激作用：酒精可刺激胰腺分泌，又可引起 Oddi 括约肌痉挛和胰管梗阻，使胰管内压力升高，导致细小胰管破裂，胰液进入胰腺组织间隙，造成一系列的酶性病理损害及胰腺自身消化。

（2）酒精的直接损伤作用：血液中的酒精还可直接损伤胰腺组织，使胰腺腺泡细胞内脂质增高，线粒体肿胀并失去内膜，腺泡和胰小管上皮变性破坏，导致蛋白质合成减弱。

3. 胰腺微循环障碍　胰腺小叶是胰腺循环形态学的基本单位，小叶内微动脉因痉挛、栓塞、血栓形成或间质水肿而出现所支配区域的血供不足，继而引起胰腺微循环障碍，由此激活众多的炎性介质和细胞因子，最终进入全身性炎症反应综合征状态。

4. 其他因素　①暴饮暴食；②与外伤以及手术相关的创伤因素；③与腮腺炎、寄生虫、败血症等有关的感染因素；④与利尿药及避孕药等有关的药物因素以及精神因素；⑤与妊娠、高脂血症、高血钙等有关的内分泌和代谢因素。

【临床评估与判断】

1. 病情评估

（1）腹痛：突然发生的急性腹痛是急性胰腺炎的主要表现，腹痛往往非常剧烈，一般镇痛药不能缓解，通常为中上腹、右上腹或两侧腹部疼痛。重症患者由于渗出液扩散而感觉到全腹疼痛；胆源性胰腺炎患者腹痛始于右上腹，随后转移至正中偏左的部位。

（2）黄疸：若呈进行性加重，又不能以急性胆管炎等胆道疾病来解释时，应考虑有重症急性胰腺炎的可能。

（3）休克：既可逐渐出现，也可突然发生，甚至在夜间发生胰源性猝死，或突然发生休克而死亡。部分患者可有心律不齐、心肌损害、心力衰竭等症状。

（4）高热：在急性胰腺炎感染期，由于胰腺组织坏死，加之并发感染或形成胰腺脓肿，患者多有寒战、高热，进而演变为败血症或霉菌感染。

（5）神志改变：可并发胰性脑病，表现为反应迟钝、谵妄，甚至昏迷。

（6）消化道出血：可并发呕血或便血。上消化道出血多由于急性胃黏膜病变或胃黏膜下多发性脓肿；下消化道出血多为胰腺坏死穿透横结肠。

（7）腹水：合并腹水者几乎全为重症急性胰腺炎，腹水呈血性或脓性，腹水中的淀粉酶常升高。

（8）皮肤黏膜出血：血液可呈高凝状态，皮肤黏膜有出血倾向，并常有血栓形成和局部循环障碍，严重者可出现弥散性血管内凝血（DIC）。

（9）恶心、呕吐：约有 90% 的患者出现恶心、呕吐，部分患者呕吐较为剧烈，多与腹痛同时发生。起病时呕吐频繁，可持续数小时，呕吐物为食物或胆汁，呕吐不能缓解疼痛。呕吐可能为肠麻痹或腹膜炎引起，也可能是剧烈腹痛或炎症波及胃后壁所致。

（10）腹胀：由于局限性或弥漫性腹膜炎以及腹膜后间隙受炎性细胞浸润引起肠麻痹所

致,可与腹痛同时或相继出现。有部分患者没有腹痛,腹胀为其主要的临床表现。出现肠扩张或并发肠麻痹时,患者排气、排便停止,可持续 2~3 日或更长的时间。

(11) 脐周及腰部皮肤表现:部分患者的脐周或腰部皮肤可出现蓝紫色斑,提示腹腔内有出血坏死及血性腹水。脐周出现蓝紫色斑者称为 Cullen 征;腰部皮肤出现蓝紫色斑者则称为 Grey-Tuner 征。

知识拓展

Ranson 评分

重症急性胰腺炎临床评估指标:国内外应用最多的有 Ranson 指标,近年来也采用 APACHE Ⅱ诊断标准。SAP 需符合 Ranson 诊断指标≥3 项,Ranson 指标适用于发病后 48h 内。

Ranson 指标

入院时	入院 48h 内
年龄 >55 岁	血球比积下降 >10%
血白细胞计数 >16 × 10⁹/L	BUN 上升 >1.0mmol/L
血糖 >11mmol/L	血钙 <2.0mmol/L
血清 LDH>350U/L	PaO_2<60mmHg
血清 ALT>250U/L	碱缺失 >4mEq/L
	液体(腹水)丢失 >6L

Ranson 指标与死亡率

项数	死亡率	项数	死亡率
<3	0.9%	5~6	40%
3~4	16%	>6	100%

2. 辅助检查

(1) 实验室检查

1) 淀粉酶 Amylase 测量:血、尿淀粉酶升高是急性胰腺炎的特征性诊断依据之一。血清淀粉酶超过正常 3 倍可诊断本病。血清淀粉酶在发病后 2h 开始升高,24h 达高峰,持续 4~5 日。尿淀粉酶发病后 24h 开始升高,持续 1~2 周后降至正常。当患者出现胸水或腹水时,胸水、腹水中淀粉酶含量超过血清淀粉酶时,具有诊断价值。当患者的血清淀粉酶已经降至正常,而胸水、腹水中淀粉酶含量仍显著增高时,更具有诊断价值。

2) 血钙降低:发病后的第 2~3 日,血钙开始降低,这与胰腺炎症时,将血钙吸收至胰腺表面上有关,此过程被称为皂化作用(saponification)。当血钙低于 2.0mmol/L,常预示病情严重。

3) 血糖升高:早期由于肾上腺皮质的应激反应,胰高血糖素代偿性分泌,患者的血糖一般轻度升高。后期则是胰岛细胞破坏、胰岛素分泌不足所致。在长期禁食情况下,血糖 >11.0mmol/L,表示胰腺广泛坏死,预后不良。

4)动脉血气分析:动态的动脉血气分析是 SAP 治疗过程中判断病情变化的重要指标之一。它不仅可以反映机体酸碱平衡与电解质的情况,也可作为诊断呼吸功能不全的依据。当患者的动脉氧分压进行性下降时,应考虑到发生 ARDS 的可能。

(2)影像学检查:ERCP、CT、MRI、B 超等影像学检查不但能展示胰腺形态、坏死、出血,还能显示胰周渗液、假性囊肿、蜂窝织炎、脓肿等并发症。动态增强 CT 扫描是目前急性胰腺炎诊断、分期、严重度分级及并发症诊断最准确的影像学方法。总的敏感性为 87%,对胰腺坏死的发现率为 90%。

CT 影像上胰腺炎症的严重程度分级为 A~E 级。CT 严重指数可以从形态学上准确划分急性胰腺炎的严重程度。Balthazar CT severity index(CTSI)严重指数 ≥ 3 分或 Balthazar CT 评分在 Ⅱ 级或 Ⅱ 级以上者,均可定为重症急性胰腺炎(表 9-3-1~ 表 9-3-3)。

表 9-3-1　SAP Balthazar CT 分级

CT 分级	评分
A 级正常胰腺	0
B 级胰腺局灶性或弥漫性增大	1
C 级胰腺腺体异常伴有轻度的胰周炎症改变	2
D 级单个胰周积液,通常局限于肾前间隙	3
E 级有 2 个或多发的积液,胰腺内或胰周有气体	4

表 9-3-2　CT 严重指数

坏死区域	评分
无	0
1/3	2
1/2	4
>1/2	6

Balthazar CT 严重指数(CTSI)= CT 分级评分 + 坏死评分(0~10 分)

表 9-3-3　Balthazar CT 分级的临床意义

SAP 的严重程度		并发症和病死率	并发症和病死率
Ⅰ	0~3 分	<2 分无死亡	A、B 级无并发症
Ⅱ	4~6 分	7~10 分的病死率为 17%	C、D、E 级脓肿发生率 34.6%
Ⅲ	7~10 分	>7 分可以做手术治疗	D 级病死率 8.3%
			E 级病死率 17.4%

【监测和护理】

1. 非手术治疗

（1）减少胰酶分泌和抑制胰酶活性：①禁食与胃肠减压；②抑制胃酸分泌：H_2受体阻滞药、质子泵抑制剂、降钙素、胰高血糖素等能减少胃酸和胰腺的分泌；③生长抑素：早期应用于急性胰腺炎，是目前抢救重症胰腺炎首选药。

（2）支持疗法：①维持水、电解质及酸碱平衡；②解痉、镇痛；③营养支持：可以起到减少胃肠道负担、补充代谢所需、增强抵抗力、改善预后及降低病死率的作用。

（3）控制感染：急性胰腺炎在病程中容易继发各种感染，且一旦发生感染常使病情加重。因而选用具有抗菌谱广、对主要病原菌有强大的杀灭或抑制作用以及兼顾抗厌氧菌功能的抗生素。

（4）早期血滤：有稳定血流动力学及内环境的作用，能早期清除过多的细胞因子等炎性介质，改善心、肺、肾等器官的功能。

2. 手术治疗　原则上发病14d内不行手术治疗，但下列情况时应考虑手术：①大量渗出，有压迫症状时可行腹腔置管引流或经腹腔镜冲洗引流；②伴有局部感染，病情进一步加重；③腹腔室隔综合征，严重的应行腹腔减压；④胆石性胰腺炎合并胆管炎、梗阻性黄疸、胆管扩张、胰腺病变严重，可根据具体情况早期（72h内）处理；⑤甲状旁腺亢进导致胰腺炎，及时处理甲状旁腺亢进病变。

（1）密切监测体温：由于SAP早期主要是炎性介质、胰酶等毒性物质大量渗出，导致全身炎症反应，产生休克、内环境失衡、细胞凋亡、免疫抑制和器官功能衰竭。故T>39℃或持续低热说明有术后并发症的发生，要提高重视。

（2）严密观察BP、P变化：当P≥100次/分，收缩压≤80mmHg，脉压差≤20mmHg时，提示血容量不足和休克，需积极进行抗休克治疗。迅速建立有效的循环通道，最好行深静脉穿刺置管。准确记录24h出入量，根据病情调节补液速度和量，保证尿量在30ml/h以上。

（3）氧气支持与呼吸道管理：注意呼吸频率和深度，对血气进行动态分析，警惕肺部感染和ARDS。患者入院后即给予2~3L/min的氧气吸入，鼻导管给氧不能减轻患者的缺氧症状时，使用呼吸机辅助呼吸。进行雾化吸入，保持呼吸道通畅，协助患者拍背排痰，指导患者有效咳嗽，以预防肺部感染的发生。

（4）禁食及胃肠减压：禁食及胃肠减压的目的在于减少食物和胃酸刺激胰液的分泌，减轻呕吐、腹胀和肠道功能衰竭。患者常常禁食4~6周，行胃肠减压时注意保持胃管的通畅和有效引流，观察引流物的色、质、量。

（5）营养支持：早期肠内营养不仅不会明显刺激胰腺分泌，还有助于防治肠道功能衰竭，降低肠道菌群易位的概率和胰腺坏死组织的感染率，并能满足早期患者的能量需求。①TPN护理：术后以高渗葡萄糖、脂肪乳、白蛋白为主要能量，从深静脉供给，护理上要求严格执行无菌操作；及时对血糖、尿糖监测；观察病情变化，对各并发症的发生做到早发现、早报告、早处理。②口服饮食：术后4~5周恢复期方可经口饮食，从流质、半流质、过渡至普食，饮食宜以高热量、高蛋白、低糖、低脂。

知识拓展

急性重症胰腺炎早期肠内营养支持

　　重症急性胰腺炎（SAP）是临床常见的急危重症，患者机体处于高分解代谢状态，营养储备消耗迅速，且肠黏膜屏障功能损伤，肠道吸收代谢功能紊乱，营养供应不足，需要外界提供营养支持。传统观念认为肠内营养会刺激胰酶分泌，加重胰腺炎，建议通过全肠外营养提供能量和蛋白，使胰腺休息。目前循证医学证据认为早期肠内营养可维持胃肠道正常的结构和生理功能，恢复肠道功能，维持肠道微环境，减少肠道菌群易位、肝内胆汁淤积及肠源性感染等风险、减少住院时间，降低病死率。

　　1. 输注时机建议液体复苏治疗结束后尽早（发病48h内）开始肠内营养。

　　2. 部位选择部位越远离胰腺的空肠内营养是最佳选择。

　　3. 体位选择病情允许时可采用半卧位，抬高床头30°~45°。输注完毕后维持原体位1小时，密切观察胃残留量，预防胃潴留，当发生胃潴留时应暂停灌注2~8小时。

　　4. 输注方式采用营养泵匀速连续性输注。

　　5. 制剂选择宜选用低脂、无需消化、可吸收的要素营养，以保证胰腺处于休息状态。长期（>3周）使用成分制剂者，应考虑补充膳食纤维。

　　（6）体位：协助患者取半坐卧位，使腹腔内的炎性分泌物和坏死组织局限在盆腔，避免其在腹腔内扩散。

　　（7）ERCP内镜治疗的护理：做好术前准备、术中配合，术后严密观察生命体征、腹部情况、大便颜色和血尿淀粉酶等。

　　（8）加强管道护理：术后患者携带多根引流管，如胃管、T管、空肠造瘘管、胃造瘘管等。①患者术毕返回病房后，立即建立引流管标识系统，分别将各引流管的名称、置入部位及置入深度写在小标签上，并将小标签粘贴在相应的引流管上，以利辨别。②密切观察引流液的量、性状及颜色。③妥善固定各伤口引流管，防止变换体位时引流管脱出。④定时挤压伤口引流管，防止管道堵塞、折叠、扭曲、受压等情况的发生。

　　（9）预防压疮：术后患者长期卧床，引流管及各种监护仪器众多，导致翻身困难，易发生压疮。积极完善各项预防措施，可给患者使用气垫床、骶尾部及足跟使用水凝胶贴剂减缓局部承受的压力；根据患者情况适时翻身（间隔时间<6h），有效预防压疮的发生。

　　（10）预防深静脉血栓形成：高脂血症、长时间卧床以及手术损伤容易导致术后患者下肢深静脉血栓形成。术后第1日开始指导患者进行下肢主动及被动运动，指导家属给患者进行有效按摩，以促进下肢血液回流；鼓励并指导患者进行床上主动运动、早下床活动，达到有效预防深静脉血栓形成的目的。

　　（11）心理护理：患者担心自己的病情，心理压力很大，易发生焦虑等不良情绪，与患者及家属进行有效沟通，缓解患者心理压力，帮助其树立信心以促进康复。

　　3. 严重并发症的救治护理

　　（1）低血容量性休克：由于全身毛细血管渗漏，大量的体液渗出到胸腔或腹腔间隙容易导致低血容量性休克。严密监测循环功能,出现异常,迅速补充循环血量,保证重要器官的组织灌注压。补充液体时提高胶体的比例(可用血浆、白蛋白等),给予大剂量激素短程治疗,以保护毛细血管内皮。

(2)间质性肺、脑水肿:提高血浆胶体渗透压,减轻间质水肿。应用利尿药,将回吸收入血液的水分排出体外。间质性肺水肿可发生于循环血量不足至补充过量的任何阶段,因此治疗时须监测 CVP 以对血容量做出判断,从而指导实施正确的治疗方案。伴有显著低氧血症的患者,给予机械辅助通气。出现间质性脑水肿时,应用 20% 甘露醇或 25% 甘油果糖以迅速降低颅内压。

(3)ARDS:由于患者的血清卵磷脂的活性增高,肺泡表面活性物质的活力降低,使肺泡表面张力增高、肺的顺应性降低,因此容易发生 ARDS。ARDS 早期短程大剂量应用激素,既可提高机体应激能力,降低毛细血管通透性,阻止炎症介质发生反应,稳定溶酶体膜,又可缓解小动脉和支气管痉挛,降低血管阻力,改善通气功能,并可促进肺泡表面物质的分泌,保持肺泡的稳定性,抑制 ARDS 后期肺纤维化的形成。

(4)急性肾衰竭:①少尿期:每日补充液体总量 = 显性失水 + 隐性失水 − 内生水,保持血清钠在 130~140mmol/L 的水平。当血清尿素氮每日上升 30% 或血清钾升高达 6.5~7.0mmol/L 时,应行透析治疗。积极纠正水、电解质和酸碱紊乱。②多尿期:注意防治脱水、纠正电解质和酸碱平衡紊乱,适当增加营养支持,提供足够的非蛋白热量,应用复方氨基酸 18AA 注射液等代替平衡氨基酸静脉输注。

(李乐之)

第十章 泌尿系统疾病重症患者的护理

学习目标

完成本章内容学习后,学生将能:
1. 复述疾病的病因与发病机制;
2. 列出急性肾损伤的治疗要点;
3. 描述急性肾损伤的临床表现;
4. 描述肾移植术后的监测要点;
5. 应用恰当的护理措施对急性肾损伤和肾移植患者进行护理。

第一节 急性肾损伤

【概述】

急性肾损伤(acute kidney injury, AKI)是指由多种病因引起短时间(数小时至数天)内肾功能突然下降而出现的临床综合征,是对既往急性肾衰竭(acute renal failure, ARF)概念扩展和向疾病早期的延伸。由于近年来研究发现肾功能轻度减退即可导致肾脏并发症发生率及总体死亡率升高,故将 ARF 更新为 AKI,以利于疾病早期诊断和防治。

目前,改善全球肾脏病预后组织(kidney disease improving global outcomes, KDIGO)于 2012 年制订的 AKI 临床实践指南定义,符合以下情况之一者即为 AKI:血肌酐 48 小时内升高 $\geqslant 0.3mg/dl$($\geqslant 26.5\mu mol/L$);7 天内血肌酐较基础值升高 $\geqslant 50\%$;尿量值持续 6 小时少于 $0.5ml/(kg \cdot h)$。

AKI 是涉及临床各学科的常见危重病症之一,其发病率在综合性医院为 3%~10%,在重症监护病房为 30%~60%,危重 AKI 患者死亡率高达 30%~80%,存活患者约 50% 遗留永久性肾功能减退,部分需要终身透析。无论在发达国家还是发展中国家,针对 AKI 防治投入的医疗费用都是十分巨大,防治形势十分严峻。

【病因与发病机制】

AKI 病因众多,根据病因发生的解剖部位可分为肾前性、肾性和肾后性三大类。肾前性 AKI 指各种原因引起肾实质血流灌注减少(如脓毒症),导致肾小球滤过减少和肾小球滤过率(GFR)降低,常见病因包括各种原因导致的液体丢失或出血,引起有效动脉血容量减少;肾内血流动力学改变(包括肾前小动脉收缩或肾后小动脉扩张),导致肾血流灌注减少,约占 AKI 病因的 55%(表 10-1-1),是 ICU 患者出现 AKI 最常见的原因。肾性 AKI 伴肾实质损伤,最常见的是肾缺血和肾毒性药物导致的急性肾小管坏死;其他还包括急性间质性肾炎,肾小球疾病和血管疾病等,约占 AKI 病因的 40%（表 10-1-2）。肾后性 AKI 特征是急性尿路梗阻,梗阻可发生在从肾盂到尿道的任何部位,约占 AKI 病因的 5%。这三大类 AKI 在临床上常相互混杂,使疾病更加复杂。

表 10-1-1　肾前性急性肾损伤的主要病因

病因	常见临床疾病及诱因
1. 有效血容量不足	（1）出血:外伤、手术、产后、出血性疾病等
	（2）胃肠道体液丢失:呕吐、腹泻、引流等
	（3）肾脏液体丢失:利尿药应用过度、尿崩症、肾上腺皮质功能不全等
	（4）皮肤黏膜体液丢失:烧伤、高热等
	（5）向细胞外液转移:胰腺炎、挤压综合征、低白蛋白血症等
2. 心排量降低	（1）心脏疾病:心肌病、瓣膜病、心包炎、心律失常等
	（2）肺动脉高压、肺栓塞
	（3）正压机械通气
3. 全身血管扩张	（1）药物:降压药、降低心脏后负荷药物、麻醉药等
	（2）脓毒血症
	（3）肝硬化失代偿期（肝肾综合征）
	（4）变态反应
4. 肾动脉收缩	（1）药物:肾上腺素、去甲肾上腺素、麦角胺
	（2）高钙血症
	（3）脓毒血症
5. 肾自主调节反应受损	ACEI、ARB、NSAIDs、CsA 等

*ACEI:血管紧张素转化酶抑制药;ARB:血管紧张素Ⅱ受体阻滞药;NSAIDs:非甾体类抗炎药;CsA:环孢素 A

表 10-1-2　肾实质性急性肾损伤的主要病因

病因	常见临床疾病及诱因
1. 肾血管疾病	（1）肾动脉:血栓形成、粥样硬化斑块、主动脉夹层瘤、大动脉炎
	（2）肾静脉:血栓形成、静脉受压等
2. 肾小球疾病和肾脏微血管疾病	（1）炎症:急性肾小球肾炎、新月体肾炎、IgA 肾病和膜增生性肾炎等急性加重、系统性小血管炎
	（2）微血管病:溶血性尿毒综合征、血栓性血小板减少性紫癜、弥散性血管内凝血（DIC）
	（3）血管痉挛:恶性高血压、先兆子痫、高钙血症、硬皮病
3. 急性间质性肾炎	（1）过敏性间质性肾炎:由药物、食物等引起
	（2）感染:细菌、病毒、真菌等所致
	（3）肿瘤浸润:淋巴瘤、白血病、类肉瘤等

续表

病因	常见临床疾病及诱因
4. 急性肾小管坏死	（1）缺血性：肾前性 AKI 持续加重进展而致
	（2）外源性毒素：抗生素、非甾体类解热镇痛药、抗肿瘤药物、造影剂、有机溶剂、钙调磷酸酶类免疫抑制剂
	（3）内源性毒素：血红蛋白、肌红蛋白、尿酸、免疫球蛋白轻链等
5. 肾移植排斥反应	

> **知识拓展**
>
> ## 我国社区获得性急性肾损伤（CA-AKI）最常见原因
>
> 　　肾毒性药物（30%~39%）和尿路梗阻（12%）是导致我国社区获得性急性肾损伤（CA-AKI）最常见的原因。药物相关性 AKI 的发生率在全球并非很高（约为17%~26%），但在亚洲地区，因药物监管不严以及中药的使用导致药物相关性 AKI 的发病率较高（在中国药物相关性 AKI 的发病率约为40%）。研究表明，近70% 的 AKI 患者有肾毒性药物服用史，因此，药物毒性对肾脏的影响不容忽视。2013 年，国际肾脏病学会（ISN）向全球肾脏病学界提出 AKF "0 by 25" 倡议，即至 2025 年不再有一例患者死于可以治疗的急性肾衰竭，旨在全球范围内提高 AKI 的诊治水平。ISN 报告信息显示：AKI 是一种常见、有害，但可预防和可治疗的疾病；保护肾脏免受这种致命性综合征的危害，对患者及整个社会都是一项十分重要的卫生战略。发达国家和发展中国家的政府和卫生主管机构必须合理分配资源管理 AKI。

【临床评估与判断】

1. **临床表现**　急性肾损伤的临床表现差异很大，与病因和所处的 AKI 分期不同有关。AKI 的早期诊断常常是基于实验室检查异常，特别是血清肌酐绝对值或相对值升高，而不是基于临床症状与体征。明显症状常出现于病程后期肾功能严重减退时，常见症状包括乏力、食欲缺乏、恶心、呕吐、瘙痒、尿量减少或尿色加深，容量过多导致急性左心衰竭时可以出现气急、呼吸困难。体检可见外周水肿、肺部湿啰音、颈静脉怒张等。

　　急性肾小管坏死（acute tubular necrosis, ATN）是肾性 AKI 最常见类型，其临床病程分为 3 期：

1 期：起始期

　　此期患者常有一些已知 ATN 的病因，例如低血压、缺血、脓毒症和肾毒素，但尚未发生明显肾实质损伤。在此阶段如能及时采取有效措施，AKI 常常是可预防的。但随着肾小管上皮发生明显损伤，GFR 逐渐下降，从而进入维持期。

2 期：维持期

　　该期一般持续 7~14 天，但也可低至数天或长至 4~6 周。GFR 维持在低水平。部分患者可出现少尿（<400ml/d）和无尿（<100ml/d），但也有些患者可无少尿，尿量在 400~500ml/d

以上。后者称为非少尿型 AKI,其病理生理基础目前尚不完全清楚,一般认为是病情较轻的表现。但不论尿量是否减少,随着肾功能减退,临床上出现一系列尿毒症表现,主要是尿毒症毒素潴留和水电解质及酸碱平衡紊乱所致。AKI 的全身表现包括消化系统症状,如食欲减退、恶心、呕吐、腹胀、腹泻等,严重者可发生消化道出血;呼吸系统表现主要是容量过多导致的急性肺水肿和感染;循环系统多因尿少及水钠潴留,出现高血压及心力衰竭、肺水肿表现,因毒素滞留、电解质紊乱、贫血及酸中毒引起心律失常及心肌病变;神经系统受累可出现意识障碍、躁动、谵妄、抽搐、昏迷等尿毒症脑病症状;血液系统受累可有出血倾向及贫血。感染是急性肾损伤常见而严重的并发症。在 AKI 同时或疾病发展过程中还可并发多脏器功能障碍综合征,死亡率极高。此外,水、电解质和酸碱平衡紊乱表现为水过多、代谢性酸中毒、高钾血症、低钠血症、低钙和高磷血症等。

3 期:恢复期

GFR 逐渐升高,并恢复正常或接近正常范围。少尿型患者开始出现尿量增多,继而出现多尿,再逐渐恢复正常。与 GFR 相比,肾小管上皮细胞功能恢复相对延迟,常需数月后才能恢复。部分患者最终遗留不同程度的肾脏结构和功能损伤。

2. 实验室与辅助检查

（1）尿液检查:不同病因所致 AKI 的尿检异常可截然不同。肾前性 AKI 时无蛋白尿和血尿,可见少量透明管型。ATN 时可有少量蛋白尿,以小分子蛋白为主;尿沉渣检查可见肾小管上皮细胞、上皮细胞管型和颗粒管型及少许红、白细胞等;因肾小管重吸收功能减退,尿比重降低且较固定,多在 1.01 以下,尿渗透浓度 <350mmol/L,尿与血渗透浓度之比 <1.1,尿钠含量增高,滤过钠排泄分数（FE_{Na}）>1%。应注意尿液诊断指标的检查须在输液、使用利尿药前进行,否则会影响结果。肾小球肾炎所致 AKI 常可见明显的蛋白尿和（或）血尿,FE_{Na}<1%。急性间质性肾炎（acute interstitial nephritis, AIN）时可有少量蛋白尿,且以小分子蛋白为主;血尿较少,为非畸形红细胞;可有轻度白细胞尿,药物所致者可见少量嗜酸性粒细胞,当尿液嗜酸性粒细胞占总白细胞比例大于 5% 时,称为嗜酸性粒细胞尿;可有明显肾小管功能障碍表现,FE_{Na}>1%。肾后性 AKI 尿检异常多不明显,可有轻度蛋白尿、血尿,合并感染时出现白细胞尿,FE_{Na}<1%。肾小球疾病引起者可出现大量蛋白尿或血尿,且以变形细胞为主。

（2）血液检查:可有贫血,早期程度较轻,如肾功能长时间不恢复,则贫血程度可以较重。血清肌酐和尿素氮进行性上升,高分解代谢者上升速度较快,横纹肌溶解引起肌酐上升更快。血清钾浓度升高,血 pH 和碳酸氢根离子浓度降低,血钙降低,血磷升高。也可以计算肌酐清除率（Ccr）去估计患者的肾小球滤过率。

（3）影像学检查:尿路超声波检查有助于排除尿路梗阻及与慢性肾脏病鉴别。如有足够理由怀疑存在梗阻,且与急性肾功能减退有关,可作逆行性或静脉肾盂造影。CT 血管造影、MRI 或放射性核素检查对了解血管病变有帮助,明确诊断仍需行肾血管造影,但造影剂可加重肾损伤。

（4）肾活检:肾活检是 AKI 鉴别诊断的重要手段。在排除了肾前性及肾后性病因后,拟诊肾性 AKI 但不能明确病因时,均有肾活检指征。

3. 诊断　根据原发病因,肾小球滤过功能急性进行性减退,结合相应临床表现,实验室与影像学检查,一般不难作出诊断,但既往 AKI 临床诊断标准并不统一。近期,KDIGO 制订的 AKI 临床实践指南规定了 AKI 的诊断（见前述）及分期标准,详见表 10-1-3。

表 10-1-3　急性肾损伤的 KDIGO 分期标准

分期	血清肌酐标准	尿量标准
1 期	绝对升高≥0.3mg/dl（≥26.5μmol/L）或较基础值相对升高≥50%，但 <1 倍	<0.5ml/（kg·h）（≥6h，但 <12h）
2 期	较基础值相对升高 >1 倍，但 <2 倍	<0.5ml/（kg·h）（≥12h）
3 期	升高≥4.0mg/dl（≥353.6μmol/L）或较基础值相对升高≥2 倍或开始肾脏替代治疗或 <18 岁患者 eGFR 下降至 <35ml/（min×1.73m²）	<0.3ml/（kg·h）（≥24h）或无尿≥12h

需要注意的是，单独用尿量改变作为诊断与分期标准时，必须考虑其他影响尿量因素如尿路梗阻、血容量状态、使用利尿药等。此外，由于血清肌酐影响因素众多（性别、年龄、营养状况、体重、肌肉量和代谢）且敏感性较差（GFR 下降 50% 以上时血清肌酐才上升），故并非肾损伤最佳标志物。某些反映肾小管上皮细胞损伤的新型生物学标志物如中性粒细胞明胶酶相关脂质运载蛋白（NGAL）、肾损伤分子 –1（KIM–1）、白细胞介素 –18（IL–18）等，可能有助于早期诊断及预测 AKI 患者预后，用于指导临床干预，值得进一步深入研究。

【监测与护理】

（一）治疗要点

AKI 是一组临床综合征，并非单一疾病，不同病因、不同类型 AKI 其治疗方法有所不同。总的治疗原则是：尽早识别并纠正可逆病因，及时采取干预措施避免肾脏受到进一步损伤，维持水、电解质和酸碱平衡，适当营养支持，积极防治并发症，适时进行肾脏替代治疗。AKI 治疗包括以下方面：

1. 早期病因干预治疗　在 AKI 起始期及时干预能最大限度地减轻肾脏损伤，促进肾功能恢复。强调尽快纠正可逆性病因。无论何种原因引起的 AKI，都必须尽快纠正肾前性因素，包括扩容、改善低蛋白血症、降低后负荷以改善心输出量、停用影响肾灌注药物、调节外周阻力至正常范围等，钠排泄分数 <1% 时，干预容易奏效。

2. 营养支持治疗　维持机体营养状况和正常代谢，有助于损伤细胞的修复和再生，提高存活率。可优先通过胃肠道提供营养，酌情限制水分、钠盐和钾盐摄入，不能口服者需要静脉营养。对于 AKI 患者，不能为了避免尿素氮升高而过度限制蛋白质摄入量。KDIGO 指南建议非高分解、不需要透析的 AKI 患者摄入蛋白质 0.8~1.0g/（kg·d），高分解代谢、接受肾脏替代治疗（RRT）、持续行肾脏替代治疗（CRRT）的患者，蛋白质或氨基酸摄入量酌情增加。

3. 液体管理　观察每日出入液量及体重变化，每日补液量应为显性失液量加上非显性失液量减去内生水量。由于非显性失液量和内生水量估计常有困难，每日大致进液量，可按前一日尿量加 500ml 计算。发热患者只要体重不增加，可适当增加进液量。肾脏替代治疗时补液量可适当放宽。

4. 并发症治疗　AKI 严重阶段可出现容量过负荷、急性左心衰、代谢性酸中毒、高钾血症、感染等并发症,需及时纠治。高钾血症是 AKI 主要死因之一,当血钾 >6mmol/L 或心电图有高钾表现或有神经、肌肉症状时需紧急处理。及时纠正代谢性酸中毒,可选用 5% 碳酸氢钠 125~250ml 静滴。对于严重酸中毒患者,如 HCO_3^- <12mmol/L 或动脉血 pH<7.15~7.2 时,纠酸的同时紧急透析治疗。感染也是 AKI 常见并发症及少尿期主要死因,多为肺部、尿路、胆道等部位感染和败血症,应尽早根据细菌培养和药物敏感试验合理选用对肾脏无毒性作用的抗生素治疗,并注意调整药物剂量。

5. **肾脏替代治疗(renal replacement therapy,RRT)**　肾脏替代疗法是 AKI 治疗重要组成部分,包括腹膜透析、间歇性血液透析和 CRRT。目前腹膜透析较少用于重症 AKI 的治疗。由于不同类型 AKI 及不同临床状况可能对肾脏替代治疗的要求不同,需要 RRT 的开始时机、模式及剂量也不尽相同。因此,对重症 AKI 患者,应针对临床具体情况,首先须明确患者治疗需求,确定 RRT 具体治疗目标,然后根据治疗目标决定 RRT 时机、剂量及模式,并在治疗期间依据疗效进行动态调整,实行目标导向的个体化肾脏替代策略。

6. **恢复期治疗**　AKI 恢复期早期,威胁生命并发症依然存在,治疗重点仍为维持水、电解质和酸碱平衡,控制氮质血症,治疗原发病和防止各种并发症。部分急性肾小管坏死患者多尿期持续时间较长,补液量应逐渐减少,以缩短多尿期。对 AKI 存活患者需按照慢性肾脏病相关诊治指南要求长期随访治疗。

(二)护理

对急性肾损伤患者,在疾病不同阶段,实施不同的护理对策。

1. 少尿期

(1)卧床休息:保持环境安静,绝对卧床休息以降低新陈代谢,减轻肾脏负担。

(2)饮食:尽量利用胃肠道补充营养,可进食清淡、低盐、低脂、低磷、高钙、优质低蛋白饮食,少食动物内脏和易过敏的食物等;并酌情限制水分、钠盐和含钾食物摄入。

(3)维护体液平衡:准确记录 24 小时出入量,每日测体重,观察水肿的部位、特点、程度,以了解水潴留情况;严格控制补液的量和速度。

(4)预防感染:口腔护理 2~4 次 / 日,定时翻身拍背,保持皮肤清洁,减轻瘙痒不适。密切关注超敏 C 反应蛋白、降钙素原、白细胞计数及中性粒细胞计数等感染指标的变化。

(5)病情观察:持续心电监护,定时测量血压、体温等生命体征。密切观察血生化各项指标的动态变化,尤其是观察有无高钾血症、酸中毒,及时处理水、电解质紊乱。观察并记录尿液的颜色、性状、尿量及排尿时有无尿频、尿急、尿痛等情况。正确留验各种尿标本,及时送检。注意意识状态的改变,发现意识混乱或抽搐现象时,应保护患者的安全。

2. 多尿期

(1)可逐渐增加活动量,以不感到疲劳为宜。

(2)准确记录 24 小时出入量,补充适量液体,保持液体出入平衡。

(3)监测生化指标动态变化,及时发现水电解质紊乱。

(4)给予高糖、高维生素、高热量食物。尿量 >3000ml/d,可多食含钾食物,如橘子等。

(5)增加机体抵抗力,预防感染。

此外,对于老年男性患者,当前列腺增生引起尿路梗阻时应及时通知医生,采取积极有效措施解除梗阻,避免肾后性 AKI 的发生;对于必须使用造影剂的患者应注意造影剂的选择,做到充分水化并在使用过程中严密监测肾功能的变化;患者出院后应嘱患者尽量避免使用肾损害性药物,生活规律,避免过度劳累,不适随诊。

（张建霞）

第二节　肾　移　植

【概述】

肾移植是治疗肾衰竭最有效的方法,引起肾衰竭的原发疾病有肾小球肾炎、慢性肾盂肾炎、间质性肾炎、囊性肾病及肾硬化、糖尿病肾病等。慢性肾功能衰竭患者每年以每百万人口约 100 人的发病率在递增,慢性肾功能衰竭最终将发展为尿毒症。尿毒症是影响人类健康的重大疾病,最有效的治疗手段是肾移植。美国 Joseph Murray 成功地于 1954 年进行了第 1 例临床肾移植手术,经过 70 余年的发展历程,全球有近百万尿毒症患者接受肾移植手术而获得了第二次生命。

国外肾移植经历了 3 个阶段:第一阶段为早期实验阶段,从 1902 年奥地利 Ullmann 首先施行狗肾移植及狗 – 羊肾移植,到 1909 年德国 Unger 施行猴肾移植到人的尝试。第二阶段为初期临床应用阶段,从 1936 年苏联 Voronoy 为 1 例汞中毒所致急性肾衰竭患者施行了肾移植,到 1954 年 Murray 等首次为同卵双生子间施行了肾移植,并因此而获得 1990 年诺贝尔奖。第三阶段为 20 世纪 70 年代后期的免疫抑制剂问世,肾移植技术进入成熟阶段。

国内于 20 世纪 50 年代开展肾移植动物实验,1960 年初进行 2 例肾移植,移植肾存活了 3~4 周。70 年代中期是我国肾移植技术飞跃式上升阶段。目前已达到了安全性高、疗效好的阶段。据不完全统计,至 2010 年底,我国肾移植总数已超过 95 000 例,近 10 年每年肾移植例数已超过 5000 例,仅次于美国居世界第 2 位。

【病因与发病机制】

（一）病因

病因肾移植是治疗尿毒症最有效的方法。尿毒症的病因主要有以下几种:

1. 各型原发性肾小球肾炎　膜增殖性肾炎、急进性肾炎、膜性肾炎、局灶性肾小球硬化症等。

2. 继发于全身性疾病　如高血压及动脉硬化、系统性红斑狼疮、过敏性紫癜、糖尿病、痛风等。

3. 先天性肾脏疾患　如多囊肾、遗传性肾炎及各种先天性肾小管功能障碍等,也可引起尿毒症。

4. 慢性尿路梗阻　如肾结石、双侧输尿管结石、尿路狭窄、前列腺增生、肿瘤等,也是尿毒症的病因。

5. 慢性肾脏感染性疾患　如慢性肾盂肾炎也可导致尿毒症。

6. 其他原因　如服用肾毒性药物,以及盲目减肥等均有可能引发尿毒症。

（二）发病机制

各种致病因素导致肾脏功能受损,致使含氮代谢产物和其他毒性物质不能经肾脏排出,以致在体内蓄积,除造成了水、电解质和酸碱平衡的紊乱,也会引起全身多个器官和系统的病变。

【临床评估与判断】

各种肾脏疾病如慢性肾小球肾炎、慢性肾盂肾炎、多囊肾、糖尿病性肾小球硬化,某些自身免疫性疾病等导致不可逆的肾脏功能衰竭,需要依赖透析来维持生命者,均是肾脏移植的适应证。总体来说,肾移植适用于经其他治疗无效、须靠透析治疗才能维持生命的终末期肾病患者。临床上要做好对供者与受者的评估,才能最大限度地增加移植手术的成功率,提高患者的生活质量。

1. 供者术前评估 我国肾移植的主要来源是公民逝世后器官捐献。同时,亲属活体供肾移植也备受移植界关注。借鉴国外移植领域的经验,亲属活体器官捐献肾移植作为家庭自救的主要方式之一,已成为我国尿毒症患者日益重要的治疗手段。活体肾移植供者评估的首要目的是为了确保供者捐献肾脏的适合性,最核心的是供者的安全性问题。对活体供者的全面评估,主要目的在于确保供者在心理、生理上符合肾脏捐献的要求,保障供者的长期健康,同时兼顾受者的移植效果。

(1)ABO 血型评估:ABO 血型的相容性是首要鉴别条件,不相容者不能捐献。国内由于器官短缺,部分移植中心已成功开展了 ABO 血型不相容肾移植,但总体而言仍属探索阶段,宜谨慎进行。

(2)组织相容性评估:组织相容性评估包含 3 个要素:确定供者 – 受者 HLA 相合状态、检测受者抗体、供受者交叉配型。

(3)全身情况的医学鉴定:包括病史和体格检查、临床采样检查等一系列检查。

(4)肾脏解剖学评估:肾脏解剖学评估包括:双肾体积、肾血管以及其他解剖变异(如重复肾、重复肾盂、肾盂输尿管交接部狭窄等)。

(5)肾功能评估:肾功能的评估主要是测定肾小球滤过率(glomerular filtration rate, GFR)。标准方法为测定菊粉清除率(inulin clearance, Cin),此法昂贵而烦琐,目前很少使用。常用方法为收集 24h 尿液检测肌酐清除率,也可采用放射性核素等方法。

(6)年龄:我国法律规定,供者必须年满 18 岁。对供者的年龄上限,国际上无统一标准。考虑到供者的围手术期安全,<65 岁可能是目前比较适宜的标准。

(7)体质指数(BMI):国内绝大多数移植中心认为 BMI>35kg/m^2 为肾脏捐献的绝对禁忌证。供者的理想 BMI 应该 <30kg/m^2。

(8)高血压:高血压可导致供者包括肾脏在内的多器官损伤。目前的共识是药物不能控制的高血压不适合捐献。

(9)糖尿病:现有绝大部分国际指南认为,明确诊断为 1 型或 2 型糖尿病患者不能捐献。

(10)其他:评估供者是否患有心血管疾病,是否存在蛋白尿或者尿路感染等。供者术前应禁食、禁饮至少 6~8h。麻醉诱导前充分补液并留置尿管。术前单次预防性使用肾毒性较小的广谱抗生素,如第二代头孢菌素,术后不再使用。

2. 受者术前评估

(1)评估受者的肾病发展情况及尿毒症发生的时间、治疗过程、严重程度,是否接受过透析治疗及透析的频率和效果。

（2）评估受者生命体征、营养状况以及心、肝、肺、脑等其他器官是否良好，有无其他系统疾病史。

（3）评估受者与供者的血型是否相符、HLA 配型相容程度、淋巴细胞毒交叉配合试验及群体反应性抗体（panel reactive antibody, PRA）检测结果。

（4）心理—社会评估：评估受者有无恐惧、犹豫不决、萎靡不振、不安和失眠等症状，了解患者及家属对肾移植手术相关知识的了解和接受程度，评估受者家庭对手术风险和医疗相关费用的承受能力。

3. 供者与受者手术评估

（1）术中评估：掌握术中血管吻合情况，了解术中是否有出血，术中补液的量及术中尿液的颜色及量，是否输血及输血的种类及量。了解肾源植入的部位、是否切除病肾等情况。

（2）术后评估：监测患者术后的生命体征及其变化情况，密切观察患者排尿情况，及时记录尿液的颜色、性质、量，评估移植肾的排泄功能及体液平衡情况。定期复查血肌酐及电解质变化情况，观察患者移植肾区局部有无肿胀和压痛。评估患者血压情况，观察有无出血、感染、排斥反应等。

（3）心理—社会评估：评估患者对肾源的认同程度；家属对肾移植后的保健、康复、治疗知识是否已经掌握。

【监测与护理】

1. 密切观察记录生命体征变化　术后要严密监测患者的生命体征变化，每 30 分钟测血压、脉搏、呼吸，待平稳后第 2 天改为每 2 小时测量 1 次，及时发现病情变化。术后体温如果超过 38℃，提示是否发生了排斥反应或感染。

2. 及时详细记录尿量和引流量变化，统计患者 24 小时出入量：尿量是反映移植肾功能状况及体液平衡的重要指标，每小时准确记录尿量和引流量，严密观察其颜色及性状，当尿量小于 100ml/h 时要及时报告医生，及时发现急性肾小管坏死和急性排斥反应的征兆。

3. 静脉补液的护理　每 30 分钟测中心静脉压（CVP），护士应根据 CVP 结合尿量及时调整输液速度，确保出入平衡。原则上不在手术侧下肢和有动静脉造瘘肢体建立静脉通路，术后早期宜建立两条静脉通路。输液要遵循"量出为入"的原则，早期一般不补钾，如出现低钙血症应适当补钙。

4. 观察伤口及引流液情况　伤口有红肿热痛及分泌物时，要及时换药；髂窝引流管引出液的颜色、性质和量能及时反映是否有并发症的发生，必须严密观察。加强对移植肾质地的检查，注意移植肾局部有无压痛。

5. 饮食护理　一般术后第 2 日即可给予少量饮食，要及时观察胃肠功能恢复情况，详细记录饮食和饮水量。肾移植患者由于术前采取低蛋白饮食以及长期的血液透析，存在不同程度的营养不良。移植后长期使用免疫抑制剂，也不同程度影响机体代谢，引起低蛋白血症、高脂血症、糖尿病、高血压、电解质紊乱等，从而加重患者的营养不良状况，所以饮食护理对肾移植患者尤为重要。

6. 抗排斥药物的应用及其监测　大量使用免疫抑制的药物，易引起感染、充血性心力衰竭等疾病的发生。为了预防急性排斥反应和药物中毒的发生，必须遵医嘱定期测量患者的血药浓度，以防因血药浓度过低或过高而引起排斥反应或药物中毒。应在服药前测血药浓度，护士抽血剂量要准确，抽完后轻轻摇匀，及时送检。

7. 急性排斥反应的监测与护理　排斥反应的实质是一种免疫反应。如果患者的体温突然升高且持续高热,伴有血压升高、血清肌酐上升,观察患者尿量减少、移植肾区疼痛、闷胀感,并有压痛及患者情绪改变,则提示发生了急性排斥反应,需要立即采取措施。

（1）给患者解释发生移植肾排斥的原因,消除其紧张恐惧情绪,告知其药物治疗的可靠性和成熟性,做好心理护理,使其积极配合医护的治疗。

（2）严密观察病情,尤其是患者的生命体征、尿量、肾功能及移植肾区局部的情况。

（3）加强消毒隔离工作,预防医院感染的发生。加强基础护理工作,促进患者身心舒适。

（4）遵医嘱按时监测患者血药浓度情况,及时执行抗排斥的冲击治疗。

（5）排斥逆转的指征:如患者在抗排斥治疗后出现体温下降至正常,尿量增多,体重稳定,移植肾肿胀消退、质变软、无压痛,全身症状缓解或彻底消失,血肌酐、尿素氮下降,则提示排斥逆转。

8. 出血和渗血的监测与护理　出血和渗血是肾移植术后常见的并发症,多发生在术后48小时内。肾移植术后出血的原因主要是肾移植受者受尿毒症的长期损害,透析不充分导致血小板功能异常和凝血机制障碍所致;而出血多数是由于术中止血不彻底。术后如发现患者出现心率加快,血压急速下降,中心静脉压降低,出现血尿,或者发现伤口引流管瞬间有大量鲜血涌出或者伤口敷料渗血较多,则提示患者发生了术后出血,需要做好各项护理工作。

（1）做好巡视工作,密切观察患者的神志、生命体征变化情况。

（2）运用评判性思维观察外周循环情况、伤口和各引流管引流情况,注意保持引流管通畅。

（3）正确记录每小时出入量,详细描述尿液量及颜色的变化。

（4）及时送检血标本,按时查询结果,及时报告医生异常结果。

（5）做好各项抢救工作的准备:如备血、准备白蛋白和代血浆、手术探查等。

9. 感染的预防及护理　感染是肾移植术后常见的死亡原因,病死率可达 40%~78%。因此,必须做好感染预防及护理。

（1）做好病室消毒隔离工作,严格病房管理,严格遵守无菌操作原则,确保病室符合器官移植病房的感染控制规范要求。

（2）患者物品专人专用,使用的衣被等物品须灭菌后才能使用。

（3）认真做好各项基础护理工作,保持口腔、会阴部、皮肤、创口、留置导尿和引流管的清洁卫生,及时更换渗湿敷料。

（4）预防坠积性肺炎,鼓励患者床上活动,按时翻身叩背。

（5）预防交叉感染,医护人员进入病室前应洗手并穿戴隔离衣帽、口罩和鞋。术后早期,患者不宜外出;若必须外出检查或治疗时,应注意保暖,并戴好口罩、帽子。

（6）定期查血、尿、大便、痰、咽拭子、引流液的培养及药敏,及时回报检查结果,以早期发现感染病灶。

（7）一旦出现疑似感染的症状,遵医嘱应用敏感抗菌药物或抗病毒药物,及时有效控制感染。

10. 健康教育

（1）指导患者正确认识疾病,告知移植术后可以适当参加户外活动,但不可过度劳累,注意保护移植肾,防止外来损伤。

（2）告知患者服用免疫抑制剂的重要性,加强自身依从性,正确、准时服用各种药物,不自行增减或替换药物。教会患者观察排斥反应的表现和药物的不良反应。

（3）饮食宜少量多餐,给予高糖、高蛋白、丰富维生素、低脂、易消化及少渣饮食。量出为入,控制体重,高血压患者限制盐的摄入。禁止服用增强免疫功能的滋补品,如人参或人参制品。

（4）一般肾移植术后 3 个月内每周门诊随访 1 次,术后 4~6 个月内每两周随访 1 次,6个月 ~1 年每月 1 次。根据患者的身体状况及医嘱安排,每年至少要门诊随访 2 次。如有不适及时就诊。

（尹利华）

第十一章 脓毒症及相关并发症护理

学习目标

完成本内容学习后,学生将能:
1. 复述脓毒症的概念及其临床定义;
2. 列出 DIC 的分期及其特点;
3. 描述脓毒症的最新治疗策略。

第一节 脓毒症/败血性休克/多器官功能障碍综合征

【概述】

脓毒症(sepsis)是指由感染引起的全身炎症反应综合征(systemic inflammatory response syndrome, SIRS),临床上证实有细菌存在或有高度可疑感染灶。虽然脓毒症是由感染引起的,但是一旦发生后,其发生发展遵循其自身的病理过程和规律,故从本质上讲脓毒症是机体对感染性因素的反应。按脓毒症严重程度可分脓毒症(sepsis)、严重脓毒症(severe sepsis)和脓毒性休克/败血性休克(septic shock)及多器官功能障碍综合征(MODS)。尽管临床上针对重症的医护技术在不断改善,抗感染治疗和器官功能支持技术也取得了长足的进步,但脓毒症的发病率仍以每年 1.5%~8.0% 的速度增加。从欧美各国的统计,全球每天约 14 000 人死于其并发症,美国每年共计有大约 75 万例脓毒症患者,其中约 22 万~23 万人死亡,病死率高达 30%~70%。脓毒症治疗花费高,医疗资源消耗大,严重影响人类的生活质量,已经对人类健康造成巨大威胁。因此,2001 年欧洲重症学会、美国重症学会和国际脓毒症论坛发起"拯救脓毒症运动"(surviving sepsis campaign, SSC),2002 年欧美国家多个组织共同发起并签署"巴塞罗那宣言",并且进一步制定基于对脓毒症研究的循证医学证据,并不断更新脓毒症治疗指南即 SSC 指南,以改进脓毒症的治疗措施,降低脓毒症的死亡率。SSC 指南于 2004 年第一次制定,然后隔几年修订一次,最近一次修订是 2016 年。

【病因与发病机制】

脓毒症可以由任何部位的感染引起,临床上常见于肺炎、腹膜炎、胆管炎、泌尿系统感染、蜂窝织炎、脑膜炎、脓肿等。其病原微生物包括细菌、真菌、病毒及寄生虫等,但并非所有的脓毒症患者都有引起感染的病原微生物的阳性血培养结果,仅约 45% 的脓毒性休克患者可获得阳性血培养结果。

脓毒症常常发生在有严重疾病的患者中,如严重烧伤、多发伤、外科手术后等患者。脓毒症也常见于有慢性疾病的患者,如糖尿病、白血病、再生障碍型贫血和尿路结石。

脓毒症感染的入侵部位主要有呼吸道、胃肠道、泌尿道、创伤创面及皮肤等。

脓毒症的根本发病机制尚未明了,涉及到复杂的全身炎症连锁效应、基因多态性、免疫功能障碍、凝血功能异常、组织损伤以及宿主对不同感染病原微生物及其毒素的异常反应等多个方面,与机体多系统、多器官病理生理改变密切相关,脓毒症的发病机制仍需进一步阐明。

1. 细菌内毒素　研究表明细菌的内毒素可以诱发脓毒症,脓毒症病理生理过程中出现的失控的炎性反应、免疫功能紊乱、高代谢状态及多器官功能损害均可由内毒素直接或间接触发。

2. 炎症介质　脓毒症中感染因素激活机体单核巨噬细胞系统及其他炎症反应细胞,产生并释放大量炎性介质所致。脓毒症时,内源性炎性介质,包括血管活性物质、细胞因子、趋化因子、氧自由基、急性期反应物质、生物活性脂质、血浆酶系统产物及血纤维蛋白溶解途径等相互作用形成网络效应并引起全身各系统、器官的广泛损伤。同时某些细胞因子,如肿瘤坏死因子(TNF)-α 等可能在脓毒症的发生、发展中起到重要作用。

3. 免疫功能紊乱　脓毒症免疫障碍特征主要为丧失迟发性过敏反应、不能清除病原体、易感医源性感染。脓毒症免疫功能紊乱的机制,一方面是作为免疫系统的重要调节细胞T 细胞功能失调,炎症介质向抗炎反应漂移,致炎因子减少,抗炎因子增多;另一方面则表现为免疫麻痹,即细胞凋亡与免疫无反应性,T 细胞对特异性抗原刺激不发生反应性增殖或分泌细胞因子。

4. 肠道细菌 / 内毒素移位　20 世纪 80 年代以来,人们注意到应激发生时导致机体最大的细菌及内毒素储存库——肠道发生功能失调,进而引起的肠道细菌 / 内毒素移位所致感染与随后发生的脓毒症及多器官功能不全密切相关。研究表明,严重损伤后的应激反应可造成肠黏膜屏障破坏,肠道菌群生态失调及机体免疫功能下降,从而发生肠道细菌 / 内毒素移位,触发机体过度炎症反应与器官功能损害。

5. 凝血功能紊乱　凝血系统在脓毒症的发病过程中起着重要作用,它与炎症反应相互促进、共同构成脓毒症发生、发展中的关键因素。内毒素和 TNF 通过诱发巨噬细胞和内皮细胞释放组织因子,可激活外源性凝血途径,被内毒素激活的凝血因子Ⅻ也可进一步激活内源性凝血途径,最终导致弥散性血管内凝血(DIC)。

6. 基因多态性　临床上常见受到同一致病菌感染的不同个体的临床表现和预后截然不同,提示基因多态性等遗传因素也是影响人体对应激打击易感性与耐受性、临床表现多样性及药物治疗反应差异性的重要因素。

【临床评估与判断】

1. 临床评估

(1)全身炎症反应综合征(SIRS)的评估:指具有 2 项或 2 项以上的下述临床表现:①体温 >38 ℃ 或 <36 ℃ ;②心率 >90 次 / 分;③呼吸频率 >20 次 / 分或 $PaCO_2$<32mmHg;④外周血白细胞 >12×10^9/L 或 <4×10^9/L 或未成熟细胞 >10%。

(2)脓毒症(sepsis)的评估:患者一般都会有 SIRS 的一种或多种表现。最常见的有发热、心动过速、呼吸急促和外周血白细胞增加。在 2016 年第三届国际脓毒症专题讨论会中,脓毒症被重新定义为身体对感染所产生的致命性的器官障碍,临床诊断是病人的顺序器官衰竭评分(sequential organ failure assessment score,SOFA)在进入 ICU 后最初 24~48h 内增加了两分或以上。SOFA 评分是用来预测死亡率的评分。它从 6 个方面去评估,包括:呼吸功能、凝血功能、肝功能、心血管功能、神经功能及肾功能。每一个功能的评分是 0~4 分。SOFA 评分 <9 的预测死亡率是 33%;SOFA>11 的预测死亡率是 95%。

(3)严重脓毒症(severe sepsis)的评估:患者出现脓毒症合并器官功能障碍或组织低灌注的征象,包括低血压、少尿、血清乳酸增高。

(4)脓毒症休克(septic shock)的评估:患者出现脓毒症合并持续性低血压,并对输液没反应,而必须采用升压药。

(5)多器官功能障碍综合征(MODS)的评估:患者出现两个或以上的器官功能障碍(如呼吸衰竭合并休克)。

2. 判断 由于认为既往"感染 +SIRS 表现"的诊断指标过于敏感,目前临床上诊断成人脓毒症要求有明确感染或可疑感染加上以下指标(表 11-1-1):

(1)全身情况:发热(>38.3℃)或低体温(<36℃);心率增快(>90 次 / 分)或 > 年龄正常值之上 2 个标准差;呼吸增快(>30 次 / 分);意识改变;明显水肿或液体正平衡 >20ml/kg,持续时间超过 24h;高血糖症(血糖 >7.7mmol/L)而无糖尿病史。

(2)炎症指标:白细胞增多(>12×10⁹/L)或白细胞减少(<4×10⁹/L)或白细胞正常但不成熟细胞 >10%;血浆 C 反应蛋白 > 正常值 2 个标准差;血浆降钙素原 > 正常值 2 个标准差。

(3)血流动力学指标:低血压(收缩压 <90mmHg,平均动脉压 <70mmHg 或成人收缩压下降 >40mmHg,或低于年龄正常值之下 2 个标准差);混合静脉血氧饱和度(SvO₂)>70%;心脏指数(CI)>3.5L/(min·m²)。

(4)组织灌注参数:高乳酸血症(>4mmol/L);毛细血管再充盈时间延长或皮肤出现花斑。

表 11-1-1 脓毒症的临床定义

SIRS	体温 >38℃或 <36℃ 心率 >90 次 / 分 呼吸频率 >20 次 / 分或动脉血二氧化碳分压 <32mmHg 或机械通气 外周血白细胞计数 >12×10⁹/L 或 <4×10⁹/L 或未成熟粒细胞 >10%
脓毒症	对感染的全身性反应:SIRS+ 感染的证据
重度脓毒症	脓毒症 + 器官功能障碍,低灌注或低血压包括乳酸性酸中毒、少尿或急性意识状态改变
脓毒性休克	脓毒症诱导的低血压(如收缩压 <90mmHg 或较基础值下降 >40mmHg);适当补液不能使之回升;同时伴有灌注异常,可出现乳酸性酸中毒、少尿或有急性意识状态改变。应用血管升压素后所测血压可不降低
MODS	急性患者出现的器官功能障碍,在无干预的情况下内环境不可能保持稳定

【监测与护理】

（一）监测

准确了解脓毒症患者的疾病状态是治疗脓毒症休克不可缺少的部分,其中能够反映机体血流动力学和微循环灌注的指标尤为重要,因此掌握脓毒症常用的监测指标的方法及临床意义是临床医护人员的重要技能。

1. 中心静脉压（CVP）和肺动脉嵌压（PAWP） CVP 和 PAWP 分别反映右心室舒张末压和左心室舒张末压,是反映前负荷的压力指标,中心静脉导管应该在严重脓毒症患者中尽早放置,肺动脉漂浮导管则根据病情考虑放置。

2. 中心静脉血氧饱和度（$ScvO_2$）和混合静脉氧饱和度（SvO_2） 在严重脓毒症和脓毒症休克的早期,即使此时机体的血压、心率、尿量和 CVP 处于正常范围内,此时全身组织灌注就已经发生灌注不足,而 $ScvO_2$ 和 SvO_2 能较早的反映组织这种灌注状态。研究表明在严重脓毒症和脓毒症休克中,$SvO_2<70\%$ 提示病死率显著增加。

3. 血乳酸 血乳酸是反映组织是否处于低灌注状态和是否缺氧的灵敏指标,如乳酸水平高于 4mmol/L 时死亡率明显升高。而动态监测血乳酸变化或计算乳酸清除率对疾病状态的评估更有价值。目前,血乳酸指标的监测越来越受到重视。

4. 组织氧代谢 脓毒症导致的胃肠道血流低灌注可导致其黏膜细胞缺血缺氧,H^+ 释放增加与 CO_2 积聚。但关于消化道黏膜 pH 值（pHi）的循证不多,所以在世界各地 ICU 的采用情况没有统一。

5. 密切观察生命体征变化 生命体征变化是机体炎症反应,休克、内环境失衡、细胞凋亡、免疫抑制和器官功能衰竭等主要体现。当 P≥100 次/分,收缩压≤80mmHg,脉压差≤20mmHg 时,提示血容量不足和休克。特别是对于脓毒症的患者更是病情变化的重要指标。

（二）护理

脓毒症的并发症实质是脓毒症病理生理各阶段过程中的临床表现,常见的并发症包括休克、急性肺损伤/急性呼吸窘迫综合征、深静脉血栓形成、应激性溃疡、代谢性酸中毒、弥散性血管内凝血（DIC）直至多器官功能不全。针对这些并发症我们应该做好临床护理。

1. 执行 2016 年脓毒症集束干预策略

（1）首 6 小时干预:①在给予病人抗生素前,先进行细菌培养;②检查血清乳酸;③入 ICU 后或确诊脓毒症后两小时内要给予病人广谱抗生素。

（2）开展早期目标指导性治疗 EGDT 策略:①如果病人出现血压低或血清乳酸 >4mmol/L,应给予输液晶体 20ml/kg 或胶体 5ml/kg;②如果输液无效,应给予升压素（如去甲肾上腺素去维持平均血压 >65mmHg。急救的目标是要:①达到 CVP>8mmHg;②达到 $ScvO_2>70\%$;③达到 MAP>65mmHg 及尿量 >0.5ml/（kg·h）。

（3）首 24 小时内干预:①低剂量类固醇;②控制血糖;③采用肺部保护通气策略进行机械通气,以防止容量创伤及压力创伤。

2. 感染控制

（1）获取生物学证据:尽可能在使用抗生素之前留取生物学标本,进行细菌/真菌培养,标本包括血液、痰液、尿液、伤口分泌物等标本,培养结果有助于进行针对性的使用抗生素治疗。但并非脓毒症所有的生物学标本培养都会有阳性结果,临床上正确及时采集生物标本是保障培养结果准确性的基础。

（2）使用抗生素：由于早期不可能很快获得细菌培养的结果，因此脓毒症早期应尽快给予经验性抗生素治疗，所谓经验性抗生素治疗应是根据本地区细菌流行病学特点和疾病的特点，针对性地选择一种或多种抗生素，所选抗生素应对所有可能的病原微生物（细菌／真菌）均有效，并能到达足够的治疗浓度，同时根据病情进行疗效评估，既保证疗效又要防止发生细菌耐药。一旦获得细菌培养结果，应根据药敏结果结合临床情况尽快改为靶向治疗，使用有效的窄谱抗生素。合理进行经验性抗生素治疗和靶向治疗，是避免抗生素滥用和发生抗生素耐药的重要措施。

（3）祛除感染源：在脓毒症治疗的同时，即应该积极寻找引起感染的原因，如涉及外科感染（如化脓性胆管炎、脓肿形成、肠梗阻、化脓性阑尾炎等），应及时手术干预，清除病灶或进行引流；如为医源性材料感染（如静脉导管、导尿管或植入人工器材等）应及时取出材料并作微生物培养。

3. 血管活性药物　血管活性药物的应用最好在便于血流动力学监测的 ICU 内进行。

（1）如果液体复苏后仍不能使患者的血压和脏器低灌注状态得到改善，则应给予血管活性药物升压治疗，而如果患者面临威胁生命的休克时，即使其低容量未被纠正，此时亦应该给予升压治疗。

（2）对于出现脓毒性休克的患者，去甲肾上腺素和多巴胺是首选药物，此外，亦可选择多巴酚丁胺、血管升压素等。

（3）对于出现心脏低心输出量时，多巴酚丁胺是首选的心肌收缩药物。

需要注意的是，如果患者处于严重代谢性酸中毒情况下（pH<7.15），使用血管活性药物效果往往欠佳，需积极纠正酸中毒。

4. 糖皮质激素　严重脓毒症和脓毒症患者往往存在肾上腺皮质功能不全，因此对于经液体复苏后仍需给予升压药物维持血压的患者，可以考虑给予小剂量的糖皮质激素治疗，通常选择氢化可的松，每日剂量在 200~300mg 范围。

5. 机械通气辅助呼吸　对严重脓毒症患者在出现急性肺损伤／急性呼吸窘迫综合征（ALI/ARDS）时，应及时进行机械通气治疗以缓解组织缺氧状态，并且建议选择低平台压、小潮气量通气、允许性高碳酸血症的保护性肺通气策略。床头抬高 30°、防止胃内容物反流、做好口腔护理是预防呼吸机相关肺炎的重要措施。

6. 血糖控制　脓毒症患者存在胰岛素抵抗情况，而循证医学证实脓毒症患者的血糖过高是其不良预后的危险因素，因此应把脓毒症患者的血糖控制在合理的水平（<8.3mmol/L），但同时应注意防止患者发生低血糖，因此应加强血糖监测。既往强调脓毒症患者进行强化血糖控制，但近年来的研究证实强化血糖控制并未显著降低患者的整体病死率，反而容易导致严重的低血糖发生。

7. 营养支持　对于耐受肠内营养的患者，应该早期启动肠内营养，我们不推荐早期使用肠外营养或者联合使用肠内肠外营养。如果早期肠内营养不可行，在前 7 天我们推荐使用静脉葡萄糖结合可耐受的肠内营养，而不是早期使用肠外营养或者联合使用肠内肠外营养。

此外，可给予适当镇静，加强肾脏、肝脏等脏器支持，防止出现应激性溃疡、深静脉血栓、DIC 等并发症等治疗。

知识拓展

顺序器官衰竭评分（SOFA 评分）

系统	检测项目	0	1	2	3	4	得分
呼吸	PaO$_2$/FiO$_2$（kPa）	>53.33	40~53.33	26.67~40	13.33~26.67	<13.33	
	呼吸支持（是/否）				是	是	
凝血	血小板（10^9/L）	>150	101~150	51~100	21~50	<21	
肝	胆红素（μmol/L）	<20	20~32	33~101	102~204	>204	
循环	平均动脉压（mmHg）	≥70	<70				
	多巴胺剂量［μg/（kg·min）］			≤5	>5 或	>15 或	
	肾上腺素剂量［μg/（kg·min）］				≤0.1	>0.1	
	去甲肾腺剂量［μg/（kg·min）］				≤0.1	>0.1	
	dobutamine（是/否）			是			
神经	GCS 评分	15	13~14	10~12	6~9	<6	
肾脏	肌酐（μmol/L）	<110	110~170	171~299	300~440	>440	
	24 小时尿量（ml/24h）				201~500	<200	

备注：1. 每日评估时应采取每日最差值；2. 分数越高，预后越差

实践提示

复苏集束

1. 测量乳酸

2. 应用抗生素前进行血培养

3. 尽快应用敏感性抗生素

4. 恰当的容量负荷

5. 应用升血压药物维持血压

6. 维持直接治疗目标

脓毒症管理集束

1. 对感染性休克患者适当应用小剂量皮质醇激素

2. 控制血糖

3. 应用保护性机械通气策略

第二节　弥散性血管内凝血（DIC）

【概述】

弥散性血管内凝血（disseminated intravascular coagulation，DIC）是不同致病因素使凝血因子激活：①大量消耗凝血因子（纤维蛋白原及血小板下跌）并形成微血栓（FDP及D-dimer升高）；②微血栓堵塞身体器官导致多样器官功能障碍（如急性肾衰）；③当身体再出现伤口时就再没有凝血因子去进行凝血，患者便出现流血不止（PT及APTT升高）。DIC一般多有较重的基础性疾病，一旦发生DIC，患者病性加剧，预后差，死亡率高达50%~60%。

【病因与发病机制】

（一）病因

1. 感染性疾病　占DIC发病数的31%~43%，细菌性败血症是引起急性DIC的常见病因，革兰氏阴性菌感染如脑膜炎球菌、大肠杆菌、绿脓杆菌感染等。革兰氏阳性菌感染如金黄色葡萄球菌感染等。病毒性重症肝炎、流行性出血热、麻疹、病毒性心肌炎、立克次体感染、斑疹伤寒等也易引起DIC。

2. 恶性肿瘤　占DIC患者的24%~34%。以急性早幼粒白血病常见，占总DIC总发生率的20%~28.3%，其他如恶性淋巴瘤、前列腺癌、胰腺癌、肝癌、绒毛膜上皮癌、肾癌、肺癌、恶性血管内皮瘤、平滑肌肉瘤也可合并DIC，如反复发作的游走性动静脉血栓为首发表现的Trousseau综合征。

3. 病理产科　占DIC患者的4%~12%。常见于羊水栓塞、死胎滞留、重症妊娠高血压综合征、子宫破裂、胎盘早剥。

4. 外科手术及广泛组织损伤　占DIC患者的1%~5%。脑、前列腺、胰腺、子宫等组织富含组织因子（TF），以上器官的手术及创伤可致TF释放，诱发DIC。大面积烧伤、严重挤压伤、骨折、蛇咬伤也易发生DIC。

5. 全身系统性疾病　系统性疾病中如恶性高血压、肺心病合并重症感染、巨大血管瘤、ARDS、急性胰腺炎、肝功能衰竭、溶血性贫血、血型不合输血、糖尿病酮症酸中毒、系统性红斑狼疮、中暑、脂肪栓塞、移植物抗宿主病（GVHD）、疟疾等。

此外，在疾病过程中某些因素也能触发凝血系统和促进DIC发生、发展，如体温升高，酸中毒、休克、缺氧引起血管内皮细胞的损伤，可诱发或加重DIC；部分蛇咬伤可发生DIC。

（二）发病机制

1. 高凝状态的产生　严重感染及创伤、大型手术、肿瘤治疗过程中肿瘤溶解，因组织破坏或分解及血管损伤及组织因子（TF）类物质释放入血，使外源凝血途径激活，其中TF释放是加剧DIC最主要因素。蛇毒等类毒素亦可激活外源凝血途径或直接毒害FX及凝血酶。

2. 血管内皮损伤　细菌、病毒、内毒素、抗原-抗体复合物、持续性缺氧、酸中毒、颗粒或胶体物质进入体内都可以损伤内皮，尤其是微血管内皮。损伤的血管内皮可通过以下几方面诱使DIC发生：

（1）表达、释放大量TF并激活凝血系统；

（2）暴露的内皮下胶原等组织可以直接激活因子Ⅻ或因子Ⅺ启动内源性凝血系统；

（3）触发血小板活化,血小板发生黏附、聚集和释放并形成微血栓。另外,各种炎症性细胞释放 TNF、IL-1、IL-6、IFN、血小板活化因子(platelet-activating factor, PAF)、补体成分 C3a、C5a 和氧自由基等体液因子又加剧血管内皮损伤并刺激 TF 表达,进一步促进和加速凝血过程。

（4）天然抗凝机制受损:溶血时会有粒细胞大量破坏并释放出大量活性较高的促凝物质如 TF、溶酶体酶、胰蛋白酶等,胰蛋白酶能降解和灭活 F V、FⅧ、AT-Ⅲ、TFPI 和 PAI 等,导致凝血-抗凝血平衡紊乱。异型输血、恶性疟疾、输入大量库存血可造成红细胞大量被破坏并大量释放 ADP 使血小板活化。炎症、药物、缺氧等因素可致血小板损伤,血小板膜内侧酸性磷脂暴露,激活血小板膜糖蛋白 GPⅡb/Ⅲa 促使血小板聚集并发生结构变化,其表面磷脂酰丝氨酸或肌醇磷脂等带负电荷使凝血因子在血小板磷脂表面被浓缩、局限,促使凝血酶原激活,形成纤维蛋白网并使血细胞形成血凝块,血小板作用下血凝块回缩形成血栓。

（5）纤溶系统激活:细菌感染后,血管内皮细胞损伤并放 TF 而促进凝血。补体与凝血、纤溶及激肽系统的激活也有密切关系。革兰氏阴性菌感染时内毒素致单核细胞膜产生组织因子活性。革兰氏阳性菌胞壁中的 Peptidogyciw(一种诱发 DIC 的肽醣)与 techoic 酸的含量与 DIC 发生也有关。肿瘤细胞分泌的黏蛋白、TF、蛋白分解酶等可促进凝血并诱发 DIC。毒蛇咬伤引起 DIC 除与蛇毒可使纤维蛋白原转为纤维蛋白,组织损伤后 TF 释放均是 DIC 发生因素。

【临床评估与判断】

1. 临床评估　根据病情进展速度,DIC 可分为急性、亚急性和慢性(表 11-2-1)。DIC 通常分为三期,即高凝期、消耗性低凝期和继发性纤溶亢进期(表 11-2-2)。

表 11-2-1　DIC 的分类及各类型特点

分类	基本特点	表现
急性 DIC	在几小时或1~2天内发生,病情凶险,进展迅速;症状明显,以休克和出血为主	败血症休克、异型输血、移植后急性排斥反应等
亚急性 DIC	在数日到几周内逐渐发生	恶性肿瘤转移、宫内死胎等
慢性 DIC	病程可达数月至数年,症状轻微,轻度出血,少见休克,以器官功能障碍为主	恶性肿瘤、胶原病、溶血性贫血等

表 11-2-2　DIC 的分期及各期特点

分期	基本特点	表现
高凝期	凝血系统被激活,血中凝血酶量增多,导致微血栓形成	血液处于高凝状态
消耗性低凝期	凝血因子和血小板因消耗而减少,继发纤维蛋白原减少,纤溶过程逐渐加强	出血
继发性纤溶亢进期	纤溶系统异常活跃,纤维蛋白降解产物形成且具有很强的抗凝作用	出血十分明显

2. 临床判断　DIC 的临床表现复杂多样,与基础疾病有关。但主要表现是出血、休克、微血管栓塞、溶血。

（1）出血症状:出血是 DIC 最初及最常见的临床表现,发生率达 80%~90%。患者可有多部位出血倾向,最常见出血部位是皮肤,其次为肾、黏膜、胃肠道,表现为皮肤瘀斑、紫癜、咯血、消化道出血等。轻者仅表现为局部（如注射针头处）渗血,重者可发生多部位出血。

（2）休克（Shock）:广泛的微血栓形成使回心血量明显减少,加上广泛出血造成的血容量减少等因素,使心输出量减少,加重微循环障碍而引起休克。DIC 形成过程中产生多种血管活性物质（激肽、补体 C3a 和 C5a）,造成微血管平滑肌舒张,血管扩张,通透性增高,回心血量减少。

（3）微血栓形成及缺血性组织坏死:小动脉、毛细血管或小静脉内血栓可引起各种器官微血栓阻塞,导致器官灌注不足而发生功能障碍,严重者甚至发生衰竭。引起缺血坏死。皮肤末端小动脉阻塞时出现出血性死斑。暴发型则表现为手指或足趾坏疽。肾脏受累肾皮质坏死引起血尿、少尿甚至无尿,继发肾小管坏死,肾功能进一步受损。肺间质出血对呼吸功能影响,伴有不同程度的低氧血症。胃及十二指肠黏膜下坏死可产生浅表性溃疡,导致消化道出血。患者可出现肝细胞性黄疸,长期存在感染和低血压常使肝损害进一步加重。肾上腺皮质出血及坏死造成急性肾上腺皮质功能衰竭,称为沃 – 弗综合征（Waterhouse-Friderichsen syndrome）;垂体微血栓引起的垂体出血、坏死,导致垂体功能衰竭,即希恩综合征（Sheehan syndrome）。

（4）微血管病性溶血性贫血:由于出血和红细胞破坏,DIC 患者可伴有微血管病性溶血性贫血。不稳定的、疏松的纤维蛋白丝在小血管沉积,循环中的红细胞流过由纤维蛋白丝构成的网孔时,常会粘着或挂在纤维蛋白丝上,加上血流的不断冲击,引起红细胞破裂。外周血涂片中可见红细胞碎片。临床表现为贫血、血红蛋白血症及血红蛋白尿。

2001 年国际血栓止血学会（ISTH）制定的 DIC 诊断积分系统。将 DIC 分为显性 DIC（包括急性 DIC、失代偿性 DIC）和非显性 DIC（包括慢性 DIC、代偿性 DIC）（表 11-2-3）。

表 11-2-3　2001 年国际血栓止血学会（ISTH）制定的 DIC 诊断积分系统

指标	状态	分值
1. 风险评估 原发疾病	有	2
	无	不适用该标准
2. 申请凝血常规检测		
3. 凝血常规检测计分		
PLT（×10^9/L）	>100	0
	<100	1
	<50	2
PT（s）	延长 <3s	0
	延长 3~6s	1
	延长 >6s	2

续表

指标	状态	分值
SF/FDPs	不升高	0
	中度升高	1
	显著升高	2
FIB（g/L）	>1.0	0
	<1.0	1

4. 计算分值

5. 判断标准：分值≥5分，判为DIC，每天计算一次积分值，分值<5分，提示非显性DIC，1~2天内重复计分值。

【监测与护理】

监测与护理的目标是：①处理成因；②补充凝血因子；③器官支持；④控制出血；⑤处理并发症。

（一）监测

1. 血小板计数　参考值为100~300×10^9/L，如PLT<100×10^9/L（肝病、白血病患者PLT<50×10^9/L）或进行性下降提示有异常改变。

2. 凝血酶原时间（PT）　参考值：12~14秒，新生儿可延长2~3秒。国际标准化比值具有可比性。DIC早期、高凝状态PT明显缩短，但出现消耗性低凝及继发性纤溶亢进时PT延长。但在严重肝脏病变，如急性暴发性肝炎、肝硬化；阻塞性黄疸、维生素K缺乏及肠道菌群失调并影响维生素K生成也可延长，需与DIC鉴别。

3. 纤维蛋白原含量测定（Fg）　参考值为（2~4）g/L。Fg属急性期反应蛋白，在DIC高凝血期可增高（>4.0g/L），在消耗性低凝血期和继发性纤溶期常减低（<2.0g/L）。Fg减低见于70%的病例，其特异性为22%，敏感性为87%。

4. 纤维蛋白（原）降解产物（FDP）测定　参考值为（0~5）mg/L。DIC时，由于纤维蛋白（原）被降解，故FDP增高，其阳性率可高达85%~100%，准确性达75%。但FDP超过20mg/L（肝病>60mg/L）才有诊断价值。

D-二聚体为纤维蛋白降解产物，其水平升高表明体内存在着纤维蛋白降解过程。在深静脉血栓（DVT）、肺动脉血栓塞（PE）形成后激活纤溶酶并使之降解，纤维D-二聚体升高。DIC过程中同样有纤维蛋白的形成，因此D-二聚体也是DIC诊断的关键指标。正常情况下D-二聚体定性检测为阴性；定量检测值小于200μg/L。

5. 凝血酶时间（TT）　参考值为16~18秒。超过正常对照3秒为异常。TT与患者体内内凝途径相关凝血因子水平及患者的凝血状况相关，在DIC消耗性低凝期或血浆纤维蛋白原减低、DIC应用肝素治疗情况下可延长，DIC继发性纤维蛋白溶解系统功能亢进及纤维蛋白（原）降解产物增多也可出现血浆凝血酶时间延长。

6. 凝血时间（CT）　参考值：玻璃管法为5~10分；塑料管法为10~19分；硅管法为15~32分。反映患者体内内凝途径相关凝血因子水平及患者的凝血状况。DIC初期因促凝物质进入血液及凝血因子的活性增高多表现为CT时间缩短。凝血因子消耗后，血浆FⅧ、

FⅨ、FⅪ水平减低；凝血酶原（FⅡ）、FⅤ、FX 和纤维蛋白原缺乏，或在 DIC 抗凝治疗过程中因抗凝药物的应用可出现 CT 时间延长。

7. 白陶土部分凝血活酶时间（KPTT） 参考值：35~45 秒。DIC 早期、高凝状态 KPTT 明显缩短。但 DIC 过程中出现消耗性低凝、继发性纤溶亢进及凝血酶原、纤维蛋白原严重缺乏者或抗凝物质增多时 KPTT 可明显延长。

8. 抗凝血酶Ⅲ活性（ATⅢ）测定 参考值 AT-Ⅲ：A 为（108.5±5.3）%；AT-Ⅲ：Ag 为（290±30.2）mg/L。AT-Ⅲ是体内最重要的抗凝蛋白，它是凝血酶和凝血过程中许多丝氨酸蛋白酶（因子Ⅹa、Ⅸa、Ⅺa、Ⅻa 等）的主要抑制物。DIC 时由于凝血酶、因子Ⅹa、Ⅸa 等大量形成，并与 AT-Ⅲ结合，因此 AT-Ⅲ水平明显减低。因此，测定 AT-Ⅲ活性（AT-Ⅲ：A）比测定 AT-Ⅲ抗原含量（AT-Ⅲ：Ag）对 DIC 诊断更为重要。约 80%~90%DIC 患者血浆 AT-Ⅲ：A 水平减低。

9. 组织因子（TF）测定 参考值 TF 活性为（1.02±0.91）U/L，TF 抗原为（30~220）ng/L。TF 大量释放并进入血流是大多数 DIC 发生的直接原因。因此，血浆中 TF 水平升高是 DIC 存在的证据之一。TF 不仅可反映 DIC 的发生，而且可反映感染、炎症、休克、白血病等诱发 DIC 的原因。DIC 时，60% 以上患者 TF 活性升高。

10. 血涂片 在 DIC 患者的血涂片中血细胞碎片很少超过红细胞的 10%，但在某些伴 D-D 升高的慢性 DIC 患者，其凝血筛查试验正常，红细胞碎片的存在可提供有力的证据。

（二）护理

1. 病情观察

（1）观察出血症状：可有广泛自发性出血，皮肤黏膜瘀斑，伤口、注射部位渗血，内脏出血如呕血、便血、泌尿道出血、颅内出血意识障碍等症状。应观察出血部位、出血量。

（2）观察有否 MODS 症状给予器官支持（如给予升压素去支持血压；给予机械通气去支持呼衰；开展 CRRT 去处理急性肾衰）。

（3）观察有无高凝和栓塞症状：如静脉采血血液迅速凝固时应警惕高凝状态，内脏栓塞可引起相关症状，如肾栓塞引起腰痛、血尿、少尿，肺栓塞引起呼吸困难、紫绀，脑栓塞引起头痛、昏迷等。

（4）观察有无黄疸溶血症状。

（5）观察实验室检查结果，如血小板计数、凝血酶原时间、血浆纤维蛋白含量、3P 试验等。如有需要，输液补充凝血因子。

（6）观察原发性疾病的病情变化。

2. 一般患者的护理措施

（1）严密观察血压、脉搏、呼吸、尿量，每小时 1 次。

（2）严密观察皮肤色泽、温度，每 2 小时 1 次。

（3）监测血小板、凝血酶原时间，若有异常，及时报告医师。

（4）置患者于休克卧位，分别抬高头、床尾 30°，以利回心血量及呼吸的改善。

（5）吸入氧气，6~8L/min，并予以湿化。

（6）尽快建立静脉通道，并保持输液途径通畅。

（7）遵医嘱使用止血药物如止血芳酸（氨甲苯酸）等。

（8）随时备好抢救仪器如抢救车、吸痰器、呼吸机、心电监护仪等。

（9）肝素疗法的护理：肝素能阻止凝血活性和防止微血栓形成，但不能溶解已经形成的血栓，故 DIC 早期治疗首选肝素，但在治疗过程中一定要注意观察疗效和副作用的产生。

3. 出血的护理

（1）尽量减少创伤性检查和治疗。

（2）静脉注射时，止血带不宜扎得过紧，力争一针见血，操作后用干棉球压迫穿刺部位 5 分钟以上。

（3）出血的预防：①静脉输注完毕后，适当加压穿刺处。②保持皮肤清洁，避免搔抓、碰撞。③尽量避免肌内注射。④留取血标本时，尽量避免反复静脉穿刺取血，可在动脉插管处或在三通处抽取。⑤在渗血部位加压包扎。⑥测血压时，不要将袖带充气太足。⑦吸痰时，动作要轻柔，避免损伤呼吸道黏膜。⑧保持鼻腔湿润。⑨进食营养、易消化、富含维生素 C 的食物，避免粗硬食物刺激胃黏膜。

4. 心理护理

（1）提供一个安全舒适的环境，减少干扰。

（2）及时向患者和家属解释病情，解释时要合乎实际，减少患者的疑虑和恐惧。

（3）护理操作时要准确、亲切、细心，以增强患者的信任感和安全感。

（4）指导患者放松技巧，如深呼吸等。

5. 肝素治疗的护理

（1）滴注肝素的剂量，应根据实验室结果和患者的临床情况而定。首次按 1mg/kg 静脉注射，每小时给 0.5mg/kg。若持续滴注，首次 50mg，以后每 24 小时 100~200mg 加葡萄糖液静脉滴注。

（2）有肝肾功能衰竭的患者，要改变剂量。

（3）严密监测凝血时间、凝血酶原时间，每小时 1 次。

6. 皮肤的护理

（1）保持皮肤清洁、干燥。

（2）被褥、衣服保持清洁、柔软。

（3）护理操作动作轻柔、敏捷。

（4）协助翻身，每 2 小时 1 次，减轻局部受压。

（5）避免搔抓、碰撞。

7. 健康指导　根据病因或原发性疾病作相关指导，促进患者进一步康复。

知识拓展

DIC 与原发性纤维蛋白溶解、重症肝病的鉴别

检测项目	DIC	原发性纤维蛋白溶解	重症肝病
血小板计数（PLT）	减少	正常	正常或减少
凝血酶原时间（PT）	延长	轻度延长	延长

续表

检测项目	DIC	原发性纤维蛋白溶解	重症肝病
纤维蛋白原定量（Fb）	减少或正常	减少	一般不减少
3P 试验（PPP）	阳性	阴性	阴性
凝血酶时间（TT）	延长	延长	有时延长
优球蛋白溶解时间（ELT）	正常或轻度缩短	缩短	缩短
白陶土部分凝血酶时间（KPTT）	延长	延长	延长
出血时间（BT）	延长	正常	正常或延长
血块凝缩时间（CRT）	不良	不良或溶解	正常或不良
纤维蛋白（原）降解产物（FDP）	增加	增加	正常
红细胞形态	裂细胞 碎片 畸形	正常	正常

（左选琴）

第十二章 创伤重症患者的护理

学习目标

完成本内容学习后,学生将能:

1. 复述创伤、多发性创伤的概念;骨盆骨折的分类及挤压伤的发病机制;
2. 列出多发性创伤的临床特点;骨盆骨折和挤压伤的临床表现;
3. 描述创伤的机制及多发性创伤的评估与救治;骨盆骨折挤压伤的处理原则;
4. 正确使用创伤评估表、格拉斯哥(Glasgow)昏迷计分法;熟练应用损伤的处理原则以及急救处理方法和护理措施。

第一节 概 述

创伤(trauma)是指外界各种致伤因素作用于机体引起的组织器官形态破坏或功能障碍。随着社会的发展和疾病谱的改变,创伤已成为继心脏病、恶性肿瘤、脑血管病之后第四大常见死因,且是 44 岁以下人群最常见的死因。创伤与致伤因素密不可分,现代社会致伤因素越来越多,越来越复杂。广义的创伤是指人体受到外界物理因素(机械力、电击、火源、温度)、化学因素(强酸、强碱、糜烂性毒物)或生物因素(虫、蛇、犬咬、螫)等作用所引起的组织结构破坏或功能障碍。狭义的创伤是指人体受到机械力打击如汽车撞击、高处坠落、重物挤压和利器切割后导致的机体结构完整性的破坏。

知识拓展

中国创伤救治培训

创伤预防是目前最安全和最廉价的创伤管理方法。为了更好地处理威胁生命的严重创伤,标准的培训课程越来越得到重视,以便在创伤救治中发挥重要的作用。美国外科学会创伤分会的"高级创伤生命支持"(advanced trauma life support, ATLS)(1978 年)和国际初级创伤救治委员会的"初级创伤救治培训"(primary trauma care, PTC)(2004年)等项目均是进行创伤救治的规范化培训。而院前创伤生命支持(Pre-hospital trauma life support)及国际创伤生命支持(International trauma life support)是由美国传入的两种最流行的院前创伤培训。中国医师协会于 2015 年 5 月启动建设"中国创伤救治培训

（China trauma care training, CTCT）"。CTCT 项目是基于创伤紧急救治循证医学原则和国内外创伤最新进展进行制定,针对参与创伤救治的院前急救、急诊、外科、影像科、麻醉科和其他相关学科的人员进行培训,规范他们在创伤救治中的行为,使其能够独立有效地进行评估和处置多发伤等严重创伤患者,为后续的进一步生命支持提供条件。

一、创伤分类

为了尽快对患者进行正确诊断和有效救治,必须对创伤做出迅速地分类,以提高抢救的时效性和成功率。创伤的分类方法很多,常用的如下:

（一）按致伤因素分类

1. 刺伤　为利器（刀具、铁钉、钢丝）所致,其特点是皮肤伤口小而深,可直达深部体腔。一般污染较轻,如未伤及重要器官,愈合较快。

2. 钝挫伤　由钝性暴力引起的机体软组织损伤。可分为撕裂伤、撕脱伤、扭伤、挫裂伤、震荡伤、毁损伤等。此类伤口形态不同,多有不同程度的污染。

3. 挤压伤　躯干或四肢肌肉丰富的部位受到外力或自身固定体位的长时间挤压,导致受压部位严重缺血、缺氧,肌肉组织出现不同程度的广泛坏死,分解出大量有害物质,表现为以高钾血症和肌红蛋白尿为主要特征的急性肾衰竭和休克,即挤压综合征。

4. 玻璃碎片伤　是由飞散的玻璃碎片击中人体导致的损伤,其严重程度与玻璃碎片质量、撞击速度和部位有关。特点是受伤范围大,暴露部位多,轻者愈合快,重者也可穿透体腔损伤脏器和大血管。

5. 火器伤　是由枪、炮、地雷等武器发射的投射物导致损伤。火器损伤后出现弹道区、挫伤区和震荡区。由于投射物的能量和速度各异,挫伤区和震荡区的范围也不一样。早期仅能处理弹道区,而挫伤区和震荡区的病理改变尚未出现,故火器伤的处理与其他损伤不同。

6. 烧伤　泛指热力、电流、化学物质、激光、放射线等引起的组织损伤,可分为热烧伤、电烧伤和化学烧伤。热烧伤是指热液、蒸汽、高温气体、火焰、炽热金属（固体或液体）所引起的组织损害。电烧伤是电流通过人体引起烧伤,其严重程度取决于电流强度、性质、电压、接触部位的电阻等。化学烧伤是由各种强酸、强碱、糜烂性毒剂引起的损伤,其处理方法不尽相同。

7. 冻伤　是由于低温寒冷侵袭引起的损伤。分为非冻结性冻伤和冻结性冻伤。非冻结性冻伤是由零摄氏度以上的低温加上潮湿条件所造成,如冻疮、战壕足、水浸足等。冻结性冻伤是由零摄氏度以下的低温所造成,分为局部冷伤（冻伤）和全身冷伤（冻僵）。

（二）按伤口是否开放分类

1. 开放性损伤　伤口与外界相通,受伤处皮肤和皮下组织破裂,可有血液或组织液流出,周围出现不同程度炎症反应。如擦伤、撕裂伤、利器伤等。

2. 闭合性损伤　受伤处皮肤黏膜完整,未与外界相通,损伤后出血常积聚在组织内。如挫伤、挤压伤、扭伤、关节脱位或半脱位、闭合性骨折、震荡伤、闭合性内脏损伤等。

（三）按致伤部位分类

1. 颅脑损伤　包括眉间、眶上缘、颧骨上缘、颞颌关节、外耳道、乳突根部及枕骨粗隆以上的部分。该部位颅骨完整,脑组织位于颅腔内。常见损伤有脑震荡、脑挫裂伤、颅骨骨折和颅内出血等。

2. 胸部损伤　从解剖位置看,上至颈部,下至胸骨剑突向外斜行,沿肋下缘到第8肋间,后至12胸椎下缘。心、肺、大血管等重要器官均在胸腔。常见损伤有胸壁外伤、血气胸、心肺损伤等。

3. 腹部损伤　腹部上与胸部下界相连,下至骨盆上缘。腹腔内有许多重要脏器,如肝、胆、脾、胰、胃、小肠、大肠等。腹腔面积大且无骨性组织保护,易受到损伤。常见损伤有脏器穿孔、破裂、出血和腹腔感染等。

4. 脊柱脊髓损伤　单纯脊柱损伤包括颈椎移位、胸腰椎移位、脱位、半脱位、骨折等。合并脊髓损伤时,可发生不同平面和程度的截瘫,甚至造成终身残疾。

5. 四肢伤　由于外力作用导致的四肢长骨干骨折、关节脱位、肢体离断、毁损伤等。

二、创伤机制与修复过程

创伤发生后,人体会产生创伤反应和修复反应两个过程。第一阶段是调动全身力量保持内环境稳定,减轻创伤后全身和局部损害,维持生命。第二阶段为组织和细胞的修复过程。

(一)创伤机制

1. 创伤的局部反应　主要表现为创伤性炎症。机体受伤后出血,产生血凝块,组织细胞失活。此时,体内白细胞、吞噬细胞活跃,产生抗体,清除有害物质。失活的组织细胞产生炎性代谢产物,激活蛋白分解酶、脂肪分解酶、淀粉酶,组织液化加速,酸中毒加重。同时,周围组织水肿、渗出增加,炎性细胞向损伤区浸润。创伤局部充血扩张,血流增多、水肿、淤滞。中性粒细胞、吞噬细胞对创口内的坏死组织、细菌进行吞噬,淋巴细胞产生淋巴因子及抗体增强局部防御功能,促使各种化学介质渗出,加速成纤维细胞和毛细血管的增生。血浆中产生并释放多种细胞因子和炎症介质参与创伤的局部反应。

(1)溶肽酶和抑肽酶:主要影响血管舒缩、血液凝集、组织分解、微生物失活等。其通过改善纤维蛋白酶原活性以增加血管通透性和白细胞的趋向性,通过补体系统中的过敏毒素及第三、第五补体成分碎片等释放各种介质来影响组织的组胺水平。

(2)5-羟色胺和组胺:可增强血管平滑肌的收缩,增加毛细血管通透性,促进白细胞的趋化作用。

(3)慢反应过敏物质和前列腺素:可增强白细胞的趋化能力,增强机体防御力和免疫力,有助于创伤局部的愈合。

2. 创伤的全身反应

(1)体温变化:伤后由于炎症介质的作用,体温可略有上升。若合并感染则体温明显升高,若累及体温中枢可出现体温过高或过低。

(2)神经内分泌系统变化:包括下丘脑-垂体功能变化和肾上腺功能变化。

1)下丘脑-垂体是中枢神经系统调节内分泌的主要器官,可直接分泌少量激素和各种促激素,包括促肾上腺皮质激素(ACTH)、促甲状腺素(TRH)、促生长激素(GRH)等。ACTH可以破坏肝水解酶,灭活皮质醇,使人体应激能力下降,随之引起神经、心、肺、肝、肾和血管功能下降,血压不升,气体交换障碍;同时抗利尿激素增多导致醛固酮增加,水钠潴留,临床上出现少尿、水肿、心功能不全、缺氧、休克、水电解质紊乱和酸碱平衡失调。TRH、

GRH 分泌减少促使全身代谢能力降低、体温不升、抵抗力降低。肾上腺皮质功能受损造成体内糖原合成和分解功能障碍,影响全身康复。

2）创伤时肾上腺素分泌急剧增加,使皮肤、黏膜、肾组织、脂肪组织和腹腔脏器血管暂时收缩,以保障心、脑等重要器官血液供应。同时抑制胰岛素分泌以提高血糖,增加嘌呤代谢影响脂肪和蛋白质合成。肾上腺皮质分泌多种类固醇物质,包括糖皮质激素、盐皮质激素和氮类皮质激素(主要为性激素)三大类,创伤时体内皮质激素的水平可急剧升高。

（3）代谢变化:创伤时蛋白质、糖和脂肪均发生相应的代谢反应。创伤愈重,蛋白质消耗愈多,体内血浆蛋白和肌蛋白分解加速,尿素氮排出量显著增加,补充不及时会造成负氮平衡。蛋白质过量分解不仅影响创伤修复,也会使球蛋白供应不足,增加炎症反应和病菌侵入的风险。较大的创伤每日需要 20~35g 蛋白质,严重创伤可高达 120g 以上。创伤时,机体动员体内的肝糖原、肌糖原、乳酸盐和甘油等迅速分解为葡萄糖,同时对抗胰岛素分泌,抑制胰岛素的功能,促进糖异生。人体脂肪的储备是碳水化合物和蛋白质两者储能总和的 6 倍,每一例较大的创伤每日可消耗 250~500g 脂肪,因此在创伤治疗中,改善脂肪类物质的补给,是减少糖、蛋白质消耗的重要手段。

（4）免疫功能变化:严重创伤时,应激性皮质激素可降低中性粒细胞、巨噬细胞的功能;儿茶酚胺可影响淋巴细胞的功能。由于免疫功能的降低,增加了感染的发生率。

（二）修复机制

修复是指组织缺损后由周围健康组织再生来修补、恢复的过程。创伤的修复分局部炎症反应、细胞增生和组织塑形三个阶段。

1. 局部炎症反应阶段　此过程于伤后立即启动,伤后 72 小时达高峰,持续 3~5 天。创伤后,由于血凝块充填,血小板聚集与胶原接触和血管收缩使出血停止,修复即开始进入炎症期,水、电解质、血浆蛋白、抗体、补体漏入毛细血管内皮间隙,纤维蛋白充填伤口。

2. 细胞增生阶段　一般清洁伤口 6 小时即可出现成纤维细胞,24~48 小时有血管内皮细胞增生,毛细血管增生。由成纤维细胞、内皮细胞和新生的毛细血管共同构成肉芽组织充填伤口,原来的血凝块、坏死组织被分解、吞噬、吸收和析出。最后肉芽组织变成纤维组织,形成瘢痕或骨痂,伤口收缩,趋向修复。

3. 组织塑形阶段　瘢痕内的胶原和其他基质被转化、吸收、瘢痕软化;骨痂被吸收,新骨变坚硬。

三、创伤评分

随着医学的发展,出现了许多判断创伤严重程度的方案。现代创伤评分始于 20 世纪 70 年代,可分为两大类,一类是用于现场急救和后送的院前评估,另一类是用于院内救治和创伤研究的院内评估。

（一）院前评分

1. 创伤计分(trauma score, TS)　创伤计分从呼吸次数、呼吸状态、收缩压、毛细血管充盈程度和格拉斯哥昏迷评分(GCS)五个方面进行评价,五部分测算的分值相加即为创伤计分,分值合计 1~16 分。有学者指出, TS 为 14~16 分者,生理变化小,存活率高(96%); TS 为 4~13 分者,生理变化明显,救治效果显著; TS 为 1~3 分者,生理变化很大,死亡率高(96% 以上)(表 12-1-1)。

表 12-1-1　创伤计分（TS）

级别	分值	级别	分值	级别	分值
A. 呼吸（次/分）		E. GCS 评分			
10~24	4	1. 睁眼		3. 运动反应	
25~35	3	自动睁眼	4	按吩咐动作	6
>35	2	呼唤睁眼	3	刺痛能定位	5
<10	1	刺痛睁眼	2	刺痛能躲避	4
0	0	不睁眼	1	刺痛肢体屈曲	3
B. 呼吸状态正常	1	2. 语言反应		刺痛肢体伸展	2
浅或困难	0	回答切题	5	不能运动	1
C. 收缩压（mmHg）		回答不切题	4		
≥90	4	答非所问	3	GCS 总分	
70~89	3	只能发音	2	14~15	5
50~69	2	不能言语	1	11~13	4
1~49	1			8~10	3
0	0			5~7	2
D. 毛细血管充盈				3~4	1
<2 秒	2				
>2 秒	1				
无	0				
创伤计分（TS）=A+B+C+D+E					

2. CRAMS 评分　CRAMS 评分法以循环、呼吸、腹部情况、运动、语言等 5 项指标作为评估依据。每项评估内容赋 0~2 分，5 项评估分值相加即为 CRAMS 得分。总分 9~10 分为轻伤，7~8 分为重伤，6 分及以下为极重度伤（表 12-1-2）。

表 12-1-2　CRAMS 评分

指标	2	1	0
循环（C）	毛细血管充盈正常 SBP>100mmHg	毛细血管充盈迟缓 SBP 85~99mmHg	无毛细血管充盈 SBP<85mmHg
呼吸（R）	正常	呼吸困难或呼吸浅或 >35 次/分	无自主呼吸
胸腹（A）	无压痛	有压痛	连枷胸板状腹或穿透伤
运动（M）	正常	只对疼痛刺激有反应	无反应
语言（S）	正常	言语错乱,语无伦次	语言含糊或不能发音

3. 院前指数（prehospital index，PHI）　该评分表采用收缩压、脉搏、呼吸、神志等 4 项生理指标作为参数，每项分 3~4 个级别，4 项参数得分之和即为 PHI。胸腹有穿透伤者在其 PHI 值上另加 4 分（表 12-1-3）。

表 12-1-3　院前指数（PHI）

参数	级别	分值
收缩压（kPa/mmHg）	>13.33（100）	0
	11.46~13.20（<100）	1
	10.0~11.33（<85）	3
	<9.86（<75）	5
脉搏（次/分）	51~119	0
	>120	3
	<50	5
呼吸（次/分）	正常（14~28）	0
	费力或表浅 >30	3
	缓慢 <10	5
神志	正常	0
	模糊，烦躁	3
	不可理解的语言	5
附加伤部及伤型	无胸或腹部穿透伤	0
	有胸或腹部穿透伤	4

（二）院内评分

1. AIS-ISS 系统　20 世纪 70 年代推出第 1 版 AIS（Abbreviated Injury Scale）手册，最初主要是用于对撞击伤的评估，后来扩大到贯通伤、胸腹损伤等。目前，AIS—2005 制定了大约 2000 条损伤编码，每一条编码都可按照手册中的精确方法定位到身体的细小部位（图 12-1-1）。虽然 AIS 在损伤严重性和致死性伤与死亡率密切相关，但它不评价多发伤的综合影响。70 年代中期，有学者提出了损伤严重度评分（injury severity score，ISS），此法以解剖部位为基础，用于评价多发伤的严重程度。

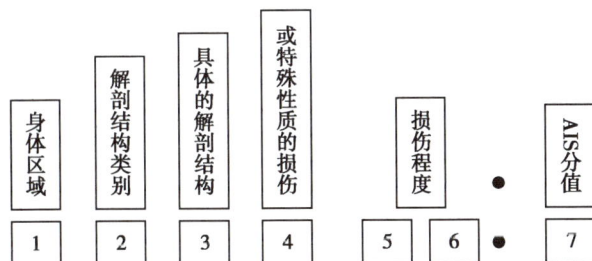

图 12-1-1　AIS 损伤编码

AIS-ISS 系统是将二者结合起来,评分方法为把人体分为 6 个区域,ISS 是身体 3 个最严重损伤区域的最高 AIS 值的平方和。ISS 分值范围为 1~75。ISS 的 6 个损伤分区为:①头和颈部:包括脑或脊髓损伤,颅骨或颈椎骨折;②面部:包括口、眼、耳、鼻、颌面部损伤;③胸部:包括膈肌、肋骨、胸椎和胸腔脏器损伤;④腹部和盆腔:包括腰椎和腹盆腔脏器损伤;⑤四肢和骨盆:包括四肢、骨盆及肩胛带损伤等;⑥体表:包括身体任何部位的擦伤、挫伤、烧伤等(表 12-1-4、表 12-1-5)。

表 12-1-4　ISS 评分示例

部位损伤	AIS	前 3 位 AIS 平方
头颈部大脑挫伤	3	9
面部无损伤	0	
胸部连枷胸	4	16
腹部肝脏轻度挫伤	2	
复杂的脾破裂	5	25
四肢股骨骨折	3	
体表无损伤	0	
ISS 评分 =9+16+25=50		

表 12-1-5　AIS 及 ISS 评分分级

AIS 评分损伤分级		ISS 评分损伤分级	
1	轻度	1~8	轻度
2	中度	9~15	中度
3	重度	16~24	重度
4	极重	25~49	极重
5	危急	50~74	危急
6	致命	75	极值

2. ISS 及 NISS 系统　ISS(Injury Severity score)是目前应用最广泛的解剖学创伤评分方法,但其不能反映统一区域单一损伤与多发损伤的差异,不能反映分值相近但伤情不同的实际差异,对不同区域的损伤给予相同的权重等。有学者在 ISS 的基础上,提出了 NISS 的理念。该评分法不论损伤发生的区域,只记录 3 个最严重损伤部位的 AIS 分值,各分值平方和即为 NISS(New injury severity score)值。

四、创伤评估

紧急医疗救护员国家学院（NAEMT）的院前生命支持（PHTLS）把创伤分为：现场评估和伤员评估。

1. 现场评估（Scene Assessment）　现场评估的内容包括：现场环境是否安全；意外类型、伤者数目及严重程度，是否需增援。在进行伤员评估前要穿上个人防护衣物。

2. 伤员评估（Patient Assessment）　伤员评估可以分为两个阶段：基本评估（Primary Survey）及进一步评估（Secondary Survey）。

（1）基本评估（Primary Survey）：是要找出并处理能够导致致命的创伤。评估的步骤及优先次序包括：

1）打开气道及固定颈椎（Airway & cervical immobilization）；

2）人工呼吸（Breathing）；

3）循环及控制出血（Circulation & Hemorrhage control）；

4）意识残缺（Disability）；

5）暴露及全身快速检查（Exposure & rapid head-to-toe examination）。

如发现患者是危殆及不稳定，应立刻把患者放在脊椎板，并实时送上救护车。

（2）进一步评估（Secondary survey）：是要在救护车内转运途中做检查，目的是要评估及处理其他伤员。评估的步骤包括：①获取病史；②生命体征；③检查伤员的气道、呼吸、循环及格拉斯哥昏迷评分，再作从头到脚的检查。

最后就是向医院报告，内容包括：意外机制及种类（Mechanism）；患者的受伤情况（Injury）；患者现在的生命体征（Vital signs）；已给予患者治疗及预计到达时间（Treatment & Time of arrival）。

第二节　多发性创伤

【概述】

多发性创伤（multiple trauma），简称多发伤，是指在同一机械致伤因素作用下，人体同时或相继有两个或两个以上的解剖部位或器官受到创伤。多发伤常见于自然灾害、交通事故、战争、工程事故以及坠落等，是导致患者脏器功能衰竭、致死和致残的重要原因。

知识拓展

多发伤与多处伤、复合伤和联合伤的区别

多发伤，所谓多发，则至少是两个部位受伤。目前多采用 1974 年 Baker 提出上的损伤严重评分法（injury severity score, ISS）进行损伤严重评分。将人体分为 6 个区域：头颈部、面部、胸部、腹部、四肢和体表。同时，多发伤必是至少一处为严重伤，可能威胁生

命或肢体。一般地,ISS≥16分为重伤,≥25分为严重伤,≥50分死亡率极高,75分者极少可以存活。

多处伤:同一解剖部位或脏器存在两处及两处以上的创伤,例如刀刺伤所致的小肠多处穿孔。

复合伤:两种以上的致伤因素同时或相继作用于人体造成的损伤。复合伤以一伤为主,合并其他部位的损伤。伤情容易被掩盖,一般有复合效应。

联合伤:创伤造成膈肌破裂,既有胸部伤,又有腹部伤,又称胸腹联合伤。由于伤时胸部伤与腹部伤是否相互累及较难判断,因而联合伤又称胸腹联合伤。

【病因与临床特点】

发生多发伤的原因很多,包括钝性损害和锐器伤,较常见于自然灾害、交通事故、战争、工程事故以及坠落等,一般以交通事故最为多见,其次为高处坠落、挤压伤、刀伤和塌方等。多发伤具有作用机制复杂,伤情严重、变化快、容易漏诊、并发症多,在临床上,伤情彼此掩盖、相互左右等特征。多发伤伤情特点如下:

1. **伤情重且变化快,死亡率高** 由于多发伤损伤范围广,伤情涉及多个部位和多个脏器,引起的创伤反应严重,且多发伤失血多,体液丢失快,休克发生率较高,极易造成机体的生理功能紊乱,容易发生凝血功能紊乱、急性呼吸窘迫综合征(acute respiratory distress syndrome,ARDS)和多器官功能衰竭(multiple organs dysfunction syndrome,MODS)等严重并发症,导致患者早期死亡率较高。据统计,涉及2个部位的多发伤,死亡率约为49.3%,涉及3、4、5个部位的多发伤,死亡率分别为60.4%、68.3%和71.4%。如果合并有严重的颅脑损伤,死亡率高达62.5%。

2. **低血容量性休克发生率高** 对于伤情复杂严重的多发伤,由于损伤范围广,失血量大,容易发生低血容量性休克(失血性和创伤性),尤其是胸腹部联合伤。休克的发生率不低于50%,大多为中度休克和重度休克。严重的心、胸外伤可并发心源性休克,高位脊髓损伤还会导致神经源性休克的发生。

3. **低氧血症发生率高** 几乎所有的多发伤患者都存在缺氧的症状,多发伤患者早期发生低氧血症的发生率高达90%,特别是合并颅脑损伤、胸部损伤或伴休克和昏迷者。若损伤严重可导致急性肺损伤的发生,或直接并发急性呼吸窘迫综合征(ARDS)。早期发生低氧血症可进一步加重器官损害和多器官功能障碍。低氧血症中尤以隐匿性低氧血症较为凶险,患者有时仅表现为烦躁不安,极易漏诊,如给予强止痛药物则会导致呼吸暂停的发生。

4. **感染发生率高** 由于多发伤伤情复杂,机体抵抗力急剧下降,病理生理变化严重、软组织损害、开放性或闭合性伤口处理不当等原因,机体极易发生局部感染和肺部感染,更为严重者可有脓毒血症等全身感染的表现。严重感染造成死亡的伤员占后期死亡的78%以上。

5. **多器官功能障碍发生率高** 多发伤伤情复杂,创伤时多伴有较为严重的组织损伤和大量的坏死组织,机体极易发生全身性的炎症反应,同时由于机体休克、免疫力紊乱、应激等反应,容易导致急性肾衰竭、心力衰竭、ARDS和多脏器功能衰竭的发生。多个脏器的衰竭,也导致了死亡的发生。

6. 诊断困难,容易漏诊和误诊 由于多发伤受伤部位多,受伤范围广,伤情复杂,病史收集困难,如果未能按照多发伤的抢救流程进行伤情评估和分类极易造成多发伤的漏诊和误诊。

【临床评估与判断】

与疾病不同,多发伤伤情的评估更为强调动态性和全身整体情况。因而对于多发伤的检查应遵循初步评价 - 处理 - 再评价 - 再处理的反复循环的原则。多发伤的评估和判断主要包括初级评估、重点评估、确立诊断和持续评估。

1. 初级评估 初级评估主要是指快速地评估伤员,确认伤者有无危及生命的严重损伤并立即实施干预,以挽救伤者生命。初级评估一般要求在 2 分钟内完成,主要是针对伤者的神经系统、呼吸系统、循环系统以及内脏器官等进行评估。

初级评估的目的:①确认伤者是否存在危及生命的损伤并需要立即处理;②明确潜在损伤;③判断伤员的优先处理顺序;④根据伤情评估实施适当的救护,以降低多发伤死亡率和致残率。

(1)意识状态:主要用于评价伤者的神经系统,包括伤者的意识、瞳孔变化、对光反应、眼球运动、有无肢体偏瘫等。①用 AVPU 法进行快速评估伤者的意识情况:A: 清醒;V: 对语言刺激有反应;P: 对疼痛刺激有反应;U: 全无反应。意识障碍包括意识模糊、嗜睡、谵妄、昏迷。②评估瞳孔大小、形状、对光反射及眼球运动。③格拉斯哥昏迷评分(GCS):确定颅脑损伤和创伤程度的标准。④伤者手指和脚趾的感觉,判断伤者是否存在肢体偏瘫等。

(2)呼吸状况:重点了解伤者有无呼吸道梗阻。评估时注意保持呼吸道通畅和保护颈椎。①保护颈椎:检查前伤者应处于仰卧位,保持身体处于轴向稳定,同时固定伤者颈椎,禁止自行活动。对疑似有脊椎损伤的伤者应立即进行制动,以免造成瘫痪。②保持呼吸道通畅:了解伤员能否正常发声,评估伤者呼吸的频率和节律,如果呼吸小于 10 次 / 分或大于30 次 / 分,提示创伤严重。注意伤者有无异常呼吸音。注意观察口腔内有无异物堵塞,呕吐物、血块或食物、义齿等,面色、口唇和甲床是否有发绀的表现。

(3)循环状况:通过检查大动脉搏动判断伤者有无心搏骤停的表现。了解伤者脉搏的频率和节律,血压是否正常,有无外出血、皮肤的颜色和温度、毛细血管是否充盈等。如无大动脉搏动,则立即进行心肺复苏,必要时进行开胸手术。若不能扪及桡动脉搏动或收缩压小于 90mmHg,心率小于 50 次 / 分或大于 120 次 / 分,则提示创伤严重。

(4)其他内脏损伤:应观察伤者有无内脏活动性出血的可能。对于颅脑损伤的患者,要严密观察患者的神志、瞳孔大小、眼球运动及肢体活动。对于胸部损伤要重点观察患者有无胸腔内或心包积血,必要时进行胸腔穿刺来明确伤情的严重程度。对于腹部穿透伤要注意观察腹部移动性浊音的存在。

需要注意的是,在进行初级评估时,应及时对清醒伤者或目击者了解主诉、受伤史、既往史和过敏史,包括事故经过,伤前情况和受伤情况,了解致伤原因,明确创伤类型、性质及程度,包括受伤时间、地点以及受伤的体位。伤后采取的措施,现场急救以及采取的措施等,以利于帮助准确判断伤者的伤情。同时注意给予伤者进行语言安慰,以减轻其痛苦和不安的情绪。

2. 重点评估 及早准确地判断伤情是提高严重多发伤抢救成活的关键。因而在确认伤者是否存在危及生命的损伤和判断后需进行重点评估,重点及详细地检查伤者的受伤部位,以确定救治的先后顺序及治疗方案。目前采用的是 Freeland 等建议的"CRASH PLAN"系统评估。

（1）心脏及循环系统（heart & circulatory system）:了解伤者的脉搏、血压及心率,注意伤者有无颈静脉怒张、心音遥远及血压下降的心脏压塞 BECK 三联征。注意观察伤者有无休克及组织灌注。

（2）胸部及呼吸系统（chest and respiratory system）:了解伤者有无呼吸困难,气管有无偏移,胸廓外形是否正常,有无伤口、出血或畸形,有无反常呼吸、皮下气肿及压痛;叩诊音是否正常,呼吸音是否减弱等。常规可使用胸部 X 线、CT 检查、心脏超声检查、胸腔穿刺等。

（3）腹部（abdomen）:评估的关键在于确定有无腹内的脏器损伤。实质性脏器损伤及大血管的损伤能引起严重内出血和失血性休克,腹膜炎较轻,可根据血流动力学、超声、CT等确诊。空腔脏器的损伤可因腹内内容物污染而引发腹膜炎。如果同时存在空腔脏器破裂和实质脏器破裂,则出血和腹膜炎可能同时存在。因而在进行腹部评估时应注意外力作用腹部的位置,注意有无腹胀、腹痛以及腹膜炎的范围和程度。腹腔穿刺是闭合性腹外伤的一种较为简单和有效的方法。

（4）脊柱（spine）:脊柱损伤一般有严重的外伤史,例如高空坠落或重物撞击等。是否伴有脊髓损伤是评估的关键。注意脊柱有无畸形、压痛和叩击痛,有无运动障碍,四肢感觉和运动有无异常或减弱。如怀疑有颈椎损伤,则应及时进行颈椎固定,同时进行脊柱各部位X 线、CT 和 MRI 检查。

（5）头部（head）:了解患者的意识状况、瞳孔变化及眼球运动。检查伤者头部有无伤口、凹陷及血肿,检查 12 对脑神经有无异常和 GCS 评分。观察伤者肢体运动和感觉情况,肌张力是否正常,生理反射和病理反射的情况,病情允许时,尽早进行 CT 和 MRI 检查,及时发现颅脑损伤。

（6）骨盆（pelvis）:约占多发伤的 40%~60%。骨盆创伤一般有强大的暴力外伤史,主要表现为骨盆分离实验和骨盆挤压征阳性,骨盆明显变形等,可经 X 线和 CT 检查确诊。骨盆骨折常伴有较为严重的并发症,且比骨折更为严重。骨盆骨折容易导致失血性休克、膀胱破裂、尿道损伤、直肠损伤等并发症,应引起重视。

（7）肢体（limbs）:多发伤中最常见四肢伤,约占 60%~90%。常规进行视、触、动、量检查,必要时进行 X 线检查。大多数骨折只引起局部症状,多发性骨折和股骨骨折会导致休克等。检查时应注意伤肢疼痛程度、肿胀、功能障碍,是否有局部压痛、反常活动和畸形,是否有骨擦音和骨擦感。注意有无血管损伤的征象,常规检查伤肢动脉搏动情况和有无缺血的表现。注意是否发生周围神经损伤,是否可能并发骨筋膜室综合征以及脂肪栓塞综合征等。

（8）动脉（arteries）:注意观察外周动脉搏动和损伤的情况,必要时进行超声多普勒、血管造影等检查。

（9）神经（nerves）:注意检查感觉、运动,明确各重要部位有无神经损伤和定位体征。

3. 确立诊断 凡遭受两个以上解剖部位的损伤,并符合下列伤情 2 条及以上者可确定为多发伤:

（1）颅脑损伤：颅骨骨折伴有昏迷、伴有昏迷的颅内血肿、颌面部骨折及脑挫伤。

（2）颈部损伤：颈部外伤同时伴有大血管损伤、血肿和颈椎损伤。

（3）胸部损伤：多发性肋骨骨折、肺挫伤、血气胸、心脏、纵隔、大血管和气管破裂。

（4）腹部损伤：腹腔内出血、腹内脏器破裂和腹膜后大血肿。

（5）泌尿生殖系统损伤：肾破裂、尿道断裂、膀胱破裂、子宫破裂和阴道破裂。

（6）骨盆骨折伴有休克。

（7）脊椎骨折和脱位并伴有脊髓损伤，或多发脊椎骨折。

（8）上肢肩胛骨和长骨干骨折，上肢离断。

（9）下肢长骨干骨折，下肢离断。

（10）四肢广泛撕脱伤。

4. 持续评估　持续评估是评价伤者对给予的治疗和处理后病情变化时再次进行的评估。通过严密监测伤者的各项辅助检查结果和体征，了解伤者病情进展的实时动态，掌握伤者的病理生理变化和心理状态，以及时给予相应的护理干预。如果伤者病情恶化，需要重新进行伤情评估，找出原因和处理措施，并进行记录。

【监测与护理】

（一）救治原则与程序

多发伤伤情一般都相对严重，处理是否正确与及时直接关系到伤员的生命。因而早期的救治与处理多发伤非常重要。同时在处理较为复杂的伤情时，应先救治危及伤员生命的情况，初步控制伤情，然后再进行后续处理，以最大限度地挽救生命。目前比较通用的是根据 VIPCO 法的流程进行救治。

1. V（ventilation）保持呼吸道通畅　颅脑损伤患者昏迷后，舌根后坠可阻塞咽喉入口，面颊部和颈部损伤的血凝块及移位肿胀的软组织可阻塞气道；呕吐物、痰液、义齿和泥土等可阻塞气道。上述情况均可导致窒息，因而急救时应及时解除呼吸道梗阻，保持呼吸道通畅，充分给氧。

2. I（infusion）建立静脉通道　多发伤患者大多伴有低血容量性休克。迅速建立两条以上的静脉通道，必要时可进行深静脉穿刺置管，以便输液和监测。

3. P（pulsation）监测心电和血压，及时发现和处理休克　持续监测患者的生命体征，严密观察患者的血压、脉搏、呼吸、皮温和面色，并控制外出血。一旦发现有呼吸心搏骤停的表现，立即进行心肺复苏。针对病因进行胸腔闭式引流、心包穿刺和控制输液量，适当可使用血管活性药物。

4. C（control bleeding）控制出血　对于开放性伤口，出血较严重者，应给予敷料加压包扎止血。对于大血管损伤经压迫止血后需迅速进行手术止血。一旦明确腹腔、胸腔内有活动性出血的征象，应创造条件迅速进行手术探查止血。

5. O（operation）急诊手术治疗　急诊手术治疗是治疗创伤的决定性措施，而手术控制出血是最有效的复苏措施。危重伤员应在伤后 1 小时内尽快进行手术治疗。多发伤抢救手术的原则是在充分复苏的前提下，用最简单的手术方式，最快的速度来修补损伤的脏器，从而挽救患者的生命。

（二）护理措施

对于多发伤伤员的抢救，一般应遵循"先救命，后治伤"的原则，快速、准确、有效地进行救治,最大限度地抢救患者的生命。

1. **现场救护** 原则是先抢救生命,后保护功能;先重后轻,先急后缓。在现场救护时,优先抢救心搏骤停、窒息、大出血、张力性气胸及休克等危及生命的损伤。

(1)尽快脱离危险环境,保持合适体位:抢救人员到现场后,应迅速帮助伤员脱离危险环境,以免造成继续伤害。比如将伤员从战场或者倒塌的建筑物中转运到安全、通风的地方进行抢救。搬运时动作要轻,不可直接拽拉伤肢,避免发生继发性损伤。对疑似有脊柱损伤的伤者,应立即进行制动,以免发生瘫痪。在不影响救治的前提前,应保持伤者处于平卧位,头偏向一侧或者屈膝侧卧位,并注意患者保暖。

(2)心肺复苏:在现场救治中,张力性气胸、呼吸道梗阻、大出血和严重的颅脑损伤均会导致心跳和呼吸骤停。一旦发生心跳呼吸骤停,应立即现场进行心肺复苏。

(3)保持呼吸道通畅:在多发伤救治中,呼吸道梗阻是患者死亡的主要原因。在进行救治时,要时刻警惕会引起呼吸道梗阻的创伤,例如颅脑损伤昏迷引起的舌根后坠、面颊部和颈部损伤所致的血凝块移位和软组织肿胀、口腔内的异物、呕吐物及痰液、义齿和泥土等均可阻塞气道。救治时注意保持呼吸道通畅。

(4)处理活动性出血:应迅速采取有效措施进行局部止血,出血较严重者,应给予敷料加压包扎止血。必要时进行手术探查止血。

(5)处理血气胸:对开放性气胸应迅速用无菌敷料封闭伤口;对张力性气胸应迅速进行排气减压;对血气胸要迅速进行胸腔闭式引流。在处理血气胸时同时应注意抗休克治疗。

(6)保存离断肢体:伤员的离断肢体应用无菌敷料或干净的纱布包好后置于无菌或干净的塑料袋内,袋口封闭并置于密闭的容器内,容器内应盛冰水混合物进行低温(0~4℃)保存,以防止细菌繁殖和组织变性,冷藏时不可将冰水浸入离断创面,不可将离断肢体浸泡在任何液体中。离断肢体应随伤者一同送往医院,进行手术治疗。

(7)处理伤口:主要是进行伤口包扎,目的是保护伤口,压迫止血,减少污染,固定骨折并止痛。在处理伤口时,不可随意除去伤口内的异物和血凝块,以防止再出血;不可将外露的骨折断端、肌肉和脏器回纳,不可将脱出的脑组织回纳。如遇脑组织脱出,应在伤口周围加垫圈以保护脑组织,不可进行加压包扎。如遇脱出的腹内组织或脏器,不应回纳,应用干净的器皿保护后包扎,不可将敷料直接包扎在脱出的组织上。

(8)抗休克治疗:迅速进行止血,建立2条以上的静脉通道进行补液,必要时可使用抗休克裤。

(9)现场观察:了解伤者受伤原因、现场情况、暴力情况、受伤时的体位、神志、出血量、现场采取的措施等,以便及时向接受患者的人员提供伤情记录。

2. **转运和途中的救护** 经过现场的紧急救护后,病情稳定的伤员可送至有条件的医疗单位进行进一步救治。因而转运和途中的救护也是救治环节中的重要一环。在转运中,应尽量选择快速、舒适的交通工具,交通工具应配有一定的急救设施。根据患者的伤情选择合适的体位,在转运途中应有医务人员的陪同,密切观察患者的伤情变化,注意避免发生颠簸,保证患者安全送达。

3. **急诊科救护** 经现场急救被送至医院的急诊科后,急诊科的医务人员应对伤情进行进一步判断和分类,并迅速采取针对性的措施进行处理。

伤情判断一般可分为三类：①第一类：致命性创伤：例如危及生命的大出血、窒息、张力性气胸、开放性气胸。此类伤员在进行紧急复苏后需立即进行手术治疗。②第二类：生命体征相对平稳的伤员。此类伤员可进行密切观察或复苏 1~2 小时，争取时间进行配血，同时做好手术前准备。③第三类：潜在性创伤，性质不明确，需进一步检查以明确是否需要进行手术治疗。

（1）呼吸支持：保持患者呼吸道通畅，充分给氧，必要时进行气管插管、呼吸机辅助呼吸和气管切开等。

（2）循环支持：进行抗休克治疗。在已建立的静脉通道上，遵医嘱进行补液治疗，必要时进行输血治疗。避免在受伤肢体远端进行输液治疗。观察患者尿量。

（3）控制出血：在原伤口包扎的外面再次用敷料加压包扎，患肢抬高制动。对于较大的活动性出血应立即进行清创止血，对内脏大出血者应立即进行手术处理。

（4）镇静止痛及心理治疗：在明确诊断的情况下可遵医嘱进行镇静止痛治疗。鼓励安慰患者，根据患者的心理状况给予针对性的护理措施。

（5）预防和控制感染：遵医嘱使用抗生素进行抗感染治疗。如有开放性伤口，需加用破伤风抗毒素。

（6）密切观察：严密观察患者的病情变化。尤其是对严重创伤且怀疑有潜在性创伤的患者，需持续监测生命体征。如果发现病情变化，及时报告医生进行处理。

（7）对症支持治疗：维持水、电解质和酸碱平衡，保护重要的脏器，并给予营养支持。

第三节 骨盆创伤及挤压伤

一、骨盆创伤

【概述】

骨盆为一个环形结构，由一块骶骨和两块髋骨组成。前方由耻骨联合连接，后方由左右骶髂关节连接。骨盆两侧通过髋关节与双下肢相连接，近端则通过腰骶关节与脊柱相连接。骨盆是人体中轴骨与下肢主要承重、运动结构的连接纽带，起到承上启下的作用。骨盆由两个环组成，前环由耻骨和坐骨支组成，后环由骶骨、髂骨和坐骨结节组成。骨盆的稳定与骨盆的结构有关，也与骨盆的韧带有关。骨盆后环韧带包括骶髂韧带、骶结节韧带和骶棘韧带，骨盆前韧带由耻骨上韧带和耻股弓韧带组成。骨盆的损伤会造成严重的后果，可能会致死或致残。创伤后对骨盆损伤的治疗本身也可能造成对功能恢复的严重影响。目前临床上骨盆创伤以骨盆骨折最为常见。骨盆骨折多由高能量暴力所致，约占全身骨折的 4.21%。造成骨盆骨折主要有四种类型：前后挤压暴力、侧方挤压暴力、垂直挤压暴力和混合暴力。年轻人骨盆骨折主要是由交通事故和高处坠落伤引起，老年人主要是由摔倒引起。

【骨盆骨折的分类】

骨盆骨折（Pelvic fracture）的分类方法主要根据损伤的暴力、骨折的稳定性和骨折的部位来划分。

（一）按照损伤暴力——Young 和 Burgess 分类

1. 前后挤压型（APC）　分为三型：①APC-Ⅰ型：稳定型损伤，前环损伤为单纯耻骨联合或耻骨支损伤；②APC-Ⅱ型：为旋转不稳定损伤，前环损伤合并骶结节、骶棘韧带及骶髂前韧带损伤；③APC-Ⅲ型：骨盆前后环均完全断裂，发生旋转与垂直不稳定。

2. 侧方挤压型（LC）　侧方的挤压力量使骨盆的前后机构及骨盆韧带发生损伤。

3. 垂直剪力损伤（VS）　轴向暴力作用于骨盆，骨盆的稳定性结构和骨盆韧带全部撕裂，存在垂直方向不稳定。

4. 混合暴力损伤（CM）　由多种机制造成的损伤，APC、LC、VS、三种暴力中任意两种或三种损伤联合，为混合性骨盆骨折。

（二）按照骨盆环的稳定性——Tile 分型

1. A 型　稳定型，分为三个亚型：A1（后环完整，髋骨撕脱骨折）；A2（后环完整，髋骨直接骨折）；A3（后环完整，骶骨在 S_2 以下的横断骨折）。

2. B 型　旋转不稳定，垂直稳定，分为三个亚型：B1（开书型损伤，单侧外旋不稳定）；B2（侧方挤压型，单侧内旋不稳定）；B（双侧 B 型损伤）。

3. C 型　旋转和垂直均不稳定，分为三个亚型：C1（单侧垂直不稳定性损伤）；C2（双侧损伤，一侧为旋转不稳定，另一侧为垂直不稳定）；C3（双侧均为垂直不稳定性损伤）。

> **知识拓展**
>
> ## 损害控制骨科
>
> 　　骨盆骨折是骨科中真正威胁骨科损伤患者生命的急症。近年来临床上应用损害控制骨科（damage control orthopedics，DCO）理论对骨盆骨折患者进行治疗，DCO 损伤较小，出血量小，能够有效减少创伤后并发症，尤其适用于有严重颅脑和腹部损伤的患者。但 DCO 技术也存在延误手术时机、住院时间长等缺陷。目前国外学者开始探索早期全面手术（early total care，ETC）治疗骨盆骨折。ETC 是指在患者受伤早期（24~48h）即完成最终的手术治疗。有研究表明，ECT 能够显著提高患者的生活质量，缩短住院时间，但是术后肺部并发症较高。

【临床评估与判断】

1. 临床表现

（1）症状：患者髋部肿胀，疼痛明显，无法坐起或站立，骨盆有反常活动，两侧肢体不等长。伴大出血或严重脏器损伤时，常常合并休克。

（2）体征

1）骨盆分离试验与挤压试验阳性：检查者双手交叉撑开两髂嵴，两骶髂关节的关节面更紧贴，而骨折的骨盆环产生分离，如出现疼痛则为骨盆分离试验阳性。检查者用双手挤压患者的两髂嵴，伤处出现疼痛则为骨盆挤压试验阳性。

2）两侧肢体长度不等长：用皮尺测量胸骨剑突与两髂前上棘之间的距离，骨盆骨折向上移位的一侧长度较短。

3）会阴部瘀斑：是耻骨和坐骨骨折的特有体征。

2. 辅助检查　影像学检查对骨盆骨折的诊断非常重要，标准的检查包括：骨盆正位、出口位、入口位和 CT。X 线检查可以显示骨盆骨折的类型及骨块移位的情况。CT 检查可以详细显示骨盆骨折断层信息，对判断骨盆后环损伤有重要意义。

【处理原则】

由于骨盆骨折可能会造成大量失血以及合并性损伤，故应先处理休克及各种危及生命的损伤，再处理骨盆骨折。

1. 非手术治疗

（1）卧床休息：对于无骨盆环移位的骨折大多以卧床休息为主，3~4 周症状可缓解。

（2）牵引：对于单纯性耻骨联合分离且症状较轻者可用骨盆兜带牵引。

2. 手术治疗　骨盆骨折的最终固定主要依赖于骨折分型的准确判断。手术固定手段主要包括外固定架和内固定。外固定架是治疗骨盆骨折的常用方法，手术创伤小，技术相对简单。内固定则是不稳定骨盆骨折的主要选择。

【监测与护理】

1. 急救处理　患者骨盆骨折并发有其他危及生命的创伤或并发症时，优先处理危及患者生命的创伤或并发症。

2. 补充血容量和正常的组织灌注

（1）严密监测生命体征：骨盆骨折合并静脉丛或动脉出血时，可能会出现低血容量性休克。注意严密监测患者的体温、脉搏、呼吸、血压和尿量，尽早发现和处理早期休克，保持正常的组织灌注。

（2）建立静脉输液通道：遵医嘱进行输液或输血，保持血容量稳定。

（3）及时处理腹腔内脏器损伤：若经抗休克治疗和护理仍不能将血压升至正常水平，应尽快通知医生进行手术止血。

3. 预防压疮　定时翻身是预防压疮最有效的方法。压疮最常发生于骶尾部、股骨大转子、髂嵴和足跟等处。骨盆骨折患者需卧床治疗，应严格执行每 2~3 小时进行一次翻身。注意观察患者受压部位皮肤颜色和血运等情况。同时保持床单位清洁、干燥和舒适，有条件可使用气垫床以保持患者皮肤干燥。同时注意保护患者骨突部位，定时对受压部位进行按摩。

4. 并发症的预防和护理　骨盆骨折常会伴有严重的并发症，如腹膜后血肿、腹腔内脏器损伤、膀胱损伤或尿道损伤和神经损伤。此类并发症往往较骨折本身更严重，因此应重点对此类并发症进行预防和护理。

（1）腹膜后血肿及腹腔内脏器损伤：注意观察患者是否有腹痛、腹胀等腹膜刺激征表现。骨盆骨折患者并发肝、肾、脾等实质性脏器损伤时可有腹痛与失血性休克，并发胃肠等空腔脏器出血时可出现为急性腹膜炎。因而应注意观察患者的意识和生命体征，及时发现脏器出血，防止发生出血性或感染性休克。

（2）膀胱或尿道损伤：尿道损伤较膀胱损伤常见。注意观察患者排尿功能是否正常，有无血尿或无尿，是否并发急性腹膜炎。若患者留置导尿管，则做好无菌操作和留置导尿管的护理，保持尿管通畅，观察尿液的颜色、量及性质。

（3）神经损伤：骨盆骨折患者极易发生腰骶神经丛和坐骨神经损伤。应注意观察患者下肢是否有感觉功能障碍,肌肉萎缩或无力,甚至瘫痪等表现,一旦发现异常则及时报告医师。

5. 骨盆兜带悬吊牵引的护理 应选择宽度适宜的骨盆兜带,悬吊重量以将臀部抬离床面为宜,避免随意移动。保持兜带的干燥和整洁。

6. 体位和活动 帮助患者更换体位,待骨折愈合后方可行患侧卧位。根据骨盆骨折的程度帮助患者制定可行的康复锻炼计划并指导实施。长期卧床患者需进行深呼吸练习,同时进行床上功能锻炼,例如肢体肌肉的等长舒缩。下床时,需使用助行器或拐杖减轻骨盆负重。

二、挤压伤

挤压伤(crush injury)也称创伤性横纹肌溶解症(traumatic rhabdomyolysis),指肢体等肌肉丰富部位受压引起肌肉神经缺血、缺氧,水肿、渗出,四肢筋膜腔压力增高,组织坏死及功能障碍。挤压伤可导致大量肌肉坏死、肌红蛋白入血、肢体肿胀、肌红蛋白尿、高血钾等急性肾功能衰竭等一系列临床表现,称为挤压综合征(crush syndrome)。挤压伤多发生于各种自然灾害和人为灾害中,例如地震、飓风、山崩、泥石流、战争、采矿事故和恐怖事件中。

> **知识拓展**
>
> ### 挤压伤和挤压综合征命名的历史由来
>
> 1812 年,Larry 首次描述了机械性肌肉挤压伤,当时一位士兵因 CO 中毒,由于机体长时间受到压迫而出现肌肉和皮肤坏死。1916 年,Frankenthal 等用挤压伤来描述一战中被建筑物废墟掩埋的士兵被解救后表现出的"肌肉疼痛、乏力、虚弱以及咖啡色尿"等症状。1941 年,肾病学家 Bywaters 等发现空袭后建筑物砸伤者表现出"休克、四肢肿胀、酱油色尿和急性肾功能衰竭",并证实尿内色素为肌红蛋白,经系统总结后提出"挤压综合征",又称 Bywaters 综合征。

【病因与发病机制】

（一）病因

1. 肢体受重压或其他严重创伤 由于自然灾害和人为灾害使肢体遭受重压、挤压、掩埋或其他创伤,进而发生肢体缺血缺氧、变性和坏死。

2. 肢体血管损伤 由于创伤导致肢体主要的动脉发生断裂,动脉供血区域的肌肉组织因长时间缺血缺氧而发生变性和坏死。

3. 身体自压 多见于 CO 中毒、昏迷、乙醇或药物中毒,外科手术时间过长等,患者意识丧失而肢体长时间处于固定体位导致肢体发生自压性损伤。

4. 医源性因素 ①医疗措施处置不当,例如使用止血带时间过长或加压包扎过紧;②治疗并发症,例如骨折脱位的并发症,充气型抗休克裤的应用不当等。

（二）发病机制

1. 肌肉缺血坏死 当肢体受到严重挤压或者血液中断时,软组织及肌肉的血液循环发生障碍而导致小血管内皮细胞因为缺血而受到不同程度的损害。解除外界压力后,尽管局部血液循环恢复,但肌肉因缺血而产生的组胺物质使毛细血管扩张,造成血管通透性增加和肌肉发生缺血性水肿,肌肉组织的局部循环发生障碍,造成缺血 - 水肿的恶性循环,从而造成肢体组织发生缺血性坏死。

2. 肾功能障碍 随着肌肉坏死,大量肌红蛋白、磷、钾等有害物质释放,并迅速进入解压后的肢体及全身,加重了创伤后的机体反应,造成肾功能出现一定程度的损害。创伤后,机体处于全身性的应激状态,出现反射性血管痉挛,肾小球滤过率下降,肾间质发生水肿,肾小管功能也发生恶化,随之肌红蛋白在肾小管内沉积,造成堵塞和毒性作用,发生少尿甚至无尿,从而导致急性肾功能衰竭的发生。

【临床评估与判断】

1. 临床表现

(1)局部症状和体征:受压皮肤可见明显的压痕、皮下淤血,皮肤变硬,皮肤张力增加和水疱。

(2)全身表现:伤者出现头晕、恶心、呕吐、食欲下降、发热、胸闷和腹胀。

(3)肌红蛋白尿:是诊断挤压综合征的重要依据之一。伤后早期尿液呈红棕色、深褐色或茶色,一般在伤肢解压后 12 小时达到高峰,24 小时候尿液逐渐变为正常。

(4)尿量:早期尿量明显较少。

(5)其他临床表现:患者会出现高钾血症、氮质血症、代谢性酸中毒、高血磷及低血钙等临床表现。挤压综合征发生急性肾功能衰竭时,可合并有消化道出血和急性呼吸窘迫综合征,最终并发多器官功能衰竭等,最终因抢救无效而死亡。

2. 诊断

(1)病史:患者有肢体长时间受压,伤后肢体表现出明显的压痕、肿胀、皮下淤血,皮肤变硬等体征,伴有相应的全身症状。伤后出现红棕色、深褐色或茶色尿液,尿量减少。其中肌红蛋白尿是诊断挤压综合征的重要条件。

(2)有挤压综合征特有的症状和体征。

(3)实验室检查 包括尿液、血清酶、血常规、血小板和出凝血时间及血生化检查。

(4)影像学检查 X 线拍片可显示挤压伤软组织的机化和钙化点以及挤压伤合并的骨骼损伤;超声检查能显示动脉、静脉斑块和血流动力变化;CT 可精确地分辨骨骼、肌腱、韧带、肌肉、气体和液体,对挤压伤的诊断有重要价值。MRI 能评价骨骼肌肿胀的程度、范围以及指示活检的部位等。

【处理原则】

1. 现场抢救 基本原则是快速解除局部压迫,改善循环,减少有害物质吸收入血,预防感染的发生。固定伤肢时应避免导致肢体受压,伤肢应保持与心脏平行。昏迷患者应定时进行翻身,防止肢体受压。对使用止血带者要记录使用止血带的时间,及时处理出血、去除止血带。定时检查包扎伤肢的血液循环状态。

2. 筋膜间隙切开减压 挤压伤所致肌细胞损伤导致挤压综合征,产生筋膜间室高压,需及时切开减压。首先去除异常疼痛患者过紧的夹板、绷带或石膏。如筋膜间室压力超过 30~50mmHg 或肢体进行性肿胀,持续疼痛,被动牵拉痛和麻痹等应及时切开减压。一般在 6~12 小时内早期切开,解除筋膜间室压力,改善肢体血供,减轻肢体肿胀,移除坏死组织,减少肾功能损害等。

3. 抗休克治疗　根据患者挤压伤发生的时间、发展程度、肌红蛋白量以及尿量等进行补液治疗,使尿量保持在每小时 50~60ml 以上,酌情使用血管活性药物以扩张血管和改善肾脏血流灌注,同时监测中心静脉压。同时可应用碳酸氢钠静滴以碱化尿液。

4. 防治感染　因挤压伤存在开放性伤口或行切开减压,挤压伤患者可能发生感染。在现场抢救中注意保护患者伤口,早期清创和包扎,防止气性坏疽等特殊感染的发生。遵医嘱使用抗生素及破伤风抗毒素等。

5. 处理患肢　处理患肢时,在挤压伤阶段必要时进行早期切开减压,必要时进行截肢。截肢后应注意观察患者每小时尿量、尿比重、颜色等。

6. 综合治疗　在挤压伤救治中,如患者有合并其他部位的损伤,应进行对症处理。如发生急性肾功能衰竭,则应尽快按照急性肾功能衰竭的处理原则进行处理,必要时进行血液净化治疗。

【监测与护理】

1. 严密观察病情变化　严密监测患者的意识、脉搏、呼吸、体温和血压的变化,观察患肢伤口出血情况,肢端皮肤颜色、温湿度,判断患者有血压下降、脉搏细速等休克的早期表现。注意观察患者肢体疼痛的性质、持续时间、有无压痛等表现;患肢肿胀程度、张力大小、皮肤颜色、感觉及活动觉、温觉等,有无足背动脉减弱、伤口渗血渗液等,注意有无筋膜间隙综合征的发生。注意监测患者的尿量、尿液的颜色、性质、比重以及酸碱度,有无肌红蛋白尿等。

2. 患肢的护理　尽快及时解除重物压力,避免肢体长时间受压,防止发生挤压综合征。患肢应制动,固定患肢时应避免导致肢体受压,患肢应保持与心脏平行。有开放性创口时应及时清创和止血,避免使用加压包扎和止血带包扎。对于切开减压的患肢,应保持伤口局部干燥,若渗液过多应及时更换敷料。及时清除坏死的肌肉组织,以免再次发生感染。严密观察患者伤口渗液的性质、颜色、量等,如有异常,及时报告医师处理。

3. 预防感染　挤压伤的伤员,开放性伤口较多,容易并发感染。进行治疗护理时,应严格执行消毒隔离制度,进行无菌操作。做好病房的清洁和卫生,定时开窗通风,保持床单位的整洁和干燥。遵医嘱使用抗生素。

4. 饮食护理　进食高热量、高脂肪、高维生素、低蛋白质饮食,少量多餐。禁食含钾较高的食物,如鲜橙汁、马铃薯、香蕉、菠菜和花菜等。

5. 心理护理　由于挤压伤多发生于自然灾害和人为事故中,受伤比较突然,患者面临躯体伤残和生命危险,容易出现急性应激障碍和创伤后应激综合征,严重影响患者的心理健康。因此应根据患者的心理特点,制定个性化的护理计划,以增强其战胜疾病的信心,积极配合治疗。患者因遭受意外伤害、损伤和手术等均会产生不良的感受,应耐心倾听患者的主诉,安慰和劝慰患者。进行各项治疗时耐心向患者解释各项操作的目的、必要性,消除患者对疾病的顾虑。对截肢患者,在治疗的同时,要详细介绍假肢安装及功能重建,以及可能发生的并发症,以取得伤员及家属的理解和信任。帮助制定术后康复训练计划,介绍同类疾病的康复效果,消除患者的自卑心理,积极应对疾病。

（朱小平）

第十三章 特殊人群管理

学习目标

完成本内容学习后，

1. 复述各种疾病的概念；

2. 列举各种疾病发生的病因与发病机制；

3. 描述疾病的临床症状及体征；

4. 能应用疾病的临床表现，找出其存在的护理问题并给予合理的护理措施；能配合医生对疾病进行紧急处理，并针对其存在的护理问题给予合理的护理措施。

第一节 妇产科重症患者的护理

一、异位妊娠

【概述】

正常妊娠时，受精卵着床于子宫体腔内膜。受精卵在子宫体腔外着床发育时，称为异位妊娠（ectopic pregnancy），惯称宫外孕（extra-uterine pregnancy）。异位妊娠和宫外孕的含义稍有区别。异位妊娠依据受精卵在子宫体腔外种植部位不同而分为：输卵管妊娠、卵巢妊娠、腹腔妊娠、阔韧带妊娠、宫颈妊娠（图13-1-1）；宫外孕仅指子宫以外的妊娠，宫颈妊娠不包括在内。

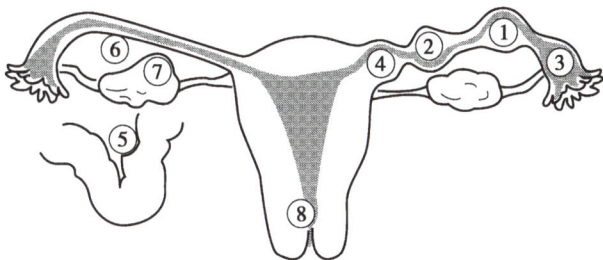

①输卵管壶腹部妊娠；②输卵管峡部妊娠；③输卵管伞部妊娠；
④输卵管间质部妊娠；⑤腹腔妊娠；⑥阔韧带妊娠；
⑦卵巢妊娠；⑧宫颈妊娠

图13-1-1 异位妊娠的发生部位

异位妊娠是妇产科常见的急腹症，发病率约1%，是孕产妇的主要死亡原因之一。以输卵管妊娠最常见，占异位妊娠的95%左右，本节主要阐述输卵管妊娠。

输卵管妊娠是妇科常见急腹症之一,当输卵管妊娠流产或破裂时,可引起腹腔内严重出血,如不及时诊断、处理,可危及生命。输卵管妊娠因其发生部位不同又可分为间质部、峡部、壶腹部和伞部妊娠。以壶腹部妊娠多见,约占78%,其次为峡部、伞部,间质部妊娠少见。

【病因与发病机制】

1. 输卵管炎症 是异位妊娠的主要原因。可分为输卵管黏膜炎和输卵管周围炎。输卵管黏膜炎轻者可使黏膜皱褶粘连,管腔变窄,或使纤毛功能受损,从而导致受精卵在输卵管内运行受阻而于该处着床;输卵管周围炎病变主要在输卵管浆膜层或浆肌层,常造成输卵管周围粘连,输卵管扭曲,管腔狭窄,蠕动减弱,影响受精卵运行。

2. 输卵管发育不良或功能异常 输卵管过长、肌层发育差、黏膜纤毛缺乏、双输卵管、输卵管憩室或有输卵管副伞等,均可造成输卵管妊娠。输卵管功能受雌、孕激素调节。若调节失败,可影响受精卵正常运行。此外,精神因素可引起输卵管痉挛和蠕动异常,干扰受精卵运送。

3. 输卵管手术史 输卵管绝育史及手术史者,输卵管妊娠的发生率为10%~20%,尤其是腹腔镜下电凝输卵管及硅胶环套术绝育,可因输卵管瘘或再通而导致输卵管妊娠。曾因不孕接受输卵管粘连分离术、输卵管成形术者,再妊娠时输卵管妊娠的可能性亦增加。

4. 辅助生殖技术 近年由于辅助生育技术的应用,使输卵管妊娠发生率增加,既往少见的异位妊娠,如卵巢妊娠、宫颈妊娠、腹腔妊娠的发生率增加。

5. 避孕失败 宫内节育器避孕失败,发生异位妊娠的机会较大。

6. 其他 子宫肌瘤或卵巢肿瘤压迫输卵管,影响输卵管管腔通畅,使受精卵运行受阻。输卵管子宫内膜异位可增加受精卵着床于输卵管的可能性。

【临床评估与判断】

1. 病情评估 输卵管妊娠的临床表现与受精卵着床部位、有无流产或破裂以及出血量多少与时间长短等有关。

(1)症状:典型症状为停经后腹痛与阴道流血。

1)停经:除输卵管间质部妊娠停经时间较长外,多有6~8周停经史。有20%~30%患者无停经史,将异位妊娠时出现的不规则阴道流血误认为月经,或由于月经过期仅数日而不认为是停经。

2)腹痛:是输卵管妊娠患者的主要症状。在输卵管妊娠发生流产或破裂之前,常表现为一侧下腹部隐痛或酸胀感。当发生输卵管妊娠流产或破裂时,突感一侧下腹部撕裂样疼痛,常伴有恶心、呕吐。若血液局限于病变区,主要表现为下腹部疼痛,当血液积聚于直肠子宫陷凹时,可出现肛门坠胀感。随着血液由下腹部流向全腹,疼痛可由下腹部向全腹部扩散,血液刺激膈肌,可引起肩胛部放射性疼痛及胸部疼痛。

3)阴道流血:胚胎死亡后,常有不规则阴道流血,色暗红或深褐,量少呈点滴状,一般不超过月经量,少数患者阴道流血量较多,类似月经。阴道流血可伴有蜕膜管型或蜕膜碎片排出,系子宫蜕膜剥离所致。阴道流血一般常在病灶去除后方能停止。

4)晕厥与休克:由于腹腔内出血及剧烈腹痛,轻者出现晕厥,严重者出现失血性休克。出血量越多越快,症状出现越迅速越严重,但与阴道流血量不成正比。

5)腹部包块:输卵管妊娠流产或破裂时所形成的血肿时间较久者,由于血液凝固并与周围组织或器官发生粘连形成包块,包块较大或位置较高者,腹部可扪及。

（2）体征

1）一般情况：腹腔内出血较多时，患者呈贫血貌。可出现面色苍白、脉快而细弱、血压下降等休克表现。通常体温正常，休克时体温略低，腹腔内血液吸收时体温略升高。

2）腹部检查：下腹有明显压痛及反跳痛，尤以患侧为主，但腹肌紧张轻微。出血较多时，叩诊有移动性浊音。有些患者下腹可触及包块，若反复出血并积聚，包块可不断增大变硬。

2. 辅助检查

（1）血 β-hCG 测定：血 β-hCG 测定是早期诊断异位妊娠的重要方法。异位妊娠时，患者体内 hCG 水平较宫内妊娠低，需采取灵敏度高的放射免疫法测定血 β-hCG 并行定量测定，对保守治疗的效果评价具有重要意义。

（2）超声检查：B 型超声显像有助于诊断异位妊娠。阴道 B 型超声检查较腹部 B 型超声检查准确性高。异位妊娠的声像特点：宫腔内空虚，宫旁出现低回声区，其内探及胚芽及原始心管搏动，可诊断异位妊娠。由于子宫内有时可见到假妊娠囊，有时被误诊为宫内妊娠。

诊断早期异位妊娠，若能将血 β-hCG 测定与 B 型超声相配合，对确诊帮助很大。当血 β-hCG ≥18kU/L 时，阴道 B 型超声便可看到妊娠囊，若未见宫内妊娠囊，则应高度怀疑异位妊娠。

（3）阴道后穹窿穿刺：是一种简单可靠的诊断方法，适用于疑有腹腔内出血的患者。腹腔内出血最易积聚于直肠子宫陷凹，即使血量不多，也能经阴道后穹窿穿刺抽出血液。抽出暗红色不凝血液，说明有血腹症存在。陈旧性宫外孕时，可抽出小块或不凝固的陈旧血液。若穿刺针头误入静脉，则血液较红，将标本放置 10 分钟左右即可凝结。无内出血、内出血量很少、血肿位置较高或直肠子宫陷凹有粘连时，可能抽不出血液，因而阴道后穹窿穿刺阴性不能否定输卵管妊娠存在。

（4）腹腔镜检查：目前腹腔镜检查视为异位妊娠诊断的金标准，而且可以在确诊的情况下起到治疗作用。适用于原因不明的急腹症鉴别及输卵管妊娠尚未破裂或流产的早期。有大量腹腔内出血或伴有休克者，禁做腹腔镜检查。

（5）子宫内膜病理检查：目前很少依靠诊断性刮宫协助诊断，诊断性刮宫仅适用于阴道流血较多的患者，目的在于排除宫内妊娠流产。将宫腔排出物或刮出物做病理检查，切片中见到绒毛，可诊断为宫内妊娠；仅见蜕膜未见绒毛，有助于诊断异位妊娠。

知识拓展

鉴 别 诊 断

1. 宫内妊娠先兆流产　有停经、腹痛及流血史，但腹痛多在下腹正中，较轻，呈阵发性坠痛，往往在腹痛之后排出有绒毛的妊娠物。检查子宫软，大小符合孕周，宫口开大，B 超可见宫内胎囊及胚胎。

2. 卵巢黄体破裂　多无停经史及阴道流血，一侧附件压痛，但无肿块可扪及。妊娠试验阴性，有腹腔内出血的典型症状。

3. 卵巢巧克力囊肿破裂 可导致剧烈腹痛,伴有明显的腹膜刺激征。无停经及不规则阴道流血,妊娠试验阴性,发病多在经期或月经周期后半期,不出现休克,后穹隆穿刺可抽出暗褐色血。

【监测与护理】

1. 治疗

(1)期待疗法:少数输卵管妊娠可能发生自然流产或吸收,症状较轻而无需手术或药物治疗。适用于疼痛轻微,出血少,随诊可靠;无输卵管妊娠破裂证据;血 β-hCG<1000U/L 且继续下降;输卵管妊娠包块直径 <3cm 或未探及;无腹腔内出血。在期待过程中应注意生命体征、腹痛变化,并进行 B 型超声和血 β-hCG 监测。

(2)药物治疗

1)化学药物治疗:主要适用于早期输卵管妊娠、要求保存生育能力的年轻患者。符合下列条件可采用此法:无药物治疗的禁忌证;输卵管妊娠未发生破裂或流产;输卵管妊娠包块直径≤4cm;血 β-hCG<2000U/L;无明显内出血。一般采用全身或局部用药。全身常用甲氨蝶呤(MTX),化学药物治疗未必每例均获成功,故应在 MTX 治疗期间,应用 B 型超声和 β-hCG 进行严密监护,并注意患者的病情变化及药物毒副反应。若用药后 14 日血 β-hCG 下降并连续 3 次阴性,腹痛缓解或消失,阴道流血减少或停止者为显效。若病情无改善,甚至发生急性腹痛或输卵管破裂症状,则应立即进行手术治疗。局部用药可采用在 B 型超声引导下穿刺或在腹腔镜下将甲氨蝶呤直接注入输卵管的妊娠囊内。

2)中药治疗:中医学认为本病属血瘀少腹,不通则痛的实证。以活血化瘀、消癥为治则,但应严格掌握指征。

(3)手术治疗:分为保守手术和根治手术。保守手术为保留患侧输卵管,根治手术为切除患侧输卵管:①保守手术:适用于有生育要求的年轻妇女,特别是对侧输卵管已切除或有明显病变者。输卵管妊娠行保守手术后,残余滋养细胞有可能继续生长,再次发生出血,引起腹痛等,称为持续性异位妊娠。术后应密切监测血 β-hCG 水平。②根治手术:适用于无生育要求的输卵管妊娠内出血并发休克的急症患者。③腹腔镜手术:是近年治疗异位妊娠的主要方法。多数输卵管妊娠可在腹腔镜直视下穿刺输卵管的妊娠囊,吸出部分囊液后将药物注入。

2. 接受手术治疗患者的护理

(1)积极做好术前准备:严密监测患者生命体征,配合医师积极纠正休克状态,做好术前准备。对于严重内出血并发休克的患者,需立即开放静脉,交叉配血,做好输血输液的准备。

(2)提供心理支持:术前向患者及家属讲明手术的必要性,并以亲切的态度和切实的行动赢得患者及家属的信任,保持周围环境安静、有序,减少和消除患者的紧张、恐惧心理,协助患者接受手术治疗方案。术后,护士应帮助患者以正常的心态接受妊娠失败的现实,做好知识的宣教。

3. 接受非手术治疗患者的护理

(1)严密观察病情:需密切观察患者的一般情况、生命体征,重视患者的主诉。护士还应告诉患者病情发展的指征,如出血增多、腹痛加剧、肛门坠胀感明显等。

（2）加强化学药物治疗的护理:用药期间,应用 B 型超声和 β-hCG 进行严密监护,并注意患者的病情变化及药物毒副反应。

（3）指导患者休息与饮食:患者应卧床休息,避免腹部压力增大,从而减少异位妊娠破裂的机会。在患者卧床期间,护士需提供相应的生活护理,指导患者摄取足够的营养物质,增强患者的抵抗力。

（4）监测治疗效果:护士应协助病人正确留取血标本,以监测治疗效果。

4. 出院指导 护士应做好妇女的健康指导工作,防止发生盆腔感染。教育患者保持良好的卫生习惯,勤洗浴、勤换衣、性伴侣稳定。发生盆腔炎后立即治疗,以免延误病情。另外,由于输卵管妊娠者中约有 10% 的再发生率和 50%~60% 的不孕率,因此护士需告诫患者,下次妊娠时要及时就医,并且不宜轻易终止妊娠。

二、羊水栓塞

【概述】

羊水栓塞(amniotic fluid embolism, AFE)是分娩过程中或产后短期内羊水及其有形成分(胎儿毳毛、角化上皮细胞、黏蛋白、胎脂、胎粪和黏液等有形颗粒物质)进入母体血液循环,引起急性肺栓塞、过敏性休克、弥散性血管内凝血(DIC)、肾衰竭甚至猝死等一系列病理生理变化的严重分娩并发症,是一种发病率很低,但极其凶险的产科并发症,死亡率极高。

【病因与发病机制】

羊水进入母体循环的途径一般可通过宫颈内膜静脉、病理性开放的血窦和蜕膜血管通道进入。羊水栓塞发生的高危因素与下列因素易造成病理性血窦开放有关:过强的宫缩使宫内压增高,多数学者认为与不恰当使用宫缩剂有关;胎膜早破或人工破膜;高龄产妇、多胎经产妇;过期妊娠、巨大儿;死胎;前置胎盘、胎盘早剥、手术助产、中期妊娠钳夹术、剖宫产术、羊膜腔穿刺术等。

1. 过敏样反应 胎儿成分作为一种抗原,进入母体血液循环后强烈激发机体的反应,引起机体肥大细胞脱颗粒,产生异常的花生四烯酸代谢产物,释放免疫物质及前列腺素、组胺、白三烯、细胞因子等,发生过敏性休克样反应。

2. 羊水有形物质栓塞 羊水中的有形物质或聚集成大团块,直接堵塞下腔静脉或肺动脉主干,反射性引起血管痉挛、支气管痉挛,造成肺动脉高压,使肺毛细血管血流障碍及肺泡水肿,造成换气障碍。肺动脉高压还可以使右心前负荷加重,致急性右心衰竭。

3. 弥散性血管内凝血 羊水及其内含物质具有类似于组织因子样作用,启动外凝血系统,直接促进凝血酶原转变成凝血酶,导致机体广泛的微血管内血栓形成。羊水内颗粒物质还具有促进血小板聚集和破坏血小板的作用,导致血小板大量消耗。除此之外,羊水及其内含物质还有较强的溶解纤维蛋白的活性作用。

4. 多器官功能障碍 羊水有形物质进入母体血液循环后引起肺栓塞、过敏性休克和弥散性血管内凝血,导致组织器官的灌注不足。在低血流灌注状态下,器官微循环处于淤血状态,组织缺氧而无氧代谢增强,乳酸堆积造成代谢性酸中毒,血管内皮细胞损伤、通透性增加而致组织水肿,细胞溶酶体的稳定性受到破坏、组织自溶,最终造成母体脑部缺氧、心力衰竭、急性肾衰竭、呼吸衰竭等多器官功能障碍。

【临床评估与判断】

1. 病情评估　典型羊水栓塞是以骤然的血压下降（血压与失血量不符合）、组织缺氧和消耗性凝血病为特征的急性综合征，一般经过三个阶段：

（1）心肺功能衰竭和休克：在分娩过程中，尤其是刚破膜不久，产妇突感寒战，出现呛咳、气急、烦躁不安、恶心、呕吐等前驱症状，继而出现呼吸困难、发绀、抽搐、昏迷，脉搏细速、血压急剧下降，心率加快，肺底部湿啰音。病情严重者，产妇极易出现呼吸心搏骤停，于数分钟内死亡。

（2）出血：患者度过心肺功能衰竭和休克后，进入凝血功能障碍阶段，表现以子宫出血为主的全身出血倾向。

（3）急性肾衰竭：全身脏器均受损害，除心脏外，肾脏是最常受损器官。存活的患者出现少尿（或无尿）和尿毒症表现。主要因为循环功能衰竭引起的肾缺血及 DIC 前期形成的血栓堵塞肾内小血管，引起缺血、缺氧，导致肾脏器质性损害。

2. 辅助检查

（1）血涂片寻找羊水成分：抢救期应及时抽取下腔静脉血镜检，可查见羊水有形成分（胎儿上皮细胞、胎毛、黏液、毳毛等）。

（2）DIC 相关实验检查：凝血时间缩短或不凝。凝血酶原时间延长，凝血酶原 >15s。纤维蛋白原减少，纤维蛋白原定量 <200mg/L。动态的血小板进行性减少，血小板 <100×10^9/L，对 DIC 的诊断尤为重要。纤溶试验、3P 实验。

（3）血气分析：低氧血症。

（4）胸部 X 线检查：双肺部弥散性点状或片状浸润性阴影，沿肺门周围分布，轻度肺不张，伴右心扩大。

（5）心电图或心脏彩色多普勒超声：右心房、心室扩大，心电图 ST 段下降。

知识拓展

鉴别诊断 - 肺动脉栓塞

肺动脉栓塞是体静脉或右心系统栓子脱落随血液漂流，阻塞肺动脉或其分支而引起肺循环障碍的临床综合征。由于妊娠时增大的子宫压迫盆腔静脉，激素松弛血管平滑肌，静脉血流缓慢，再加上妊娠期血液处于高凝状态，容易形成血栓。往往发生在产后或术后活动时，表现为突发性的胸痛和呼吸困难。临床上孕妇发生肺栓塞时的临床表现常缺乏特异性，有时临床表现很难与羊水栓塞鉴别。鉴别要点为可有心脏病、静脉栓塞史、血液高凝、手术创伤、多胎妊娠、高龄肥胖、长期卧床等高危因素。临床表现突发胸痛较羊水栓塞明显，一般不会很快发生 DIC。实验室检查 D- 二聚体明显增高，但血小板、纤维蛋白原、凝血酶原时间可正常，血液中亦无羊水成分，抗凝及溶栓治疗有效等可作为鉴别诊断的参考。

【监测与护理】

1. 紧急处理　羊水栓塞时因肺动脉痉挛，肺内动静脉分流、肺水肿、支气管痉挛等原因使肺通气换气功能严重损害,加上肺灌注不足,血流明显下降,组织缺氧缺血将严重。一般予面罩法加压给氧,流量 5~10L/min,5 分钟后仍无改善或病情严重时应立即行气管插管以保证血氧饱和度在 90% 以上。尽快开放静脉通道,至少两条,便于用药及输液,同时抽取下腔静脉血 5ml 用于诊断。心搏骤停者应立即徒手心肺复苏。

2. 纠正呼吸、循环衰竭

（1）解除肺动脉高压:减轻肺动脉栓塞,阻断栓塞后迷走神经反射引起的肺血管及支气管痉挛,缓解肺动脉高压及缺氧,常用的解痉药物有:盐酸罂粟碱、阿托品、氨茶碱、酚妥拉明。

（2）抗休克治疗

1）补充血容量:常用右旋糖酐补充血容量,同时监测中心静脉压指导补液,对于失血性休克患者最好补充新鲜血纠正休克。补液同时可抽血检查羊水有形物质及完善 DIC 相关检查。

2）升高血压:血压过低者可用血管活性药物（多巴胺、间羟胺等）升高血压。

3）纠正心力衰竭:毛花苷 C（西地兰）。

4）纠正酸中毒:尽快完善血气分析和电解质测定,发生酸中毒者给予 5% 碳酸氢钠 250ml 静滴,改善酸中毒和电解质紊乱。

3. 防治 DIC

（1）肝素钠:应尽早、短期使用,阻止凝血酶原转变为凝血酶,防止微血栓形成。高凝期给予肝素 25~50mg 加入 5% 葡萄糖注射液 100ml 静滴,1h 内滴注完毕。重复用药需有 DIC 相关实验结果,用药过程应以试管法测定凝血时间控制在 15min 左右。肝素过量时（凝血时间 >30min）可用鱼精蛋白对抗。

（2）补充凝血因子:及时输新鲜血和血浆,补充纤维蛋白原和血小板等凝血物质。

（3）纤溶期:肝素不能抗纤溶,纤溶亢进时用氨基己酸（4~6g）、氨甲苯酸（100~300mg）、氨甲环酸（0.5~1.0g）加入 5% 葡萄糖注射液 100ml 静滴,通过抑制纤溶酶原激活而抑制纤溶蛋白溶解。纤维蛋白原持续下降,可补充纤维蛋白原 2~4g/ 次。

4. 预防肾衰竭和感染 肾衰竭阶段应注意产妇尿量,当血容量补足、血压回升后仍出现少尿,需使用利尿药,可选用呋塞米静脉注射或甘露醇快速静滴,心衰者慎用。如无效,则提示急性肾衰竭,应尽早开始血液透析,同时完善血电解质检查,并选用肾毒性小的广谱抗生素预防感染。

5. 产科处理 原则上在产妇呼吸循环衰竭、DIC、休克得到明显改善后进行。

（1）及时终止妊娠:宫口未开全者,宜行剖宫产术,盆腔留置引流管,便于观察出血情况,无论何种分娩方式均应做好新生儿窒息的复苏准备。产后密切注意子宫出血情况。

（2）纠正产后出血:若发生无法控制的产后大出血,应考虑切除子宫,减少胎盘剥离面出血。由于手术常在休克或使用肝素等情况下进行,以防术后出血。

6. 新生儿的处理 羊水栓塞约有 70% 是发生在产程中胎儿娩出之前,产程中发生的羊水栓塞围产儿死亡率可高达 50%,即便存活,大部分将残留神经系统后遗症。所以,产前和产时发生羊水栓塞时,应在积极抢救孕产妇的同时兼顾胎儿的安全。羊水栓塞的胎儿多存有宫内缺氧、呼吸中枢抑制或损害,所以新生儿出生后均有窒息的风险。在分娩前必须做好复苏的准备,同时应有新生儿科医师参加抢救,在复苏过程中必须遵行评价的三要素:皮肤颜色、心率和呼吸。复苏过程中注意 1min 和 5min 时的 Apgar 评分。如果胎儿存活，应在 5min 内结束分娩，因为超过 5min 分娩的新生儿神经系统损伤的比例将显著上升。

三、产后大出血

【概述】

产后出血（postpartum hemorrhage, PPH）指胎儿娩出后 24h 内失血量≥500ml，剖宫产时≥1000ml，是分娩期的严重并发症，是我国孕产妇死亡的首要原因，约占孕产妇死亡的 1/4。不管是阴道分娩或手术后，只要出血量≥1000ml 即称严重产后出血。经子宫收缩剂、持续性子宫按摩或按压等保守措施无法止血，需要外科手术、介入治疗甚至切除子宫的严重产后出血称为难治性产后出血。由于产后出血量常常被低估，因此报道的产后出血发生率较实际的要低，产后出血量≥500ml 的实际发生率达到 11%~17%，产后出血量≥1000ml 的实际发生率达到 3%~5%。

【病因与发病机制】

子宫收缩乏力、软产道裂伤、胎盘因素及凝血功能障碍是产后出血的四大原因，彼此可共存、相互影响或互为因果。

1. 子宫收缩乏力　是产后出血最常见的原因。胎儿娩出之后，子宫肌正常的收缩和缩复能有效地压迫肌束间的血管，这是防止产后出血过多最有效的自我止血方式。任何影响子宫肌正常收缩和缩复功能的因素都有可能使得子宫肌肉不能正常挤压血管，导致子宫收缩乏力性产后出血，短时间就可能发生严重的失血甚至休克。高危因素有全身因素：产妇精神过度紧张，对分娩恐惧，体质虚弱或合并慢性全身性疾病等；产科因素：产程延长使体力消耗过多，或产科并发症如前置胎盘、胎盘早剥、妊娠期高血压疾病、宫腔感染等可使子宫肌水肿或渗血，影响收缩；子宫因素：如多胎妊娠、羊水过多、巨大胎儿致子宫纤维过分伸展，或子宫肌壁损伤及子宫病变等；药物因素：临产后过多使用镇静药、麻醉药或子宫收缩抑制药。

2. 软产道裂伤　任何可能导致会阴、阴道、子宫颈或子宫损伤的医源性或非医源性因素都可能导致产后出血的发生，软产道损伤形成的血肿则是一种隐性出血。高危因素有宫颈、阴道或会阴裂伤、急产、手术史、软产道弹性差、水肿或瘢痕等；剖宫产子宫切口延伸或裂伤、胎位不正、胎头位置过低；子宫破裂、子宫手术史；子宫内翻、多产、子宫底部胎盘、第三产程处理不当。

3. 胎盘因素　胎盘因素导致产后出血的原因包括胎盘早剥、前置胎盘、胎盘植入、胎盘滞留、胎盘胎膜残留等。近年来，由于高人工流产率和高剖宫产率，胎盘因素导致的产后出血越来越突出。高危因素有：胎盘早剥、妊娠期高血压疾病、腹部外伤、仰卧位低血压综合征等；前置胎盘、多次人工流产、多产、产褥感染、瘢痕子宫等；胎盘植入、多次人工流产、剖宫产史、子宫内膜炎、蜕膜发育不良等；胎盘滞留、宫缩乏力、膀胱膨胀、胎盘剥离不全、胎盘嵌顿等；胎盘胎膜残留、胎盘小叶、副胎盘等。

4. 凝血功能障碍　产妇发生凝血功能障碍的原因包括妊娠合并血液系统疾病、妊娠合并肝脏疾病、产科并发症引起的弥散性血管内凝血、抗凝治疗等。高危因素有：血液系统疾病：遗传性凝血功能疾病、血小板减少症等；产科并发症：重度子痫前期、胎盘早剥、死胎、羊水栓塞、败血症等；肝脏疾病：重症肝炎、妊娠期急性脂肪肝等；抗凝治疗：心脏换瓣术后长期口服华法林等。

【临床评估与判断】

1. 病情评估

（1）阴道出血

1）胎儿娩出后立即发生持续性阴道流血,鲜红颜色、量较少,应考虑软产道裂伤;

2）胎儿娩出后数分钟出现阴道流血,色暗红,应考虑胎盘因素;

3）胎盘娩出后阴道持续大量流血,且子宫轮廓不清,应考虑子宫收缩乏力;

4）胎儿胎盘均娩出后,阴道仍持续流血,且血液不凝,应考虑凝血功能障碍;

5）失血表现明显,伴阴道疼痛而阴道流血不多,应考虑隐匿性软产道损伤,如阴道血肿,患者常有肛门坠胀感、尿频、且有排尿疼痛。

6）剖宫产时主要表现为胎儿胎盘娩出后胎盘剥离面的广泛出血,宫腔不断被血液充满或切口裂伤处持续出血。

（2）失血性休克症状:产妇头晕、面色苍白,出现烦躁、皮肤湿冷、脉搏细速、脉压缩小时,已处于休克早期。

2. 估计出血量

（1）目测法:是产科医师最常用的估计产后出血量的方法。

（2）称重法:是较为客观的计算产后出血量的方法,即称重分娩前后消毒巾、纱布的重量,重量的差值除以血液比重 1.05 即可换算成产后出血量。临床上还可用一次性棉垫垫于会阴处,称重分娩前后棉垫的质量来估计产后出血量。

（3）容积法:断脐后迅速置一弯盘或便盆紧贴于产妇会阴部,用量杯测量收集到的包括第三产程的所有失血量。若有条件还可使用标有刻度的一次性产后血液收集袋,可直接在收集袋上读出产后出血的量。

（4）面积法:按事先测定了的血液浸湿纱布、消毒巾的面积来计算出血量,如 10cm×10cm 纱布浸湿后含血量为 10ml、15cm×15cm 纱布浸湿后含血量为 15ml 等。由于不同质地的纱布或消毒巾吸水能力的不同以及浸湿范围的不均匀等因素,此法测定的出血量只是一个估计值。

（5）生命体征:可参考 Benedetti 出血程度的分级标准（表 13-1-1）。

表 13-1-1　Benedetti 出血程度分级

	Ⅰ级	Ⅱ级	Ⅲ级	Ⅳ级
出血量（%）	15	20~25	30~35	40
脉搏（次/分）	正常	100	120	140
收缩压（mmHg）	正常	正常	70~80	60
平均动脉压（mmHg）	80~90	80~90	50~70	50
组织灌注	体位性低血压	外周血管收缩	面色苍白、烦躁、少尿	虚脱、无尿、缺氧

（6）休克指数:计算休克指数可以粗略估算出血量,但产妇代偿能力较强,应注意产后出血从代偿发展为失代偿休克的变化较为迅速（表 13-1-2）。

表 13-1-2 休克指数与估计失血量

休克指数估计失血量（ml）	估计失血量	占血容量的比例（%）
<0.9	<500	<20
1.0	1000	20
1.5	1500	30
2.0	≥2500	≥50

（7）血红蛋白：血红蛋白每下降 10g/L，失血 400~500ml。但是在产后出血早期，由于血液浓缩，血红蛋白值常不能准确反映实际出血量。

知识拓展

出血量估计的新认识

产后失血量的绝对值对不同体重者意义不同，最好能计算出失血量占总血容量的百分数，妊娠末期总血容量（L）的简易计算方法为非孕期体重（kg）×7%×（1+40%），或非孕期体重（kg）×10%。由于孕期血容量的增加使得孕妇对出血的耐受性提高，从失血到发生代偿休克常无明显征兆，并且失血性休克的临床表现往往滞后，容易导致诊断及处理不及时。因此，失血速度也是反映病情轻重的重要指标，重症的情况包括：失血速度 >150ml/min、3 小时内出血量超过血容量的 50%、24 小时内出血量超过全身血容量等。

【监测与护理】

1. 预防产后出血

（1）妊娠期

1）加强孕期保健，定期接受产前检查，及时治疗高危妊娠或必要时及早终止妊娠。

2）对高危妊娠者，如妊娠期高血压疾病、肝炎、贫血、血液病、多胎妊娠、羊水过多等孕妇应提前入院。

（2）分娩期

1）第一产程密切观察产程进展，防止产程延长，保证产妇基本需要，避免产妇进入衰竭状态，必要时给予镇静剂以保证产妇休息。

2）第二产程严格执行无菌技术；指导产妇正确使用腹压；适时适度做会阴侧切；胎头、胎肩娩出要慢，一般相隔 3 分钟左右；胎肩娩出后立即肌注或静脉滴注缩宫素，以加强子宫收缩，减少出血。

3）第三产程正确处理胎盘娩出及测量出血量。胎盘未剥离前，不可过早牵拉脐带或按摩、挤压子宫，待胎盘剥离征象出现后，及时协助胎盘娩出，并仔细检查胎盘、胎膜是否完整。

（3）产褥期：产后 2 小时内，产妇仍需留在产房接受监护，因为 80% 的产后出血是发生在这一阶段。要密切观察产妇的子宫收缩、阴道出血及会阴伤口情况，定时测量产妇的血压、脉搏、体温、呼吸；督促产妇及时排空膀胱，以免影响宫缩致产后出血；早期哺乳，可刺激子宫收缩，减少阴道出血量；对可能发生产后出血的高危产妇，注意保持静脉通道，充分做好输血和急救的准备并为产妇做好保暖。

2. 针对原因止血，纠正失血性休克，控制感染。

（1）子宫收缩乏力

1）按摩子宫：腹壁按摩宫底；腹部-阴道双手压迫子宫法。注意按摩子宫一定要有效，评价有效的标准是子宫轮廓清楚、收缩有皱褶、阴道或子宫切口出血量减少。按压时间以子宫恢复正常收缩并能保持收缩状态为止，有时可长达数小时，按摩时配合使用宫缩药。

2）遵医嘱应用宫缩药：缩宫素；麦角新碱；前列腺素类药物。

3）宫腔纱条填塞，也可采用宫腔放置球囊代替宫腔填塞止血。宫腔填塞纱布条后应密切观察生命体征及宫底高度和大小，警惕因填塞不紧，宫腔内继续出血、积血而阴道不出血的止血假象。

4）子宫压缩缝合术：常用 B-Lynch 缝合法。适用于剖宫产时子宫乏力性产后出血。

5）结扎盆腔血管：经上述处理无效，出血不止，为抢救产妇生命，先经阴道结扎子宫动脉上行支；如无效应迅速开腹结扎。经上述处理无效，可分离出髂内动脉起始点，结扎髂内动脉。必要时按医嘱做好切除子宫的术前准备。

6）髂内动脉或子宫动脉栓塞：适用于产妇生命体征稳定时进行。

7）切除子宫：经积极抢救无效、危及产妇生命时，应行子宫次全切除或子宫全切除术，以挽救产妇生命。

（2）胎盘因素：要及时将胎盘取出，检查胎盘、胎膜是否完整，必要时做好刮宫准备。胎盘已剥离尚未娩出者，可协助产妇排空膀胱，然后牵拉脐带，按压宫底协助胎盘娩出；胎盘粘连者，可试行徒手剥离胎盘后取出；胎盘、胎膜残留者，可行钳刮术或刮宫术；胎盘植入者，应及时做好子宫切除术的术前准备；若子宫狭窄环所致胎盘嵌顿，应配合麻醉师使用麻醉剂，待狭窄环松解后徒手协助胎盘娩出。

（3）软产道损伤：应彻底止血，按解剖层次逐层缝合裂伤。宫颈裂口 <1cm 且无活动性出血不需缝合；若裂伤 >1cm 且有活动性出血应缝合。缝合第一针应超过裂口顶端 0.5cm，常用间断缝合；若裂伤累及子宫下段，缝合时应避免损伤膀胱和输尿管，必要时可经腹修补。修补阴道和会阴裂伤时，需按解剖层次缝合各层，缝合第一针应超过裂伤顶端，不留死腔，避免缝线穿透直肠黏膜。软产道血肿应切开血肿、清除积血，彻底止血、缝合，必要时可置橡皮管引流。

（4）凝血功能障碍：首先应排除子宫收缩乏力、胎盘因素、软产道损伤等原因引起的出血。尽快输血、血浆，补充血小板、纤维蛋白原或凝血酶原复合物、凝血因子等，若并发 DIC 应按 DIC 处理。

3. 失血性休克处理

（1）积极处理原发病：配合医生找出产后出血的原因、及时制止出血。

（2）急救：保持呼吸道通畅：松解衣领，解除气道压迫。去枕平卧，头偏向一侧，及时清除呼吸道异物或分泌物；吸氧：早期以鼻导管或面罩给氧，增加动脉血氧含量，改善组织缺氧状态。严重呼吸困难者，可作气管插管或气管切开，予以呼吸机人工辅助呼吸；取休克体位：头和躯干抬高 20°~30°，下肢抬高 15°~20°，以增加回心血量；其他：注意保暖，必要时应用镇痛剂;密切观察生命体征,及时做好记录。

(3)补充血容量:迅速建立有效静脉通道。在连续监测血压、CVP和尿量的基础上,判断补液量。及时、快速、足量补液。

(4)应用血管活性药物:血管活性药物主要包括血管收缩剂、扩张剂及强心药物三类。应结合病情遵医嘱应用,为兼顾重要脏器的灌注水平,常联合应用。

(5)纠正酸碱平衡失调:抢救过程中随时做血气分析,根据检查结果,及时纠正酸碱平衡失调。

(6)改善微循环:休克发展到DIC阶段,需应用肝素抗凝治疗,DIC晚期,可使用抗纤溶药。

(7)控制感染:抢救过程中,应注意无菌操作,并根据临床判断应用抗菌药,预防感染。

(8)应用皮质类固醇。

4. 心理护理与健康教育

(1)活动:大量失血后,产妇抵抗力低下,体质虚弱,活动无耐力,生活自理困难。护理活动应不打扰产妇的休息,保证产妇有足够的睡眠。针对产妇的具体情况,有效地纠正贫血,增加体力,逐步增加活动量,以促进身体的康复过程。

(2)心理:医护人员应主动给予产妇关爱与关心,使其增加安全感,教会产妇一些放松的方法、鼓励产妇说出内心的感受。

(3)饮食:让产妇进流食或清淡半流食,以后逐步过渡到普通饮食。食物应富有营养、足够热量和水分。

(4)抗感染:做好产褥期的护理,及时更换衣物,保持床单位的清洁、整齐、干净。同时要提供避孕指导,使产妇注意产褥期禁止盆浴,禁止性生活。

(5)母乳喂养:大量失血后,母乳的质量受到很大影响。应鼓励产妇多进蛋白质和多吃汤汁食物,及时补充各种维生素和铁剂。

(6)排尿与排便:鼓励产妇及时排尿,出现排尿困难者,及时对症处理。条件允许者早日下床活动,多饮水,多吃蔬菜和含纤维素的食物,以保持大便通畅。

(7)观察:继续观察子宫复旧及恶露情况。明确产后复查的时间、目的和意义,使产妇能按时接受检查,以了解产妇的康复情况,及时发现问题,调整产后指导方案使产妇尽快恢复健康。部分产妇分娩24小时后,于产褥期内发生子宫大量出血,被称为晚期产后出血,多于产后1~2周内发生,也有迟至产后2个月左右发病者,应予以高度警惕,以免导致严重后果。

四、子痫

【概述】

子痫(eclampsia)是妊娠期高血压疾病最严重的阶段,常累及心、脑、肝、肾等重要器官。全世界每年约5万名妇女因子痫死亡,在我国妊娠期高血压疾病是导致孕产妇死亡的四大原因之一,国内有文献报道发生率为2%。

子痫可以发生在产前,也可以发生在产时和产后。子痫可以发生在子痫前期,尤其是重度子痫前期的基础上,也可以发生在尚未看到典型的高血压和蛋白尿表现的临床病例中。对于如何终止妊娠和处理已经确诊的妊娠相关高血压疾病是降低对母胎损害的重要临床过程之一。

【病因与发病机制】

本病的基本病理生理变化是全身小动脉痉挛。由于小动脉痉挛,造成管腔狭窄,周围阻力增大,内皮细胞损伤,通透性增加,体液和蛋白质渗漏,表现为血压上升、蛋白尿、水肿和血液浓缩等。全身各组织器官因缺血、缺氧而受到不同程度损害,严重时脑、心、肝、肾及胎盘等的病理生理变化可导致抽搐、昏迷、脑水肿、脑出血、心肾衰竭、肺水肿、肝细胞坏死及被膜下出血,胎盘绒毛退行性变、出血和梗死,胎盘早期剥离以及凝血功能障碍而导致 DIC 等。主要病理生理变化见图 13-1-2。

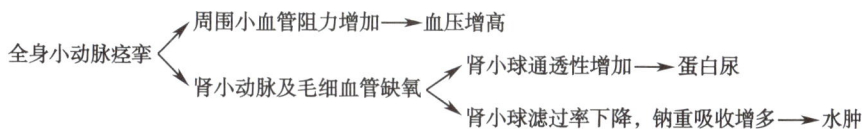

全身小动脉痉挛 →周围小血管阻力增加——→血压增高
　　　　　　　　→肾小动脉及毛细血管缺氧 →肾小球通透性增加——→蛋白尿
　　　　　　　　　　　　　　　　　　　　 →肾小球滤过率下降,钠重吸收增多——→水肿

图 13-1-2　子痫病理生理变化

1. 与发病相关的高危因素　初产妇,目前还是我国占绝对比例的妊娠群体;孕妇年龄过小或 >35 岁;多胎妊娠;既往妊娠存在高血压病史;潜在的疾病或病史,包括慢性高血压、慢性肾炎、自身免疫性疾病、糖尿病;肥胖;高血压家族史;低社会经济状况;营养不良;饮食习惯,是我国不同地域的不同影响因素。其他因素包括环境甚至与季节影响有关。

2. 与分娩期 / 产后的严重并发症相关的因素　分娩期和产后期都可以出现严重母胎并发症和子痫,相关因素包括:产前重度子痫前期;重度高血压,尤其是产前重度高血压持续时间较长者;早发型重度子痫前期,尤其是发展迅速者;产前未能探查和警觉到以及未能及时干预的子痫前期,无论产时产后都有可能以重症呈现或迅速发展成重度;母体潜在基础疾病未能及时干预,使得产前 / 产后伴发子痫前期 – 子痫综合征;产后迟发子痫前期 – 子痫(发生在产后 48 小时)或产后高血压,多与母体产前产时子痫前期发病基础情况包括病情和病程以及医疗干预措施相关,尤其对潜在者的未知;产后复发或再发子痫前期 – 子痫,多与产后监测、过早出院或停止治疗相关,需要及时重新启用硫酸镁等治疗措施。

【临床评估与判断】

1. 母体

(1)病史:患者于孕前及妊娠 20 周前有无高血压、蛋白尿和(或)水肿及抽搐等征象;既往病史中有无原发性高血压、慢性肾炎及糖尿病等;有无家族史。注意有无头痛、眼花、视物模糊、上腹不适等症状。

(2)临床评估

1)子痫前期:妊娠 20 周后出现收缩压 ≥140mmHg 或(和)舒张压 ≥90mmHg,且伴有下列任一项:尿蛋白 ≥0.3g/24h,或尿蛋白 / 肌酐比值 ≥0.3,或随机尿蛋白 ≥(+)(无法进行尿蛋白定量时的检查方法);无尿蛋白但伴有以下任何一种器官或系统受累:心、肺、肝、肾等重要器官,或血液系统、消化系统、神经系统的异常改变,胎盘 – 胎儿受到累及等。血压和(或)尿蛋白水平持续升高、发生母体器官功能受损或胎盘 – 胎儿并发症是子痫前期病情向重度发展的表现。当子痫前期孕妇出现下述任一表现可诊断为重度子痫前期:①血压持续升高：收缩压≥160mmHg 或（和）舒张压≥110mmHg；②持续性头痛、视觉障碍或其他中枢神经系统异常表现；③持续性上腹部疼痛及肝包膜下血肿或肝破裂表现；④肝酶异常：血丙氨酸转氨酶（ALT）或天冬氨酸转氨酶（AST）水平升高；⑤肾功能受损：尿蛋白 >2.0g/24h；少尿（24h 尿量 <400ml，或每小时尿量 <17ml）或血肌酐 >106μmol/L；⑥低蛋白血症伴腹水、胸水或心包积液；⑦血液系统异常：血小板计数呈持续性下降并低于 100×10^9/L；微血管内溶血［表现有贫血、黄疸或血乳酸脱氢酶（LDH）水平升高］；⑧心功能衰竭；⑨肺水肿；⑩胎儿生长受限或羊水过少、胎死宫内、胎盘早剥等。

2）子痫：子痫前期基础上发生不能用其他原因解释的抽搐。

（3）检查项目：血压检测：必要时进行血压变化的动态检查；测定尿蛋白：检测随机尿蛋白定性和（或）尿蛋白定量；实验室检查：包括血常规、肝肾功能和乳酸脱氢酶及凝血功能、心电图等。重症者注意动态检查。依据临床表现和不同病情及病程，考虑扩展的项目包括脑、心肺、肝肾等方面的特殊检查项目：眼底检查；凝血功能；血电解质；超声等影像学检查肝、胆、胰、脾、肾等脏器；动脉血气分析；心脏彩超及心功能测定；必要时行头颅 CT 或 MRI 检查。

（4）与母体基础疾病相关的指标监测：必要的自身免疫病相关指标或代谢指标检查。

2. 胎儿 - 胎盘

（1）胎心、胎动、胎心电子监护。

（2）临床或超声评估胎儿发育大小、宫内状况、羊水量。

（3）子宫动脉和脐带血流指数的多普勒超声检测。

（4）胎盘形态和回声的超声影像学变化。

【监测与护理】

1. 治疗原则为解痉、降压、镇静，利尿，适时终止妊娠。

（1）解痉：首选硫酸镁。硫酸镁有预防子痫和控制子痫发作的作用。硫酸镁使用的注意事项：血清镁离子有效治疗浓度为 1.8~3.0mmol/L。超过 3.5mmol/L 即可出现中毒症状。使用硫酸镁的必备条件：膝腱反射存在；呼吸≥16 次 / 分；尿量≥25ml/h（即≥600ml/d）；备有 10% 葡萄糖酸钙，镁离子中毒时停用硫酸镁并缓慢（5~10min）静脉推注 10% 葡萄糖酸钙 10ml。如孕妇同时合并肾功能不全、心脏病、重症肌无力等，或体重较轻者，则硫酸镁应慎用或减量使用。条件许可，用药期间可监测血清镁离子浓度。

（2）降压：用于血压过高，特别是舒张压≥110mmHg 或平均动脉压≥140mmHg 者，以及原发性高血压妊娠前已用降压药者。选用的药物以不影响心搏出量、肾血流量及子宫胎盘灌注量为宜。常用卡托普利等。

（3）镇静：常用地西泮和冬眠合剂，用于硫酸镁有禁忌或疗效不明显者分娩期应慎用，以免药物通过胎盘对胎儿的神经系统产生抑制作用。

（4）利尿：用于全身性水肿、急性心力衰竭、肺水肿、脑水肿或血容量过多且伴有潜在性脑水肿者。用药过程中严密监测患者的水和电解质平衡情况。常用呋塞米、甘露醇。

（5）适时终止妊娠：是彻底治疗妊娠期高血压疾病的重要手段。指征：重度子痫前期孕妇经积极治疗 24~48 小时无明显好转者；重度子痫前期孕妇的孕龄 <34 周，但胎盘功能减退，胎儿估计已成熟者；重度子痫前期孕妇的孕龄 >34 周，经治疗好转者；子痫控制后 2 小时可考虑终止妊娠。并给予子痫患者急救（图 13-1-3）。

子痫抢救流程

了解病情及用药情况。测量神志、血压、脉搏、呼吸、体温、瞳孔大小、对光反射、腱反射、病理反射，查宫高、胎心、宫缩及胎儿情况。查尿常规、肝肾功能、电解质。记出入量

使用硫酸镁

左侧卧位、吸氧、吸痰。防声、光刺激。防坠床，上开口器防唇舌咬伤

如外院未用药
25% 硫酸镁 16mL（4g）+5% 葡萄糖注射液 20mL 静推 >5min
25% 硫酸镁 20mL（5g）+2% 普鲁卡因 2mL 深部肌注（20min 后仍抽搐时可加用）
25% 硫酸镁 30mL（7.5g）+5% 葡萄糖注射液 500mL 静滴 2g/h
监测腱反射、呼吸、尿量。备好 10% 葡萄糖酸钙拮抗镁中毒

外院已用硫酸镁静推或肌注
25% 硫酸镁 30mL（7.5g）+5% 葡萄糖注射液 500mL 静滴 1.5~2g/h

其他药物治疗

平均动脉压 ≥140mmHg 或舒张压≥110mmHg于降压药

地西泮10mg 静滴（速度>5min）或肌注

冬眠一号 1/3量入壶 地塞米松 10mg入壶

降颅压 20% 甘露醇 250mL。如心肾功能不全。则呋塞米 20~40mg。可 6h 后重复

防感染

病情稳定转上级医院或抽搐停止后 2h 终止妊娠

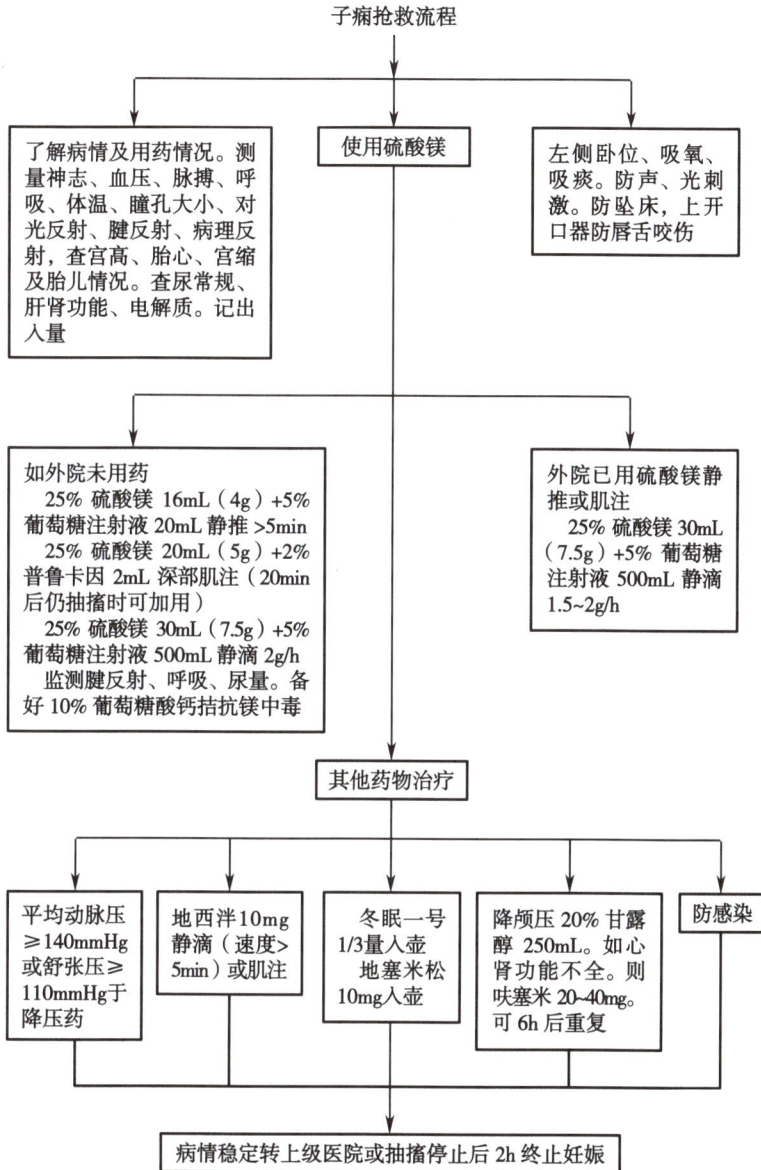

图 13-1-3 子痫抢救流程

2. 子痫患者的护理

（1）协助医生控制抽搐。患者一旦发生抽搐，应尽快控制。遵医嘱应用硫酸镁，必要时可加用强有力的镇静药物。

（2）专人护理，防止受伤。

（3）减少刺激，以免诱发抽搐。

（4）严密监护。

（5）为终止妊娠做好准备。子痫发作后多自然临产，应严密观察及时发现产兆，并做好母子抢救准备。如经治疗病情得以控制仍未临产者，应在孕妇清醒后 24~48h 内引产，或子痫患者经药物控制后 6~12h，考虑终止妊娠。护士应做好终止妊娠的准备。

知识拓展

子痫的预防

1. 加强孕期保健管理;
2. 入院后重视询问和采集病史;
3. 重视实验室检查结果;
4. 定期监测血压;
5. 左侧卧位,保证充足睡眠;
6. 重视患者自觉症状的观察与分析;
7. 做好宣教及心理安抚;
8. 重视产后休息、镇痛及关心;
9. 对确诊的子痫前期孕妇严格按治疗原则治疗;
10. 一般抽搐控制后 2h 可考虑终止妊娠。同时还要注意预防产妇视网膜剥脱及肝、肾、脑血管出血等并发症。

附:其他并发症

(一)妊娠合并弥散性血管内凝血

【概述】

弥散性血管内凝血(disseminated intravascular coagulation,DIC)不是一个独立的疾病,而是在多种疾病的基础上,以微血管体系损伤为病理基础,凝血及纤溶系统被激活,导致全身微血管血栓形成,凝血因子大量消耗并继发纤溶亢进,引起全身出血及微循环衰竭的临床综合征。

【病因与发病机制】

妊娠期妇女体内多种凝血因子含量及活性增加,血小板、凝血酶原以及纤维蛋白原也相应增多。且胎盘、羊水等组织中含有的凝血活酶,也可通过胎盘进入母血。因此,妊娠期妇女凝血功能增强,纤溶系统功能相对降低。妊娠期血液的高凝状态,虽有利于产后胎盘剥离面的止血,但当妊娠合并或并发其他因素时,在此基础上较易发生 DIC。产科 DIC 常见病因有:

1. 围生期感染　以感染性流产、围生期生殖道感染多见。感染所致细菌、毒素以及免疫复合物入血,发生绒毛膜羊膜炎以及败血症,启动内源性凝血系统并促进血小板聚集、释放促凝物质。

2. 稽留流产或胎死宫内　滞留宫内的坏死胎盘及死胎组织发生自溶,并释放组织因子及凝血酶,导致纤维蛋白原减少性凝血功能改变。

3. 胎盘早剥　胎盘早剥的原因较多,但多发生于子痫前期患者,因螺旋小动脉痉挛性收缩,蜕膜缺血缺氧损伤坏死,释放凝血活酶,胎盘后血肿消耗纤维蛋白原,出现低纤维蛋白血症,纤维蛋白原 <1~1.5g/L 则可能有出血倾向及脏器栓塞。

4. 羊水栓塞　羊水内含有上皮细胞、胎脂、胎粪等物质具有促凝作用,进入母血后可启动内、外源性凝血系统,促进血小板聚集及活化,微血栓形成,并激活纤溶系统,使纤维蛋白降解同时溶解纤维蛋白原。并且母体对羊水中抗原物质的过敏反应以及羊水颗粒物对血管的收缩作用和血管活性物质的释放均可诱发和加重 DIC 的发生。

5. 失血性休克　失血性休克时凝血因子短时间被消耗,组织严重缺血缺氧,大量酸性代谢产物堆积,并且血管内皮受损激活内源性凝血系统,损伤的组织释放凝血活酶,可迅速发展为 DIC。

6. 妊娠期高血压疾病　高血压患者血管痉挛,微小血管狭窄,血流量改变,血管壁通透性增加,血液浓缩等致全身组织器官发生缺氧,血管内皮损伤,凝血因子明显改变,通过多种途径激活凝血系统,导致慢性 DIC 的发生。

7. 妊娠期肝脏疾病　重症肝炎或急性脂肪肝患者肝脏功能受损,凝血因子合成减少,出血、凝血时间明显延长,极易引起出血导致慢性 DIC 的发生。DIC 的发病机制见图 13-1-4。

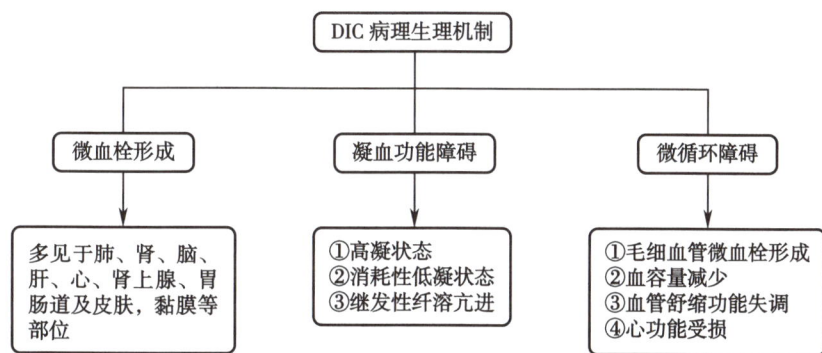

图 13-1-4　DIC 病理生理机制

【临床评估与判断】

1. 病情评估

（1）诱因:存在容易导致 DIC 的基础疾病和诱因,如血管损伤性疾病、凝血因子消耗等。

（2）出血:阴道持续流血或手术创面持续出血是产科 DIC 子宫出血最常见的特征。其他多部位、自发性、广泛性出血也是 DIC 的典型临床表现,包括:皮肤瘀点、瘀斑,牙龈出血,鼻出血,手术部位、针刺部位出血,深部组织血肿,消化道、泌尿道、颅内出血等。

（3）休克:起病突然,早期未发现明确病因,常常伴有全身多发性出血倾向,但休克程度与出血量往往不相符,可出现重要脏器功能障碍,抗休克治疗效果不佳。

（4）微血管栓塞:微血管中微血栓形成,阻塞受累器官,致使组织缺氧、坏死,导致功能障碍,临床表现依受累器官、受累范围以及病程及严重程度不同而存在差异。发生于皮肤黏膜部位的浅层栓塞表现为皮肤发绀、坏死、脱落以及黏膜坏死、溃疡形成。发生于心、肝、肾、脑等深部栓塞可引起相应器官的功能障碍,如心梗、呼吸困难、蛋白尿、肝大、腹水等,脑垂体坏死出血可导致希恩综合征、闭经等。上述脏器功能衰竭的临床表现,常以综合的表现形式存在,广泛的微血栓形成也是多脏器功能衰竭的重要因素。

（5）微血管病性溶血:患者可出现不明原因的与出血量不成比例的贫血症状,可伴有寒战、高热、血红蛋白尿、黄疸等。外周血可出现形态各异的红细胞碎片。

2. 辅助检查

（1）血小板计数：血小板计数迅速下降至 $<100 \times 10^9/L$，或进行性下降可达 $50 \times 10^9/L$。

（2）血纤维蛋白原测定：DIC 主要表现为血纤维蛋白原过少症，一般低于 1.5g/L；重症可低于 1g/L。

（3）凝血酶原时间测定：凝血酶原时间延长，正常为 13s，如延长 3s 以上则为异常。

（4）优球蛋白溶解实验：此实验是除去血纤维蛋白系统的溶解物质，了解纤维蛋白活性。正常值 2~4h，纤溶亢进时则 <120min。

（5）血浆鱼精蛋白副凝固试验（3P 试验）：DIC 时可溶性蛋白单体增多，鱼精蛋白可使之分解，单体复合物自行聚合成不溶性的纤维蛋白凝块而呈胶冻状，此过程称之为副凝固现象，3P 试验为阳性。但当纤溶亢进时，3P 试验为阴性。故 3P 试验可预测 DIC 的不同阶段。

（6）纤维蛋白降解产物（FDP）：正常 1~5mg/L，DIC 时 FDP>20mg/L。

（7）纤维蛋白溶解试验：将正常人已凝固的血 2ml 加入患者 2ml 血中，30~40min。正常人血凝块破碎，表示患者纤溶活性亢进。

（8）D– 二聚体升高或阳性。

知识拓展

产科 DIC 严重性分期

1 期（代偿期）：检查发现 FDPs↑，血小板↓。

2 期（失代偿期但可控制出血）：检查发现 FDPs↑，纤维蛋白原↓，血小板↓↓，凝血因子 V 和Ⅷ↓。

3 期（无法控制的大量出血）：检查发现 FDPs↑↑，血小板↓↓，凝血因子全部消耗，特别是纤维蛋白原。

【监测与护理】

1. 原发病治疗　积极治疗原发病是预防和终止 DIC 的关键，严密监测产妇凝血功能的变化，选择合理的产科措施去除病因。积极控制感染、清除宫腔内滞留物、及时终止妊娠、采取有效的出血措施甚至切除子宫，同时改善缺氧、纠正酸中毒、防止休克等均可预防或阻止 DIC 的发生、发展。

2. 改善微循环　改善微循环的灌流量是预防 DIC 的先决条件，严密监测生命体征，开通 2~4 条静脉通路，补充血容量，恢复微循环血流通畅，解除小动脉痉挛，降低血液黏度。在补充血容量的同时需要纠正酸中毒和水电解质失衡，根据中心静脉压的测定及失血失液情况，调整液体出入量。

3. 抗凝治疗　抗凝治疗是阻断血管内血栓形成、减轻器官损伤、重建凝血 – 纤溶系统的平衡的重要措施。一般来说，DIC 的抗凝应与治疗原发疾病及凝血因子补充同步进行。

（1）肝素：肝素是常用而有效的抗凝药，可以阻断凝血过程，防止血小板因子消耗，但对已形成的微血栓无效。一次量可按每千克体重 0.5~1mg 计算。静滴可立即生效，但有效时间短，需持续静滴或每 4~6h 给药 1 次，以保持有效的抗凝水平。

适应证：诊断明确的 DIC，病因不能迅速控制时，应立即使用肝素。应在血液呈高凝状态，有下列症状结合化验室检查，在症状出现 10min~1h 内用肝素效果最好。①血小板下降至 150×10^9/L 以下，皮肤出现出血点或瘀斑。②血液呈高凝状态，静脉血血液黏滞，血压下降。③顽固性休克，休克与失血不成比例。④血小板、凝血因子、纤维蛋白原迅速下降，持续性血管内凝血。⑤凝血因子消耗引起的持续性出血不止，出血不见凝血块。

禁忌证：①有显著出血倾向或潜在出血病。②结核空洞出血、溃疡病出血，有出血倾向的严重肝病或高血压脑病。③手术后短期内，或有巨大的出血创面未曾完善止血。④ DIC 晚期，已过渡到纤溶亢进阶段。

（2）其他抗凝及抗血小板药物：低分子右旋糖酐；抗凝血酶Ⅲ（AT-Ⅲ）；阿司匹林；双嘧达莫；重组人活化蛋白。

4. 补充凝血因子　凝血因子是产科常输注的血液成分，消耗性低凝血期是补充凝血因子的适当时机。

（1）输新鲜血和新鲜冷冻血浆：输新鲜血或库存血不超过 3 天。新鲜冷冻血浆在扩容方面优于新鲜血是因为无细胞成分又含大量抗凝血酶–Ⅲ，可与肝素协同抗凝阻断凝血因子继续消耗，无加重凝血之虑。

（2）纤维蛋白原：当 DIC 出血不止，纤维蛋白原下降至 1~1.25g/L 时，可输注纤维蛋白原，24h 内给予 8.0~12.0g。可使血浆纤维蛋白原升至 1.0g/L。若输注凝血酶原复合物以不少于 400U 为宜，但缺乏Ⅷ因子。有时需加用Ⅷ因子制剂和输注血小板。

（3）输血小板：如血小板降至 50×10^9/L，而出血明显加剧，可输浓缩血小板，每 500ml 新鲜血分离血小板为一个单位，每单位血小板输注可提高血小板 7500μL。

（4）冷沉淀物：每单位可增加纤维蛋白原 100mg/L，并可提高Ⅷ因子水平。但血制品有传播肝炎、艾滋病的危险，特别是纤维蛋白原制品应予注意。

5. 抗纤溶治疗　适用于 DIC 晚期的患者，微血栓形成已基本停止，继发性纤溶亢进已成为迟发型出血的主要原因。常用抗纤溶剂氨甲环酸 1~2g 静脉输注，严重者也可每 8 小时输注 1g。

6. 产科其他处理　产科 DIC 患者多伴有产后出血，其他处理常用子宫或手术创面机械压迫、药物治疗以及补充血制品等，若治疗无效，应行子宫切除术。

（二）妊娠合并心脏病

【概述】

妊娠合并心脏病是严重的产科合并症，位居中国孕产妇死因顺位中第二位，为非直接产科死因中的首位，发病率约为 1%~2%。妊娠合并心脏病可分为两类，第一类为原发性：风湿性及先天性心脏病居多，高血压性心脏病、二尖瓣脱垂和肥厚性心肌病少见。第二类为妊娠诱发的心脏病，如妊娠高血压并发心脏病、围生期心脏病。

随着心血管外科诊疗技术的发展，先天性心脏病患者的生存质量得以提高，约有 85% 的患者可以存活至成年。因此，妊娠合并心脏病的类型构成比也随之发生改变。近年来，先天性心脏病合并妊娠，特别是经过外科治疗的先天性心脏病的比例在上升。

知识拓展

妊娠合并心脏病的常见并发症

1. **缺氧及发绀**　发绀型先心病,平时即有缺氧及发绀,妊娠期发绀严重。非发绀型先心病,因肺动脉高压及失血等原因,可致暂时性逆向分流,引起发绀及缺氧。

2. **静脉栓塞和肺栓塞**　妊娠期间,血液处于高凝状态,加上心脏病伴静脉压增高及静脉血液淤滞,易并发深部静脉血栓。血栓一旦脱落,可引起肺栓塞,激发肺水肿。

3. **亚急性感染性心内膜炎**　如不及时控制可诱发心力衰竭。

4. **心力衰竭**　患者心功能已受损,可因妊娠进一步加重,心功能失代偿。

5. **心搏骤停**　很少在妊娠期发生,发病率约为 1/30 000。

【病因与发病机制】

1. **妊娠期**　妊娠期妇女循环血容量于妊娠第 6 周开始逐渐增加,32~34 周达最高峰,至妊娠末期血容量可增加 50%,产后 2~6 周逐渐恢复正常。总循环血量的增加可引起心排血量增加和心率加快。妊娠末期,心排血量较孕前平均增加 30%~50%,心率平均每分钟增加约 10 次。妊娠末期子宫增大,膈肌升高使心脏向上、向左前发生移位,心尖搏动向左移位2.5~3cm,导致心脏大血管轻度扭曲;又由于心率增快和心排血量增加,使心脏负荷进一步加重,易使患心脏病的孕妇发生心力衰竭而危及生命。

2. **分娩期**　分娩期是孕妇血流动力学变化最显著的阶段,加之机体能量及氧的消耗增加,是心脏负担最重的时期。在第一产程中,每次子宫收缩会导致约 250~500ml 血液被挤入体循环,回心血流量增多使心排血量增加 24%。子宫收缩使右心房压力增高,平均动脉压增高 10%,加重心脏负担。第二产程中,除子宫收缩外,腹肌和骨骼肌的收缩使外周循环阻力增加,且分娩时产妇屏气使肺循环压力增加,腹腔压力增高,内脏血液向心脏回流增加,此时心脏前后负荷显著加重。第三产程,胎儿娩出后,腹腔内压力骤减,大量血液流向内脏,回心血量减少;继之胎盘娩出,胎盘循环停止,子宫收缩使子宫血窦内约 500ml 血液突然进入体循环,使回心血量骤增,造成血流动力学急剧变化,妊娠合并心脏病的孕妇极易诱发心力衰竭和心律失常。

3. **产褥期**　产后 3 日内,子宫收缩使大量血液进入体循环,且产妇体内组织间隙内潴留的液体也开始回流至体循环,体循环血量仍有一定程度的增加;而妊娠期出现的一系列心血管系统的变化尚不能立即恢复至非孕状态,加之产妇伤口和宫缩疼痛、分娩疲劳、新生儿哺乳等负担,仍须警惕心力衰竭的发生。

综上所述,妊娠 32~34 周、分娩期第二产程及产褥期的最初 3 日内,是患有心脏病孕妇最危险的时期,护理时应严密监护,确保母婴安全。

【临床评估与判断】

1. **病史**　若孕前已知患者有器质性心脏病,诊断不存在问题。

由妊娠引起的一系列心血管系统的功能改变,也可以导致主诉症状不适和体检的异常,从而增加诊断难度。因此,需注意仔细询问病史,注意以下有意义的诊断依据:妊娠前有心悸、气短、心力衰竭史,或曾经有风湿热病史,体检、X线、心电图检查曾被诊断有器质性心脏病。有劳力性呼吸困难,经常性夜间端坐呼吸、咯血,经常性胸闷胸痛等临床症状。

2. **体格检查** 注意有无特殊面容,发绀、杵状指、持续性颈静脉怒张,心脏听诊有舒张期2级以上或粗糙的全收缩期3级以上杂音。心脏听诊可以发现心包摩擦音、舒张期奔马律和交替脉等。

3. **辅助检查**

（1）心电图检查:提示各种严重的心律失常,如心房颤动、三度房室传导阻滞、ST段改变、T波异常等。

（2）X线检查:显示有心脏扩大,尤其个别心腔扩大。

（3）CT和MRI:诊断主动脉疾病必要时可以采取的检查,但应尽可能避免或者减低放射暴露。

（4）超声心动图(UCG):精确反映各心腔大小的变化,心瓣膜结构及功能情况。

（5）实验室检查:心肌酶、心房利钠肽和脑利钠肽。后两者可以反映疾病的严重程度及机体对心衰的代偿能力,是心衰恶化状态的预测因子。

（6）胎儿电子监护仪、无应激试验、胎动评估:预测宫内胎儿储备能力,评估胎儿健康状况。

4. **心脏功能的评估**

（1）纽约心脏病协会将心脏病孕妇心功能分4级:

Ⅰ级:一般体力活动不受限制。

Ⅱ级:一般体力活动轻度受限制,活动后心悸、轻度气短,休息时无症状。

Ⅲ级:一般体力活动明显受限制,休息时无不适,轻微日常工作即感不适、心悸、呼吸困难,或既往有心力衰竭史者。

Ⅳ级:一般体力活动严重受限,不能进行任何体力活动,休息时有心悸、呼吸困难等心力衰竭表现。

（2）根据心脏病种类、病变程度等,综合判断能否耐受妊娠:

可以妊娠者:心脏病变较轻,心功能Ⅰ~Ⅱ级,既往无心力衰竭史。

不宜妊娠者:心脏病变较重、心功能Ⅲ~Ⅳ级、既往有心力衰竭史、有肺动脉高压、右向左分流型先天性心脏病、严重心律失常、风湿热活动期、心脏病并发细菌性心内膜炎、急性心肌炎、年龄在>35岁心脏病病程较长,发生心力衰竭的可能性极大。

【**监测与护理**】

处理原则是积极防治心力衰竭和感染。

1. **非孕期** 根据孕妇所患有的心脏病类型、病情程度及心功能状态,确定患者是否可以妊娠。对不宜妊娠者,应指导其采取正确的避孕措施。

2. **妊娠期**

（1）终止妊娠:终止妊娠的指征:①心脏病变较重,心功能Ⅲ级以上,或曾有心衰史者;②风心病伴有肺动脉高压、慢性心房颤动、高度房室传导阻滞,或近期内并发细菌性心内膜炎者;③先心病有明显发绀或肺动脉高压症;④合并其他较严重的疾病。妊娠超过12周,终止妊娠的危险性不亚于继续妊娠,一般应密切监护,积极防治心衰。

（2）监护及护理:增加产检次数或家庭访视频率,妊娠20周前每2周行产前检查1次。

妊娠 20 周后,尤其是 32 周后,需 1 周检查 1 次,由心血管内科医师和产科医师共同完成,并根据病情需要调节检查间期。重点评估心脏功能情况及胎儿宫内情况。若心功能在Ⅲ级或以上,有心力衰竭征象者,均应立即入院治疗。心功能Ⅰ~Ⅱ级者,应在妊娠 36~38 周提前入院待产。

（3）预防心力衰竭

1）识别早期心力衰竭的征象:轻微活动后即有胸闷、心悸、气短休息时心率每分钟超过 110 次,呼吸每分钟大于 20 次;夜间常因胸闷而需坐起呼吸,或需到窗口呼吸新鲜空气;肺底部出现少量持续性湿啰音,咳嗽后不消失;患者出现上述征象时应考虑为早期心衰,需及时处理。

2）充分休息,避免劳累:保证孕妇每天至少 10 小时的睡眠且中午宜休息 2 小时,有医师建议患心脏病的孕妇妊娠 30 周后完全卧床休息,以保证胎儿健康。休息时尽量取左侧卧位或半卧位。提供良好的支持系统,避免因过劳及精神压力诱发心力衰竭。

3）营养科学合理:指导心脏病孕妇摄入高热量、高维生素、低盐低脂且富含多种微量元素如铁、锌、钙等的饮食,宜少量多餐,多食蔬菜和水果,防止便秘加重心脏负担。整个孕期孕妇体重增加不超过 10kg。妊娠 16 周后,每日食盐量不超过 4~5g。

4）预防治疗诱发心力衰竭的各种因素:如贫血、心律失常、妊娠期高血压疾病、各种感染、尤其是上呼吸道感染,如有感染征象,应及时给予有效的抗感染治疗。卧床休息期间注意翻身拍背,协助排痰,保持外阴清洁,加强保暖。必要时持续监测心率、心律、呼吸、血压、血氧饱和度等。使用输液泵严格控制输液滴速。风心病致心衰者,协助患者经常变换体位,活动双下肢,预防血栓的形成。临产后及时加用抗生素以防感染。

5）健康宣教与心理支持:促进家庭成员适应妊娠造成的压力,协助并提高孕妇自我照顾能力,完善家庭支持系统。指导孕妇及家属掌握妊娠合并心脏病的相关知识,包括如何自我照顾,限制活动程度,诱发心力衰竭的因素及如何预防,识别早期心衰的常见症状和体征,尤其是遵医嘱服药的重要性,掌握抢救和应对措施。及时为家人提供信息,使其了解孕妇目前的身心状况,妊娠的进展情况,监测胎儿的方法及产时、产后的治疗护理方法,以减轻孕妇及其家人的焦虑心理,以期安全度过妊娠期。

（4）急性心衰的紧急处理

1）体位:患者取坐位,双腿下垂,四肢轮扎以减少静脉血回流。

2）吸氧:开始为 2~3L/min,也可高流量给氧 6~8L/min,必要时面罩加压给氧或正压呼吸。使用乙醇吸氧,即氧气流经 50%~70% 乙醇湿化瓶中,使泡沫表面张力降低而破裂,以利于肺泡通气的改善。

3）按医嘱用药:吗啡:5~10mg 静脉缓注,必要时每 15 分钟重复 1 次,共 2~3 次,可使患者镇静以减少躁动所带来的额外的心脏负担,且可同时舒张小血管以减轻心脏负担;快速利尿:呋塞米 20~40mg 静注,2 分钟内推完,10 分钟内起效,维持 3~4 小时。此药有利尿缓解肺水肿的作用;血管扩张剂:硝普钠 12.5~25μg/min,静注后 2~5min 起效,连续用药不得超过 24 小时。硝酸甘油以 10μg/min 开始,每 10min 调整一次,每次增加 5~10μg,使收缩压维持在 100mmHg 左右。酚妥拉明静脉滴注,以 0.1mg/min 开始,每 5~10min 调整一次,最大可增至 1.5~2.0mg/min;洋地黄类药物:毛花苷 C,静脉给药;氨茶碱:解除支气管痉挛,缓解呼吸困难,增强心肌收缩力,扩张血管,利尿的作用。

3. 分娩期

（1）严密观察产程进展,防止心力衰竭的发生:

1）左侧卧位,避免仰卧,防止仰卧位低血压综合征发生。分娩时采取半卧位,臀部抬高,下肢放低。也可适当应用镇静剂,消除紧张情绪。密切观察子宫收缩,胎头下降及胎儿宫内情况,随时评估孕妇的心功能状态,正确识别早期心力衰竭的症状及体征。第一产程,每 15 分钟测血压、脉搏、呼吸、心率各 1 次,每 30 分钟测胎心率 1 次。第二产程每 10 分钟测 1 次上述指标,或使用监护仪持续监护。遵医嘱给予吸氧,药物治疗并注意用药后观察。

2）缩短第二产程,减少产妇体力消耗:宫缩时不宜用力,说明减轻疼痛的必要性及方法,如指导并鼓励产妇以呼吸及放松技巧减轻不适感,必要时给予硬膜外麻醉。宫口开全后需行产钳术或胎头吸引术缩短产程,以免消耗大量体力,同时应做好抢救新生儿的各种准备工作。

3）预防产后出血和感染:胎儿娩出后,应腹部立即放置沙袋,持续 24 小时,以防腹压骤降诱发心力衰竭。为防止产后出血过多,可静脉或肌内注射缩宫素,禁用麦角新碱,以防静脉压升高。遵医嘱进行输血、输液时,使用输液泵控制滴速和补液量,以免增加心脏额外负担,并随时评估心脏功能。一切操作严格遵循无菌操作规程,并按医嘱给予抗生素预防感染。

（2）给予生理及情感支持,减轻产妇及家属焦虑

医护人员有责任提供并维护安静、舒适无刺激性分娩环境,陪伴产妇给予情感及生理上的支持与鼓励,及时提供信息,协助产妇及的家属了解产程进展情况,并取得配合,减轻其焦虑感,保持情绪平稳,维护家庭关系和谐。

4. 产褥期

（1）产后 72 小时严密监测生命体征:正确识别早期心衰症状,产妇应半卧位或左侧卧位,保证充足的休息,必要时遵医嘱给予镇静剂;在心脏功能允许的情况下,鼓励其早期下床适度活动,以减少血栓的形成。同时,制订循序渐进式的自我照顾计划,逐渐恢复自理能力。

（2）一般护理及用药护理:心功能 Ⅰ~Ⅱ 级的产妇可以母乳喂养,但应避免过劳;保证充足的睡眠和休息。Ⅲ级或以上者,应及时回乳,指导家属人工喂养的方法。及时评估有无膀胱胀满,保持外阴部清洁;指导摄取清淡低盐饮食,少量多餐,防止便秘,必要时遵医嘱给予缓泻剂。产后按医嘱预防性使用抗生素及协助恢复心功能药物,并严密观察其不良反应,无感染征象时停药。

（3）促进亲子关系建立,避免产后抑郁发生:心脏病产妇通常会非常担心新生儿是否有心脏缺陷,同时由于自身原因而不能亲自参与照顾,会产生愧疚、烦躁的心理。因此,护理人员应详细评估其身心状况及家庭功能,并与家人一起共同制订康复计划,采取渐进式、恢复其自理能力为目的护理措施。如心功能状态尚可,应鼓励产妇适度地参与到照顾婴儿的活动中,以增加母子互动。如果新生儿有缺陷或死亡,应允许产妇表述其情感,并给予理解和安慰,减少产后抑郁症的发生。

（4）采取适宜的避孕方式:不宜再妊娠者,在剖宫产的同时行输卵管结扎术或在产后

1周做绝育术。未做绝育术者应建议采取适宜的避孕措施，严格避孕。

（5）做好出院指导：包括详细制订出院计划，确保产妇和新生儿得到良好照顾，根据病情及时复诊。

（三）妊娠期急性脂肪肝

【概述】

妊娠期急性脂肪肝（acute fatty liver）为一种少见、原因未明、出现于妊娠晚期的急性肝脏脂肪变性。早期诊断和及时终止妊娠可明显改善母胎预后。其病理特征为肝细胞内含有大量脂肪微囊泡。多见于青年初产妇、双胎及男胎，病情险恶，病死率较高。分娩方式应首选剖宫产终止妊娠，若宫颈条件成熟、估计短时间可经阴道分娩者，可在严密监测下阴道分娩。终止妊娠前需尽快纠正凝血功能异常。

【病因与发病机制】

妊娠期急性脂肪肝病因不明，可能系妊娠期激素变化使脂肪酸代谢发生障碍，致游离脂肪酸堆积在肝细胞、肾、胰、脑等脏器，造成多脏器损害；已有多例复发病例和其子代有遗传缺陷的报道，故妊娠期急性脂肪肝可能是先天遗传性疾病，任何降低胎儿长链脂肪酸代谢的基因缺陷，都可能造成对母体肝脏线粒体β氧化毒性，从而导致妊娠期急性脂肪肝；此外，病毒感染、药物、营养不良、免疫机制、妊娠期高血压疾病等多因素对线粒体脂肪酸氧化的损害作用可能也有关。

【临床评估与判断】

1. 临床表现　妊娠期急性脂肪肝常发生于妊娠晚期，多发生于妊娠28~40周，也有发病于23周的报道。多见于初产妇、男胎、多胎妊娠，大约50%患者可发展为子痫前期，20%患者合并HELLP综合征。起病急，80%患者骤发持续性恶心、呕吐，伴上腹部疼痛、厌油等消化道症状，后出现黄疸并迅速加深，血清总胆红素可达171μmol/L以上。肝功能严重受损，出现全身出血倾向，凝血因子合成不足，可继发DIC，引起凝血功能障碍，出现皮肤、黏膜等多部位出血，特别是产后大出血。可发生持续重度低血糖、肝性脑病、肾衰竭、胰腺炎、胃肠功能障碍等多器官系统受累表现，围产儿死亡率高。

2. 辅助检查

（1）血常规：白细胞高，血小板低。

（2）尿常规：尿蛋白常为阳性，因肾排泄功能障碍，尿胆红素常为阴性，是较重要的诊断指标之一。

（3）肝功能：转氨酶轻中度升高，一般在300IU/L以下，超过1000IU/L者少见。有胆酶分离现象，血清胆红素升高，30~615μmol/L不等。

（4）凝血功能：凝血酶原时间延长，纤维蛋白原降低。

（5）低血糖和高血氨：见于肝衰竭时。

（6）肾功能：尿酸较早增高，提示肾小管功能失常，晚期血尿素氮及肌酐明显升高，提示肾衰竭。

（7）B超显示肝区弥漫性的密度增高区，呈雪花样强弱不均，CT提示肝实质为均匀一致的密度减低，B超及CT对及早检出脂肪肝很有帮助，必要时可行MRI检查。

（8）组织学检查：肝穿刺活检提示肝细胞质中有脂肪小滴，表现为弥漫性微滴性脂肪变性。但妊娠期急性脂肪肝常合并凝血功能异常，组织学检查不常用。

诊 断 要 点

无法用其他原因解释出现以下情况中的 6 项以上，可诊断急性脂肪肝：①呕吐；②腹痛；③烦渴 / 多尿；④肝性脑病；⑤高胆红素血症；⑥低血糖；⑦高尿酸；⑧白细胞数增高；⑨腹水或明亮的肝脏；⑩转氨酶升高；⑪高血氨；⑫肾功能损害；⑬凝血功能障碍；⑭泡性脂肪变（肝穿刺活检确诊）。

【监测与护理】

保守治疗母婴死亡率极高，确诊后或高度疑诊的患者应尽快终止妊娠并给予最大限度的支持性治疗。支持治疗措施如下：予低脂肪低蛋白、高碳水化合物，静脉滴注葡萄糖纠正低血糖，保持水电解质酸碱平衡；予广谱抗生素预防感染；质子泵抑制剂或 H_2 受体拮抗剂保护胃黏膜预防应激性溃疡；予保肝治疗；成分输血；血浆置换；肾上腺皮质激素：短期使用可保护肾小管上皮，可用氢化可的松每天 200~300mg 静脉滴注；重视多学科协作，防治肝性脑病、肾衰竭、感染等并发症。

终止妊娠后病情仍持续进展 1~2 周，多数产妇病情可改善。少数患者可能病情继续恶化，发生胃肠出血、呼吸窘迫综合征、急性胰腺炎及肾性尿崩症等并发症，需继续严密监测治疗，若发生不可逆性肝衰竭，可能需肝移植。

（四）HELLP 综合征

【概述】

HELLP 综合征是妊娠期高血压疾病的严重并发症，HELLP 是指 Hemolysis（溶血）、Elevated Liver enzymes（肝酶升高）和 Low Platelet count（血小板减少）。本病常危及母儿生命。国内报道重度妊娠期高血压疾病患者 HELLP 综合征的发病率约 2.7%，国外为 4%~16%。其高危因素有多产妇、>25 岁和既往不良妊娠史者。

【病因与发病机制】

本病的主要病理改变与妊娠期高血压疾病相同，如血管痉挛、血管内皮损伤、血小板聚集与消耗、纤维蛋白沉积和终末器官缺血等，但发展为 HELLP 综合征的启动机制尚不清楚。血管内皮细胞损伤可引起管腔内纤维蛋白沉积，使管腔中流动的有形物质和损伤部位接触后遭到破坏，血小板被激活释放出缩血管物质，包括血栓素 A_2、内皮素等，导致血管收缩，促使血管内皮进一步损伤，促进血小板凝集，增加了血小板消耗而使血小板减少；红细胞通过内皮损伤的血管和纤维蛋白网沉淀物时变形、破坏而发生溶血；血管内皮损伤，末梢血管痉挛，在门脉周围和（或）肝实质形成局灶性肝细胞坏死、出血和玻璃样物质沉积，肝窦内也有大片纤维素样物质沉着，甚至出现包膜下或肝实质内出血，引起肝酶升高和肝区疼痛，偶尔导致肝包膜破裂。

HELLP 综合征的发生可能与自身免疫机制有关，研究表明该病患者血中补体被激活，过敏毒素、C3a、C5a 及终末 C5b~C9 补体复合物水平升高，可刺激巨噬细胞、白细胞及血小板合成血管活性物质，使血管痉挛性收缩，内皮细胞损伤引起血小板聚集、消耗、导致血小板减少、溶血及肝酶升高。

【临床评估与判断】

1. 病情评估　常见主诉为右上腹或上腹部疼痛、恶心、呕吐、全身不适等非特异性症状,少数可有轻度黄疸,查体可发现右上腹或上腹肌紧张,体重显著增加、水肿。如凝血功能障碍严重可出现血尿、消化道出血。多数患者有重度妊娠期高血压疾病的基本特征,约 20% 患者血压正常或轻度升高,15% 孕妇可既无高血压也无明显的蛋白质。

本病可发生于妊娠中期至产后数日的任何时间,70% 以上发生于产前,产后发生 HELLP 综合征伴肾衰竭和肺水肿者危险性更大。

2. 辅助检查

（1）血管内溶血:血红蛋白 60~90g/L,外周血涂片中见裂片红细胞、球形红细胞。血清总胆红素 >20.5μmol/L,以间接胆红素为主,血细胞比容 <0.30,网织红细胞 >0.015。

（2）肝酶升高:血清丙氨酸氨基转移酶、门冬氨酸氨基转移酶、乳酸脱氢酶均升高,其中乳酸脱氢酶升高出现最早。

（3）血小板减少:血小板计数 <100×10^9/L。根据血小板减少程度,将 HELLP 综合征分 3 级:Ⅰ 级:血小板 ≤50×10^9/L;Ⅱ 级:<50×10^9/L 血小板 <100×10^9/L;Ⅲ 级:100×10^9/L< 血小板 <150×10^9/L。

知识拓展

HELLP 综合征的鉴别诊断

	HELLP 综合征	血小板减少性紫癜	溶血性尿毒症性综合征	妊娠期急性脂肪肝
主要损害器官	肝脏	神经系统	肾脏	肝脏
妊娠期	中、晚期	中孕	产后	晚孕
血小板	↓	↓	↓	正常/↓
PT/APTT	正常	正常	正常	↓
溶血	+	+	+	+/-
血糖	正常	正常	正常	↓
纤维蛋白原	正常	正常	正常	↓↓
肌酐	正常或↑	↑	↑	↑

【监测与护理】

1. 积极治疗妊娠期高血压疾病　以解痉、镇静、降压及合理扩容、必要时利尿为治疗原则。

2. 肾上腺皮质激素　可使血小板计数、乳酸脱氢酶、肝功能等各项参数改善,尿量增加,平均动脉压下降,并可促使胎儿肺成熟。孕期每 12 小时静滴地塞米松 10mg,产后应继续应用 3 次,以免出现血小板再次降低、肝功恶化、少尿等危险。

3. 控制出血、输注血小板　血小板 >40×10⁹/L 时不易出血。<20×10⁹/L 或有出血时,应输浓缩血小板、新鲜冻干血浆,但预防性输血小板并不能预防产后出血的发生。

4. 血浆析出疗法　用新鲜冷冻血浆置换患者血浆,去除毒素、免疫复合物、血小板聚集抑制因子的危害,降低血液黏稠度,补充缺乏的血浆因子等。对改善 HELLP 综合征临床症状及降低围生期病死率极有效,但对纠正暴发型 HELLP 综合征无效。

5. 产科处理

(1)终止妊娠的时机:孕龄≥32 周或胎肺已成熟、胎儿宫内窘迫、先兆肝破裂及病情恶化者,应立即终止妊娠;病情稳定、妊娠 <32 周、胎肺不成熟及胎儿情况良好者,应考虑对症处理、延长孕周,通常在期待治疗 4 日内终止妊娠。

(2)分娩方式:HELLP 综合征不是剖宫产指征,分娩方式依产科因素而定。

(3)麻醉选择:因血小板减少,有局部出血危险,故阴部阻滞和硬膜外麻醉是禁忌,阴道分娩宜采用局部浸润麻醉,剖宫产采用局部浸润麻醉或全身麻醉。

第二节　儿科重症患者护理

一、急性气道阻塞

【概述】

上气道阻塞(upper airway obstruction,UAO)是一种由多种原因所致的上气道气流严重受阻的临床急症,临床上以儿童多见。

【病因与发病机制】

引起上气道阻塞的原因较多,其中以外源性异物吸入所致者最为常见。主要包括:气道瘢痕狭窄:多为气管插管或切开术等治疗所致;气道壁病变:如咽喉部软组织炎、咽后壁脓肿、扁桃体肿大、声带麻痹、喉或气管肿瘤、气管软化以及复发性多软骨炎等;气道腔内病变:以气道内异物为多见,以及带蒂气管内息肉或肿瘤和炎性肉芽肿;气道外部压迫:气道周围占位性病变如甲状腺癌、脓肿、血肿或气体的压迫;气道内分泌物潴留:呼吸道出血或大量痰液未能咳出,胃内容物大量吸入等。极少数情况下,功能性声带异常或心理性因素,亦可引起上气道阻塞。

【临床评估与判断】

1. 病情评估

(1)上气道阻塞早期一般无任何表现,往往在阻塞较严重时始出现症状。急性上气道阻塞起病急骤,病情严重,甚至导致窒息而死亡,常有明显的症状和体征。上气道阻塞的临床表现可为刺激性干咳、气喘和呼吸困难;其呼吸困难以吸气困难为主,活动可引起呼吸困难明显加重,且常因体位变化而出现阵发性发作。少数患者夜间出现打鼾,并可因呼吸困难加重而数次惊醒,表现为睡眠呼吸暂停综合征。吸入异物所致者,可有呛咳史,常有明显的呼吸窘迫。

（2）上气道阻塞的症状和体征与阻塞的程度和性质有关。临床上所见的大多数上气道阻塞为不完全性阻塞。主要体征为吸气性喘鸣，肺部亦可闻及但较弱，用力吸气可引起喘鸣明显加重。出现喘鸣提示阻塞较为严重，此时气道内径往往小于 5mm。吸气性喘鸣多提示胸外上气道阻塞，多见于声带或声带以上部位；双相性喘鸣提示阻塞在声门下或气管内；屈颈时喘鸣音的强度发生变化多提示阻塞发生于胸廓入口处。儿童出现犬吠样咳嗽，特别是夜间出现，多提示为喉支气管炎。

2. 辅助检查

（1）上气道梗阻较常见感染，如感染时血象白细胞可升高。

（2）肺功能检查：最大呼气流量（速）– 容积曲线（环）是诊断上气道阻塞的首选检查方法。上气道阻塞时，流量 – 容积曲线出现明显的变化，具有诊断价值。

（3）放射检查

1）颈部平片：针对气管的平片，对渗出性气管炎、气道异物及无名动脉压迫所致的上气道阻塞具有较高的敏感性，但对喉或气管软化的敏感性较差。吸气相颈部平片对喉气管炎和会厌炎具有鉴别价值。喉气管炎的典型征象为"尖塔"征。声门下区狭窄多见于喉气管炎患者，但亦可见于会厌炎。会厌炎在颈部侧位片可显示肿胀的会厌和咽下部扩张。气道平片对上气道阻塞的诊断虽可提供重要信息，但其准确性较差，应与病史和体征相结合进行判断。

2）胸部 CT 扫描：气道 CT 扫描可以了解阻塞处病变的大小和形态，气道狭窄的程度及其与气道壁的关系，以及病变周围组织的情况。增强扫描尚有助于明确病变的血供情况。

3）胸部 MRI 检查：具有很好的分辨能力，可预计气道闭塞的程度和长度，以及评价纵隔情况。

4）内镜检查：纤维喉镜或纤维支气管镜检查可直接观察上气道，了解声带、气管环的变化以及呼吸过程中病变的动态特征，且可采集活体组织行病理学检查，故对诊断具有决定性作用。对疑为上气道阻塞者，均应考虑进行内镜检查。但严重呼吸困难者不宜进行检查，且对血管性疾病严禁进行活组织检查。

【监测与护理】

1. 上气道异物阻塞的救治　吸入异物的急救手法：

（1）婴幼儿气道异物急救法

1）立即将婴幼儿两腿分开，置于操作者一侧手臂或一侧膝盖上，头部低于躯干。

2）用手掌根在患儿肩胛间区快速叩背 4 次，

3）将患儿翻转身，仍保持头低于躯干。在胸骨中部给予 4 次快速胸部推压。手法同胸外心脏按压。

4）检查口腔，异物是否已排出。如果仍未排出，继续上述手法。

5）避免用手指清除气道异物，除非已能看见异物，并容易抓住。

6）如果患儿失去意识，把他平放在床上进行心肺复苏。

（2）年长儿气道异物急救法（Heimlich 手法）

1）首先应判断是否是气道异物。若发现患儿出现气道异物特殊表情，抢救者应询问"你被卡住了吗？"如果是气道被卡住，患儿将无法讲话。

2）抢救者站在患儿背后，双臂环抱其腰部，一手握拳，另一只手抓住握紧的拳头并置于患儿的肚脐与剑突的中点,给予快速有力、向上向内的推压。每次推压都意在清理呼吸道。此操作的原理是向上推压腹部,挤压膈肌和肺,推动气体向外排出并产生强有力的人工咳嗽,促使异物排出呼吸道。此急救法又称 Heimlich 手法。

3)重复推压直至异物排出呼吸道或患儿已昏迷。如果患儿失去意识,把他平放在床上进行心肺复苏。

(3)内镜摘除异物:经上述手法不能取出的异物,或不适宜手法取出的异物如鱼刺,应尽快在喉镜或支气管镜的窥视下摘除异物。

2. 药物治疗 对于喉或气管痉挛所致的上气道阻塞,以及一些炎症疾病引起的黏膜水肿所致上气道阻塞,药物治疗具有一定的价值。对这类上气道阻塞有效的药物主要为肾上腺素和糖皮质激素,但这 2 类药物对会厌炎治疗效果不佳,甚至导致不良反应而不宜使用。

3. 气管插管或气管切开术 气管插管或气管切开可建立有效的人工气道,为保持气道通畅和维持有效呼吸提供条件。尤其对需要转院治疗者,气管插管可明显降低患者的死亡率。对于喉头水肿、喉痉挛、功能性声带功能失调、吸入性损伤、咽峡炎、会厌炎、喉和气管肿瘤等,可考虑进行气管插管或切开。经鼻气管插管损伤最小,最为安全。但应注意,气管插管或切开本身亦可引起上气道阻塞,故对接受这类治疗的患者更应密切观察。

二、急性肺炎

【概述】

急性肺炎(acute pneumonia)是小儿最常见的一种呼吸道疾病,四季均易发生,3 岁以内的婴幼儿在冬、春季患肺炎较多。重症肺炎是婴幼儿时期主要死亡原因之一,临床常以病理、病因、病情及病程分类,婴幼儿以急性支气管肺炎为多见。小儿肺炎临床表现为发热、咳嗽、气促、呼吸困难和肺部细湿啰音,也有不发热而咳喘重者。小儿肺炎有典型症状,也有不典型的,新生儿肺炎尤其不典型。由细菌和病毒引起的肺炎最为多见。目前可通过疫苗预防小儿肺炎。

【病因与发病机制】

(一)病因

鼻咽、气管及支气管狭窄,黏液分泌少,纤毛运动差,肺组织分化不全、弹力纤维不发达,代偿能力差,肺泡少而间质发育旺盛,故含气少血多,这些特点在婴儿期表现更为突出。加之免疫功能尚未充分发育,因此,容易患支气管肺炎。

(二)发病机制

1. 感染中毒 可引起高热、精神不振,食欲减退,以及其他器官系统的损害。

当炎症经支气管、细支气管向下蔓延至肺泡,则形成肺炎。此时支气管黏膜亦多有炎症、水肿而使支气管管腔变窄,肺泡壁因充血而增厚,肺内充满炎性渗出物,从而妨碍了通气,亦使气体弥散阻力增加,小支气管管腔分泌物的集聚,加上纤毛发育、活动能力差,清除分泌物能力弱等,使小气管腔变得更为狭窄,甚至堵塞,致肺部发生阻塞性肺气肿或局限性肺不张,进一步加重了通气和气体弥散障碍,最后导致缺氧和二氧化碳潴留,影响全身代谢过程和重要器官的功能。

2. 低氧血症 当空气进入肺泡及氧自肺泡弥散至血流发生障碍时,血液含氧量减少,动脉血氧分压（PaO_2）、动脉血氧饱和度（SaO_2）降低，SaO_2低于85%，称为低氧血症，还原血红蛋白 >5.0g/dl（50g/L）时，出现紫绀。二氧化碳排出亦严重障碍，则易发生呼吸衰竭。

3. 心血管系统 低氧血症及二氧化碳潴留可引起肺小动脉反射性收缩，使肺循环压力增高，形成肺动脉高压而使右心负荷加重。另外，病原体毒素可作用于心肌引起中毒性心肌炎。肺动脉高压和中毒性心肌炎是心力衰竭的主要诱发因素。重症肺炎可有微循环障碍，由于严重缺氧，酸中毒及病原体毒素等的作用，均可引起微小动脉痉挛，血液淤滞，血流速度减慢，动静脉短路开放，血液与细胞间的物质交换发生障碍，细胞缺氧，二氧化碳不能排出。至晚期毛细血管扩张，血流速度减慢，动静脉短路开放，血液与细胞间的物质交换发生障碍，细胞缺氧，二氧化碳不能排出。至晚期毛细血管扩张，血流停滞，血管中液体渗入组织间隙发生组织水肿，血液浓缩，有效血循环量减少，回心血量减少，心搏出量下降而出现休克，或使心力衰竭加重。微循环障碍还可引起休克。

4. 神经系统 缺氧及二氧化碳潴留可使脑毛细血管扩张，血－脑屏障通透性增加，脑细胞代谢发生障碍。钠泵失灵，不能排钠保钾，脑细胞内水钠潴留，引起脑水肿甚至脑疝，可使呼吸中枢受抑制，发生中枢性呼吸衰竭，加重肺炎。

5. 酸碱平衡失调 严重缺氧时，体内需氧代谢发生障碍，酸性代谢产物增加。肺炎时由于患儿高热、进食少、饥饿及脱水等因素常可引起代谢性酸中毒，同时由于二氧化碳潴留还可发生呼吸性酸中毒。因此重症肺炎常同时存在不同程度的代谢性和呼吸性酸中毒。

6. 胃肠道功能紊乱 低氧血症及病原体毒素作用可致胃肠道功能紊乱，毛细血管通透性增加，引起消化道出血，甚至引起中毒性肠麻痹。

【临床评估与判断】

1. 病情评估

（1）发热，在39~40℃左右，咳嗽是本病的早期症状，开始为频繁的刺激性干咳，随之咽喉部出现痰鸣音，咳嗽时可伴有呕吐、呛奶，呼吸表浅增快，鼻扇，部分患儿口周、指甲轻度发绀，除呼吸道症状外，患儿可伴有精神萎靡，烦躁不安，食欲不振，腹泻等全身症状。

（2）肺炎的临床诊断标准

1）轻型：以呼吸系统症状为主，无呼吸衰竭及其他脏器或系统功能的明显损害或衰竭。

2）重型：除呼吸系统症状之外，并发心力衰竭、呼吸衰竭、弥散性血管内凝血、超高热或体温不升、中毒性脑病和中毒性肠麻痹以及肝肾功能损害之一者，先天性心脏病患儿、营养不良儿、新生儿等患肺炎时，均属重症。重型肺炎除有轻症肺炎的表现加重外，持续高热全身中毒症状严重，且伴有其他脏器功能损害，面色苍白或青灰，呼吸困难突然加重，烦躁不安，面色苍白或发绀，嗜睡甚至昏迷，患儿食欲下降、呕吐、腹泻、腹胀，严重者呕吐咖啡色液体或便血。

（3）金黄色葡萄球菌肺炎多见于1岁以内小婴儿，在呼吸道感染和皮肤感染后突然高热不退，起病急、呼吸道症状出现早，肺炎进展迅速、皮肤花纹，有麻疹样、猩红样皮疹，呕吐、腹泻、腹胀，患儿烦躁嗜睡，严重者惊厥，休克。

（4）腺病毒肺炎病情重，恢复慢，多数起病急，1~2日内体温升至39~40℃稽留不退，精神萎靡、嗜睡、严重者惊厥或昏迷，部分患儿头后仰、颈强直，病初有结膜充血多为单侧，咽部充血、扁桃腺肿大、频繁咳嗽，3~6日才开始出现呼吸困难发绀，以后逐渐加重，出现鼻扇、三凹征,喘憋。

（5）呼吸道合胞病毒肺炎多见于 1 岁以内小儿,尤以 6 个月内的小婴儿最为常见,经 3~5 日的潜伏期,即出现上呼吸道症状,如咳嗽、鼻塞等,发热一般不高,患儿咳嗽、呼吸困难、鼻扇、发绀及三凹征明显,并常有阵发性喘憋,发作时呼吸浅快,伴呼气性呻吟和喘鸣,面色苍白,重症可并发呼吸衰竭及心力衰竭,甚至窒息死亡。

（6）支原体肺炎临床表现多种多样,一般起病不甚急,体温在 37.5~41℃可为持续热或弛张热,持久的阵发性剧烈咳嗽为突出表现,吐黏液性痰,少数患者痰中带少量血丝,部分病儿伴广泛性胸痛,常有畏寒、头痛、厌食等,一般不伴呼吸困难。

2. 辅助检查

（1）白细胞检查:细胞性肺炎时,白细胞总数增高,约为 $15~20 \times 10^9$/L。中性粒细胞增高可有核左移及胞质内中毒颗粒,碱性磷酸酶活性测定阳性率及积分均增高,积分多达 200 以上。

（2）C 反应蛋白试验（CRP）:细菌感染时血清 CRP 值多上升,而非细菌感染时则上升不明显。

（3）病毒病原学检查

1）细菌培养和涂片;

2）病毒分离和血清学试验。

（4）X 线检查:早期肺纹理增强,透光度减低;以后两肺下野、中内带出现大小不等的点状或小斑片状影,或融合成大片状阴影,甚至波及节段。可有肺气肿、肺不张。伴发脓胸时,早期患侧肋膈角变钝;积液较多时,可呈反抛物线状阴影,纵隔、心脏向健侧移位。并发脓气胸时,患侧胸腔可见液平面。肺大疱时则见完整薄壁、无液平面的大疱。

【监测与护理】

本病宜采取合理的综合措施。积极控制感染,保持呼吸道通畅、纠正缺氧,防治并发症,增强机体抵抗力以促进康复。

1. 抗生素的选择

（1）肺部革兰氏阳性球菌感染:肺炎链球菌肺炎,青霉素仍为首选。一般用大剂量青霉素静滴,对青霉素过敏者改用红霉素。葡萄球菌肺炎,首先耐酶（β- 内酰胺酶）药物,如新的青霉素Ⅱ,先锋霉素Ⅰ或头孢菌素三代静滴,疗程 3~6 周,过早停药容易复发。厌氧菌肺炎用氟哌嗪青霉素及甲硝唑（灭滴灵）有效。

（2）肺部革兰氏阴性杆菌感染,一般可用氨苄西林或氨基糖苷类抗生素。绿脓杆菌肺炎可用头孢他啶、头孢曲松钠等。

（3）支原体肺炎多采用红霉素,疗程 2 周为宜。

（4）对于细菌不明确的肺炎,应根据病情选择广谱抗生素,联合用药（其中一种应偏重于革兰氏阴性菌药物）。待细菌明确再酌情更换相应敏感的抗生素。对重病肺炎生素治疗,应以静注或静滴为主。

2. 抗病毒药物的应用

（1）利巴韦林:可滴鼻、雾化吸入、肌注和静脉点滴,肌注和静点的剂量为 10~15mg/（kg·d）,可抑制多种 RNA 和 DNA 病毒;

（2）干扰素:5~7 天一个疗程,亦可超声雾化吸入。

3. 护理措施

（1）一般护理及支持疗法：室温应保持在 20℃ 左右为宜，相对湿度 55%~65%，以防呼吸道分泌物干燥，不易咳出。冬季要定时开窗换气，每次 30 分钟，每天 3 次，避免对流风，注意休息，执行严格的呼吸道隔离制度，防止交叉感染。密切观察病情变化，及时给予相应的处理。对面色青灰，口唇紫绀、烦躁或嗜睡的患儿，应注意心音、心率变化，观察有无心肌炎发生，对吃奶、哭闹后青紫加重，吸氧后仍不能缓解的，应及时查明原因，给予处理。

（2）注意营养及水分供应：应尽量母乳喂养，若人工喂养可根据其消化功能及病情决定奶量及浓度，如有腹泻者给予脱脂奶，对幼儿或儿童宜供应清淡、易消化、富有多种维生素的饮食，恢复期病儿应给营养丰富，高热量食物。对危重病儿不能进食者，给静脉输液补充热量和水分，液量每日 60~80ml/kg 为宜，必要时输注全血或血浆。同时患有佝偻病者宜予维生素 D_3 治疗。

（3）保持呼吸道通畅：应及时清除鼻痂，鼻腔分泌物和呼吸道痰液。改善通气功能，增加肺泡通气量，纠正缺氧，减轻 CO_2 潴留。痰多稀薄者，可以反复翻身拍背以利于痰液排出。必要时口服祛痰药。痰黏稠不易咳出者，可吸痰或用超声雾化吸入，庆大霉素 2 万 U，α- 糜蛋白酶 5mg，地塞米松 1mg，稀释后每次吸入 10~15 分钟，每日 2~3 次。

> **知识拓展**
>
> ### 儿童肺炎的胸部物理疗法
>
> 胸部物理疗法是利用物理技术治疗呼吸道疾病的一种方法。是以简单的手法或改变患者的体位、训练患者呼吸调整的动作或咳嗽的技巧，或者借助器械，以减轻气道阻塞、帮助气道分泌物排出，改善通气和气体交换，增加呼吸肌功能和协调性的治疗技术。胸部物理疗法包括体位法、呼吸控制法、叩击振动法、体位引流法、咳嗽运动法、吸痰法等。由于儿童特殊的解剖、生理特点，儿童胸部常用的物理治疗包括体位引流法、体位变换法、超声雾化法。另外，在儿童肺炎的恢复期为了促进炎症的吸收或啰音的消散，常常使用超短波治疗。

三、化脓性脑膜炎

【概述】

急性化脓性脑膜炎（acute pyogenic meningioma）是化脓性细菌所致的软脑膜、蛛网膜、脑脊液及脑室的急性炎症反应，脑及脊髓表面可轻度受累，常与化脓性脑炎或脑脓肿同时存在。是小儿、尤其婴幼儿时期常见的中枢性神经系统感染性疾病。临床上以急性发热、惊厥、意识障碍、颅内压增高和脑膜刺激征以及脑脊液脓性改变为特征。随着脑膜炎球菌及流感嗜血杆菌疫苗的接种、诊断和治疗水平不断发展，本病发病率和死亡率明显下降。约 1/3 幸存者遗留各种神经系统后遗症，6 个月以下幼婴儿患本病预后更为严重。

【病因与发病机制】

2/3 以上的患儿是由脑膜炎球菌、肺炎链球菌和流感嗜血杆菌三种细菌引起。2 月以下患儿易发生肠道革兰氏阴性杆菌和金黄色葡萄球菌脑膜炎,前者以大肠杆菌最多见。在细菌毒素和多种炎症相关细胞因子的作用下,形成以软脑膜、蛛网膜和表层脑组织为主的炎症反应,表现为广泛性血管充血、大量中性粒细胞浸润和纤维蛋白渗出,伴有弥漫性血管源性和细胞毒性脑水肿。在早期或轻型病例,炎性渗出物主要在大脑顶部表面,逐渐蔓延至大脑基底部和延髓表面。严重者可有血管壁坏死和灶性出血,或发生闭塞性小血管炎而致灶性脑梗死。

【临床评估与判断】

1. 病情观察

(1)感染中毒及急性脑功能障碍症状:包括发热、烦躁不安和进行性加重的意识障碍。随病情加重,患儿逐渐从精神萎靡、嗜睡、昏睡、昏迷到深度昏迷。30%以上的患儿有反复的全身或局限性惊厥发作。脑膜炎双球菌感染常有瘀点、瘀斑和休克。

(2)颅内压增高表现:包括头痛、呕吐,婴儿则有前囟饱满与张力增高、头围增大等。合并脑疝时,则有呼吸不规则、突然意识障碍加重及瞳孔不等大等体征。

(3)脑膜刺激征:以颈项强直最常见,其他如 Kernig 征和 Brudzinski 征阳性。

(4)年龄小于 3 个月的幼婴和新生儿化脓表现多不典型,主要差异在:①体温可高可低或不发热,甚至体温不升;②颅内压增高表现可不明显,幼婴不会诉头痛,可能仅有吐奶、尖叫或颅缝分离;③惊厥可不典型,如仅见面部、肢体局灶或多灶性抽动、局部或全身性肌阵挛,或呈眨眼、呼吸不规则、屏气等各种不显性发作;④脑膜刺激征不明显,与婴儿肌肉不发达,肌力弱和反应低下有关。

2. 辅助检查

(1)脑脊液检查:脑脊液检查是确诊本病的重要依据。典型病例表现为压力增高,外观混浊似米汤样,白细胞总数显著增多($\geq 1000 \times 10^6$/L),但有 20% 的病例可能在 250×10^6/L以下,分类以中性粒细胞为主。糖含量常有明显降低,蛋白质显著增高。

(2)外周血象:白细胞(WBC)计数明显增高,以中性粒细胞为主,可出现不成熟细胞。

(3)细菌抗原测定:以乳胶凝集试验(LPA)为基础的多种免疫学方法可检测出脑脊液中致病菌的特异性抗原,对涂片和培养未能检测到致病菌的患者诊断有参考价值。

【监测与护理】

1. 用药治疗

(1)抗生素治疗:应选用对病原菌敏感、易透过血 – 脑脊液屏障、毒性低的抗生素,联合用药,注意配伍禁忌。早期、足量、足疗程给药,力求用药 24 小时内杀灭脑脊液中的致病菌。选用头孢曲松钠 100mg/(kg·d)或头孢噻肟钠 200mg/(kg·d),可在患儿脑脊液中达到有效灭菌浓度。抗生素治疗的疗程取决于病原菌和患儿的临床反应。流行性脑脊髓膜炎应用药7~10 天;肺炎链球菌、流感嗜血杆菌脑膜炎应静脉滴注给药 10~14 天。有并发症的患儿应适当延长给药时间。

(2)肾上腺皮质治疗:应用肾上腺皮质激素抑制多种炎症因子的产生,降低血管通透性,减轻脑水肿及颅内高压症状。一般应用地塞米松 0.6mg/(kg·d),分 4 次静脉给药,连续用 2~3 天。

2. 维持正常体温

(1)保持病室安静清洁、空气新鲜,每日开窗通风 3~4 次。维持病室温度为 18~20℃、湿度为50%~60%。高热患儿应需卧床休息,每4小时测量体温1次,密切观察患儿热型,当体温超过38.5℃时,及时给予物理降温或药物降温,以降低脑的耗氧量,防止发生惊厥。退热出汗时应及时更换汗湿的衣裤,注意保暖,保持皮肤、床单、被套的干燥清洁,及时记录降温效果。鼓励患儿多饮水,保证机体液量的需求,必要时静脉补液,体温每升高1℃液体量应增加10ml/(kg·d),并记录液体出入量。

（2）遵医嘱及时给予退热和抗生素等药物治疗,并了解各种药物的使用配伍要求、适应证、禁忌证及副作用。严格掌握配药的精确性、静脉输液的速度和无菌操作规范。

3. 密切观察病情变化

（1）生命体征的观察:密切监测体温、脉搏、呼吸、血压等生命体征,观察患儿的意识状态、面色、神志、瞳孔、囟门等的变化,详细记录观察结果,早期预测病情变化。若患儿出现意识障碍、囟门隆起或紧张度增高、瞳孔变化、躁动不安、频繁呕吐、四肢肌张力增高为惊厥发作先兆;若呼吸节律深而慢或不规则,瞳孔忽大忽小或两侧不等大,对光反应迟钝,血压升高,应警惕脑疝及呼吸衰竭的发生。

（2）并发症的观察:患儿出现并发症,预示疾病预后不良。若婴儿经48~72小时治疗发热不退或退后复升,病情不见好转或病情反复,首先应考虑并发硬脑膜下积液的可能。若高热不退,反复惊厥发作,前囟饱满,颅缝裂开,频繁呕吐,出现"落日眼"现象提示出现脑积水,上述情况发生,应立即报告医师,做好氧气、吸引器、呼吸机、硬膜下穿刺包及侧脑室引流包等各种急救物品的准备工作,配合急救处理。

4. 防止外伤、意外

（1）保持环境和患儿安静,护理操作动作轻柔、集中进行,修剪患儿指甲,专人守护和陪伴患儿。对呕吐频繁患儿应使其头偏向一侧,呕吐后要及时清除呕吐物,保持呼吸道通畅,防止造成误吸和吸入窒息。患儿惊厥发作时应使其头偏向一侧,给予口腔保护,上、下门齿之间置压舌板以免被咬伤,拉好床栏,适当约束患儿,避免躁动及惊厥时受伤或坠床。

（2）协助患儿洗漱、大小便及个人卫生等生活护理,指导患儿漱口,及时清除呕吐物,做好口腔护理,保持口腔清洁;及时清除大小便,保持臀部干燥,必要时在肩胛、臀部使用气垫,预防压疮发生。

5. 保证充足营养　根据患儿体重及营养状况评估,提供患儿机体需要的热量,给予高热量、高蛋白、高维生素、易消化的清淡流质或半流质饮食。根据病情程度恰当选择补充营养的方式。对频繁呕吐者,注意观察呕吐情况,给予耐心的喂养,少量多餐,防止呕吐发生,必要时给予鼻饲或静脉输液,维持水电解质平衡;对神志清醒者,鼓励患儿多饮水;对意识障碍者,给予静脉高营养或鼻饲,静脉补液,维持水、电解质平衡。定期测量患儿体重,了解营养状态恢复情况。

6. 心理护理　根据患儿不同年龄,采取不同方式实施心理安慰、关心和爱护,并给予家长安慰,消除焦虑、恐惧心理。根据患儿及家长对疾病的接受程度介绍病情、治疗护理的目的和方法,使其主动配合,增加战胜疾病的信心。

7. 健康教育　宣传化脓性脑膜炎的预防知识,积极防治呼吸道、消化道等感染性疾病,预防皮肤外伤和脐部感染。对恢复期和有神经系统后遗症的患儿,应与家属一起根据患儿具体情况制定系统且行之有效的功能训练计划,指导家长具体的护理措施,促进机体康复。

四、病毒性脑膜炎

【概述】

病毒性脑膜炎（viral meningioma）是多种病毒感染引起的颅内急性炎症。若病变主要累及脑膜则称为病毒性脑膜炎。

【病因与发病机制】

多种病毒感染均可引起脑膜炎，80% 为肠道病毒（柯萨奇病毒、埃可病毒）感染，其次为单纯疱疹病毒、腮腺炎病毒和虫媒病毒等。

病毒经呼吸道、肠道等途径侵入人体，在淋巴细胞内繁殖后进入血流侵犯各脏器，形成病毒血症，患儿可出现发热等全身症状，若病毒进一步繁殖，通过血－脑屏障侵犯脑实质及脑膜，出现中枢神经系统症状。病毒还可以直接侵犯中枢神经系统破坏脑组织，导致脑组织和脑膜弥漫性充血、水肿，血管周围有淋巴细胞浸润，胶质细胞增生及局部出血性软化坏死灶。除此之外，免疫反应可导致神经脱髓鞘病变及血管周围的损伤。

【临床评估与判断】

1. 病情评估　多呈急性起病，病情的轻重程度取决于病变受累的部位。病毒性脑膜炎多先有上呼吸道或消化道感染病史，表现为发热、恶心、呕吐。继而婴儿出现烦躁不安，易被激惹；年长儿表现为头痛、颈背疼痛，脑膜刺激征为阳性。很少发生严重意识障碍和惊厥，无局限性神经系统体征。病程大多为 1~2 周。

2. 辅助检查

（1）脑脊液检查：压力正常或增高，外观清亮，白细胞总数轻度增多，一般 <300×10^6/L，白细胞分类在病程早期以中性粒细胞为主，后期以淋巴细胞为主；蛋白质大多数正常或轻度升高，糖和氯化物一般在正常范围。

（2）病毒学检查：部分患儿取脑脊液进行病毒分离及特异性抗体测试为阳性；恢复期患儿血清特异性抗体滴度高于急性期 4 倍以上时具有诊断意义。

（3）脑电图：病程早期脑电图以弥漫性或局限性异常慢波背景活动为特征，少数伴有棘波、棘－慢综合波。慢波背景活动只能提示异常脑功能。某些患者脑电图也可正常。

【监测与护理】

1. 及时给予降温处理　保持病室安静，空气新鲜，定时通风。保持舒适体位，监测患儿的体温、热型及伴随症状，如体温在 38.5℃ 以上，可应用物理降温或药物降温方法，降低大脑耗氧量。评估患儿有无脱水症状，保证摄入足够的液体量。

2. 注意患儿安全　需专人守护，惊厥发作时立即置压舌板或舌垫于上齿与下齿之间、头偏向一侧，适当应用约束带。

3. 昏迷的护理　保持昏迷患儿侧卧位，定时翻身及按摩皮肤，以促进血液循环，防止出现压疮。轻拍患儿背部，促使其排出痰液，避免坠积性肺炎的发生。

4. 积极促进机体功能的恢复

（1）恢复脑功能：去除影响患儿情绪的不良因素，创造良好的环境；针对患儿存在的幻觉、定向力错误的现象采取适当措施，提供保护性照顾。

（2）恢复肢体功能：保持肢体呈功能位置，病情稳定后及早帮助患儿逐渐进行肢体的被动或主动功能锻炼，注意循序渐进，采取保护措施。在改变锻炼方式时加强指导，耐心帮助，给予鼓励。

5. 密切观察病情变化,及时发现问题、及时处理。

(1)观察瞳孔及呼吸变化:保持呼吸道通畅,必要时吸氧,如发现呼吸节律不规则、两侧瞳孔不等大、对光反应迟钝,多提示有脑疝及呼吸衰竭发生。

(2)观察意识变化:如患儿出现烦躁不安、意识障碍,应警惕是否存在脑水肿。

6. 健康教育　主动向患儿和家长介绍病情、用药指导及护理方法,做好患儿及家长的心理护理,向家长提供日常生活护理及保护患儿的一般知识,指导并鼓励家长坚持智力训练和瘫痪肢体的功能锻炼。

知识拓展

注射正规的疫苗预防脑膜炎

(1)B型流行性感冒杆菌疫苗。适合对象为5岁以下的儿童。

(2)肺炎链球菌疫苗。脑膜炎是一个必须相当谨慎面对的感染症,因诊断的延迟会耽误患者的生机。所以当你怀疑家人有类似脑膜炎的症状时,应立刻寻求正确的治疗及照顾。我们期望有更多更新的检验方式协助医师能在最短时间内确立诊断;另一方面,毒性低、效益更好的抗生素也是目前研究的方向。

（徐凤玲）

第十四章　危象管理

学习目标

完成本内容学习后,学生将能:

1. 复述各类常见重症危象的急救措施与护理措施;
2. 列出各类常见重症危象的病因及常见诱发因素;
3. 描述各类常见重症危象的临床表现;
4. 早期识别与正确诊断各类常见危象;
5. 应用相关护理措施进行各类常见重症危象的患者护理。

第一节　肾上腺危象

【概述】

肾上腺危象(adrenal crisis)亦称急性肾上腺皮质功能不全(adrenal insufficiency),是由于肾上腺皮质功能急性衰竭,皮质醇和醛固酮绝对或相对缺乏所致的内科急症。临床表现主要为高热(或无发热)、恶心、呕吐、失水、意识障碍甚至昏迷,如能及时抢救,可挽救患者生命,否则多以死亡告终。肾上腺危象可发生于原有肾上腺皮质功能不全的基础上,亦可发生于肾上腺功能良好的情况下。

1. 发生于肾上腺皮质功能减退基础上

(1)慢性原发性肾上腺皮质功能不全,或一些先天性肾上腺皮质疾病如先天性肾上腺皮质发育不全等所致的肾上腺皮质功能不全,在感染、手术、创伤、过劳、大汗、呕吐、腹泻等应激状态下,机体需要肾上腺皮质激素的量增加,或在肾上腺皮质激素替代治疗过程中药物中断,均可使体内肾上腺皮质激素不能适应机体需要,从而诱发危象。

(2)垂体前叶减退症所致的继发性肾上腺皮质功能不全在应激状态下未能及时补充肾上腺皮质激素,部分患者可能由于在皮质激素治疗前使用甲状腺激素,或甲状腺激素剂量过大,从而使肾上腺皮质激素代谢增速,导致体内肾上腺皮质激素不足。

(3)双侧肾上腺全切除、次全切除或一侧切除但对侧明显萎缩者,术后如未能及时给予合理的皮质激素替代治疗,易在感染或劳累等应激状态下诱发危象。

(4)长期使用大量肾上腺皮质激素治疗的患者,在药物突然中断或撤退过速时,由于垂体 – 肾上腺皮质轴受外源性激素长期反馈抑制,以至于不能分泌足够的肾上腺皮质激素而导致危象。

2. 发生于肾上腺皮质功能良好的基础上

（1）败血症：严重败血症可引起肾上腺危象,称沃－弗综合征,系由于双侧肾上腺皮质出血、坏死所致。常见的致病菌为脑膜炎球菌,其次为流感杆菌等。败血症所致的双侧肾上腺坏死可能为过度的促肾上腺皮质激素和血液供应不足的结果,另一方面可能与弥散性血管内凝血（DIC）所致的肾上腺皮质出血或坏死有关。

（2）抗凝治疗：在肝素及其衍生物的治疗过程中,可引起双侧肾上腺皮质出血,多见于老年人。

（3）肾上腺静脉血栓形成：临床少见,可发生于产后和严重烧伤者。

（4）其他：白血病、癌转移、肾上腺静脉造影和癫痫持续状态,均可导致双侧肾上腺出血及坏死。

【病因与发病机制】

（一）病因

1. 严重应激　原发性肾上腺皮质功能减退患者在以下应激状态时都可发生肾上腺危象：创伤、手术、分娩、过劳、急性心肌梗死、心力衰竭、肺栓塞或各种原因引起的严重血容量减少等。

2. 药物作用　肾上腺皮质功能减退者应用减少糖皮质激素生产的药物和增加糖皮质激素代谢的药物可触发肾上腺危象。

3. 肾上腺急性出血　见于脓毒症或肾上腺静脉感染性栓子栓塞,如流行性出血热、暴发性流行性脑脊髓膜炎；抗凝溶栓治疗或 DIC；胸腹创伤引起肾上腺出血衰竭。

4. 肾上腺急性损伤　自身免疫性肾上腺炎、双侧肾上腺切除或放疗、恶性肿瘤转移或白血病浸润引起两侧肾上腺破坏发生肾上腺危象。

5. 突然中断糖皮质激素治疗　原发性或继发性肾上腺皮质功能减退患者长期使用糖皮质激素治疗期间急速减量或骤然停药可诱发肾上腺危象。

（二）发病机制

正常成人每天约分泌皮质醇 20mg,皮质酮 2mg 和醛固酮 0.2mg。糖皮质激素的作用广泛,涉及人体糖类代谢、脂代谢、蛋白质代谢、水和电解质等多种代谢,还对人体的应激、精神行为和免疫炎症反应有所影响。醛固酮是人体内最主要的盐皮质激素,主要作用于肾远曲小管和肾皮质集合管,增加钠的重吸收和促进钾的排泄,还作用于肾外组织,调节细胞内、外的离子交换,对血管张力的维持也起到一定的作用。

在应激状态下,肾上腺皮质可以几倍甚至几十倍地增加糖皮质激素分泌量,从而提高机体应激能力,严重应激状态下,血皮质醇可高于 1mg/L,以适应机体需要。当肾上腺急性损害或在原有损害的基础上出现应激状态时,就会出现急性肾上腺皮质激素分泌不足,其中主要是盐皮质激素分泌不足。这种状态下会使肾小管、唾液腺、汗腺及胃肠道钠离子重吸收减少,同时丢失水分,并伴有 K^+、H^+ 潴留。当糖皮质激素分泌不足时由于糖原异生减少而出现低血糖,由于糖皮质激素也有较弱的盐皮质激素的作用,亦能造成潴钠排钾。当分泌不足时会协同增加失 Na^+、失水及 K^+、H^+ 潴留。

【临床评估与判断】

1. 临床表现　在临床,一般患者的表现是突然出现不明原因的低血压合并低血钠、低血糖和高血钾。肾上腺危象的共同临床表现为：全身症状为精神萎靡、乏力。多数有高热,体温达到 40℃ 以上,亦有体温正常或低于正常者。患者可出现中、重度脱水,口唇及皮肤干燥、弹性差。原有肾上腺皮质功能减退者肾上腺危象发生时皮肤黏膜色素沉者。症状多为非特异性,起病数小时或 1~3 天后病情恶化。

各系统主要表现如下:

(1)循环系统:由于水、钠大量丢失,血容量减少,表现脉搏细弱、皮肤湿冷,四肢末梢冷而发绀,心率快且不齐,血压下降、直立性低血压,甚至休克。

(2)消化系统:糖皮质激素缺乏导致胃液分泌减少,胃酸和胃蛋白酶含量降低,肠吸收不良导致水、电解质失衡,可表现为厌食、恶心、呕吐、腹胀、腹泻、腹痛等。

(3)神经系统:患者会出现肌肉疼痛、精神萎靡、烦躁不安或嗜睡、谵妄或神志模糊,重症者可昏迷。

(4)泌尿系统:由于血压下降,肾血流量减少,肾功能减退可出现尿少、氮质血症,严重者可表现为肾前性肾功能衰竭。

2. 肾上腺危象的诊断　在原有慢性肾上腺皮质功能减退症基础上发生的危象诊断较容易。若既往无慢性肾上腺皮质功能减退症病史,则诊断甚为困难。若患者有导致肾上腺危象的原因,又出现下列情况之一时应考虑到危象的可能:不能解释的频繁呕吐、腹泻或腹痛;发热,白细胞增高但用抗生素治疗无效;顽固性休克;顽固性低血钠;反复低血糖发作;不能解释的精神症状;精神萎靡、明显乏力、虚脱或衰弱与病情不成比例,且出现迅速加深的皮肤色素沉着。简言之,凡有慢性肾上腺皮质功能减退、皮质醇合成不足的患者,一旦遇有感染、外伤或手术等应激情况时,出现明显的消化道症状、神志改变和循环衰竭即可诊断为危象。

3. 辅助检查

(1)血常规及生化检查:典型的是"三低、二高",即低血糖、低血钠、低皮质醇和高血钾、高尿素氮。脱水严重者低血钠可不明显,高血钾一般不严重,如其明显需考虑肾功能不良或其他原因。少数患者可有轻度或中度高血钙(糖皮质激素有促进肾、肠排钙作用),如有低血钙和低血磷则提示合并有甲状旁腺功能减退症。常有正细胞性、正色性贫血,少数患者合并有恶性贫血。白细胞分类示中性粒细胞减少,淋巴细胞相对增多,嗜酸性粒细胞明显增多,通常达(0.3×10^9/L)。

(2)血糖和耐糖试验:可有空腹低血糖,口服糖耐量试验示低平曲线。无法解释的低血糖,其可能是继发性肾上腺皮质功能衰竭唯一异常的表现。

(3)心电图:可示低电压,T 波低平或倒置,P-R 间期与 Q-T 间期可延长。

(4)影像学检查:胸片检查可示心脏缩小(垂直),肾上腺区摄片及 CT 检查于结核病患者可示肾上腺增大及钙化阴影,约 10% 有双侧肾上腺钙化。其他感染、出血、转移性病变在 CT 扫描时也示肾上腺增大(肾上腺增大,一般病程多在 2 年以内)。自身免疫病因所致者肾上腺不增大。针对下丘脑和垂体占位病变,可做蝶鞍 CT 和 MRI。B 超或 CT 引导下肾上腺细针穿刺活检有助于肾上腺病因诊断。

(5)激素测定:血皮质醇水平测定、血清促肾上腺皮质激素(ACTH)、快速 ACTH 刺激实验等。肾上腺危象的患者,经一夜的睡眠在晨起后(一般指早 8 点)测血皮质醇水平降低,高于正常水平是可以排除肾上腺危象的诊断;原发性肾上腺皮质减退症 ACTH 增高,而继发性则降低。可疑病例可行快速 ACTH 实验以明确诊断。具体方法:静脉快速注射

ACTH0.25mg,检测注射前及注射后30分钟及60分钟的皮质醇水平,原发肾上腺危象皮质醇激素水平无变化或轻微改变,垂体功能低下诱发的肾上腺危象经注射ACTH后皮质激素水平增高。

知识拓展

JES 临床实践指南

2016年,日本内分泌学会(JES)发布了肾上腺皮质功能不全(包括肾上腺危象)的诊断和治疗指南,其中成年急性AI(肾上腺危象)实验室检查与慢性AI几乎一致。

1. 常规检查 低血糖症(空腹血糖<70mg/dl);低钠血症(血清中钠含量<135mEq/L);外周血嗜酸性粒细胞增多(≥8%);高血钾。

2. 推荐早起检测基础与空腹ACTH及血清皮质醇水平。

清晨皮质醇水平:

≥18μg/dl,排除AI的可能性。

<4μg/dl,AI的可能性极高。

≥4μg/dl但<18μg/dl,不能排除AI的可能性。

3. 推荐进行快速ACTH试验 当基础皮质醇水平<4μg/dl,或≥4μg/dl但<18μg/dl时,强烈推荐进行快速ACTH试验。皮质醇水平峰值显示如下:

≥18μg/dl:通常排除AI的可能性;

<18μg/dl:无法排除原发或继发性AI的可能性;

<15μg/dl:原发性AI的可能性极高。

【监测与护理】

(一)肾上腺危象的治疗

1. 补充肾上腺皮脂激素 先静脉注射氢化可的松100mg,然后将氢化可的松50~100mg加入生理盐水或5%葡萄糖溶液静脉滴注每6小时一次,第一日总量为400mg。多数患者病情24小时内得到控制、第2、3天将氢化可的松减至300mg,分次滴注。如病情好转,继续减至每日200mg,继而100mg。若疾病严重应静脉给药,直至病情稳定后逐渐减量。若患者呕吐停止,可进食,可改为口服激素治疗。开始口服氢化可的松片剂20~40mg或泼尼松5~10mg,每日3~4次。警惕治疗过程中患者病情反复。病情稳定者在第4~7天后减至维持剂量。当氢化可的松的用量在50mg/24h以下时常常需要盐皮质激素,口服9α-氟氢可的松0.1mg/24h。不主张肌肉内注射醋酸可的松,因起效慢,吸收不均匀,其血浓度比氢化可的松也低很多。

2. 纠正水、电解质紊乱 补液量及补液种类视患者脱水、缺钠情况而定,可在心电监护下进行扩容:如有恶心、呕吐、腹泻、大汗而脱水、缺钠较为明显者,补液量及补钠量宜充分;相反,由于感染、外伤等原因,且急骤发病者,缺钠、脱水不明显的患者,宜少补盐水,防止心功能不全的发生。一般采用5%葡萄糖盐水,可同时纠正低血糖并补充水和钠。开始第一小时可给予1000ml,第2~4小时给予1000ml,以后根据尿量、血细胞比容、电解质情况适当调整滴注速度。第一日补液量需 3000~5000ml。对老年及伴有心肺功能不全的患者进行补液时应监测中心静脉压。如体重增加、皮肤有可陷性压痕,纠正血容量后尿量不增,血清钠显著降低,中心静脉压升高,应警惕水中毒。治疗过程中还需注意钾和酸碱平衡,血钾在治疗后可急骤下降,应及时检测并适时补充钾盐。

3. 对症治疗 降温、吸氧,维持患者正常的体温和血氧饱和度。有低血糖发作的患者可静脉推注葡萄糖,维持血糖在正常范围内。补充足量皮质激素、补液充分后仍休克的患者应予以血管活性药物。有血容量不足者,可酌情输血浆、白蛋白。因患者常合并感染,须用有效抗生素进行控制。

4. 治疗原发病 在救治肾上腺危象的同时要及时治疗原发病。如感染、败血症等。

（二）肾上腺危象的护理

1. 急救护理

（1）对于发生肾上腺危象的患者,要让其绝对卧床休息,按医嘱迅速、及时、准确的进行静脉穿刺并保证静脉通道通畅,正确加入各种药品,并准备好各种抢救药品。

（2）及时抽取血标本测定皮质醇、醛固酮、钾、钠、血糖等。

（3）抗休克,患者采取中凹卧位,防止直立性低血压发生,避免血压波动所造成的脏器功能损害增加。如收缩压在 80mmHg 以下伴休克症状者经液体复苏及激素治疗不能纠正循环衰竭时,应及早给予血管活性药物。有血容量不足者,可酌情输全血、血浆或白蛋白。因患者常合并感染,须用有效抗生素控制。

（4）病情监测:严密观察患者体温、脉搏、呼吸、血压以及神志变化,注意有无意识障碍并评估意识障碍程度。定时监测血电解质及酸碱平衡情况。病初多伴高钾,但也有血钾正常或低钾,注意及时补钾。$pH<7.1$, $CO_2CP<9.9mmol//L$,可给予碳酸氢钠静脉滴注。同时监测血糖,注意有无手颤、皮肤多汗、头晕、心慌,有饥饿感等低血糖征兆,防止低血糖的发生。

2. 一般护理

（1）饮食护理:维持足够营养,鼓励进食,以进食含丰富碳水化合物、高蛋白、高维生素、高钾食物为饮食原则。保证足够食盐的摄入,一般高于正常人,危象时应加用盐皮质激素。当出现恶心、呕吐、腹泻、大量出汗等应立即进行处理,必要时插鼻胃管。

（2）用药护理:肾上腺皮质功能减退者对吗啡、巴比妥类药物特别敏感,在危象特效治疗开始前,应禁用这类药物。应用盐皮质激素期间要注意有无浮肿、高血压和高血钠等潴钠、潴水药物过量的副作用。

（3）健康教育:目前,多数学者认为对患者及家庭成员进行详细、反复的教育和指导是避免危象发生的最好策略。具体内容包括:①使患者对病情有更多了解,如肾上腺皮质激素过多（体重增加、水肿、无力）、肾上腺皮质激素不足（疲倦无力、血压低）,及感染征象。患者对机体的这种状态必须要有预知性。②当患者出现腹泻、发热、呕吐等情况时,患者及家庭成员应该知晓增加糖皮质激素的必要性,并咨询内分泌专科医生。③掌握服药须知,认识终生用药的必要性。指导患者和 1 个家庭成员如何准备及注射糖皮质激素,以备紧急情况下应用。④随身携带病情信息卡、急救包及医学应急指南小册子,以便在突发危机时刻进行氢化可的松的自我注射。防止紧急情况下被误诊为低血糖发作或急腹症等急症。

第二节　高血糖危象

高血糖危象指的是糖尿病昏迷,而糖尿病是由多种病因引起的以慢性高血糖为特征的代谢紊乱,其基本病理生理为绝对或相对性胰岛素分泌不足所引起的糖代谢紊乱,严重时可导致酸碱平衡失常。特征性的病理改变包括高血糖、高血酮症及代谢性酸中毒,发展到严重时可发生酮症酸中毒和高渗高血糖非酮症综合征。

一、糖尿病酮症酸中毒

【概述】

糖尿病酮症酸中毒(diabetic ketoacidosis,DKA)是在不同诱因作用下引起体内胰岛素绝对或相对缺乏及胰岛素拮抗激素升高,表现为高血糖、酮血、酮尿及水、电解质紊乱和失代偿性代谢性酸中毒为特征的一种临床综合征,是糖尿病常见的急性并发症。糖尿病(diabetes mellitus,DM)患者均可发生DKA,更常见于1型糖尿病(type 1 diabetes mellitus,T1DM)患者。20%DKA患者可无DM病史,而以DKA为DM的首发表现。目前,DKA仍是DM患者重要死亡原因。胰岛素发现前,大多数T1DM患者死于DKA。应用胰岛素治疗后,DKA死亡率下降到5%以下。

DKA分为三个阶段:①早期血酮体升高称为酮血症,尿酮排出增多称为酮尿症,统称为酮症;②酮体中β-羟丁酸和乙酰乙酸为酸性代谢产物,消耗体内碱储备,初期血pH正常,属代谢性酮症酸中毒,晚期pH下降,为失代偿性酮症酸中毒;③病情进一步发展,出现神志障碍,称为糖尿病酮症酸中毒昏迷。

【病因与发病机制】

(一)病因

T1DM患者常有自发性DKA倾向,T2DM患者在一定诱因作用下也可发生DKA。DKA最常见的诱因是感染。其他诱因包括手术、创伤或分娩、中断胰岛素或降糖药治疗、应用对抗或抑制胰岛素分泌的药物、饮食失控和(或)胃肠道疾病、急性胰腺炎、心肌梗死或脑血管意外、酗酒、严重心理应激或精神障碍等。另有2%~10%原因不明。

(二)发病机制

主要病理生理基础为胰岛素相对或绝对不足、拮抗胰岛素的激素(胰高血糖素、皮质醇、儿茶酚胺类、生长激素)增加以及严重失水等,因此产生糖代谢紊乱,血糖不能正常利用,导致血糖增高、脂肪分解增加、血酮增高和继发性酸中毒与水、电解质平衡失调等一系列改变。病变发病机制中各种胰岛素拮抗激素相对或绝对增多起到了重要作用。

1. 脂肪分解增加、血酮增高与代谢性酸中毒的出现　DKA患者脂肪分解的主要原因有:胰岛素的严重缺乏,不能抑制脂肪分解;糖利用障碍,机体代偿性脂肪动员增加;生长激素、胰高血糖素和糖皮质激素的作用增强,促进脂肪的分解。此时因脂肪动员和分解加速,大量脂肪酸在肝脏经B氧化生产乙酰辅酶A。正常状态下的乙酰辅酶A主要与草酰乙酸结合后进入三羧酸循环。DKA时,由于草酰乙酸的不足,使大量堆积的乙酰辅酶A不能进入三羧酸循环,加上脂肪合成受抑制,使之缩合为乙酰乙酸,再转化为β-羟丁酸、丙酮,三者总称为酮体。与此同时,胰岛素的拮抗激素作用增强,也成为加速脂肪分解和酮体生产的另一个主要原因。在糖、脂肪代谢紊乱的同时。蛋白质的分解过程加强,出现负氮平衡,血中酮氨基酸增加,生糖氨基酸减少,这在促发酮血症的发展中也起了重要作用。当肝内产生的酮体量超过了周围组织的氧化能力时,便引起高酮血症。病情进一步恶化将引起:组织分解加速;毛细血管扩张和通透性增加,影响循环的正常灌注;抑制组织的氧利用;先出现代偿性通气增加,继而 pH 下降,当 pH<7.2 时,刺激呼吸中枢引起深快呼吸（Kussmaul 呼吸）,pH<7.0 时,可导致呼吸中枢麻痹,呼吸减慢。

2. 胰岛素严重缺乏、拮抗激素增高及严重脱水　当胰岛素严重缺乏和拮抗激素增高情况下,糖利用障碍,糖原分解和异生作用加强,血糖显著增高,可超过 19.25mmol/L,继而引起细胞外高渗状态,使细胞水分外移,引起稀释性低钠。一般来说,血糖每升高 5.6mmol/L,血浆渗透压增加 5.5mmol/L,血钠下降 2.7mOsm/L。此时,增高的血糖由肾小管滤过时,可比正常的滤过率［5.8~11mmol/（L·min）］高出 5~10 倍,大大超过了近端肾小管回吸收糖［16.7~27.8mmol/（L·min）］的能力,多余的糖由肾排出,带走大量水分和电解质,这种渗透性利尿作用必然使有效血容量下降,机体处于脱水状态。此外,机体蛋白质、脂肪过度分解的产物（如尿素氮、酮体、硫酸、磷酸）从肺、肾排出,同时厌食、呕吐等症状,都可加重脱水的进程。在脱水状态下,机体胰岛素利用率下降与反调节激素效应增强的趋势又必将进一步发展。这种恶性循环若不能有效控制,必然引起内环境的严重紊乱。

3. 电解质紊乱　渗透性利尿同时使得钠、钾、氯、磷酸根等大量丢失,厌食、恶心、呕吐又使得电解质摄入减少,引起电解质紊乱。DKA 时体内总钠缺失,但因失水血液浓缩,就诊时血钠水平可表现为正常、低于或高于正常。胰岛素作用不足,钾离子从细胞内溢出导致细胞内缺钾,体内严重缺钾、由于血液浓缩、肾功能减退时钾离子滞留以及酸中毒致 K^+ 从细胞内移到细胞外液,因此血钾浓度可正常或增高。随着治疗过程补充血容量,尿钾排出增加,以及纠正酸中毒及应用胰岛素使 K^+ 转入细胞内,可出现严重低血钾,诱发心律失常,甚至心搏骤停。

4. 携带氧系统异常　DKA 时红细胞糖化血红蛋白（HbA1c）增加以及 2,3 二磷酸甘油酸（2,3-DPG）减少,使血红蛋白与氧亲和力增高,血氧离曲线左移。酸中毒时,血氧离曲线右移,释放氧增加,起代偿作用。若纠正酸中毒过快,失去这一代偿作用,可使组织缺氧加重,引起脏器功能紊乱,尤以脑缺氧加重、导致脑水肿最为重要。

5. 中枢神经功能障碍　严重酸中毒、失水、缺氧、体循环及微循环障碍可导致脑细胞缺水或水肿、中枢神经功能障碍。此外,治疗不当如过快过多补充碳酸氢钠会导致反常性脑脊液酸中毒加重,血糖下降过快或输液过多过快时、渗透压不平衡可引起继发性脑水肿加重中枢神经功能障碍。

【临床评估与判断】

1. 临床表现　绝大多数 DKA 见于 1 型糖尿病患者,有胰岛素治疗史,且有明显诱因,小儿则以 DKA 为首发症状出现。一般起病急骤,但也有逐渐起病者。早期患者常感软弱、乏力、肌肉酸痛,是为 DKA 的前驱表现,同时糖尿病本身症状（"三多一少"）也会加重,常因大量尿糖及酮尿使尿量明显增加,体内水分丢失,多饮、多尿更为突出,此时食欲缺乏、恶心、呕吐、腹痛等消化道症状及胸痛也很常见。老年有冠心病者可并发心绞痛,甚至出现心肌梗死及心律失常或心力衰竭等。由于 DKA 时心肌收缩力减低,每搏量减少,加以周围血管扩张,血压常下降,导致周围循环衰竭。

（1）严重脱水：皮肤黏膜干燥、弹性差,舌干而红,口唇樱桃红色,眼球下陷,心率增快,心音减弱,血压下降;并可出现休克及中枢神经系统功能障碍,如头痛、神志模糊、恍惚,甚至昏迷。

（2）酸中毒：可见深而快的 Kussmaul 呼吸,呼出气呈酮味（烂苹果味）,患者常无呼吸困难,但少数患者可并发呼吸窘迫症。

（3）电解质紊乱：早期低血钾常因病情发展而进一步加重,可出现胃肠胀气、腱反射消失和四肢麻痹,甚至有麻痹性肠梗阻的表现。当同时合并肾功能损害,或因酸中毒致使细胞内大量钾进入细胞外液时,血钾也可增高。

（4）消化系统表现：患者早期食欲下降、厌食、恶心和呕吐。少数患者以急性腹痛发病,易误认为急腹症。严重低血钾可出现腹胀或麻痹性肠梗阻。

（5）神经精神改变：严重 DKA 患者,出现头痛、烦躁、神志恍惚、嗜睡或昏迷。有些患者,以昏迷为首发表现,且可出现短暂性偏瘫和深部腱反射减弱,易误诊为脑血管意外。有的患者可同时合并脑卒中。

（6）其他：肾衰竭时少尿或无尿,尿检出现蛋白、管型;部分患者可有发热,病情严重者可出现体温下降,甚至降至 35℃ 以下,这可能与酸血症时血管扩张和循环衰竭有关;尚有少数患者可因 6- 磷酸葡萄糖脱氢酶缺乏而产生溶血性贫血或黄疸。

2. DKA 的诊断 诊断 DKA 需符合以下几个条件：高血糖,血糖 >13.9mmol/L;酮体生产;酸中毒。DKA 应与乳酸酸中毒鉴别。后者多发生于接受苯乙福明（降糖灵）治疗的患者。

3. 辅助检查

（1）尿液检查：DKA 患者尿比重明显升高,尿糖 3+~4+,尿酮体强阳性。

（2）血糖：血糖增高,多数为 16.7~33.3mmol/L,有时可达 33.3~55.5mmol/L 或以上。

（3）血酮体：定性常呈强阳性。DKA 时,血酮体定量一般在 5mmoL/L（50mg/dl）以上,有时可达 30mmol/L,大于 5mmol/L 有诊断意义。

（4）动脉血气（ABG）：应常规测定 ABG,DKA 患者动脉血 pH6.9~7.2。通气过度患者,$PaCO_2$ 可为 10~20mmHg。严重 DKA 患者常表现 AG 增高性酸中毒,也可为高氯性酸中毒。呕吐严重者,可合并代谢性碱中毒。

（5）尿路检查：脓尿提示尿路感染,可能为 DKA 诱因,蛋白尿及管型尿提示糖尿病肾病。

（6）血常规：常见外周血白细胞计数升高,但白细胞计数达 25×10^9/L 以上时可考虑合并感染。

（7）血电解质：患者血电解质（钾、钠、氯、磷）多有不同程度改变。

（8）肾功能：DKA 患者尿素氮和血肌酐升高,常为严重脱水导致肾前性肾功能障碍。

（9）血淀粉酶：DKA 患者血淀粉酶可有轻度升高,但不一定伴有胰腺炎。腹痛患者,为排除急性胰腺炎,应检查血淀粉酶和脂肪酶。

（10）其他检查：有助于发现 DKA 诱因。如 B 超可发现胆囊炎、胰腺炎;X 胸片可发现肺部感染;昏迷患者,脑 CT 检查有助于脑血管意外等疾病鉴别。

【监测与护理】

（一）糖尿病酮症酸中毒的治疗

严重 DKA 患者应收住 ICU,由专人负责,建立治疗流程表。延迟治疗可增加病死率。急救处理原则:迅速纠正体液和电解质紊乱;静脉使用胰岛素;纠正酸中毒;积极去除诱因和治疗并发症。

1. 补液　补液是治疗的关键措施。只有在有效组织灌注改善、恢复后,胰岛素的生物效应才能充分发挥。基本原则为"先快后慢,先盐后糖"。轻度脱水不伴酸中毒者可口服补液,中度以上的 DKA 患者须进行静脉补液。通常先使用生理盐水。输液量和速度的掌握非常重要,DKA 失水量可达体重的 10% 以上。开始时输液速度较快,在 1~2 小时内输入 0.9% 氯化钠 1000~2000ml,前 4h 输入总失水量 1/3 的液体,以便尽快补充血容量,改善周围循环衰竭和肾功能。如治疗前已有低血压或休克,经快速输液仍不能有效升高血压,应采取抗休克措施。以后根据血压、心率、每小时尿量、末梢循环情况以及有无发热、呕吐腹泻等决定输液量和速度,老年患者及有心、肾疾病患者必要时根据中心静脉压指导治疗。24h 输液量应包括已失水量和部分继续失水量。当血糖下降至 13.9mmol/L 时,根据血钠情况决定改用 5% 葡萄糖液或 5% 葡萄糖生理盐水,并按每 2~4g 葡萄糖加入 1U 短效胰岛素治疗。

2. 胰岛素治疗　一般采用小剂量胰岛素治疗方案,即每小时给予每千克体重 0.1U 胰岛素,使血清胰岛素浓度恒定达到 100~200μmol/L,足以抑制脂肪分解和酮体生产的最大效应以及相当强的降血糖效应。血糖下降速度一般以每小时降低约 3.9~6.1mmol/L 为宜,每 1~2 小时复查血糖。当血糖降至 13.9mmol/L 时开始输入 5% 葡萄糖溶液,并按比例加入胰岛素,此时仍需每 4~6 小时复查血糖,调节输液中胰岛素的比例以及每 4~6 小时皮下注射一次短效胰岛素约 4~6U,使血糖水平稳定在安全范围。病情稳定后过渡到胰岛素常规皮下注射。

3. 纠正电解质紊乱　DKA 患者常有严重的电解质紊乱,钾代谢紊乱最为明显:①补充钾盐:DKA 患者体内有不同程度的缺钾,但由于存在胰岛素缺乏、严重失水和酸中毒。治疗前血钾不能真实反映体内缺钾程度,随着胰岛素治疗、循环血容量的恢复及酸中毒的纠正,患者可能出现严重的低血钾。治疗前已有低血钾者,尿量≥40ml/h 时,在胰岛素及补液治疗同时必须补钾。严重低血钾(<3.3mmol/L)时应立即补钾,当血钾升至 3.5mmol/L 再开始胰岛素治疗,以免发生心律失常、心搏骤停和呼吸肌麻痹。如尿量正常,血钾低于 5.5mmol/L 即可静脉补钾。如治疗前血钾偏高,则暂不补钾。②其他电解质补充:DKA 患者钠总量常减少,补液过程中输入一定量 0.9%NaCl 溶液或林格液即可得到补充。DKA 患者存在不同程度钙、镁、磷离子减少或缺乏,应注意补充。患者不能进食和尿酮体消失前,应持续进行静脉液体输注。

4. 纠正酸碱失衡　多数 DKA 患者经静脉补液、电解质和胰岛素治疗后,酸中毒即可得到部分纠正。以下情况可静脉使用碳酸氢钠治疗:①严重酸中毒 pH ≤7.0 或血清 HCO_3^- 水平 <5mmol/L 时。②严重呼吸抑制者。③休克经补液治疗无效者。④高钾血症。⑤治疗 2~3h 后,pH 仍 <7.1。临床常用 5% 碳酸氢钠 84ml 用注射用水稀释成 1.25% 溶液静脉滴注。治疗过程中需要监测动脉血 pH。pH>7.2 或血清 HCO_3^- 水平达 10~12mmol/L 时,可停用碳酸氢钠。碳酸氢钠治疗的不良作用:低钾血症、脑脊液酸中毒,促发脑水肿及肝酮体产生,氧离曲线左移及组织缺氧和乳酸酸中毒。

5. 处理诱因和防止并发症

（1）休克：如休克严重且经快速输液仍不能纠正，应详细检查并分析原因，例如确定有无并发感染或急性心肌梗死，并予以相应治疗。

（2）严重感染：是本病常见诱因，亦可继发于本病。因 DKA 可引起低体温和血白细胞升高，故不能以有无发热或血象改变来判断，应积极处理。

（3）心力衰竭、心律失常：年老或合并冠心病者补液过多可导致心力衰竭和肺水肿，应注意预防。可根据血压、心率、中心静脉压、尿量等调整输液量和速度，酌情应用利尿药和正性肌力药。血钾过低、过高均可引起严重心律失常，宜用心电监护仪监护，并及时治疗。

（4）肾衰竭：是本病的主要死亡原因之一，与原来有无肾病、失水、休克程度、持续时间及有无延误治疗等密切相关。强调注意预防、治疗过程中密切观察尿量变化、及时处理。

（5）脑水肿：病死率高，应注重预防、早期发现和治疗。脑水肿常与脑缺氧、补碱或补液不当、血糖下降过快等有关。如治疗后，血糖有所下降、酸中毒改善，但昏迷反而加重，或虽然一度清醒又再次昏迷，或出现烦躁、心率慢而血压高，肌张力高，应警惕脑水肿的可能。可给予地塞米松、呋塞米或白蛋白。慎用甘露醇。

（二）糖尿病酮症酸中毒的护理

1. 急救护理

（1）补液：是抢救 DKA 首要的关键措施。补液可以迅速纠正失水以改善循环血容量与肾功能。通常使用 0.9% 氯化钠溶液。一般补液应遵循以下原则：①若血压正常或偏低，血钠小于 150mmol/L，静脉输入 0.9% 氯化钠注射液。发生休克者，还可间断输入血浆或全血。②若血压正常，血钠高于 150mmol/L，或伴有高渗状态，可开始时就用低渗透液体。③血糖降至 13.9mmol/L 以下，改用 5% 葡萄糖注射液。补充量及速度视失水情况而定。一般按体重的 10% 估计输液量。补液按先快后慢的原则进行。头 4h 补充总量的 1/4~1/3，头 8~12h 补充总量的 2/3，其余量在 24~48h 内补足。补液途径以静脉为主，辅以胃肠内补液。

（2）应用胰岛素：静脉滴注或静脉推注小剂量胰岛素治疗。每小时胰岛素用量 0.1U/kg（可用 50U 胰岛素加入 500ml 0.9% 氯化钠注射液中以 1ml/h 的速度持续静脉滴注）。

（3）保证通气：DKA 昏迷者，应保证气道通畅和供氧，吸氧 4~6L/min，维持 $PaO_2>75mmHg$。

（4）及时抽取血标本，送检各项化验，如血糖、血酮体，血 pH 及 CO_2CP、BUN 和 Cr、Na^+、K^+、Cl^- 等。必要时进行血气分析或血浆渗透压检查。

（5）采集标本，记录尿量，并送检尿糖、尿酮、尿常规。昏迷患者导尿后留置导尿管，记录每小时和 24 小时尿量，并可按需取尿检查治疗中尿糖和尿酮的变化。

（6）昏迷患者，或有呕吐、腹胀、胃潴留、胃扩张者，应插入胃管，持续胃肠减压或每 2 小时吸引一次，记录胃液量，注意胃液颜色等变化。

（7）严密观察体温、脉搏、呼吸、血压、神志的变化，低血钾的患者应做心电图监测，精确记录出入量，为病情的转归、疗效的判断提供依据。

2. 一般护理

（1）饮食护理：糖尿病患者饮食控制是基本治疗原则之一，做好饮食护理可控制血糖升高，对疾病的控制有益。应根据患者的体重、血糖计算碳水化合物、蛋白质、脂肪的摄入量，补充水分和维生素。

（2）对症护理：按护理常规对症护理，同时加强基础护理。

（3）心理护理：患者可产生紧张、焦虑心理，对血糖的控制不利，应安慰患者，迅速纠正水、电解质及酸碱失衡、高血糖的状况，使患者病情趋于稳定。

（4）健康教育：加强患者对糖尿病防治知识的宣教，使患者有正确的认识，坚持饮食、药物的正规治疗，学会自我监测血糖、尿糖，定期门诊，避免感染、劳累、精神刺激等诱发因素，戒烟、戒酒，给予足够的营养和水分，保持全身皮肤及局部的清洁卫生。

二、高渗高血糖非酮症综合征

【概述】

高渗高血糖非酮症综合征（hyperosmolar hyperglycemic non-ketotic syndrome，HHNK 或 HHNS）是以高血糖、高渗透性脱水、高血钠、无酮症酸中毒和进行性意识障碍为特征的临床综合征，是 DM 的一种少见而严重的急性并发症，常发生于中老年人，男女发病率大致相同。约 2/3 患者既往无 DM 史。HHNK 和 DKA 也可见于同一患者。HHNK 病死率是 DKA 的 3 倍。随着现代化监测技术的发展，其病死率已由过去的 40%~70% 下降到 8%~25%，约有 1/3 患者在最初 24h 死亡。

【病因和发病机制】

（一）病因

常见诱因：①最常见的为感染，高达 1/3，感染中以肺部感染最为多见。②脑血管意外；心肌梗死；③胃肠道出血、胰腺炎；④创伤、灼伤、烧伤及心脏手术、脑外伤、脑手术；⑤血液透析及腹膜透析；⑥静脉高营养或静脉注射葡萄糖类以及进食大量糖类史；⑦某些抑制胰岛素分泌或拮抗胰岛素作用的药物，如：奥曲肽、利尿药、苯妥英钠、糖皮质激素等。

（二）发病机制

此症发病年龄多为老年及中年，并伴有肾功能不全或充血性心力衰竭，在体内胰岛素部分缺失或相对缺乏的基础上，如若发生以上诱因，可使肝糖原的输出过度增多以及周围组织利用葡萄糖减少。二者共同作用的结果是使血糖急骤升高，常超过 33.3mmol/L。高血糖引起高渗性利尿，造成尿糖增多及水的大量丢失。若患者不能摄取足够的水，则会出现严重脱水。随后，血容量减少，肾功能减退，血糖及血清渗透压显著增高，一般有效血浆渗透压≥320mOsm/L。当渗透压≥330mOsm/L 时，因身体出现严重脱水（包括脑细胞脱水），最后可能导致昏迷。严重脱水使患者血钠超过 150mmol/L。患者在高渗性非酮症糖尿病昏迷时，体内尚有少许胰岛素分泌，足以抑制脂肪分解和肝中酮体的生产，同时，高渗状态本身可抑制脂肪分解，亦可抑制生长激素、儿茶酚胺、糖皮质激素对脂肪分解的作用，减少酮体生产，故一般不发生明显酮症。

【临床评估与判断】

1. 临床表现　HHNK 患者呈隐匿性发病。多见于 T2DM 的中、老年孤独或生活不能自理患者。DM 原有症状逐渐加重，可经数日到数周发展为 HHNK。

（1）患者在就诊前数天或数周已有高血糖症状如多饮，多尿及乏力。但不少患者无口渴感，近日有饮水减少的表现。

（2）严重脱水：脱水程度较 DKA 患者严重，体液丢失可达 8~12L。烦渴、尿少或无尿，皮肤黏膜干燥、眼压降低。脉搏细速无力，直立性低血压或休克。发病后，体重明显下降。

（3）神经系统改变：意识模糊、神志朦胧、嗜睡甚至昏迷，可占 60%。常可发现可逆的局限性神经系统体征,如局限性或全身性癫痫、肌阵挛、偏瘫、幻觉、失语及出现病理反射。很易误诊为脑血管疾病。

2. HHNK 的诊断　临床上有严重失水意识障碍,作为诊断参考,但不具有特异性。主要诊断依据:血糖 >33.3mmol/L,尿糖强阳性;血浆渗透压 >350mOsm/(kg·H_2O);血酮体和尿酮体阴性或轻度升高;血钠 >150mmol/L,血钾正常或降低。

HHNK 应与糖尿病所致的各种昏迷(乳酸性酸中毒昏迷、低血糖昏迷、酮症酸中毒)鉴别:①乳酸性酸中毒昏迷有明确使用双胍类药物不当史或血糖控制不佳或有急慢性并发症等,发病较快,具有代谢性酸中毒的临床表现,血乳酸水平升高是其诊断的关键;②糖尿病低血糖昏迷有明确应用降糖药物史,临床表现虽神经系统表现显著,但血糖的降低与 HHNKS 昏迷明显不同,易鉴别;③糖尿病酮症酸中毒昏迷多见于年轻人、起病急,酸中毒的表现较明显,血糖、血钠、血尿素氮等指标不如 HHNK,但应注意本综合征可合并不同程度的 DKA。DKA 与 HHNK 的鉴别见表 14-2-1。

表 14-2-1　高渗性非酮症高血糖昏迷与糖尿病酮症酸中毒的鉴别

	高渗性非酮症高血糖昏迷	糖尿病酮症酸中毒
呼吸酮味	无	有
尿酮体	(－)或(＋)	++~+++
神经症状和体征	常有	仅出现昏迷
血糖	>33mmol/L	<33mmol/L
血浆渗透压	>350mOsm/(kg·H_2O)	<350mOsm/(kg·H_2O)
血酮体	正常或轻度升高	明显升高(>5mmol/L)
血尿素氮	常 >33mmol/L	不高或轻度升高 11.6mmol/L
血钠	变化较大	增高比降低多见
代谢性酸中毒	无或轻度	严重

3. 辅助检查

(1)白细胞计数因感染或脱水等原因可增高,血细胞比容增高。

(2)尿糖强阳性,尿比重升高,尿蛋白可为阳性。镜检可见少数红、血细胞及管型、尿酮体阴性或阳性。

(3)血糖显著升高,一般 >33.3mmol/L,血浆渗透压也显著升高,总血浆渗透压在 350mOsm/(kg·H_2O)以上。

(4)血清钠可升高或正常。血钾在治疗前多在正常范围内。血尿素氮轻度升高,血浆容积减少,血细胞比容增大,血浆黏滞度明显升高。

(5)心电图变化可有电解质紊乱(尤其是低钾血症)及心肌缺血或心律失常的改变。

【监测与护理】

(一)高渗高血糖非酮症综合征的治疗

HHNK 的处理原则是尽快补液以恢复血容量,纠正脱水及高渗状态,降低血糖,纠正代谢紊乱,积极查询并清除诱因,治疗各种并发症,降低死亡率。

1. 补液

（1）补液的种类和浓度：具体用法可按以下 3 种情况分别处理：①有低血容量休克者，应先静脉滴注等渗盐水，以较快地提高血容量，升高血压，但因其含钠高，有时可造成血钠及血浆渗透压进一步升高而加重昏迷，故应在血容量恢复，血压回升至正常且稳定而血浆渗透压仍高时，改用低张液如 0.45% 或 0.6% 氯化钠溶液。②血压正常，血钠 >150mmol/L，应首先静脉滴注 0.45% 或 0.6% 氯化钠溶液，使血浆渗透压迅速下降。因其含钠量低，输入后可有 1/3 进入细胞内，大量使用易发生溶血或导致继发性脑水肿及低血容量休克的危险，故当血浆渗透压降至 330mmol/L 以下，血钠在 140~150mmol/L 时，应改输等渗氯化钠溶液。若血糖降至 13.8~16.5mmol/L 时，改用 5% 葡萄糖溶液或葡萄糖盐水。③休克患者，除补等渗液外，可间断输血浆或全血。

（2）补液量的估计：补液总量可按脱水程度而定，或按体重的 10% 估算。

（3）补液速度：一般按照先快后慢的原则，头 4h 补总量的 1/3，1.5~2L，开始的 8~12h 补总量的 1/2 加尿量，其余在 24~48h 内补足。在确定输液量及速度时，应根据病情随时调整，仔细观察并记录尿量、血压和脉搏，应注意检查中心静脉压和心电图。

（4）鼻饲管内补给部分液体：可减少静脉补液量，减轻心肺负荷，对部分无肠道症状患者可试用，但不能以此代替输液，以防失去抢救良机。

2. 胰岛素治疗 本症患者一般对胰岛素较敏感，有的患者尚能分泌一定量的胰岛素，故患者对胰岛素的需要量比酮症酸中毒者少。目前多采用小剂量静脉滴注，一般 4~6U/h 与补液同时进行，多数患者在 4~8h 血糖降至 14mmol/L 左右时，改用 5% 葡萄糖溶液或葡萄糖盐水静脉注射，病情稳定后改为皮下注射胰岛素。应 1~2h 监测血糖一次，对胰岛素有抵抗者，在治疗 2~4h 内血糖下降不到 30% 者应加大剂量。

3. 补充电解质 主要补充钾盐。若有低血钙、低血镁或低血磷时，可酌情给予葡萄糖酸钙、硫酸镁或磷酸钾缓冲液。

4. 无需补充碱剂。

5. 治疗诱因与合并症

（1）控制感染：感染是本症最常见的诱因，也是引起患者后期死亡的主要因素，必须积极控制各种感染合并症。强调诊断一经确立，即可选用强有力抗生素。

（2）维持重要脏器功能：合并心脏疾病患者，如心力衰竭，应控制输液速度及量；避免引起低血钾和高血钾；保持血浆渗透压，血糖下降速度，以免引起脑水肿；加强支持疗法等。

（二）高渗高血糖非酮症综合征的护理

1. 急救护理

（1）补液：与 DKA 相近，但因患者失水更加严重，应积极补液。早期静脉输入 0.9% 氯化钠注射液，以便较快扩张微循环而补充血容量。但需注意迅速大量输液不当时，可发生肺水肿等并发症。补充大量低渗溶液，又发生溶血、脑水肿及低血容量休克的危险。故应随时观察患者，如发现患者咳嗽、呼吸困难、烦躁不安、脉搏加快，特别是在昏迷好转过程中出现，提示可能输液过量，应立即减慢输液速度并及时处理。尿色变粉红提示发生溶血，应停止输入低渗透溶液并对症处理。

（2）应用胰岛素：需要量相对 DKA 较少，一般选用普通胰岛素，剂量为 4~6U/h。血糖降至 13.9mmol/L 时停止注射胰岛素，防止因血糖下降太快、太低而发生脑水肿。也可一开始采用上述小剂量胰岛素治疗方法,每 1~2h 监测血糖。

（3）严密观察病情：与 DKA 观察点相似,应随时观察患者的呼吸、脉搏、血压、神志变化、尿液颜色和量。

2. 一般护理

（1）饮食护理、对症护理、心理护理同糖尿病酮症酸中毒护理。

（2）健康教育：教育患者坚持正规治疗,避免过度疲劳、精神紧张,增强抵抗力,预防感染,注意补充水、电解质。

第三节　低血糖危象

【概述】

低血糖症（hypoglycemia）是一组多种病因引起的静脉血浆葡萄糖浓度低于 2.8mmol/L（50mg/dl）,临床上以交感神经兴奋和脑细胞缺糖为主要特点的综合征。低血糖症患者出现精神或神志改变时称为低血糖脑病（hypoglycemic encephalopathy）亦称为低血糖危象。严重者可迅速发生低血糖昏迷（hypoglycemic coma）,导致不可逆性脑和心血管损伤,甚至死亡。低血糖症发生率为 5.1%~25%,是危重症患者预后不良的标志之一。

临床上按低血糖的发生与进食的关系分为空腹（吸收后）低血糖症和餐后（反应性）低血糖症（表 14-3-1）。空腹低血糖主要病因是不适当的高胰岛素血症,餐后低血糖是胰岛素反应性释放过多。临床上反复发生空腹低血糖提示有器质性疾病；餐后引起的反应性低血糖症,多见于功能性疾病。某些器质性疾病（如胰岛素瘤）虽以空腹低血糖为主,但也可有餐后低血糖发作。

表 14-3-1　低血糖的临床分类

空腹（吸收后）低血糖症	餐后（反应性）低血糖症
1. 内源性胰岛素分泌过多： 　胰岛 β 细胞疾病：胰岛素瘤、胰岛增生 　胰岛素分泌过多：促胰岛素分泌剂如磺脲类等 　所致 　自身免疫性低血糖：胰岛素抗体等 　异位胰岛素分泌	1. 糖类代谢酶的先天性缺乏： 　遗传果糖不耐受、半乳糖血症 2. 特发性反应性低血糖症
2. 药物性： 　外源性胰岛素、磺脲类及饮酒、水杨酸类等	3. 滋养性低血糖症（包括倾倒综合征）
3. 重症疾病： 　肝肾衰竭、心力衰竭、脓毒血症、营养不良等	4. 肠外营养（静脉高营养）治疗
4. 胰岛素拮抗激素缺乏： 　胰高血糖素、生长激素等	5. 功能性低血糖症
5. 胰外肿瘤	6. 2 型糖尿病早期出现的进餐后期低血糖

【病因与发病机制】

（一）病因

血糖稳定是糖摄取、糖原分解、糖异生、糖原合成以及糖类与脂肪、蛋白质等其他物质之间动态平衡的结果。任何能破坏上述平衡的因素，均可引起低血糖症。

1. 药物原因

（1）胰岛素过量：胰岛素过量是低血糖常见原因，可在数分钟内发生。T1DM患者治疗过程中发生低血糖死亡可能为胰岛素过量、自主神经病或肾上腺髓质功能低下所致。

（2）降糖药：磺脲类过量或中毒常引起低血糖，肝、肾损伤的老年糖尿病患者更易发生。

（3）其他药物：β受体阻滞药、水杨酸、保泰松、甲氨蝶呤、磺胺药、胍乙啶、抗凝药等单独使用或与降糖药合用时可通过不同机制间接增强降糖药作用，发生低血糖。

2. 酒精中毒　空腹过量饮酒可阻止肝释放葡萄糖入血，营养不良的糖尿病患者大量饮酒时尤其容易发生低血糖。

3. 疾病

（1）严重肝脏疾病患者，肝细胞合成、储存及分解糖原、灭活胰岛素功能减低。

（2）肾脏损伤或衰竭时，胰岛素排出能力减低，常规量胰岛素即可发生低血糖。

（3）内分泌疾病引起胰岛素拮抗激素分泌减少，即使体内胰岛素水平正常也易发生低血糖。

（4）胰岛β细胞增生或肿瘤患者胰岛素分泌过多。

（5）胰腺外肿瘤，如低分化腺瘤等患者，其肿瘤细胞糖酵解速率高、葡萄糖消耗过多或肿瘤产生胰岛素样生长因子Ⅱ。

（6）胃大部分切除术后低血糖又称反应性低血糖，常发生于进食后2h左右。

（7）脓毒症患者出现低血糖症原因可能为体内毒素引起休克、乳酸酸中毒、肝肾衰竭及糖原异生所致。

（8）自身免疫性疾病，机体产生胰岛素或胰岛素受体抗体，这些抗体具有胰岛素相似生物活性，产生低血糖。

（二）发病机制

正常情况下，机体在神经、内分泌、肝脏等调节下，将餐前血糖水平稳定在3.9~6.1mmol/L范围内，餐后血糖水平稳定在7.8~8.3mmol/L，为机体提供足够能量。食物中的淀粉在胃肠道经过消化转化为葡萄糖后被吸收，血糖于餐后半小时上升，1~2小时达高峰，刺激胰岛素分泌增多，当胰岛素或类似物过多；氢化可的松、胰升糖素、肾上腺素等升糖素不足；迷走神经过度兴奋、糖摄入和（或）吸收不足；肝糖原贮备、分解不足；组织消耗能量过多时，均可导致血糖降低。

中枢神经系统主要依靠葡萄糖作为能量来源，当出现低血糖时，便会影响神经系统的正常活动，并以交感神经及脑功能障碍最为明显。脑部病变初步反应为大脑皮质受抑制，继之皮质下中枢包括下丘脑及自主神经中枢亦相继累及，最终大脑及延髓活动受到影响。

知识拓展

血糖内环境稳定性

当某些病理和生理原因使血糖降低,引起交感神经兴奋和中枢神经系统异常时,机体通过神经内分泌等调节,使糖的分解代谢与合成代谢保持动态平衡,血糖浓度亦相对稳定。正常人血糖虽受进食、饥饿、劳动、运动、精神因素、生长发育等因素影响,但波动范围较窄,一般血糖浓度饱餐后很少超过 8.89mmol/L(160mg/dl),饥饿时很少低于 3.33mmol/L(60mg/dl),此为血糖内环境稳定性。

【临床评估与判断】

1. 临床表现　正常人在血糖下降至 2.8~3.0mmol/L 时,胰岛素分泌受到抑制,升高血糖激素的分泌被激活。当血糖继续降至 2.5~2.8mmol/L 时,脑功能障碍已很明显。但是,诱发低血糖调节激素分泌的血糖阈值并不是固定的。例如,长期慢性低血糖者多有一定的适应能力,临床表现不太显著,以中枢神经功能障碍表现为主;糖尿病患者由于血糖快速下降,即使有血糖高于 2.8mmol/L,也可出现明显的交感神经兴奋症状,称为"反应性低血糖(reactive hypoglycemia)";部分患者虽然低血糖但无明显症状,往往不易被察觉,极易进展为严重低血糖症,陷于昏迷或惊厥时称为未察觉低血糖症(hypoglycemia unawareness)。

低血糖早期表现

(1)交感神经兴奋症状:急剧发生的低血糖刺激肾上腺素大量分泌入血,患者常突发冷汗、心悸、饥饿感、血压升高、手或足颤抖、瞳孔扩大及手指针刺感。

(2)血糖升糖素升高表现:发生低血糖后,反射性引起血糖升糖素浓度升高,表现为饥饿、肠鸣音活跃、呕吐、腹部不适和头疼。

(3)脑功能障碍表现:亦称为神经低血糖症状,是大脑缺乏足量葡萄糖供应时功能失调的一系列表现。初期为精神不集中,思维和语言迟钝,头晕、嗜睡、视物不清、步态不稳,可有幻觉、躁动、易怒、行为怪异等精神症状。皮层下受抑制时可出现躁动不安,甚至强直性惊厥、锥体束征阳性。波及延髓时进入昏迷状态,各种反射消失。如低血糖持续得不到纠正,常不易逆转甚至死亡。

应注意,低血糖时临床表现的严重程度取决于:低血糖的程度、低血糖发生的速度及持续时间、机体对低血糖的反应性、年龄等。低血糖时机体的个体反应差别很大,低血糖症状在不同的个体变异性也较大,但在同一个体可基本相似。

2. 病史采集　详细的病史资料有助于排除胰岛素或其他药物所致的低血糖症。在可疑低血糖症患者进行处理前,应及时记录血糖浓度与症状的关系,为区别餐后和空腹低血糖提供重要鉴别依据。对于缺乏明显原因的低血糖症患者,记录时应明确三个问题:①低血糖反复发生吗?②血糖升至正常后,伴随症状是否改善?③低血糖是否出现于空腹时。

3. 低血糖危象的诊断　根据低血糖典型表现(Whipple 三联征)可确定低血糖症状;发作时血糖低于 2.8mmol/L、供糖后低血糖症状迅速缓解。少数空腹血糖降低不明显或出于非发作期患者,应多次监测有无空腹(吸收)低血糖,必要时采用 48~72 小时禁食试验。

4. 辅助检查

（1）血浆胰岛素测定：低血糖发作时，应同时测定血浆葡萄糖、胰岛素和 C 肽水平，以证实有无胰岛素和 C 肽不适当分泌过多。血糖 <2.8mmol/L 时相应的胰岛素浓度 ≥360pmol/L（≥6mU/L；放射免疫法）或胰岛素浓度 ≥18pmol/L（≥3mU/L；ICMA 法）提示低血糖为胰岛素分泌过多所致。

（2）胰岛素释放指数：为血浆胰岛素与同一血标本测定的血糖值（mg/dl）之比。正常人该比值 <0.3，多数胰岛素瘤患者 >0.4，甚至 1.0 以上；血糖不低时，此值 >0.3 无临床意义。

（3）血浆胰岛素原和 C 肽测定：参考 Marks 和 Teale 诊断标准：血糖 <3.0mmol/L，C 肽 >300pmol/L，胰岛素原 >20pmol/L，应考虑胰岛素瘤。胰岛素瘤患者血浆胰岛素原比总胰岛素值常大于 20%，可达 30%~90%，说明胰岛素瘤可分泌较多胰岛素原。

（4）48~72 小时饥饿试验：因为饥饿可抑制 B 细胞分泌胰岛素，正常人饥饿 72h 血糖下降不低于 3.1mmol/L，胰岛素不低于 10U/ml，而 90% 的胰岛素瘤患者饥饿 24h 即可出现低血糖，但胰岛素的水平不降低。少数未察觉的低血糖或处于非发作期以及高度怀疑胰岛素瘤的患者应在严密监测下进行，试验期应鼓励患者活动。开始前取血标本测血糖、胰岛素、C 肽，之后每 6 小时一次，若血糖 ≤3.3mmol/L，应改为每 1~2 小时一次；血糖 <2.8mmol/L 且出现低血糖症状时结束试验；如已证实存在三联征，血糖 <3.0mmol/L 即可结束，但应先取血标本，测定血糖、胰岛素、C 肽和 β- 羟丁酸浓度，必要时可以静推高血糖素 1mg，每 10 分钟测一次血糖，共三次。C 肽 >200pmol/L 或胰岛素原 >5pmol/L 可认为胰岛素分泌过多。如胰岛素水平高而 C 肽水平低，可能为外源性胰岛素的因素。若 β- 羟丁酸 <2.7mmol/L 或注射高血糖素后血糖升高幅度 <1.4mmol/L 则为胰岛素介导的低血糖症。

（5）延长（5 小时）口服葡萄糖耐量试验：主要为鉴别 2 型糖尿病早期出现的餐后迟发性低血糖症。方法：口服 75g 葡萄糖，测定口服糖前、服糖后 30 分钟、1 小时、2 小时、3 小时、4 小时和 5 小时的血糖、胰岛素和 C 肽。该试验可判断有无内源性胰岛素分泌过多，有助于低血糖症的鉴别诊断。

（6）腹部超声：有助于胰腺胰岛 β 细胞瘤或其他引起低血糖的肿瘤诊断。

（7）CT 检查：能发现胰岛素样生长因子的肿瘤和其他引起低血糖的肿瘤。

（8）自身免疫抗体的检测：检测血中胰岛素抗体，ENA 多肽谱抗体等自身免疫抗体有助于一些自身免疫综合征所致低血糖症的诊断。

（9）其他检查：根据情况，可进行有关脓毒症、肝肾及内分泌腺功能等方面的检查。

【监测与护理】

（一）低血糖危象的治疗

原因不明或低血糖昏迷患者应收住 ICU。迅速提高血糖水平、治疗病因和预防再发性低血糖（recurrent hypoglycemia）。

1. 葡萄糖溶液　低血糖昏迷患者，给予 50% 葡萄糖溶液 40~60ml，静脉注射不少于 3~5min，症状能迅速缓解。降糖过量昏迷者，需持续静脉输注 5% 或 10% 葡萄糖溶液，每 1~3h 监测血糖一次，维持血糖在 5.56mmol/L 左右。症状完全恢复后需要监测血糖 2~3 天。严重营养不良性低血糖患者，静脉给予葡萄糖前应肌注维生素 $B_1$100mg，以预防 Wernicke 脑病。高张葡萄糖液渗入皮下可引起局部组织损伤和疼痛。诊断明确、症状缓解及血糖恢复正常后，可试验性中断葡萄糖输注。

2. 其他药物治疗

（1）糖皮质激素：通过增加糖异生底物升高血糖，抑制胰岛素的外周作用。用于治疗肾上腺皮质功能低下及血管外皮细胞瘤伴低血糖患者。对磺脲类药物过量所致低血糖无效。用法为琥珀酸氢化可的松 100mg 加入 5% 葡萄糖溶液 1000ml 静脉输注。

（2）奥曲肽：能抑制磺脲类药物所致胰岛素分泌，可用于口服降糖药及奎宁所致的低血糖治疗。剂量：1~2U/kg，8h 一次。奥曲肽能抑制生长激素和胰升糖素释放，偶可诱发低血糖。

（3）二氮嗪：能直接抑制正常 B 细胞和肿瘤性 B 细胞分泌胰岛素，增加肝糖原输出，减少细胞葡萄糖摄取。用于磺脲类药物中毒和新生儿高胰岛素血症所致低血糖，但治疗价值有限。用法为 200~300mg 加入 5% 葡萄糖溶液静脉输注 30min 以上，4h 一次；或 1mg/（kg·h）持续静脉滴注。不良反应为低血压。

（4）胰升糖素：外源性胰升糖素能促进糖原分解，有效治疗糖原累及病。用于 T1DM 患者低血糖昏迷。用法为胰升糖素 1mg，肌内或皮下注射。10~15min 症状缓解。对酒精性中毒所致低血糖昏迷无效。此外，胰升糖素能刺激胰岛素分泌，促进再发性低血糖症状的发生。

（5）雷帕霉素：通过减少胰岛恶性 B 细胞瘤增生和抑制胰岛素生产起作用，治疗转移性胰岛素瘤所致的顽固性低血糖有效。

3. 原发病治疗

（1）替代治疗：合并肾上腺皮质功能减退或 Sheehan 综合征的难治性低血糖者，应用糖皮质激素长期替代治疗预防低血糖。

（2）手术治疗：合并低血糖的恶性肿瘤和胰岛 B 细胞瘤患者纠正低血糖后，应择机手术切除肿瘤。

（二）低血糖危象的护理

1. 急救护理

（1）轻症者：一旦确认出现低血糖症状，立即进食含高糖食物或饮料、糖果，同时行快速血糖监测。不能口服者立即静脉注射 50% 葡萄糖注射液 40~60ml 直至清醒。若当时无葡萄糖可供注射，可鼻饲糖水或糖类流质食物。

（2）重症者：立即静脉注射 50% 葡萄糖液 40~60ml，继而进食，每日 300mg 以上糖类为宜。如静脉滴注射葡萄糖后仍未见效，可重复注射上述剂量直至清醒，继以 5%~10% 葡萄糖注射液静脉滴注，维持血糖于正常或略高于正常。

（3）低血糖昏迷者：低血糖昏迷者因狂躁不安不能静脉注释时，可先皮下注射肾上腺素 0.5~1mg 以刺激糖异生、促进糖原分解和对抗胰岛素，提高血糖水平，然后酌情静脉注射 50% 葡萄糖 40~80ml。也可给予胰高血糖素静脉注射，每次 1~2mg，每 2 小时一次，约 5min 开始见效，待患者神志转清血糖稳定后继以 5%~10% 葡萄糖注射液静脉滴注，维持血糖正常或略高于正常，或进食糖果、糖水等含糖食物，以防止再次发生反应性低血糖。如低血糖持续严重发作，则需静脉滴注氢化可的松 100~200mg，有助于快速有效地恢复血糖水平，尤其适用于肾上腺皮质功能减退性低血糖症。血糖恢复正常后患者意识仍未恢复超过 30min，必须按低血糖症合并脑水肿进行综合性处理。给予静脉输注 20% 甘露醇 40g（20min 内输完），和（或）糖皮质激素如地塞米松 10mg，并维持血糖在正常范围内。

2. 一般护理

（1）血糖测定：凡怀疑低血糖危象的患者，应立即作血糖测定，并在治疗过程中动态观察血糖水平。

（2）采取适当体位：头高脚低位，头部抬高15°~30°，并偏向一侧。

（3）保持呼吸道通畅，持续氧气吸入，氧流量为2~4L/min。

（4）注意保暖。

（5）饮食护理：低血糖危象时，可喂服糖水，如患者昏迷或抽搐时，立即静脉注射50%葡萄糖溶液50ml；病情稳定后按糖尿病饮食护理。

（6）对症、对因治疗与护理：当患者出现其他症状时，根据其症状做好相应护理；当明确病因，应积极对因治疗，如胰岛β细胞瘤应尽早手术治疗，肝脏疾病所致者亦应积极治疗肝脏疾病。昏迷患者按昏迷常规护理。意识恢复后应注意观察是否有出汗、倦睡、意识朦胧等再度低血糖状态，以便及时处理。抽搐者除补糖外，可酌情应用适量镇静剂，并注意保护患者，防止外伤。

（7）心理护理：安慰患者，积极配合抢救，迅速纠正低血糖，稳定患者情绪。

3. 健康教育　教会糖尿病患者自我监测血糖、尿糖，按时应用降糖药、按时进食，一旦发生心慌、冷汗、饥饿感等低血糖现象时，应及时处理，如自服糖水或进食含糖食物，及时就医、提升血糖，如静脉注射葡萄糖液，缓解病情，定期门诊随访。

知识拓展

血 糖 指 数

　　血糖指数是指每单位碳水化合物使血糖水平升高的速度和幅度，它衡量的是碳水化合物对血糖水平的影响。高血糖指数的食物会被迅速消化吸收转变为血糖，这一过程导致血糖及胰岛素迅速而短暂的升高，饥饿感较早出现和过多的热量摄入；而低血糖指数食物会降低血糖和胰岛素的升高幅度，促进更多的脂肪氧化，减少脂肪生成，并增加饱腹感。长期食用低血糖指数食物有助于超重的人减少体内脂肪，同时降低会增加心脏病和脑卒中风险的坏胆固醇含量。

——摘自《中国糖尿病医学营养治疗指南》（2010）

第四节　高血压危象

【概述】

　　高血压危象（hypertensive crisis）是指原发性和继发性高血压在疾病的发展过程中，在某些诱因作用下发生暂时性的全身细小动脉强烈痉挛，导致血压急骤、过度升高（>180/120mmHg），并引起心、脑、肾及视网膜等主要靶器官功能严重受损的一组危及生命的临床综合征，包括高血压急症和高血压亚急症。常见的诱因有：精神创伤、情绪波动、过度疲劳、寒冷刺激、气候变化和内分泌失调等。高血压危象的发病率约为5%。在急性高血压治疗主要研究中,发生高血压危象患者急性期死亡率为6.9%,发病后90天死亡率和再住院率分别为11%和37%,其中1/4是因为急性严重的高血压反复发作。

高血压急症(hypertensive emergency):血压明显升高伴有急性或进行性的中枢神经系统、心脏或肾脏等靶器官损害。

高血压亚急症(hypertensive urgency):血压明显升高但不伴靶器官损害。患者可以有血压明显升高造成的症状,如头痛、头晕、胸闷、鼻出血等。

应注意,血压水平的高低与急性靶器官损害的程度并非成正比,所以血压升高的程度不是区别高血压急症和亚急症的标准,区别两者的唯一标准是有无新近发生的急性进行性的严重靶器官损害。

【病因与发病机制】

长期动物实验及临床观察表明,多种因素如基础血压水平、血压升高速度和绝对值、靶器官受损程度及并发症、免疫因素、遗传、循环中过量的肾素-血管紧张素-醛固酮、抗利尿激素、儿茶酚胺及缺乏前列腺素和缓激肽等都参与了高血压危象的发生、发展过程。血压明显升高时,血管反应性增强,循环系统中血管活性物质如肾素、血管紧张素Ⅱ、去甲肾上腺素和血管升压素等增多,导致肾出球小动脉收缩,而入球小动脉相对扩张,使肾小球毛细血管压力升高,致肾小球利尿作用增强,血管内血容量降低,容量不足的负反馈作用使血管紧张素Ⅱ与其他血管收缩活性物质浓度升高,成为恶性循环。初始阶段,肾出球小动脉收缩与入球小动脉扩张交替成香肠串状,引起血管内皮损伤、血小板聚集,释放血小板因子与血栓素等血管毒性物质,发生微血管病性溶血及血管内凝血,继而血小板与纤维蛋白沉着,血管平滑肌内膜细胞增生,管腔狭窄,以致血管紧张素Ⅱ、去甲肾上腺素与血管升压素更易增多,血压不断升高;同时可有小动脉炎症、坏死、纤维蛋白沉着,引起心脑肾等靶器官严重受损,高血压危象发生。

【临床评估与判断】

1. 临床表现

(1)高血压急症和亚急症共同的临床表现:短时间内血压急剧升高,收缩压(SBP)≥210~240mmHg,舒张压(DBP)≥120~130mmHg,同时出现明显的头痛、眩晕、烦躁、恶心、呕吐、心悸、呼吸困难、肢体麻木、皮肤潮红或苍白和视物模糊等。

(2)高血压急症靶器官急性损害的临床表现

1)神经系统症状:剧烈头痛,未及时治疗者可持续1~2d,伴烦躁不安、兴奋或精神萎靡、嗜睡、木僵、意识模糊,严重时出现不同程度的昏迷。脑水肿颅内高压者出现喷射性呕吐、颈项强直、视物模糊、偏盲、黑矇,严重者可出现暂时性失明、心率变慢。脑实质受损可出现一过性或游走性的局限性精神神经症状和体征,如暂时性偏瘫、局限性抽搐、四肢肌肉痉挛、失语和刺激过敏等,严重者出现呼吸困难和循环衰竭。

2)急性肺水肿:血压急剧升高致左心室后负荷过重,突然发生呼吸困难、端坐呼吸、发绀、咳嗽、咳粉红色泡沫痰,重者可从鼻腔流出,患者烦躁不安,大汗淋漓,有窒息感。心率增快,两肺布满湿啰音及哮鸣音。

3)胸痛,腹痛:冠状动脉痉挛可致心肌缺血,出现心绞痛,严重者发生心肌梗死。主动脉夹层常突发剧烈胸痛,其特点是多位于胸腹中间处,性质多为撕裂样或切割样。颈动脉受压或剥离可引起头晕、晕厥、严重时可有意识障碍。声带及喉返神经和颈星状神经节受压可出现声嘶,甚至出现 Horner 征。降主动脉夹层动脉瘤可压迫气管支气管,出现呼吸困难,压迫食管可致吞咽困难,急性剥离影响肋间动脉或脊髓根大动脉时可发生截瘫或下半身轻瘫。剥离影响腹腔动脉、肾动脉血流时,可出现腹痛。

4)肾功能损害:血压急剧升高、小动脉舒缩障碍影响肾脏血液供应,常出现尿频、尿量增多,部分患者突然少尿甚至无尿。尿中出现蛋白和红细胞,凡 24h 蛋白尿≥0.5g 为异常。尿蛋白的多少反映肾功能受损的程度。血尿素氮、肌酐升高。

5)眼底病变:主要为视网膜小动脉痉挛,严重者可出现视网膜水肿,视网膜脱离或有棉絮状渗出及出血,患者可出现视物模糊或突然失明。

6)嗜铬细胞瘤危象:极高的血压是突出的临床表现,降压药物治疗常无效。典型三联征为头痛、心悸、多汗。尚可伴有高血糖、发热、白细胞计数升高、ESR 加快、高基础代谢率、低血糖等。部分患者可出现低血压、休克和高、低血压交替出现。

2. 病史采集　询问既往有无高血压病史,有高血压病史的患者应进一步询问用药情况、血压平时控制程度及有无心脑血管疾病危险因素;询问有无多囊肾家族史。询问有无嗜铬细胞瘤、醛固酮增多症等继发性高血压表现;明确有无拟交感神经药物或违禁药物如可卡因等用药史。

3. 体格检查　测量双臂血压。检查四肢血管搏动。听诊是否存在肾血管杂音。心肺部听诊:注意心力衰竭、肺水肿体征,例如,肺部啰音、收缩期杂音、奔马律等。神经系统检查注意评估意识状态、有无脑膜刺激征、视野改变及局部病理征等。检查眼底,注意视神经盘水肿、渗出、出血等。

4. 辅助检查

(1)化验检查:血常规可出现一过性的周围血白细胞计数增高。血生化检查可见胰腺、肝脏和心肌等脏器酶谱升高,血清肌酐增高,电解质紊乱。重度患者可出现代谢性酸中毒。部分患者空腹血糖升高和尿糖阳性,特别是血压持续升高的患者,常伴有糖耐量的改变。但在阵发性高血压、血液中儿茶酚胺升高时,亦可出现低血糖,这时血清非酯化脂肪酸浓度增高。尿检可出现红细胞或蛋白尿。

(2)心电图检查:部分患者心电图可见缺血性改变等。长期高血压患者心电图有左室肥大、劳损等改变,可伴心律失常。

(3)X 线检查:长期高血压患者胸部 X 线可有主动脉型心脏改变。主动脉夹层 X 线平片表现有:纵隔包块或增宽影;主动脉增宽与外形改变;主动脉结消失,伴气管移位;主动脉弓局部隆起;升主动脉与降主动脉大小差异很大;主动脉增宽,在增宽的影像内出现钙化影。以上特点阳性率为 50%~70%。

(4)超声心动图检查:长期高血压患者超声心动图显示室间隔和左心室壁对称性肥厚,主动脉内径增宽;心功能检查示左心室舒张功能、收缩功能异常。怀疑嗜铬细胞瘤一般首选超声检查,可全方位扫描不受断层限制且简易、价廉,阳性率可达 80%~90%。但对 <2cm 的肿瘤不易检出,因受胃肠道气体影响,使腹膜后显像受到干扰。

(5)肾组织活检:肾组织活检可发现肾脏组织及血管的病理变化。

(6)眼底检查:视网膜动脉弥漫性或局限性强烈痉挛、硬化、可有出血渗出和视神经盘水肿。

（7）CT检查：CT是嗜铬细胞瘤目前常用的定位检查方法之一,其阳性率可达90%~97%,但对<0.8cm的肿瘤不易检出,肾上腺肿瘤因断层部位限制检出困难。配合B超,对可疑部位进行薄层扫描,可以提高检出的阳性率。头颅CT可显示颅内出血或梗死的部位、数量、范围。

（8）MRI检查：可以较准确地鉴定主动脉夹层内膜撕裂的部位及剥离的范围,这比B超及CT均优越,但有以下缺点：患者有心律失常时影响诊断准确性；对冠状动脉供血状态无法显示；偶有假阳性与假阴性结果。MRI可对肾上腺肿瘤准确定位并能显示与周围组织关系,能很好地显示椎旁组织。

【监测与护理】

（一）高血压危象的治疗

高血压危象的处理原则是根据患者不同情况给予个体化治疗,迅速而适当地将血压控制在目标范围内,并去除诱因,最大限度地防止或减轻心、脑、肾等靶器官损害。

1. 高血压亚急症的处理原则　高血压亚急症患者血压升高对短期预后无明显影响,而血压的突然下降会伴随严重的神经系统并发症,并影响预后,且初始的快速降压并不改善长期的血压控制,故初始治疗应在休息并观察的前提下,逐渐给予口服降压药治疗,以期在数小时或数天将血压逐渐控制在目标水平。

2. 高血压急症的处理原则　以防止或减轻心、脑、肾等重要脏器的损害为目的。早期对患者进行评估,针对患者的具体情况制定血压控制目标和用药方案,迅速恰当地将患者血压控制在目标范围内。其中,采取紧急措施保护靶器官是高血压急症处理的首要任务。

（1）迅速降低血压：首选静脉应用抗高血压药物,通常需要静脉输液泵或微量泵滴注给药,同时严密监测血压和心率。

（2）控制性降压：为避免快速降压而导致重要器官的血流灌注减少,应采取控制性降压,使血压逐渐降至正常。降压目标：①第一目标：在30~60min内将血压降到第一个安全水平。由于患者基础水平各异,合并靶器官损害不一,这一安全水平必须根据患者的具体情况决定,建议1h内使平均动脉压迅速下降但不超过25%。一般控制在近期血压升高值的2/3左右。②第二目标：在达到第一目标后,应放慢降压速度,加用口服降压药,逐渐将血压降低到第二个目标。在以后的2~6h将血压降至160mmHg/100~110mmHg,根据患者具体情况适当调整。③第三目标：若第二目标血压可耐受且临床情况稳定,在以后24~48h逐步降低血压达正常水平。

高血压急症患者因受累靶器官不同,病理机制不完全一致,不同脏器对血压变化的自我调节能力不同,患者基础血压、血压升高速度与持续时间、年龄等因素差异,在血压控制策略上有显著区别。现将常见具体疾病结合最新指南进行总结：

1）合并高血压脑病：临床处理的关键在于一方面要考虑将血压降低到目标范围内,另一方面要保证脑血流灌注,尽量减少颅内压的波动。因而1h内应将收缩压降低20%~25%,血压下降幅度不可超过50%,舒张压不低于110mmHg。在治疗时同时兼顾减轻脑水肿、降低颅压,避免使用降低脑血流量的药物。迅速降压首选硝普钠,亦可用拉贝洛尔。对于合并冠心病、心功能不全者可选用硝酸甘油。颅内压明显升高者应加用甘露醇、利尿药。

2）合并急性出血性脑卒中：是否紧急降压应根据颅压、年龄、全身情况、出血病因及基线血压情况确定,主要目的是在保证脑组织灌注的基础上,避免再次出血。根据2010年

AHA/ASA 的指南,如果 SBP>200mmHg 或 MAP>150mmHg,应在密切监测血压的情况下(每 5min 测血压),持续静脉输注降压药物以控制血压,一般建议维持 SBP ≤180mmHg 或(和) MAP ≤130mmHg. 如果 SBP>180mmHg 或 MAP>130mmHg,且有颅内压升高的证据或怀疑颅内压升高,应考虑监测颅内压,可间断或持续静脉使用降压药,维持脑灌注 >60~80mmHg。

3)合并急性缺血性脑卒中:缺血性脑卒中的血压管理更加复杂,也更缺乏证据。2013 年 AHA/ASA 指南推荐在发病后 24h 内,若无急诊溶栓适应证,或需要尽快控制血压的其他严重伴随疾病(主动脉夹层、心力衰竭),除非 SBP>220mmHg 或 DBP>120mmHg,一般不给予降压治疗;但若需要进行溶栓治疗,则需静脉输注降压药物,将 SBP 降低到 185mmHg 以下,DBP 降低到 110mmHg 以下。如血压不能控制在 185/110mmHg 以下,则应放弃溶栓;溶栓过程中或之后,应将血压控制在 180/105mmHg,并密切监测血压,2h 内每 15min 测血压,此后 6h,每 30min 测血压,在此之后 16h,每 1h 测血压。

4)合并急性主动脉夹层:80% 以上的主动脉夹层患者有高血压病史,血压增高是主动脉夹层进展的重要原因。有效控制高血压,可缓解主动脉夹层所致的疼痛和动脉分割的进程。降压原则是在保护脏器足够灌流的前提下,迅速将血压降低并维持在尽可能低的水平。一般认为 30min 内 SBP 降至 100mmHg 左右最为理想,心率控制在 60~75 次 / 分。如果患者不能耐受上述治疗或伴有心、脑、肾缺血情况,也应尽量将血压维持着 120/80mmHg 以下,为进一步治疗赢得时机。血管扩张剂联合 β 受体阻滞药是标准的药物降压方案。血管扩张剂降压时易引起交感神经兴奋,导致心肌收缩力反射性增加,加重夹层分割,而 β 受体阻滞药可降低心肌收缩力和减慢心率。其他降压药物可以选择硝普钠、尼卡地平、乌拉地尔等静脉点滴。

5)合并急性心力衰竭:对于高血压急症引起的急性心力衰竭,一般建议在 1h 内将血压降至正常水平或 SBP 降低至少 10%~15%,一般不超过 25%,此后降压的速度应根据患者个体情况评估调整。2012 年 ESC 心衰指南指出:SBP>110mmHg,存在容量负荷过重的急性心力衰竭患者,在应用祥利尿药的基础上,应该使用血管扩张剂,如硝酸甘油、硝普钠、乌拉地尔或奈西立肽。对于严重或以后负荷增加为主的患者,如高血压性急性心力衰竭推荐应用硝普钠。乌拉地尔具有外周和中枢双重降压作用,肝、肾双通路排泄,对存在肾功能不全的患者,较硝普钠更安全。硝酸酯类药物在减轻肺淤血的同时不影响搏出量和增加心肌耗氧量可以作为首选。

6)合并急性冠脉综合征:对于合并急性冠脉综合征的患者,血压控制的意义在于降低血压、减少心肌耗氧量,改善预后,但不影响冠状动脉灌注压和冠脉血流量。治疗时首选硝酸酯类药物,可以减少心肌耗氧量、改善心内膜下缺血、增加缺血组织周围血供。对 ST 段抬高患者、心肌梗死患者进行溶栓前应将血压控制在 160/110mmHg 以下。

7)合并子痫和先兆子痫:重度妊娠高血压综合征患者的治疗目的是最大限度地降低子痫和先兆子痫的患病率和死亡率,同时顾及母亲和胎儿的安全。2013 年欧洲指南推荐对于严重妊娠高血压综合征(SBP>160mmHg 或 DBP>110mmHg)的患者进行药物治疗。目前最常用于治疗子痫和先兆子痫的降压药物包括拉贝洛尔、尼卡地平、乌拉地尔、肼屈嗪,这些药物不影响子宫胎儿血流量且更容易控制,妊娠期间禁用 ACEI 或 ARB 类药物。对于先兆子痫,建议首选静脉应用硫酸镁,有预防抽搐和协助降压作用,用药时密切观察血压、尿量、腱反射、呼吸,避免发生中毒反应,并根据患者病情及产科情况确定终止妊娠的时机。降压目标目前尚无统一标准,应在严密观察母婴状态的前提下谨慎确定,一般 SBP 应控制在 140~160mmHg,DBP90~150mmHg。在治疗时应注意避免血压过快下降,影响胎儿供血,须保证分娩前 DBP 在 90mmHg 以上,否则会增加胎儿死亡风险。

8)合并肾功能不全:治疗原则为在强效控制血压的同时,避免造成肾功能的进一步损害,通常需要联合用药。血压一般以降至 150~160/90~100mmHg 为宜,第一小时使平均动脉压下降 10%,第 2 小时下降 10%~15%,在 12h 内使平均动脉压下降约 25%。选用增加或不减少肾血流量的降压药,首选 ACEI 和血管紧张素 II 受体拮抗剂,常与钙通道阻滞药、小剂量利尿药、β 受体阻滞药联合应用;避免使用肾毒性的药物;经肾排泄或代谢的降压药,剂量应控制在常规用量的 1/3~1/2。病情稳定后建议长期联合使用降压药,将血压控制在 130/80mmHg 以内。

9)合并嗜铬细胞瘤:嗜铬细胞瘤出现高血压危象首选酚妥拉明,应立即静推 2.5~5mg,使血压降至 160/100mmHg 以下,继之以 0.5~1mg/min 静脉滴注或泵入,余应镇静和对症处理。

(二)高血压危象常用的降压药物

1. 血管扩张药

(1)硝普钠:直接扩张血管,对动、静脉作用均强,同时降低心脏的前、后负荷。适用于大多数的高血压急症,尤其是合并心力衰竭的患者。其作用时间很短,起效快,停止滴注 1~2min 后,血压即回升。连续使用 24~48h 应做氰化物测定。颅内压增高或氮质血症,伴肾功能不全的患者慎用。

(2)硝酸甘油:兼有抗心绞痛及降压作用,适用于合并心肌缺血的患者。剂量敏感性的个体差异大。一般小剂量扩张静脉、大剂量扩张动脉,连续滴注 12 小时可产生耐药作用。颅内高压、青光眼禁用。未纠正的血容量过低者,尤其与扩血管药同用时需谨慎,防止直立性低血压的发生。

2. 钙通道阻滞药

(1)尼卡地平:降压有效性与硝普钠近似,主要扩张中小动脉,降低心脏后负荷,对静脉的作用很小。具有高度血管选择性,对椎动脉、冠状动脉和末梢小动脉的选择性高于心肌,无明显负性肌力作用,在降压的同时能改善心、脑器官血流量,对缺血心肌具有保护作用。对急性心功能不全尤其是二尖瓣关闭不全的低心排血量患者尤其适用,也用于围手术期高血压。重度主动脉狭窄,颅内出血尚未完全止血者禁用。

(2)尼莫地平:可通过血 – 脑脊液屏障,解除脑动脉血管痉挛作用强,但降压作用较弱。多用于合并脑血管疾病的患者。严重肝功能损害及脑水肿或颅内压明显升高者禁用。

(3)地尔硫䓬:除扩张血管平滑肌降压外,还能比较明显的扩张包括侧支循环在内的大小冠状动脉。主要用于高血压危象或急性冠脉综合征。病态窦房结综合征、二度以上房室传导阻滞、严重充血性心力衰竭患者禁用。由于对心脏有抑制作用,应进行心电图检查,不宜长期静脉用药。

3. 周围 α 受体阻滞药

(1)乌拉地尔:降压平稳而迅速,有减轻心脏负荷、降低心肌耗氧量,增加心脏搏出量,降低肺动脉高压和增加肾血流量等优点,且不增加颅内压。适用于大多数高血压急症,对嗜铬细胞瘤引起的高血压危象有特效。主动脉峡部狭窄或有动静脉分流者禁用。

（2）酚妥拉明：适用于嗜铬细胞瘤引起的高血压危象等。由于对抗儿茶酚胺而致周围血管扩张，个别患者可出现头痛、心动过速、颜面潮红，甚至严重体位低血压。严重动脉粥样硬化、肝肾功能不全、胃十二指肠溃疡及急性冠脉综合征患者禁用。

4. 周围 α 和 β 受体阻滞药

（1）拉贝洛尔：静脉给药时主要用于 α 受体，同时对 β 受体的阻滞作用可抵消 α 受体阻滞药所致的反射性心动过速。降低外周血管阻力，但不降低外周血流，从而保障心脑灌注。适用于除急性心力衰竭外的大部分高血压危象，尤其是妊娠期高血压、高血压脑病。用于高血压急症者 1~2h 起效。有严重支气管哮喘者禁用。肝功能异常、有症状的心动过速、充血性心力衰竭和心脏传导阻滞者慎用。

（2）艾司洛尔：心脏选择性 $β_1$ 受体阻滞药，作用时间短。在降低动脉压的同时维持正常脑灌注，不增加脑血流量、不增加颅内压。适用于除心力衰竭、肺水肿以外的大多数临床类型的高血压急症，尤其是主动脉夹层、高血压脑病、脑卒中和围手术期包括手术麻醉过程中的血压控制。

5. 中枢性降压药

可乐定：为中枢 $α_2$ 受体激动药。由于有嗜睡等中枢抑制作用，急性脑卒中患者慎用，以免影响对神志的观察。避免用于需要精神状态监测的患者。

6. 速效利尿药

呋塞米：迅速降低心前负荷，改善心力衰竭症状，减轻肺水肿和脑水肿，特别适用于心、肾功能不全和高血压脑病的患者。起效快，但超量应用时，降压作用不加强，不良反应反而加重。少数患者可发生低钾血症，尤其是老年人。

（三）高血压危象的护理

1. 高血压危象的急救护理

（1）一般处理：高血压急症患者应立即进入抢救室（或收住 ICU），卧床休息，避免过多搬动，室内保持安静，光线暗淡。有诱发因素应予去除。做好抢救准备，吸痰器、除颤器及抢救药物备用。迅速收集病史要点。

（2）保持呼吸道通畅：及时吸氧 4~5L/min，如呼吸道分泌物较多，患者呼吸功能差，应用吸引器吸出。呕吐时头偏向一侧，防止误吸导致窒息。

（3）建立有效静脉通道：立即建立两条以上静脉通路，迅速按医嘱使用降压药及时降低血压，降低血管阻力，解除血管的痉挛状态。一般首选硝普钠，应避光静脉注射，以微量泵控制注入速度。

（4）密切监测生命体征：严密观察脉搏、呼吸、心率、血压、神志、瞳孔、尿量变化，必要时进行动脉血压测定，准确记录 24h 出入量。如发生异常，随时与医生联系。

2. 常用降压药物的护理

（1）防止直立性低血压：静脉使用降压药物时，患者宜取卧位，以防止直立性低血压。告知患者变换体位时要缓慢，一旦出现头晕、恶心、大汗、腹部不适、黑矇等症状，应立即取平卧位，抬高下肢，必要时补液，暂停静脉输注降压药物，通知医生进一步处理。

（2）严密监测血压：用药期间须监测血压及其他生命体征，记录降压效果，注意观察药物不良反应，同时备好急救药品。

（3）硝普钠、硝酸甘油等挥发性药物要现用现配，避光输入，防止药物见光分解。硝普钠每隔 6h 需要重新配置。一般使用 3~5 天,防止长期使用而造成氰化物中毒。

（4）熟练掌握常用静脉注射和口服降压药物的药理学作用,药物降压速度和降压的目标水平及可能发生的不良反应。静脉用降压药物一般采用微量泵或输液泵的方法输注,能准确把握单位时间内的用药量且安全、有效。高血压急症时常用的注射用降压药物,见表 14-4-1。

表 14-4-1 高血压急症时常用的注射用降压药物

药物	剂量和用法	起效时间	持续时间	不良反应
硝普钠	0.25~10μg/(kg·min)静脉滴注	立即	1~2min	恶心、呕吐、肌肉颤动、出汗、不安、头痛、氰化物中毒
硝酸甘油	5~200μg/(kg·min)静脉滴注	<5min	30min	心悸、头痛、心动过速、面色潮红、低血压
酚妥拉明	2~5mg,缓慢静脉注射或 0.2~0.5mg/min,静脉滴注	1~2min	3~10min	心动过速、头痛、面色潮红
尼卡地平	5mg,静脉滴注,每 15min 增加 1~2.5mg,累积 <15mg;或 5~15mg/h,静脉滴注	5~10min	1~4h	头痛、面红、心率加快、低血压、恶心
艾司洛尔	起始剂量 0.05mg/(kg·min),可渐增至最大剂量,0.5mg/(kg·min),静脉滴注	1~2min	10~20min	头晕、恶心、疲倦、低血压、心动过缓
乌拉地尔	5~15μg/(kg·min)静脉滴注,每次 50~100mg,累计量 <600mg;	15min	2~8h	低血压、心绞痛、心动过速
地尔硫䓬	15~30mg/min,静脉注射	1~5min	2~12h	直立性低血压、支气管痉挛、心脏传导阻滞
拉贝洛尔	每次 20~60mg,累积量 <300mg;静脉滴注	5min	4~8h	直立性低血压,心动过缓

3. 血压监测护理

（1）无创血压监测:无创血压监测方法有三种分别是人工袖套测压法、电子自动测压法和动脉张力测量法。对于发生高血压危象这类危重症患者可采用电子自动测压法,将监护仪袖带绑在距离肘窝 3~6cm 处,使监护仪袖带上的标志对准肱动脉搏动最明显处,患者手臂捆绑袖带的位置和心脏位置处于同一水平。测量方式分为自动检测和手动监测。自动检测时可由医务人员根据患者的具体情况设置监测间隔时间。

注意事项:

1）每次测量前将袖带内气体排尽,以免影响测量结果。

2）根据患者上肢臂围选择合适大小的袖带。

3）袖套包裹不能太紧或太松,太紧测得血压值偏低;太松测得血压值偏高。

4）对于需要连续监测无创血压的患者,建议 6~8 小时更换监测部位一次,防止皮肤损伤或肢体肿胀等情况发生。

5）对于老年患者或出现站立性晕厥的患者应该测量平卧及站立位的血压,评估有无直立性低血压。

（2）有创血压监测:有创血压监测是将动脉导管插入动脉内直接测定血压的血流动力学监测手段。其测量结果通常比无创血压监测更准确。

注意事项:

1）一般情况下有创测压较无创测压所得结果高 5~20mmHg,股动脉收缩压较桡动脉收缩压高 10~20mmHg,而舒张压低 15~20mmHg。

2）测压之前须将压力传感器置于参照点水平,通向大气调零。

3）测量时,压力传感器应平齐于第 4 肋间腋中线水平,即相当于右心房水平。

4）测压通路需保持通畅,不能有任何气泡或凝血块。经常用肝素盐水冲洗,冲洗时应用方波试验判断管路通畅性。

5）测压装置延长管不宜长于 100cm,直径应大于 0.3cm,质地需较硬,以防压力衰减。

6）测压装置输液管内需用加压袋及生理盐水以 300mmHg 的压力,以 3ml/h 的速度均匀冲洗管路。

4. 安全护理　对于合并急性脑血管病或神志不清、烦躁的患者应使用保护性措施。应用床栏以防止坠床;发生抽搐时用牙垫置于上、下磨牙间防止唇舌咬伤;避免屏气、用力呼气或用力排便;保持周围安静,减少噪音刺激。

5. 饮食护理　给予低盐、低脂、低胆固醇、清淡饮食,少量多餐,避免过饱及刺激性食物。适当控制能量摄入。多食含维生素和蛋白质的食物,增加蔬菜、水果、高膳食纤维的摄入,限烟酒,达到减轻心脏负荷,防止水钠潴留、预防便秘、降低血压的效果。

6. 心理护理　通过了解患者性格特征及有关社会心理因素进行相应的心理疏导,讲解高血压危象的病因、诱因、病程及转归,向患者说明经过用药可以控制病情。解释情绪变化与血压高低有密切关系,良好情绪能促进疾病恢复,及时给予患者精神安慰和心理支持,消除紧张恐惧心理、安定情绪,保持最佳的心理状态。

7. 健康教育　指导患者坚持低盐、低脂饮食,戒烟、限酒,合理安排休息与活动,避免过劳;保持情绪稳定;遵医嘱规律服用降压药,学会自我监测血压,并及时到医院复查。

第五节　尿崩症/抗利尿激素异常综合征/脑性盐耗综合征

一、尿崩症

【概述】

尿崩症（diabetes insipidus, DI）是由于下丘脑 - 神经垂体病变引起精氨酸加压素（arginine vasopressin, AVP）又称抗利尿激素（antidiuretic hormone, ADH）严重缺乏或部分缺

乏（称中枢性尿崩症），或由于多种病变引起肾脏对 AVP 不敏感（肾性尿崩症），导致肾小管重吸收水的功能障碍，从而引起多尿、烦渴、多饮与低比重尿和低渗尿为特征的一组综合征。尿崩症可发生于任何年龄，但以青少年多见。男性多于女性，男女之比为 2∶1。

> **知识拓展**
>
> ## ADH 的调节、生理作用
>
> ADH 是一种多肽激素，由下丘脑神经上核及室旁核分泌，通过垂体柄下达并储存于神经垂体。在垂体后叶，ADH 与后叶激素运载蛋白相结合，于必要时释放入血。ADH 进入血循环后消除较快，大多数经肝脏及肾脏灭活，半衰期仅为 4min。在正常饮水的情况下，血浆 ADH 基础浓度为 1~5ng/ml，而在水负荷时降低，禁水时上升。
>
> ADH 释放主要受 3 种因素影响：
>
> 1. 血浆渗透压　正常情况下，血浆渗透压稳定在 285~295mOsm/kg。当渗透压出现 1%~2% 的波动时，就能作用于视丘下部的渗透压感受器，对 ADH 进行调节。当血浆渗透压上升时，ADH 分泌增加，反之 ADH 分泌减少，导致利尿。
>
> 2. 血容量　在血浆渗透压恒定的条件下，血容量改变也能影响 ADH 释放，有关调节终于位于左心房、主动脉弓及颈动脉窦的容量感受器及压力感受器。当容量减少时，ADH 分泌增多；容量增多时，ADH 分泌减少，但一般需要血容量改变达 80%，方能活跃容量感受器。
>
> 3. 精神刺激　如疼痛可促使 ADH 释放而引起抗利尿作用，但当去除神经垂体后即不发生此反应。

【病因与发病机制】

1. 中枢性尿崩症（Central DI，CDI）　任何导致 AVP 合成、分泌与释放受损的情况均可引起本症，CDI 的病因有原发性、继发性与遗传性。

（1）原发性尿崩症：原因不明，占尿崩症的 50%~60%。部分患者在尸检时发现下丘脑视上核及室旁核细胞明显减少或消失，Nissil 颗粒耗尽，AVP 合酶缺陷，且在血循环中存在针对下丘脑神经核团的自身抗体。

（2）继发性尿崩症常见于

1）头颅外伤及垂体下丘脑手术。以脑垂体术后一过性 CDI 最常见。

2）肿瘤。尿崩症可能是蝶鞍上肿瘤所致的最早临床症状。常见肿瘤包括垂体瘤、颅咽管瘤、胚胎瘤等。

3）肉芽肿，结节病、组织细胞增多症等。

4）感染性病变。脑炎、结核等。

5）血管病变，动脉瘤等。

（3）遗传性尿崩症：为 X- 连锁隐性、常染色体显性或常染色隐性遗传。X- 连锁隐性遗传方式者由女性遗传，男性发病，杂合子女孩可有尿浓缩力差，一般症状轻，可无明显多饮多尿。

2. 肾性尿崩（Nephrogenic DI，NDI）　是由于肾脏对 AVP 不反应或反应减弱所致，NDI 病因有遗传和继发性两种。继发性 NDI 为多种疾病导致的肾小管损害，如慢性肾盂肾炎、肾小管酸中毒等代谢紊乱如低钾血症、高钙血症也可导致 NDI。多种药物也可导致 NDI，如庆大霉素、阿米卡星、链霉素等。

【临床评估与判断】

1. 临床表现　尿崩症主要临床表现为多尿、烦渴与多饮，起病常较急。①24 小时尿量常多达 5~10L，一般不超过 18L；②尿比重在 1.005 以下，低渗尿，尿渗透压小于血浆渗透压，尿渗透压常为 50~200mOsm/（kg·H_2O），尿色清淡如水；③禁水试验不能使尿渗透压和尿比重增加，而注射加压素后尿量减少、尿比重增加、尿渗透压较注射前增加 9% 以上；④加压素或去氨加压素（DDAVP）治疗有明显效果。

2. 中枢性尿崩症（CDI）和肾性尿崩症（NDI）的鉴别

（1）中枢性尿崩症（CDI）的鉴别

CDI 的诊断要点为：尿量多，可达 8~10L/d 或更多；低渗尿，尿渗透压低于血浆渗透压，一般低于 200mOsm/（kg·H_2O）；尿比重低，多在 1.005~1.003；饮水不足时，常有高钠血症，伴高尿酸血症，提示 AVP 缺乏，尿酸清除减少致血尿酸升高；应用兴奋 AVP 释放的刺激（如禁水试验）不能使尿量减少，尿比重和尿渗透压显著增高；应用 AVP 治疗有明显效果，尿量减少，尿比重及尿渗透压升。

部分性 CDI 临床诊断条件包括：经至少 2 次禁水试验后尿比重达 1.012~1.016；尿渗透压 / 血渗透压 >1，但 <1.5；对加压素试验敏感。

（2）肾性尿崩症（NDI）的鉴别

NDI 的诊断要点为：有家族史，或患者母亲怀孕时有羊水过多史，或有可引起继发性 NDI 的原发性疾病病史；多在出生后即有症状，婴儿患者有尿布更换频繁、多饮、发育缓慢或不明原因发热，儿童及成年患者有多尿、口渴、多饮症状；尿浓缩功能减低，每日尿量明显增加，比重 <1.010，尿渗透压低，多低于 300mOsm/（kg·H_2O）；禁水加压试验常无尿量减少、尿比重和尿渗透压升高反应，尿渗透压 / 血渗透压比值 <1。

3. 辅助检查

（1）尿量：尿量超过 2500ml/d 称为多尿，尿崩症患者尿量多可达 4~20L/d，比重常在 1.005 以下，部分性尿崩患者的尿比重可达 1.010。

（2）血、尿渗透压：患者血渗透压正常或稍高，尿渗透压多低于 300mOsm/（kg·H_2O），严重者低于 60~70mOsm/（kg·H_2O）。

（3）血浆 AVP 测定：正常人血浆 AVP 为 2.3~7.4pmol/L，禁水后可明显升高。但本症患者则不能达到正常水平，禁水后血浆 AVP 值也不增加或增加不多。

（4）AVP 抗体和抗 AVP 细胞抗体测定：有助于特发性尿崩症的诊断。

（5）禁水 - 加压试验：正常人禁水后血渗透压升高，循环血容量减少，二者均刺激 AVP 释放，使尿量减少，尿比重及尿渗透压升高，而血浆渗透压变化不大。

（6）高渗盐水试验：正常人静脉滴注高渗盐水后，血浆渗透压升高，AVP 大量释放，尿量明显减少，尿比重增加。尿崩症患者尿量不减少，尿比重不增加，但注射加压素后，尿量明显减少，尿比重明显升高。本试验对高血压和心脏疾病患者有一定的危险，现已少用。

（7）其他检查：继发性 CDI 需测定视力、视野、蝶鞍 CT、头颅 CT、MRI 等。

> **知识拓展**
>
> ## 禁水加压试验
>
> 禁水时间视患者多尿程度而定，一般从夜间开始（重症患者也可白天进行），禁水 6~16 小时不等，禁水期间每 2 小时排尿一次，测尿量、尿比重或尿渗透压，当尿渗透压达到高峰平顶，即连续两次尿渗透压差 <30mOsm/（kg·H_2O），抽血测血浆渗透压，然后立即皮下注射加压素 5U，注射后 1 小时和 2 小时测尿渗透压。
>
> 结果判断：正常人禁水后尿量明显减少，尿比重超过 1.020，尿渗透压超过 800mOsm/（kg·H_2O），不出现明显失水，尿崩症患者禁水后尿量仍多，尿比重一般不超过 1.010，尿渗透压不超过血浆渗透压。注射加压素后一般人不升高，仅少数人稍有升高，但不超过 5%，尿崩症患者注射加压素后，尿渗透压进一步升高，较注射前至少增加 9% 以上。AVP 缺乏越重者，增加的百分比越多，完全性尿崩症者，注射加压素后尿渗透压增加 50% 以上，部分性尿崩症者，尿渗透压常可超过血浆渗透压，注射加压素后尿渗透压增加在 9%~50% 之间。肾性尿崩症在禁水后尿液不能浓缩，注射加压素后仍无反应。

【监测与护理】

1. 尿崩症的治疗

（1）替代疗法：AVP 替代疗法用于完全性 CDI，部分性 CDI 在使用其他口服药疗效不佳者，也可用 AVP 替代治疗。

1）加压素水剂：作用仅维持 3~6h，皮下注射，每次 5~10U，每日需多次注射，长期应用不便。主要用于脑损伤或神经外科术后尿崩症的治疗。

2）尿崩停喷雾剂：赖氨酸加压素是一种鼻腔喷雾剂，每次鼻吸入 20~50mg，4~6h 一次，长期应用可引起弥漫性鼻炎而影响吸收。

3）长效尿崩停：是一种鞣酸加压素制剂。深部肌内注射，从 0.1ml 开始，可根据每日尿量情况逐步增加到 0.5~0.7ml/ 次，注射一次可维持 3~5d。

4）DDAVP：全名为 1- 脱氨 -8 右旋 - 精氨酸血管升压素，DDAVP 增加了抗利尿作用，而缩血管作用只有 ADH 的 1/400，抗利尿与升压作用之比为 4000∶1，作用时间达 12~24 小时，是目前最理想的抗利尿药，该药目前已有口服制剂，0.1mg/ 片，口服 0.1~0.2mg，对多数患者可维持 8~12 小时，初始剂量可从每天 0.1mg 开始，逐步调整剂量，防止药物过量引起水中毒。

（2）其他口服药物：此类药物适用于部分尿崩症病人，不宜用于孕妇和儿童病人。

1）氢氯噻嗪：每次 25mg，每日 2~3 次，可使尿量减少约 50%。长期服用可引起缺钾、高尿酸血症等，应适当补充钾盐。

2）卡马西平：能刺激 AVP 分泌，使尿量减少。每次 0.2g，每日 2~3 次。副作用有血粒细胞减少、肝损害、疲乏、眩晕等。

3）氯磺丙脲：可刺激垂体释放 AVP，并加强 AVP 的水重吸收作用。每日剂量不超过0.2g，早晨一次口服。可引起严重低血压和水中毒，应加注意。

（3）病因治疗：部分获得性中枢性尿崩症和肾前性尿崩症在原发病因解除后，多饮、多尿症状可缓解或减轻。下丘脑 – 垂体肿瘤通过手术治疗后，多尿症状缓解。肾盂肾炎、尿路梗阻疾病等导致的肾性尿崩症通过控制感染，解除梗阻等可缓解症状。

2. 尿崩症的护理

（1）评估：观察患者神志、瞳孔、生命体征的变化，必要时持续心电监测。根据医嘱准确记录每小时尿量及 24h 出入量，尤其是尿色及尿比重。若尿量 >200ml/h，尿比重 <1.005，尿色逐渐变淡，提示多尿或尿崩症的出现，应立即通知医生处理。及时准确采集血、尿标本，监测电解质、血糖、尿比重及血浆、尿渗透压，了解机体水、电解质状态。同时观察患者面色、有无全身乏力、肢体抽搐及意识状态的改变，警惕低钾、低钠血症的发生。

（2）饮食护理：进食高维生素、易消化饮食，多饮淡盐水，忌食西瓜、糖果等甜食，以免血糖升高而导致血浆渗透压升高，产生利尿效果。多食香蕉、橙子、紫菜等含钾、含钠高的食物。

（3）药物护理：尿崩症急性期是一个动态过程，因此治疗方案不应一成不变，应根据每日尿量调整剂量，指导患者合理系统服药，注意药物反应。

二、抗利尿激素异常综合征

【概述】

抗利尿激素分泌异常综合征（syndrome of inappropriate secretion of antidiuretic hormone，SIADH），指由于内源性抗利尿激素（ADH，即 AVP）分泌异常增多或其活性作用超常所导致的以水潴留、尿钠不适当增多和体液低渗为主要生化异常的一组常见临床综合征。SIADH是正常容量性低渗透血症中最常见的原因，其发生率在所有低渗透压患者中占 20%~40%。

【病因与发病机制】

1. 病因　SIADH 的常见病因为恶性肿瘤、呼吸系统疾病和神经系统疾病、炎症、药物和外科手术，部分原因不明者称之为特发性 SIADH。

（1）恶性肿瘤：多属于产肽激素瘤，最多见者为小细胞未分化肺癌，约 50% 以上小细胞未分化肺癌患者血浆 AVP 升高，约 2/3 患者可表现为水负荷排出受损，常伴其他激素分泌增多。

（2）其他一些内分泌疾病，如黏液水肿、Addison 病和垂体功能低下，可表现为 SIADH相同或相似的生化特点。

（3）药物过量在接受 AVP 制剂治疗的青少年和老年人非常多见，最初给药时应适当增长给药时间间隔；而精神性多饮的患者，错误使用 AVP 制剂治疗，必将发生严重的 SIADH。

2. 发病机制　SIADH 的发生与机体渗透压调节缺陷密切相关。由于 AVP 释放过多，且不受正常调节机制所控制，肾远曲小管与集合管对水的重吸收增加，尿液不能稀释，游离水清除率下降，使水分在体内潴留，细胞外液容量扩张，血液稀释，血清钠浓度与渗透压下降。同时细胞内液也处于低渗状态，细胞肿胀，当影响脑细胞功能时，可出现神经系统症状。本综合征通常为等容量性低钠血症，一般不出现水肿，因为当细胞外液容量扩张到一定程度，可抑制肾近曲小管对钠的重吸收，使尿钠排出增加，水分不会在体内潴留过多。加之容量扩张导致心脏利钠多肽释放增加,使尿钠排出进一步增加,因此,钠代谢处于负平衡,加重低钠血症与低渗血症。同时,容量扩张,肾小球滤过率增加,以及醛固酮分泌受到抑制,也增加了尿钠的排出。由于 AVP 的持续分泌,虽然细胞外液已处于低渗状态,但尿渗透压不适当升高,甚至大于血浆渗透压。

【临床评估与判断】

1. 临床表现 SIADH 患者因为基础疾病谱非常广泛,临床表现无特异性。与低钠血症相关的症状是其主要的临床表现。SIADH 临床表现与低钠血症的程度与病程密切相关,脑水肿是严重低钠血症的表现之一:①当血钠 >120mmol/L 时,患者很少出现临床症状;②当血钠降低至 115~120mmol/L,患者会逐渐出现厌食、恶心、呕吐、腹痛、头痛、嗜睡、注意力不集中、记忆力减退、肌肉痉挛、乏力、味觉障碍等不适;③随着血钠进一步降低 <110mmol/L 时,临床表现则进一步加重,表现为意识障碍、昏迷、幻觉、癫痫、锥体外系症状、呼吸暂停、死亡。

2. 抗利尿激素异常综合征的诊断

（1）血清钠浓度降低（常低于 130mmol/L）。

（2）尿钠浓度（反应性升高）常超过 30mmol/L。

（3）血浆渗透压低,常低于 270mOsm（kg·H_2O）。

（4）尿渗透压大于 100mOsm（kg·H_2O）,甚至大于血浆渗透压。

（5）无临床可测定的低血压或低血容量,无应用利尿药史,甲状腺和肾上腺功能正常。

（6）血浆 AVP 不适当升高。

（7）水负荷后 4h 排尿量 <90% 饮入量,尿渗透压不能降至 100mOsm（kg·H_2O）以下。

（8）扩容治疗后不能纠正血浆低渗透压,但限水后血浆渗透压改善。

前五条应作为临床诊断 SIADH 的必备条件,后三条则为支持诊断的证据。

3. 辅助检查

（1）实验室检查:包括血清钠浓度、尿比重、尿渗透压、血浆渗透压、肾功能检查、肾上腺皮质激素浓度。

（2）水负荷试验:受试者在 15min 内按 20ml/kg 体重饮一定量的水,在随后 4h 内观察排尿量及其在饮水中的占比,同时测定尿渗透压。正常成人水负荷 4h 排尿量应至少 >90% 饮入量,尿渗透压明显降低。SIADH 患者的排水负荷能力和尿稀释能力明显降低。

知识拓展

低钠血症的鉴别

鉴别低钠血症病因时,首先应明确低钠血症时血浆渗透压状态。高渗状态常见于使用甘露醇或高血糖。等渗状态少见。常发生于实验室测量错误,高脂血症或高蛋白血症。低渗状态时不同病因的诊断是鉴别低钠血症的诊断重点。

低钠血症伴低渗状态时,要鉴别细胞外液及循环容量状态,然后再评价尿钠浓度水平。

1. 细胞外液减少

（1）尿钠浓度 >20mmol/L：常见于钠经肾丢失过多，如急性肾衰竭多尿期、输尿管梗阻后利尿、慢性肾衰竭、CSWS、利尿药过量和原发/继发盐皮质激素缺乏等。

（2）尿钠浓度 <20mmol/L：常见于肾外丢失，如胃肠道、皮肤丢失过多和腹腔内潴留（腹膜炎、腹水快速形成）等。

2. 细胞外液正常或轻度增加

（1）尿钠浓度 >20mmol/L：常见于急、慢性肾衰竭、SIADH、糖皮质激素缺乏、甲状腺功能低下等。

（2）尿钠浓度 <20mmol/L：常见于严重烦渴或不恰当的静脉输液等。

3. 细胞外液过度增加或伴水肿

（1）尿钠浓度 >20mmol/L：常见于急、慢性肾衰竭。

（2）尿钠浓度 <20mmol/L：常见于肾病综合征、肝硬化和心衰等。

【监测与护理】

1. 抗利尿激素异常综合征的治疗

（1）病因治疗：由于 SIADH 是由多种原因导致的临床综合征，因此其治疗包括病因治疗和对症治疗。对症治疗只能暂时纠正低钠血症，病因治疗在 SIADH 的治疗中具有决定性意义，患者的预后最终取决于病因是否可以根除。对于那些由于炎症、药物等可治因素引起的 SIADH，在对症处理的同时，通过对原发疾病和因素的及时诊断和有效处理，病因缓解后患者的低钠血症可以从根本上缓解，预后良好。恶性肿瘤所致者应及早手术、放疗或化疗。

（2）对症治疗：对症治疗的主要目标在于改善低钠血症和低渗透压状态。在决定 SIADH 的对症治疗措施时，需要考虑患者有无症状尤其是神经系统症状，低钠血症的程度以及发展速度。

1）急性低钠血症的处理：急性低钠血症定义为在 48h 内发生的低钠血症，可能在无前兆的情况下出现抽搐、昏迷、癫痫、呼吸衰竭等症状，严重者危及生命。在纠正低钠血症过程中要避免采用低渗液体，根据尿钠排泄情况，采用 3% 氯化钠溶液每小时 1~2ml/kg 静脉滴注，可迅速提高血钠水平，但在使用过程中需严格注意输液速度，以免低钠血症纠正速度过快导致神经系统脱髓鞘综合征。目前专家共识认为血钠水平的升高在治疗的第一个 24h 内不应超过 10~12mmol/L，而在第一个 48 小时不应超过 18mmol/L，开始高渗盐水输注后需每 1~2 小时监测血钠水平，以保证血钠升高速度控制在每小时 0.5~1.0mmol/L 范围内。袢利尿药抑制肾小管上皮细胞对钠、氯的重吸收，阻碍肾髓质高渗状态形成，使肾小管内水的重吸收受阻，从而抵消 ADH 的作用，也被用于急性低钠血症的治疗中。可用呋塞米 1mg/kg 静注，必要时重复使用。需注意噻嗪类利尿药使尿钠排出多于水，加重低钠血症而不宜选用。

2）限水治疗：轻症患者可以通过限制饮水量，停用妨碍水排泄的药物来纠正低血钠。原则上 24 小时水分的摄入量应小于 24h 尿量及不显性失水的总和。水摄入量一般限制在 0.5~1.0L/d。尿渗透压的变化可以反映血浆 ADH 水平的变化，尿渗透压越高提示血浆 ADH 水平越高，限水治疗需更加严格。

2. 抗利尿激素异常综合征的护理

（1）限制水的摄入：记录24小时出入量，每日入量少于出量，通过限水所造成水的负平衡可提升血钠水平。粗略估计正常人皮肤和呼吸道每日挥发水分400ml、大便200ml、小便600ml，总量约为1600ml，如要达到负平衡每日水入量需控制在500~800ml，注意控制饮食中的含水量，直至血钠水平恢复正常。

（2）补充高渗氯化钠溶液：遵医嘱给予3%氯化钠高渗盐水以2ml/kg一次或多次静脉输入（间隔5~10分钟再次给予），补充钠盐过程中加强血钠浓度及神经系统的监测，以血钠每小时升高1~2mmol/L，第一个24小时升高8mmol/L、48小时升高14mmol/L、72小时升高16mmol/L为宜，防止低钠血症纠正过快导致大脑渗透性脱髓鞘综合征发生。

（3）密切观察病情变化

1）注意患者出现的脱水症状，一旦发现要及时通知医生。监测血钠、尿钠浓度，测定中心静脉压。

2）低钠血症常导致患者出现精神症状和意识改变，轻者可表现为头疼、烦躁、抑郁，当血钠降至110mmol/L以下时，可有延髓麻痹、呈木僵状态、锥体束征阳性，甚至昏迷、抽搐，严重者可致死。其临床症状与颅脑疾病重症患者的原发症状极为相似，容易被原发症掩盖或混淆。因此，在护理过程中，当发现患者意识状态好转后又转差并逐渐加重或进行性加重，或出现肢体抽搐、消化道症状等在排除颅脑损伤本身原因外，应考虑并发了低钠血症。

（4）用药护理：加强用药期间药物不良反应的观察如：口干、渴感、眩晕、恶心、低血压及注射部位无菌性静脉炎的发生。

（5）心理护理：耐心向患者及家属解释并发低钠血症的原因，解释准确记录出入液量、每小时尿量及抽血化验的意义，取得患者及家属的理解和配合。患者夜间多尿而失眠，导致疲劳及精神焦虑等应加强护理照顾。

三、脑性盐耗综合征

【概述】

脑性盐耗综合征（cerebral salt wasting syndrome，CSWS）是一种较罕见的以低钠血症和脱水为主要特征的综合征，多由神经系统损伤或肿瘤引起脑内疾病导致肾脏排钠、排水过多，临床表现为低血钠、低血容量、高尿钠的一组临床综合征，尿比重正常或>1.010。现认为脑性盐耗综合征的低钠血症是由下丘脑内分泌功能紊乱所导致的肾脏排钠过多引起。目前认为，CSWS比SIADH更为常见，可多见于多种中枢神经系统疾病，如脑血管疾病、脑膜炎、颅脑创伤、颅脑肿瘤及颈髓损伤等，并多在上述疾病发生后10天内出现。

【病因与发病机制】

脑性盐耗综合征的发生机制尚不清楚，目前认为可能有几种：

1. 体液机制 主要是利尿钠因子的作用。目前为止，已有多种利尿钠的多肽被发现，其中最重要的是心房利钠多肽（ANP）。它的生物学作用包括利尿钠、利尿、血管扩张、抑制肾素和醛固酮的分泌，是目前已知的最强的利尿激素。神经外科患者由于中枢神经系统失去对ANP分泌功能的正常调控，在特定情况下，ANP过量分泌导致CSWS。在ANP之后，又有两种与ANP氨基酸序列极相似的利尿因子被发现，脑利钠多肽（BNP）和C-型利钠多肽（CNP）。BNP的利尿作用同ANP相似，CNP的利钠作用较低。

2. 毒毛花苷 G 样复合物（OLC） OLC 对 CSWS 的发生起一定作用，但并不是直接引起尿钠排泄的利钠因子。另外，有研究表明，缓激肽、催产素、ACTH、α- 促黑素和 β- 促黑素、甲状旁腺激素和降钙素也有一定的利尿作用，其作用机制还有待进一步的研究。

3. 神经系统的直接作用 神经系统病变可抑制肾脏交感神经的活性，引起肾血流量和肾小球滤过率的增加、肾素分泌减少和肾小管对钠重吸收的减少，导致尿钠排泄增加和多尿。持续的交感神经刺激会导致血浆容量和总血容量的下降。

【临床评估和判断】

1. 临床表现 脑性盐耗综合征（CSWS）特征性临床表现为低血钠（<130mmol/L）、高尿钠（>20mmol/L 或 >80mmol/24h），尿渗透压 / 血浆渗透压 >1，尿量不增多或稍增多（>1800ml/d）。主要表现为全身脱水及低钠血症的症状如：厌食、恶心、呕吐、淡漠、虚弱甚至昏迷、眼球凹陷、黏膜干燥、腋窝不出汗、心率增快、体重减轻、渐进性意识下降或意识状态迅速恶化等症状。其中血容量减少是 CSWS 的主要特征，也是与 SIADH 最重要的鉴别点，采用实验性限水治疗时，CSWS 限水治疗后病情加重，而 SIADH 限水治疗有效。

2. 脑性盐耗综合征的诊断 目前尚无统一的 CSWS 诊断标准。一般认为，如果出现下列情况，有助于 CSWS 的诊断：低钠血症伴有多尿；尿钠升高，尿量增加而尿比重正常；低血容量；中心静脉压下降（常 <6cmH$_2$O），体重减轻，常有脱水征，皮肤黏膜干燥、弹性差，眼窝下陷，心率快，直立性低血压，血球压积和血尿素氮均升高；补水补钠后病情好转。

3. 脑性盐耗综合征（CSWS）与抗利尿激素异常综合征（SIADH）的鉴别 CSWS 与 SIADH 的鉴别常存在困难。SIADH 患者的血容量正常稍多，一般无水肿（因其体内所多余液体约 2/3 进入细胞内，1/3 分布于细胞外，只约 1/2 留在血管内），属于稀释性低钠血症，其尿往往正常或减少。而 CSWS 的低血容量合并多尿是其核心特征，在神经外科危重症患者相对多见，多发生于创伤或手术一周后。此外，CSWS 对钠和血容量的补充有效，而限水无效，反而使病情恶化。

临床中也用中心静脉压（CVP）值适当指导诊断和治疗。当 CVP 在 0~5cmH$_2$O 水平时，此类患者的低钠血症可能与 CSWS 有关，可尝试采用补液及补钠治疗。当 CVP 在 6~10cmH$_2$O 水平时，患者的低钠血症可能与 SIADH 或 CSWS 两者都有关，先予以补液、补钠，如短期内低钠血症未能及时纠正，则改为限制液体入量并可适当利尿。当 CVP 大于 11cmH$_2$O 时，此类患者低钠血症可能与 SIADH 有关，可尝试采用限制液体入量及利尿治疗。

CSWS 与 SIADH 的主要鉴别见表 14-5-1。

表 14-5-1 CSWS 与 SIADH 鉴别

	SIADH	CSWS
颅内病变	存在	存在
发病时间	多见于创伤（术）后一周以内	多见于创伤（术）后一周以后
发病机制	水潴留，稀释性低钠血症	水钠排出增多，缺盐性低钠血症
钠平衡	不定	负平衡
尿量	正常或减少	显著增高
血容量	增多	减少

续表

	SIADH	CSWS
脱水症状	无	明显
体重	增加或不变	下降
中心静脉压	升高或不变	下降
肺毛细血管楔压	升高或正常	下降
血浆渗透压	下降	升高或正常
血细胞比容	下降或不变	升高
BUN/Cr	正常	升高
血清蛋白	正常	升高
血钾浓度	下降或正常	升高或正常
治疗原则	限水	补钠、补液

4. 辅助检查

（1）实验室检查：包括血清钠浓度、尿比重、尿渗透压、血浆渗透压、肾功能检查、肾上腺皮质激素浓度。

（2）监测尿量。

【监测与护理】

1. 脑性盐耗综合征的治疗　纠正原发病对 CSWS 的治疗非常重要。尤其是急性脑积水和急性颅内压升高诱发的 CSWS，可通过脑脊液引流，降低颅内压而迅速纠正。由于 CSWS 多表现为低血容量性低钠血症，因此补充血容量，提高血浆渗透压和纠正负钠平衡是治疗 CSWS 的关键，这与 SIADH 的限水治疗截然相反。根据患者低钠和脱水的严重程度以及对胃肠内给药的耐受性，决定口服补盐、静脉补充生理盐水、高渗盐溶液（2%~3%NaCl）或这些手段联合应用。静脉补充高渗盐溶液有可能引起容量扩张而加剧尿钠的继续丢失，因此如能通过胃肠道补盐较静脉途径可能更有利。

盐皮质激素，可直接作用于肾小管增强钠的重吸收。一般口服醋酸氟氢可的松 0.2~0.4mg/d，醛固酮（醋酸去氧皮质酮）针剂 1~2mg/d，有利于纠正低钠血症，但因可引起严重低钾血症，尤其是儿童更应注意监测。

也可使用促肾上腺皮质激素 ACTH 制剂：人工合成 24 肽，速效 Synacthen 0.25 毫克 / 支，静脉或肌内注射，数分钟起效，1 小时达药物作用高峰，维持 3~4 小时；慢释放 Synacthen 0.5~1 毫克 / 支，0.5 毫克 / 次，肌内注射，1 小时达药物作用高峰，维持 36~48 小时。急性期 1 毫克 / 次。

2. 脑性盐耗综合征的护理

（1）根据医嘱进行补充液体治疗，纠正患者血容量，以改善微循环，降低脑血管痉挛和脑梗死的危险，补液过程中加强 CVP 监测，避免短时间内大量补液导致心力衰竭的发生，控制脑水肿。

（2）病情观察：记录 24 小时出入量。低钠血症常导致患者出现精神症状和意识改变，轻者可表现为头疼、烦躁、抑郁,当血钠降至 110mmol/L 以下时,可有延髓麻痹、呈木僵状态、锥体束征阳性,甚至昏迷、抽搐,严重者可致死。

（3）根据医嘱进行补钠,正确配置高渗盐水。补钠量 = ［血清钠正常值 142（mmol/L）- 测得值（mmol/L）］× 体重（kg）× 0.6（女性为 0.5）,再按 17mmol 钠相当于 1g 氯化钠换算,24h 内分 2~3 次输入。计算出补钠量后,当天先补 1/2 量,加每日生理需要量 4.5g,其余 1/2 量可在第 2 日补给。补充钠盐过程中,注意监测血钠、尿钠和血浆渗透压的变化,避免血钠纠正过快导致大脑渗透性脱髓鞘综合征发生。

（4）饮食护理:意识清楚、能进食患者,鼓励其吃含钠高的食物;意识模糊的患者给予鼻饲高热量、高维生素、高蛋白流质饮食,必要时遵医嘱鼻饲补钠。

（5）心理护理:耐心向患者及家属解释并发低钠血症的原因,解释准确记录出入液量、每小时尿量及抽血化验的意义,取得患者及家属的理解和配合。

（陈玉红）

第十五章　环境学重症护理

学 习 目 标

完成本内容学习后,学生将能:
1. 复述放射性物质暴露的急救原则;
2. 列出低温症的常见病因及急救护理措施;
3. 描述热射病的特点;
4. 应用热射病的院内救治措施;
5. 描述镇静催眠类中毒的临床表现、急救及护理措施。

人类所处的自然环境、生活环境和生产环境中,存在许多危害身心健康的因素,包括物理、化学和生物的损伤因素。环境及理化因素损伤是院前急救和临床急诊中的常见病和多发病。环境及理化因素损伤所涉及的疾病种类多。本章仅简要介绍放射/有害物质暴露、热射病、低温症、镇静催眠类药物中毒这四种常见的环境及理化因素损伤,其发病的共同特点是致病因子均为外界环境中的物理因子,既往健康的人遭遇此类损伤也会很快出现危及生命的病理生理变化,因此这四种损伤均属于环境性急诊(environmental emergency)。

第一节　放射/有害物质暴露

【概述】

放射性物质是那些能自然的向外辐射能量,发出射线的物质。一般都是原子质量很高的金属,像钋、铀等。放射性物质放出的射线有三种,它们分别是 α 射线、β 射线和 γ 射线。有害物质是指人类在生产条件下或日常生活中所接触的,能引起疾病或使健康状况下降的物质。自 1895 年伦琴发现 X 射线以来,核能和放射性元素被人们广泛用于军事、工业、医疗等领域,与普通公众的生活密切相关,给人们带来了巨大的财富。但是,正当核电发展步入一个全新的阶段时,核电的安全问题日益突出。1979 年 3 月 28 日美国三哩岛核电站事故,导致放射性物质泄漏,虽未造成人员伤亡,但带来沉重的经济负担。1986 年 4 月 26 日苏联切尔诺贝利核电站 4 号反应堆发生爆炸,造成大量放射性物质释放,当量相当于广岛原子弹的 100 倍,被定为 7 级,成为有史以来最严重的核事故。由于核事故释放持续时间长、放射性活度大,再加上气象条件复杂,污染形成复杂的烟云弥散,造成苏联西部大部分地区和欧洲许多国家都有放射性沉降。这次事故的死亡人数一直没有定论,直接因辐射死亡数十人,但可能有数十万人因此罹患肿瘤。至今仍有数百万人生活在受污染的地区。

【病因与发病机制】

机体全身或局部受到放射线照射,能引起放射性烧伤的射线主要有 β、γ 射线和 X 射线,最常见的高能辐射源是用于治疗、科研实验室、工业以及核反应堆中的人工放射物质。放射性物质在衰变时会产生电离辐射,这种辐射可以对人体内部化学环境造成严重伤害,它会打断人体组织的各种原子和分子间的化学键。人体会自动对这种损害进行修复。但有时候这种伤害将是非常广泛而严重的,修复几乎不可能。并且在自动修复过程中还存在发生错误的可能性。辐射对人体健康的长期影响最严重的方面是它会引发癌症。

【临床评估与判断】

1. 核事故分级　针对核设施(核电站)而言,根据其发生核突发事件对于场内、外和纵深防御能力的影响,国际上将核事件分为 8 个级别,用于公众和媒体的沟通。

0 级:偏离——就安全方面考虑无危害。

1 级:异常——指偏离规定功能范围。

2 级:事件——指场内明显污染或一个工作人员受过量照射,具有潜在安全后果的事件。

3 级:严重事件——指有极小量的场外释放,公众受小部分规定限值照射,场内严重污染或一个工作人员有急性健康效应。其效应接近事故且丧失纵深防御措施。

4 级:主要在设施内的事故——指有少量场外释放,公众受规定限制级照射;反应堆芯放射屏障重大损坏或一个工作人员受致死性照射。

5 级:有场外危险的事故——指场外有限释放,很可能要求实施有计划的干预;反应堆芯放射屏障遭到严重损坏。

6 级:严重事故——指场外明显释放,很可能要求实施计划的干预。

7 级:特大事故——指场外大量释放,有广泛的健康和环境影响。

2. 核与辐射事故的特点

(1)突发性和快速性:核事故往往突然发生,事故发生时要求能及时、迅速、有效地执行好医学应急救援任务。包括医疗救护,饮用水和食物的应急监测和控制,稳定性碘片的发放,应急响应工作人员的个人剂量监测等。因此,核应急必须具有快速反应能力。

(2)损伤多为复合伤、照射种类多样:事故发生后,放射性物质进入大气形成放射状烟云和悬浮颗粒,造成人体外照射。吸入人体的悬浮颗粒造成内照射。悬浮颗粒可沉降到地面、水源和食物,造成持续性危害。除急性外照射和内照射损伤外,常合并其他损伤。除放射性损伤,还可发生多种机械性损伤、烧伤等。

(3)社会心理影响大:由于公众对于核的恐慌,极易引起人群心理紊乱、焦虑、压抑等。由于人们对核知识的缺乏,往往认为灾后的一切疾病都与核辐射有关,导致持久的心理障碍。

(4)影响范围大、持续时间长:核电站爆炸事故形成大量的放射性烟云,扩散到周围地区甚至其他国家,半衰期长的核素长期污染土壤、水源和食物,严重影响人员健康,并造成巨大经济损失。

【监测与护理】

1. 救援原则　核与辐射事故医学救援指核设施发生事故或事件后,立即采取医学救援措施,以便最大限度减轻核事故造成的损失和不良后果,避免或减少人员伤亡,保障人员的健康和安全。同时,对于已受伤的人员,积极进行救治,尽量减少伤亡。根据患者受照射情况、受污染的程度和临床表现,进行分类和分级救治。对于受急性放射损伤或怀疑受急性放射损伤的患者,则需立即转运到放射损伤专科医疗机构治疗。

2. 现场医疗救治 主要由核设施的医疗卫生机构组织医务人员和安防人员实施,即有现场医护人员、辐射防护人员等。总体本着快速有效、先重后轻、保护救护人员与被救护人员的原则。其主要救治对象可分为两类,即非放射性损伤和放射性损伤人员。实施救治的原则是对伤员进行分类诊断,并积极治疗危重症患者。对于非放射性损伤患者,如创伤、烧伤等的救治和常规医疗救护无差别,按通常急救原则进行。对于放射性损伤人员,首先处理危及生命的损伤,然后,再考虑患者的受照情况,以便对辐射损伤做出合理的估计。对于病情稳定的患者,除应注意患者的临床表现外,应详细了解受照情况。对体表、伤口及体内有辐射污染者,应给予及时检查、诊断和必要的初期治疗。

总之,一级医疗救护的主要工作应包括:①对危重伤员的救治;②设立临时分类点,初步确定是否存在体表污染和内污染,并尽可能收集用于受照剂量估算的物品和生物样品;③酌情发放稳定碘或和抗放药;④对于体表污染伤员进行去污洗消,对于内污染者采取促排治疗;⑤填写伤员登记表,根据初步分类诊断,组织及实施后送伤员至二级医院或三级医院。

3. 污染伤口处理 污染伤口是指外力作用致使带有放射性核素的物品或碎片,打击人体组织所形成的具有放射性核素的污染伤口。污染伤口的初期处理包括:①放血和使用止血带压迫,防止伤口处静脉血回流;②及时用敷料擦去流出的血液;③清除可见的异物;④用生理盐水彻底冲洗伤口;⑤深及真皮以下的伤口,应尽快使用各种洗涤剂清洗创面。伤口的基本处理流程为先轻后重、分步实施、严防交叉污染和范围扩大,以及损伤被污染的组织等。防止清创过程加速放射性核素的吸收。

4. 减少放射性核素吸收 脱离污染环境,进行体表洗消去污,减少呼吸道和消化道吸收。

(1)减少呼吸道吸收的方法:包括彻底清理上呼吸道,包括清理鼻腔、剪去鼻毛、大量生理盐水冲洗和使用血管收缩剂麻黄碱等。

(2)减少消化道吸收的方法:总体处理原则与经消化道中毒的处理原则相同。对于食入时间 <4 小时者,常采取漱口、催吐和洗胃的方法。食入时间 >4 小时者,可根据相应的放射性元素使用相应的阻吸收剂,如对于 Sr、Ra 等二价放射性元素,使用硫酸钡和活性炭 50g 沉淀剂,再使用缓泻剂导泻。

5. 加速放射性核素排出的目的 是加速进入体内的放射性核素排出,减少其在体内的蓄积量和缩短其在体内的滞留时间,以期尽可能减少内照射造成的放射性损伤。促排方法通常使用金属络合剂和加速其代谢的措施。

6. 降低放射性核素损伤通常使用

(1)硫醇类及其衍生物:如氨磷汀。

(2)激素类:如天然甾体激素。

(3)蛋白酶抑制剂、细胞因子、间充质干细胞。

知识拓展

急性放射性损伤

急性放射性损伤是由于核放射物泄漏、核爆炸时电离辐射作用造成人体组织和功能的损伤,又称为急性放射病。人体进行全身照射或全淋巴照射等放射治疗时,也可能造成医源性急性放射性损伤。急性放射性损伤根据受照射剂量、临床特点和受损器官病变不同分为骨髓型(骨髓造血组织损伤为主)、肠型(胃肠道损伤为主)、脑型(脑组织损伤为主)。典型病程呈阶段性发展,可分为初期、假愈期、极期和恢复期。对轻度患者可采取对症处理,加强营养、休息、严密观察骨髓型中、重度和极重度急性放射病应采取严格的防感染隔离措施,如入住层流洁净病房。

第二节　热　射　病

【概述】

热射病指因高热引起的人体体温调节功能失调,体内热量过度积蓄,从而引发神经、器官功能受损。热射病属于重症中暑,病死率高,分为两类:①非劳力型热射病:多发生在老年、体弱、有慢性疾病患者,在高温环境中,其居住在拥挤和通风不良环境中持续数日,体温调节功能障碍引起散热减少,热应激机制失代偿,体温调节中枢功能障碍,汗腺功能衰竭。②劳力型热射病:发生在平素身体健康而运动量大的士兵或运动员等。临床主要表现为局部肌肉痉挛、高热、无汗、口干、昏迷、血压升高、咳嗽、哮喘甚至呼吸衰竭;血生化常提示高钾、高钙,白细胞计数增多,血小板减少。热射病的病死率约为50%,近年来,随着城市"热岛效应"出现和我国人口进入老龄化社会,高龄(≥60岁)老人,发生热射病比率不断增加,50岁以上患者病死率高达80%。7%~14%的幸存患者罹患永久性中枢神经系统损伤。

【病因与发病机制】

(一)病因

1. 机体产热增加　在高温或在强热辐射下从事长时间劳动,机体产热增加,容易发生热蓄积。

2. 机体散热减少　在湿度较高和通风不良的环境下从事重体力劳动。

3. 机体热适应能力下降　热负荷增加时,机体会产生应激反应,通过神经内分泌的各种反射调节来适应环境变化,维持正常的生命活动,当机体这种调节能力下降时,对热的适应能力下降,机体容易发生代谢紊乱。

(二)发病机制

由于人体受外界环境中热原的作用和体内热量不能通过正常的生理性散热以达到热平衡,致使体内热蓄积,引起体温升高。当外界环境温度增高时,机体大量出汗,引起失水、失盐。当机体以失盐为主或仅补充大量水而补盐不足造成低钠、低氯血症,导致肌肉痉挛,发生热痉挛;大量液体丧失会导致失水、血液浓缩、血容量不足,若同时发生血管舒缩功能障碍,则易发生外周循环衰竭。当外界环境温度增高,机体散热绝对或相对不足,汗腺疲劳,引起体温调节中枢功能障碍,致体温急剧增高,产生严重的生理和生化异常而发生热射病。实验证明,体温达 42℃以上可使蛋白质变性,体温超过 50℃数分钟细胞即死亡。

【临床评估与判断】

1. 病情评估

（1）诱因:重点询问患者有无引起机体产热增加、散热减少或热适应不良的原因存在,如有无在高温环境中长时间工作、未补充水分等病因存在。

（2）临床表现:主要表现为高热（直肠温度≥41℃和神志障碍。早期受影响的器官依次为脑、肝、肾和心脏。临床上根据发病时患者所处的状态和发病机制分为劳力型热射病和非劳力型热射病。非劳力型热射病常发生在小孩、老年人和有基础疾病的人群,表现为皮肤干热和发红,84%~100% 患者无汗,直肠温度常在 41℃以上,最高可达 46.5℃。劳力型热射病多在高温、湿度大和无风天气进行重体力劳动或剧烈体育运动时发病,多为平素健康的年轻人,由于机体产热过多,散热能力降低而引起。严重者可出现休克、心力衰竭、肺水肿、脑水肿、急性肾衰竭、急性肝衰竭、DIC、多脏器功能衰竭,甚至死亡。热射病是中暑最严重的类型,其病死率与温度的上升相关,老年人和有基础疾病的患者病死率高于普通人群。

2. 辅助检查　热射病时,应紧急行血生化检查、动脉血气分析及尿常规检查。血尿素氮、肌酐可升高。血清电解质检查可有高钾、低钠、低氯血症。尿常规可有不同程度的蛋白尿、血尿、管型尿改变。严重病例常出现肝、肾、胰和横纹肌损害的实验室改变。有凝血功能异常时,应考虑 DIC。尿液分析有助于发现横纹肌溶解和急性肾衰竭。

【监测与护理】

急救原则尽快使患者脱离高温环境、迅速降温和保护重要脏器功能。

（一）现场救护

1. 脱离高温环境　迅速将患者转移到通风良好的阴凉处或 20~25℃房间内,平卧休息,帮助患者松解或脱去外衣。

2. 降温　可反复用冷水擦拭全身,直至体温低于 38℃;口服水杨酸类解热药物。降温以患者感到凉爽舒适为宜。

（二）医院内救护

1. 降温　迅速降温是抢救热射病的关键。降温速度决定患者预后。通常应在 1 小时内使直肠温度降至 38℃左右。

（1）物理降温:物理降温可采用环境降温、体表降温（头部降温和全身降温）和体内降温。

（2）药物降温:药物降温必须与物理降温同时使用。药物降温可防止肌肉震颤,减少机体分解代谢,减少机体产热,扩张周围血管,以利散热。

2. 对症及支持治疗

（1）纠正水、电解质紊乱:发生早期循环衰竭的患者,可酌情输入 5% 葡萄糖盐水,但速度不宜过快,并加强观察,以防发生心力衰竭。

（2）及时发现器官功能不全:防治急性肾功能不全、肝功能不全、心脏功能不全、脑水肿、DIC 等并发症。

（3）适当应用抗生素预防感染。

（三）护理措施

1. 即刻护理措施　心力衰竭患者要给予半卧位,血压过低患者取平卧位。昏迷患者要保持气道通畅及时清除鼻咽分泌物,充分供氧,必要时准备机械通气治疗。

2. 保持有效降温

（1）环境降温:将患者安置在 20~25℃ 空调房间内,以增加辐射散热。

（2）体表降温:采用冰帽、冰槽进行头部降温,可在腹股沟、颈动脉、腋窝等处放置冰袋,但注意避免局部冻伤。全身降温可采用冰毯、冰(冷)水或酒精擦拭、冰(冷)水浴等方法。

（3）体内中心降温:适用于重度中暑、体外降温无效者。用冰盐水 200ml 注入胃内或灌肠;或用 4℃、5% 葡萄糖盐水 1000~2000ml 静脉滴注,开始滴注速度应稍慢,30~40 滴/分,患者适应低温后再增快速度,但应密切观察,以免发生急性肺水肿。有条件者可用低温透析液（10℃）进行血液透析。

降温时应注意:①冰袋放置位置准确,注意及时更换,尽量避免同一部位长时间直接接触皮肤,以防冻伤。冰(冷)水、酒精擦浴时,擦拭应顺着动脉走行方向进行,大动脉处应适当延长时间,以提高降温效果。禁擦拭胸部、腹部及阴囊处;②冰(冷)水擦拭和冰(冷)水浴者,在降温过程中,必须用力按摩患者四肢及躯干,以防止周围血管收缩,导致皮肤血流淤滞;③老年人、新生儿、昏迷、休克、心力衰竭、体弱或伴心血管基础疾病人,不能耐受 4℃ 冰浴,应禁用。必要时可选用 15℃ 冷水浴或凉水淋浴;④应用冰帽、冰槽行头部降温时,应及时放水和添加冰块。

（四）密切观察病情变化

1. 降温效果的观察

（1）降温过程中应密切监测肛温,每 15~30 分钟次,根据肛温变化调整降温措施。

（2）观察末梢循环情况,以确定降温效果。如患者高热而四肢末梢厥冷、发绀,提示病情加重;经治疗后体温下降、四肢末梢转暖、发绀减轻或消失,则提示治疗有效,无论何种降温方法,只要体温降至肛温 38℃ 左右即可考虑终止降温,防止体温再度回升。

（3）如有呼吸抑制、深昏迷、血压下降则停用药物降温。

2. 并发症的监测

（1）监测尿量、尿色、尿比重,以观察肾功能状况,深茶色尿和肌肉触痛往往提示横纹肌溶解。

（2）密切监测血压、心率,有条件者可测量中心静脉压、肺动脉楔压、心排血量以及体外循环阻力指数等,防治休克,并且指导合适补液以防止补液过量而引起肺水肿。降温时,血压应维持收缩压在 90mmHg 以上,注意有无心律失常出现,必要时应及时处理。

（3）监测动脉血气、神志、瞳孔、脉搏、呼吸的变化。

（4）严密监测凝血酶原时间、凝血活酶时间、血小板计数和纤维蛋白原,以防 DIC。

（5）监测水、电解质失衡。

3. 观察与高热同时存在的其他症状　如是否伴有寒战、大汗、咳嗽、呕吐、腹泻、出血等,以协助明确诊断。

4. 对症护理

（1）口腔护理:高热患者应加强口腔护理,以防感染与溃疡。

（2）皮肤护理：高热大汗者应及时更换衣裤及被褥，注意皮肤清洁卫生，定时翻身，防止压疮。

（3）高热惊厥护理：应置患者于保护床内，防止坠床和碰伤，惊厥时注意防止舌咬伤。

第三节　低　温　症

【概述】

低温症是指人体深部温度（直肠、食管、鼓室）低于35℃的状态，低温症可直接或间接地造成死亡，如果体温降到32℃以下，人体器官将无法正常代谢和工作。出现低温原因有产热障碍引起，如甲状腺功能减退，也有散热过快所致，如过久暴露于低温环境等。老年人可因营养热量不足、体温调节功能差、保温不够、疾病等均可出现体温不升。在入院治疗的老年患者中，发生低温症者的病死率高达30%~75%。

【病因与发病机制】

1. 外源因素　低温症的病因有外因、内因之分，最主要是外源性因素，即暴露于寒冷环境或淹溺于冷水之中。此外，热量供给不足，以及刮风和气候潮湿也可分别通过对流和蒸发增加体热丢失。

2. 内在因素　内因对低温症患者极为重要，可分为生理性和病理性原因，即体温调节的生理功能障碍和伴随的各种基础疾病及降低热能产生的药物是老年人低温症的重要病因。

（1）生理性原因：人体温度能够保持恒定，是通过生理调节使体内热量的产生和发散保持平衡。人体处于寒冷环境时，机体一方面通过丘脑下部体温调节中枢使交感神经兴奋，心率加快，皮肤血管收缩，以保存体热；另一方面促使肌肉寒战（即发反应），促进甲状腺和肾上腺的分泌功能（迟发反应），以增加热量产生。

（2）病理性原因：多见的是病理性原因即继发性低温症，许多重要的基础疾病可以继发低温症。

【临床评估与判断】

1. 病情评估　无论是原发性或继发性低温症，身体所有系统和器官均可遭受不同程度的损害，但临床表现常是非特异性的。

（1）外貌：由于面部出现苍白和发绀的混合表现，患者面色灰白，有时呈特异粉红色而疑为一氧化碳中毒。皮肤发凉。面部虚肿、讲话迟钝和声音嘶哑可误诊为黏液性水肿。当患者体温恢复正常时上述症状消失。

（2）中枢神经系统：轻度低温症时出现寒战，中枢神经系统呈现共济失调、痴呆、发音障碍或缓慢，幻觉改变等，常被误认为是"衰老"所致。体温<32℃时，寒战消失，反射迟钝代以肌张力增强，并出现谵妄和昏睡。体温<25℃时，患者呈昏迷，反射消失，两侧瞳孔大小不等，对光反应微弱。

（3）呼吸系统：随着体温下降，呼吸变缓变浅，通气呈现不足。肺底出现的啰音不完全是由于感染，有可能是有肺水肿。由于精神错乱、咳嗽反射减弱以及寒冷对支气管肺脏的刺激，致使分泌增加，痰液排出困难，可导致吸入性肺炎、肺水肿、继发性感染和肺不张，后者可闻及捻发音。低温症时血红蛋白氧离曲线左移,使组织水平的氧释放减少,出现无氧代谢增加和呼吸换气减少,从而导致严重呼吸性酸中毒,终致呼吸衰竭。

（4）心血管系统:常见心排血量减少、低血压、心动过缓和心房颤动。如果出现心动过速应想到低血糖性低温症。心电图常呈不同程度的传导阻滞,并可出现室内传导延迟,亦可出现各种形式的心律失常,包括心房颤动、心房扑动、室性期前收缩和室性自主节律。更为常见的心电图改变是细小规则的基线摆动,这是由觉察不出颤抖的肌张力增加所形成。体温 <32℃时,1/3 患者可在 QRS 波终末与 ST 段联结处出现特征性的曲折——J 波,于左胸导联上尤其明显,呈正性波。而右侧则呈负性波,虽无预后意义,但它仅在低温症时出现。体温 <28℃可出现室颤,最终可致心脏停搏。

（5）泌尿系统:低温症患者由于缺血加上寒冷对肾脏的直接损害,可发生少尿和急性肾小管坏死。早期由于肾小管活动减退,也可出现"寒冷性多尿",导致低血容量和肾前性氮质血症。

（6）消化系统:常出现急性胰腺炎和腮腺炎,前者往往缺少体征,仅有血清淀粉酶升高,如用力压迫上腹部,患者出现畏缩者应疑及本病。胃肠道功能常发生障碍,蠕动减弱,出现麻痹性肠梗阻和消化道出血,腹胀气和肠鸣音减弱。肝功能受损时血液 pH 值下降,肝脏解毒能力低下。

（7）血液系统:血浓缩,血液黏性增加,血小板减少,并可发生 DIC。

（8）内分泌系统:由于胰岛素释放减少和效应减退,使葡萄糖利用减少,可出现高血糖症。甲状腺和垂体功能均有不同程度损害。

2. 辅助检查

（1）实验室检查:体温过低的多数实验室数据是非特异的检查,包括白细胞、血小板计数,凝血酶原时间、纤维蛋白原、血糖、血清淀粉酶、血尿素氮、血清谷草转氨酶、α 羟丁酸脱氢酶（HBD）和肌酸磷酸激酶（CPK）、肾功能以及动脉血气分析等,如发现血小板减少,血尿素氮、血清淀粉酶和上述其他酶类水平增高应想到本病。此外,应用放免法测定血清三碘甲状腺氨酸（T_3）、甲状腺素（T_4）以及促甲状腺素（TSH）水平,可以诊断为原发性黏液水肿所致低温症。本病血清 T_3、T_4 水平下降而 TSH 升高,非黏液性水肿所致的低温症则尚不能达到这一程度。

（2）其他辅助检查:心电图常呈不同程度的传导阻滞,并可出现室内传导延迟。

（3）相关检查:促甲状腺激素、尿素、淀粉酶、纤维蛋白原、肌酸激酶、血小板、血气分析。

【监测与护理】

1. 轻度低温症时可采用被动复温方式,采取全身保温,去除引起散热增加的因素,靠机体自身产热平衡体温,但不能采用运动肢体的方式,因为可导致机体散热增加。

（1）迅速将环境温度提高,保持室温在 24~26℃,室内避免有对流的冷空气。

（2）给予电热毯加温加热或热水袋热敷,注意加温速度不宜过快,以免引起血管扩张;加温时应注意防止烫伤。

（3）加温过程中,密切观察患者的体温变化和其他病情变化。

2. 快速复温是危险的,机体温度的上升不能超过每小时 0.5℃。中重度低温症则需在严密监护下进行,需采用主动复温方法,目前的方法主要有液体及氧气加温后进行输液、血液透析、体外循环、加压给氧等。

第四节　镇静催眠类药物中毒

【概述】

镇静催眠药是中枢神经系统抑制药,具有镇静和催眠作用,小剂量时可使人处于安静或嗜睡状态,大剂量可麻醉全身,包括延髓中枢。一次大剂量服用可引起急性镇静催眠药中毒。

【病因与发病机制】

1. 病因　过量服用是镇静催眠药中毒的主要病因。

2. 中毒机制

（1）苯二氮䓬类:目前研究认为,苯二氮䓬类与苯二氮䓬受体结合后,可加强氨基丁酸（GABA）与 GABA 受体结合的亲和力,使与 GABA 受体偶联的氯离子通道开放,增强 GABA 对突触后的抑制功能。

（2）巴比妥类:与苯二氮䓬类作用机制相似,但两者的作用部位不同。苯二氮䓬类主要选择性作用于边缘系统,影响情绪和记忆力。巴比妥类主要作用于网状结构上行激活系统而引起意识障碍。巴比妥类对中枢神经系统的抑制有剂量一效应关系,随着剂量的增加,其作用逐步表现为镇静、催眠、麻醉,甚至延髓中枢麻痹。

（3）非巴比妥非苯二氮䓬类:其对中枢神经系统的作用机制与巴比妥类药物相似。

（4）吩噻嗪类:主要作用于网状结构,抑制中枢神经系统多巴胺受体,抑制脑干血管运动和呕吐反射、阻断 α 肾上腺素能受体、抗组胺、抗胆碱能等。

【临床评估与判断】

1. 病情评估

（1）病史:有可靠的应用镇静催眠药史,了解用药种类、剂量、服用时间、是否经常服用该药、服药前后是否有饮酒史以及病前有无情绪激动等。

（2）临床表现

1）巴比妥类中毒:①轻度中毒,表现为嗜睡、注意力不集中、记忆力减退、言语不清,可唤醒,有判断力和定向力障碍、步态不稳,各种反射存在,体温、脉搏、呼吸、血压一般正常;②中度中毒,表现为昏睡或浅昏迷,腱反射消失、呼吸浅而慢、眼球震颤,血压仍可正常,角膜反射、咽反射仍存在;③重度中毒,表现为进行性中枢神经系统抑制,由嗜睡到深昏迷。呼吸浅慢甚至停止、血压下降甚至休克、体温不升、腱反射消失、肌张力下降、胃肠蠕动减慢、皮肤可起大疱。可并发肺炎、肺水肿、脑水肿、急性肾衰竭而威胁生命。

2）苯二氮䓬类中毒:中枢神经系统抑制较轻,主要表现为嗜睡、头晕、言语不清、意识模糊、共济失调。很少出现长时间深度昏迷、呼吸抑制、休克等严重症状。如果出现严重症状,应考虑是否同时合并其他药物中毒。

3）非巴比妥非苯二氮䓬类中毒:临床表现与巴比妥类中毒相似,但各有其特点。①水合氯醛中毒:心、肝、肾损害,可有心律失常,局部刺激性,口服时胃部烧灼感;②格鲁米特中毒:意识障碍有周期性波动。有抗胆碱能神经症状,如瞳孔散大等;③甲喹酮中毒:可有明显的呼吸抑制,出现锥体束征,如腱反射亢进、肌张力增强、抽搐等;④甲丙氨酯中毒:常有血压下降。

4）吩噻嗪类中毒：最常见表现为锥体外系反应，如：①震颤麻痹综合征；②不能静坐；③急性肌张力障碍反应，如斜颈、吞咽困难、牙关紧闭、喉痉挛等；④其他可表现为嗜睡、低血压、休克、心律失常、瞳孔散大、口干、尿潴留、肠蠕动减慢，甚至出现昏迷、呼吸抑制等，全身抽搐少见。

2. 病情判断

（1）病情危重指标：①昏迷；②气道阻塞、呼吸衰竭；③休克、急性肾衰竭；④合并感染，如肺炎等。

（2）预后：轻度中毒无需治疗即可恢复。中度中毒经精心护理和适当治疗，在 24~48 小时内大多可恢复。重度中毒患者可能需要 3~5 天才能恢复意识。其病死率低于 5%。

【监测与护理】

（一）救治原则

1. 维持昏迷患者重要器官功能　①保持呼吸道通畅：深昏迷患者应酌情予气管插管，呼吸机辅助通气；②维持正常血压：输液补充血容量，若无效，可考虑给予血管活性药物；③心电监护：及时发现心律失常并酌情应用抗心律失常药。密切监测血氧饱和度，以及时发现低氧血症并予相应处理；④促进意识恢复：给予葡萄糖、维生素 B 和纳洛酮。纳洛酮 0.4~0.8mg 静脉注射，可根据病情间隔 15 分钟重复一次。

2. 迅速清除毒物　①洗胃：口服中毒者早期用清水洗胃，服药量大者即使服药超过 6 小时仍需洗胃；②药用炭及导泻：药用炭对吸附各种镇静催眠药均有效，应用药用炭同时常给予硫酸钠导泻，一般不用硫酸镁导泻；③碱化尿液、利尿：以减少毒物在肾小管中的重吸收，可使长效巴比妥类镇静催眠药的肾排泄量提高 5~9 倍。对吩噻嗪类中毒无效；④血液透析、血液灌流：对苯巴比妥和吩噻嗪类药物中毒有效，危重患者可考虑应用。对苯二氮䓬类无效。

3. 特效解毒剂　巴比妥类及吩噻嗪类中毒目前尚无特效解毒剂。氟马西尼是苯二氮䓬类特异性拮抗剂，能通过竞争性抑制苯二氮䓬类受体而阻断苯二氮䓬类药物的中枢神经系统作用。

4. 对症治疗　主要针对吩噻嗪类中毒，如呼吸抑制、昏迷、震颤麻痹综合征、肌肉痉挛及肌张力障碍、心律失常以及血流动力学不稳定状况等。

5. 治疗并发症　如肺炎、肝功能损害、急性肾衰竭等。

（二）护理措施

1. 即刻护理措施　保持呼吸道通畅；仰卧位时头偏向一侧，可防止呕吐物或痰液阻塞气道；及时吸出痰液，并给予持续氧气吸入，防止脑组织因缺氧而加重脑水肿；给予心电血压监护，并尽快建立静脉通路等。

2. 严密观察病情　①意识状态和生命体征的观察：监测生命体征，观察患者意识状态、瞳孔大小、对光反应、角膜反射。若瞳孔散大、血压下降、呼吸变浅或不规则，常提示病情恶化，应及时向医生报告，采取紧急处理措施；②药物治疗的观察：遵医嘱静脉输液，并密切观察药物作用、不良反应及患者的反应，监测脏器功能变化，尽早防治各种并发症和脏器功能衰竭。

3. 饮食护理　昏迷时间超过 3~5 天，营养不易维持的患者，可由鼻饲补充营养及水分。

应给予高热量、高蛋白易消化的流质饮食。

4. 心理护理和健康教育　对服药自杀患者,不宜让其单独留在病房内,以防止其再度自杀。向失眠者宣教导致睡眠紊乱的原因及避免失眠的常识。长期服用大量镇静催眠药的患者,包括长期服用苯巴比妥的癫痫患者,不能突然停药,应逐渐减量后停药。镇静催眠药处方的使用、保管应严加控制,特别是对情绪不稳定或精神不正常者,应慎重用药。要防止药物的依赖性。

（赵庆华）

第十六章　灾害管理

第一节　概　　述

一、灾害护理相关定义

（一）灾害的定义

世界卫生组织（World Health Organization, WHO）将灾害定义为:任何能引起设施破坏、经济严重损失、人员伤亡、人的健康状况及社会卫生服务条件恶化的事件,当其破坏力超过了发生地区所能承受的程度,而不得不向该地区以外的地区求援时,即可被称为灾害。联合国国际减灾委员会对灾害的定义为:灾害是一种超出受影响地区现有资源承受能力的人类生态环境的破坏。灾害根据发生原因及过程的不同又分为自然灾害、生产事故、公共卫生事件及人为灾害四类。

（二）灾害护理的定义

灾害护理学又称灾难护理或者灾害护理,目前国内还没有对此提出统一的翻译标准。日本灾害护理学会对"灾害护理"的定义为:"系统、灵活地应用护理学独特的知识和技能,同时与其他专业领域合作,为减轻灾害对人类的生命或健康所构成的危害而开展的活动"。灾害护理结构的界定,目前主要有两种:一种是将灾害护理分为三个方面,即灾害发生前的减灾（Mitigation）/备灾（Preparedness）、灾害中的紧急应对（Response）以及灾后恢复重建期（Recovery & Reconstruction）。灾前减灾是指减低灾害对人命伤亡的风险;灾前备灾是指给所有救援及医疗人员进行培训和对市民进行宣教;灾害应对主要包括医疗应对（即医疗救援）及公共卫生应对（即提供生命线服务）两大类;灾后的恢复重建是指对伤员、幸存者及救援人员进行生理、心理及社会性的康复及重建。

国际护理学会和美国州镇公共卫生护理联盟均认为灾害的护理工作由四个阶段组成,即预防缓解期、准备期、应变期和复原/康复期。

护士在整个灾害救援工作中扮演着重要角色,是灾害救援中的重要成员。近年来,随着全球范围内自然灾害及公共卫生事件的频繁发生,灾害及灾害护理的相关研究也不断增多,护士的灾害救援技能也得到了相应提升,灾害护理学也取得了长足发展。

(三)灾害医学的定义

广义上讲,灾害医学包括狭义的灾害医学和灾害护理学,它们都是研究各种灾害对人体损害的规律,并对灾难引起的健康问题进行预防、快速反应和康复的过程,它们相辅相成、互相交叉,各有侧重。

人类在灾后救援的活动,最早可以追溯到远古时期,但当时救援活动还仅局限于本地或本国内。在灾害护理中,最早尝试研究并根据研究让现实发生转变的是弗洛伦斯·南丁格尔。在克里米亚战争期间南丁格尔认识到,伤病员死亡的最主要原因是极差的卫生状况所造成的感染,因此她从改善疗养环境入手开展救护工作,使伤病员的病死率由42%下降到了2.2%。

国际救援活动最早的提倡者是国际红十字会的创始人之一亨利·杜安。在经历过意大利统一战争之后,他出版了《索尔弗利诺回忆录》一书。在书中他提出,救援活动应当不分敌我,同时他还倡议有必要建立国际性的救援团体。他的这种思想得到了世界各地人士的响应,于是1863年诞生了五人委员会,之后发展成为"国际红十字会",促进了救援活动的国际化发展。直到近40年,由于各种灾害发生频率的不断上升,越来越多的意外伤害事故对医学提出了更高、更迫切的需求,才逐步发展形成了现代灾害救援医学这门学科,并作为独立的医学体系被世人所关注。

护士战斗在灾害救援的第一线,是灾害救援活动中的重要成员,但在最初的医学救援活动中,护理所发挥的作用并未得到应有的重视和体现。直至1995年,日本阪神、淡路大地震之后,相继出现了许多关于护理救援活动的报告和论文,灾害护理才作为护理学的一个特定领域,引起了护理界自身的重视。同年,日本的一部分护理学院由于认识到灾害护理教育的必要性,逐步开始将灾害护理学设置到教学计划当中,并从灾害护理的基础教育到继续教育、教学大纲进行了系统性的开发和研究。

2001年美国"9·11"事件后,灾害护理又有了新的发展,诞生了"大规模灾害教育的国际护理联盟"(International Nursing Coalition for Mass Casualty Education,INCMCE),尤其是针对大规模的灾害,开始在国际范围内开展"灾害应对方法的必要性"的探讨;与此同时,一些国际互联网也开辟出了有关灾害护理的信息板块,在国际护士会(International Council of Nurses,ICN)的主页上,也可以收集到有关灾害护理的相关信息。

二、灾害护理的重要性

灾害护理是救死扶伤的重要前沿性工作。灾害事故造成的人员伤害,尤其是外伤伤员往往非常严重,有的甚至存在生命危险,因此必须进行迅速而正确的急救,才能最大限度的提高伤员的存活率。众所周知,此类伤员中的大部分都活不过几个小时。只有拥有医学知识的专业医疗人员和接受专业急救训练的救援人员(如消防、水电救援人员、军人及志愿者等)组成的急救团队才能及时、正确的处理伤员,减少伤员痛苦,将致残率降到最低限度。快速、安全地转送伤员,可以为伤员赢得宝贵的抢救时机,为其安全送达医院作进一步治疗提供保障。

三、灾害护理的特点

1. **随机性和灵活性**　由于灾害发生的时间、地点、类型等均具有可预见性低的特点,因此,灾害救护工作常常在缺医少药的情况下开展,如无齐备的抢救器材、药品、物资等。救援人员常常需要灵活、机动地就地取材,如在现场寻找夹板、绷带等的代用品,为抢救伤员生命赢得最佳时机。

2. **紧迫性**　灾害具有较强的突发性,医疗机构接到120急救中心电话时,救援车辆与人员必须立即出发,到达现场后立即进行抢救,并根据伤员病情进行迅速的转运或就地监护治疗,这是灾害护理的应急反应。

3. **艰难性**　现场急救是一项非常艰巨的任务。其主要原因包括病史不详和缺乏客观资料等。非医疗环境、现场急救条件差以及有限的专业救援人员、设备仪器都能在很大程度上造成救援难度的增加。

4. **复杂性**　灾害所造成的伤害及病因往往非常复杂,同一个伤员往往存在多专科的损伤和病变,病情的变化在短时间内也可能是非常迅速而复杂的。这就要求救护人员在短时间内能快速、准确对伤员的伤情做出准确的评估、判断和处理。因此,救护人员必须具备全面的急救知识和技能。

灾害护理还具有不可预测性、危险性、救护人员体力消耗大、急救环境不稳定、人为因素和主观意向等特点。

知识拓展

中国灾害护理首次与国际接轨

2010年1月9、10日,世界灾害护理学会(WSDN)首届科研学术会议于日本神户成功举办,会议以“灾害联结全球人民”为主题。会议主办方特别资助了6名中国护理人员前往参加,这是我国与国际灾害护理接轨的重要时机。国内参会者从不同的角度报告了我国灾害护理教育的经验与科研成果,涉及:城市社区备灾(吉林大学护理学院安力彬院长)、震后幸存者日常生活与健康状况(四川大学华西医院胡秀英教授)、中国应急灾害管理培训(武汉大学王爱玲博士)、震后救援护理技能(解放军第三军医大学朱京慈院长)、地震灾害护理术语(山东大学护理学院陈林)及亚太地区突发事件及灾害护理协作网(APEDNN)平台关键知情人分析(山东大学护理学院臧渝梨),这为国外与会者提供了一次从不同侧面了解我国灾害护理发展现状的机会,也促进了我国灾害护理的发展。

第二节　灾害后期护理应对

在灾难发生之后,大多数幸存者会经历失去亲人的痛苦,且其中的大部分人群身体自身也受到伤害。在这种情况下,幸存者会因灾难而产生一系列的身心反应。而其中的某些心理反应如果过于强烈或持续存在,就可能导致精神疾患。有研究表明,重大灾害后精神障碍的发生率为 10%~20%，一般性的心理应激障碍更为普遍。我国在 2008 年 "5·12" 汶川地震中，卫生部首次将心理干预纳入救灾医疗体系，在之后的几次重大的自然灾害中，每一次都有政府派出的心理干预医疗组织迅速到达一线对民众进行心理急救（psychological first aid），帮助他们度过心理上的难关，重建信心。因此，做好灾难后期幸存者的心理辅导是灾害护理后期工作的重点内容和必要举措。

一、心理护理救援的目的

突发灾害事件（如地震、水灾、火灾、疫病流行、战争、恐怖主义活动等）不仅严重威胁人们的生命安全，而且往往会给人们的内心造成极大的创伤。如果灾后不能得到及时、适当的干预，可能会造成永久的心理创伤，严重影响患者的社会功能和生命质量。且心理危机具有突然性、易感性、多元性、时限性、结局性等特征。因此，对突发灾难事件进行及时、适当的心理危机干预可明显降低重大灾害发生后精神疾病的发病率。

（一）确定救援目标及对象

心理急救的目的以一种非打扰、同情的方式与幸存者建立关系，以降低幸存者的悲痛，满足其当前的需要，提高其适应能力，而并不是疏导他讲出创伤经历和损失。

进行心理救援的首要任务是确定救援对象，主要包括：

1. 幸存者 灾难过后，该群体患急性应激障碍的概率非常高，因此被列为心理护理最主要的救援对象。为保障不同心理创伤的幸存者能得到针对性、个体化的心理救援，救援人员还需要对幸存者按照心理创伤的严重程度、原因等进行分类处置，比如受伤的幸存者、丧失亲人的幸存者、损失大量财产的幸存者、老人、妇女、儿童等。

2. 当地的一线救援人员 突发灾害过后，赶赴灾区的一线救援人员不仅在身体上承担着沉重的救灾救援任务、超负荷的工作量，心理上还承受着巨大的痛苦和压力。如：当地的医务工作者、解放军官兵、公安干警及各类志愿者，甚至还包括一线采访的新闻媒体记者。他们既是幸存者又是救援人员，承担着双重的心理压力。针对这部分人所采取的心理救援需要及时、到位、专业、持续，可能要贯穿整个紧急救援、恢复重建的全程中，有的甚至要持续到多年以后。

（二）确定救援时间

开始进行心理护理救援的时间，一般在危机发生后的数小时、数天，或是数星期内，而最佳的黄金时间是在危机事件发生后的 24~72 小时之间。在发达国家，心理干预应急机制启动很快，几乎和物质救援同步，心理干预专家将第一时间到达现场对灾民进行心理急救。

（三）具体救援步骤

1. 明确问题 首先要礼貌地观察，不要扰乱救援对象目前的状态，接着问一些简单的尊重话语，并适时为救援对象提供帮助（这是接近他的最佳方式）。尽快尽可能准确地估计受难者当时的能力，以明确救援对象目前存在的主要心理问题，从被救援的角度确定心理危机问题，针对性地提出个体化的救援问题。

2. 确保安全 提供足够的咨询，尽可能把自我和他人的生理心理危险程度降到最低，并将其作为贯穿于整个干预过程的首要目标。根据患者的情况，采取有效措施，让患者知道并掌握自我冲动和过激行为的自我缓解或制止方法。

3. 给予支持 支持包括解释、鼓励、保证、指导、促进环境的改善五种成分，可降低求助者的情感张力,有助于建立良好的沟通和合作关系,为进一步的干预工作做准备。其中,政府高层领导慰问及参与是一股强有力的社会支持,可以提高救援干部群众的核心力和凝聚力,有利于提高救援效率。此外,正确利用媒体力量,提供积极的信息是心理救援中不可或缺的项目和必要手段,能对救援人员起到鼓舞信心的作用。

4. 提出应对方式并拟定计划 在制订计划时,应充分考虑患者的自控能力和自主性,包括提供有关人员或组织的资源支持,共同制订救援对象可理解和实行的计划以克服因心理危机所导致的问题。并使用建设性的思维方式,最终达到实现处理其境遇的最适当选择。交谈过程需要注意以下几点:

(1)做好心理准备:幸存者可能拒绝你,也可能过度依赖上你。

(2)接受每个人的权利,主动听取他的感受。

(3)不要用病理学用语,任何严重的反应出现在一个经历了严重灾难的人身上都是可以理解的及预料到的。而不能认为这些反应是"症状""病理""障碍""病情"等。

(4)鼓励受难者自由地表达他头脑中想到的一切,允许他宣泄自己的一切感受。当受难者开始讲述时,尽可能不要打断,做到积极地倾听。

(5)不要通过询问发生了什么的方式来"听取汇报"。交谈时注意不要压过幸存者的声音,不要聚焦于他的无助感、无力感、错误或者是心理、机体上的失能。

(6)特殊人群:①儿童:对于年幼的儿童,需注意交谈中你的用语要和孩子的发展水平匹配,较小的孩子可能对死亡这种抽象的概念理解甚微,用直接的、简单的言语即可。坐下来或者屈膝以便能跟他水平对视交流。鼓励学龄儿童描述他们的感受,用简单的词语描述他们的情绪反应,像伤心的,害怕的,忧虑的等,而不要用如"极度惊慌的""惊骇的"等的极端词语,这很可能会增加他们的悲痛。②青少年:建议以成人对成人的方式和青少年交谈,传达给他你很关心他的感受、焦虑和其他问题等的类似信息。

5. 获得承诺 回顾有关救援对象自己承诺的计划和行动方案等是否是其直接和诚心的承诺,以便促进计划或行动方案的实施,并为其制订危机的干预方案。

灾害后的心理救援是一项及时、到位、专业、持久的工作,是专业救援人员应掌握的一项基本技能,也是灾后救援工作的重点内容。

二、公共卫生应对

自然灾害可以引发重大的公共卫生问题,是突发公共卫生事件定义的范畴。灾害发生后的公共卫生应以救灾防病的防病任务为重点,属公共卫生行为,主要包括:疾病预防、健康教育、健康促进。

(一)灾害引发的主要公共卫生问题

灾害所引发的主要公共卫生问题主要包括,对人类造成的灾害伤害、水体污染、食物的匮乏与污染,生产居住地环境恶劣等。

(二)灾害的公共卫生应对策略

发生灾害后,特别是自然灾害,由于环境破坏严重,人员伤亡多,往往需要多个机构或部门进行分工协作才能保障后期的人类及环境安全。政府部门应完善灾害救护及管理体系,做到防患于未然:

1. 灾前期 政府建立管理机构,做好抗灾措施资源的准备,编制预案与演练流程,组建应急队伍人才机动库。

2. 灾害冲击期　政府领导,部门协作,社会参与,如志愿者的参与等等。灾害救护现场应第一时间成立指挥部,做到危险区域人物迁移。

3. 灾后期

（1）救灾防病:做好"灾情、伤情、疫情、救灾防病"四个方面的工作统计、调查和支援工作。重点做好水污染防控,按照"先清淤、后消毒,必要时再杀虫、灭鼠"的方式进行水体处理,避免水体污染到其他非灾害区域。疾病预防方面,还应设置医疗点,负责常见病诊治及灾害相关疾病的监测,直到灾情得到全面控制,受灾人群基本康复。

（2）灾后效应期评估:继续监测相关信息,评估灾害危害的特殊性,结合灾前准备情况评估及灾前干预措施等,提出调整公共卫生政策和策略的建议。

（三）灾害后期的督导与评估

1. 组织原则　政府统一指挥,各单位/部门分工协作,动态评估,及时汇报。

2. 目的　督促、指导各项救灾防病工作落实到位,确保大灾之后无大疫。

3. 任务

（1）开展灾情、伤情、疫情评估;

（2）了解当地救灾防病进展与需求;

（3）检查灾后饮用水源、食品与环境卫生、尸体处理、灾民集中安置点管理等主要灾后公共卫生问题;

（4）指导有关灾害疾病监测与灾后防病工作。

（5）做好各项指标监测数据统计,如物资耗材的使用量、接近医疗结构的收容量、伤员的感染率、死亡率、死亡原因等,以便为灾害救护工作的前期准备提供依据。

（6）在灾害结束后,通过继续、系统地收集与事件有关的信息,以总结经验教训,评价干预措施效果,可为调整公共卫生政策和策略,增进人们健康行为服务。

（廖　燕）

第三篇

专科技能与操作

第十七章 心血管系统相关操作

学习目标

完成本内容学习后,学生将能:

1. 掌握心肺复苏技术和电复律;
2. 应用多导联心电图;
3. 熟悉起搏器和主动脉内球囊反搏技术;
4. 了解体外膜肺氧合技术。

第一节 心肺复苏技术

【使用范围】

心肺复苏(cardiopulmonary resuscitation,CPR)是对任何原因引起的心搏骤停患者所采取的一项现场急救技术,即应用胸外心脏按压或其他方法形成暂时的人工循环并恢复心脏自主搏动和血液循环,用人工呼吸代替自主呼吸并恢复自主呼吸,达到恢复苏醒和挽救生命的目的。根据《2015美国心脏学会心肺复苏与心血管急救指南》,将成人生存链分为两链,一链为院内救治体系,另一链为院外救治体系。院内心搏骤停生存链为:监测和预防、识别和启动应急反应系统、及时高质量心肺复苏(basic life support,BLS)、快速除颤、高级心脏生命支持(advanced cardiac life support,ACLS)和骤停后护理;院外心搏骤停生存链为:识别和启动应急反应系统、及时高质量心肺复苏、快速除颤、基础及高级生命支持和骤停后护理。

【操作流程与步骤】

(一)评估

1. 现场安全　确保现场对施救者和患者均是安全的。

2. 意识　轻拍患者双肩并大声呼叫患者(双侧均呼叫),观察患者有无反应。

3. 呼吸及颈动脉搏动　检查患者是否无呼吸或呼吸不正常(如濒死喘息),同时判断有无颈动脉搏动,判断时间5~10秒内。

(二)用物

院内:简易呼吸器、胸外按压板、除颤器、免洗手消毒液、特护记录单。

(三)操作步骤

1. 现场安全　确保现场对施救者和患者均是安全的。

2. 施救者在患者身旁,检查有无反应。

3. 启动应急反应系统　若施救者只有一人且无手机,应先离开患者启动应急反应系统

并取得除颤器 / 自动体外除颤器（Automated External Defibrillator，AED），然后开始心肺复苏；或呼叫其他人帮助，自己则立即开始心肺复苏，在除颤器 /AED 可用后尽快使用。

4. 识别心搏骤停　无心电监测时，判断无呼吸或仅是喘息（即呼吸不正常），且不能在 10 秒内明确感觉到脉搏（10 秒内同时检查呼吸和脉搏）；有心电监测时，应排除导联线干扰及电极片脱落。

5. 实施心肺复苏中的 C（胸外按压）、A（开放气道）、B（人工呼吸）、D（除颤）。

（1）胸外按压

1）患者的体位：使患者仰卧在坚固的平面上，如果患者面朝下时，应把患者进行整体同轴翻身至仰卧位置。一般情况下应尽量就地实施抢救，而不先搬动患者。如果现场危险而必须搬动时，则应做好一切准备后，停止心肺复苏立即搬动，限制中断时间在 10 秒以内。

2）评估：无心电监测时，在开始胸外按压之前，医护人员可检查患者有无颈动脉搏动，评估时间不能超过 10s。如在 10s 内不能确定有无脉搏，即可开始胸外按压；有心电监测时，无论示波无脉室速、室颤、心停搏或无脉电活动（已排除导联线干扰及电极片脱落），应立即开始胸外按压；非专业人员无需判断动脉搏动，可立即开始胸外按压。

3）进行胸外按压：有效的胸外按压是 CPR 产生血流的基础。

4）按压位置：两乳头连线中点水平。这一方法最快捷，有利于更快速地实施按压。乳房下垂患者可按压在胸骨下 1/3 处。

5）按压方法：手掌根部长轴与胸骨长轴确保一致，两手互叠，上面手的手指插入下面手的指缝扣紧，下面手的手指翘起，注意不要接触胸壁。肘关节伸直，上肢呈一直线，双肩正对双手，以保证每次按压的方向与胸骨垂直，手掌全力压在胸骨上，可避免发生肋骨骨折，不要按压剑突。下压后完全放松，使胸骨充分回弹到按压前的位置。按压放松的比例为 1:1。放松时双手不要离开胸壁，保持双手位置固定。

6）按压深度：对正常形体的成年人患者，按压幅度要达到 5~6cm。

7）按压频率：100~120 次 / 分（30 次按压在 15 秒内完成便可达到 120 次 / 分）。

（2）开放气道（Airway）

1）开放气道的原因：患者无意识时，肌张力下降，舌体和会厌可能把咽喉部阻塞。舌又是造成呼吸道阻塞最常见的原因，因为舌附在下颌上，因此把下颌向上抬，即舌离开咽喉部，使气道打开。但 AHA 2015 指南强调不要浪费太多时间在开放气道和清除异物上。原则就是看到有异物就迅速清除，没看到就集中精力把胸外压做好。

2）开放气道的方法

仰头抬颏法（Tilt head lift chin）：把一只手放在患者前额，用手掌将额头用力向后推，使头部向后仰，另一只手的手指放在下颌骨处，向上抬颏。勿用力压迫下颌部软组织，否则有可能增加气道梗阻。如果患者义齿松动，应取下，以防脱落阻塞气道。

托颌法（Jaw thrust）：当医护人员怀疑患者颈部脊髓损伤时，应使用此法。把手放置在患者头部两侧，肘部支撑在患者躺的平面上，握紧下颌角，向上托下颌。但当使用此法仍不足以打开气道时，为不延误抢救，应换用仰头抬颏法。

（3）人工呼吸（Breathing）

1）评估呼吸：检查患者发生心搏骤停时可同时快速查看呼吸，实施第一轮胸外按压后，直接开放气道,进行人工呼吸。

2)进行有效的人工呼吸:有效的标准为每次吹气可见明显的胸部起伏。可根据情况选择以下的通气方式:

口对口呼吸(mouth-to-mouth):是一种快捷有效的通气方法,呼出气体中的氧气足以满足患者需求。人工呼吸时,捏住患者的鼻孔,防止漏气,急救者用口唇把患者的口全罩住,呈密封状,缓慢吹气,每次吹气应持续 1s 以上,确保患者胸廓起伏。但进行口对口呼吸时,应采用过滤口罩(mouth shield)以防止飞沫感染。

口对鼻呼吸(mouth-to-nose):口对口呼吸难以实施时应采用口对鼻呼吸,如破伤风患者牙关紧闭不能开口、口部严重创伤时。

口对口鼻呼吸(mouth-to-mouth & nose):主要适用于抢救婴幼儿。操作时抢救者应使患儿的口及鼻孔均开放,用自己的口同时包住婴幼儿的口及鼻做吹气。

口对气管套管呼吸(mouth-to-airway):对气管插管或气管切开患者,可采用口对气管套管呼吸。

口对面罩呼吸(mouth-to-pocket mask):用面罩通气时双手把面罩紧贴患者面部,闭合性好,通气效果好。一种是头部法,托下颌时多采用此法;一种是头侧法,仰头抬颏法时多用此法。

简易呼吸器又称球囊面罩(manual resuscitator)呼吸:单人操作时,急救者位于患者头顶,打开气道后,一手压住面罩(可用 EC 法),一手挤压球囊,并观察通气是否充分(胸部有明显起伏)。双人球囊 – 面罩通气时,一人双手(用双重 EC 法)压住面罩,另一人挤压球囊。如患者有脉搏,便只进行人工呼吸:成年人 10~12 次 / 分。

3)按压通气比:在人工气道建立之前,成年人 CPR,无论是单人,还是双人,按压通气比都要求为 30∶2。当建立高级气道后(如气管插管),人工通气不必与胸外按压按比例配合,只需以 100~120 次每分钟的速率持续按压,并每 6 秒给予 1 次呼吸(每分钟 10 次呼吸)即可。

(4)电除颤(Defibrillation):大多数成人突发非创伤性心搏骤停的原因是心室颤动,对这些患者除颤时间的早晚是决定能否存活的关键。院内急救一般使用手动除颤器,院外急救可使用 AED,因其可自动分析心律失常并识别室颤,非医护人员也可以操作。

1)除颤指征:心室颤动;无脉搏室速。

2)除颤的时机:当可以立即取得除颤器 /AED 时,对于有目击的成人心搏骤停,应尽快使用除颤器 /AED。若成人在未受监控的情况下发生心搏骤停,或不能立即取得除颤器 /AED 时,应该在他人前往获取以及准备除颤器 /AED 的时候开始心肺复苏,而且视患者情况,应在设备可供使用后尽快尝试进行除颤。

3)操作步骤:见"电复律"章节。

4)在进行一次电除颤后立即恢复心肺复苏,而不要管患者心律是否恢复。因室颤终止后,患者大多会出现数分钟的非灌注型节律(无脉电活动或停搏),恰当的措施是立即进行CPR。继续进行 5 个周期的 CPR 后,对患者进行评估并确定下一步的措施。

5)5 个周期的 CPR 后,如评估患者的心律仍未恢复,则再次进行除颤,接下来的电击能量应相当或大于前一次的电击能量,成年人最大能量不应超过除颤器的最大额定能量,即双向波除颤器 200J,单向波除颤器 360J。

【观察要点与提示】

1. 心肺复苏的有效指征包括　可触及患者大动脉搏动,血压回升;面色、口唇、甲床、皮肤等处色泽转为红润;如果收缩压低于 90mmHg,应给予补液或升压素。患者可能有自主呼吸,如果没有便应将患者接上呼吸机。患者散大的瞳孔可能缩小,意识也可能逐渐恢复,但如果仍是昏迷,应开展目标体温管理(旧称亚低温治疗)。

2. 按压者的更换　多个复苏者时,可每 2 分钟更换按压者,换人时间应在 5 秒钟内完成,以保证高质量有效的胸外按压。

3. 胸外按压的并发症　胸外按压可产生肋骨骨折、肋骨胸骨剥离、血胸、气胸、血气胸、内脏损伤等并发症,应注意保持正确的按压位置和手法,尽量避免发生。

4. 人工呼吸的并发症　胃胀气和胃内容物反流,造成误吸、窒息。为避免胃胀气,强调缓慢吹气(每次保持 1 秒),不要过度通气。

知识拓展

机械心肺复苏装置

胸外心脏按压仅能提供 30% 的正常心排血量和 15% 的正常脑血流量,因此,急需寻求改善胸外按压效果的方法。

机械复苏装置的一个优点是始终保持一定的按压频率和按压幅度,从而消除了施救者疲劳或其他因素引起的操作变动,延长了高质量胸外按压的时间,但仅限于成人使用。然而所有机械复苏装置都有一个缺点,即在安装和启动仪器时需中断胸外按压,这也是多项大规模随机对照临床研究未能获得较理想的实验结果支持机械复苏的主要原因。目前尚无证据显示机械复苏在改善血流动力学指标和存活率方面比标准用人手的 CPR 有更好的优势,因此不推荐常规使用,但在进行人工胸外按压困难时或危险时的特殊条件下(如转运途中在救护车内、野外环境、长时间的 CPR、人员不足或者在血管造影室内 CPR 等),机械复苏可以替代人手 CPR。

(余　萌)

第二节　多导联心电图

【使用范围】

1. 记录患者的心律(率)、分析与鉴别心律失常。

2. 反映心肌受损的程度和发展过程。

3. 观察心律失常药物疗效,指导心律失常药物使用。

【操作流程和步骤】

(一)评估

周围环境;患者的意识状态;患者的皮肤情况;心电图机状态。

（二）用物

心电图机（导联线及球）、心电图纸、盐水、纱布、免洗手消毒液。

（三）操作步骤

1. 推心电图机至患者床旁，核对患者信息、医嘱和手牌。

2. 患者取平卧位，注意保护患者隐私。

3. 操作前评估者病情，皮肤情况，做好解释工作，取得配合。

4. 检查心电图机处于备用状态。

5. 接通电源，开机，按 R 键进入屏幕。

（1）按上下左右键选择导联。

（2）再次核对患者信息和导联位置，每次切换导联后，必须待基线稳定后再启动记录纸。

（3）按 Pat 键打印结果。

6. 核对患者信息后将心电图申请单粘贴在心电图左上角，医生看后放在固定外送栏内，请外送人员送心电图室出报告。

7. 消手，推车回治疗室整理用物，洗手、签字、记录。

【观察要点与提示】

1. 仪器固定放置，定期充电，保持清洁处于备用状态。

2. 心电图描记时确保时间精准并必须与护理记录时间和病程记录一致。

3. 患者病情变化或死亡时需描记心电图。

4. 女性乳房下垂者应托起乳房，将 V_3、V_4、V_5 电极安放在乳房下缘胸壁上，而不应该安置在乳房上。

【分析步骤】

1. 基本分析

（1）确定心电图速度为 25mm/s；心电图振幅为 10mm/mV。

（2）找出有否人为干扰，如电流干扰，接触不良，身体移动。

（3）找出有否导联接驳错误，Ⅰ 及 aVL 的 PQRST 全然倒置（但胸导联的 R 波排序正常）表示导联接驳错误。

2. 四步骤分析

（1）分析 6 秒长度之导联 Ⅱ：①分析 QRS 波群的速率、规律及形态；②分析 P 波的速率、规律及形态；③分析 PR 间期及 QRS 间期。然后总结患者有否出现心律失常或房室传导阻滞。

（2）分析正面（frontal plane）六个标准导联（Ⅰ、Ⅱ、Ⅲ、aVR、aVL、aVF）：①分析有否正面电轴偏移；②分析有否分支传导阻滞；③分析有否心房肥大。

（3）分析横面（horizontal plane）六个胸导联（V_1、V_2、V_3、V_4、V_5、V_6）：①分析有否横面电轴偏移；②分析有否束支传导阻滞；③分析有否心室肥大。

（4）分析全导联（Ⅰ、Ⅱ、Ⅲ、aVR、aVL、aVF、V_1、V_2、V_3、V_4、V_5、V_6）去找出有否心梗：①分析有否左侧壁心梗（Ⅰ、aVL、V_5、V_6）；②分析有否下壁心梗（Ⅱ、Ⅲ、aVF）；③分析有否前壁心梗（V_1、V_2、V_3、V_4）；④分析有否后壁心梗（检查 V_1 有否后壁心梗之倒影；或检查 V_7、V_8、V_9）。

（余　萌）

第三节 电学治疗

一、电复律

【使用范围】

心脏电复律是终止各种快速性心律失常和心室颤动的一种最有效的方法。心脏电复律可分为同步电复律（cardioversion）和非同步电复律（defibrillation）两种方式。同步电复律指与患者心电图的 R 波同步，防止产生 R-on-T 现象（R 是指电击投入到 T 波时期，并会引至室颤）。同步电复律用于处理不稳定的心动过速，包括房颤、房扑、室上速、有脉室速。非同步电复律又称为电除颤，是指应用瞬间高能电脉冲对心脏进行紧急非同步电击。非同步电复律用于心室颤动和心室扑动的治疗。由于心室颤动时，心电图的 R 波消失，无法识别触发标志，故只能使用非同步电复律。

【目的】

在极短暂的时间内给心脏通入高压强电流，使心肌瞬间同时除极，消除异位快速心律失常，使之恢复窦性心律。

【操作流程和步骤】

（一）评估

1. 环境 是否安全，切勿在水中使用除颤器。
2. 除颤部位皮肤 是否完整、干燥，有无永久起搏器植入。
3. 评估患者心律、脉搏 有脉室速可触及到患者脉搏，无脉室速则不可触及到患者脉搏。
4. 评估患者心律失常类型 心室颤动、心室扑动、无脉室速、多形性室速应使用非同步电复律；心房颤动、室上速、有脉室速应使用同步电复律。有心电监测的患者通过心电监测即刻识别患者心律失常的类型，无心电监测的患者尽快使用除颤器评估患者心律失常类型。
5. 评估患者周围是否存在开放性的氧源或患者有无氧气吸入。

（二）用物

1. 除颤器（备用状态） 电量充足，连线连接可靠。
2. 用物齐全 有条图纸、导电糊、电极片、纱布、导联线，时间已校对，仪器自检、充放电实验及同步实验已通过。

（三）操作步骤

【以同步电复律（Cardioversion）为例】

1. 发现患者心律为（有脉）不稳定心动过速（是指心动过速合并低血压，包括房颤、房扑、室上速、有脉室速）。
2. 评估患者意识，若有意识则准备镇静药物。
3. 评估患者心律。
4. 为患者取复苏体位，左臂外展，解开衣服。评估患者皮肤是否完整、干燥，有无永久起搏器植入。

5. 除颤器到位,除颤器处于备用状态。开机,选择电复律方式为"同步"(通常显示屏上无特殊显示即为非同步,同步方式显示为"Sync")。

6. 电极板均匀涂导电糊。

7. 遵医嘱选择合适电量,充电。

8. 电极板放置位置准确(标有"胸骨"的电极板放在右锁骨下,标有"心尖"的电极板放在左侧腋中线肋骨下沿)。对装有永久起搏器的患者,要避开起搏器至少 10~15cm,与患者皮肤密切接触。

9. 进行电击时,按电钮放电要时间要稍长(press-and-hold),因为有时差出现,否则电流不能被释放出来。

10. 再次评估患者心律。

11. 操作者提醒自己及床旁所有人员身体避开床缘,以免触电。

12. 关闭氧源。

13. 按放电钮放电(给予电极板约 10kg 的压力)。

14. 然后评估电复律效果(同步电复律的适应证是有脉心动过速,所以不需 CPR)。

15. 电复律成功后整理患者衣物,取舒适卧位,评估皮肤有无电灼伤并清洁。

16. 整理好除颤器,除颤器充电备用,洗手、记录。

【以非同步除颤(defibrillation)为例】

1. 发现患者心律为无脉室速或室颤。

2. 一方面继续 CPR,一方面准备除颤。

3. 除颤器到位,除颤器处于备用状态。开机,默认电复律方式为"非同步",确认"PADDLES"导联。

4. 电极板均匀涂导电糊。

5. 遵医嘱选择双相 200 焦耳,充电。

6. 电极板放置位置准确(标有"胸骨"的电极板放在右锁骨下,标有"心尖"的电极板放在左侧腋中线肋骨下沿)。对装有永久起搏器的患者,要避开起搏器至少 10~15cm,与患者皮肤密切接触。

7. 再次评估患者心律。

8. 操作者提醒自己及床旁所有人员身体避开床缘,防止触电。

9. 关闭氧源。

10. 按放电钮放电(给予电极板约 10kg 的压力)。

11. 行 5 个周期 CPR,然后评估电复律效果,再按需要决定是否再除颤。

12. 电复律成功后进行复苏后管理。

13. 整理患者衣物,取舒适卧位,评估皮肤有无电灼伤并清洁。

14. 整理好除颤器,除颤器充电备用,洗手、记录。

【观察要点与提示】

1. 保证环境安全,切勿在水中使用除颤器。

2. 电极板要均匀涂抹导电糊或垫盐水纱布,除颤时要给予电极板 10kg 的压力,使电极板与皮肤紧密接触,减少电阻抗,易于导电,避免发生电灼伤。禁止使两个电极板相互摩擦以达到均匀涂抹导电糊的目的。

3. 对于意识清醒的患者应先给予镇静药物,再予以电复律。

4. 首次能量设置:成人除颤,最初的能量设置为双相波除颤器120~200焦耳,单相波除颤器360焦耳,如果除颤器单相和双相标注不明就设定为200焦耳。儿童/婴儿除颤,首次能量设置为2J/kg。再次除颤时电击能量应相当或大于前一次的电击能量,成人最大能量不应超过除颤器的最大额定能量;儿童/婴儿不应超过10J/kg。

5. 除颤前要确保所有人员离开患者,以避免意外触电。除颤前确认开放的氧源关闭,避免除颤时起火。

二、临时起搏器的护理

【使用范围】

临时性心脏起搏(temporary cardiac pacing)是一种非永久性心脏起搏方式。为非永久性置入起搏电极的一种起搏方法。通常使用双极起搏导管电极,起搏器放置在体外,起搏电极放置时间常规为7天,最长不超过4周。

【目的及适应证】

1. 可逆性因素(如急性心肌梗死、急性心肌炎、高钾血症、药物中毒等)所致的缓慢性心律失常,包括频率缓慢的心室逸搏、有症状的二度AVB或三度AVB。

2. 反复出现阿–斯综合征(Adams-Stokes syndrome),有永久起搏器的适应证,但因其他原因暂时不能安置永久起搏器的过渡治疗。

3. 已置入的永久起搏器失灵、电池耗竭等原因需要更换永久起搏器,又存在起搏器依赖的患者。

4. 心脏手术后留置临时起搏导线,可处理手术所致房室传导阻滞,改善心脏的血流动力学障碍。

5. 具有心律失常潜在危险的患者,在施行介入或外科手术时作为保护性措施。

【操作流程及步骤】

(一)评估

1. 安置位置和途径　心外膜临时起搏法;经静脉—心内膜起搏(股静脉穿刺、锁骨下静脉穿刺、颈内静脉穿刺)。

2. 临时起搏器设置参数　起搏频率(次/分)、输出电流(MA)、感知电压(MV)。输出电流(Output)是调节要用多少电量才能够有效产生起搏;感知电压(sensitivity)是用来决定起搏形式是固定性(fixed)或需求性(demand)。

单腔心室起搏的心电图特点:心电图表现为心室起搏信号后紧随一宽大畸形QRS去极波。

(二)用物

使用前准备好导线、电池;打开电源开关,起搏和感知指示灯亮、无低电量指示灯闪烁;遵医嘱预调起搏频率、电压和电流并连接导线。

(三)操作步骤

1. 置入起搏器的患者返回病房时,交接班的重点内容包括:起搏器设置参数和起搏效果,置入途径、穿刺部位情况及其他特殊问题。

2. 术后护理要点

（1）进行连续的心电监测，了解起搏器的工作情况。

（2）起搏器应固定在合适位置，起搏导线及起搏器要确切连接，防止脱开发生意外。

（3）经常观察临时起搏器的工作状况如：电池电量是否不足，起搏、感知功能是否良好等。

（4）要准备好备用电池，更换电池时要有医师在场。临时起搏器电池耗竭时，更换电池的方法：选择患者自主心律较快的时机更换。如有起搏依赖现象，应先将起搏频率逐渐减慢，观察患者的自主心律能否出现，再迅速更换，或用其他临时起搏器替代后再行更换。

（5）观察穿刺部位有无出血或血肿，每日更换敷料，防止感染。

（6）观察生命体征、电解质水平及有无打嗝或腹肌抽动现象。

（7）遵医嘱应用抗生素。

（8）为避免电极脱位，要绝对卧床，对采用锁骨下静脉或颈内静脉穿刺的患者可将床头适当抬高。

（9）对采用股静脉穿刺者，每2小时要做下肢的被动按摩以防止下肢深静脉血栓的形成。

（10）起搏器使用完毕，关机时同时按 OFF 和 ON 键。

【观察要点与提示】

1. 电池电量的判断　使用中观察低电压（LOW BATT）是否报警，如红灯闪烁说明电量不足，需更换电池。

2. 起搏功能正常的判断

（1）起搏器有起搏信号。

（2）ECG 显示有起搏信号并与起搏器所示起搏信号相一致。

3. 常见起搏异常

（1）放电失败（failure to discharge）：患者没心电，但起搏器又不发讯号。常见原因：起搏器故障、电池耗尽。

（2）捕获失败（failure to capture）：有起搏信号，但不能产生有效捕获。常见原因：患者情况恶化、起搏输出电流偏低、导联线故障。

（3）感知不足 / 起搏过度（under-sensing/over-pacing）：虽然患者存在固定发心电，但起搏器感应不到，便持续发讯号。常见原因：起搏感知电压过低、导联线故障。

（4）感知过度 / 起搏不足（over-sensing/under-pacing）：患者发的心电很少和很慢，但起搏器感应过度，以为患者有固定心律，便减少发讯号。常见原因：起搏感知电压过高、导联线故障。

三、主动脉内球囊反搏

【使用范围】

主动脉内球囊反搏（intra-aortic balloon counter-pulsation，IABP）是机械循环辅助方法之一，是通过动脉系统植入一根带气囊的导管至左锁骨下动脉开口远端和肾动脉开口上方的降主动脉内，通过物理作用，进行反搏，提高主动脉内舒张压，增加冠状动脉供血和改善心肌功能。

辅助原理:心脏舒张期,气囊迅速补气,主动脉舒张压升高,冠状动脉血流量增加,心肌供氧增加。心脏收缩前,气囊迅速排气,主动脉压力下降,心脏射血阻力(后负荷)减少。心肌耗氧量下降,左心室排血更充分,从而降低左心室收缩末期容量(前负荷)。

【目的】

配合医生完成 IABP 穿刺、启动 IABP 进行反搏及进行术后观察护理。

【操作流程及步骤】

(一)评估

1. IABP 机处于完好备用状态。

2. 患者的病情、诊断及治疗情况。

3. 患者的生命体征、身高。

(二)用物

IABP 机、IABP 导管、压力传感器、无菌治疗巾、手术衣、无菌贴膜、无菌手套、免洗手消毒液、无菌纱布、肝素盐水、生理盐水、各型号注射器、利多卡因、加压输液袋及抢救物品、药品。

(三)操作步骤

1. 置管前准备

(1)病室准备:消毒液擦拭床单位,紫外线消毒病房。

(2)协助医生做好患者及家属的健康宣教,告知其治疗的意义、方法和效果,以及可能出现的不良反应和风险,取得其同意及合作,签署知情同意书。

(3)协助医生评估患者情况:双下肢皮肤颜色、温度、动脉搏动、基础感觉和运动能力以及患者置管前的血流动力学状态,进行全面的神经系统检查。

(4)保持患者静脉通路开放,以备在导管插入过程中出现紧急情况可以快速给药。

(5)检查患者正在使用的仪器设备的运行是否正常以及报警设置是否正确(如:呼吸机、心电监测仪、输液泵和负压吸引装置等)。

(6)准备 IABP 机,确定机器型号。根据身高备好主动脉球囊管一套。

(7)进行常规皮肤准备,协助医生进行皮肤消毒。

(8)协助患者取平卧位,连接床旁监测仪记录生命体征,不合作的患者给予适当约束或镇静,充分暴露会阴部及双足。

(9)连接 IABP 机心电输出线、压力导线,检查氦气容量。打开氦气水平阀门,开机。

(10)检查电源、心电信号(选择 R 波向上高尖的心电图波形)。

(11)配置肝素盐水,装入加压输液袋(充气至 300mmHg),打开压力套组连接肝素盐水并排气。

2. 置管术配合

(1)配合医生置管,确保操作过程中严格执行无菌技术,严密监测患者生命体征及血流动力学情况。

(2)置管成功后协助医生连接压力套组及氦气导管,压力归零,启动工作。

(3)协助医生局部缝皮固定导管并标记。

(4)各项参数无异常后,固定 IABP 机及屏幕位置,观察足背动脉搏动情况。

(5)处理穿刺部位,消毒后敷料覆盖,术肢约束。

（6）拍床旁胸片，协助医生确认导管位置。导管尖端位于第 2~3 肋间。

（7）整理用物，洗手记录。

3. 置管后护理

（1）无菌敷料覆盖导管部位，并妥善固定：IABP 开始治疗后，护理人员要按照无菌原则处理穿刺部位，将导管固定在患者大腿上，防止脱位。24 小时更换伤口敷料，必要时随时更换。

（2）体位和活动：患者绝对卧床，床头抬高不应超过 40°，以防导管打折或移位。

（3）心理护理：提供安静环境，多给予患者心理支持。必要时遵医嘱给予镇静等处理。

（4）血流动力学监测：严密观察患者生命体征、中心静脉压、肺动脉压、体液出入量、血气分析及其他实验室检查。

（5）观察充气放气时相是否正确

1）充气时相正确指征：①充气起点于动脉切迹前 0.04s 发生；②球囊压上升线与患者血压之上升线平衡；③PDP>PSP。如果充气过早，会令心脏每搏量减少、左心室容量增大及血压下降。如果充气过晚，对患者没影响，但不能达到舒张期增强（diastolic augmentation）之效果。

2）放气时相正确指征：①BAEDP<PAEDP；②APSP<PSP。如果放气过早，对患者没影响，但不能达到减低后负荷（afterload reduction）之效果。如果放气过晚，会令心脏左心室容量增大及血压下降。

（6）注意观察有无并发症（下肢缺血、血栓、出血、血小板减少症、球囊破裂感染等）的发生，若有，应及时向医生报告处理。

（7）中央管腔的维护，每小时用肝素盐水加压冲管 1 次，每次冲管小于 15 秒，监测反搏压力波形。

（8）抗凝治疗护理：使用低分子肝素 ACT 维持 200 秒，APTT 维持 60~80 秒。

4. 撤离导管后护理

（1）撤离 IABP 要在医生指导下逐步减少 IABP 的辅助比例，并逐渐减少抗凝剂的应用，在拔除导管前 4 小时停止肝素使用，确认 ACT<180 秒。

（2）协助医生消毒，剪断固定缝线。

（3）停机后医生将导管拔出，按压止血 30 分钟后弹力绷带加压包扎，沙袋压迫 8~10 小时。应嘱患者平卧，严密观察穿刺处出血情况。

（4）检查远端动脉搏动情况及患者血流动力学情况，及时发现异常，通知医生做相应处理。

【观察要点与提示】

1. 每日复查胸片，确定导管位置。

2. 每日协助患者做被动双下肢活动。

3. 每小时手动冲洗 IABP 动脉管路一次。

4. 在实施 IABP 治疗期间，应同时执行其他有关治疗，如补足血容量、纠正酸中毒、纠正心律失常和应用血管活性药物维持血管张力等治疗。

IABP 的临床进展

　　IABP 在 1968 年首次应用于急性心肌梗死合并心源性休克的救治后,已逐步成为心肌梗死合并心源性休克患者循环支持应用最广泛的机械辅助装置。然而,随着急性心肌梗死再灌注治疗策略的进展和更多新的循环机械辅助装置的应用,已对 IABP 的传统适应证提出了质疑。最新的欧美指南亦下调了对 IABP 在急性心肌梗死合并心源性休克中应用的推荐级别,2013 年美国指南中提到 IABP 治疗急性 ST 段抬高型心肌梗死合并心源性休克的推荐级别为Ⅱa,2014 年欧洲指南中此类患者 IABP 推荐级别为Ⅱb。

　　虽然目前在急性心肌梗死合并心源性休克和高危 PCI 中应用 IABP 的循证医学证据尚不足,但 IABP 使用后能显著改善和稳定血流动力学,包括欧洲和美国在内公布的相关指南在争议中仍旧支持 IABP 的置入。对于不合并心源性休克的急性心肌梗死患者,目前不推荐 IABP 治疗。IABP 与其他心脏辅助装置(包括 TandemHeart、Impella、ECMO)比较,对临床终点事件的影响结果差异无统计学意义。

　　我国急性冠脉综合征患者逐年增多,IABP 因其具有"费用低、安全、有效、易操作"等优势,在急性心肌梗死中的应用价值将会更为重要。当然,由于我国胸痛中心的建立和完善,我们期待未来有更多适合我国国情和时代特征的临床研究来评价 IABP 的应用价值。

（余　萌）

第四节　体外膜肺氧合技术

【使用范围】

　　体外膜肺氧合(extracorporeal membrane oxygenation, ECMO),简称膜肺,是抢救垂危患者生命的技术。ECMO 的作用主要是让肺部(VV-ECMO)及心脏(VA-ECMO)休息,并由身体对受损之心肺进行自我修补,它本身没有治疗功效。ECMO 技术源于心外科的体外循环,1975 年成功用于治疗新生儿严重呼吸衰竭。1980 年,美国密执根医学中心 Bartlett 医师领导并建立了第一个 ECMO 中心,随后世界各地相继建立了 145 个 ECMO 中心。ECMO 以前一般用于心胸外科或心胸外科 ICU 处理末期心肺功能衰竭的患者。近几年 ECMO 在 ICU 又流行起来是因为 2009 年甲流产生了很多 ARDS 患者,而研究显示 ECMO 可以帮助减低这类患者的死亡率。现在随着新的医疗方法的出现,ECMO 技术有了很大的改进,应用范围较以前扩大。

　　ECMO 的本质是一种改良的人工心肺机,最核心的部分是膜肺和血泵,分别起人工肺和人工心的作用。ECMO 运转时,血液从静脉引出,通过膜肺吸收氧,排出二氧化碳。经过气体交换的血,在泵的推动下可回到静脉(VV 通路),也可回到动脉(VA 通路)。前者主要用于体外呼吸支持,后者因血泵可以代替心脏的泵血功能,既可用于体外呼吸支持,又可用于心脏支持。当患者的肺功能严重受损,对常规治疗无效时,ECMO 可以承担气体交换任务,使肺处于休息状态,为患者的康复获得宝贵时间。同样患者的心功能严重受损时,血泵可以代替心脏泵血功能,维持血液循环。

> ### 知识拓展
>
> # ECMO 在我国开展现状与特点
>
> 在国外,儿童重症医学方面,早期 ECMO 主要应用于呼吸支持。据体外生命支持协会(Extracorporeal Life Support Organization,ELSO)统计,截至 2006 年,共有 32 905 例患者进行 EMCO 支持,其中儿科患者 30 861 例,约占总数 93.79%,成人患者 2044 例,占 6.21%。与此同时 ECMO 临床应用特点是呼吸支持比例逐年下降,循环支持比重越来越高。而 ECMO 在中国应用和发展情况恰恰与此相反,从 20 世纪末中山市人民医院首先在临床上开展 EMCO 救治危重患者,阜外医院、安贞医院及上海胸科医院也相继在临床上开展 ECMO 工作,阜外医院在开展 ECMO 治疗方面进行了大量工作,并取得了出院生存率达到 57% 的效果,此期间用于 ECMO 支持患者基本为循环支持成人患者。迄今为止国内开展婴幼儿 ECMO 治疗的医疗机构均为能够开展小儿先心病手术治疗医疗机构,接受 ECMO 支持治疗患儿病种比较单一,基本为心脏手术术后严重低心排综合征而需要循环支持。
>
> 阜外心血管病医院自 2004 年以来共为 74 名(年龄 3 天~15 岁)儿童进行 ECMO 治疗,其中只有 9 例为呼吸支持,其余皆为循环支持。而 ECMO 在儿童重症医学方向的应用只是零星开展,国内只有浙江大学附属儿童医院在 2007 年至 2011 年对 12 例重症患儿进行 ECMO 治疗,其中 5 例为先心病术后患儿,呼吸衰竭 11 患儿 2 例,暴发性心肌炎 3 例,心肌病 1 例,肺出血 1 例。以上资料表明,与国外 ECMO 由"由重症儿科患者开始发展至全部人群,由呼吸支持发展至循环支持"发展轨迹明显相反。
>
> 中国的 ECMO 技术发展先从成人至儿童,由循环支持方面开始,才逐渐开展到呼吸支持。总而言之,ECMO 技术在中国的开展目前可以概括为三个不平衡。一是开展年龄不平衡,即是在成人患者人群中开展较多,在儿童患者人群中开展较少;二是开展疾病不平衡,循环支持开展较多,呼吸支持开展较少;三是开展学科不平衡,大部分 ECMO 支持病例在心脏外科(包括小儿心脏外科),在重症医学(包括儿童重症医学)中开展较少。ECMO 技术儿童重症医学方面的应用严重滞后,尤其是在儿童呼吸支持方面的开展更是一片空白。此外,美国心脏协会 2015 CPR 指南建议:对某些患者(有可逆转性患者或等待心脏移植),如果传统 CPR 无效,可考虑采用体外循环 CPR(ECPR),ECPR 也就是体外膜氧合(ECMO)。

【操作流程与步骤】

(一)评估

1. 评估患者神志,对清醒患者进行解释并遵医嘱适当予以镇静。
2. 评估患者生命体征,准确记录。
3. 评估环境并迅速清理床单位,保证操作空间宽敞、洁净。

(二)用物

ECMO 设备、手术器械、手术衣、无菌手套、帽子、口罩、碘伏、无菌敷料包、无菌显影纱布、生理盐水、肝素、注射器、无影灯或头灯、操作台、大功率电源、空气及氧气气源、气源连接管、ACT仪等。

（三）操作步骤

1. 携用物至床旁，核对医嘱及患者信息。

2. 协助体外循环医生连接ECMO电源、气源。

3. 洗手、戴口罩。

4. 协助外科医生、手术室护士准备手术用物。

5. 遵医嘱留取血标本，配合完成各项检查，包括血气、电解质、生化、血常规、细菌培养、尿常规、ACT、APPT、PT、肝肾功能、游离血红蛋白、胶体渗透压、心电图、床旁X线和超声心动等。

6. 保持患者平卧位，配合手术室护士粘贴手术负极板，协助外科医生调整床体高度。

7. 应用多参数监测仪、肺动脉导管、连续心排仪和12导联心电图监测并记录心排、心率和心律、血压、肺动脉压、肺毛细血管嵌顿压、中心静脉压、氧饱和度、体温等指标。

8. 记录安装前血管活性药物的用量。

9. 安装过程中遵医嘱给予抗凝剂并密切观察患者血流动力学变化。

10. 安装完毕，评估循环支持效果，及时调整血管活性药使用剂量。记录各项生命指征变化。

11. 与体外循环医生确认ECMO流量并做好记录及每班交接工作。

12. 收拾用物，整理床单位，垃圾分类处理。

13. 洗手、记录。

【观察要点与提示】

1. 床旁ECMO观察要做到团队中各环节信息畅通、监护人员相对固定可使监护工作具有连续性，避免不必要的疏漏。

2. ECMO是机械辅助，可造成红细胞的破坏，表现为游离血红蛋白增高，血红蛋白尿，继发肺、肝、肾等多脏器损害。护理中严密观察监控溶血指标，即游离血红蛋白、血生化、血常规、尿色、尿常规、患者皮肤有无黄染等，做到早发现、早报告、早处理，配合医生将溶血造成的并发症降低到最小限度。

3. 准备撤除ECMO时，当转速小于1.5L特别接近1L时，遵医嘱应用肝素维持ACT在300秒左右，同时实施撤机；一旦告知停机，护士迅速配合医生给予鱼精蛋白中和肝素，即刻在15~30分钟内查ACT，直至医生要求水平。

4. 撤除ECMO时适当加大血管活性药物用量，并将呼吸机参数调整至正常范围，观察患者血流动力学有无波动，重点HR、BP、氧饱和度、肺动脉压、中心静脉压、血气等，观察循环指标对血管活性药物的反应。观察血气及内环境变化。

5. 加强体温监测，ECMO运行时体温控制在35~36℃。停机后体温极易反跳，需观察并实施护理干预。

（李庆印）

第五节　血流动力学监测技术

一、持续心排血量（CCO）监测仪的使用流程

【使用范围】

通过 Swan-Ganz 导管、持续心排血量（CCO）和混合静脉血氧饱和度（SVO_2），行血流动力学监测，以获得对心、肺功能状态的判断，评价左、右心功能，为治疗提供依据的同时评价治疗效果。

【目的】

1. 提供临床诊断与治疗的重要依据。
2. 鉴别诊断心源性和非心源性水肿。
3. 指导临床用药。
4. 评价肺动脉高压的临床信息。
5. 评价心肌缺血的情况。
6. 评价左心室前负荷。
7. 指导临床补液疗法。
8. 提供机体组织氧供与氧需的平衡情况。

【操作流程与步骤】

（一）评估

1. 评估操作环境。
2. 评估 Swan-Ganz 导管是否通畅。

（二）用物

CO 仪主机、电源线、CO 仪电缆线、SVO_2 光学模块、Swan-Ganz 导管。

（三）操作步骤

1. 核对医嘱。
2. 评估患者病情，清醒患者进行解释，以取得患者的配合。
3. 洗手、戴口罩。
4. 携用物至患者床旁，连接电源，开机（约 15 秒）。
5. 正确连接 CO 仪和 Swan-Ganz 导管，原则是颜色相对，形状相对，大小相对。
6. 清除原有患者数据。
7. 输入患者资料：主屏→选 Patient Data 键→HT/WT（身高体重）→RETURN。
8. 计算：主屏→选 Patient Data 键→EDIT→选数字键输入所需数据→CALC 计算。
9. 按屏幕右上方 stopping 相对应的功能键，变成 running，则第一个心排值（2~3 分钟）出现。
10. SVO_2 定标：主屏→选 SVO_2 键（面板下方的触摸按钮）→IN VIVO（体内定标 25 秒）→DRAW（抽取键）→选面板下方的数字键输入肺动脉血气值（6 小时一次且不能是纯氧状态下的血气）→CALC 计算（25 秒）。

11. SVO$_2$：Patient Data 界面→ Oxygen Profile →选数字键输入肺（A/V）血气→ CALC 计算。

12. 返回 Patient Data 界面，即可监测临床常用参数。

【观察要点与提示】

1. CO 仪电缆线轻拿轻放，连接时注意孔孔相对，锁紧，不可盲目连接。

2. 开 / 关机时应先将 CO 仪与导管脱开。

3. CO 值每 60 秒自动计算一次之前 3~6 分钟的心排值。

4. 当发生病情不稳定时，进入 STAT 模式，可即刻看到 5~10 分钟内的 10 个 CO 值。

5. 密切连续监测各项数据，了解 CO 仪上的英文缩略字母的意思及含义，能较熟练操作并及时报告医生。

【血流动力学参数】

1. 由 Swan-Ganz 导管所获得的直接指标有以下几种

（1）右心房压力（RAP）：6~12mmHg。

（2）肺动脉压力（PAP）：15~25mmHg/5~12mmHg。

（3）肺动脉嵌入压力（PCWP）：5~12mmHg。

（4）心输出量（CO）：4~8L/min。

2. 通过公式计算获得的间接指标

（1）肺循环阻力（PVR）：PVR=[（MPAP-PCWP）×80]/CO。

正常值：40~120dyn·s/cm^{-5}。

（2）体循环阻力（SVR）：SVR=[（MAP-CVP）×80]/CO。

正常值：900~1800dyn·s/cm^{-5}。

（3）每搏功（SW）：SW=CO/HR×1000（ml）。

（4）左室每搏功（LVSW）：反映左心室的心肌收缩力。

（5）右室每搏功（RVSW）：反映右心室的心肌收缩力。

（6）心脏指数（CI）：CI=CO/BSA[L/（min·m^2）]。

正常值：（2.5~4）L/（min·m^2）。

3. 通过导管采取混合静脉血标本获得的指标　SVO$_2$（混合静脉氧饱和度），正常值：68%~77%。

知识拓展

PiCCO

血流动力学监测是危重症患者病情评估及抢救治疗中一项重要的监测手段。近年来危重症患者血流动力学监测技术不断发展，肺动脉热稀释导管（Swan-Ganz 导管）曾被认为是血流动力学监测的"金标准"，但造价昂贵、并发症多、有创技术要求高，并且有研究发现当采用 Swan-Ganz 导管于用了呼吸机（及高 PEEP）的患者，其参数会变得偏高及不准确，所以世界各地很多 ICU 都停用了这种血流监测，而采用其他监测技术。将肺热稀释法与动脉脉波波形分析技术结合起来的脉波轮廓温度稀释连续心排量测量仪（pulse indicator continuous cardiac output，PiCCO），是德国 PULSION 公司推出的新一代容量监测仪，只需配置中心静脉及动脉导管，不需放置肺动脉导管。该监测仪采用热稀释方法测量单次的心输出量（pulse contour cardiac output，PCCO），并通过分析动脉压力波形曲线下面积来获得连续的 PCCO，可同时监测 PCCO 和容量指标，并可监测血管阻力变化。经肺热稀释法可获得 PCCO、心脏指数、胸内容量指数、全舒张末容积指数、血管外肺水指数、肺血管通透性指数等数据，经肺热稀释法对动脉脉波轮廓法初次校正后，可在以上测得指标基础上得到更多数据，如连续监测 PCCO、心率、每搏输出量、平均动脉压、容量反应（每搏输出量变异性、脉搏压力变异性）、系统性血管阻力指数、左心室收缩力指数。

二、床旁超声

【使用范围】

床旁超声有别于传统的超声检查，是由临床医师（在其他国家也可由受过培训之 ICU、CCU 或门诊部护士操作）在床旁独立为患者开展的实时超声检查项目，且根据临床症状、体征等临床表现和其他相关检查，有针对性地对相应部位进行筛查，能快速明确诊断、引导有创操作、指导临床用药并及时评估疗效。由于床旁超声具有简便、快速、准确、可重复、无创、实时动态观察和不影响相关诊疗等优点，其在 ICU 患者的诊断和病情监测过程中发挥了不可低估的作用，也是 ICU 血流动力监测的未来新趋势。

床旁超声在 ICU 危重患者中的应用范围包括呼吸系统相关问题评估、循环系统相关问题评估、ICU 休克患者的 RUSH 评估、创伤的 FAST 评估、血管相关问题的检查、腹部情况的评估以及引导各种介入治疗等。

【操作流程与步骤】

（一）评估

周围环境；患者的意识状态；患者的皮肤情况。

（二）用物

床旁超声仪、超声耦合剂、纸巾、免洗手消毒液。

（三）操作步骤

1. 检查前评估患者病情，皮肤情况，做好解释工作，取得配合。
2. 医生推床旁超声仪至患者床旁，核对患者信息、医嘱和手牌。
3. 协助患者摆体位，注意保护患者隐私。
4. 医生检查结束后，协助清洁患者皮肤，帮助患者整理衣物，注意保护患者隐私。
5. 消手、签字、记录。

【观察要点与提示】

1. 仪器固定放置，定期充电，保持清洁处于备用状态。
2. 注意保护患者隐私。

床旁超声的指南

近年来,床旁即时超声(Point-Of-Care UltraSound,POCUS)在 ICU 内得到了广泛地应用,因此,建立床旁超声的循证学依据是很有必要的。为帮助 ICU 医师使用床旁超声行诊断和治疗时提供指南,美国重症医学协会(SCCM)通过美国重症学院(ACCM)建立了一系列证据支持的意见,强调了床旁超声作为一种临床评估重症患者辅助手段的适合性和优越性。2015 年 SCCM 制订了危重患者评估适当应用床旁一般超声检查指南,旨在为 ICU 医生应用床旁超声进行诊断和治疗提供临床指导,指南针对胸部,腹部和血管的超声检查提供了推荐意见。

2016 年发布了重症患者床旁超声指南的心脏超声检查部分,旨在为 ICU 的床旁心脏超声、超声心动图应用提供循证医学指南。而我国以急诊临床思维为导向,结合国内外超声发展现状,从 2013 年起先后推出《急诊超声标准操作规范》和《床旁超声在急危重症临床应用的专家共识》主要针对几种常见的急危症超声影像和流程进行梳理,进一步规范和推广急诊和急危重症床旁超声的临床应用。

（李庆印）

第十八章　呼吸系统相关操作

学习目标

完成本内容学习后,学生将能:
1. 复述呼吸监测技术的使用范围;
2. 列出呼吸监测技术的种类;
3. 描述呼吸监测技术的观察要点与提示;
4. 应用气管插管术、气管切开术对重症患者进行人工气道建立的护理配合;
5. 应用呼吸监测技术对重症患者进行病情观察和护理。

第一节　呼吸监测技术相关操作

一、血氧饱和度监测技术

【使用范围】

血氧饱和度(oxygen saturation as measured by a pulse oximeter,SpO_2)监测指的是氧合的血红蛋白与氧合的血红蛋白加非氧合的血红蛋白总和之比,即反映血红蛋白携带氧气的数量或能力(oxygen carrying capacity of hemoglobin),从病人脉搏可以监测。SpO_2监测作为病人病情变化早期预警装置,具有正确、安全、无创、有效、操作简单、价格适中等优点,已是手术室、监护室的基本监测手段之一,也用于临床研究、评价和诊断等领域,其正常值为95%~100%。

【操作流程与步骤】

	步骤	原理 / 注意事项
1	实施前向患者或家属解释血氧饱和度监测目的、方法	尊重患者的知情权
2	标准预防:洗手、戴口罩	遵守感染控制管理
3	操作准备	
	(1)患者准备:取舒适体位,清洁患者局部皮肤及指(趾)甲	指甲油都会影响SpO_2监测的数值。为减少测量误差,监测时应去除指甲油,以保证监测的准确性
	(2)用物准备:多功能监护仪连接监测模块、脉搏血氧饱和度监测传感器、导线、监护记录单,使用前检查其性能	

步骤	原理／注意事项
4　监测操作	
（1）监护仪连接电源，打开主机开关，检查监护仪功能及导线连接是否正常	
（2）将 SpO_2 传感器电缆与监护仪上彩色编码插孔相连，对于其他传感器，使用对应的适配器电缆	
（3）监护仪上选择正确的"病人类别"	
（4）将传感器正确安放于患者手指、足趾或者耳廓处，保证接触良好，避开测量血压的肢体	测量期间，确保贴附部位动脉灌注良好
（5）设定报警界限，打开报警系统	SpO_2 监测低氧报警是高级别报警，需要立刻处理
（6）记录监测数据	
5　指导患者	
（1）不可随意摘取传感器	传感器移动时，周围灯光或电池波会造成异常间断读数
（2）避免在监测仪附近使用手机，以免干扰监测波形	
（3）对于清醒的病人，至少 24 小时更换一次 SpO_2 传感器监测部位，对于意识模糊病人，每 2~3 小时检查一次 SpO_2 传感器监测部位，至少每 4 小时更换一次佩戴部位	传感器佩戴同一地方过久，可能会导致皮肤刺激和裂口
6　终末处理	
（1）按医疗废物处理规范分类处理垃圾	
（2）传感器清洗和消毒：一次性 SpO_2 传感器使用后丢弃，可重复使用 SpO_2 传感器使用软布，清水抹洗后，用 0.05% 含氯消毒剂擦拭，最后用清水擦拭晾干	

【观察要点与提示】

1. SpO_2 传感器不宜安放在任何动脉导管或静脉输液管的手臂上，也不宜与测压袖带放同一肢体上。

2. 下列情况会影响监测结果：患者发生休克、体温过低、四肢冰凉、使用血管活性药物、病人活动过多及贫血等，周围环境光照太强、胆红素高、曾接受造影剂检查、电磁波干扰及涂抹指甲油等也会影响监测结果。

3. 注意保暖。

4. 正确设定报警界限，观察监测结果，发现异常及时报告医师。

二、呼气末二氧化碳监测

【使用范围】

呼气末二氧化碳分压监测（End-Tidal Carbon Dioxide，$ETCO_2$）是连续测量呼气末二氧化碳水平的日常监护项目,具有无创、操作简便、高度灵敏性等特点,广泛应用于手术室、ICU 等科室。$ETCO_2$ 监测可间接反映动脉血 CO_2 水平,监测患者的通气功能,临床上主要应用于:

1. 确定气管插管位置正确与否。
2. 转运病人时,用来监测气管插管有否移位。
3. 用来预测脑外科患者的颅内压有否增高。
4. 心肺复苏:反映心肺复苏质量及监测是否恢复自主循环。
5. 指导麻醉机与呼吸机通气量的调节。

【操作流程与步骤】

	步骤	原理/注意事项
1	实施前向患者或家属解释呼气末二氧化碳监测的目的和方法	尊重患者的知情权
2	标准预防:洗手、戴口罩	遵守感染控制管理
3	操作准备	
	(1)患者准备:体位舒适床头抬高 30°~45°,操作前清理呼吸道分泌物	气道分泌物过多会影响 CO_2 测量数值
	(2)备齐用物:治疗巾、CO_2 测量设备、CO_2 传感器、气道转接头	
4	监测操作	
	(1)将传感器电缆插入监护仪的 CO_2 输入连接头	
	(2)将 $ETCO_2$ 监测模块连接于监护仪,监护仪显示"连接 CO_2 模块"等待 2min,让传感器达到其工作温度和稳定的热状态	
	(3)选择相匹配的气道转接头,将其连接传感器的头端,正确插接后,气道转接头会卡到位	
	(4)将测量 CO_2 传感器接头置于空气中,另其远离所有 CO_2 源,在监护仪 CO_2 设置菜单中,进行"启动归零校正"等待 1min,待校正完成	环境中存在的 CO_2 源会影响校正值
	(5)安装 CO_2 监测装置在呼吸回路的近端 360 接头与呼吸机管路的 Y 形管之间,支撑传感器和气道转接头,避免在气管插管上产生应力	放置 CO_2 监测装置避免意外脱管
	(6)设置 $ETCO_2$ 报警范围	CO_2 监测数据,$ETCO_2$ 的正常值:35~45mmHg
5	终末处理	
	(1)按医疗废物处理规范分类处理垃圾	
	(2)传感器清洗和消毒:使用软布,清水擦拭后,用 0.05%含氯消毒剂擦拭,最后用无菌注射用水擦拭晾干	

【观察要点与提示】

1. 当传感器与模块连接时,至少每天进行一次准确度检查;更换呼吸机或长时间不用 CO_2 监测功能时,在使用前需要重新定标。

2. 当通气或血流受到影响时均会影响数值准确性,因此在开始监测时同时取动脉血气分析,以了解 $PaCO_2$。

3. 不允许雾化状的药物环境中测量,如雾化吸入。

4. 影响 $ETCO_2$ 的因素有

（1）呼吸机管路避免漏气,气管插管囊周围避免漏气。

（2）发热、代谢率等加快 CO_2 产生增加时 $ETCO_2$ 偏高。

（3）低体温、低灌注、失血、肺栓塞时 $ETCO_2$ 偏低。

5. 故障排除,每次观察到 $ETCO_2$ 波形发生变化,请检查以下事项

（1）检查病人情况。

（2）检查气管插管位置。

（3）确保传感器与气道转接头连接正确。

（4）检查气道转接头是否完好无损,并且与呼吸机回路连接牢靠。

（5）如果没有找到问题,请更换气道接头

（6）如果还是没有找到问题,请更换传感器。

第二节　机械通气相关操作

【使用范围】

机械通气的适应证包括任何原因所导致的低氧血症、通气不足或呼吸功增加。它可以包括以下患者:

1. 慢性阻塞性肺疾病（COPD）慢性呼吸衰竭急性恶化合理氧疗后,pH<7.20,PaO_2<50mmHg, $PaCO_2$>75mmHg;潮气量 <200ml,呼吸频率 35 次 / 分;有早期肺脑改变。

2. 支气管哮喘持续状态　常规治疗后,出现下述情况之一:呼吸抑制,神志不清;呼吸肌疲劳现象;PaO_2 逐渐下降且 <60mmHg, SaO_2 ≤90%, $PaCO_2$ 逐渐升且 >45mmHg;血 pH<7.25。

3. 急性呼吸窘迫综合征（ARDS）　经数小时高浓度（60%）氧疗后 PaO_2 仍 <60mmHg 或 PaO_2 在 60mmHg 以上,但合并呼吸性酸中毒。

4. 头部创伤、神经肌肉疾患引起的呼吸衰竭。

5. 因镇静剂过量等导致呼吸中枢抑制而引起的呼吸衰竭　吸氧后改善不理想,或呼吸频率 30~40 次 / 分,咳嗽反射减弱、咳痰无力时。

6. 心肌梗死或充血性心力衰竭合并呼吸衰竭　吸氧浓度已达 60% 以上,PaO_2 仍 <60mmHg。

7. 用于预防性通气治疗　开胸手术、败血症、休克或严重外伤。

【操作流程与步骤】

步骤		原理 / 注意事项
1	实施前向患者或家属解释机械通气的目的、方法及其适应证和禁忌证	尊重患者的知情权
2	标准预防：洗手、戴口罩	遵守感染控制管理
3	操作准备	
	（1）患者准备：查看知情同意书，向患者解释，携用物至患者床边，查对床号、姓名、住院号和性别，确认患者身份	
	（2）用物准备：呼吸机、呼吸机管道、双旋呼吸机接头（螺纹延伸管）、过滤器、湿化罐、灭菌注射用水、模拟肺	检查物品的质量和有效期
4	连接呼吸机管路	
	（1）安装吸入端过滤器、呼出端过滤器	
	（2）安装湿化罐，湿化罐内注入灭菌注射用水至水位线，调节湿化器温度，预设气流温度在 36~37℃	湿化液为无菌蒸馏水或无菌注射用水
	（3）正确连接呼吸回路及温度探头	
	（4）Y 形管接双旋呼吸机接头（螺纹延伸管）	
5	开机	
	（1）连接主机、压缩机、湿化器电源	
	（2）连接中心氧气源、空气源（呼吸机不带压缩机时）	
	（3）打开压缩机开关、主机开关、湿化器开关	
	（4）呼吸机自检通过后连接模拟肺	
	（5）校正氧气传感器和流量传感器	
	（6）输入患者体重	
6	设置呼吸机模式及参数	
	根据患者的病情及医嘱设置呼吸机使用的模式、潮气量、呼吸频率、吸气氧浓度、触发灵敏度、呼气末正压（PEEP）、吸气流速、吸气时间等，以及各参数报警的上下限。以 P-SIMV 为例： 吸气时间（Ti）：1.0~1.2 秒 呼吸频率（f）：12~20 次 / 分 控制压力（PC）：12~20cmH$_2$O 支持压力（PS）：12~20cmH$_2$O 流量触发：2L/min 压力上升时间：50ms 呼气触发灵敏度：25% 呼气末正压（PEEP）：5cmH$_2$O 氧气浓度（FiO$_2$）：100%	（1）机械通气初始 FiO$_2$ 100%，以后尽快降至 FiO$_2$ 50% 以下 （2）注意设置后备通气（Backup）及窒息通气（Apnea） （3）窒息通气时间为 20sPCV 或 PSV 的压力加上 PEEP 不能超过 30cmH$_2$O，否则肺泡有机会出现压力创伤

步骤	原理 / 注意事项
7　设置报警	
点击报警设置,设置: (1)分钟通气量(V_E):高限 > 目标或设置分钟通气量的 10%~15%;低限为 < 目标或设置分钟通气量的 10%~15% (2)呼吸频率(f):高限 > 目标或设置呼吸频率的 10%~15%;低限为 < 目标或设置呼吸频率的 10%~15% (3)潮气量(V_T):高限 > 目标或设置潮气量的 10%~15%;低限为 < 目标或设置潮气量的 10% ~15% (4)气道峰压(Ppeak):高限较平均气道峰压高 10cmH$_2$O;低限较平均气道峰压低 5~10cmH$_2$O (5)低 PEEP/CPAP:较设置 PEEP 或 CPAP 低 3~5cmH$_2$O (6)FiO$_2$:较设置 ±5%	呼吸机报警设置及常见报警处理
8　连接人工气道	
(1)检查呼吸机各连接处是否漏气,工作是否正常,各指标显示状态 (2)确保呼吸机运转正常,撤下模拟肺,连接患者人工气道	调节参数时接模拟肺勿接患者,确保通气正常后再接患者
9　监测	
(1)监测生命体征,听诊呼吸音、观察呼吸机与患者的人机配合情况,做好呼吸机各项指标数值的监测与记录,及时排除各种报警 (2)遵医嘱行辅助通气 0.5~1h 后复查血气,并根据血气结果调节各项参数 (3)按需吸痰,吸痰时选择智能模式 根据痰液的量、性状及时调整湿化强度	根据临床监测指标及时调整呼吸机参数,避免过度通气、通气不足以及机械通气相关肺损伤
10　安置患者	
整理床单位,取合适体位,若无禁忌证将床头抬高 30° ~45°,拉上床栏(配合不佳、意识障碍患者,遵医嘱给予镇静药物治疗,必要时予肢体约束)	
11　撤机	
(1)断开呼吸机管路与患者人工气道的连接 (2)关湿化器电源、主机电源、压缩机电源	
12　呼吸机终末消毒处理	
(1)一次性呼吸机管路、湿化罐一次性过滤器弃于感染性垃圾桶 (2)重复使用的过滤器、模拟肺打包送气体消毒 (3)流量传感器于 0.05% 含氯消毒剂浸泡消毒 30min 后清洗晾干后送气体消毒 (4)呼吸机外壳予以清洁擦拭	

【基本通气模式分类】

（一）强制式通气模式

1. 容控式通气（volume controlled ventilation，VCV）　呼吸机以预设潮气量（tidal volume，Vt）来管理通气，即呼吸机送气达预设潮气量后停止送气，依靠肺的弹性回缩力被动呼气。VCV 的优点是能保证 Vt 的恒定，因为它的流速是恒速流速，能确保有固定 Vt，令通气有效。缺点是当肺顺应性较差或气道阻力增加时，会导致压力创伤，必须监测气道峰压（peak inflation pressure，PIP）和气道平台压（plateau pressure，Pplat）。

2. 压控式通气（pressure controlled ventilation，PCV）　呼吸机以预设气道吸气压力（pressure inspiratory，Pinsp）来管理通气，即呼吸机送气达预设压力时，吸气便会中止并开始呼气。PCV 的优点是气道压力不会超过预设水平，而且它的流速是减速流速，当流速下跌到 0~5% 时，吸气便会中止并开始呼气。所以不会导致压力创伤，所以所有跟 PCV 或压控相关的通气模式（如 PRVC、BIPAP）都被称为肺部保护模式（lung protective mode）。其缺点是容易造成通气不足。

（二）半强制式通气模式

1. 辅助控制通气（assist-control ventilation，AC）　AC 是指基本模式是容控（VCV），但当患者的吸气能触发呼吸机时，呼吸机会给予一个辅助通气，而这个辅助通气的容量跟基本设定的潮气容量一样。

2. 同步间歇强制通气（synchronized intermittent mandatory ventilation，SIMV）　SIMV 的同步是指与患者的触发同步。患者可以在 SIMV 触发窗或自主呼吸触发窗内进行触发并启动通气。SIMV 可分容量控制 SIMV（SIMV/VC）或压力控制 SIMV（SIMV/PC）两种形式送气。

（三）辅助式通气模式

压力支持通气（pressure support ventilation，PSV）是由患者触发的一种机械通气模式，当气道压力达预设的压力支持（PS 水平且吸气流速降低至某一阈值水平以下时），由吸气切换到呼气。有些呼吸机用其他名称，如 Assisted spontaneous breath（ASB）。

（四）自主式通气模式

持续气道正压（continuous positive airway pressure，CPAP）是在自主呼吸条件下，整个呼吸周期内（吸气及呼气期间）气道保持正压。简单来说，就是用 PEEP 打开肺泡，再让患者进行自主呼吸。

【观察要点与提示】

1. 人工气道的观察　密切观察插管位置及管腔通畅程度。对气管切开者，观察套管是否固定完好，松紧是否合适，气管切开处的纱布垫是否干燥、清洁，切口有无感染等。

2. 通气效果的观察　通过对患者意识、末梢循环、生命体征、胸廓起伏、血气分析、潮气量、人机协调等情况的观察以判断患者通气良好还是通气不足。

3. 观察呼吸机参数　尤其注意吸气末平台压不超过 30~35cmH$_2$O，以避免气压伤、容积伤。

4. 呼吸机报警识别与处理　护士要熟悉常见的报警如压力报警（高压/低压）、容量报警（高容量/低容量）、窒息报警、氧浓度报警、湿化报警、气源、电源报警的原因和处理方法。

第三节　无创通气相关操作

【使用范围】

1. 慢性阻塞性肺疾病（COPD）呼吸衰竭。

2. 重症哮喘。

3. 心源性肺水肿。

4. 中枢性低通气、神经肌肉疾病和阻塞性睡眠呼吸暂停综合征（OSAS）。

5. 急性低氧性呼吸衰竭。

6. 有创通气拔管后进行序贯治疗。

7. 免疫抑制继发肺部感染。

8. 其他呼吸衰竭，如手术后、创伤后呼吸衰竭，肺不张及肺部感染合并呼吸衰竭。

9. 限制性胸腔疾病。

【操作流程和步骤】

	步骤	原理/注意事项
1	实施前向患者或家属解释无创呼吸机使用的目的及使用过程中的注意事项，取得配合	尊重患者的知情权
2	标准预防：洗手、戴口罩	遵守感染控制管理
3	操作准备	
	（1）患者准备：查看知情同意书，向患者解释，携用物至患者床边，查对床号、姓名、住院号和性别，确认患者身份	
	（2）用物准备：无创呼吸机及配件（面罩或鼻罩1个、头带）灭菌注射用水、中心供氧装置	
4	连接呼吸机管路	
	（1）安装呼吸机管道和湿化罐	
	（2）连接主机、湿化器电源、中心氧气源	
	（3）正确连接呼吸回路、氧气连接管、面罩	选择合适的面罩或鼻罩
	（4）湿化罐连接灭菌注射用水	
5	开机	
	打开湿化器开关、主机开关，调节湿化器温度	
6	设置呼吸机模式及参数	
	（1）模式：CPAP、S、T、S/T （2）IPAP及EPAP设置，备用呼吸频率 最初设定CPAP=2cmH₂O、PSV=10cmH₂O，吸氧浓度调整使SaO₂>90%为宜 以BiPAP模式为例，初始参数为呼气压（EPAP）4cmH₂O，吸气压（IPAP）8~12cmH₂O	调整呼吸机参数：原则是由低到高、逐步调节。5~10min内逐步增加至合适的水平或根据氧合状态、动脉血气结果调整呼吸机参数。

步骤	原理 / 注意事项
7　连接面罩 确保呼吸机运转正常,连接患者面罩(鼻罩),头带固定,松紧适宜	观察漏气量(Vleak)、潮气量(V_T)、气道峰压(Ppeak)是否正常
8　监测 (1)观察无创呼吸机运行情况,注意潮气量,有无漏气,人机同步情况,管道有无积水,湿化器情况 (2)指导病人主动配合机器、排痰及饮水方法;分泌物多而无力排痰者,视病情辅助排痰 (3)密切观察病情,如意识、血氧饱和度、生命体征、血气分析等,及时向医生报告病情 (4)注意预防并发症的发生:腹胀、面部损伤、二氧化碳潴留等	根据临床监测指标及时调整呼吸机参数,避免过度通气、通气不足以及相关并发症
9　安置患者 整理床单位,取合适体位,若无禁忌证将床头抬高30°~45°,拉上床栏	
10　撤机 (1)断开呼吸机管路与患者面罩的连接 (2)关湿化器电源、主机电源	
11　呼吸机终末消毒处理 (1)一次性呼吸机管路、湿化罐、一次性过滤器弃于感染性垃圾桶 (2)面罩(鼻罩)属于个人用物,予以清洁晾干备用 (3)呼吸机外壳予以清洁擦拭	

【观察要点与提示】

（一）通气效果监测

如果患者应用无创呼吸机1~2h后呼吸减慢,动脉血气分析(pH、$PaCO_2$ 和 PaO_2)改善,咳嗽排痰能力增强,提示无创通气治疗有效,可继续严密监测使用。如果患者使用无创正压通气超过4h,动脉血气分析结果改善不明显,甚至加重,此时要及时改为有创的机械通气。

（二）并发症观察

1. 面部压疮　长期使用无创呼吸机,面部可能产生压疮。有条件的鼻罩和面罩交替使用,固定的松紧度适宜。可在鼻梁处使用水胶体或泡沫敷料减压。

2. 胃胀气　嘱患者用鼻吸气,少说话,按医嘱用胃肠动力药,必要时胃肠减压。

3. 眼结膜炎　应用面罩时减少鼻梁处的漏气。

4. 误吸　教会患者紧急时摘除面罩;呕吐时及时取下面罩,避免饭后立即进行无创通气,建议餐后 30~60min 进行。

5. 恐惧　耐心解释,做好心理护理;设置呼吸机参数时,压力支持从 5~8cmH$_2$O 开始,逐渐增加压力直至目标值;必要时换鼻罩。

第四节　人工气道管理相关操作

一、气管插管术的护理配合

【使用范围】

1. 严重低氧血症或高碳酸血症或其他原因需较长时间机械通气又不考虑气管切开。
2. 不能自主清除上呼吸道分泌物、胃内反流物或出血,有误吸危险。
3. 下呼吸道分泌物过多或出血,且清除能力较差。
4. 存在上呼吸道损伤、狭窄、阻塞、气管食管瘘等严重影响正常呼吸。
5. 患者突然出现呼吸停止,需要紧急建立气道进行机械通气。
6. 心搏骤停者不可能或无法有效使用简易呼吸器进行通气。
7. 有意识的呼吸功能不全者,采用无创通气无法保证足够的氧供。

【操作流程和步骤】

	步骤	原理/注意事项
1	给患者/家属解释过程	尊重患者/家属的知情权
2	标准预防:洗手,戴帽子、口罩、手套	遵守感染控制管理
3	设置物品	
	选择合适的气管插管	根据患者的年龄及身材
	(1)体位:患者仰卧,头、颈、肩相应垫高 8~10cm,使头后仰	保持呼吸道通畅
	(2)开口:操作者位于患者头侧,用右手拇指推开患者的下唇和下颌,示指抵住上门齿,放入开口器,使嘴张开	
	(3)暴露会厌:待口完全张开时,操作者左手持喉镜,使带照明的喉镜呈直角倾向喉头,沿右侧口角置入,轻柔地将舌体推向左侧,使喉镜片移到正中见到腭垂然后顺舌背弯度置入,喉镜进入咽部即可见到会厌	腭垂:为暴露声门的第一标志;会厌:为暴露声门的第二标志
	(4)暴露声门:如用弯喉镜见到会厌后必须将喉镜片置入会厌与舌根交界处,再上提镜片,才能使会厌翘起,上贴喉镜显露声门。如用直喉镜可直接显露声门	如果喉镜未达会厌与舌根交界处即上提镜片,由于会厌不能翘起,舌体隆起挡住声门,可影响插管操作;声门呈白色,透过声门可见呈暗黑色的气管,声门下方是食管,呈鲜红色关闭

步骤	原理/注意事项
3 （5）插入导管：暴露声门后右手持已润滑好的导管将其尖端斜口对准声门，在患者吸气末轻柔地随导管弧形弯度插入气管内，将导管继续旋转深入气管（成人5cm，小儿2~3cm）	过声门后1cm后应将管芯拔出，以免损伤气管
（6）确认插管部位：导管插入后立即塞入牙垫然后退出喉镜，检查确认导管在气管内	插管后接简易呼吸器正压通气，可以观察到：呼气时透明导管有雾气出现，胸廓有起伏运动，并用听诊器听两肺呼吸音，注意是否对称，如果呼吸音不对称，可能为导管插入过深，进入一侧支气管所致，可将导管稍后退，直至两侧呼吸音对称
（7）固定：证实导管已准确插入气管后用长胶布妥善固定导管和牙垫	
（8）气囊充气：向导管前端的气囊内注入适量空气	注入的气量不宜过大，以气囊恰好封闭气道不漏气为准，以免机械通气时漏气或呕吐物、分泌物倒流入气管
（9）吸引：用吸痰管吸引气道分泌物，了解呼吸道通畅情况	

【观察要点与提示】

1. 对呼吸困难或呼吸停止者，插管前应先行人工呼吸、吸氧等，以免因插管费时而增加患者缺氧的时间。

2. 插管前检查插管用具是否齐全适用，根据患者年龄、性别、身材、插管途径选择合适的导管。检查喉镜灯泡是否明亮、气囊有无漏气、准备胶布。

3. 插管时应使喉部暴露充分，视野清晰。喉镜的着力点应始终放在喉镜片顶端，并采用上提喉镜的方法，声门显露困难时，可请助手按压喉结部位，可能有助于声门显露或利用导管管芯将导管弯成L形，用导管前端挑起会厌施行盲插管。

4. 插管动作要轻柔，操作迅速准确，勿使缺氧时间过长，以免引起反射性心搏、呼吸骤停。

5. 使用以下方法证实导管的位置

（1）直接看到导管通过声门。

（2）机械通气时胸廓有起伏。

（3）双侧呼吸音对称：机械通气时单侧呼吸音消失或减弱，表明气管导管插入过深而进入了主支气管。可轻轻往外移动少许后，再次听诊至两侧呼吸音对称。上腹部呼吸音：如在通气过程中听到上腹部汩汩声，表明导管进入了食管，应立即拔出重插。

（4）简易呼吸器的顺应性：胃通气比肺通气更容易进行，而导管阻塞、气管痉挛或张力性气胸会使通气更加困难。

（5）呼气时气管导管上出现雾气或水蒸气，表明导管在气管内。

（6）如使用带光导芯进行插管后，颈部出现亮光，表明导管已正确置入气管。

（7）指脉氧饱和度监测有助于确定导管的位置。

（8）呼气末 CO_2 浓度检测装置可以确定导管的位置，如果通气后比色计的颜色为黄色，可确认导管在气管内。注意，该装置无法判断导管的深度，有时也会出现假阴性的结果，常见于心搏骤停时潮气末 CO_2 的产生处于最低水平而无法探测，还可见于有较大无效腔的患者如较大范围的肺梗死。此时切不可凭一种方法作出决定。

（9）导管内出现胃内容物，表示误入食管。

（10）胸部 X 线片显示导管正好位于隆嵴上的气管内。

（11）机械通气时呼吸波形监测：如压力容量环。

6. 观察气管插管的并发症

（1）误入食管：是非常严重的并发症，患者未得到任何的肺通气和氧合（除非患者有自主呼吸），还可能造成胃扩张。后者增加了呕吐、误吸的危险。如果抢救人员未及时识别，患者将出现不可逆的脑损伤或死亡。

（2）导管脱出：需要经常对导管的位置进行评估，尤其是患者被移动或对其实施操作后。如导管脱出，用简易呼吸器进行通气，心搏骤停者应在更为重要的措施到位后（如持续的胸外按压、按需要除颤、建立静脉通路）再尝试插管。

（3）口唇、牙齿、鼻咽黏膜、咽后壁、声带、喉等损伤：与气管插管的方式有关。

（4）呕吐、胃内容物误吸至下呼吸道。

（5）肾上腺素、去甲肾上腺素的释放，可导致血压升高、心动过速和心律失常。

（6）导管进入右主支气管（较常见）或左主支气管，如得不到及时纠正，可导致低氧血症。如有怀疑，应将导管气囊放气后向外退出导管 1~2cm 后再确认导管的位置，同时检查患者的临床征象，如胸廓起伏是否对称，两侧呼吸音是否对称，氧合情况是否满意等，必要时行床边胸片检查以确认导管的位置。

二、气管切开术的护理配合

【使用范围】

1. 喉或喉以上呼吸道梗阻者，如口鼻咽喉及颈部严重软组织感染，损伤导致肿胀，小儿咽后壁脓肿，下咽或口咽巨大肿瘤，气管塌陷，喉、颈部及颌面部手术者等。

2. 呼吸功能不全的危重患者，特别是严重的进行性阻塞性呼吸困难而病因难以解除，需要较长时间呼吸机辅助呼吸者。

3. 气管插管留置时间超过 72 小时，仍需要呼吸机支持者。

4. 气道保护性机制受损，任何原因引起的咳嗽反射，排痰困难导致下呼吸道分泌物淤积、阻塞者。如严重肺心病与肺性脑病、脑血管疾患与颅脑损伤、中毒等原因导致深昏迷、多发性神经根炎和高位颈髓损伤、严重的胸部外伤或胸腹部手术后等。

5. 极度消瘦、恶病质状态、呼吸肌无力者。

6. 极度呼吸困难无条件行气管插管者。

【操作流程和步骤】

	步骤	原理/注意事项
1	给患者或家属解释过程	尊重患者及家属的知情权
2	标准预防：戴口罩、帽子，外科洗手，穿手术衣，戴无菌手套	遵守感染控制管理
3	术前准备	
	（1）患者术前备皮、剃须	
	（2）准备器械与设备	必要的照明灯、吸引器、氧气、手术器械、气管套管（常为有套囊硅胶套管，根据不同年龄选用不同直径及长度）、药品（局麻药、镇静止痛药）
	（3）放置好患者的体位	仰卧位，肩下垫枕，头保持仰伸正直位。紧急气管切开的患者也可在半坐位下手术，但头一定不能偏斜，使颈段气管保持在颈中线上，对意识模糊、烦躁的患者应配以医护人员保证手术所需要的体位
4	手术步骤（由医师完成）	
	（1）切口选择	
	（2）切开皮肤、皮下组织及颈浅筋膜	
	（3）处理甲状腺峡部	
	（4）暴露并确认气管	
	（5）切开气管	切开气管前须妥善止血，备好吸引器，以免血液误吸入气管，气管一旦切开后，立即有分泌物咳出，应及时吸引干净
	（6）插入气管套管与切口缝合	
	（7）妥善固定	将套管托上的线带系于颈部，以固定套管，防止脱出。线带打死结固定，松紧以可容纳一小指为宜。太紧会使颈部受压，太松套管则易滑出。使用带气囊的导管时气囊的压力适宜
	（8）术后仰卧位或去枕或低枕	
5	拔出气管套管	当患者可经喉呼吸、经口自主排痰时，可考虑拔出套管。拔管前先抽空套管气囊，堵管24~48小时，如呼吸平稳、发声好，咳嗽排痰有力，即可将套管拔出。伤口处覆盖无菌纱布，也可先以蝶形胶布将伤口左右拉紧靠拢，伤口能自然愈合。带管时间长者，拔管前要做纤维喉镜或气管镜检查，发现瘘口周围有肉芽时应先摘除，再堵管、拔管

【观察要点与提示】

1. 观察判断呼吸困难的程度

（1）Ⅰ度呼吸困难：安静时无呼吸困难，活动时有轻度呼吸困难，如鼻翼扇动、胸骨上窝及锁骨上窝轻度内陷。

（2）Ⅱ度呼吸困难：安静时有轻度吸入性呼吸困难，活动时加剧，但无烦躁不安表现。

（3）Ⅲ度呼吸困难：明显的吸入性呼吸困难，烦躁不安、出汗、轻度发绀。

（4）Ⅳ度呼吸困难：呼吸困难的最后阶段，呼吸困难严重、面色青灰、口唇发绀、窒息、昏迷、呼吸心跳停止。

2. 观察气管切开早期的并发症　气管切开早期并发症是指气管切开 24 小时内出现的并发症。

（1）出血：是最常见的早期并发症。出凝血机制障碍者术后出血的发生率更高。出血部位可来自切口、气管壁。气管切开部位过低，如损伤无名动脉，则可引起致命性的大出血。切口的动脉性出血须打开切口，手术止血；非动脉性出血可通过油纱条等压迫止血，24 小时内可改善。患者有出血时，在通知医师采取止血措施的同时，应保持气道通畅，防止窒息发生。

（2）气胸：是胸腔顶部胸膜受损的表现。胸膜腔顶胸膜位置较高者易出现，多见于儿童、慢性阻塞性肺疾病患者等。

（3）空气栓塞：较为少见，与气管切开时损伤胸膜静脉有关。由于胸膜静脉血管压力低于大气压，损伤时空气可被吸入血管，导致空气栓塞。采用平卧位实施气管切开，有助于防止空气栓塞。

（4）皮下气肿和纵隔气肿：是气管切开后较常见的并发症。颈部皮下气肿与气体进入颈部筋膜下疏松结缔组织有关。由于颈部筋膜向纵隔延伸，气体也可进入纵隔。皮下气肿和纵隔气肿本身并不会危及生命，但有可能伴发张力性气胸，须明确观察。

（5）导管误入假道：严格遵守操作规程，切勿暴力操作。一旦误入立即拔出导管，保证患者氧供的前提下，按操作步骤重新进行，如插入导管有困难应行气管切开术。

3. 观察气管切开的后期并发症　气管切开后期并发症是指气管切开 24~48 小时后出现的并发症。

（1）切口感染：感染切口的细菌可能是肺部感染的来源，加强局部护理很重要。

（2）气管切开后期出血：主要与感染组织腐蚀切口周围血管有关。当切开偏低或无名动脉位置较高时，感染组织腐蚀及管道摩擦易导致无名动脉破裂出血，为致死性的并发症。

（3）气道梗阻：是可能危及生命的严重并发症，气管切开被黏稠分泌物附着或形成结痂、气囊疝出而嵌顿管道远端开口、气管切开管远端开口顶住气管壁等原因均可导致气道梗阻。

（4）吞咽困难：与气囊压迫食管或管道对软组织牵拉影响吞咽反射有关。气囊放气后或拔出气管切开管后可缓解。

（5）气管食管瘘：偶见，主要与气囊压迫和低血压引起的局部低灌注有关。

4. 预防非计划性拔管

（1）正确、牢靠固定气管切开管，每天检查并及时更换固定胶布或固定带，气管切开套管固定带打死结，固定带应系紧，与颈部的间歇以容纳一小指为宜。

（2）检查气管切开套管深度，套管远端应距隆嵴 3~4cm，过浅易脱出。

（3）对于烦躁、意识模糊的患者，用约束带将患者手臂固定，防止患者拔管。

（4）呼吸机管道不宜固定过紧,应有一定的活动范围,以防患者翻身或头部活动时导管被牵拉脱出。

5. 脱管紧急处理　患者重新出现呼吸困难,或小儿突然发出哭声,棉丝放在套管口不见有气息出入,吸痰管插入受阻及无气管分泌物吸出应考虑导管脱出。

一旦确定导管脱出,可先试行两手持导管托,将套管顺其窦道自然插入,若有阻力时,应将套管取下,将血管钳沿伤口送入气管内,撑开血管钳缓解呼吸困难,并准备好气管切开手术包,将新的气管套管置入,重新建立人工气道。若气管切开 3~5 天内,窦道未形成套管放不进去时,须打开切口,找到气管切口再放气管套管,也可先行经口气管插管;对于气管插管困难者,可先使用面罩加压给氧或接简易呼吸器辅助呼吸,解决缺氧问题。

三、人工气道患者吸痰技术

【使用范围】

1. 患者咳嗽或者有呼吸窘迫。
2. 患者胸部有痰鸣音。
3. 呼吸机高压报警。
4. 血氧饱和度突然下降至 90% 以下。
5. 心率突然增快,烦躁不安。
6. 机械通气患者调节参数之前。

【操作流程与步骤】

	步骤	原理 / 注意事项
1	实施前向患者或家属解释吸痰的目的、方法	患者痰多危急时应立即实施操作
2	标准预防:洗手、戴口罩	遵守感染控制管理
3	吸痰器的连接	
	（1）确认储痰瓶有无破损以及有无龟裂现象,灌少量消毒水或者消毒液后,接上壁挂式吸引器	
	（2）检查中央管道系统有吸痰用接头（黑色）有无破损或者龟裂等现象,检查接头处有无异常	
	（3）把吸痰器的螺口接到接口上,用劲往里推,直到听见"咔嚓"一声为止	
	（4）确认吸痰器已经固定好了,然后打开调节压力阀检查负压状况	
	（5）调节负压,成人 80~120mmHg,痰液黏稠者可适当增加负压,但不超过 150mmHg;儿童 80~100mmHg	负压过大易引起气管内壁受损、肺泡萎陷,加重缺氧
	（6）无菌罐内倒入 100ml 无菌生理盐水	
4	吸痰前吸入纯氧 2~3 分钟	观察氧饱和度
5	检查吸痰管的型号、有效期及包装有无破损;用无菌技术打开吸痰管	

步骤	原理/注意事项
6　戴上一次性手套,用清洁的操作手法把吸痰管连接到连接管上	避免将微生物带入呼吸道,同时起自我保护作用
7　分离呼吸机	防止套管脱出
8　使用左手的拇指折叠吸痰管的连接部,打开吸痰器的开关阀	
9　吸引 （1）使用蒸馏水冲洗吸痰管,使吸痰管变得潮湿而滑溜;同时确认吸痰处压力; （2）左手反折吸痰管末端,右手持吸痰管前端,将导管迅速并轻轻插入人工气道内,然后松开按着吸痰管连接处的大拇指,开始吸痰; （3）手法:边旋转上提边吸引; （4）为了清洗吸痰管和连接管的内腔,吸痰管退出后,应抽吸生理盐水冲洗导管	吸痰时护士一手固定气管插管;防止痰液阻塞吸痰管,重复吸引需更换吸痰管; 深度吸引:吸引管插入人工气道直至遇到阻力,再上提吸引管1cm。浅度吸引:吸引管插入一定预设深度,通常为人工气道长度加上辅助装置的长度
10　每一次的吸痰时间应该保持在15秒之内	尽可能地使吸痰保持在最短时间
11　吸痰过程中注意观察患者生命体征、氧饱和度、吸出物性状、量和颜色	
12　吸痰完毕,连接好人工气道和呼吸机;吸入高浓度氧气	
13　吸痰的评估	通过观察患者的呼吸状态和利用听诊分辨湿啰音的方法来观察分泌物潴留的症候
14　翻脱手套,将吸痰管和手套置于医疗垃圾袋中	
15　将负压连接管接保护套	
16　记录吸引情况:吸痰时间、吸痰路径,痰液的性质、量、颜色、吸痰前后的呼吸情况	
17　帮助患者取舒适卧位,整理床单位 用物分类处置	

【观察要点与提示】

1. 向患者或家属做好操作前的解释工作以取得配合。

2. 操作前后进行肺部听诊,以判断痰液潴留的部位以及评价吸痰效果。

3. 操作过程中密切观察患者的生命体征、血氧饱和度、心率、心律及呼吸功能的变化,若无法耐受应及时停止吸痰操作,加大吸氧浓度。

4. 观察吸出分泌物的量、颜色、性质、气味等,必要时留取标本送检。

5. 先吸气管内痰液,再吸口、鼻腔内的分泌物。

6. 贮液瓶要求每天清洗消毒1次。

7. 严格无菌操作,防止院内感染。

四、密闭式气管内吸痰技术

【使用范围】

1. 呼吸支持需求较高,高于 5cmH$_2$O 的 PEEP。
2. 氧储备差,断开呼吸机后容易发生低氧血症或血流动力学不稳定者。
3. 高吸痰频率(大于每天 6 次)。
4. 呼吸道传染性疾病。
5. 特殊气体吸入。

【操作流程与步骤】

	步骤	原理 / 注意事项
1	向患者进行解释	尊重患者的知情权
2	标准预防:洗手、戴口罩	遵守感染控制管理
3	吸痰时机	
	(1)听诊双肺有痰鸣音	确认患者是否有痰液潴留及潴留部位,进行有效吸痰
	(2)呼吸机的峰压增加或潮气量降低	
	(3)患者的血氧饱和度下降	
	(4)气管导管内可见痰液溢出	
	(5)患者咳嗽或出现呼吸窘迫	
4	用物设置	
	(1)选择适当规格的吸痰管,其外径不应超过气管导管内径的 1/2,长度比气管导管长 2~3cm	确认导管规格合适,包装完好
	(2)检查密闭式吸痰管	确认产品包装完好,在有效期内
	(3)将密闭式吸痰管的负压控制阀与吸引器引流管连接	注意连接紧密,防止脱开
	(4)将密闭式吸痰管的 T 形三通分别与气管插管、呼吸机管路连接	确认吸痰管连接正确
	(5)检查灭菌注射用水,开启后书写开启时间	确认注射用水包装完好,在有效期内
	(6)检查输液器	确认输液器包装完好,在有效期内
	(7)输液器与无菌注射用水相连,末端与冲洗液口连接	确认所有接头处于密闭状态
5	吸痰	
	(1)吸纯氧 2 分钟	防止吸痰造成患者血氧饱和度降低
	(2)打开吸引器,调整负压,成人 80~120mmHg,痰液黏稠者可适当增加负压,但不超过 150mmHg;儿童 80~100mmHg	确认负压适宜,防止因压力过小导致吸不出痰液或因压力过大导致气道黏膜损伤

步骤	原理 / 注意事项
5	（3）左手拇指抬起,放松负压阀,右手持吸痰管缓慢插入气管套管。深度吸引:吸引管插入人工气道直至遇到阻力,再上提吸引管1cm。浅度吸引:吸引管插入一定预设深度,通常为人工气道长度加上辅助装置的长度	注意在无负压状态下送入吸痰管
	（4）左手拇指按压负压阀,右手边旋转边吸引边向上提吸痰管,直至黑色指示线以上,时间不超过15秒,不宜反复上下提插,同时注意观察患者心率、心律、呼吸、血氧饱和度、口唇和指端颜色及痰液性状和量	注意旋转吸痰管,防止气道黏膜损伤,但也应避免吸痰速度过快
	（5）拇指按压负压阀,开放灭菌注射水冲洗吸痰管,冲洗完毕,关闭无菌注射用水,再放松负压阀	注意掌握正确的吸痰管冲洗方法,冲洗前先按下负压阀,再开放无菌注射用水,冲洗完毕先关闭无菌注射用水,待充分将吸痰管内冲洗液吸尽后再放松负压阀,避免液体进入气道
	（6）关闭吸引器,再次吸入纯氧2分钟	
6	随后的护理及监测	
	（1）处理用物	每天更换密闭式吸痰管和冲洗用无菌注射用水
	（2）观察呼吸机运转情况	评价吸痰效果
	（3）观察患者的血氧饱和度	
	（4）听诊肺部	
	（5）做好记录	记录痰液的色、质、量

【观察要点与提示】

1. 何谓有效吸痰 有效吸痰是适时吸痰,而不是定时吸痰,包括以下3个环节:

（1）吸痰前评估:根据患者动脉血气分析结果、胸部 X 线片、肺部听诊等结果判断有无痰液潴留及潴留部位。

（2）吸痰前措施:根据痰液的黏稠度进行加湿,并加大吸氧浓度;根据痰液的潴留部位调整患者体位,使痰鸣音集中的部位在上;通过叩击及挤压震颤胸廓,使痰液向中央气道移动。

（3）吸痰后评价:根据患者动脉血气分析结果、胸部 X 线片、肺部听诊判断吸痰效果。

2. 密闭式吸痰的注意事项

（1）使用前应认真检查产品包装及有效期,如果发现包装破损或已被打开、过期等异常不得使用。

（2）1根吸痰管仅供1个患者使用。

（3）吸痰管三通接头的各部位连接必须正确、紧密。

（4）严格无菌操作，吸痰动作应轻柔、迅速，每次吸痰时间不超过 15 秒。

（5）吸痰完毕，必须将吸痰管退出在黑色指示线以上，以免堵塞气道。

（6）必须掌握正确的吸痰管冲洗方法：冲洗前先按下负压阀，再开放灭菌注射用水，冲洗完毕先关闭灭菌注射用水，待充分将吸痰管内冲洗液吸尽后再放松负压阀，避免液体进入气道。

（7）不进行吸痰操作时，在关断换向开关之前要充分拔出导管至露出管端的黑色环状标记，否则吸痰管可能被切断或损坏。

（8）密闭式吸痰管每天更换 1 次。

五、声门下吸痰技术

【使用范围】

机械通气患者：无明显凝血功能异常，无上消化道大出血。吸引气管插管气囊上滞留物，是减少微量误吸（micro-aspiration）及预防 VAP 的一种策略。

【操作流程与步骤】

	步骤	原理 / 注意事项
1	给患者及家属解释过程	尊重患者的知情权
2	标准预防：洗手、戴口罩	遵守感染控制管理
3	设置物品	
	（1）患者半卧位：抬高床头 30°~45°	有利于痰液积聚，避免胃内容物反流
	（2）检查气管插管深度、摆放位置情况	确认导管深度是正常、导管墨菲孔眼位于低处
	（3）测气囊压力	气囊压力适宜（25~30cmH$_2$O）
	（4）有序连接一次性吸痰器、一次性吸引延长管与中心负压瓶	确认所有连接正确，紧密无松脱，避免空气进入
	（5）安装负压表	确认安装正确，中心负压稳定
	（6）调节压力 90~150mmHg，初始气管切开患者，降低负压至 60~80mmHg	确认压力表能正常运转
	（7）负压瓶连接压力表	检查管道连接紧密，负压瓶贴标签，与常规吸痰负压瓶区别
	（8）导管吸引接口连接一次性吸痰器	再次确认整套负压装置连接正确，密闭无松脱
4	随后的护理和监测	
	（1）确认正确的连接，通畅无扭曲、打折	
	（2）一次性吸痰器（痰液收集器）保持直立	
	（3）每 4 小时监测气囊压力 1 次	保证正常的压力
	（4）观察吸引物的颜色、性状	有无反流，有无气道的损伤、出血

	步骤	原理 / 注意事项
4	（5）根据引流情况调整吸引和吸引时间	压力不足造成无效吸引,压力过大局部损伤
	（6）管道堵塞处理	5~10ml 的 NS 冲洗管道,气囊压力设为可允许的压力上限,吸引后调回正常的压力值
	（7）根据情况决定持续 / 间歇吸引	间歇吸引为每吸引 2 小时后停吸引 2 小时,交替进行
	（8）每天更换吸痰器和负压瓶	注意手卫生,防止交叉感染

【观察要点与提示】

1. 患者半卧位,抬高床头 30°~45°,预防胃内容物反流。
2. 气管插管深度　一般成人为插管距离门齿（22±2）cm;鼻插管距鼻尖（27±2）cm,防止脱管、偏移及进入太深,气管导管的墨菲孔眼位于低处。
3. 气囊压力适宜,如冲洗堵塞管道,需将气囊压力调高至上限,吸引后压力回调。

六、气管插管患者的口腔护理技术

【使用范围】

1. 口腔黏膜干燥,出现糜烂、溃疡、口腔炎等并发症者。
2. 出现口臭、牙垢或特殊的口腔气味者。
3. 观察口腔黏膜和舌苔的变化,可提供病情的动态信息。

【操作流程与步骤】

	步骤	原理 / 注意事项
1	核对 核对床号、姓名,向患者做好解释,取得合作	尊重患者知情权
2	评估 （1）评估患者的病情、生命体征、意识和合作程度 （2）评估操作环境和用物准备情况 （3）观察口腔黏膜有无出血点、溃疡、异味及口腔内卫生情况	与患者交流时语言规范,态度和蔼
3	备物 洗手、戴口罩,备齐用物携至床旁,做好解释工作;再次核对	遵守感染控制管理 根据口腔 pH 选择合适的口腔护理液;必要时根据痰培养结果,咽拭子培养加药敏结果选择口腔护理液
4	彻底吸痰 助患者取仰卧位或半坐卧位,头偏向一侧,先吸净气管内和口腔的痰液	彻底吸痰,用一次性注射器将气管插管气囊内的气体抽空后,再注入气体 8~10ml,气囊压力适宜（25~30cmH$_2$O）

续表

	步骤	原理/注意事项
5	观察插管深度	操作时动作要轻巧
	记录气管导管与门齿咬合处的刻度,测量气管导管外露部分距门齿的长度	
6	观察口腔	两名护士分别站在患者的两侧
	压舌板撑开面颊部 检查口腔情况	
7	擦洗口腔	操作过程观察患者病情变化,必要时停止操作
	湿润唇,擦洗牙齿、口腔黏膜、舌部、气管导管; 一名护士固定好气管插管及牙垫,去掉固定气管插管的胶布,嘱患者慢慢张口,将牙垫移至患者一侧磨牙,并将气管插管轻轻偏向牙垫;另一名护士作该侧口腔护理(方法同昏迷患者口腔护理)。同法将牙垫及气管插管移至患者另一侧磨牙,再行另一侧口腔护理	分泌物清洁困难时,可在确信气囊密闭气道的前提下用50ml注射器抽取生理盐水做口腔冲洗,由两人分别承担冲洗和吸引的工作,并强调同步进行,以防不测
8	固定气管插管	更换牙垫,并固定好导管,听诊肺部,应两侧呼吸音清晰,对称
	擦干净患者的口唇及面部,放入干净牙垫,确认插管深度,胶布交叉固定气管插管整理用物及床单位	检查气管导管深度和外露长度,避免移位和脱出
9	整理	患者体位舒适,符合病情要求
	整理,清洁用物 观察与记录,观察患者的面部表情、口腔黏膜等情况,必要时做好记录	

【观察要点与提示】

1. 气管插管患者病情危重,在进行口腔护理时两位护士中,一位是有经验的重症监护护士,操作过程中严密观察患者的生命体征及呼吸机的工作状态和气管插管插入端距门齿的长度,操作结束后妥善固定气管插管和牙垫,听诊双肺呼吸音,确认气管插管无移位。

2. 清醒患者不愿意配合操作,给予健康指导,说明气管插管患者口腔护理的意义和必要性,同时有效约束双手,防止患者意外拔出气管插管。如果患者带气管插管时间长,烦躁,可以根据医嘱适当使用咪达唑仑等短效镇静药,通过镇静,患者在治疗护理中感到舒适,减少焦虑,稳定患者的心理状态,同时利于气管插管患者口腔护理的顺利进行。

3. 如果患者没有带呼吸机,进行口腔护理前先将气管套囊适度充气(以刚好封闭气管周围间隙为宜),防止进行口腔冲洗时口腔内的分泌物流入气道,完成口腔护理后,再将气管套囊放气,抽吸气道内的分泌物。

第五节　氧疗及加湿

【使用范围】

建立人工气道的患者,包括气管插管和气管切开。改善病人缺氧状态,确保用氧安全,保持气道通畅、痰液易于排出。

【操作流程与步骤】

步骤		原理 / 注意事项
1	向患者进行解释	尊重患者的知情权
2	标准预防:洗手、戴口罩	遵守感染控制管理
3	评估病人的病情、呼吸状况、缺氧程度、鼻腔情况(有无鼻息肉、鼻中隔偏曲或分泌物阻塞)	告知病人安全用氧的重要性,做好四防:防震、防火、防热、防油,严禁自行调节氧流量
4	设置物品	
	(1)检查灭菌注射用水包装是否完好及有效期	
	(2)检查一次性输液器包装是否完好及有效期	
	(3)开启灭菌水,并注明开启时间	
	(4)将一次性输液器与灭菌注射用水相连,将一次性输液器的乳头部位安装在加温湿化器的注入口	各部位需连接紧密,防止脱开
5	加水	
	(1)打开输液器调节器	
	(2)观察湿化器内的水面不得超过刻度最高限	
	(3)根据湿化器的类型调节加热挡位	以气道开口端温度在37℃为宜,并注意及时调整
6	根据病情调节合适的氧流量。	使用氧气时,应先调节氧流量后应用。停用氧气时,应先拔出导管,再关闭氧气开关
7	随后的护理及监测	
	(1)定时查看并及时添加灭菌注射用水	每天更换一次性输液器并作标签记录更换时间
	(2)湿化罐污染时,及时更换	湿化罐要做到日清
	(3)监测:痰液的性状及量、管路内冷凝水、积水量、患者主观感受	判断氧疗、湿化效果

【观察要点与提示】

1. 使用加温湿化器的注意事项

（1）积水瓶应处于呼吸机管路的最低位置，并要及时倾倒，以防止积水倒流。

（2）随时排除管路内的冷凝水，以避免增加气道阻力和影响潮气量。

（3）注意随时添加湿化罐内无菌注射用水，其内水面不得超过刻度最高限。

（4）湿化罐内的无菌注射用水应每天更换，每24小时更换一根输液器，以防止院内感染的发生。

2. 根据评估的情况，选择合适的氧疗方法。

（1）鼻导管或鼻塞给氧：是临床上最常用的方法，适用于轻度缺氧的病人，提供氧气浓度约为25%~45%之间。呼气性呼吸困难病人慎用鼻塞给氧法。鼻塞置于鼻前庭，勿过深；大小以恰能塞满鼻孔为宜，出口容易阻塞，需经常检查。鼻导管插入长度：鼻尖至耳垂的2/3或2~3cm。鼻导管出口容易阻塞，需经常检查，每8小时更换，双侧鼻腔交替插管。

（2）面罩法：①简易面罩有明显的重复呼吸作用，适用于中度缺氧而无CO_2潴留的病人。提供氧气浓度约为30%~65%之间。②非再吸入式储气袋面罩适用于重度缺氧的病人，如能保持贮气囊一直保持充盈可提供氧气浓度接近100%。③Venturi（文丘里）面罩适用于COPD患者，因其氧气浓度严格控制在50%以下，以防止患者因为呼吸中枢受压抑而出现停止呼吸（apnoea）。

（3）加温加湿高流量经鼻氧疗（heated humidified high flow nasal cannula, HHFNC）：经加温湿化高流量鼻导管通气HHFNC起源于经鼻导管氧疗，于2000年开始应用于临床，是一种新型的无创呼吸支持模式。HHFNC目前可用于轻度至中度成人急性呼衰患者。HHFNC的装置包括：鼻导管吸氧系统（加温湿化器，封闭式呼吸管路，双短鼻塞导管）和空氧混合器。HHFNC的作用：提供氧气，改善氧合；产生气道正压，防止肺不张，促进肺复张；避免混合性和阻塞性呼吸暂停的发生。HHFNC的操作方法：气体温度在37℃左右；相对温度在100%；流量可调15~60L/min以达到21%~100%氧气浓度。研究发现有部分轻度至中度成人急性呼衰患者用了HHFNC而不需要采用无创通气或机械通气。

（4）氧帐或头罩法：主要用于儿童或神志不清、不能合作的病人。选择合适型号的头罩：早产儿~新生儿选小号，新生儿~4岁选中号，一般>4岁选大号。

（5）使用呼吸机进行氧疗（部分高档呼吸机）：①连接呼吸机吸气管道－阻断呼吸机呼气管道（堵住Y形接头呼出端）－连接螺纹管接头（丢弃接头上封口胶）。②点击"启动/待机"键（屏幕右下角）－打开"启动/待机"对话框－点击"待机"按钮，然后按旋钮确认，进入待机模式。③在"启动/待机"对话框－点击"氧疗"选项卡（在"待机"键下面），然后按旋钮确认，进入氧气治疗模式。④在"启动/待机"对话框－"开始"选项卡（在"待机"键左边），然后按下旋钮确认，O_2治疗打开。⑤点击相应控制按钮"FiO_2"，"恒定流量"－转动旋钮设置值－按下旋钮进行确认。

3. 严格遵守操作规程，注意用氧安全。如为氧气筒供氧，筒内氧气勿用尽，压力表至少要保留$5kg/cm^2$，以免灰尘进入引起爆炸。对未用或已空的氧气筒，要用标志区分。

附：氧流量与氧浓度的换算

1. 鼻导管、鼻塞、漏斗给氧法　吸氧浓度（%）=21+4×氧流量（L/min）。

2. 面罩给氧法

氧流量（L/min）	开放式（简易面罩）			密闭式（加贮气囊）				
	5~6	6~7	7~8	6	7	8	9	10
吸氧浓度	40	50	60	60	70	80	90	99

3. 氧气帐给氧法　氧流量约 20 L/min，需 30min 能使氧浓度达 60%。

4. 氧气头罩给氧法　10~20 L/min，氧浓度可提高到 60%~70%。

第六节　动脉血气

【使用范围】

1. 机械通气。

2. 心肺复苏后评估。

3. 急性呼吸窘迫、呼吸衰竭。

4. 不明原因神志不清。

5. 急性呼吸困难，气喘，心动过速。

6. 手术前评估。

【操作流程与步骤】

	步骤	原理 / 注意事项
1	给患者解释过程	尊重患者的知情权
2	设置物品	
	（1）动脉穿刺采血用物 1 套	注意无菌操作，动脉穿刺后务必按压穿刺口避免出现血肿
	（2）血气分析仪	全自动血气分析仪采用电极测定法，包括 pH 电极、恒温装置、放大器、数字显示器、打印机和 CO_2 混合气体
3	样品准备：将采样器在手中转动和缓慢倾倒 3~5 次，混匀样品后，从注射器中排出第 1 滴血	注意动作轻柔，注意采血器内如果有空气立即排出
4	根据仪器进行操作流程 （1）开机； （2）放入标本； （3）输入数据（包括患者床号、ID 号、血样类型、氧浓度、体温等）； （4）按确认键，血气分析仪进行标本分析； （5）仪器显示血气分析数值； （6）打印结果	将结果进行分析，必要时重新采标本，或与大检验室的结果进行对比，作出准确的临床判断

【观察要点与提示】

1. 肝素液浓度符合要求 1000U/ml。

2. 采血的注射器采血前用肝素液湿润,然后将肝素液排尽,避免过多的肝素液造成 pH 下降和 PaO_2 升高,过多的肝素也造成血液稀释,影响血红蛋白和血糖等数值。

3. 现采血现检测标本放置时间过长,可导致 pH 和 PaO_2 下降。

4. 标本注意避免进入空气,空气会影响 PaO_2 值。

5. 准确输入数据,尤其体温。pH 与体温成负相关,$PaCO_2$ 和 PaO_2 与体温成正相关。

6. 准确进行动脉穿刺采血,若误穿静脉,血气分析结果将与临床不符,因此必须全面了解病情,仔细分析结果,必要时重新采血检查。

7. 血气分析仪电极必须定时校正及更换。

第七节　胸部物理治疗

一、叩击震颤排痰技术

【使用范围】

1. 预防呼吸系统疾病,如肺炎、肺脓肿、肺不张等疾病的发生。

2. 用于改善肺部血液循环,产生咳嗽反射,促进康复机体。

3. 对其他疾病或手术前后患者进行呼吸道护理,预防呼吸道感染等并发症的发生。

【操作流程与步骤】

	步骤	原理 / 注意事项
1	实施前向患者或家属解释此操作的目的及步骤	指导患者配合操作
2	标准预防:洗手、戴口罩	遵守感染控制管理
3	评估: (1)患者的年龄、体重、病情、肢体活动能力、心功能状况 (2)有无引流管、骨折和牵引等 (3)患者的合作能力	根据评估结果决定患者翻身的频次、体位、方式、选择合适的皮肤减压用具
4	屏风遮挡患者	保护患者隐私
5	妥善处理各种管路	防止操作时发生管路滑脱
6	固定床脚刹车	
7	嘱 / 协助患者将两手放于胸前交叉	协助患者翻身时,局部皮肤无擦伤
8	将枕头移至计划取体位的一侧	操作规范,遵循节力、安全的原则
9	两位护士将双臂分别放在患者的肩部和腰部	
10	将患者的上半身移至一侧	
11	两位护士将双臂分别放在腰部和膝下	

步骤	原理 / 注意事项
12　将患者的下半身移至一侧	
13　协助患者屈膝	
14　两位护士两手分别扶住肩部、腰部、膝部,将患者翻身至另一侧	
15　观察患者皮肤情况,必要时涂爽身粉	
16　给予患者拍背,促进排痰 叩击:五指并拢成空杯状,利用腕力快速有力叩击背部(胸部),每个部位 1~3 分钟 震颤:呼气期手掌紧贴胸壁,施加一定压力并作轻柔地上下抖动,每个部位重复 6~7 个呼吸周期 叩背原则:从下至上、从外至内,背部从第 10 肋间隙,胸部从第 6 肋间隙开始向上叩击至肩部	叩击加震颤时间为 15~20 分钟为宜,在餐后 2 小时至餐前 30 分钟进行,震颤紧跟叩击后进行,并只在呼气时震颤。不适宜于婴幼儿及儿童 注意避开乳房及心前区,力度适宜 患者出现异常情况时,护士及时处理
17　嘱患者深吸一口气,憋住,用力咳出	鼓励有效咳痰
18　观察痰液的色、量、性状	必要时记录
19　排痰后听诊肺部呼吸音	
20　背部、腰部、两膝间、踝部使用软枕,协助患者取舒适卧位	患者面部清洁、卧位正确,管道通畅
21　与患者做好沟通及相关宣教	
22　病床周围物品摆放有序	
23　使用后的物品依据《消毒技术规范》和《医疗废物管理条例》做相应处理	

【观察要点与提示】

1. 操作过程中应密切观察病情、生命体征及呼吸情况。

2. 翻身过程中注意患者安全,避免拖拉患者,保护局部皮肤。

3. 如果体重轻者,单人给予翻身时注意正确使用床栏,防止碰伤和坠床事件的发生。对于躁动患者除使用床栏外,必要时加用约束带。

4. 有活动性内出血、咯血、气胸、肋骨骨折、肺水肿、低血压等禁止叩击背部。

二、体位引流技术

【使用范围】

1. 分泌物滞留于末梢气管中,用咳嗽和呼气压迫法不能完全排出的患者。

2. 插管和气管切开患者在通过气管内吸痰法不能完全排出分泌物者。

3. 患有肺不张、肺脓肿、支气管扩张症、囊泡性肺纤维症的患者。

4. 分泌物多,呼吸功能障碍的患者。

【操作流程与步骤】

	步骤	原理 / 注意事项
1	实施前向患者或家属解释体位引流的目的、方法	尊重患者的知情权
2	标准预防:洗手、戴口罩	遵守感染控制管理
3	评估患者: (1)通过听诊、胸片等检查,确认分泌物的滞留部位	听诊法:确认能够听到粗重呼噜声音的部位; 胸片检查:确认肺不张和含气量减少的部位
	(2)监测生命体征和呼吸状态	判断患者的状态是否可以进行体位变换
4	使用动脉血氧监测仪	确认血氧饱和度
5	根据医嘱,湿化气道	吸入支气管扩张药或者祛痰药
6	体位引流的时间: (1)饭后 2 小时以上(包括经管以及经肠营养)	避免呕吐及误咽
	(2)在排痰最多的时段实施	体位引流效果明显
7	体位的选择:选择适合分泌物从潴留部位向气管移动的体位	每个体位可以持续 10~20 分钟
	(1)仰卧位:适用于肺上叶的尖段和前段,肺下叶背段的体位引流	因平时在处置和实行护理时频繁地采用仰卧位,所以夜间避免使用此种体位
	(2)后倾侧卧位(侧卧位附加向后 45° 倾斜):适用于肺中叶和肺上下舌段的体位引流	(1)采用侧卧位时,要将上下侧下肢错开,且两腿之间放置枕头以减轻压力;在胸部和两肩垫毛巾或枕头;
	(3)侧卧位:适用于两肺下叶的外基段和患侧肺叶的体位引流	(2)前倾卧位和后倾卧位时,床和躯干的夹角应该保持在 40° ~60° ;侧卧位时保持在
	(4)前倾俯卧位(从侧卧位再向前倾斜 45° 的体位):适用于右肺上叶后段,左肺下叶背段和内基段以及后基段(用于替代俯卧位)的体位引流	60° ~90° ,因此床垫的硬度要足够
	(5)俯卧位:适用于左肺下叶背段和内基段以及后基段的体位引流	采用此体位时,使用中间凹下的枕头,以防堵住患者的口鼻
	(6)分泌物的滞留部位不确定,使用其他体位有困难时,可以采取将患病侧向上保持 40° ~60° 夹角的侧卧位	

步骤		原理 / 注意事项
8	在保持体位期间,促使患者使用腹式呼吸	
9	必要时,使用呼气压迫法: 把手放在可以促使患者排痰的部位,在患者呼气的同时缓慢增加压迫力度;在呼气终了时,施加压力以达到最大呼气的目的	呼气压迫法可以改善闭塞肺泡的空气流入状况,增大呼气流量
10	促进有效咳嗽 方法:在开始前先进行腹式呼吸,然后,慢慢地深吸一大口气,憋气2秒,接着将气体尽最大力量"哈"的一声强行呼出	胡乱咳嗽不会有任何排痰效果,所以要反复练习
11	记录及报告 （1）记录实施后的体位、所用时间、实施期间的生命体征以及其他观察结果 （2）记录痰量、性状、实施后的呼吸音变化等	按以下项目详细记录排出的痰液: 颜色:无色、黄色、绿色; 性状:浆液性、脓性、泡沫状等; 记录痰量和性状时,重要的是与前几天的情况比较
12	评价体位引流的效果	为湿化气道的药物及湿化方法的选择提供信息
13	按标准预防措施处理排出的痰	痰是感染源,处理时要注意避免污染

【观察要点与提示】

1. 依据患者的情况随时调整体位。

2. 密切观察患者的生命体征、血氧饱和度、呼吸状态,判断患者有无呼吸困难和咳嗽等。

3. 实施过程中,随时听诊确认气道有无分泌物滞留。

4. 密切观察排出的痰量和痰的性状。

三、物理治疗仪（振动排痰机）的使用技术

【使用范围】

1. 治疗呼吸系统疾病,有效清除呼吸系统分泌物,减少细菌感染,改善肺部血液循环,如哮喘、支气管扩张、慢性阻塞性肺疾病、慢性支气管炎、急性肺炎、职业性肺疾病、肺囊性纤维性病变、艾滋病等。

2. 术后或体弱患者、昏迷的呼吸道护理,保持呼吸道通畅,预防呼吸道感染等并发症,如外科手术后患者、气管切开术后等。

【操作流程与步骤】

步骤	原理 / 注意事项
1　向患者进行解释,评估患者	尊重患者的知情权
2　标准预防:洗手、戴口罩	尊重感染控制管理
3　设置物品	
（1）戴手套,选择合适的叩击头	根据患者的病情、耐受程度决定
（2）连接叩击连接器,若为轭状海绵叩击头套上一个塑料套	保护海绵叩击头
（3）在外面罩上 1 个一次性叩击头罩	避免交叉感染
（4）连接电源,设置初始频率	开始频率宜低,一般为 20 次 / 分
4　操作过程	
（1）根据患者病情取合适的体位,一般为侧卧位或坐位	使痰液易于排出
（2）将叩击头放置肺底部,按照由下向上,由外向内顺序振动	护士一手握住叩击接合器,一手放在叩击振动位置,感受叩击振动的力度;注意叩击柄上箭头始终向着气管方向
（3）调节频率	根据患者症状和操作模式,合并使用叩击头连接器时频率小于 35cps
（4）重点治疗部位应先叩击 3~5 分钟,再振动 3~5 分钟	叩击时振动频率减少,振动部位与操作柄垂直;振动时振动频率增大,振动部位与操作柄平行
（5）治疗时间	一般为 10~20 分钟,每天 2~4 次
5　随后护理及监测	
（1）观察患者反应及排痰量、颜色、性质,血氧饱和度,呼吸音,心率的变化情况	评价治疗效果
（2）记录治疗时间	

【观察要点与提示】

1. 操作前护士的评估　在使用排痰机前护士应充分了解患儿的病情、听诊呼吸音、通过胸片了解肺部感染的部位、患儿体质等,以便选择适当的频率、体位及治疗时间。

2. 操作时间的选择　操作时间宜选择在患者就餐前 1~2 小时或就餐后 2 小时,治疗前 20 分钟进行雾化吸入,治疗后 5~10 分钟咳嗽排痰或给予吸痰。

3. 叩击头的选择　年老体弱宜选用 Y 形接头或圆形海绵接头,青壮年可选用圆形滑面接头。对于不能忍受叩击的患者,无论何种情况都应选择海绵状叩击头。

4. 叩击时叩击柄的位置　叩击时叩击柄上箭头始终向着气管,并在痰多的部位稍作停留。操作时,振动排痰机的叩击头应避开胃肠、心脏,叩击头应从外向内,自下而上循环进行。

5. 操作过程中要注意患者的情况 如果患者很放松,似乎享受治疗且护士和患者都不觉得疲劳则适当延长时间治疗,下次治疗间隔也可延长。操作时要密切注意患者的面部表情、呼吸、咳嗽、咳痰、氧合情况,有无憋气、胸闷、呼吸困难等不适。根据患者的情况选择合适的频率。

6. 出现下列情况时要立即停止操作 操作部位出现出血点或皮肤瘀斑、有新出现的血痰、危重患者使用过程中出现明显心悸、血压等生命体征的改变。

7. 振动排痰机的保养与维护 每次治疗后用1:100的巴氏消毒液擦拭叩击头、机箱、导线、手柄、支架和托盘,由专业人员定期进行检查、校正等保养与维护。

（高明榕）

第十九章 神经系统相关操作

第一节 颅内压监测技术

【概述】

颅内压(intracranial pressure,ICP)是指颅内容物(脑组织、脑脊液、血液)对颅腔壁的压力,正常值为 5~15mmHg。持续 >20mmHg 即为颅内压增高。在许多重症神经系统疾病,如重症脑血管疾病、脑炎、脑膜炎、静脉窦血栓、脑肿瘤、脑膜癌及脑外伤等,多伴有不同程度的颅内压增高,易出现心率减慢、呼吸减慢、血压升高导致患者死亡。

颅内压监测过程是利用颅内压传感器或测量仪对颅内压力进行动态测量并通过数据、压力波等形式记录下来的一种测量方法,可动态观察颅内压的变化,间接计算出脑灌注压,并且可根据其结果有效干预 ICP 增高,维持适当的脑灌注压,早期给予急救与治疗,防止脑疝发生,是治疗重性颅脑损伤最为重要的一项技术。

知识拓展

Monro-Kellie 假说

Monro-Kellie 假说认为颅腔内有三种容物:脑组织、脑脊液和血液,组成坚硬的头颅骨内的主要内容物,并形成颅内压的解剖学基础。颅腔内脑组织体积最大,重约 1500g,占颅腔总容积的 80%;脑脊液 110~200ml,占颅腔总容积的 10% 左右;血液 75ml 左右,占颅腔总容积的 10%。当颅内压增高时,颅内空间不能向外伸展,压力便压向脑部组织,影响脑部功能。三种颅内容物中,脑脊液和血液是可流动的液体,在颅内压变化时对颅腔容积代偿起着重要的作用。

【监测范围】

ICP 监测是严重脑外伤患者脑功能的重要技术之一，对诊断、治疗判断、预后具有重要的意义。排除病例标准：颅内肿瘤者；多器官功能衰竭者；恶性体质者；出血前长期使用各类抗凝药物者。

知识拓展

颅内压监测

无创颅内压监测可有效针对患者的病情进行诊断，但是无法对 ICP 变化进行实时监测，采用临床症状判定患者病情易受医护人员经验的限制，缺乏客观的数据作依据，患者从病情发展到出现临床症状会有一定的时间差，如未得到及时发现，易延误病情。

因此多采用有创 ICP 监护，可对患者颅内压情况进行实时了解。采用 ICP 监测的数据显示，可对患者病情发展进行实时且客观的判定，从而可在临床症状未表现的时候，给予针对性预防及治疗，为进一步治疗提供了宝贵的时间。

【操作流程与步骤】

（一）有创颅内压监测

通过颅骨钻孔或开颅手术后，将压力传感器植入颅内（图 19-1-1），使压力信号转换成电信号，再经电信号处理装置将信号放大后在监护仪显示 ICP 压力数值和波形（图 19-1-2），并可在纸上连续记录，从而及时、动态观察 ICP 的变化。根据传感器放置部位不同，可将 ICP 监测分为脑室内、蛛网膜下、硬脑膜下、硬脑膜外、脑实质内测压。其中脑室内 ICP 监测由于准确性高被称为 ICP 监测的"金标准"。按其准确性和可行性依次排序为：脑室内导管 > 脑实质内光纤传感器 > 蛛网膜下腔螺栓 > 硬膜外传感器。常见监测不同特点见表 19-1-1。

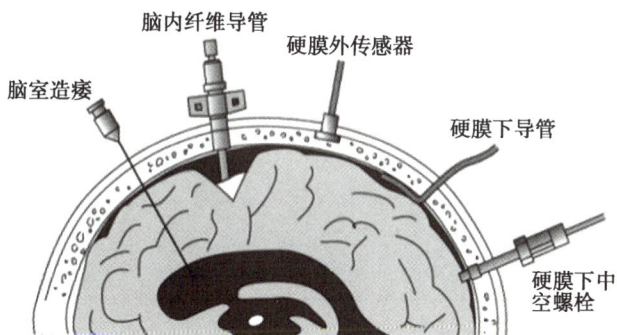

图 19-1-1 多种颅内压监测方法

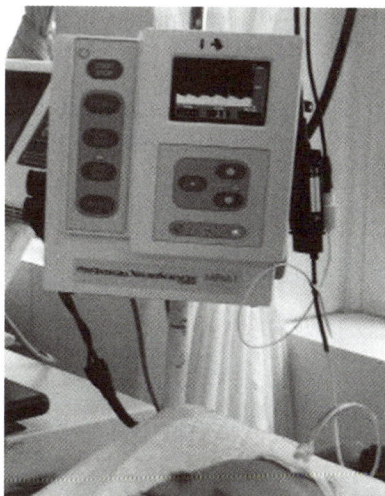

图 19-1-2 颅内压监测

451

表 19-1-1　常见有创 ICP 监测位置的不同特点

监测方法	测压部位	传感器放置	准确性	并发症	持续时间
脑室内	侧脑室前角内	颅外	好	颅内感染、颅内出血、脑脊液漏	<1 周
硬脑膜下	硬脑膜下	颅外	好	同上	<1 周
硬脑膜外	硬脑膜外	硬脑膜外	易受影响	少	长
脑实质	非优势半球额叶	脑实质内	好	脑组织损伤,颅内出血	较长

（二）监测步骤

1. 有创颅内压监测

（1）监测步骤: 表 19-1-2。

表 19-1-2　有创颅内压监测步骤

步骤	监测过程
1	准备阶段 – 患者: 剃头 医生: 定位、戴手套、穿隔离衣、戴口罩帽子 护士: 准备无菌物品及抢救用物 家属: 签署知情同意书
2	用颅骨钻孔或开颅方法将导管或光导纤维传感器放置在手术部位
3	确定传感器位置
4	缝合皮肤,固定,无菌敷料覆盖伤口
5	传感器与三通或压力套装连接,监护仪进行零点校正,测压

（2）监测数值的读取见表 19-1-3。

表 19-1-3　有创颅内压分级量表

分级	ICP（mmHg）
正常	5~15
轻度增高	15~20（一般以 20mmHg 作为降颅压的临界值）
中度增高	21~40
重度增高并大脑血流灌注减少	>40
极度增高并大脑血流灌注停止	>60~70

2. 无创颅内压监测 通过各种监测仪器来测定颅内压的非创伤性的监测方法,包括颅内多普勒、前囟测压法、脑电图、脑诱发电等方法进行监测并记录。

（1）做好患者的准备工作,医生给予仪器的检查,并与家属进行沟通。

（2）患者仰卧,粘贴电极,将传感器的固定于相应部位,不可加压。

（3）护士协助医生进行头部的固定,保持患者一定的头位,做好患者的监测。

【观察要点与提示】

（一）颅内压波形

1. 正常颅内压波形（图 19-1-3）/异常颅内压波形见图 19-1-4。

正常一个颅内压波由 3~4 个小波构成,P1 称搏击波,由大脑动脉搏动产生,P2 潮汐波及 P3 重搏波由大脑静脉搏动产生。正常时 P1>P2 或 P3;P2 或 P3>P1 是不正常。

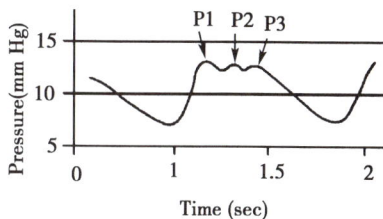

图 19-1-3 正常颅内压波形

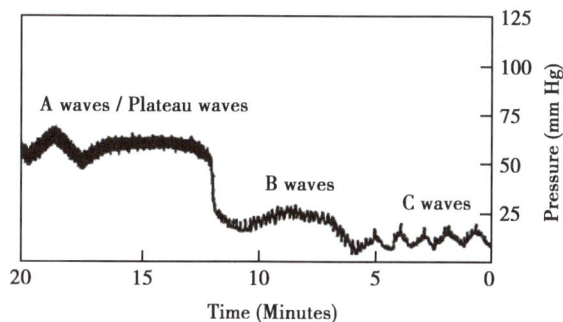

图 19-1-4 异常颅内压波形

2. 异常颅内压波形见表 19-1-4。

表 19-1-4 异常颅内压波形的表现与意义

波形	图形表现	临床意义
A	为高原波,指平台波形突然急剧升高,可达 6.67~13.33kPa,持续 5~20 分钟后突然下降	与脑血管突然扩张,脑容量急剧增加有关,提示颅内严重疾病,预后凶险
B	ICP 短时间的增加,持续半分钟左右,压力波动 3~7kPa	该波与 ICP 增高最明显的区别是上升的时间不足 5 分钟
C	正常或接近正常压力波形,压力曲线较平坦,存在与呼吸、心跳相一致的小的起伏	与不稳定的全身动脉压引起的 ICP 波动有关

（二）注意事项

1. 安装与撤除监护装置需要严格无菌操作,尤其是经液体传导脑室内压监护的导管衔接、三通开关、储液瓶等必须严格消毒。

2. ICP 监护期间,保持接头的连接紧密和管道通畅。注意由于导管损坏、导管折叠受压、脑脊液渗漏、监护仪零点漂移等因素所致的误差。

3. 护士应定时观察 ICP 变化,若 ICP 超过 60mmHg 或反复出现"高原"波（A 波）,应及时报告医师给予干预。

4. 光纤颅压探头不能直接放置在减压处下方,以免造成 ICP 波动不准确。应放置在骨窗周围骨缘下方。

5. 保持患者 ICP<15mmHg,可以将患者床头抬高于心脏水平,使 ICP 与 CPP 保持正常的数值监测;安全使用镇静药物,保证患者的 ICP 处于正常状态;甘露醇可按 0.25~1.0g/kg 给予;针对已确诊瘫痪的,需要给予降温,镇静剂、甘露醇缓解 ICP 增高;维持大脑温度在 36~37℃,采用降温措施,防止寒战;按照医嘱准备进行开颅手术。

6. 维持脑灌注压（CPP）在 60~70mmHg,CPP=MAP-ICP。因此,如要保证患者的 CPP 足够,必须提高 MAP 或减低 ICP。

（1）提高 MAP 的策略:①补液;②给予升压素（如去甲肾上腺素 noradrenaline）。

（2）减低 ICP 的策略:①脑脊髓液引流;②给予甘露醇（mannitol）;③保持足够氧合;④进行受监控式过度通气（确保 $PaCO_2$ 不低于 4kPa）;⑤处理发热以保持正常体温;⑥用药物禁止身体出现任何自主或不自主肌肉活动（如镇静药、肌松药、抗痉挛药）;⑦给予巴比妥（Thiopentone）滴注以减慢大脑代谢活动并进行低温治疗（therapeutic hypothermia）;⑧给予脑部 CT,观察是否有血肿或脑水肿。

7. 影响颅内压变化的因素,常见的有监测导管受压、呼吸道梗阻、尿道梗阻、高热、翻身、叩背、尿潴留、引流管阻塞、患者躁动、脑脊液漏等可以引起颅内压数值的变化。因此,护士需要在每隔 1~2h 对系统校零,零点参照一般位于外耳道水平的位置,如果出现 ICP 持续负值或不稳定,应检查监护仪各接头是否衔接牢固,有无漏气、漏液发生。

（刘　芳）

第二节　床旁脑电图监测技术

【应用范围】

脑电图（electroencephalogram,EEG）是临床最常用的脑功能监测手段,可对皮层及皮层下脑功能作出迅速判断。20 世纪 50 年代脑电图技术开始应用于神经重症监护病房（neuro-intensive care unit,Neuro-ICU）在 Neuro-ICU 内应用床旁脑电图监测可达到判断痫性发作、判定脑损伤程度、指导脑保护治疗和预测预后或结局的目的。其优势在于脑电图具有很好的时间分辨率（ms）和较好的空间分辨率（mm）,能够实时动态监测,并易于床旁操作;能够协助鉴别痫性与非痫性发作,尤其是能够发现非惊厥性痫性发作;能够敏感地发现脑功能变化,并据此在临床征象变化之前做出好转或恶化的判断;能够早期预测昏迷患者的预后,并据此提供医疗决策依据；准确地反馈治疗信息，调整治疗方案。在临床中常常应用于癫痫发作的疾病。

【脑电图监测方法】

脑电图监测使用独立电源，必要时使用稳压器，也可暂停其他可能干扰脑电图记录的医疗仪器设备（如输液泵、震动排痰仪、防压疮气垫等）。常规脑电图监测采用国际 10~20 系统安装 16 导联盘状电极，部分患者因有创颅内压监测、部分颅骨缺损、颅骨钻孔引流而影响电极安放，此时，应在保证左、右两侧对称的基础上适当减少电极。对于应用长程（数天）脑电图监测患者，24~48h 后暂停脑电图监测（暂停时间为 12~24h），以清洁电极处皮肤，如患者不能暂停脑电图监测，可微调电极位置，以避免头皮破溃或感染。脑死亡评估至少安装 8 个记录导联，即额极 Fpl、Fp2、中央 C3、C4、中颞 T3、T4、枕 01、02。头皮脱脂至电阻达到最小（<10kΩ 和 >100Ω），双侧电极阻抗基本匹配，参考电极位于耳垂或乳突，接地电极位于 FPz，公共参考电极位于 Cz，高频滤波为 30~75Hz，低频滤波为 0.5Hz，敏感度为 2~10μV/mm（图 19-2-1）。昏迷患者应给予强烈躯体感觉或视觉、听觉刺激，观察脑电图反应性，脑死亡患者的反应性消失。

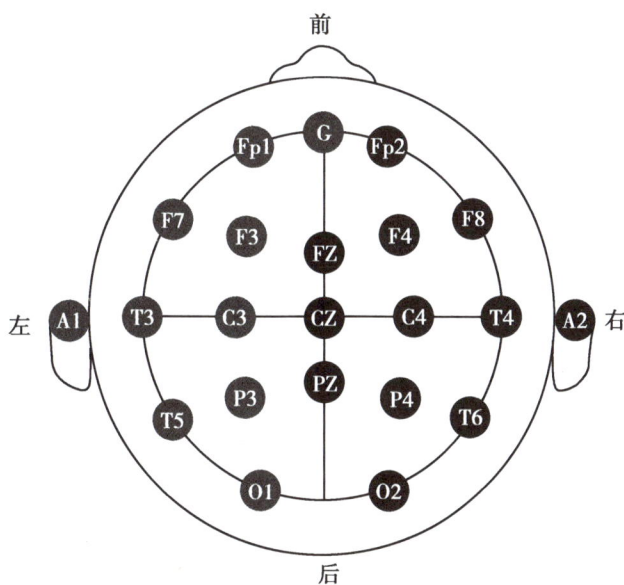

图 19-2-1 脑电图监测图示

【脑电图监测步骤】

详见表 19-2-1。

表 19-2-1　脑电图监测步骤

步骤	操作过程	图示
1	脑电图机、盘状电极、棉签、95% 乙醇、安尔碘、磨砂膏和导电膏。开机并输入患者一般资料，检查脑电图机参数设定，仪器校准（图 19-2-2）	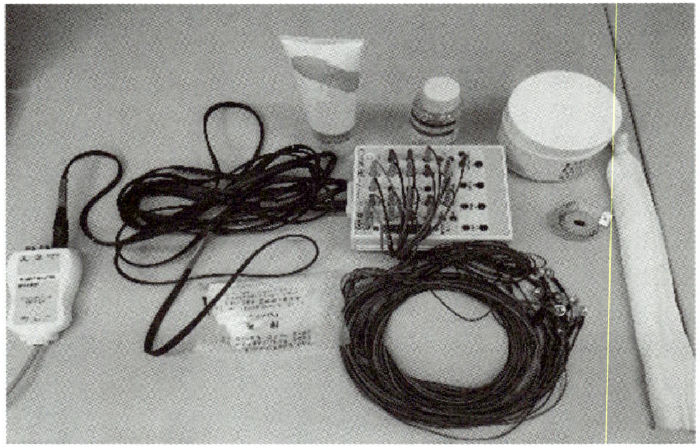 图 19-2-2　用物准备
2	安放电极，电极安放前，先用 95% 乙醇棉球脱脂，必要时使用专业脱脂膏（磨砂膏）脱脂（图 19-2-3），然后涂抹适量导电膏，使电阻达到最小（图 19-2-4）	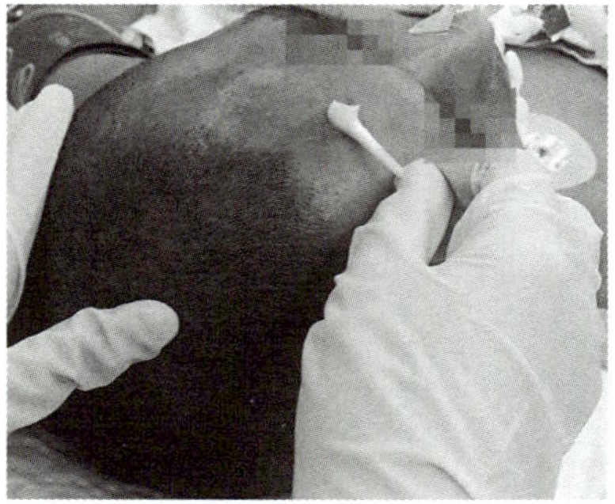 图 19-2-3　磨砂膏脱脂 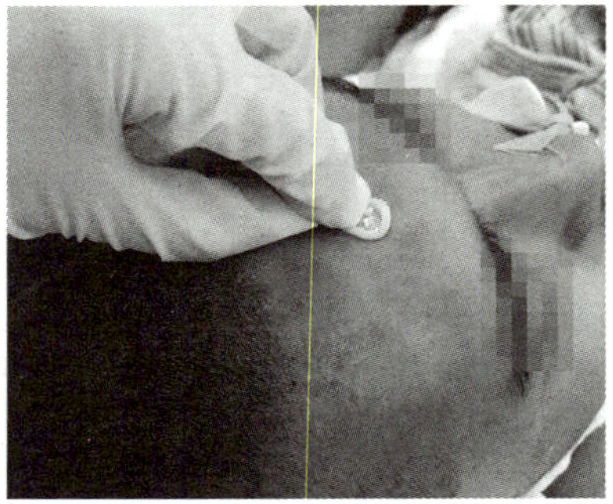 图 19-2-4　涂抹导电膏

续表

步骤	操作过程	图示
3	电极固定牢固,尽量避免电极脱落,如果电极脱落,则及时安放完整(图19-2-5)	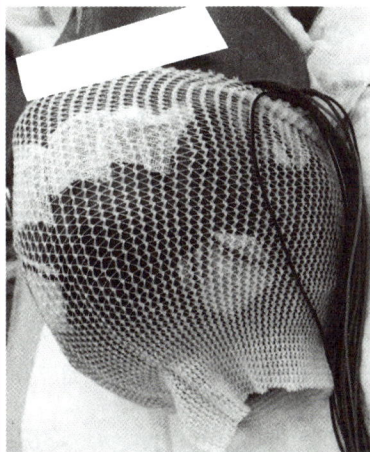图 19-2-5　电极固定牢固
4	机器连通后,检查各导联图像监测是否清晰,基线是否稳定等,脑电图描记至少30 min(图19-2-6)。检查结束,停止记录,轻轻取下患者头上盘状电极,清除电极膏,消毒、干燥备用	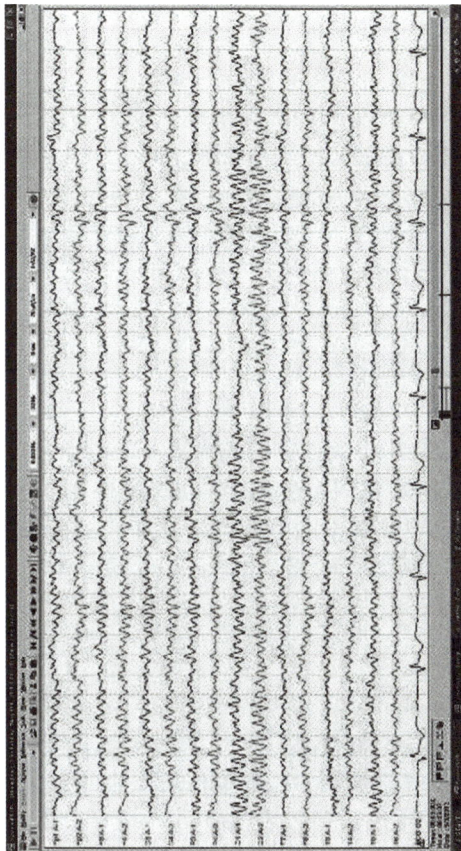图 19-2-6　脑电图描记

457

【观察要点与提示】

（一）脑电图监测对象

癫痫持续状态、重症脑梗死、重症蛛网膜下腔出血、重症颅脑外伤、心肺复苏后昏迷、脑死亡、植物状态等其他重症神经疾病。目前，如中枢神经系统感染或免疫介导的相关脑病尚缺乏脑电图监测的文献证据。

（二）脑电图监测仪器设备

NCU应用的脑电图根据机型分为便携式脑电图、可移动台式脑电图和脑电图工作站；根据是否能够实行脑电视频记录又分为视频脑电监测和非视频脑电监测。通常需要根据患者病情选择合适的机型或视频。视频脑电图更有助于同步记录患者的临床癫痫发作。NCU的脑电图仪器使用和养护需专人负责，以确保其正常运行。

（三）脑电图监测开始时间

对SE患者需尽早开始视频脑电图监测，对脑损伤后昏迷患者可选择发病后1~7d开始短程脑电图监测。

（四）脑电图监测持续时间

短程脑电图监测时间需要0.5~2h，多用于昏迷患者的预后评估；持续脑电图（continuous EEG）监测时间至少为24~48h，主要用于SE和NCS的诊治。2013年中国脑死亡判定标准与技术规范规定脑电图判定脑死亡时间至少为30min。2004年，美国一项纳入570例患者的回顾性研究显示：只有50%的NCS出现在监测过程中的前60min，因此，需要延长监测时间（至少24~48h），以发现更多的NCS。

（五）脑电图波形

1. 正常波形　Delta波（<4Hz），出现于熟睡或做梦；Theta波（4~7Hz），出现于昏睡；Alpha波（8~13Hz），出现于闭目清醒状态；Beta波，出现于睁眼清醒状态。

2. 异常波形　癫痫发作所产生的尖波/棘波（sharp波/spike波）等。

（六）脑电图监测护理

1. 患者翻身时应尽量避免电极脱落，如果电极脱落，则及时按照图示进行安放。

2. 对SE患者应加强生命体征监测，并适当予以约束，防止舌咬伤、肢体碰伤和坠床。监测过程中，要定期观察仪器运行是否正常，保持室内安静，避免有人走动及各种外界干扰。

3. 视频监测患者需保持目标体位，并注意遮挡隐私部位，例如暴露出颜面部、双手、双脚等部位，以利于及时发现患者的抽搐发生。

4. 根据患者的监测时间以及Braden评估结果，给予不同时间的电极位置移动，减少患者头皮的破损。

5. 为了给予患者脑电电极更好的固定，可采取弹力套进行固定，减少电极脱落。

（刘　芳）

第三节　脑干死亡测试

一、使用范围

英国等国家和地区脑死亡（brain death, BD）又称脑干死亡（brain stem death），在其他国家（包括中国），脑死亡定义是指包括脑干在内的全脑功能丧失的不可逆转的状态。2013 年我国已推出脑死亡判定标准与技术规范成人质控版。我国脑死亡的判定标准应用的是全脑死亡的概念。因此在进行脑死亡测试时常针对昏迷原因明确，排除各类原因的可逆性昏迷，例如原发性脑损伤引起的昏迷包括颅脑外伤、脑血管疾病等；继发性脑损伤引起的昏迷主要为心搏骤停、麻醉意外、溺水、窒息等所致的缺氧性脑病等。

二、判定方法

英国皇家医学院于 1976 年订立了脑干死亡测试标准，包括 5 个先决条件及 6 个准则：

（一）五个先决条件

1. 患者深度昏迷，无自主呼吸，需要依赖呼吸机。

2. 患者没有受镇静药的影响。

3. 患者没有受肌松药的影响。

4. 患者体温不低于 35℃。

5. 患者没有代谢或内分泌的异常。

（二）六个准则

1. 瞳孔扩大并对光反应消失。

2. 对疼痛刺激无反应。

3. 角膜反射消失。

4. 眼前庭反射消失。

5. 咳嗽反射消失。

6. 窒息测试。

此标准由两名医学专家（一名 ICU，一名脑外科）进行两次独立测试，一经证实脑干没有功能，就可以宣布患者死亡，便可以进行相关措施，包括停止患者一些特别的治疗（extraordinary treatment）或安排器官移植（organ transplant）。目前虽有其他指南出现，但大部分的国家都是按这个标准进行脑干死亡测试。

CERTIFICATION OF BRAIN DEATH	Patient Details

The Prince of Wales Hospital

Diagnosis is to be made by the separate examination of two doctors：A.A specialist in Intensive Care, Neurology or Neurosurgery with adequate previous experience in the care of such cases. B.Another doctor qualified at least five years.

Irreversibility of cessation of brain function must be established by a period of observation of absent brain function. The first examination should not take place until a period of at least four hours of such observation, and the second examination should not be performed until at least two hours after the first examination. Following primary hypoxic brain injury, the first examination should not be performed until at least twelve hours observation has elapsed.

1. Specify the nature of the irremediable structural brain damage:

    Dr.A

    Dr.B

2. Are you satisfied that reversible causes for the patient's condition have been adequately excluded:

	Dr.A Yes/No	Dr.B Yes/No
Depressant drugs		
Neuromuscular blocking (relaxant) drugs		
Hypothermia (temperature<35℃)		
Metabolic or endocrine disturbances		

3. Examination findings:

	Dr.A Yes/No	Dr.B Yes/No
Do the pupils react to light?		
Are there corneal reflexes?		
Is there any motor response in the cranial nerve distribution to stimulation of face, limbs or trunk?		
Is there a tracheal or gag reflex?		
Is there any respiratory movement with arterial $PaCO_2$>8kPa and pH<7.30?		

IF UNABLE TO MEET PRECONDITIONS OR COMPLETE CLINICAL TESTS: See over

4. Was there absence of cerebral blood flow? Yes/No

How was absence of cerebral blood flow demonstrated.

We certify that we have assessed this patient and find that he/she meets the necessary criteria for the diagnosis of brain death. We declare him/her dead.

Dr.A.Name　　　　　　　Position/Rank

Signature　　　　　　　DateTime

Dr.B.Name　　　　　　　Position/Rank

Signature　　　　　　　DateTime

三、其他试验

1. 短潜伏期体感诱发电位。

2. 正中神经　SLSEP 显示双侧 N9 和(或)N13 存在,P14、N18 和 N20 消失。

3. 脑电图　脑电图显示电静息。

4. 经颅多普勒超声（transcranial Doppler, TCD）　显示颅内前循环和后循环血流呈振荡波、尖小收缩波或血流信号消失。

5. 提示　以上 3 项确认试验至少具备 2 项。

6. 判定时间　临床判定和确认试验结果均符合脑死亡判定标准者可首次判定为脑死亡。首次判定 12h 后再次复查,结果仍符合脑死亡判定标准者,方可最终确认为脑死亡。

四、判定步骤

见表 19-3-1。

表 19-3-1　脑死亡判定步骤

步骤	内容	符合判定标准
1	脑死亡临床判定	符合判定标准（深昏迷、脑干反射消失、无自主呼吸）的进入下一步
2	脑死亡确认试验	至少 2 项符合脑死亡判定标准的进入下一步
3	脑死亡自主呼吸激发试验	验证无自主呼吸
	上述 3 个步骤均符合脑死亡判定标准时,确认为脑死亡	

五、观察要点与提示

1. 确认试验顺序:优选顺序依次为 SLSEP、脑电图、TCD。确认试验应至少 2 项符合脑死亡判定标准。

2. 实施脑死亡判定的医师至少 2 名,并要求为从事临床工作 5 年以上的执业医师。

3. 成人与儿童脑死亡评估技术中有差异。

4. 判定时间:29 天 ~1 岁婴儿,首次判定 24h 后再次复查,结果仍符合脑死亡判定标准,方可最终确认为脑死亡。1~18 岁儿童同成人,首次判定 12h 后再次复查,结果仍符合脑死亡判定标准,方可最终确认为脑死亡。严重颅脑损伤或心跳呼吸骤停复苏后应至少等待 24h 进行脑死亡判定。

5. 儿童脑死亡评估咳嗽反射时提出:吸引管应该插到气管内达到隆突水平并给予 1~2 次吸引,咳嗽反射消失。

6. 评估无自主呼吸时儿童较成人的体温、血压及脱机时的要求存在不同。

（1）膀胱温度或肛温≥35℃（中心体温 >35℃）。如体温低于这一标准,应予升温。

（2）收缩压达到同年龄正常值。如存在低血压,应给予升压药物。

（3）脱机前吸入 100% 氧气 10min。

7. 确认试验顺序和要求也存在不同:儿童脑死亡评估确认试验的优选顺序依次为脑电图、TCD、SLSEP,确认试验应至少 2 项符合脑死亡判定标准。

（刘　芳　陈永强）

第二十章　其他重症相关操作

第一节　连续性肾脏替代疗法

学习目标

完成本内容学习后,需要掌握:
1. 复述持续肾脏替代治疗的概念;
2. 列出持续肾脏替代治疗的原理及使用范围;
3. 描述危重患者肾脏替代治疗的指征;
4. 应用操作流程开展 CRRT 技术。

连续性肾脏替代疗法(continuous renal replacement therapy, CRRT),采用 24 小时连续治疗的一种连续性血液净化疗法,替代受损的肾脏功能,即为连续性肾脏替代疗法。2000 年中国专家共识,将 CRRT 更名为连续性血液净化(continuous blood purification, CBP)。CRRT、机械通气和体外膜肺合称为危重患者的"三大生命支持技术"。

20 世纪 70 年代末,CRRT 主要用于治疗重症急性肾功能衰竭患者。随着技术不断发展,近 30 年,CRRT 已用于系统性炎症反应综合征(systemic inflammatory response syndrome, SIRS)(如严重创伤、重症急性胰腺炎等)、脓毒血症、中毒和多脏器功能衰竭等危重症的救治。另外,对重症患者并发的特殊情况,如严重电解质紊乱、过高热等,CRRT 也能显示良好疗效。

一、基本原理及治疗指征

(一)原理的概述

1. 超滤作用(Ultrafiltration)　液体因为膜两侧的压力差从高压区流动到低压区的过程。

2. 对流作用(Convection)　在超滤发生的过程,溶液中的细小溶剂(如钾离子、尿素、肌酐)随液体流动移动出来。用于清除中小分子量的溶质。是血液滤过的主要方式。

3. 扩散/弥散作用(Diffusion)　指溶液中的溶质(如钾离子、尿素、肌酐酸)从浓度高的部位向浓度低部位移动,它是依靠浓度梯度差进行物质移动的过程。这是透析中溶质清除的主要机制。用于清除小分子量的溶质。是血液透析的主要方式。

4. 吸附作用(Adsorption)　通过正负电荷的相互作用和透析膜表面的亲水性基因选择性吸附某些蛋白质、毒物及药物。在透析中,选择性的吸附于透析膜表面,使这些致病菌物质被清除,从而达到治疗目的。

（二）CRRT 治疗指征

1. 急性肾损伤（acute kidney injury, AKI）　现代重症医学希望对急性肾功能衰竭患者进行早期干预,所以当患者出现 AKI 就尽早行 CRRT 治疗,希望达到更好的治疗效果。AKI 的提出加快了对这一综合征早期诊断、早期治疗的重要性。

改善全球肾脏病预后组织（kidney disease improving global outcomes, KDIGO）于 2012 年制订的 AKI 临床实践指南定义,符合以下情况之一者即为 AKI: 血肌酐 48 小时内升高 $\geqslant 0.3mg/dl$（$\geqslant 26.5\mu mol/L$）; 7 天内血肌酐较基础值升高 $\geqslant 50\%$; 尿量值持续 6 小时少于 $0.5ml/(kg \cdot h)$（表 20-1-1）。

表 20-1-1　KDIGO-AKI

分级	血清肌酐	尿量	
1	基础值的 1.5~1.9 倍或增加 $\geqslant 0.3mg/dl$（$\geqslant 26.5\mu mol/L$）	$<0.5ml/(kg \cdot h)$	持续 6~12h
2	基础值的 2.0~2.9 倍	$<0.5ml/(kg \cdot h)$	持续 $\geqslant 12h$
3	基础值的 3.0 倍或肌酐升高至 $\geqslant 4.0mg/dl$（$\geqslant 353.6\mu mol/L$）或开始进行肾脏替代治疗或年龄 <18 岁时, eGFR 下降至 $<35ml/(min \cdot 1.73m^2)$	$<0.3ml/(kg \cdot h)$ 或无尿 $\geqslant 12h$	持续 $\geqslant 24h$

2. 脓毒血症　血液滤过可以清除过多的炎症介质,因此已用于全身感染的治疗。

3. 全身炎症反应综合征　重症急性胰腺炎（severe acute pancreatitis, SAP）早期和创伤早期是全身炎症反应综合征（systemic inflammatory response syndrome, SIRS）的常见病因,血液滤过的目的是为调控过度全身炎症反应。

4. 心脏手术后　心脏手术患者在术前多伴有慢性缺血导致的脏器损伤,术后常并发前负荷过多、急性肾功能损伤以及高钾血症和（或）代谢性酸中毒等,氮质血症和液体超负荷是常见并发症。

5. 重度血钠异常　重度血钠异常经过合理的治疗无效即应血液滤过,不但可以直接调节血钠水平,还能清除与钠代谢异常相关的激素而利于血钠恢复正常。

6. 中毒　对于植物毒素（如蝇蕈毒素）、动物毒素（如蛇毒）、细菌毒素和各类农药以及医用药物,多种血液净化模式可用于上述物质中毒后治疗。

二、操作流程与步骤

CRRT 的操作流程与步骤分为操作前准备、留置导管、管路安装及预充、治疗过程中的抗凝剂使用及抗凝监测、结束治疗及操作后处理。

（一）操作前准备包括人力准备、环境准备、仪器和物品准备

1. 护理人力准备　人力准备是保证 CRRT 安全、有效进行的前提条件。选定科室护士骨干进行培养,按照培训、考核、授权的程序对护士进行严格的管理,获得准入资质的护士方可进行与 CRRT 相关的护理操作,确保 CRRT 过程中的安全性。

2. 病室环境准备　保持室内清洁空气流通,室温控制在 22~25℃,湿度 50%~60%。

3. 仪器和物品准备

（1）仪器准备:监护设备,心电监护仪、各种血流动力学监测;治疗设备,血滤机、输液泵、注射泵、复温毯;检测设备,配备床旁凝血功能检查设备和血气分析仪;急救设备,除颤仪、气管插管、呼吸机等。

（2）物品准备:穿刺针、血滤器、体外循环管路。

1）穿刺针:为满足 CRRT 血流量的要求,导管宜选择生物相容性好的材质,如聚氨酯和硅酮。直径 10F~14F、长度 25~35cm 的股静脉导管可提供充足的血流量,目前临床应用的双腔导管可达 350~450ml/min。建议超声引导下进行穿刺,有助于降低穿刺相关的并发症。置管部位可选择股静脉、锁骨下静脉或颈内静脉,动脉置管因并发症较多已较少采用。

知识拓展

重症患者 RRT 治疗建立血管通路——首选股静脉置管

2010 年 CRRT 指南中提出,锁骨下静脉导管的优点是发生导管相关感染（catheter-related blood stream infection, CRBSI）的概率较低,缺点是易受锁骨压迫而致管腔狭窄,因此血栓形成风险较其他部位的导管高;压迫止血法效果差、出血并发症较多,因此 CRRT 应尽可能避免锁骨下静脉置管。颈内静脉导管没有上述缺点,且对患者活动限制少,因而一直是血透患者中心静脉置管的首选,但缺点是 CRBSI 发生率相对较高［Ⅴ级］。股静脉置管的优点是压迫止血效果好,血肿发生率低,且其 CRBI 的发生率并不比颈内静脉高［Ⅰ级］,穿刺方便、技术要求低;可为 ICU 患者血流动力学监测和治疗需要的血管通路让出锁骨下静脉、颈内静脉。因此 ICU 患者应首选股静脉置管［Ⅴ级］。

2）血滤器:滤膜的材料可决定滤器的性能。滤膜分为未修饰纤维素膜、修饰纤维素膜和合成膜三大类型。纤维素膜的价格低廉,但通量低、生物相容性较差,经修饰的纤维素膜生物相容性略有改善。合成膜具有高通量、筛漏系数高、生物相容性良好的优点,成为目前重症患者 CRRT 治疗中应用最多的膜材料。应用较多的为聚丙烯腈和聚砜材料。

3）体外循环管路:依据使用血滤机及治疗模式选择管路。

（二）管路安装

CRRT 有多种方式,目前较为常用的 CRRT 技术包括连续静脉-静脉血液透析（continuous venous-venous hemodialysis, CVVHD）（图 20-1-1）、连续静脉-静脉血液滤过（continuous venous-venous hemofiltration, CVVH）（图 20-1-2、图 20-1-3）、连续静脉-静脉血液透析滤过（continuous venous-venous hemodiafiltration, CVVHDF）（图 20-1-4、图 20-1-5）等模式。模式图示如下。

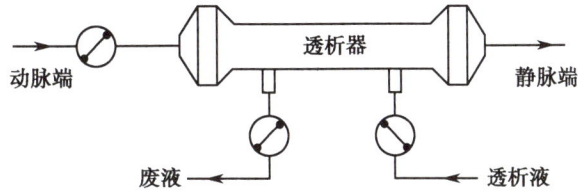

图 20-1-1　CVVHD

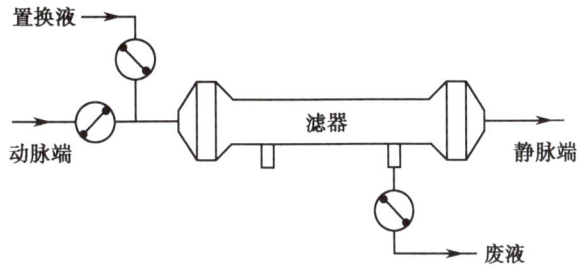

图 20-1-2　CVVH（前稀释）

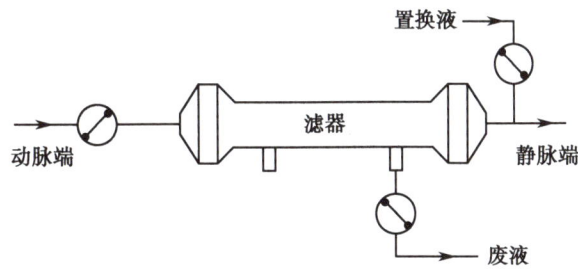

图 20-1-3　CVVH（后稀释）

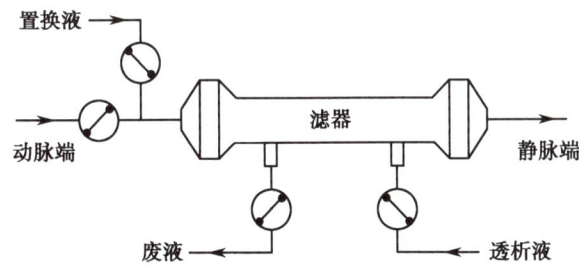

图 20-1-4　CVVHDF（前稀释）

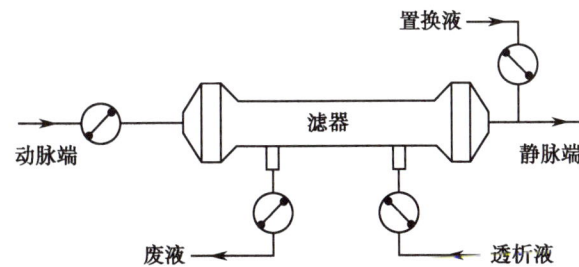

图 20-1-5　CVVHDF（后稀释）

（三）体外管路预充

体外管路预充主要目的在于清除体外循环管路和滤器/透析器内的气体、微粒以及使滤器/透析器纤维肝素化。

1. 预充液配置方法 医生根据患者的凝血功能状况来决定配制不同肝素浓度的预充液。凝血功能正常患者预充液的配制方法为 0.9% 生理盐水 2000ml+ 普通肝素 12500IU。高危出血患者预充液的配制方法，对于自发出血、APTT>45 秒、血小板减少症、48 小时内接受过手术的高危出血患者，应降低预充液中的肝素浓度，如下两种配制方法：①高浓度肝素盐水（0.9% 生理盐水 2000ml+ 普通肝素 6250IU）；②低浓度肝素盐水（0.9% 生理盐水 2000ml+ 普通肝素 3125IU）。

2. 体外管路预充连接方法 血滤管路动脉端一侧连接滤器，另一侧连接配置好的预充液；血滤管路静脉端一侧连接滤器，另一侧连接液体收集袋。预充滤器排气时，可用排气锤轻轻敲击滤器两端，避免敲打滤器管身部，不正确的敲打滤器会破坏滤器中空纤维，损坏中空纤维丝正常的排列顺序，错乱的纤维丝在血液流经滤器时形成涡流，易发生血栓。滤器中空纤维丝断裂会出现漏血。当预充液流率为 100ml/min 时，能较好地清除滤器和体外管路中的气体，而 300ml/min 的冲洗速率对微粒清除效果好，100~300ml/min 的序贯式冲洗方法能够同时清除滤器和体外管路中的气体和微粒。因此应设置预充液初始流率为 100ml/min，待管路全部充盈后，流率可增至 300ml/min。

3. 闭路循环 使用三通将体外管路的动脉端与静脉端相连，形成闭路，时间 30 分钟。将预充液流率调至 300ml/min，以较好地清除体外循环管路及滤器中的微粒；同时检查管路的顺应性以及滤器的中空纤维有无损坏，使滤器的中空纤维充分肝素化。

4. 最后一步 采用 0.9% 生理盐水 3000ml 彻底冲洗体外循环管路和滤器中的残存肝素。

（四）治疗过程中抗凝剂使用及监测

抗凝是 CRRT 过程中非常重要的一个步骤。合理地应用抗凝剂，做好抗凝监测可以维持血液在 CRRT 管路和滤器中的流动状态，避免凝血，减少管路的更换，确保 CRRT 治疗的有效性和安全性。CRRT 抗凝方法通常使用肝素抗凝、肝素/鱼精蛋白抗凝和枸橼酸盐局部抗凝。

1. 肝素抗凝 肝素是由一组分子量各异的糖蛋白组成，平均 15 000 道尔顿，半衰期 0.5~2.0 小时，平均 50 分钟。在体内与抗凝血酶Ⅲ（AT Ⅲ）结合而发挥抗凝活性，可灭活凝血酶、凝血因子 Xa、Ⅳa、Ⅻa 等。其优点是便宜、使用方便、监测简单，过量时可使用鱼精蛋白迅速中和。肝素药代动力学多变，出血发生率高，易出现肝素相关血小板减少症（heparin-induced thrombocytopenia, HIT）。使用肝素抗凝时应监测滤器前活化部分凝血活酶时间（activated partial thromboplastin time, APTT），在开始 CRRT 的最初 4 小时内，每小时监测一次体内 APTT（可选择血滤器前未被肝素化的部位采血），直到 APTT 数值为 70~100 秒时，遵医嘱使用肝素，维持剂量为 3~12IU/（kg·h）。之后，每隔 4~6 小时监测体内 APTT，根据 APTT 监测结果调整肝素剂量，通常将滤器前 APTT 维持于正常值 2~3 倍。

2. 肝素/鱼精蛋白抗凝 由于应用肝素抗凝时易出现 HIT，引起出血，故可以应用鱼精蛋白进行中和，使体内凝血时间基本不变。其优点是可提供较长的滤器寿命，出血发生率较低。对于大多数高危出血患者,使用肝素/鱼精蛋白局部抗凝是安全、有效的抗凝方法。肝素/鱼精蛋白抗凝需要监测体内 APTT(可选择血滤器前未被肝素化的部位采血)及血滤器后 APTT,以调整肝素和鱼精蛋白用量,技术较为复杂。

3. 枸橼酸盐局部抗凝　枸橼酸钠可与血浆中的离子钙结合生成难以解离的可溶性螯合物枸橼酸钙,使血浆中 Ca^{2+} 浓度降低,阻止凝血酶原转换成凝血酶,从而发挥抗凝活性。在血液回到体内之前,补充钙离子,体内钙离子浓度维持不变,无体内抗凝作用。枸橼酸根进入体内后,主要在肝脏、肌肉组织及肾皮质参加三羧酸循环,很快被代谢为碳酸氢根而无任何残留。与肝素比较,枸橼酸盐抗凝具有局部抗凝的优势,出血并发症发生率低,生物相容性好,滤器寿命长,可广泛用于各种肾脏替代治疗模式。枸橼酸盐局部抗凝的效果取决于滤器后离子钙水平,使滤器后离子钙水平维持于 0.25~0.35mmol/L;同时经静脉端补充钙离子,使体内离子钙水平维持于 1.0~1.2mmol/L。临床应结合血气分析与滤器后离子钙、体内离子钙和总钙水平来判断体内枸橼酸根的代谢情况。如果体内离子钙水平降低而酸碱状况良好,表明补钙量不足,需要增加补钙量。

> **知识拓展**
>
> ## 不建议常规应用生理盐水间断冲洗管路
>
> 为防止管路凝血和延长滤器寿命,操作者常采取间断生理盐水冲洗管路和提高血流速率等措施,但均难达到目的[Ⅴ级证据][Ⅱ级证据]。不仅如此,反复多次管路冲洗还可增加血流感染的风险。

(五)结束治疗

CRRT 结束程序与撤机时机关系密切,医护人员需要密切观察患者的症状、体征、相关化验指标及血滤机的运行情况,选择合适的撤机时机。具体操作步骤如下:

1. 洗手,戴口罩,携用物至患者床旁,向患者解释结束治疗的原因,取得患者合作,消除其紧张、恐惧心理。

2. 血滤机提示治疗结束时,确认治疗量已经完成,并在显示屏上按住"结束"键,停止血泵,夹闭并分离双腔透析管动脉端体外循环管路,将其连接 0.9% 生理盐水 250~500ml,转动血泵进行回血,待 0.9% 生理盐水将管路及滤器中的血液全部经体外循环静脉管路回输至患者体内时,夹闭并分离双腔透析管静脉端,同时进行双腔透析管封闭,用无菌纱布包裹导管末端,恰当固定,避免牵拉。

(六)操作后处理

整理用物,清洁和消毒血滤机;观察患者有无不适反应,做好出入量记录。

三、观察要点与提示

CRRT 作为一种高风险的医疗技术手段,在治疗过程中可能会出现各种紧急状况,从而影响患者 CRRT 运行时间与治疗效果,增加经济负担,甚至导致患者出现严重并发症或者死亡等不可预知的严重后果。

（一）生命体征监测

1. CRRT 治疗开始时会出现低血压的情况,一般为继发性低血压。此时,应积极纠正低血压,保证机体有效的组织灌注。患者出现低血压后,应正确分析其原因,并及时处理。如果发现 CRRT 患者血压下降,可能是超滤时速率过快导致的低血容量,应立即减慢血流速率,将患者保持头低脚高位,适当扩充血容量,必要时使用升压药物,在维持血流动力学稳定的情况下继续进行 CRRT。

2. CRRT 治疗过程中,容易出现低体温的情况。因血液被不断引至体外,导致热量丢失,造成患者体温显著降低,启动血滤机加温系统,纠正低体温。对于高热患者,CRRT 可以发挥降温作用。

（二）严格无菌操作,预防感染

为了保证 CRRT 治疗的顺利进行,双腔透析管常作为首选的血管通路。CRBSI 是 ICU 院内血流感染最主要的原因,也是 CRRT 的严重并发症,甚至危及患者的生命。因此,加强感染防控事关重要。

1. 环境准备　重症监护病房空气中的细菌菌落总数在直径 9cm 平皿的培养基中不超过 4cfu/15min。在深静脉穿刺及 CRRT 前 30 分钟,避免进行可能污染病室环境的操作,如更换床单、更换垃圾袋等。深静脉穿刺过程中减少病室内人员的数量,减少人员走动。

2. 置换液配置　配置置换液前,配置者需戴帽子、口罩、洗手,保证无菌操作。置换液应现用现配。

3. 管路的连接　在使用导管前,严格手卫生,深静脉置管外露部分下方铺无菌治疗巾,打开导管接头使用消毒剂消毒待干。用 20ml 注射器分别抽出动、静脉管腔内封管的肝素,并检查管腔是否通畅,连接血液净化管路,连接时要确认螺口连接紧密,避免松脱。上机过程中,中心静脉导管需用无菌治疗巾包裹。

4. 治疗过程中的操作　CRRT 治疗过程中需更换置换液、更换抗凝剂、留取血液标本检查、抽排气壶内的空气等操作,操作前需洗手,操作过程中涉及接头部位时需使用安尔碘消毒。CRRT 过程中协助患者改变体位时动作要慢以防导管打折或贴壁,减少导管血流不畅的发生率。CRRT 治疗过程中无特殊情况不要中断运行,置换液及滤出液袋的更换应该等到报警提示时进行。

5. 其他导管的维护　ICU 患者病情危重,尤其是需要 CRRT 的患者,除行 RRT 所需的导管外,还常常会有动脉置管、其他中心静脉导管、尿管、胃管、引流管等。在各种管路护理过程中应严格无菌操作,避免交叉感染,减少 CRBSI 的发生。

（三）出凝血观察及监测

1. 肝素抗凝时,会影响血脂水平,诱发醛固酮减少症、血管内血栓形成、转氨酶轻度升高、高钾血症等。

2. 肝素/鱼精蛋白抗凝时,鱼精蛋白的副作用包括心动过缓、胸闷、呼吸困难、体循环低血压和严重的肺血管收缩等。此外,肝素的半衰期长于鱼精蛋白,具有潜在的出血风险。

3. 枸橼酸盐局部抗凝时,肝功能障碍、严重低氧血症及微循环障碍患者,由于枸橼酸根代谢减慢,易在体内蓄积,导致酸中毒进行性加重和低钙血症,应慎用枸橼酸盐局部抗凝。

枸橼酸盐局部抗凝易发生低钙血症、高钠血症和酸碱平衡紊乱等并发症,应严密监测滤器后离子钙以及患者血清总钙和离子钙浓度。

4. CRRT 运行过程中应用抗凝措施需要进行严格监测,抗凝剂使用过量可能会造成患者出血。常见出血部位包括穿刺点出血、腹腔出血、尿道出血、脑出血等。一旦发现患者有出血倾向,立即告知医生,采取应急措施防控出血。

（四）CRRT 机器报警处理

1. 动脉端压力报警常见原因

（1）压力范围为 –150~–50mmHg。

（2）动脉端管路被夹住或扭结。

（3）导管内凝血或导管在血管内位置偏移、贴壁等。

（4）患者正在移动身体或身体被移动。

（5）血液流速太快。

（6）血流量不足或低血容量状态。

（7）动脉端压力感受器失灵。

2. 动脉端压力报警的处理

（1）确保双腔透析管位置正确,避免管路扭曲、受压、阻塞等因素导致动脉端血流不畅。

（2）确保患者血流动力学稳定。从低流量、低超滤率开始 CRRT,根据患者的耐受情况和血流动力学监测参数逐渐增加血流量和超滤率。

3. 静脉端压力报警常见原因

（1）压力范围为 +50~+150mmHg。

（2）静脉端管路被夹住或扭结。

（3）导管内凝血或导管在血管内位置发生偏移或贴壁。

（4）患者正在移动身体或身体被移动。

（5）血液流速太快。

（6）静脉端压力感受器失灵。

4. 静脉端压力报警的处理

（1）解除静脉端管路扭曲或打折,固定好管路。

（2）保证双腔透析管留置于粗大血管内,防止导管贴壁。

（3）避免静脉缓冲小壶液面过高,防止压力一过性增高造成压力传感器保护帽进水,出现伪报警。

5. 跨膜压报警常见原因

（1）压力范围为 0~300mmHg。

（2）静脉端压力升高。

（3）超滤率大小:如短时间内超滤量过大,易使跨膜压超过限度而报警,滤器内产生气堵现象。

（4）滤器内凝血:表现为 TMP 急剧上升而报警。

（5）超滤液侧压力传感器损坏。

6. 跨膜压报警的处理　随着治疗时间的延长,体外管路或（和）滤器凝血,TMP 会逐渐增高,有时会突然增高,造成管路堵塞。为了保证 CRRT 的顺利运行,降低堵管造成的诸多不利影响,如血管通路堵塞而无法回血(需要重新穿刺留置双腔透析管),应动态评价 CRRT 的运行情况。

7. 空气探测及报警的常见原因

(1)动静脉缓冲小壶液面过低。

(2)动脉血流量不足:空气从动脉管路进入。

(3)置换液袋:置换液袋流空,没有及时更换,或者更换置换液时没有排空残留的气体。

(4)连接接头衔接不严:导致管路密闭不严引起漏气。

8. 管路中气泡的预防和处理

(1)动脉端管路侧支连接输液器和生理盐水,在采血不良时,只需打开输液装置,输注少量盐水就可以缓解负压,预防气泡产生,延长滤器的使用寿命。

(2)气泡在静脉端,立即断开患者静脉通路,将盐水袋连接静脉,从静脉夹中取出静脉端管路,排空气体后重新连接管路,再开始治疗。

(3)做好管路预充,预充开始时冲洗管路时速度不宜过快。

(五)加强患者心理护理,保证患者安全

由于 CRRT 治疗是一项高风险技术操作,所以需要患者的高度配合。在治疗的前、中、后都要与患者加强沟通,避免发生管路滑脱、压疮等不良事件的发生。密切评估患者,给予适当镇痛镇静治疗,患者发生躁动、谵妄时要及时做出处理。

第二节 有创操作管路维护

学习目标

完成本内容学习后,学生将能:

1. 复述有创动脉导管、中心静脉导管的使用范围;

2. 列出中心静脉导管的观察要点;

3. 描述防止动脉内血栓形成的措施;

4. 应用中心静脉导管换药流程。

一、有创动脉导管监测及维护

【使用范围】

1. 动态监测各种类型的大出血、休克、呼吸衰竭、心脑及其他大手术后以及亚低温治疗的患者。

2. 准确监测血压,监测无创血压困难的患者。

3. 及时调整药物剂量,方便采集动脉血标本。

【操作流程与步骤】

1. 操作者着装整洁、洗手、戴口罩。

2. 评估

（1）患者病情、年龄、意识状态、生命体征。

（2）评估穿刺部位皮肤有无炎症、瘢痕、硬结、有无患皮肤病。

（3）置管常用的动脉有桡动脉、股动脉、肱动脉、足背动脉等。首选桡动脉。

（4）环境准备：洗手，戴口罩，请无关人员回避，采取适当遮挡。

3. 物品准备　动脉穿刺针（图20-2-1）、治疗巾、消毒用物、监测模块、传感导线、加压袋（图20-2-2）、压力套装（图20-2-3）、乳酸钠林格、肝素、治疗盘、记录单、将乳酸钠林格（或肝素林格）与压力套装连接，各接头连接紧密，分段排气，将乳酸钠林格（或肝素林格）装入压力袋中，压力300mmHg，排气方法正确，保证管路里无气泡。

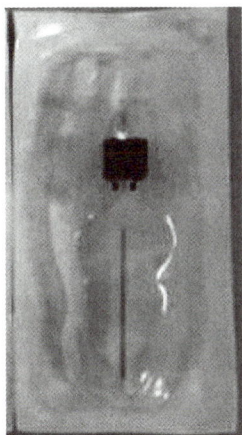

图20-2-1　专用动脉留置针　　　图20-2-2　加压袋　　　图20-2-3　压力换能器套装

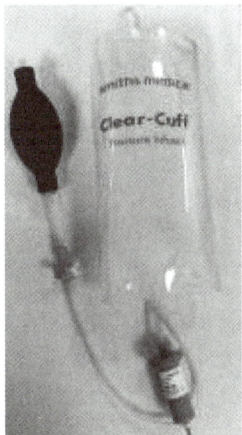

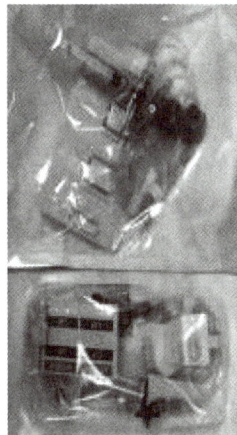

4. 检查压力传感器的有效期及包装有无破损。仪器设备处于完好备用状态。

5. 携物至床旁、洗手、核对。

6. 向患者解释测量有创动脉压的目的。

7. 在监护仪上安装监测模块及传感导线，设定标明"ABP"，设置最适合标尺。

8. 消毒有创动脉连接处，将测压套件与动脉导管连接，将传感器导线与监护仪和换能器连接，检查导管是否通畅，冲洗管腔，确认方波。

9. 测压时先进行调零操作，患者取平卧位，将压力感受器置于右心房水平（第4肋间与腋中线交叉处），按监护仪的归零键，当监护仪血压监测数值显示"0"时，提示调零成功。

10. 动脉压监测过程中，观察患者的面色、生命体征、血氧饱和度等。

11. 观察穿刺部位有无出血、感染情况。保持监测管路连接正确，液路通畅无打折。

12. 整理用物，协助患者取舒适卧位。

【观察要点与提示】

1. 保持测压管通畅，妥善固定套管、延长管及测压肢体，防止导管受压或扭曲。

2. 严格执行无菌技术操作。保持穿刺点周围清洁、干燥。定时消毒，更换敷料，管道保持密闭，置管时间<7天，注意体温变化，冲洗液96小时更换，按需要做穿刺管道的培养。防止气栓发生，操作过程中严防气体进入桡动脉内造成气栓形成。

知识拓展

冲洗装置更换

　　动脉压力监测时,应每96小时更换一次性或可重复使用的传感器和(或)传感器帽及系统的其他组成部分(包括给药装置、持续冲洗装置及用于有创性血流动力学压力监测的冲管液);怀疑存在异物、产品或系统的完整性受损时应立即更换。操作次数和进入系统的次数要降至最低限度。

　　3. 防止动脉内血栓形成

　　(1)保持加压袋300mmHg的压力,使压力传感器内的液体以3~5ml/h的速度持续冲洗导管。

　　(2)每6小时观察有无回血,并加压冲洗。

　　(3)保持管道连接完好,防止漏液。

　　(4)严格执行无菌技术操作。

　　(5)穿刺处如有污染或渗血,应随时换药,保持穿刺部位的无菌及敷料完整。

　　(6)经测压导管抽取血标本时,导管接头处应用安尔碘严密消毒,不得污染。

　　(7)测压管内不能留有血液,必须冲洗干净,防止感染。

　　(8)尽早拔除置管。

　　4. 防止穿刺针及测压管脱落,穿刺针与测压管均应固定牢固(图20-2-4),尤其是患者躁动时,应严防自行拔出。

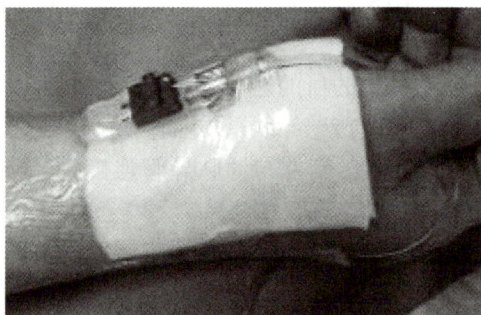

图 20-2-4　桡动脉置管固定

　　5. 监测时注意压力及各波形变化,严密监测心率、心律变化,注意心律失常的出现,及时准确地记录生命体征。发现异常,准确判断患者病情变化,及时报告医生进行处理,减少各类并发症的发生。

　　6. 对进入桡动脉置管的患者要进行 Allen 试验。步骤如下(图20-2-5):

　　(1)受检测手指握拳,然后将手抬高至心脏水平以上。

　　(2)紧压该手腕桡尺二动脉后可见手掌变白。

　　(3)松开尺动脉15秒内手掌转红,为 Allen 试验阴性,表示尺动脉通畅。

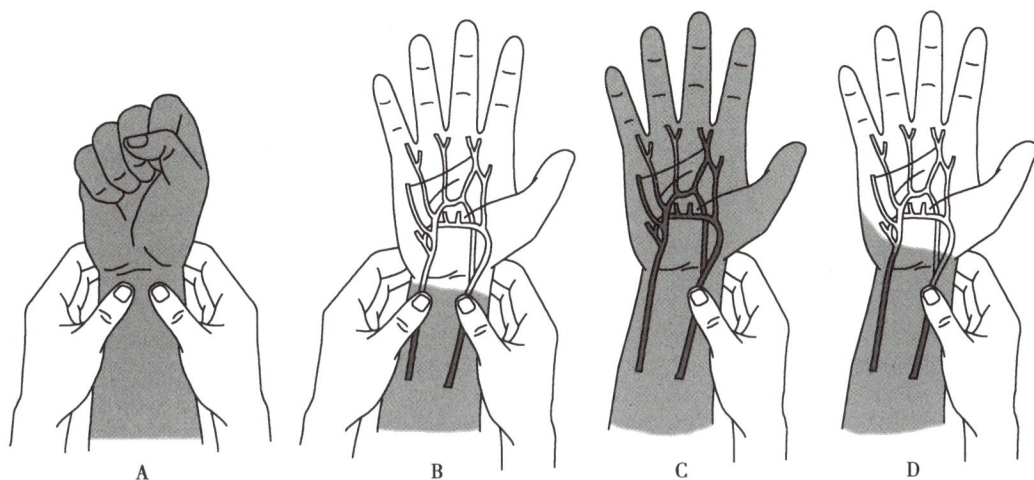

图 20-2-5　Allen 试验

（4）松开尺动脉 15 秒后手掌不能转红，为 Allen 试验阳性，表示尺动脉堵塞。

二、中心静脉导管监测及维护

【使用范围】

1. 严重创伤、休克以及急性循环功能衰竭的危重患者。

2. 需长期输液或静脉抗生素治疗的患者。

3. 全胃肠外营养治疗。

4. 需接受大量、快速、补液的患者，利用中心静脉压的测定可随时调节输入量和速度。

5. 心血管代偿功能不全的患者，进行危险性较大的手术或手术本身会引起血流动力学显著的变化。

【操作流程与步骤】

1. 操作者着装整洁、洗手、戴口罩。

2. 评估

（1）患者病情、年龄、意识状态、生命体征。

（2）操作部位：颈内静脉、颈外静脉、锁骨下静脉、股静脉。首选锁骨下静脉。

（3）评估穿刺部位皮肤有无炎症、瘢痕、硬结、有无患皮肤病。

（4）环境安静、整洁、光线好。

3. 物品准备　无菌手术衣、中心静脉穿刺包、中心静脉治疗巾包、换药包、中心静脉导管、无菌手套、消毒剂、100ml 生理盐水 1 袋、无菌纱布、无菌纱球、无菌透明敷料、刀片、缝针及线等（图 20-2-6）。其余同"有创动脉压监测"。

4. 监测步骤同"有创动脉压监测"。

5. 换药步骤

（1）评估穿刺点有无红肿、渗血、渗液、触痛。

（2）导管有无移位，是否脱出或进入体内。

（3）贴膜情况、置管日期及换药日期。

（4）暴露换药部位，零角度平行牵拉透明敷料，松动透明敷料，去除敷料。检查导管刻度、穿刺点有无红肿、渗出、疼痛。发现异常及时通知医生。

（5）洗手，打开无菌换药包，将氯己定棉球放于弯盘内。戴无菌手套，以穿刺点为圆心螺旋消毒三遍并在穿刺点稍许停留。顺序为顺时针 – 逆时针 – 顺时针。消毒范围大于透明敷料面积。

（6）待消毒剂干后，贴膜无张力粘贴并塑形。胶布蝶形交叉妥善固定延长管下段，贴上置管日期、换药日期及管路外露长度。

（7）预充正压接头，更换新接头，生理盐水以脉冲方式冲管。

（8）处理用物，洗手，记录。

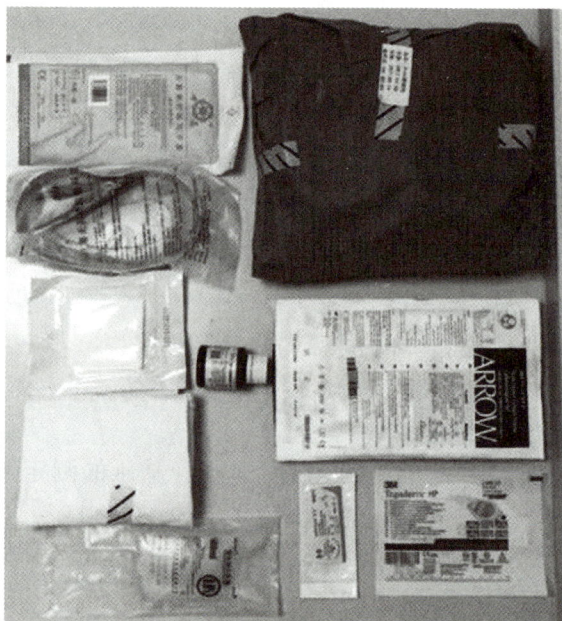

图 20-2-6　中心静脉置管用物

【观察要点与提示】

1. 胸片判断导管置入位置无误。

2. 将换能器置于第 4 肋间与腋中线交叉处，患者平卧位。

3. 确保静脉内导管和测压管道系统内无凝血、空气，管道无扭曲，确保静脉内导管通畅无阻。

4. 躁动患者应平静 10~15min 后测量，改变体位重新归零。

5. 加强管理，严格无菌操作，做好穿刺部位皮肤护理。

6. 使用呼吸机的患者所测得数值一般较正常高 $2cmH_2O$，测压时可脱开呼吸机。

7. 可疑堵管，不可强行冲管，防止血栓栓塞。

8. 不可用酒精消毒导管，防止导管脆性增加。

9. 揭取贴膜和消毒导管时方法正确，动作轻柔，防止导管拽出。

10. 中心静脉导管的维护应由经过培训的医护人员进行。

11. 出现液体流速不畅,可使用 10ml 注射器抽吸回血,禁止正压推注液体。

12. 消毒导管接口时,应用力擦拭接口的横切面及周围,时间 >15 秒,减少导管污染,从而减少管腔内细菌繁殖引起的感染,对中心静脉置管患者,需要每天评估导管留置的必要性,在病情允许的情况下应尽早拔管。

13. 输入化疗药、氨基酸、脂肪乳等高渗、强刺激性药物或输血前后,应及时冲管。

14. 输液后用 10ml 以上注射器抽生理盐水脉冲式冲洗导管,输液完毕应用导管容积加延长管容积两倍的肝素盐水正压冲管,随后根据管腔容积使用同等体积的肝素钠封管,输液前抽出回血方可使用。

知识拓展

冲管和封管

在每次输液前,应冲洗血管通路装置并抽取回血,以评估导管功能,预防并发症。每次输液之后,应冲洗血管通路装置,以清除导管内腔中输入的药物,从而减少不相容药物相互接触的风险。输液结束冲管后应对血管通路装置进行封管。通过使用不同类型的封管液,可以减少内腔堵管和导管相关性血流感染的风险。

15. 严格无菌操作。

第三节　营养支持技术

学习目标

完成本内容学习后,学生能将:
1. 复述肠内营养及肠外营养的适应证。
2. 列出肠外营养的观察要点。
3. 描述肠内营养时预防误吸、吸入性肺炎的措施。
4. 应用肠内营养配置方法。

一、肠内营养支持

肠内营养(enteral nutrition,EN)是指经胃肠道用经口喂养或管饲的方法来提供代谢需要的营养基质及其他各种营养素的营养支持方式。广义的 EN 还包括住院患者经口摄入的普通饭、软饭、半流质、流质等医院常规膳食,各种治疗膳食、试验膳食和代谢膳食等。

知识拓展

肠内营养给予的方式

　　根据肠内营养给予的方式可分为持续泵注法、注射器灌注法和持续重力滴注法。注射器灌注增加胃潴留易加重腹胀呕吐。持续重力滴注式鼻饲速度容易受胃内压影响不能匀速滴入，导致胃反流增加。使用持续泵注法时胃内容物反流的发生率和呼吸机相关性肺炎的发生率均较低。因此，对于危重症患者更推荐持续给予持续泵注法进行肠内营养。

【使用范围】

　　1. 适应证　只要胃肠道解剖完整并具有一定的功能（特别是运动功能、吸收功能），肠内营养是各类重症患者优先考虑的营养支持方式。

　　2. 禁忌证　严重肠道吸收障碍；胃肠道手术；完全性肠梗阻；严重的腹泻；肠道功能衰竭、严重的腹腔内感染。

【操作流程与步骤】

　　1. 评估患者

　　（1）评估患者的适应证、禁忌证。

　　（2）遵医嘱，掌握肠内营养输注的时间及要求。

　　（3）掌握肠内营养的名称、浓度及需要加入的药物。

　　（4）核对患者信息，评估患者胃肠管位置、通畅度及有无胃潴留，向患者解释肠内营养目的，请患者配合。

　　2. 用物准备

　　（1）遵医嘱选择肠内营养剂。

　　（2）肠内营养输注泵、专用输注管、治疗巾、20ml、50ml 注射器各一支、纱布两块、温开水、加温器。

　　3. 解释

　　（1）备齐用物至床旁再次核对并解释。

　　（2）根据病情协助患者取半卧位、低坡卧位。

知识拓展

患者在接受肠内营养时的体位

　　2013 年加拿大危重症疾病营养支持指南推荐危重症患者在接受肠内营养时采取头与床位成直角，若不能达到，则尽量抬高床头 30°~45°。

　　（3）人工气道患者检查气囊压力。

4. 操作步骤

（1）将肠内营养制剂倒入胃肠泵管中,并排气。

（2）装好肠内营养泵,悬挂肠内营养液和肠内营养标识,将肠内营养输注管安装备用。

（3）再次检查胃管位置,通畅度,是否有胃潴留,抽取 20ml 温开水冲洗胃管。

（4）将胃管与胃肠营养输注管连接,设好总量与速度,按 start 键开始输注。

（5）将加温器夹于输注管路上,距离体表入口处 30~40cm。

（6）观察患者有无恶心、呕吐、腹胀等不适。

（7）整理用物,再次核对。

（8）记录营养液名称、剂量、浓度及不良反应。

（9）输注完毕,护士携用物（20ml 注射器一支,无菌纱布一块,温开水一杯）至床旁,关闭电源,断开胃肠营养输注器与胃管的连接,20ml 温开水冲管,关闭胃管前端,固定。

（10）整理用物,记录,观察患者输注后反应。

【观察要点与提示】

1. 鼻饲前要每班确定鼻饲管路的位置,有条件 X 线确定。

2. 把握好度

（1）浓度:渗透压 300mOsm/L,有益于耐受。

（2）速度:泵输注速率空肠 20~100ml/h,胃 50~100ml/h。

（3）温度:30~40℃。

（4）洁净度:配制器具清洁,做好手卫生,避免抗生素过度使用。

（5）适应度:根据胃肠功能,选择合适的机型。

（6）角度:患者以半卧 35°~45°体位为宜,减少误吸或呕吐。

3. 并发症的护理

（1）胃肠道并发症

1）腹泻:在配置营养液和肠内营养插管时,严格执行操作规程。营养液现用现配,配制后保存得当。如条件允许,尽可能使用现成的无菌配方产品。每瓶营养液悬挂时间少于 8 小时。若营养液打开暂时不用,加盖后放于 4℃冰箱中保存;调整营养液的浓度、速度和量,逐步递增便于肠道适应;定时评估肠鸣音及排便次数、量与性状。

2）腹胀与肠痉挛:营养液现用现配,按照营养液浓度由低到高、剂量由少到多、速度由慢到快原则进行,循序渐进。如果条件允许,在进行肠内营养时采用营养泵均匀、缓慢、恒温（38~40℃）输入。

（2）代谢性并发症

1）糖代谢紊乱:肠内营养的患者中,约有 10%~30% 的患者出现高血糖,其发生与过快输注营养液、高热量喂养有关。应注意监测患者血糖,随时观察其反应。

2）水、电解质代谢异常:应定时监测,及时调整营养液的量。

（3）感染性并发症:误吸、吸入性肺炎选择合适的喂养管和喂养途径,如选择以鼻空肠管替代胃管进行幽门后喂养。保持患者床头抬高 30°~45°,对鼻饲患者,翻身、排痰等护理措施尽量在肠内营养操作前进行。对需要吸痰的患者,吸痰管勿插入过深,操作动作要轻柔,防止因剧烈呛咳引起反流甚至误吸。检查胃内残留量,每 4h 抽吸一次,若胃内潴留液体 <200ml,维持原速度,>200ml 时,应减慢输注速度或暂停输注。妥善固定喂养管,定期监测喂养管位置。勤观察,多巡视,如有故障,及时处理。保持患者口腔清洁,促进其舒适。如发生误吸,护士应立刻停止肠内营养液的输注,并将胃内容物吸尽。行气管内吸引,吸出营养液颗粒或液体。如患者意识清醒,鼓励其咳嗽,咳出气管内液体。如果营养液颗粒进入气管,立刻进行气管镜检查,并将所有食物颗粒清除。如有需要,进行机械通气支持。遵医嘱适当使用抗生素预防感染。

（4）机械性并发症

1）鼻、咽及食管损伤:输注前后可用 30ml 温生理盐水或温水冲管。如果肠内营养持续时间较长,可每 4h 冲管一次。冲洗时,注意压力勿过高。当通过营养管输入药物时,应将其研磨成粉末状,完全溶于适当溶剂中,给药时暂停营养液供给。同时输入多种药物时,注意药物之间是否有配伍禁忌。如发生堵塞,去除堵塞物的解决方法比更换喂养管更可取,如用温水不断抽吸管道,使用胰酶或碳酸氢钠溶解沉淀物。

2）喂养管移位和脱出:护士应选择管径合适、患者耐受性较好的喂养管。喂养管妥善固定。每日检查固定喂养管的胶布有无潮湿、脱落,及时更换。对躁动不安的患者,适当约束,必要时遵医嘱给予镇静剂。

二、肠外营养支持

肠外营养（Parental Nutrition,PN）是经静脉途经供应患者所需要的所有营养素,包括热量（碳水化合物、脂肪乳剂）、必需和非必需氨基酸、维生素、电解质及微量元素等。

【使用范围】

（一）适应证

1. 胃肠道功能障碍或衰竭的患者。

2. 重症胰腺炎。

3. 严重腹腔内或腹膜后感染、败血症者。

4. 高代谢状态危重患者,如严重外伤、烧伤、复杂大手术后。

5. 严重营养不良患者术前准备及术后支持。

6. 大剂量化疗、放疗或接受骨髓移植患者。

7. 重要器官功能不全,如肝、肾、肺、心功能不全或衰竭等。

（二）禁忌证

1. 胃肠功能正常,能获得足量营养者。

2. 需急诊手术者,术前不宜强求肠外营养。

3. 临终或不可逆昏迷患者。

【配液及输注操作流程和步骤】

1. 评估患者

（1）核对医嘱。

（2）掌握肠外营养输注的时间和要求。

（3）掌握肠外营养中的主要成分的名称、作用及液体总量。

（4）选择输注途径。

2. 用物准备一次性换药包、胶布、输液器、输液泵、洗手液、锐器盒、医疗垃圾桶。

3. 营养液在层流室专人配制,需自行配制的在超净台配制。

4. 按配伍禁忌及无菌技术要求分别抽吸药液 将电解质加入葡萄糖液中;微量元素（安达美）加入氨基酸液中;复方磷酸盐加入另一瓶氨基酸液中;脂溶性维生素溶解水溶性维生素后加入脂肪乳剂中;然后将含有各种添加物的氨基酸或葡萄糖液以三通管灌入 3L 袋中,摇匀;最后加入脂肪乳剂,并轻轻摇匀。

5. 备齐用物至床旁再次核对并解释。

6. 操作步骤

（1）根据患者病情协助患者取合适体位。

（2）安装输液泵。

（3）排气消毒,连接输液管路,妥善固定。

（4）根据病情及医嘱调节输液速度,询问患者有无不适,整理床单位。

（5）处理用物。

（6）洗手,记录输注时间,液体总量并签名。

（7）观察、记录患者有无不良反应。

（8）输注完毕,根据护理常规予封管,撤除输液管路。

（9）记录完成时间,处理用物。

【观察要点与提示】

1. 配制、实施中的护理

（1）营养液配制过程中要仔细观察加入脂肪乳之前的营养液中是否有沉淀或混浊现象。

（2）肉眼不能观测到所有已产生的沉淀,所以,输注营养液时要求使用输液终端过滤器。含脂肪乳 1.2μm 的滤器,不含脂肪乳的最好使用 0.2μm 的滤器。

（3）全营养混合液（total nutrition admixture, TNA）中不可随意加入未经研究证实确保营养液稳定性的药物。对不确定相容性药物必须经同一管路输入时,建议停输营养液,用注射用生理盐水冲洗管路后输入药液,然后再用注射用生理盐水冲洗管路后,方可重新输入营养液。

（4）观察有无水油分层现象,发现异常情况停止使用。

（5）为减少肠外营养液的有效成分的降解,在储存和输注过程中,要注意避光,套上遮光袋。

（6）TNA 现配现用,在室温中 24h 内输注完毕,超过 24h 未输完的 TNA 丢弃。

（7）每天检查导管皮肤入口有无红、肿、热、压痛及渗出等炎症感染征象。检查留置导管体外段的长度,以早期发现有无导管脱出。

（8）营养输注时应勤做巡视,及时调节好输液速度,使营养液能恒速输入。

（9）输液管道每天更换,更换输液管时要夹闭静脉导管,防止空气进入管内。

（10）输注营养液的中心静脉导管不应作抽血、输血、临时给药及测量中心静脉压等其他用途。

（11）经周围静脉进行肠外营养治疗时,宜选用较粗血管,每天更换使用不同的静脉。

2. 并发症的护理

（1）机械性并发症护理

1）置管损伤:置管者严格遵守中心静脉导管操作规范;采用 B 超引导下穿刺,选择合适的体位,穿刺时先用细针头定位,插管时采用 "J" 形头导丝引导技术等,有助于减少并发症的发生;中心静脉置管后应常规进行影像学检查,确定导管尖端位置正确;气胸患者应绝对卧床休息,尽量少说话。少量气胸一般可在数日内自行吸收,若发生张力性气胸,需反复穿刺抽气或放置胸腔闭式引流管予以引流,经 X 线证实气体消失后方可拔除;若刺破动脉,应立刻拔出,加压止血,加压包扎。

2)导管堵塞:仔细观察导管有无扭曲、打折,解除扭曲和打折或调节患者体位可使导管再通;严格遵守药物配伍禁忌、合理安排输液顺序;长期输入营养液时,每 4h 用生理盐水 20ml 脉冲式冲管,每次输液前后用生理盐水 20ml 冲管。禁止使用 10ml 以下注射器进行正压注射、封管及溶栓。

（2）导管性并发症

1)导管异位:置管者应熟练掌握置管操作流程,置管前应充分评估患者病情与血管情况,选择合适通路。置管后行 X 线确认在位;每次使用前,应对导管的功能进行评估,并观察临床症状与体征;当导管发生异位时应及时复位,无法复位则需要更换导管或拔除导管,并且在新的位置上置入导管。

2)导管断裂:使用 10ml 以上注射器执行各项推注操作,正确实施冲、封管技术;指导患者正确维护及适当运动;出现堵管时,按堵管相应准则进行溶栓,切不可强行冲管;出现导管脱落或断裂时,应立刻通知医生,并安抚患者,根据患者的具体情况采取不同方法,修复或将断裂的导管拔除。

3)静脉血栓形成:静脉穿刺的熟练操作可降低静脉壁的损伤和发生血栓的危险性;在置管前应对患者进行充分评估,患者存在凝血异常基因、怀孕或口服避孕药、低龄儿童和老人等是发生静脉血栓的危险因素;指导患者采取预防血栓相关措施,如导管侧肢体尽早活动、适度的肢体锻炼、多饮水等;观察患者有无肢体末端、肩膀、颈部或胸部的疼痛或水肿等静脉血栓临床表现,值得注意的是,绝大多数静脉血栓不会产生明显的症状和体征;低分子肝素和华法林对导管相关静脉血栓有预防作用,但肠外营养配方中加入肝素则无效。已形成静脉血栓应进行系统性的溶栓治疗,无效则考虑拔管。

（3）感染性并发症:操作人员应熟练掌握置管和护理技术,在每次接触导管前保证手卫生,输注肠外营养液时,注意每日更换输液管道,采用全合一方法配制营养液,注意配制及输液中的无菌操作;在肠外营养液输注过程中,出现发热、寒战等症状时又找不到感染病灶,则考虑导管相关性血流感染,应立即拔管,同时送导管尖端、导管出口渗出液和经导管抽出的血标本以及外周血标本做培养。

（4）代谢性并发症

1)糖代谢并发症:按计划均匀输注营养液有利于营养成分的吸收与利用,切忌输注过快或突然终止,可用等渗糖溶液进行过渡,然后停用 PN;应根据患者的具体情况,在营养液中添加胰岛素,控制血糖水平;高血糖或高渗性昏迷一旦发生,应立即停止输注葡萄糖,同时根据血糖水平应用胰岛素,使血糖维持或接近正常水平。在纠正高血糖的过程中,也应防止血糖下降太快导致脑细胞水肿。

2)电解质紊乱:对于长期禁食的严重营养不良患者,开始给予 PN 及 PN 期间应需严密监测水及电解质变化,定期监测患者血钾、磷、镁等实验室指标,发生低磷血症、低钙血症、低镁血症、低钾血症时,补充相应制剂。

（张雪静）

第四篇

重症护理专科管理与教育

第二十一章　重症护理管理体系

学习目标

完成本内容学习后,学生将能:

1. 复述重症设备器材管理要求。
2. 列出重症护理质量监测的指标。
3. 列出医院感染控制的基本原则和措施。
4. 描述工作场所暴力、职业暴露的定义及应对方法。
5. 描述 ICU 护士的压力,心理调适的措施。
6. 应用流程管理和 PDCA 循环进行持续质量改进。

第一节　重症护理的资源管理

一、一般设备器材管理

1. 医院建立临床支持中心。临床科室所需药品、物品、器械的领取、保管及使用,由办公文员或由护士长指定专人全面负责。建立账目,分类保管,定期检查,做到账务相符。

2. 建立各类物品、设备、器械的申请流程和操作手册。定期清点、保养及维修,提高合格率和使用效率。

3. 各种物品、仪器、设备固定放置、标识清晰,便于清点、查找及检查。定期检查各种电器设备性能、氧气系统有无漏气、电线及插头,确保正常及安全使用。应用电子仪器及无线遥控监护仪时,禁止使用无线电话。

4. 借出物品,必须履行登记手续。贵重物品须经护士长同意方可借出,抢救器材一般不外借。

二、贵重设备器材管理制度

1. 设备仪器应执行"四定"制度,即定额数量、定位放置、定人负责、定期检查。

2. 各区设保管员,每周负责检查仪器设备的性能、数量、定点位置、使用维修、清洁消毒等情况,并记录在册。

3. 各区建立资料档案,内容包括:原始的使用说明书及有关资料;原始操作方法的依据、操作程序;记录使用重要仪器情况;记录维修维护情况。

4. 使用者须了解仪器性能和操作规程,安全使用医疗仪器、设备。如需对护士、实习生培训等,须经护士长同意,并在主管护士、带教老师指导下方可使用。

5. 重要仪器设备做到班班清点。保持清洁、干燥、性能良好。需维修的仪器有标识并及时送修,且须交接班,准备替代品。

三、急救设备器材管理制度

1. 一切抢救物品、器械、敷料均须放在指定位置,并有明显标记,不准任意挪用或外借,所有抢救设施处于应急状态。

2. 器械用后均需及时清理、消毒,消耗部分应及时补充,补充完好后使用封条,每周检查一次,急救车外设记录本,并记录签名,做到账务相符。

3. 急救物品、设备器械的准备要满足专科急救需要。

4. 所有急救器械专人保管,定期保养,保持性能良好。

第二节　质量与安全管理

一、流程管理

流程管理是一种以规范化的构造端到端的卓越业务流程为中心,以持续地提高组织业务绩效为目的的系统化的方法。现代管理理论认为,为企业创造价值的不是产品而是流程。

(一)流程管理的实施办法

1. 组织结构　流程管理主张减少管理层,因此,由 ICU 护士长、副护士长组成流程管理小组,专门负责流程的制订、打印、实施、修订、完善等工作。流程的制订以患者为中心,以简便、快捷、安全、科学为宗旨,以三级综合医院评审评价标准、临床常用护士技术操作程序与考核标准、护理质量考核标准以及各级各类护理人员职责为依据。

2. 内容　流程管理是以流程为导向进行病房管理。制定出 ICU 各项护理工作流程,对各项护理活动均按照流程操作。流程分为:

(1)核心流程,包括各个班次流程,如主管护士工作流程,夜班护士工作流程,白班护士工作流程,护理员工作流程,卫生员工作流程等。

(2)支持系统工作流程,包括各项护理活动的流程。各种疾病抢救流程,如心搏骤停急救流程、支气管扩张咯血、窒息护理流程、呼吸衰竭护理流程等;各种常规操作流程,如输液流程、吸氧流程、吸痰流程、雾化吸入流程、置胃管流程、导尿流程、出入院流程、转科流程、手术后接患者流程等;各种仪器使用流程、降温设施使用流程、多功能心电监护仪流程各种呼吸机使用流程、超声雾化器使用流程等。

(3)质控流程,包括对病房各种目标控制的流程,如基础护理、床单位管理、护理站、处置室管理等。

3. 具体实施　将护理流程打印订册,发放到每个护士手中,在 ICU 开始运营之前组织全科护士进行学习,要求护士熟记核心流程内容与重点环节,在临床实施过程中,每日晨会实行个别流程提问,每周召开 1 次护士例会,会上首先默写几个流程内容,征求大家流程实施过程中存在的问题,根据存在的问题对流程进行及时修订,实行动态管理。把已经规范的流程进行反复强化,重点强调主要环节,如床头交接患者既要全面,又要强调重点。

4. 实施过程中的注意点　在实施过程中,循序渐进,切忌流程全面推开。可将流程分为 3 部分,首先实施核心流程与急救流程,使全科护士对这部分流程熟悉后,再实施支持系统流程,然后全面实施,保证流程管理顺利进行。

(二)流程管理的效果

1. 护理工作效率提高　由于流程设计合理,监督检查到位,护士能够尽快适应 ICU 工作程序,工作效率比较高,不易遗漏工作细节,为危重患者的抢救赢得了时间。

2. 住院患者满意度提高　流程管理将护理的每项工作全部编入流程,使检查与记录,基础护理、心理护理都能真正落到实处。ICU 护理流程实施动态管理,便于流程及时改进,使其具有人性化、科学化,更符合患者需要。

3. 护理人员的全程服务意识提高　ICU 患者不留有陪侍人,患者的一切治疗与护理均由护士来完成,管床护士实行 12h 上班制,减少反复床头交接病情的环节,使患者的护理更具有连续性。24h 护理工作流程是护士的服务变被动为主动,体现了一切以患者为中心的服务意识,使护理工作从简单地完成变为对患者进行多方面、全方位的全程主动护理服务。

(三)流程管理的作用

ICU 患者病情危重,治疗与护理复杂,护士的工作量大且琐碎,护理工作又存在班次、岗位和时间的不固定性,使得护士难以将每个班次的工作细节都熟悉掌握,工作中存在遗漏现象,出现护理缺陷,从而影响到护理质量;加之轮转护士多,不能够尽快适应 ICU 工作。核心流程是根据各班职责制定的,它详细地规范了各项工作的内容和顺序,使得不同岗位上的护士能够准确、方便地获取信息。掌握所上班次的细节,避免了工作上的遗漏,保证了护理质量,体现了医院以人为本,以患者为中心,努力提高服务水平的现代管理意识。支持系统工作流程详细展示了各项护理活动的次序,使各项护理行为更合理、更安全、更有序。增加了护理行为的安全性,降低了不规范行为发生的可能性。质控流程对各流程的执行情况进行督促、检查,可及时发现流程存在的问题,对流程进行及时修改、完善,动态管理,使护理质量得到持续改进。

二、重症护理质量指标监测

临床护理质量指标是在一定时间和条件下,科学动态地反映护理质量的基础、过程与结果。建立临床护理质量指标是实施科学的护理管理的基础,通过建立指标、持续监测和动态数据来评价护理质量,实现护理质量的科学管理和持续改进。

2015 年,国家卫计委制定并下发 6 个不同专业的质量控制指标,供各级卫生计生行政部门、质控中心和医疗机构在医疗质量管理控制工作中使用。其中,重症医学、急诊及医院感染质控指标中均有与护理工作相关的内容,以下介绍的是重症医学专业医疗质量控制指标(2015 版)。

1. ICU 患者收治率和 ICU 患者收治床日率

定义:ICU 患者收治率是指 ICU 收治患者总数占同期医院收治患者总数的比例。ICU 患者收治床日率是指 ICU 收治患者总床日数占同期医院收治患者总床日数的比例。同一患者同一次住院多次转入 ICU,记为"多人次"。

意义:反映全部住院患者 ICU 患者的比例及收治情况。

2. 急性生理与慢性健康评分(APACHE Ⅱ 评分)≥15 分患者收治率(入 ICU 24 小时内)

定义:入 ICU 24 小时内, APACHE Ⅱ 评分≥15 分患者数占同期 ICU 收治患者总数的比例。

意义:反映收治 ICU 患者的病情危重程度。

注:具有信息化自动收集能力的医院建议直接提取 APACHE Ⅱ 评分,并按照 <10 分,10~15 分, 15~20 分, 20~25 分, >25 分进行分层分析。

3. 感染性休克 3h 集束化治疗(bundle)完成率

定义:感染性休克 3h 集束化治疗(bundle),是指感染性休克诊断后 3 小时内完成:测量乳酸浓度;抗菌药物治疗前进行血培养;予以广谱抗菌药物;低血压或乳酸≥4mmol/L 给予 30ml/kg 晶体液进行目标复苏。感染性休克 3h 集束化治疗(bundle)完成率,是指入 ICU 诊断为感染性休克并全部完成 3h bundle 的患者数占同期入 ICU 诊断为感染性休克患者总数的比例。不包括住 ICU 期间后续新发生的感染性休克病例。

意义:反映感染性休克的治疗规范性及诊疗能力。

4. 感染性休克 6h 集束化治疗(bundle)完成率

定义:感染性休克 6h 集束化治疗(bundle),是指在 3h 集束化治疗(bundle)的基础上加上:低血压对目标复苏效果差立即予以升压药;脓毒症休克或乳酸≥4mmol/L 容量复苏后仍持续低血压,需立即测量 CVP 和 $ScvO_2$;初始乳酸高于正常患者需重复测量乳酸水平。感染性休克 6h 集束化治疗(bundle)完成率,是指入 ICU 诊断为感染性休克全部完成 6h 集束化治疗(bundle)的患者数占同期入 ICU 诊断为感染性休克患者总数的比例。不包括住 ICU 期间后续新发生的感染性休克病例。

意义:反映感染性休克的治疗规范性及诊疗能力。

5. ICU 抗菌药物治疗前病原学送检率

定义:以治疗为目的使用抗菌药物的 ICU 住院患者,使用抗菌药物前病原学检验标本送检病例数占同期使用抗菌药物治疗病例总数的比例。病原学检验标本包括:各种微生物培养、降钙素原、白介素 –6 等感染指标的血清学检验。

意义:反映 ICU 患者抗菌药物使用的规范性。

6. ICU 深静脉血栓(DVT)预防率

定义:进行深静脉血栓(DVT)预防的 ICU 患者数占同期 ICU 收治患者总数的比例。深静脉血栓预防措施包括药物预防(肝素或低分子肝素抗凝)、机械预防(肢体加压泵、梯度压力弹力袜等)以及下腔静脉滤器等。

意义:反映 ICU 患者 DVT 的预防情况。

7. ICU 患者预计病死率

定义:通过患者疾病危重程度(APACHE Ⅱ 评分)来预测的可能病死率。患者死亡危险性(R)的公式: $\ln(R/1-R)=-3.517+(APACHE Ⅱ 评分 \times 0.146)+0.603$(仅限于急诊手术后患者)+ 患者入 ICU 的主要疾病得分(按国际标准)。ICU 患者预计病死率是指 ICU 收治患者预计病死率的总和与同期 ICU 收治患者总数的比值。

意义：反映收治 ICU 患者的疾病危重程度，用来计算患者标化病死指数。

8. ICU 患者标化病死指数（Standardized Mortality Ratio，SMR）

定义：通过患者疾病危重程度校准后的病死率，为 ICU 患者实际病死率与同期 ICU 患者预计病死率的比值。ICU 实际病死率为 ICU 死亡患者数（包括因不可逆疾病而自动出院的患者）占同期 ICU 收治患者总数的比例，除外入院时已脑死亡，因器官捐献而收治 ICU 的患者。

意义：反映 ICU 整体诊疗水平。

9. ICU 非计划气管插管拔管率

定义：非计划气管插管拔管例数占同期 ICU 患者气管插管拔管总数的比例。

意义：反映 ICU 的整体管理及治疗水平。

10. ICU 气管插管拔管后 48h 内再插管率

定义：气管插管计划拔管后 48h 内再插管例数占同期 ICU 患者气管插管拔管总例数的比例。不包括非计划气管插管拔管后再插管。

意义：反映对 ICU 患者脱机拔管指征的把握能力。

11. 非计划转入 ICU 率

定义：非计划转入 ICU 是指非早期预警转入，或在开始麻醉诱导前并无术后转入 ICU 的计划，而术中或术后决定转入 ICU。非计划转入 ICU 率是指非计划转入 ICU 患者数占同期转入 ICU 患者总数的比例。非计划转入 ICU 的原因应进行分层分析（缺乏病情恶化的预警、麻醉因素和手术因素等）。

意义：反映医疗机构医疗质量的重要结果指标之一。

12. 转出 ICU 后 48h 内重返率

定义：转出 ICU 后 48h 内重返 ICU 的患者数占同期转出 ICU 患者总数的比例。

意义：反映对 ICU 患者转出 ICU 指征的把握能力。

13. ICU 呼吸机相关性肺炎（VAP）发病率

定义：VAP 发生例数占同期 ICU 患者有创机械通气总天数的比例。单位：例 / 千机械通气日。

意义：反映 ICU 感控、有创机械通气及管理能力。

14. ICU 血管内导管相关血流感染（CRBSI）发病率

定义：CRBSI 发生例数占同期 ICU 患者血管内导管留置总天数的比例。单位：例 / 千导管日。

意义：反映 ICU 感控、血管内导管留置及管理能力。

15. ICU 导尿管相关泌尿系感染（CAUTI）发病率

定义：CAUTI 发生例数占同期 ICU 患者导尿管留置总天数的比例。单位：例 / 千导尿管日。

意义：反映 ICU 感控、导尿管留置及管理能力。

三、质量持续改进

质量持续改进也称 PDCA 循环。P-D-C-A 循环是由美国 Shewhart 博士所提出，称为 Shewhart 循环，在 1950 年代，日本人将其改称为戴明循环（Deming cycle）。此循环是不断重复计划(plan)、实施(do)、查核(check)和处置(action)等四项活动。戴明循环是一个质量持续改进模型,它包括持续改进与不断学习的四个循环反复的步骤,即计划(Plan)、执行(Do)、检查(Check/Study)、处理(Act)。

以下是 PDCA 循环的"四阶段、八步骤":

1. P 阶段　即根据顾客的要求和组织的方针,为提供结果建立必要的目标和过程。

步骤一:选择课题

新产品设计开发所选择的课题范围是以满足市场需求为前提,以企业获利为目标的。同时也需要根据企业的资源、技术等能力来确定开发方向。

课题是本次研究活动的切入点,课题的选择很重要,如果不进行市场调研,论证课题的可行性,就可能带来决策上的失误,有可能在投入大量人力、物力后造成设计开发的失败。比如:一个企业如果对市场发展动态信息缺少灵敏性,可能花大力气开发的新产品,在另一个企业已经是普通产品,就会造成人力、物力、财力的浪费。选择一个合理的项目课题可以减少研发的失败率,降低新产品投资的风险。选择课题时可以使用调查表、排列图、水平对比等方法,使头脑风暴能够结构化呈现较直观的信息,从而做出合理决策。

步骤二:设定目标

明确了研究活动的主题后,需要设定一个活动目标,也就是规定活动所要做到的内容和达到的标准。目标可以是定性 + 定量化的,能够用数量来表示的指标要尽可能量化,不能用数量来表示的指标也要明确。目标是用来衡量实验效果的指标,所以设定应该有依据,要通过充分的现状调查和比较来获得。例如:一种新药的开发必须掌握了解政府部门所制定的新药审批政策和标准。制订目标时可以使用关联图、因果图来系统化的揭示各种可能之间的联系,同时使用甘特图来制定计划时间表,从而可以确定研究进度并进行有效的控制。

步骤三:提出各种方案并确定最佳方案

创新并非单纯指发明创造的创新产品,还可以包括产品革新、产品改进和产品仿制等。其过程就是设立假说,然后去验证假说,目的是从影响产品特性的一些因素中去寻找出好的原料搭配、好的工艺参数搭配和工艺路线。然而现实条件中不可能把所有想到的实验方案都进行实施,所以提出各种方案后优选并确定出最佳的方案是较有效率的方法。

筛选出所需要的最佳方案,统计质量工具能够发挥较好的作用。正交试验设计法、矩阵图都是进行多方案设计中效率高、效果好的工具方法。

步骤四:制定对策

有了好的方案,其中的细节也不能忽视,计划的内容如何完成好,需要将方案步骤具体化,逐一制定对策,明确回答出方案中的"5W1H"即:为什么制定该措施(Why)？达到什么目标(What)？在何处执行(Where)？由谁负责完成(Who)？什么时间完成(When)？如何完成(How)？使用过程决策程序图或流程图,方案的具体实施步骤将会得到分解。

2. D 阶段　即按照预定的计划,在实施的基础上,努力实现预期目标的过程。

步骤五:实施对策

对策制定完成后就进入了实验、验证阶段也就是做的阶段。在这一阶段除了按计划和方案实施外,还必须要对过程进行测量,确保工作能够按计划进度实施。同时建立起数据采集,收集过程的原始记录和数据等项目文档。

3. C 检查效果　即确认实施方案是否达到了目标。

步骤六:效果检查。

方案是否有效、目标是否完成,需要进行效果检查后才能得出结论。将采取的对策进行确认后,对采集到的证据进行总结分析,把完成情况同目标值进行比较,看是否达到了预定的目标。如果没有出现预期的结果时,应该确认是否严格按照计划实施对策,如果是,就意味着对策失败,那就要重新进行最佳方案的确定。

4. A 阶段处置

步骤七:标准化。

对已被证明的有成效的措施,要进行标准化,制定成工作标准,以便以后的执行和推广。

步骤八:问题总结。

对于方案效果不显著的或者实施过程中出现的问题,进行总结,为开展新一轮的 PDCA 循环提供依据。例如:设计一个新型红外滤光膜,完成一轮循环后,进行效果检查时发现其中一项的光学性能指标未达到标准要求,总结经验后进入第二轮 PDCA 循环,按计划重新实施后达到了目标值。

第三节　风险防控管理

一、工作场所暴力

国际劳工组织、国际护士学会、世界卫生组织、国际公共服务(ILO/ICN/WHO/PSI)的一项联合调查表明,暴力破坏卫生人员稳定,也加速损害各地优质的卫生服务。卫生工作场所暴力是一全球现象,是全社会的一种流行病,在发展中国家和工业化国家都是一个严重问题。世界卫生组织对医院工作场所暴力的定义进行界定,即医院工作场所暴力是指卫生人员在其工作场所受到辱骂、威胁和攻击,从而造成对其安全、幸福和健康的明确的或含蓄的挑战。医院工作场所暴力分为心理暴力和身体暴力两种。

心理暴力是指故意用力反对他人或集体,导致对身体、脑力、精神、道义和社会发展的损害,包括口头辱骂、污辱、威胁、攻击、折磨和言语的骚扰。

身体暴力是指以体力攻击导致身体及心理的伤害,包括打、踢、拍、扎、推、射、咬等暴力行为,还包括躯体的性骚扰和强奸(含未遂)。

由于种种原因,如今医患之间的紧张情绪似有绷紧之势,时有医患之间的恶性暴力事件发生。为了确保医疗环境健康有序、确保医生的身心健康、确保中国医改大计顺利推进,兹制定医疗工作场所防止暴力行为中国版指南,医务人员应当在恪守职业职责,尽心尽力解除患者的疾痛,努力维护医患和谐的前提下,参考使用以下指南。

(一)简介

本指南主要分为事前防范、事中应对和事后处理三部分。分别针对医疗场所暴力事件的萌芽、爆发以及善后等不同阶段进行处理。

（二）事前防范

事前防范是指针对可能出现的风险,预先采取或拟定一些必要的防范措施。事前防范可将恶性事故消弭于萌芽之中,是避免医疗场所暴力行为的最有效措施。

1. 提高医患沟通的技巧

（1）对全体医务人员包括医技和服务人员进行医患沟通技巧培训,建立规范化服务语言。有可能的话,通过评比各岗位最佳服务明星等方式来促进医务人员提高沟通与交流技巧。此外,各个教学医院尤其应当注重对医学生人文素养的教育,加强对生物—心理—社会医学模式的教学与培训。

（2）通过医患沟通,让患者及时准确地了解自己的病情,积极配合医护人员参与治疗。在沟通时要把患者病情的转归尽早告知家属,提前和患者家属做好沟通工作,尤其是患者病情有可能向严重发展时,要提前向患者家属反复交代病情及风险,使其做好心理准备。

（3）在与患者沟通时,应做到避免主观评判患者前期诊疗的效果,若在学术上坚持认为前期诊疗存在过错,此类错误可在本科室会上进行点评交流,但切记不得将自身主观判断告知患者或患者家属。

（4）加强健康教育,建议在术前对患者及主要家属进行疾病的预后及手术并发症的全面培训教育。改变现在术前简单沟通签字了事的作风,建议医院成立专门的健康教育科。教育患者让其了解医学科学发展的现实情况,很多疾病还没有完美的治疗方案,医学科学正在进步,但不应过于强调所谓的"医学奇迹"。医院应严禁社会人员在院内散布非法医疗广告,并建立相应机制鼓励医生在有余力时,定期面向患者宣教正确的健康知识,教育患者正确认识疾病与自身。

（5）尽量了解患者和家属的性格特征、就医期望和情绪变化以及有无精神疾病,当患者对治疗效果要求过高或者不满时,要及时结合其人格特点加以疏导。筛选高危人群:既往有精神病史;合并抑郁症;情感受挫;因各种情况存在自卑心理;经济条件较差,久病不愈丧失治疗信心等等。应在积极帮助他们克服上述因素的同时予以高度警惕。对某些辗转多家医疗机构治疗不愈的患者而言,医院之间应加强沟通联系,及时通报相关信息。

（6）完善患者知情同意流程,在问诊患者既往史、过敏史、生育史、家族史之后请患者或者家属过目,然后签字确认。重大的事项尽可能做到多名家属集体告知,若人不齐,也应尽可能做到分别告知到位。及时全面书写手术前谈话,须让患者及家属了解每项意外都可能导致死亡,并详细向患者家属解释。

（7）有条件的医院应该备有谈话室,安装音频录制设备。谈话医生应注意提高自己的语言、礼貌修养,特别要注意自己的语言对对方的影响,及时调整用词、语气。无论对患者病情很有把握或对患者疗效预期很差,与患者及其家属交流时尽量不要使用非常肯定的语气。对于熟人朋友,亲属同学介绍来的患者,也应该一视同仁,不要忽略以上步骤。

2. 做好安全防范措施

（1）应在医院显著位置广为张贴告示,宣示医院对院内暴力事件的零容忍态度。医院应加强安检,禁止患者及家属携带有可能造成他人伤害的器具进入医院。

（2）要有危机意识,纠纷的苗头一旦萌芽,就要想到有演变为"医闹"的可能。

（3）上班时间,诊室与病房不允许无关人员出入,一个患者的陪护最多一到两人,其他无关人等除非有当值医生的允许,才能进入病区。

（4）建议每个诊室和办公室的桌子下面安装隐蔽的紧急呼救按钮,如遇意外可一键呼出,直通医院保卫处或公安部门。紧急报警装置应该像火警装置一样普遍,并有定期检查措施。

（5）完善医院办公室与病房的布局,将病区与医生工作区分开。同时医生应加强风险防范意识,任何时间场地尽量不背对患者及家属。在值班时尽量避免独处一室,切勿背靠大门。

（6）医护人员平时应注意锻炼身体,上班时可以穿轻便运动鞋,护士可适当学习女子防身术。

（7）新入职的员工要及时熟悉工作环境周边的出入口,全体医护人员都应熟悉逃生通道。日常应以科室为单位,不定期开展院内医护人员人身遭受暴力伤害的演练,尤其做好大血管损伤应急演练,从而持续改进。

（8）手机设定好医院保卫处及公安部门的一键呼出的快捷键。事先可以编辑好求救短信储存在短信草稿箱中,便于事发时快速群发求救。

（9）如有可能,医护人员应随身携带血型卡或在医院员工信息系统中增添这些信息。

（10）严格执行探视制度,明确规定探视时间以及人数。非探视时间,禁止病患及家属随意出入。所有病房大楼均设置门禁系统,只有医生及有权限的医护人员有权利自由出入大楼,家属需持探视证进出。所有科室再设门禁系统,只有本科室人员可以进出,家属需在探视时间才可以进入探视。

（11）在病房门口、接待室等患者家属易聚集的地方设立摄像头,医院相关部门进行监控,发现苗头,及时巡视,排查隐患。建议医院后勤部门定时检查摄像头及存储设备是否有效。如有可能宜使用广角高清摄像头。注意楼梯、走廊及地下停车场等易出现安保盲点地带的防护。

（12）在诊室和病房集中区域设立安全屋,平时可用作杂物间或休息室,一旦有事发生即可发挥庇护用途。安全屋的大门及门锁需提高防护级别。

（13）请求在医院内部设立公安机关的派出机构,医院自身也应建立健全安保队伍。

（14）除硬件设施外,医院医务部门应当建立相关负责机构,应对患者的投诉,使后者的意见和建议有表达的渠道,以免出现与一线医生“硬顶”的局面。

（15）尽量避免在网络社交媒体（如微博、微信）上发表可能引发争议的观点或结论,以免与网民发生冲突,甚至进而演变为线下真实暴力事件。

3. 购买保险　建议医院为每一位身处一线的医护人员和保安队伍购买较高额度且保护全面的人身意外伤害保险。

（三）事中应对

事中应对是指一旦医疗场所爆发针对医护人员的暴力事件时,医护人员应当及时采取合理合法、安全有效的防护措施,以保护自身生命财产安全。最基本的应对原则是:尽最大可能迅速脱离事发现场,撤退中应防止人身伤害。

1. 纠纷发生时,保持冷静,正确判断。对患者及其家属的误解,要做好解释工作,要富有同情心和爱心,努力争取互相谅解。

2. 当事医生感觉患者已经对自己失去信任,则可以把患者转到上级医师或者主任及主任指定的其他医务人员手下,更换主管医生有时也可以避免事态扩大。

3. 对故意挑刺的人,首先也要以理服人,耐心解释。设法使矛盾双方分开,商谈时应避免在患者集中、嘈杂的地方,必要时通知上级医师,协助纠纷解决途径。如果患者或者家属情绪已经趋于失控,应该避免当事人继续与患者"面对面",宜直接请医院相关职能部门、上级医师或者主任、护士长来处理。

4. 无论患者或患者家属是否知晓,任何因自身造成的不良后果应主动上报医院医疗纠纷处理部门。若患者或患者家属已知晓工作失误,与患者或患者家属沟通时应积极引导到医院医疗纠纷处理部门按程序处理(医院医疗纠纷处理部门遇到此类情况时,应根据实际情况积极正视工作失误,不得有任何护短行为),任何时候不得与患者或患者家属私下协调解决。

5. 如果事态恶化,无法控制,应及时报警或通知医院相关部门,鼓励尽可能多的同事、现场非涉事患者及家属立即向警方或安保部门求助。

6. 注意自我保护,涉事医生使用周边顺手物品用于正当防卫,如利用钢制病历夹抵挡和防护砍刺;也可将白服叠厚,缠绕在左手或左前臂(左利手者可以缠绕右侧),抵挡各种钝器和锐器对身体的伤害。

7. 如应对时间充裕,可以及时脱掉白服,混在现场人群当中,迅速脱离现场,以躲避伤害。有条件者应互相扶助,及时逃离现场或躲于安全屋中。确保安全后可凭借手机、平板电脑等手持设备照相摄像以取得更多现场证据。

8. 个人处境安全后应及时通报上级,并通过医院总值班通知医院手术室进行备血和做好抢救涉事医生和患者的准备。

9. 如果不幸被医闹暴徒围缠,有条件的应果断采取正当防卫的措施。

10. 在逃离或抵挡过程中,应注意身上配饰——如眼镜、项链、戒指等带来的二次伤害。尤其是医护人员近视居多,在面对医闹暴徒时要非常注意保持一定距离,防止眼镜碎片造成的二次伤害。

11. 如遇砸门砸窗等情况,可用室内桌椅等办公设施顶住门窗。平时应在办公室内配备一些非管制防暴用品,以应不时之需。

(四)事后处理

事后处理是指暴力事件结束后采取的种种措施,主要包括保存现场、固定证据、减少损失、总结经验及吸取教训等。

1. 及时将受伤的涉事医护人员、安保人员、患者及家属送医救治。

2. 医务科中附设熟悉相关法律的人员,能够及时合法的取证、能够保障医生的权利。有条件的医院可以设置独立的法务科,聘请专职律师。

3. 积极配合公安机关做好现场证据的固定工作,并保存好现场照片、伤痕照片和监控视频,及时寻找目击者进行笔录。

4. 对涉事的医护人员和安保人员应做好心理抚慰工作,个别难以承受者应有心理支持的预案。

5. 在不影响公安机关办案的前提下,医院应当敦促公安机关尽快选取合适时机,通过各种途径及时向外界披露事发真相。医院新闻发言人或宣传科负责人应具备危机处理素养,主动和媒体保持畅通的联系渠道,确保信息发布及时准确。

6. 在获得可靠证据的前提下，积极依据现有法律，追究施暴者的法律责任，增进全社会依法办事理念的确立。

毋庸讳言，医疗场所频现暴力事件有其深层次的原因，在大环境无法迅速改善的情况下，希望以上措施能够帮助医疗机构及个人在医患纠纷的事前、事中和事后加以合理应对，以避免无谓的生命财产损失。

二、职业暴露与防护

职业暴露，是指由于职业关系而暴露在危险因素中，从而有可能损害健康或危及生命的一种情况，称之为职业暴露。医务人员职业暴露，是指医务人员在从事诊疗、护理活动过程中接触有毒、有害物质，或传染病病原体，从而损害健康或危及生命的一类职业暴露。而医务人员职业暴露，又分感染性职业暴露，放射性职业暴露，化学性（如消毒剂、某些化学药品）职业暴露，及其他职业暴露。

（一）医务人员医院感染职业暴露防护措施

1. 医务人员进行有可能接触患者血液、体液的诊疗和护理损伤性操作时必须戴手套，操作完毕，脱去手套后立即洗手，必要时进行手消毒。

2. 在诊疗、护理操作过程中，有可能发生血液、体液飞溅到医务人员的面部时，医务人员应当戴口罩、防护眼镜；有可能发生血液、体液大面积飞溅或者有可能污染医务人员的身体时，还应当穿戴具有防渗透性能的隔离衣或者围裙。

3. 医务人员手部皮肤发生破损，在进行有可能接触患者血液、体液的诊疗和护理操作时必须戴双层手套。

4. 医务人员在进行侵袭性诊疗、护理操作过程中，要保证充足的光线，并特别注意防止被针头、缝合针、刀片等锐器刺伤或者划伤。

5. 使用后的锐器应当直接放入耐刺、防渗漏的利器盒，或者利用针头处理设备进行安全处置，也可以使用具有安全性能的注射器、输液器等医用锐器，以防刺伤。禁止将使用后的一次性针头重新套上针头套。禁止用手直接接触使用后的针头、刀片等锐器。

（二）处理流程

1. 医务人员发生职业暴露后，应当立即实施以下局部处理措施：

（1）用肥皂液和流动水清洗污染的皮肤，用生理盐水冲洗黏膜。

（2）如有伤口，应当在伤口旁端轻轻挤压，尽可能挤出损伤处的血液，再用肥皂液和流动水进行冲洗；禁止进行伤口的局部挤压。

（3）受伤部位的伤口冲洗后，应当用消毒液，如：75% 乙醇或者 0.5% 碘伏进行消毒，并包扎伤口；被暴露的黏膜，应当反复用生理盐水冲洗干净。

2. 医务人员发生职业暴露后，应及时到医院感染管理科填写锐器伤登记表，并根据有关规定做好相关的化验检查及疫苗接种。

3. 医务人员发生艾滋病病毒职业暴露后，在上级医院及专家的指导下，应当对其暴露的级别的暴露源的病毒载量水平进行评估和确定，并做出相应处置。

医务人员意外职业暴露报告卡

1. 姓名：　　　性别：　　　年龄：　　　科室：

2. 联系电话：

3. 职业：医生　护士　护理员　保洁员　检验人员　其他人员

4. 其他既往传染病史：

5. 免疫情况：疫苗注射　是（　　　）否（　　　），种类（　　　　　）

6. 暴露时间：　　年　月　日（　时　分——　时　分）

7. 暴露地点：治疗室　病房　其它（　　　　）

8. 暴露方式：锐器伤（损伤程度：轻、中、重）

9. 破损皮肤或黏膜接触刺伤器具：针头　缝合针　刀片　剪刀　玻璃　其他

10. 暴露或刺伤具体部位：

11. 暴露源（患者）情况：姓名　　　性别　　　年龄

12. 科室　　　　　　住院号

13. 门急诊患者暴露源（患者）

14. 疾病情况：无传染病　乙肝　丙肝　艾滋病　梅毒

15. 不清楚暴露源：血液　体液　分泌物　排泄物　含有体液 / 血液的医疗器械 / 物品

16. 暴露经过：

17. 紧急处理情况：冲洗　挤血　局部消毒　未处理暴露

18. 级别评定（只限 HIV 暴露）：一级　二级　三级

19. 预防措施及处理意见：

三、ICU 护士的心理调适

由于 ICU 护理人员工作环境的特殊性，超负荷的工作等给护理工作人员造成了极大的心理压力，这直接影响了护理的心理健康。在心理保卫战讨论日益严峻的今天，心理健康至关重要，而且护理人员的状态直接影响到工作质量。

（一）ICU 的压力源

1. 物理性的压力源　物理性压力源中，噪声是不容忽视的一个重要方面。ICU 集中了多种仪器设备，这些仪器在工作过程中持续的声音和各种显示器的视觉刺激都直接影响着护士的身心健康。工作中的机械损伤，如针刺伤，也是比较多见的一种压力源。另外，在 ICU 中护士经常接触大量辐射，对适婚、育龄的护士来说加重了心理负担。

2. 化学性的压力　ICU 护士要接触和使用各种药物，有些药物长期接触可能对人体有一定的威胁。为预防感染使用的各种化学消毒剂同样是不容忽视的因素。

3. 生物性的压力　ICU 护士接触患者时间长，而且经常接触患者的血液、体液或分泌物，所以遭受细菌、病毒等各种病原微生物侵袭的机会相对较多，这些对 ICU 护士的健康直接构成威胁。

4. 生理病原压力　ICU 护士要经常面对突发的抢救事件。由于工作环境的特殊性,患者无陪伴,患者的生活护理全由护理人员完成,按时翻身、拍背及擦洗大小便等。长期紧张繁重的工作造成许多护士出现身体不适,常见有疲乏感、腰酸背疼、易生病、头痛、习惯性便秘等。另外,长期轮班也会导致护士的生理节奏紊乱,容易产生疲劳感。

5. 心理性的压力源　ICU 护士经常会面对挫折和心理冲突。ICU 的工作特点要求 ICU 的护士需要不断学习、更新知识以满足学科发展的需要,繁忙的工作可能造成学习的需要不能满足,理想和现实的差距也可造成 ICU 护士的挫折感,会产生多种心理冲突。

6. 社会性的压力源　指各种社会和生活事件对人产生的压力和刺激,由于 ICU 工作量较大,许多护士下班后没有过多的精力去照顾家人的生活,如果不能很好处理家庭和工作的关系,可能会引发家庭矛盾。在工作中,ICU 护士要经常协调护—护关系,医—护关系和护—患关系,如果不能很好地调节这些关系,可能会出现不同的矛盾和冲突。在医—患关系日益严峻的今天,护患纠纷造成严重的精神损伤,影响着护士的工作积极性。护士的社会地位与待遇偏低,由于我国高等护理教育起步较晚,在以学历、职称工资档次的工资制度中,护士的待遇普遍偏低。ICU 护士经常面临的另一个社会性压力源是患者的死亡。一个患者的死亡对护士的心理影响比每天处理危重者产生的影响严重。濒死及死亡现象作为一种刺激因素除造成护士的直接心理压力外,还可使护士产生紧张感,在工作中容易出现差错事故。

各种压力源的侵袭会给 ICU 护理人员带来不同的行为反应,如焦虑、强迫、抑郁、怀疑、易激怒、躯体行为等。

（二）面对严重的心理问题,我们应该如何调试

1. 最重要的是具有良好的心态

（1）其实很多时候是我们自己想的太多,总不满足现状,怨天尤人,给自己添加了不必要的烦恼。我们经过几年专科知识的学习和努力,毕业后能在固定的岗位上工作,有稳定收入,想来这是很可观的。教育部规定全国大中专就业率不应低于 73%,显然这是综合了全国高校就业人数而定,这个数字并不乐观。全国现在仍面临着“就业难”的这一严峻问题。我们经过几年学习,找到目前的临床工作,我们更应该珍惜。

（2）改变以往我们消极的想法,重建对工作的热爱,建立积极信念,明确人生坐标:信念是一种看法,是人对生活的理解和追求,信念的选择直接影响着我们的精神和情感,进而影响健康。将学习作为动力而非压力,争取早出成绩、多出成绩,得到社会和医院的认可,培养成就感和价值感。

（3）调适工作的心态,保持平衡的心境,有效的处理生活和工作中的各种问题,将生活和工作分开,把生活中的不愉快杜绝带入工作中,使自己经常保持乐观的心理状态。

2. 建立良好的工作环境　在工作中,我们意识到哪些客观存在给我们带来不适就应该想办法去改变和克服,比如保持病房的清洁卫生,尽量降低噪声。工作环境是我们护理人员每天都要面对的,我们应该像家那样来维护它,让患者拥有良好的环境的同时,我们也能感到舒适和美观。

3. 合理的休息和锻炼　当个体遭遇压力时,休息是保存能量的最好方法,因此当感受到由于压力过大而出现的身心不适时,应适当地休息。同时保持活动和锻炼,有助于缓解压力的反应。身为 ICU 的护理人员应懂得时间的合理安排,应保证繁重工作后的休息。

4. 促进情感的交流和沟通　ICU 护理人员感受到压力时,应该寻找到适当的应对方法,如向人倾诉,以发泄不愉快的情感,减轻压力。同事之间要注意沟通,建立良好的人际关系。争取家人理解、配合,积极处理工作与家庭需求的矛盾,多与护理管理者进行沟通和交流,以取得帮助和支持。

5. 根据个人自身喜好的不同,在业余时间选择不同的调节方式,学习一些放松技术,如音乐疗法,研究表明,音乐疗法在某些环境应用后,可以降低患者的焦虑程度。同样作为长期工作在 ICU 环境中的护理人员也可以减轻我们是身心压力和焦虑程度。

ICU 护理人员作为患者的心理健康的维护者和调适者,在自身出现心理不适时应该重视,并循序渐进地将问题处理。利用自身调节力求把可能出现的心理问题限制在最小范围,控制在最低程度。通过心理健康教育和学习,使我们的情绪、精力、智慧、才能、潜能等提高到较高的水平。努力提高职业素质。满怀激情投入到工作中,认真履行救死扶伤、保护生命、防止疾病和减轻痛苦的专业职责,让患者满意、社会满意,“大公促成大私”,最终提高个人满意度,实现自我价值。

第四节　医院感染预防与控制

一、医院感染控制的基本原则和措施

医院必须采取严格的消毒隔离和防护措施,控制医院感染的发生。根据工作经验特制定本指导原则。

(一)消毒工作原则

1. 空气消毒

(1)有人情况下:做好人员防护。3% 过氧化氢喷雾 20~40ml/m³,作用 60 分钟,每天上、下午各消毒 1 次。

(2)无人情况下:①紫外线灯照射消毒,每次不少于 1 小时,每天 2~3 次;②0.5% 过氧乙酸喷雾,20~30ml/m³,作用 30 分钟;③3% 过氧化氢喷雾,20~40ml/m³,作用 60 分钟;④活化后的二氧化氯,浓度为 0.05% 喷雾,20ml/m³,作用 30 分钟;⑤有效氯 1500mg/L 的含氯消毒剂喷雾,20~30ml/m³,作用 30 分钟;⑥强氧化高电位酸化水原液喷雾,20~30ml/m³,作用 30 分钟。以上化学消毒剂用作空气消毒均需在无人且相对密闭的环境中(消毒时关闭门窗),严格按照消毒药物使用浓度、使用量及消毒作用时间操作,每天消毒 2 次。消毒完毕后方可打开门窗通风。

2. 地面和物体表面消毒

(1)地面要湿式拖扫,用 0.1% 过氧乙酸拖地或 0.2%~0.5% 过氧乙酸喷洒或 1000~2000mg/L 含氯消毒剂喷洒(拖地)。

(2)房间门口、病区出入口可放置浸有 2000mg/L 有效氯的脚垫,不定时补充喷洒消毒液,保持脚垫湿润。

(3)桌、椅、柜、门(门把手)、窗、病历夹、医用仪器设备(有特殊要求的除外)等物体表面可用 0.2%~0.5% 过氧乙酸或 1000~2000mg/L 含氯消毒剂擦拭消毒。

3. 其他物品消毒及处理

（1）患者排泄物、分泌物

1）患者排泄物、分泌物要及时消毒处理。

2）每病床须设置加盖容器，装足量 1500~2500mg/L 有效氯消毒液，用作排泄物、分泌物随时消毒，作用时间 30~60 分钟。消毒后的排泄物、分泌物可倒入病房卫生间。每天消毒痰具 1 次。

（2）患者使用物品消毒

1）患者使用的被褥、衣服、口罩等要定时消毒，用 1000mg/L 有效氯消毒液浸泡 30 分钟；便器、浴盆用 1500mg/L 有效氯消毒液浸泡 30 分钟。

2）呼吸治疗装置使用前应当进行灭菌或高水平消毒，尽量使用一次性管道，重复使用的各种管道应当在使用后立即用 2000mg/L 有效氯消毒液浸泡，浸泡 30 分钟后再清洗，然后进行灭菌消毒处理。

3）每个诊室、病房备单独的听诊器、血压计、体温计等物品，每次用后即消毒，体温计用 1000mg/L 有效氯消毒液浸泡 30 分钟，听诊器、血压计用 2‰ 过氧乙酸擦拭。

4）患者离开救护车后，应当立即对车内空间及担架、推车等运载患者的交通工具及用具用 0.5% 过氧乙酸喷洒消毒，作用 30 分钟。

（3）污水污物处理

1）患者的生活垃圾要用双层垃圾袋盛装，及时消毒处理，避免污染。

2）使用后的隔离衣裤、口罩、帽子、手套、鞋套及其他废弃物及时分类、消毒、处理，存放容器必须加盖，避免污染。

3）现阶段污水处理可以适当增加药物投放量，使总余氯量≥6.5mg/L。

4. 尸体处理　死亡患者尸体用 0.5% 过氧乙酸溶液浸湿的棉球或纱布堵塞人体孔道后，再用 0.5% 过氧乙酸溶液浸湿的布单严密包裹后尽快火化。

5. 终末消毒　患者出院、转院、死亡后，房间必须进行终末消毒。

（二）医务人员防护指导原则

医务人员防护采取分级防护原则。

1. 一级防护

（1）穿工作服、隔离衣，戴工作帽和 12 层以上棉纱口罩。

（2）每次接触患者后立即进行手清洗和消毒。手消毒用 0.3%~0.5% 碘伏消毒液或快速手消毒剂（氯己定醇、苯扎溴铵醇、75% 酒精等）揉搓 1~3 分钟。

2. 二级防护

（1）进入隔离留观室和专门病区必须戴 12 层以上棉纱口罩，每 4 小时更换 1 次或感潮湿时更换；穿工作服、隔离衣、鞋套，戴手套、工作帽。

（2）每次接触患者后立即进行手清洗和消毒。手消毒用 0.3%~0.5% 碘伏消毒液或快速手消毒剂（氯己定醇、苯扎溴铵醇、75% 酒精等）揉搓 1~3 分钟。

（3）对患者实施近距离操作时，戴防护眼镜。

（4）注意呼吸道及黏膜防护。

3. 三级防护

（1）适用于为患者实施吸痰、气管切开和气管插管的医务人员。

（2）除二级防护外,还应当加戴全面型呼吸防护器。

二、导管相关血流感染的预防与控制

对于重症患者,血管内置管往往不可或缺,成为快速输液、应用血管活性药物、进行血流动力学监测、静脉营养支持以及血液净化的重要途径。但由于本身病情的严重性、皮肤黏膜的破坏、长时间的保留导管等,血管内导管相关感染,尤其血管内导管相关血行感染也随之发生,延长了患者住院时间,增加患者的病死率,加重医疗负担。预防和控制血管内导管相关感染,是降低血管内导管使用并发症、节约医疗资源和改善重症患者预后的必然要求,应引起重症医学工作者的高度重视。目前较多采取的集束化的血管内导管相关感染防控措施:

1. 反复的教育培训,提高防护意识。

2. 建立中心静脉置管操作规范与核查表。经过培训合格确认有资质的医师才可进行独立置管操作。在每次操作前填写中心静脉穿刺置管术操作与监测记录单。

3. 严格手卫生,定期督察与考核。在行各种操作,尤其与血液相关的,严格进行洗手和卫生手消毒。不定期检查手卫生的依从性。

4. 置管时采取最大的无菌屏障。行血管内置管时,医生洗手后穿无菌隔离衣,戴帽子、口罩、手套,穿刺点周围 15cm 严格消毒,周边加铺大的无菌治疗巾。

5. 非隧道式导管穿刺点选择尽量避免股静脉。除紧急情况或患者体位受限,非隧道式中心静脉导管穿刺点选择尽量避免股静脉置管。

6. 每日评估留管的必要性,及时拔除不必要的导管。

7. 碘伏或 2% 氯己定液皮肤消毒。采用碘伏消毒皮肤,并注意待干后再行穿刺,优选 2% 氯己定液。

8. 严格接口消毒。当接口打开时采用碘伏或 75% 酒精严格消毒,尽量减少接口开放的次数。

9. 采用分隔膜式输液接头,减少回血,降低感染率。

10. 深静脉置管操作者应经过培训考核合格,取得深静脉置管资质的医生方可独立进行此项操作置管前需明确深静脉置管的适应证:①需要开放静脉通路,但又不能经外周置管者;②需要多腔同时输注几种不相溶药物者;③需要输注有刺激性或高渗性药液者;④需要血流动力学监测的危重患者;⑤需要为快速容量复苏提供充分保障的患者;⑥进行血液净化、放置肺动脉漂浮导管和临时起搏器。排除禁忌证:深静脉置管无绝对禁忌证,相对禁忌证有:①肝素过敏;②穿刺部位感染;③严重凝血功能障碍;④溶栓患者。

11. 置管前签署知情同意书,常规器械和物品准备包括:一次性消毒包、碘伏、无菌手套、导管包、大的（面积）无菌单、利多卡因、肝素水（浓度）、治疗车、测压装置,术前适当镇静镇痛,术前清洗穿刺点,颈内或锁骨下静脉穿刺时降低呼吸机 PEEP 水平。

12. 使用的导管:①在能满足管理患者需要的前提下,中心静脉导管的端口或腔道应尽量少;②导管留置时间预计超过 5 天的患者,如果成功实施了感染控制综合措施仍不能降低 CRBSI 的发生率,可使用含氯己定 / 磺胺嘧啶银或者米诺环素 / 利福平浸渍的中心静脉导管。

13. 穿刺点选择:①在推荐部位放置中心静脉导管时,相对于机械性并发症（例如,气胸、锁骨下动脉破裂、锁骨下静脉破损、锁骨下静脉狭窄、血胸、血栓、空气栓塞以及导管错位），应权衡利弊从而减少感染性并发症；②避免使用股静脉作为成人中心静脉通路；③对于血液透析患者和终末期肾病患者避免使用锁骨下静脉作为穿刺部位，以免发生锁骨下静脉狭窄。

14. 穿刺步骤：①术前：洗手、戴口罩、帽子、手套，严格执行无菌操作。使用碘伏或 75% 酒精消毒，有条件时使用浓度大于 0.5% 的氯己定消毒术区皮肤。应等消毒剂充分干燥后再穿刺，碘伏消毒需待干 2 分钟；最大化无菌屏障措施：在佩戴帽子、口罩、无菌手套的基础上穿无菌手术衣，以及全身覆盖无菌消毒巾。②局部浸润麻醉，试穿；③静脉穿刺，确认穿刺针尖在中心静脉内：将钝头传感探头通过穿刺针阀门或将针筒脱开针头，如有搏动血流常提示穿入动脉；或接换能器观察压力波形来判断；以 Seldinger 法置入导管，确定置入深度，肝素水冲洗导管并封管；④妥善固定导管，有条件时使用免缝合装置固定装置；选择适当敷料覆盖穿刺点，若患者易出汗或插管部位有出血或渗出，应首选纱布，不要在插管部位使用抗生素药膏或乳膏；⑤手术后处理（器械处理；利器处理；医疗垃圾处理），洗手，书写记录，包括穿刺并发症，开立术后医嘱。颈内静脉和锁骨下静脉置管行床边胸片确认导管深度（导管尖端位于上腔静脉近右心房处）。

15. 深静脉导管穿刺点护理规范

（1）经过培训且有能力进行外周和中心静脉置管和维护的人员从事此操作。

（2）注意手卫生及无菌操作：换敷料前后，应执行手卫生程序，维护导管应持续无菌操作。更换导管敷料时可佩戴清洁或无菌手套。

（3）皮肤消毒：使用碘伏或 75% 酒精消毒，有条件时使用浓度大于 0.5% 的氯己定消毒皮肤。①方法：以穿刺点为中心使用 0.5% 碘伏溶液由内向外作圆周状消毒 2 遍，待干（2 分钟）；②消毒面积：应大于敷贴面积（固定导管于皮肤的装置下易积存血液、污渍应清除干净）。

（4）敷料的选择：局部应覆盖无菌纱布、无菌透明贴膜、半透性敷料。①无菌纱布（8 层，大小为 8cm × 10cm）：患者多汗，或者置管部位有出血或渗出，应使用纱布直到问题解决。②无菌透明贴膜：粘贴时穿刺点周围皮肤处于伸展状态，贴膜中心置于穿刺点上方，向四周平压。颈内静脉留置导管的患者应嘱其头部偏向对侧，股静脉置管的患者，应保持同侧肢体外展 45°，减少局部皮肤皱褶，增加透明贴膜与皮肤结合的紧密度，以减少粘贴后的不适感或局部形成张力性水疱。无菌透明贴膜去除时：一手指压穿刺点，另一手由贴膜外侧向外方向撕开，是贴膜松动，然后沿导管方向从穿刺点的远心端向近心端揭除贴膜，避免导管移动滑出。

（5）敷料更换时间：①纱布每 2 日更换一次；②贴膜每周更换 1 次；③当置管部位敷料潮湿、松弛或者有明显污染时应及时更换。

（6）观察穿刺点局部：每天动态观察有无穿刺点局部感染症状（导管入口处红肿、触痛、硬结、有脓性分泌物或弥漫性红斑）及全身症状，如有异常应及时汇报处理并记录。

（7）每天评价导管留置的必要性：达到治疗目的、病情允许后应尽早拔除中心静脉导管，缩短导管留置时间。

16. 深静脉导管输注装置管理规范

（1）医务人员操作前后应洗手或消毒双手。

（2）连续使用的输注装置的更换时间：①不输注血液、血液制品或脂肪乳：4~7天更换一次。②输注血液、血液制品或脂肪乳：输液开始后的24小时内更换，输注丙泊酚时每6或12小时更换输液瓶时更换输液管。

（3）接口护理：使用前用0.5%碘伏消毒2次，然后再连接输液器；局部区域清洁，可用无菌巾包裹，24小时更换一次，污染后及时更换；应减少不必要的附加装置；避免不必要的断开管路。

（4）使用静脉药物前注意检查药液的质量及有效期，不符要求者不得使用。

（5）输液过程管理：保持导管通畅。每次输液前应先抽回血。见回血后方可接上输液，输液过程加强巡视，防止导管受压、打折或输液器与导管接头脱开。

（6）尽量避免自中心静脉导管采血和输血。

（7）正确封管：每日输液结束后先用生理盐水5~10ml冲洗管腔，再用12.5U/ml肝素钠盐水作脉冲式封管；但对于有些不宜用肝素的疾病及对肝素过敏者可使用生理盐水封管；封管时不要抽回血，关闭水止阀时支点位于注射器侧，避免接触患者侧，以免接触导管形成正压，离开后回血至导管内。

（8）导管脱出后勿再送入血管，并做好标记。

（9）中心静脉置管深度、通畅与否等作为交接班的内容。

三、呼吸机肺炎的预防与控制

呼吸机相关肺炎（VAP）是指机械通气48小时后发生的肺实质感染性疾病，是一类严重的院内感染。随着重症患者的增多和机械通气的广泛应用，其发病率不断上升。患者一旦发生VAP，平均机械通气时间和住院时间均延长，治疗费用明显增加，患者病死率高达30%左右。预防和控制VAP的发生，是降低机械通气并发症、节约医疗资源和改善重症患者预后的必然要求，应引起重症医学工作者的高度重视。目前被广泛推荐的VAP防控措施包括：

1. 控制环境因素、防止交叉感染　定期对重症医学科病房空气、医护人员、医疗器械和各种装置进行病原菌定植监测，定期进行环境和医疗器械的消毒。医护人员在接触患者前后严格洗手、戴手套和口罩、严格无菌操作，避免手污染和器械污染。

2. 保持患者口腔卫生　加强患者牙齿和口腔清洁，减少口咽部细菌定植。

3. 人工气道气囊压力监测和保持　维持人工气道气囊压力在25~30cm H_2O，防止口鼻腔内容物和胃内容物反流和误吸。

4. 声门下吸引　应用带有声门下吸引的人工气道，并保持吸引通畅，减少声门下内容物误吸。

5. 加强呼吸机管路的管理　每周更换呼吸机管道。当管道内有血、呕吐物或呼吸道分泌物时予以更换。积水杯处于最低位，及时清除冷凝水，防止管路积水。

6. 半卧位　仰卧位是发生VAP的独立危险因素。没有禁忌证的患者，应采取30度的半卧位，既具有临床可操作性，又有利于预防VAP的发生。尤其在进行肠内营养过程中及其之后一段时间，应保持患者处于半卧位。

7. 避免不必要的应激性溃疡预防用药　胃液pH值和胃内细菌检出率显著相关，使用制酸剂后胃液pH值升高，胃内细菌检出率升高。因此对于发生消化道出血危险性低的机械通气患者,尽量避免使用应激性溃疡预防用药;当患者存在应激性溃疡出血的高危因素时,考虑用预防用药,优选制酸剂,而不使用硫糖铝。

8. 每日唤醒以避免机械通气患者持续镇静　持续镇静及镇静程度过深均增加 VAP 的发生。对于机械通气患者,应实施每日唤醒的镇静,并进行镇静评分,防止镇静过深。

9. 有高风险发生深静脉血栓患者,采取适当预防 DVT 的方法(双下肢抗压泵/弹力袜可减少 VAP 的发生的风险。

10. 注意纠正鼻胃管和胃肠营养所带来的误吸,选用小号鼻胃管或小孔经导管进行胃肠道喂养,同时 4~6 小时检查残留胃容积,防止胃过度充盈。

11. 不提倡常规气道内滴湿化液,按需吸痰,呼吸道感染患者使用密闭式吸痰管。

12. 加强对 ICU 医护人员进行呼吸机相关性肺炎的教育和培训。

四、导尿管相关尿路感染预防与控制

导尿管相关尿路感染主要是指患者留置导尿管后,或者拔除导尿管 48 小时内发生的泌尿系统感染。

1. 严格掌握留置导尿的适应证,减少不必要插导尿管及不必要延长留置时间:留置导尿管的适应证:①解除尿路阻塞;②允许神经源性膀胱功能失调和尿潴留的患者导尿;③泌尿道手术或生殖道手术的患者;④危重患者需要准确记录尿量。不适宜留置导尿管的情况:①患者能够自主排尿;②仅为获得尿培养或某种诊断检查如尿电解质而采集尿标本;③对尿失禁患者留置导尿管代替一般护理;④急性尿道炎,急性前列腺炎,急性附睾炎为其禁忌证。

2. 如病情评估允许优先选择非侵入操作式导尿,行非侵入引流尿液与植入导尿管序贯治疗方法相结合,必要时插入导尿管。

3. 留置导尿的宣教　①对患者、家属、护工进行宣教;②对医护人员进行教育培训,规范诊疗过程监控、危险因素管理,全方位进行感染预防控制;③导尿管感染危险因素的管理;④定期分析导尿管相关泌尿系感染发病率,用数据推行感染预防制度的完善与推行,达到全员参与感染控制。

4. 按照导尿管操作常规执行尿管留置　①要求只有掌握无菌插管正确技术和导管护理的人员(如医院工作人员、家属或患者)才能操作导管;②应用无菌技术和无菌器材插管和护理导尿管;③维持持续的密闭无菌引流系统。

5. 采尿标本和更换导尿管频率　①菌尿症监测:不推荐频繁监测。每周常规做一次尿常规检查,如有尿路感染时及时采集标本作尿常规和细菌培养评估感染发生,指导诊治。尿液标本在室温下放置不能超过 2 小时,应及时送检微生物检验接种。②长期放置存留导尿管的患者,建议每 4~6 周更换导尿管;当患者有尿路感染征象时,在开始使用抗菌药物治疗之前就先更换导尿管,对降低留置导尿管相关尿路感染的效果较好。

6. 不推荐使用的处理方法　①膀胱冲洗:除非患者病情需要,否则应避免膀胱冲洗。定期使用生理盐水、抗菌药物或消毒剂膀胱冲洗并不能降低导尿管相关尿路感染的发生率。②全身应用抗菌药物预防导尿管相关泌尿系感染。

7. 膀胱功能训练与评估　由患者自己控制,当有尿意时放开尿管,流尽尿液后再夹闭尿管,如此反复以训练膀胱收缩功能,促进及早拔管,可结合原发病治疗恢复情况决定拔管。

8. 尿管相关尿路感染的预防

（1）插管前准备与插管时的措施：①尽量避免不必要的留置导尿；②仔细检查无菌导尿包，如过期、外包装破损、潮湿，不得使用；③根据年龄、性别、尿道情况选择合适的导尿管口径、类型。通常成年男性选16F，女性选14F；④规范手卫生和戴手套的程序；⑤尽可能选择单包装的灭菌润滑剂；⑥常规的消毒方法：用0.25~0.5%碘伏消毒尿道口及其周围皮肤黏膜，程序如下：男性：自尿道口、龟头向外旋转擦拭消毒，注意洗净包皮及冠状沟。女性：先清洗外阴，其原则由上至下，由内向外，然后清洗尿道口、前庭、两侧大小阴唇，最后会阴、肛门，每一个棉球不能重复使用；⑦插管过程严格执行无菌操作，动作要轻柔，避免尿道黏膜损伤；⑧对留置导尿患者，应采用密闭式引流系统。

（2）插管后的预防措施：①保持尿液引流系统通畅和完整，不要轻易打开导尿管与集尿袋的接口；如要留取尿标本，可从集尿袋采集，但此标本不得用于普通细菌和真菌学检查。②导尿管不慎脱落或导尿管密闭系统被破坏，需要更换导尿管。③集尿袋不得高于膀胱水平，也不可接触地面，如下床活动或搬运时，应临时夹闭并固定尿袋引流管，防止反流。④集尿袋达2/3满时应及时排放，放尿时尿袋末端管口应防止污染；疑似导尿管阻塞应更换导管，不得冲洗。⑤不应常规采用膀胱冲洗预防泌尿道感染。⑥保持会阴部清洁干燥。⑦尿路感染使用抗菌药物前，应送尿培养，必要时拔除导尿管。⑧长期留置导尿患者，导尿管更换1次/2周，集尿袋更换1次/2周，更换时注意无菌操作。⑨每日评价留置导管的必要性，尽早拔除导尿管。⑩长期留置导管患者，建议每周检测尿常规一次，定期对医务人员进行宣教，每月公布导尿管相关尿路感染发生率。

五、常见多重耐药菌感染的控制与护理

多重耐药菌（MDRO）已经逐渐成为医院感染的重要病原菌，主要包括耐甲氧西林金黄色葡萄球菌（MRSA）、耐万古霉素金黄色葡萄球菌（VRSA）、耐万古霉素肠球菌（VRE）、泛耐药的鲍氏不动杆菌［MDR（PDR）-AB］、铜绿假单胞菌［MDR（PDR）-PA］和其他肠杆菌科细菌等，加强对多重耐药菌的医院感染管理，能有效预防和控制多重耐药菌在医院内的传播，保障患者安全。实施消毒隔离措施包括：

1. 首选单间隔离，也可同种病原同室隔离，不可与气管插管、深静脉留置导管、有开放伤口或者免疫功能抑制患者安置同一房间。如无条件单间隔离时考虑床边隔离。当感染较多时，应保护性隔离未感染者。

2. 病员一览表有接触隔离标识；设置隔离病房时，应在门上挂接触隔离标识，防止无关人员进入；进行床边隔离时，在床栏上挂接触隔离标识；当实施床边隔离时，应先诊疗护理其他患者，MDRO感染患者安排在最后进行。

3. 减少人员出入，如VRSA应严格限制，医护人员相对固定，专人诊疗护理。

4. 严格遵循手卫生规范　接触患者前后及周围环境后、摘脱手套后、应立即洗手和（或）卫生手消毒。

5. 严格执行标准预防　诊疗护理患者时，除戴帽子、口罩外，有可能接触患者的伤口、溃烂面、黏膜、血液和体液、引流液、分泌物、痰液、粪便时，应戴手套；可能污染工作服时穿隔离衣；可能产生气溶胶的操作时，应戴标准外科口罩和防护镜或防护面罩。

6. 加强诊疗环境的卫生管理　使用专用物品进行清洁和消毒，患者接触的物体表面、

医疗设备设施表面,每班用 1000mg/L 含氯消毒剂进行清洁和擦拭消毒,抹布、拖布专用,使用后进行消毒处理;出现或者疑似有多重耐药菌医院感染暴发时,应增加清洁和消毒频次;被患者血液、体液污染之处应立即消毒;不能专用的物品如轮椅、担架等,在每次使用后必须经过清洗及消毒处理。

7. 标本需用防渗漏密闭容器运送。

8. 加强医疗废物管理 锐器置入锐器盒,其余医疗废物均放置双层黄色垃圾袋中,置入转运箱中,规范运送至医院医疗废物暂存地。

9. 患者转诊之前应通知接诊科室,以便采取相应的接触隔离预防措施。

10. 临床症状好转或治愈,连续三次培养阴性(每次间隔 >24 小时)方可解除隔离,患者出院做好终末消毒处理。

11. 凡有多重耐药菌感染的患者进行手术时,手术医生必须在手术通知单上注明,手术结束后按规定进行严格的终末处理。

12. 如果采取以上控制措施,但传播仍然继续时,该病区应暂停收治患者,对环境进行彻底清洁消毒与评估。

六、导管相关微生物标本的采集

【血培养标本采集与运送标准操作规程】

(一)采血指征

一般患者出现以下一种体征时可作为采血的重要指征:发热(≥38℃)或低温(≤36℃),寒战,白细胞增多(计数大于 $10.0 \times 10^9/L$,特别有"核左移"时),皮肤黏膜出血、昏迷、多器官衰竭,血压降低,C 反应蛋白升高及呼吸加快,血液病患者出现粒细胞减少、血小板减少等;或同时具备上述几种体征时而临床可疑菌血症应采集血液培养。

新生儿可疑菌血症,应该同时做尿液和脑脊液培养。

对入院危重感染患者应在未进行抗菌药物治疗之前,及时做血培养。

(二)采集方法

1. 皮肤消毒程序 严格执行以下三步法:

(1)75% 酒精擦拭静脉穿刺部位待 30s 以上。

(2)1%~2% 碘酊作用 30s 或 10% 碘伏 60s,从穿刺点向外画圈消毒,至消毒区域直径达 3cm 以上。

(3)75% 酒精脱碘:对碘过敏的患者,用 75% 酒精消毒 60s,待酒精挥发干后采血。

2. 培养瓶消毒程序

(1)75% 酒精擦拭血培养瓶橡皮塞,作用 60s。

(2)用无菌纱布或无菌棉签清除橡皮塞子表面残余酒精。

3. 静脉穿刺和培养瓶接种程序

(1)在穿刺前或穿刺期间,为防止静脉滑动,可戴乳胶手套固定静脉,但不可接触穿刺点。

(2)用注射器无菌穿刺取血后,勿换针头(如果行第二次穿刺,应换针头)直接注入血培养瓶,或严格按厂商推荐的方法采血。

(3)血标本接种到培养瓶后,轻轻颠倒混匀以防血液凝固。

（三）注意事项

1. 血液标本采集后应立即送检，不能及时送检者应置室温暂存，勿放冰箱。检验单需注明抗菌药物（特别是磺胺、青霉素）使用情况，采集时间和部位（如左臂等），可疑的诊断。

2. 采血部位　通常为肘静脉，疑为细菌心内膜炎时以肘动脉或股动脉采血为宜，切忌在静滴抗菌药物的静脉处采血。对于成人患者，每次发热时应该分别在两个部位采集血标本以帮助区分病原菌还是污染菌。在不同部位取血，2 次分离出同样菌种才能确定是病原菌。不应从留置静脉或动脉导管取血，因为导管易被固有菌群污染。

3. 采血时机　在患者发热期间越早越好，最好在抗菌治疗前，以正在发冷发热前半个小时为宜或在停用抗生素 24 小时后。

4. 采血次数及时间　采血培养应该尽量在使用抗菌药之前进行，在 24h 内采集 2~3 次做血培养（一次静脉采血注入到多个培养瓶中应视为单份血培养）。入院前两周内接受抗菌药物治疗的患者，连续 3d，每天采集 2 份。可选用能中和或吸附抗菌药物的培养基。对间歇性寒战或发热应在寒战或体温高峰到来之前 0.5~1h 采集血液，或于寒战或发热后 1h 进行。

特殊的全身性和局部感染患者采血培养的建议：

（1）可疑急性原发性菌血症、真菌菌血症、脑膜炎、骨髓炎、关节炎或肺炎，应在不同部位采集 2~3 份血标本。

（2）不明原因发热，如隐性脓肿、伤寒热和波状热，先采集 2~3 份血标本，24~36h 后估计体温升高之前（通常在下午）再采集 2 份以上。

（3）可疑菌血症或真菌菌血症，但血培养持续阴性，应改变血培养方法，以获得罕见的或苛养的微生物。

（4）可疑细菌性心内膜炎，在 1~2h 内采集 3 份血标本，如果 24h 后阴性，再采集 3 份以上的血标本。

5. 采血量　成人采血量是 8~10ml，儿童 1~5ml。血液和肉汤之比为 1∶5~1∶10。

6. 将血注入培养基前不需要更换针头，用无菌干棉球按压瓶塞，并尽可能避免血培养瓶橡皮塞上的残留消毒液影响结果。

7. 每日每例采血至少两次，间隔 0.5~1h。

（四）结果判断

1. 健康人体的血液是无菌的。

2. 通常血培养分离的细菌或真菌可认为是血液感染的病原体。

3. 大多数的菌血症是间歇性的，往往需要以多次血培养阳性证实。如为表皮葡萄球菌、类白喉棒状杆菌等皮肤常驻菌，则连续两次培养为同种细菌方可确定。

4. 血液中常见细菌为金黄色葡萄球菌、表皮葡萄球菌、A 群、B 群链球菌、肺炎链球菌、肠球菌、肺炎克雷伯菌、铜绿假单胞菌等。

（五）血培养标本送检的注意事项

1. 所有标本采集后都应立即送往实验室，最好在 2 小时内。如果不能及时送检，请置于室温环境，切勿冷藏。

2. 送检标本应注明来源、检验目的和采样时间，使实验室能正确选用相应的培养基和适宜的培养环境。

3. 最佳的临床标本送检,包括厌氧菌培养标本,首先取决于所获取标本的量。量少的标本要在采集后的15~30分钟内送检。

4. 送检期间要予以安全防护:①标本必须置放于统一配置的标本箱内,禁止徒手将标本送往实验室。②严禁将带有裸露针头的注射器送往实验室。

【尿培养标本采集与运送标准操作规程】

(一)采集指征

1. 有典型的尿路感染症状;

2. 肉眼脓尿或血尿;

3. 尿常规检查表现为白细胞或亚硝酸盐阳性;

4. 不明原因的发热,无其他局部症状;

5. 留置导尿管的患者出现发热;

6. 膀胱排空功能受损;

7. 泌尿系统疾病手术前。

(二)采集方法

1. 普通中段尿采集 最好留取早晨清洁中段尿标本,嘱咐患者睡前少饮水,清晨起床后,女性采样前用肥皂水或0.1%高锰酸钾溶液冲洗外阴部尿道口(男性须翻转包皮冲洗),用0.1%苯扎溴铵或无痛碘消毒尿道口,灭菌纱布擦干;开始排尿,将前段尿排去,中段尿约10~20ml直接排入专用的无菌容器中,立即送检,2h内接种。

该方法简单、易行,是最常用的尿培养标本收集方法,但很容易受到会阴部细菌污染,应由医护人员采集或在医护人员指导下由患者正确留取。

如果需要可收集第一段尿液数毫升做淋球菌和衣原体检查;不中止排尿,在排去数毫升尿液后用无菌试管收集第二段尿,即为所需中段尿。

2. 留置导尿的尿标本采集 培养前,有条件者可夹管4~5小时以上,使细菌有足够的时间繁殖,以提高阳性率。采样时应松管弃去前端尿液,左手戴无菌手套固定导尿管后,按中、左、右、中的顺序,严格消毒尿道口处的导尿管壁,用无菌注射器针头斜穿管壁抽吸尿液。不可打开导尿管和引流管连接处收集标本。

3. 耻骨上膀胱穿刺法 使用无菌注射器直接从耻骨上经皮肤消毒穿入膀胱吸取尿液,是评估膀胱内细菌感染的"金标法",尤其做厌氧菌检查时必须采用膀胱穿刺法。但本法有一定的痛苦,患者难以接受。穿刺时膀胱应充盈,皮肤严格消毒后用装有19或20号针头的注射器在耻骨联合距脐1/3处穿刺。主要用于厌氧菌培养或留取标本困难的婴儿尿标本的采集。

(三)注意事项

1. 采集的尿液标本放入无菌容器中立即送检,室温下保存时间不得超过2h(夏季保存时间应适当缩短或冷藏保存),4℃冷藏保存时间不得超过8h,但应注意冷藏保存的标本不能用于淋病奈瑟菌培养。

2. 在用药前采集尿液,不加防腐剂。

3. 严格无菌操作,避免污染。

4. 不可从集尿袋下端管口留取标本。

(四)结果判断

1. 正常人体内膀胱中的尿液是无菌的。

2. 中段尿以晨起第一次尿液为主,其革兰氏阴性杆菌浓度 >10⁵/ml,革兰氏阳性球菌 >10⁴/ml 可认为是感染的病原菌,反之污染菌可能性大。真菌浓度 >10³~10⁴/ml 可认为感染菌。

3. 已用抗菌药或经导尿管采集的尿液,多次尿培养为单一的同种菌,细菌浓度虽未达到上述界限,也可认为是感染的病原菌。

4. 尿培养显示浓度超过上述界限的但有三种或三种以上细菌和真菌时,应考虑污染菌可能。

5. 尿培养中常见病原菌为大肠埃希菌、肠球菌等。

（五）尿培养标本送检的注意事项

1. 采集的尿液标本放入无菌容器中立即送检,室温下保存时间不得超过 2 小时（夏季保存时间应适当缩短或冷藏保存）,4℃冷藏保存时间不得超过 8h,但应注意冷藏保存的标本不能用于淋病奈瑟菌培养。

2. 送检标本应注明来源、检验目的和采样时间。

3. 不可从集尿袋下端管口留取标本。

4. 严格无菌操作,避免污染。

5. 在用药前采集尿液,不加防腐剂。

【痰培养标本采集与运送标准操作规程】

（一）标本来源

痰/气管抽吸物（Tracheal Aspirate,TA）、支气管肺灌洗吸出液、支气管刷子、气管插管、肺穿刺或活组织等。

（二）容器

洁净、广口、无菌、加盖、密封、防渗漏。不含防腐剂和抑菌剂,一次性使用。

（三）采集方法

清晨痰量多,含菌量亦大,嘱患者先用清水漱口,以除去口腔中细菌,深吸气后用力咳出 1、2 口痰于培养皿或瓶中,痰量极少可用 45℃ 10% 氯化钠液雾化吸入导痰。

建立人工气道,如气管切开或气管插管者,戴无菌手套或用无菌镊子取一次性无菌专用吸痰管,一头缓慢插入气管致隆突（叶支气管）水平,一头接电动吸引器,螺旋式抽吸,吸引痰液。

（四）注意事项

1. 以清晨第二口痰为佳。防止唾液及上呼吸道分泌物污染。

2. 在抗生素使用前采集价值更高。

3. 连续采集 3~4 次,采集间隔时间 >24h。

（五）结果判断

1. 正常人体的下呼吸道是无菌的,上呼吸道有正常菌群栖居。

2. 合格痰的涂片镜检鳞状上皮细胞 <10 个/低倍视野,白细胞 >25 个/低倍视野,或两者比例小于 1:2.5。

3. 连续两次分离出相同的病原菌可认为是感染病原菌。

4. 经纤维支气管镜和人工气道吸引采集分泌物分离出的细菌可认为是感染病原菌。

5. 痰液与血液或胸水中分离到相同病原体,有诊断意义。

6. 痰培养常见病原菌为肺炎链球菌、乙型溶血性链球菌、金黄色葡萄球菌、厌氧性球菌、结核分枝杆菌等。

7. 痰中的病原菌不少属于机会致病菌,应根据病情判断。

（六）痰培养标本送检的注意事项

1. 标本及时送检避免干燥,不能及时送检者可暂存 4℃冰箱。如在室温下放置数小时,则定植于口咽部的非致病菌过度生长,而肺炎球菌和流感嗜血杆菌检出率则明显下降。故标本采集后送检时间不得超过 2 小时。

2. 送检标本应注明来源、检验目的和采样时间,使实验室能正确选用相应的培养基和适宜的培养环境。

3. 送检期间要予以安全防护：放标本的容器必须防漏,禁止将渗漏的标本送往实验室。

【脑脊液标本采集与运送标准操作规程】

正常人体脑脊液是无菌的。当人体患有脑脊髓膜炎症时,在脑脊液中可以出现病原菌。常见的病原菌有细菌、真菌、结核分枝杆菌等。做脑脊液的细菌培养有助于诊断脑膜炎病因。

（一）物品准备与申请

1. 领取无菌试管,供应室领取无菌穿刺包。

2. 填写检验申请单　用钢笔填写,字迹清楚,填写完整。填写内容包括：患者姓名、性别、年龄、科别、病区、床号、住院号、临床诊断、送检目的、申请医生及送检时间。

（二）采集指征

有脑膜炎症状,临床怀疑有脑膜炎感染,应进行细菌培养。

（三）采集方法

患者应先禁食,医师在无菌操作下为患者进行第 3 和第 4 腰椎间隙或稍低处穿刺取得,小儿则于第 4 和第 5 腰椎间隙穿刺,必须装入戴帽（盖）的无菌容器,立即送检。

（四）标本运送和验收

1. 标本采集后应置于无菌试管内尽快送检,决不可冷藏 !!! 每种检验需要最小量：细菌培养 ≥1ml,真菌 ≥2ml,抗酸杆菌 ≥2ml。

2. 标本验收与拒收：标本未收集于无菌管或送检延误或冷藏保存者,则拒收标本,通知临床要求重新采集标本。

（成守珍）

第二十二章 重症医学专科教育体系

学习目标

完成本内容学习后,学生将能:
1. 复述护理科研选题的基本原则;
2. 列出医疗监护的伦理学原则;
3. 描述重症护理专科发展的模式;
4. 应用循证护理证据指导临床护理实践活动。

第一节 ICU 的科研及循证护理

随着重症医学的发展,ICU 仪器设备不断更新,基于循证医学的重症医疗技术与国际水平逐步接轨,也同样极大推进了重症护理学科的快速发展。护理科学研究是学科发展的始动力。护理人员在重症护理实践中,运用科学研究相关成果,依据循证护理指南是提升重症护理质量及护理成效的重要途径。近年来,愈来愈多的护理专家以临床实际需求为着眼点,以解决问题为目的,开展了大量重症护理科研和循证护理工作。以实证为基础、以患者结局为目标,护理专家针对临床上"习以为常"的操作提出循证的质疑,关注的议题诸如重症患者的谵妄评估、是否需要采用每日间断镇静、ICU 患者眼部护理、预防导尿管相关性感染等。这些新证据除了挑战传统的护理常规,也不断丰富和完善了重症护理的理论知识体系,为护理实践增加了理论依据,使得护理操作更加标准化、规范化。

目前,国内的重症护理研究也取得了长足的进展,并在国际国内发表了相当数量的研究成果。但概括而言,论文内容以基础护理、专科护理、人文护理等方面的经验总结居多;临床研究则多以流行病学调查为主,少见大样本、多中心的前瞻性研究;循证护理缺乏证据的广泛传播和推广,难于跨越证据和实践应用的鸿沟;囿于语言水平,国内诸多具有原创思想的著作也常常难以在国际刊物中抛头露面。

重症护理体现了护理学科发展的水平,为了缩小差距,重症护理专科应组建由专科带头人和重症护理专科护理骨干组成的科研团队,强化护理科研和循证护理的意识,提高护理科研的基本能力。

一、重症护理科研

(一)护理研究概述

1. 护理研究的概念 护理研究是用科学的方法反复地探索、回答和解决护理领域的问题,直接或间接指导护理实践的过程。与健康有关的问题或与护理专业发展有关的问题都是护理研究的范围。

2. 护理研究的重要性　护理是一门实践性很强的科学,护理研究的重要性体现在:①有利于护理专业化的形成和发展,通过护理科研建立护理专业独特的知识领域;②通过大量的临床护理实践和护理科研,总结经验,指导临床工作,为制定护理政策提供依据;③护理研究可以通过发现问题、提出问题、查阅文献、进行研究到解决问题等过程,使临床护理水平不断提高;④融入国际护理跨文化研究范畴。

(二)护理科研选题

科研选题,是整个科学研究具有方向性的关键决策。爱因斯坦认为:"在科学研究方面提出一个问题往往比解决一个问题更重要。因为解决一个问题也许仅仅是一个数字上或实验上的技能而已。而提出一个新的问题、新的可能性,从新的角度去看旧的问题,却需要有创造性的想象力,而且标志着科学的真正进步。"

1. 护理科研选题的范围

(1)临床实践中的普遍性问题或现象:在日常工作中经常遇到的问题或现象,试图寻找解决问题的方法或途径,涉及如何对这一问题或现象进行描述、解释、预测或控制。

(2)临床实践中的新问题或新现象:重症护理临床工作中出现的新技术、稀少病种等。

2. 护理选题的原则

(1)重要性:指问题必须具有理论与实践的意义,对于基础课题要求具有理论意义与(或)潜在应用价值;对于应用课题要求具有经济效益或社会效益。选题的方向必须从重症患者的护理需要出发,尽量选择在重症护理领域有重要意义或迫切需要解决的关键问题。问题的重要性体现在是否影响多数的重症患者的转归,是否危害广大重症护理人员职业安全,是否消耗大量的卫生资源等。因此选题时,应当根据个人专长、工作基础与单位条件,既可选当前迫切需要解决的问题,也可选涉及重症护理学科长远发展的课题。

(2)创新性:课题的创新性要求选题范围全新或具有不同程度的新颖性。主要体现在以下几个方面:前人尚未研究过,需要开辟新的领域或建立新的技术方法;虽然前人已有过研究,但可以补充、发展、进一步解决的问题;国外文献已报道,但国内比较薄弱或是空白,需要结合国情进行本土化研究;同样的研究问题,采用不同的研究方法,在深度或广度等方面有进一步的发现。

(3)科学性:指选题的依据与设计理论是科学的。选题成败与否,主要取决于设计的科学性,其中包括专业设计和统计学设计。专业设计时,被试因素、受试对象与效应指标的选择,应当做到技术路线清楚,设计科学严谨,研究方案具体,实验步骤合理,实验方法和设备先进,统计学方法使用合理等。

(4)可行性:指具备完成和实施课题的条件。为达到科研选题的可行性,必须考虑到:①是否有适宜资源开展研究(时间、对象、合作者、设备、花费、经验);②问题能否在保护人权的前提下去研究;③与申请课题有关的研究工作,已有一定的前期工作积累;④具备完成课题的客观条件,如研究手段、动物供应、临床病例、研究时间、协作条件等。

3. 如何选题

(1)从临床实际中选题:护理人员在各自实际工作中积累了大量的材料和经验,学会抓住平日觉得疑惑或不确定的临床护理问题、开动脑筋,追根求源。

（2）从指南中选题：例如《成人 ICU 患者疼痛、躁动、谵妄处理临床实践指南》推荐用客观的评估工具对 ICU 患者疼痛镇静和谵妄程度进行评分和筛查，可以从本土化应用的角度进行立题。

（3）从文献的空白点选题：研究者可根据自己的特长与已掌握专业的发展趋势，进一步查阅国内外文献，获得启发，寻找空白点。

（4）从已有课题延伸选题：可根据已完成课题的范围和层次，再次从其广度和深度中挖掘出新颖题目。

（5）学会借鉴移植，建立自己的课题：借鉴移植是科学研究的重要方法，它是把应用于某疾病、某学科、某专业，甚至某领域的先进方法、技术等移植过来，应用于另一学科、专业或领域，为己所用。

4. 护理选题的注意事项

（1）以患者为中心：着眼于护理诊断而不是医疗诊断，护理选题应是护理措施可以解决的问题。

（2）找准"切入点"：切入点就是在重症护理实践中最困扰的问题、最具特色的内容，或者工作中感触最深的新发现或新经验。在题目中要使用最具个性化的词语表达。切入点越精准，研究越容易深入。如果以最具个性（特色）的方法解决最带有普遍性的实际问题，选题的价值就越大。

（3）考虑可行性和现实性：选题不可过大，尤其是个人承担的题目不宜太大；结合自己的专业特长和研究者的兴趣所在，避免完全重复。

（三）护理科研设计

临床护理科研设计包括三个基本组成部分，即研究因素、研究对象和研究效应，如何正确选择三大要素是科研设计的关键问题。

1. 研究因素　通常指由外界施加于研究对象的因素，包括生物因素、化学因素、物理因素和研究对象本身具有的特性。研究过程中应注意：①抓住实验研究中的主要因素，需根据研究目的的需要与实施的可能来确定带有关键性的因素；②找出非处理因素，除了确定的处理因素以外，凡是影响实验结果的其他因素都称为非处理因素，所产生的混杂效应也影响了处理因素产生的效应对比和分析，这些非处理因素又称混杂因素；③处理因素必须标准化。处理因素的强度、频率、持续时间与施加方法等，都要通过查阅文献和预备实验找出各自的最适条件，然后订出有关规定和制度，并使之相对固定，否则会影响实验结果的评价。

2. 研究对象　研究对象的选择十分重要，要充分考虑研究对象的可靠性和代表性。研究对象的可靠性是指选中的每一个研究对象确实是要加以研究的疾病的一位患者，代表性是指所选中的研究对象症状、体征和具体的预后因素均可反映该病的真实情况。

3. 研究效应　实验效应内容包括实验指标的选择和观察方法两个部分。指标的选择有以下要求：①指标的关联性：选用的指标必须与本次研究的目的有本质上的联系，能反映研究因素的效应；②指标的客观性：能客观的记录，不易受主观因素的影响；③指标的灵敏度：能如实地反映研究对象出现微量变化；④指标的精确性：精确性包含精密度和准确度双重含义。准确度是测定值与真实值接近的程度，精密度是重复测定值的集中程度。

二、ICU 的循证护理

（一）ICU 循证护理理论

1. 循证护理的概念　循证护理是护理人员在计划其护理活动过程中,审慎地、明确地、明智地(conscientious,explicit,and judicious)将科研结论与临床经验、患者愿望相结合,获取证据,作为临床护理决策的依据的过程。审慎是指审慎筛选文献,对检索出来的文献结论进行质量评价和筛选;明确是指形成明确的推荐意见,对筛选出来的同类的文献结论进行汇总和综合;明智是指根据证据的有效性、对患者的适宜性、临床情景的可行性明智地决定护理行为,即结合专业判断和患者需求,依据证据进行临床决策。

2. 循证护理的步骤　循证护理是一个系统的过程,主要包括 6 个步骤:

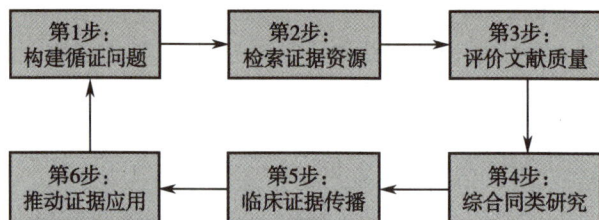

（1）第一步:如何界定循证问题?

构建循证问题应注意两方面内容:一是问题应具体,可化解为检索的关键词,循证问题不能过泛;二是问题应具有重要性和实用性。目前国际通用的模式为 PICO-T 格式,P(Population)为研究对象,I(Intervention)是干预方法,C(Comparison)为比较,O(Outcome)为结局,T(Type of Study)为研究种类。

（2）第二步:如何查询循证资源?

护理领域证据的检索包括最佳实践、临床护理实践指南、集束化护理方案、原始研究(量性研究或质性研究)等。目前可供参考的相关资源网址主要有:① Cochrane library:OVID 中的 All EBM review;②最佳实践(Best Practice):英国医学(BMJ)和美国内科医师协会(ACP)发行,涵盖基础、预防、诊断、治疗和随访等证据;③临床证据(Clinical evidence):BMA:英国医学会发行,是全球最权威的循证医学数据库之一,3000 种治疗措施的证据,每月更新;④临床实践指南:美国国立指南库(National Guideline Clearinghouse,NGC)、RNAO(加拿大安大略护理学会临床指南,www.rnao.org)、SIGN(苏格兰校级指南网 www.sign.ac.uk)、加拿大指南库(http://mdm.ca.cpgsnew/cpgs)

（3）第三步:如何评鉴原始文献的质量?　所检索的原始研究是否可以纳入,需进行该研究论文内部真实性和外部真实性的严格评价。

（4）第四步:如何综合同类文献?对某些量性研究可采用统计方法进行综合(例如 Meta 分析),形成综合的结论;对质性研究将相似结果组合归纳在一起,形成新的类别,然后将类别归纳为整合结果,形成新的概念或解释。

（5）第五步:如何将系统评价简约化,使证据易于传播?通过发布临床实践指南、最佳实践信息册等形式,由专业期刊、专业网站、教育和培训等媒介将证据传递到护理系统、护理管理者、护理实践者中。

（6）第六步:如何应用证据?是最具挑战性的环节,需要应用变革的策略,充分发挥领导力,评估变革的障碍因素,根据情景选择和采纳证据,制定可操作的流程、质量标准、激励政策,并通过全员培训,在应用证据的全体相关护士中达成共识,遵从新的流程,提高执行力。

（二）ICU 运用循证护理实践

由于重症护理专科护士忙于临床实践,往往不能独自完成标准化的证据评价和综合的步骤,为了切实解决在临床中的实际问题,我们仍然可以参考一些高质量的研究报告,结合临床环境和患者的意愿等情况,开展小样本的本土化研究,可以是随机对照研究或临床试验研究,也可以采用行动研究法,或者以持续改进的 PDCA 项目的形式将证据应用临床实践,形成适合于本医院或本部门的专科流程或质量标准。

本土化研究是针对某一情景已经证明应用有效的方法(临床证据),在另一情景进行推广性应用时,通过小样本的研究探索在新情景应用流程如何? 政策、制度如何配套? 要用哪些资源:人力配置、经费、设备、时间、信息和培训、空间? 有哪些障碍? 如何克服? 是否获得同样的效果(常常前后对照,不确定性大时需设同期对照)?

行动研究法(action research)是护理研究领域的一种较新的研究方法,是建立在传统定量和定性研究方法的基础上,承继了两者的优势,将研究与解决工作中的实际问题密切结合的一种研究方法。即强调在研究过程中,研究者亦是参与者、观察者,通过实践找出一种适合的行动方案,为今后的实践活动提供参考。同时,行动研究是一个螺旋式加深的发展过程,每个螺旋圈又包括 4 个相互联系、相互依赖的环节,即:计划、行动、观察和反思。该研究有以下 7 个基本特征:①实践性:研究问题直接来源于实践,并不限定收集资料的方法,可以采用定性研究的资料收集法(访谈、观察),同时也可以采用定量研究的资料收集法(问卷、实验等);②变革性:针对实践中的实际问题进行改革;③参与性:指该领域的实践人员直接参与研究过程,并以此提高工作质量;④协作性:指研究过程中外来性的研究人员与该领域的实践人员的密切互动作用;⑤反思性:指建立在评价基础上的反馈和反省,并形成前瞻性的探索;⑥动态循环性:行动研究由计划、行动、观察、反思 4 步骤组成,并形成螺旋式动态循环;⑦发展理论:通过动态研究及对行动效果的理性思考,对以往理论进行修改,或产生新的理论指导具体实践。

以"俯卧位通气在 ARDS 患者中的循证实践"为例。

1. 研究背景　急性呼吸窘迫综合征(ARDS)是急性肺损伤的严重阶段,是由心源性以外的各种肺内、外致病因素导致的急性、进行性呼吸衰竭,以呼吸窘迫和顽固性低氧血症为特征(氧合指数 <200)。仰卧位时背侧的血流灌注较高,俯卧位时,由于重力的作用使血流分布更加均匀。俯卧位降低胸膜腔的压力梯度,使胸膜腔内的压力由正转负,从而使背侧塌陷的肺泡得到充分的扩张。因此,俯卧位通气已列入重症 ARDS 患者改善通气的实践指南中。

2. 提出问题　如何将指南应用于重症护理实践,在应用之前,我们可能会提出一些疑问,如俯卧位通气的疗效怎样? 何时开始俯卧位机械通气? 持续时间多长? 俯卧位通气有哪些副作用?

3. 检索途径

（1）英文检索词举例:ARDS、acute respiratory failure、ventilator、prone position。

（2）中文检索词举例:急性呼吸窘迫综合征、急性呼吸衰竭、呼吸机、俯卧位、侧卧位。

（3）据库：Cochrane 图书馆（CL）、PUBMED、MEDLINE、CNKI、CBM、维普等包括系统评价、Meta 分析、随机对照试验（RCT）及综述。

4. 寻找的部分证据内容举例

（1）俯卧位通气是否有效：Claude 等纳入法国 26 家 ICU，对 474 名 ARDS 的患者进行干预，对照组采用仰卧位通气，实验组采用俯卧位通气，每次俯卧位通气的时间达 17h，每人平均进行 4 次。结果显示 28 天的死亡率对照组 32.8%，实验组 16.1%，90 天死亡率对照组 41%，实验组 23.6%，俯卧位通气显著降低 ARDS 死亡率。Lee 等纳入 11 篇 RCT 的 meta 分析显示，俯卧位通气对重度 ARDS（氧合指数 <150mmHg）的患者具有强烈的证据推荐，而对于轻中度的患者疗效还有待进一步研究。Sud 等的 Meta 分析纳入 13 个 RCT 共 1559 例患者，研究显示在患者取俯卧位的前 3 天，其氧合状况较仰卧位有明显改善，同时可以降低呼吸机相关性肺损伤的发生率。

（2）何时开始俯卧位通气，持续时间多长：Mancebo 等的 RCT 纳入了 136 例重症 ARDS 患者，发现在机械辅助通气的早期，即 48 小时内给予较长时间的俯卧位，可以有效降低重症患者的病死率。李秀川等对 16 例 ARDS 患者采用俯卧位，应及时考虑使用俯卧位机械通气，一般在发病 24~36 小时给予俯卧位可收到良好效果。

俯卧时长目前没有统一的标准。Abroug 等统计从 2001 年开始俯卧位通气时间在 7~24h 不等。Sud 等人进行对 >16h/d 和 <16h/d 进行分层分析，俯卧位通气时间 >16h/h 能显著降低其死亡率。

（3）俯卧位通气有哪些副作用：①气管插管、动静脉导管或其他引流管脱落或移位：各种管道脱落或移位是翻身时最严重的副作用，但 Taccone 等的研究显示俯卧位导管脱落发生率并不比仰卧位高，翻身前需用 X 线确定气管插管是否在最佳的位置上，在翻身时导管可发生最大的移位而不导致脱落，完成翻身时需要立刻检查导管的位置，特别是在使用升压药时。②压疮：患者的脸部要转向侧面，避免眼睛、鼻子、嘴唇等发生压疮，如有脊椎有问题的患者，需要特殊的枕垫将脸部撑离创面。虽然是俯卧位的姿势，必须两个小时左右翻身一次。③增加镇静剂的使用：Gattinoni 等做了一项大型研究显示俯卧位能增加 55% 的镇静剂的使用和 28% 肌肉松弛剂的使用。俯卧位的患者需要更多的镇静药，但是有些人甚至认为俯卧位比仰卧位舒服，镇静剂不能视为俯卧位患者的常规用药，只有在患者烦躁的时候才使用镇静药。④脸部水肿：由于脸部结缔组织丰富，当脸部处于低位时容易发生水肿。虽然不至于影响病情，但在俯卧位之前应该向家属做好解释，脸部水肿在翻回仰卧位时会迅速消散。如果没有低血压的情况下，可采用头高脚底位，有助于减轻脸部水肿。

针对以上查找的证据，我们可以根据本医院本部门具体情况，制定小样本俯卧位通气的行动研究实施计划，制定评价指标，经过几轮的行动研究，形成本土化的、疗效显著的、副作用尽可能小的俯卧位通气标准流程。

第二节　ICU 常见的法律与伦理问题

随着医学技术的进步，维持生命的手段日益增多，危重患者可以在 ICU 得到最先进的生命支持治疗。但现代医学技术也是一把双刃剑，一部分 ICU 患者经过积极治疗可以好转、康复,而另一部分患者虽经积极治疗却终将死亡。因此,我们必须在积极治疗和对生命终末期患者的姑息治疗之间寻找平衡,使我们的治疗能符合患者的最佳利益。在重症监护治疗病房,生命保障系统的选择经常面临伦理或法律的两难境地。事实上,所有的医疗护理实践均应遵循基本的伦理学原则,重症监护病房也不例外。讨论这些原则的目的并不在于建立一种实践的标准或给予合法的建议,而是提供一种应用伦理原则以避免或解决冲突的系统。

一、医疗监护的伦理学原则

医学伦理的原则根植于宗教与哲学的传统,其中包括善良与罪恶、正确与错误等绝对价值观念,以及人的生命无限珍贵与神圣的理念。所谓伦理,就是依托这些理念指导我们的行为以及我们与其他人相互作用的原则系统。虽然这些理念的应用可能会因时而变以适应社会的需求,但是其中绝对价值的界限依然保持不变。源自于这些绝对价值的四个基本伦理原则对医学实践有深刻的影响,尤其是对监护医学。

1. 有益原则 指医护人员有照顾患者并充分尊重患者利益(包括挽救生命、缓解痛苦、减少伤残)的责任。这一原则已经成为医学实践的基本目标。

2. 无伤害原则 医疗保健的从业人员首先要不做有害于患者的事情,医护人员应充分考虑各种医疗措施的风险及伤害。无伤害原则有时也会与有益原则产生冲突。例如,对临终的患者使用吗啡减轻疼痛被认为是符合伦理的(有益原则),但是吗啡也会增加患者死亡的危险,这一行为又违反了无害原则。

3. 自主原则 是任何一个具有完全法律能力的成年人在被告知适当的(医学)信息以后,有权接受或拒绝医学治疗,包括生命支持措施——即自我决定权。医疗团队有责任通过诚实、真实地提供医疗信息以获取患者对治疗的知情同意,从而保护患者的自主原则,表 22-2-1 列举了美国医院联合会(American Hospital Association)所采纳的患者的权利。但在 ICU 中实施起来却存在困难,因为大多数危重患者由于镇静或疾病原因不能参与意见。

表 22-2-1 患者权利法案

患者有权——
接受细致而受尊重的治疗
知道诊断、治疗与预后的信息
决定治疗相关的问题
预立指示
关注隐私
期望保密
审查医疗记录
要求医疗服务
被告知卫生保健事宜
同意或拒绝参与研究
期望得到合理的持续的治疗
被告知医院关于患者治疗的政策,包括解决冲突的资源

4. 公平原则　个体应得到与其他患者同样公平的治疗,以及在整体医疗资源的分配上得到公正的配置。

二、ICU 准入标准和治疗方法选择

在不同国家,ICU 资源(准入标准、选择治疗方式、生命终末期治疗)如何使用差异很大。有研究发现,ICU 内的病死率与 ICU 可用床位数成反比关系。因此,应在伦理学原则下指导 ICU 资源的应用,美国胸科协会提出的 ICU 资源分配的伦理学原则包括:①每个人的生命都是宝贵、平等的;② ICU 医疗的核心原则是尊重患者的自主权和知情同意权;③重症监护治疗是医疗保健的重要组成部分,应向所有患者提供治疗;④使用符合患者医疗需求的资源,治疗患者并尊重患者的利益(包括挽救生命、缓解痛苦、减少伤残);⑤患者不能不顾对他人的影响或医疗资源不足,而要求享有永无止境的权利。在 ICU 治疗的患者,当治疗不再对患者起效,需要在危重症伦理原则下做出 ICU 医疗决策。

三、"不用心肺复苏"在 ICU 的应用

随着 ICU 技术的发展和进步,当生命面临死亡威胁时愈来愈多的患者被送入 ICU,一旦面对医疗极限,到底是让患者能够尊严无痛苦之善终? 还是选择继续积极救治? 患者、家属及医疗团队常陷入临床决策的困境。为此世界各国展开了对 ICU 生命末期患者是否继续心肺复苏(cardiopulmonary resuscitation,CPR)等维持生命治疗的讨论,西方大多数国家认为对临终的患者使用不同的治疗虽然能够延长生命,但不能改善其生命质量,甚至会给患者及家庭带来巨大痛苦和沉重经济负担。提倡患者提前签署不再心肺复苏(do not resuscitate,DNR)文件。DNR 的运用对患者临终生命质量的改善有积极的意义,但因除了医学外,还涉及法律、道德等问题,是否适合我国国情,有待多学科学者共同探讨。大量证据表明缺乏 DNR 实施标准和规范是阻碍 DNR 签署的主要原因。为此,在尚无 DNR 立法背景下,建议:①加强与临终患者及家属的沟通与交流;②制定相关的 DNR 法律规范;③尊重患者的意愿和家属做决策的角色;④加强 ICU 医护人员关于 DNR 意义的继续教育。

四、终止治疗面临的伦理冲突

终止治疗是重症监护治疗学所面临的一个问题,重症监护通常是支持器官功能的过程,但却不能保证治愈。由于延长患者的死亡过程违背了有益和无害的伦理原则,因而并不符合患者的最高利益。

1. 终止治疗有的形式

(1)所涉及的医疗组要求继续无益治疗。

(2)患者家属要求继续有益治疗:尽管文化和宗教起一定的作用,但犯罪感通常是促使家属决定继续无益治疗的原因。

(3)家属要求不合理地终止治疗:向家属解释治疗的合理性以及为什么继续治疗是合适的。关护的责任是对患者,而不是对家属。

(4)患者要求终止治疗:向患者解释治疗的合理性,并告知从监护人员的观点看还有复原的希望。制定一个短期的治疗计划可能是适宜的。但最终,患者有权拒绝治疗,即使这种治疗是可以挽救生命的。

2. 终止治疗会产生的伦理冲突

（1）因医患价值本位的不同引发的医患冲突：医护人员的职责是救死扶伤。应坚持生命本位，但医护人员还得顾及医院的利益，即同时兼顾利益本位的考虑。而对于患者及其家属来说，考虑的主要因素是患者的生命，因此，坚持的是生命本位。医患双方坚持的价值本位的不同，在决定放弃与否的看法上会出现冲突。

（2）因经济因素引发的患者与家属之间的冲突：我国目前放弃治疗的多是自费患者，这说明家庭经济状况是重要的影响因素。经济因素导致患者与其家属之间的伦理冲突主要表现为：一是患者希望放弃而家属不愿放弃；二是患者希望继续治疗，但家属因 ICU 巨额的医疗和护理费用而决定放弃治疗。当这些情况出现时，ICU 放弃治疗的决定无疑成为金钱和伦理道德的较量。

（3）因医疗资源引发的生命价值与医疗体制之间的冲突：医疗资源的短缺是造成 ICU 患者放弃治疗的重要因素之一。尽管用有限的医疗资源去衡量无价的生命有失偏颇，但就目前来看，并无完善的医疗保障措施维护 ICU 重症患者的医疗权益。

五、ICU 镇痛镇静治疗医护分工与合作的伦理学要求

在 ICU，医生与护士间的合作非常重要，医护间的有效配合也是促进镇痛镇静管理方案成功实施的关键。一方面，ICU 医师有时会出于对镇痛镇静药物的不良作用与并发症顾虑而未合理地给予镇静镇痛治疗；另一方面，护理人员为降低工作量、担心管道意外拔出脱落而期望患者处于较深的镇静状态。国外有研究认为，作为参与者与执行者，护士在镇痛镇静治疗中的作用与地位不断提升，尤其在镇痛镇静程度评估、剂量调整、"每日唤醒"期间防止意外拔管、心理安抚、并发症防治等方面，护士发挥了重要的作用。在医护协作进行镇痛镇静治疗过程中，应遵循患者利益至上原则，根据病情使用和调整药物用量和镇静深度，力求避免医生或护士为了规避风险，而不用、滥用镇痛镇静治疗或导致镇痛镇静过深。

六、重视护理人员的压力调试和伦理培训

由于 ICU 特殊的工作性质及环境，护士所承受的压力比普通病房的护士要大，尤其是新护士。研究指出，较多的学者都在探索如何帮助家属面对患者的死亡，但护理人员经常面对死亡的负面刺激，如何减少这种负性刺激对护理人员的危害却被人们所忽视。ICU 的护士不仅要有敏捷的思维和快速的应变能力，而且要善于调整自身的心理，增强自制力、表达能力和适应能力以适应紧张的工作，实现理性思维和创造性思维的完美结合。研究表明通过规范工作流程、开展 ICU 心理咨询有助于缓解 ICU 护士的心理压力。因此，应加强 ICU 护理人员相关的伦理培训，使之具备足够的沟通技巧及良好的心理状态。

第三节　资质教育体系

随着社会及科学技术的快速发展，人们对健康的需求日益增大，为了适应社会的需求，护理的专科化已成为许多国家临床护理实践发展的策略和方向，专科护士已在适应医学发

展、满足人们对健康的需求及提高专科护理等方面起着越来越重要的作用。重症监护病房（ICU）的护理工作量可占整个医疗机构的30%,职业风险远远高于普通病房,ICU的护理工作已成为体现高级护理技术和衡量医院护理质量的一个重要指标,由此也对ICU护士队伍的综合素质和专业技能提出了更高的要求。专业人才培养和梯队建设是目前ICU面临的主要问题之一。ICU专科护士如何培养及使用,应达到怎样的技术水平才能适应ICU的发展,引起广泛的关注与探讨。

一、ICU专科护士培训目标

专科护士在加快专科化、提高护理质量、降低医疗费用等方面起着重要的作用。作为高级实践护士,临床实践能力的培训是其培训的重点和难点。目前我国ICU护士的培训目标主要是培养具备专科系统的理论知识、实践能力并具有科研教学意识的临床专科型护士。通过培训提高ICU专业的专科护理质量和专科护理技术水平,使学科发展和专科护理人员综合素质与国际水平接轨;制订和完善ICU专科护理的行业标准,规范工作制度、工作常规与工作流程,使ICU专科护理走向标准化、制度化、规范化的管理。

二、ICU专科护士培训内容

ICU专业课程涉及重症监护高级专科护理和重症监护临床实践。常见的基本培训内容包括重症监护管理及专科进展;ICU专科护士发展趋势及护士核心能力的培养;CPR进展与重症监护（急救）技术;危重症患者的评估与监测技术;ICU护理的新思维、新业务、新技术;危重患者应急预案及心理护理;重症监护护理安全与职业防护;机械通气与人工气道的管理;重症监护病房的院内感染控制;重症患者的镇静治疗与监护等。在临床实践部分,注重知识、能力、素质的协调发展,加强操作能力的训练,突出临床思维能力的培养,重视观察能力、预测能力、判断能力、语言表达能力、分析和处理问题的应变能力的培养,将临床实践能力的培养贯穿于临床实践教学的始终。此外,由于现代医学的不断更新和ICU护理工作内涵的不断拓展,ICU专业培训课程也在不断充实和更新。

三、ICU专科护士培训

重症护理专科护士的培养最早始于美国,于20世纪30~40年代开始,部分医院通过对护士进行短期培训,使之成为重症领域的专家。国际对高级专科护士（CNS）普遍认可美国护理学会（ANA）对CNS的定义:CNS是具有硕士或博士学位的注册护士,有丰富的临床实践经验,且精通某临床专科特殊领域的知识和技能并有较高护理水平者。美英及加拿大等国家认为专科护士（Specialty Nurse,SN）是指具备一定条件的护士在某一特定领域进行为期数月的培训,具备相应专科护理能力并经考核合格获得专科资格证书的注册护士。加拿大、英国等国家在20世纪60年代也开始实施专科护士培养制度,兼有专科证书课程和研究生学位课程2种形式。

我国内地重症专科护士培养尚处于起步阶段,2002年中华护理学会和香港危重病护士协会成功地合办了首届"危重症护理学文凭课程班",这是国内首次高水平、规范化、标准化的专业培训,为ICU专科护士培训奠定了基础。至今已经培训了17期,完成了全国数千名学员的培训任务。2003年北京、江苏率先举办ICU和糖尿病专科护士培训,并成立专科护士培训基地。随着 2005 年《中国护理事业发展规划纲要（2005—2010）》出台，各地医院和学术组织相继开展重症监护、急诊急救、器官移植、手术室护理、肿瘤患者护理等领域的专科护士培训。为加强医院临床专业化护理骨干的培养，卫生部组织中华护理学会及有关专家，研究制定了《专科护理领域护士培训大纲》，并于 2007 年 5 月下发。该大纲共分为 5 个部分，分别对当时临床护理技术性较强的 5 个专科护理领域做了规定，包括：重症监护（ICU）护士、手术室护士、急诊护士、器官移植专业护士、肿瘤专业护士。每一部分都按照培训对象、培训目标、时间安排、培训内容及考核要点进行规范，对各地规范开展专科护理领域的培训工作起到了指导作用。以该大纲为指导，各省、自治区、直辖市等都相继出台了专科护士培养相关规范。《中国护理事业发展规划纲要（2011—2015 年）》中也对到 2015 年在重症监护、急诊急救、血液净化、肿瘤、手术室、精神等六大专科护理领域的发展做了规划。目前我国不同的省市根据地区医疗护理发展情况开展了本省的重症专科领域的专科护士培训，大多数地方的证书名称是培训合格证书，而非专科护士资格证书。

目前我国专科护士的培养方式包括以医院为基础的专科护士培养模式、以学校为基础的培养模式、医院和学校联合培养模式和医院之间联合培养模式。专科护士培训的基本内容都包括专业必修课程、核心课程和专科课程。其中，必修课程是指不分所修专科或岗位都应具备的基础知识；核心课程内容是针对专科护士最基本的核心能力——高级临床护理所需要的知识；专科课程是该专科所必读的所属专科理论知识及专科临床实习。以上三个是最基本框架，基本内容相互补充。其他方面的课程，可以根据其不同的环境、学生特征、独特的任务而进行补充。目前国内临床专科护士制度的推行尚处于初级阶段，由于我国医护人员结构比例不同，护士的教育层次不高，由专科护士代替医生部分岗位职责尚缺乏政府的行政许可，因此专科护士的岗位职责模糊，从而使得专科护士的培训目的、要求、课程设置不统一。我国一些高等护理院校开始尝试将专科护士培养与专业型硕士培养相结合，在提高我国专科护士学历层次，以及规范科研、教学训练方面进行了有益的探索。

四、ICU 专科护士培养展望

1. 规范 ICU 专科护士资格认证制度　由于目前我国专科护士岗位的设置还不完善，还没有专科护士的执业资格制度。因此，需要尽快将 ICU 高级护理人才培养与使用列入中国护理人力资源研究范畴，建立 ICU 特殊岗位的准入制度，使 ICU 高级护理人才梯队培养结构符合现代危重症监护护理要求，在完善专科护士培训机制的基础上逐步培养重症监护护理专家，使中国危重症护理学的发展与国际接轨。

2. 结合中国国情寻求最佳的培养模式　完善 ICU 专科护士培训教材，制订有针对性、先进性、实用性的规范化专科教材是目前 ICU 专科护士培训中急需解决的问题。变革培养理念、更新教学模式在临床实践教学中尤为重要。以医院为依托，在不脱产、不影响正常工作的前提下，建立 ICU 专科护士培训基地，构建符合中国国情的理论与实践相结合的 ICU 专科护士临床培训模式和培训方案，有效促进 ICU 护理专业水平的整体提高。

3. 明确 ICU 专科护士的职责和待遇　ICU 专科护士工作的重点是为患者解决问题，满足患者的需要，特别是危重患者的专科护理问题，专科护士要亲自处理或指导下级护士完成；每天进行护理业务查房，特别是对危重患者的重点查房；组织制定本专科护理指引，制定并审核所在专科各项护理工作标准、护理质量评价标准等；做好患者和家属的健康宣教、早期介入康复；协助制定医院专科护理人才培训计划，指导下级护士工作；开设专科护理门诊，提供健康教育、咨询和专科护理工作等。

附 录　重症患者常用评估量表

附录 1　Glasgow-Pittsburgh 昏迷评分（GCS-P）

试验	患者反应	评分
瞳孔对光反应	1. 正常	5 分
	2. 迟钝	4 分
	3. 两侧反应不同	3 分
	4. 大小不等	2 分
	5. 无反应	1 分
脑干反射	1. 全部存在	5 分
	2. 睫毛反射消失	4 分
	3. 角膜反射消失	3 分
	4. 眼脑及眼前庭反射消失	2 分
	5. 上述反射均消失	1 分
抽搐	1. 无抽搐	5 分
	2. 局限性抽搐	4 分
	3. 阵发性大发作	3 分
	4. 连续大发作	2 分
	5. 松弛状态	1 分
自发性呼吸	1. 正常	5 分
	2. 周期性	4 分
	3. 中枢过度换气	3 分
	4. 不规则 / 低呼吸	2 分
	5. 无呼吸	1 分

备注：最大得分 35 分，预后良好；最小 7 分，预后最差

附录2　Glasgow 结局量表

在 GCS 基础上，GCS-P 增添四项评分内容：瞳孔对光反应、脑干反射、抽搐、自发性呼吸。

分级	特　征
Ⅰ死亡（death）	死亡
Ⅱ持续性植物状态	无意识、无言语、无反应，有心跳呼吸，在睡眠觉醒阶段偶有睁眼、呵欠、吸吮等无意识动作
Ⅲ重度残疾	有意识，但由于认知、言语、躯体有严重残疾而不能自理
Ⅳ中度残疾	有认知、行为、情感障碍，有轻度偏瘫、共济失调、言语困难等残疾，在日常生活、家庭与社会活动中尚能勉强自理
Ⅴ恢复良好	能重新进入正常社交活动，并能恢复工作、就学，但可有轻度后遗症

附录3　深静脉血栓（DVT）Autar 评分表

年龄	评分	体型/肥胖指数（BMI）		
10~30	0	体型	BMI	评分
31~40	1	体重不足	16~18	0
41~50	2	体重适中	20~25	1
51~60	3	超重	26~30	2
61~70	4	肥胖	31~40	3
>70	5	过度肥胖	>40	4
运动能力	**评分**	**特殊风险种类**		
能走动	0	20~35		1
运动受限（需要辅助工具）	1	>35 岁		2
运动严重受限（需他人协助）	2	激素替代治疗		2
轮椅	3	怀孕及产褥期		3
完全卧床	4	易栓症		4

创伤风险种类		外科干预：仅对一项适合的外科干预	
评分项目（仅限术前）	评分	1. 小手术 <30 分钟	评分
头部损伤	1	2. 择期大型手术	1
胸部损伤	1	3. 急诊大手术	2
脊柱损伤	2	4. 胸部手术	3
盆腔损伤	3	5. 妇科手术	3
下肢损伤	4	6. 腹部手术	3
		7. 泌尿外科手术	3
		8. 神经外科手术	3
		9. 骨科手术（腰部以下）	4

现有的高风险疾病			
溃疡性结肠炎	1		
红细胞增多症	2		
静脉曲张	3	评估说明	
慢性心脏疾病	3	入院 24 小时内进行	
急性心肌梗死	4	评分：从每个表格中选择相应的选项，评分并计算总分数	
恶性肿瘤（活性）	5	总分：	
脑血管意外	6	评估人：	
DVT 病史	7	日期：	

评估方案		预防策略
评分	风险分类	低危：走动 + 梯度弹力袜
≤10　低危		中危：梯度弹力袜 + 肝素 + 间歇式压力系统
11~14　中危		高危：梯度弹力袜 + 肝素 + 间歇式压力系统
≥15　高危		

附录4　重症疼痛观察工具（CPOT）

项目	描　　述		分值
面部表情	观察不到肌肉的紧张	放松、中性的表情	0
	表现出皱眉头、眉毛下垂、眼窝紧缩、轻微的面肌收缩或其他改变（如在伤害性操作过程中出现眭眼或流泪）	表情紧张	1
	出现上述所有面部运动并有眼睑紧闭（可以表现出张口或紧咬气管插管）	脸部扭曲表情痛苦	2
身体活动	根本不动（不一定是没有疼痛）或正常体位（运动不指向疼痛位点或不是为了保护的目的而动）	没有活动	0
	缓慢、小心的活动，触摸或者摩擦痛处，通过活动获取别人注意	防卫活动	1
	拔管，试图坐起，肢体乱动/翻滚，不听指令，攻击医护人员，试图爬离病床	躁动不安	2
呼吸机的顺应性（针对气管插管患者）	无报警，通气顺畅	耐受呼吸机或活动	0
	咳嗽，可触发报警但自动停止报警	咳嗽但耐受	1
	不同步：人机对抗，报警经常被触发	人机对抗	2
或者（二者选一）	正常音调交谈或不出声		0
	叹息，呻吟		1
发声（无气管插管患者）	喊叫，哭泣		2
肌肉紧张度	被动运动时无抵抗	放松	0
	被动运动时有抵抗	紧张，僵硬	1
	强烈抵抗，导致不能完成被动运动	非常紧张或僵硬	2

注：总分值为0~8分，>3分判定为疼痛

附录5　中文版ICU患者不适评估量表（IPREA）

2010年，法国学者Kalfon开发了ICU患者不适评估量表（Inconforts des Patientsde RE Animation，IPREA），解艳红等[77]汉化的中文版IPREA量表从心理、生理、环境等多方面综合评估ICU患者的不适。

对于每个不适来源的程度,采用简单数字刻度评分法(0~10分,即:舒适—0~1分,欠舒适—2~3分,较不舒适—4~5分,不舒适—6~7分,很不舒适—8~9分,非常不舒适—10分)

项目	不舒适的内容及原因	计分
1	您是否日夜遭受以下噪音的困扰?（以下是的请在□内打√） □报警器　□电话铃声　□收音机　□谈话声 □气垫床充气声　□其他_____	
2	光线刺激对您的不适影响程度?（尤其是晚上房间或是走廊的光）	
3	您是否感觉对所睡床铺有以下不适?（以下是的请在□内打√） □床潮湿　□太硬　□太软　□床头过低　□床头过高　□床太低 □床太高　□床栏　□坏枕头　□其他_____	
4	与平时相比您是否苦于缺乏睡眠?	
5	你遭受口渴的不适程度?	
6	你遭受饥饿的不适程度?	
7	你遭受寒冷的不适程度?	
8	你遭受炎热的不适程度?	
9	您活动时的疼痛程度?（如有请在以下□内打√） 何种情况下疼痛:□机械通气　□侵入性操作　□留置鼻胃管　□吸痰 □翻身　□解大便　□其他_____	
10	您被导管约束所致的不适程度?（如有请在以下□内打√） □约束带　□输液管路　□呼吸机管路　□吸氧的鼻导管 □胸前电极贴的连接导线　□监测血氧饱和度的夹子　□其他_____	
11	您的隐私不被充分尊重?（如有请在以下□内打√） □排便时,清洁会阴及肛周皮肤　□更换卧位　□医生体格检查时 □其他_____	
12	你感到焦虑的程度?（如有请在以下□内打√） □噪声刺激　□光线刺激　□病室抢救气氛　□环境封闭　□信息缺乏 □身体被约束　□经济因素　□对疾病知识缺乏　□病情变化快,难以适应 □其他_____	
13	你感到孤单的程度?（如有请在以下□内打√） □单一的声音刺激　□无时间概念　□环境封闭,无家属陪伴 □语言障碍,无法表达需求,孤独无助　□其他_____	
14	您感到压抑/抑郁的程度?（如有请在以下□内打√） □环境陌生　□机器报警声频繁　□空间狭小　□与家人隔离 □人工气道导致沟通障碍　□病情反复,担心预后　□医疗费用 □其他_____	
15	您感到胸闷、呼吸困难,感觉空气不足的程度?（如有请在以下□内打√） □缺氧　□无力咳痰　□胃液反流入气管　□寒冷刺激　□报警声音刺激 □抢救患者刺激　□精神紧张焦虑　□其他_____	
16	您对医生护士没有及时告知你的病情演变、恢复、或预后情况感到不安的程度?	
17	限制您的家属及朋友探视时间,让您感到不适的程度?	

附录 6　Richards Campbell 睡眠量表

下列问题是关于您在 ICU 期间的睡眠情况,横线上的数字分别代表睡眠的不同状况,请在您觉得最能反映您在 ICU 期间睡眠情况的位置上打"√"。

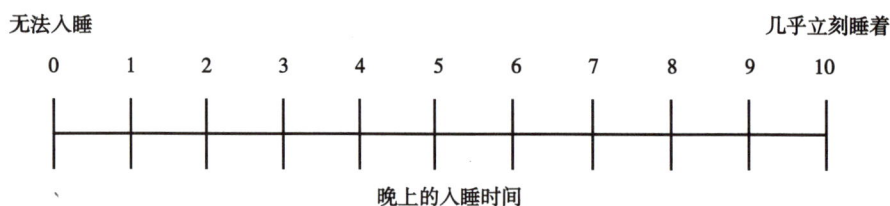

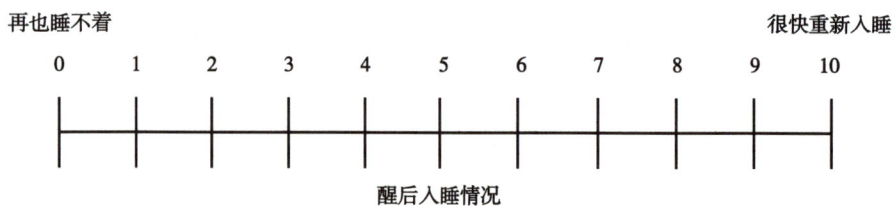

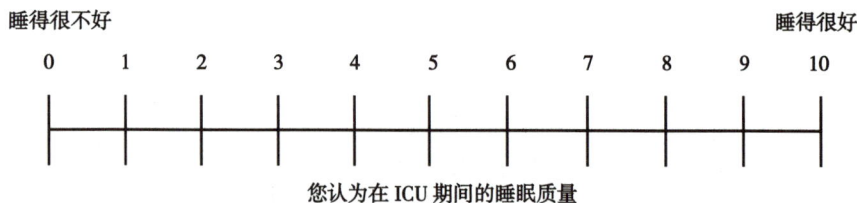

浅睡　　　　　　　　　　　　　　　　　　　　　　　深睡
0　1　2　3　4　5　6　7　8　9　10

夜间睡眠深度

无法入睡　　　　　　　　　　　　　　　　　　　几乎立刻睡着
0　1　2　3　4　5　6　7　8　9　10

晚上的入睡时间

整夜醒着　　　　　　　　　　　　　　　　　　　　　很少醒
0　1　2　3　4　5　6　7　8　9　10

晚上醒来的次数

再也睡不着　　　　　　　　　　　　　　　　　很快重新入睡
0　1　2　3　4　5　6　7　8　9　10

醒后入睡情况

睡得很不好　　　　　　　　　　　　　　　　　　　睡得很好
0　1　2　3　4　5　6　7　8　9　10

您认为在 ICU 期间的睡眠质量

备注:RSCQ 是美国学者 Richards 等于 2000 年研究设计的睡眠质量自评量表,该量表包括 5 个条目,分别为夜间睡眠深度、夜间入睡时间、夜间觉醒次数、夜间觉醒后重新入睡时间以及夜间总体睡眠质量。

每一条目采用视觉数字模拟评分法评估,将一条 10cm 长的粗直水平线平均分成 10 等份,从左到右依次标明数字 0 至 10。由受试者根据自己的实际情况在线上标记出最能反映前一晚睡眠质量的数字。最左端为 0 分,代表睡眠最差;最右端为 100 分,代表睡眠最佳。量表总分为5 个条目的平均分,0~25 说明睡眠质量差,25~75 说明睡眠质量一般,75~100 说明睡眠质量良好。

附录 7　徒手肌力评定（MMT）

分级	描　述
5	能抗充分阻力,关节能达到最大活动范围
5–	能抗较充分阻力稍小的阻力,关节能达到最大活动范围
4+	能抗比中度稍大的阻力,关节能达到最大活动范围
4	能抗中度的阻力,关节能达到最大活动范围
4–	能抗比轻度稍大的阻力,关节能达到最大活动范围
3+	抗肢体本身重力,关节能达到最大活动范围,且在运动终末可抗轻度阻力
3	抗肢体本身重力,关节能达到最大活动范围
3–	抗肢体本身重力,关节能活动到最大活动范围的 1/2 以上,但不能达到最大活动范围
2+	去除肢体重力的影响,关节能达到最大活动范围,如抗重力,可活动到最大活动范围的 1/2 以下
2	去除肢体重力的影响,关节能达到最大活动范围
2–	去除肢体重力的影响,关节能活动到最大活动范围的 1/2 以上,但不能达到最大活动范围
1+	肌肉有强力收缩,但无关节活动
1	可触及肌肉有轻微收缩,但无关节活动
0	无可测知的肌肉收缩

附录 8　Ramsay 评分

　　一般 ICU 患者宜将 Ramsay 评分调整至 3 分水平,手术后较大创伤后的患者应使其达到 5~6 分,病情平稳的患者达到 2 分。

分数	状态	描　述
1	清醒	患者焦虑、躁动不安
2	清醒	患者配合,有定向力、安静
3	清醒	患者对指令有反应
4	睡眠	嗜睡,对轻叩眉间或大声听觉刺激反应敏捷
5	睡眠	嗜睡,对轻叩眉间或大声听觉刺激反应迟钝
6	睡眠	嗜睡,无任何反应

附录9　RASS 镇静程度评估表

评分分为10级,从 -5 分至 +4 分,分 3 个评估阶段进行。

第1步:观察患者状态,是否是镇静状态(0分)、是否有焦虑或躁动(1~4分);第2步:如患者无反应,呼叫患者名字,与评估者对视(-1~-3分);第3步:如患者对语言刺激无反应,对患者进行身体刺激(-4~-5分)。

分值	描述	定　义
+4	有攻击性	好斗行为、暴力行为、当下就对工作人员构成危险
+3	极度躁动	拉扯或拔除各种管道或插管;具有攻击性
+2	躁动	频繁的无目的动作,与呼吸机抵抗
+1	烦躁不安	焦虑、恐惧、动作不具攻击性
+0	清醒且平静	主动注意照顾者
-1	嗜睡	非完全清醒状态,但声音刺激后能够维持清醒状态(睁眼并有眼睛接触 >10 秒)
-2	轻度镇静	声音刺激后能维持短暂清醒状态(睁眼和眼睛接触 <10 秒)
-3	中度镇静	声音刺激后有活动或睁眼反应(但无眼睛接触)
-4	深度镇静	对声音刺激无反应,但身体刺激后有活动或睁眼
-5	不可叫醒	对声音或身体刺激均无反应

（李　红）

参考文献

1. Eugene Braunwald,陈灏珠. 心脏病学［M］. 北京：人民卫生出版社,1999.
2. 北京协和医院医务处. 临床护理常规［M］. 北京：人民卫生出版社,2012.
3. 博亚尔. 成人心脏外科围手术期处理手册［M］. 科学出版社,2012.
4. 蔡柏蔷,李龙芸. 协和呼吸病学［M］. 2 版. 北京：中国协和医科大学出版社,2011.
5. 曹伟新,李乐之. 外科护理学［M］. 北京：人民卫生出版社,2005.
6. 曹相原. 重症医学教程［M］. 北京：人民卫生出版社,2014.
7. 柴枝楠. 医学危急值判读与急救手册［M］. 北京：人民军医出版社,2012.
8. 陈安民,田伟. 骨科学［M］. 2 版. 北京：人民卫生出版社,2014.
9. 陈灏珠,林果为,王吉耀. 实用内科学［M］. 14 版. 北京：人民卫生出版社,2013.
10. 陈利芬,成守珍,李智英. 专科护理常规［M］. 广州：广东科技出版社,2013.
11. 陈敏章,蒋朱明. 临床水与电解质平衡［M］. 2 版. 北京：人民卫生出版社,1980.
12. 陈荣凤. 基础护理学［M］. 北京：人民卫生出版社,2014.
13. 陈孝平,汪建平. 外科学. 第 8 版［M］. 北京：人民卫生出版社,2013.
14. 陈燕启,李小刚. 急危重症"三基"理论与实践［M］. 北京：人民卫生出版社,2015.
15. 成守珍. ICU 临床护理思维与实践［M］. 北京：人民卫生出版社,2012.
16. 池肇春. 实用临床肝病学［M］. 北京：人民军医出版社,2015.
17. 崔焱. 儿科护理学［M］. 4 版. 北京：人民卫生出版社,2006.
18. 焦兴元,何晓顺. 中国公民器官捐献 500 问［M］. 广州：广东科技出版社,2013.
19. 邓小明,李文志. 危重病医学［M］. 北京：人民卫生出版社,2011.
20. 丁淑贞,张素. ICU 护理学［M］. 北京：北京协和医科大学出版社,2015.
21. 杜斌. 麻省总医院危重病医学手册［M］. 4 版. 北京：人民卫生出版社,2009.
22. 杜雪平,吴永浩,王和平. 全科医学科诊疗常规［M］. 北京：中国医药科技出版社,2013.
23. 方芳. 危重症监护［M］. 北京：人民卫生出版社,2012.
24. 方敏,郑翔,冯晓敏. ICU 护士工作指南［M］. 北京：第四军医大学出版社,2012.
25. 阜外心血管病医院护理部. 心血管病护理手册［M］. 北京：中国协和医科大学出版社,2013.
26. 葛均波,徐永健. 内科学［M］. 8 版. 北京：人民卫生出版社,2013.
27. 郭加强. 心脏外科护理学［M］. 北京：人民卫生出版社,2003.
28. 郭政,李荣山. 医学研究生科研设计技巧［M］. 北京：军事医学科学出版社,2004.
29. 何念海,桂芹. 儿科临床速查掌中宝［M］. 北京：军事医学科学出版社,2014.
30. 胡雁. 循证护理学［M］. 北京：人民卫生出版社,2012.

31. 黄人健. 内科护理学高级教程［M］. 北京：人民军医出版社，2014.

32. 黄人健，李秀华. 护理学高级教程［M］. 北京：人民军医出版社，2011.

33. 黄楹. 神经危重症监护［M］. 北京：人民卫生出版社，2009.

34. 黄志俭，陈轶强. 呼吸与各系统疾病相关急危重症诊治通要［M］. 厦门：厦门大学出版社，2014.

35. 黄祖瑚，黄峻. 临床药物手册［M］. 上海：上海科学技术出版社，2015.

36. 康焰. 临床重症医学教程［M］. 北京：人民卫生出版社，2015.

37. 郎黎薇. 神经外科临床护理实践［M］. 上海：复旦大学出版社，2013.

38. 乐杰. 妇产科学［M］. 7 版. 北京：人民卫生出版社，2008.

39. 李春盛. 临床诊疗指南：急诊医学分册［M］. 北京：人民卫生出版社，2009.

40. 李春盛. 急危重症医学进展［M］. 北京：人民卫生出版社，2014.

41. 李春盛. 急诊医学高级教程［M］. 北京：人民军医出版社，2010.

42. 李建民，李树峰. 脑外伤新概念［M］. 北京：人民卫生出版社，2013.

43. 李乐之，路潜. 外科护理学［M］. 北京：人民卫生出版社，2012.

44. 李小寒，尚少梅，钱晓路，等. 基础护理学［M］. 北京：人民卫生出版社，2006.

45. 李欣，魏红艳，蔺际. 急诊症状诊断学［M］. 北京：人民军医出版社，2012.

46. 李峥，刘宇. 护理学研究方法［M］. 北京：人民卫生出版社，2012.

47. 梁群. 呼吸重症疾病的诊断与治疗［M］. 北京：人民卫生出版社，2014.

48. 刘保池. 现代急诊医学［M］. 郑州：郑州大学出版社，2006.

49. 刘大为. 实用重症医学［M］. 北京：人民卫生出版社，2010.

50. 刘大为，邱海波，严静. 中国重症医学专科资质培训教材［M］. 北京：人民卫生出版社，2013.

51. 刘宏生. 急危重症诊疗新进展［M］. 西安：西安交通大学出版社，2015.

52. 刘淑媛. 心血管疾病特色护理技术［M］. 北京：科学技术文献出版社，2008.

53. 刘淑媛，陈永强. 危重症护理专业规范化培训教程［M］. 北京：人民军医出版社，2006.

54. 刘湘云，段恕诚. 儿科感染病学（精）［M］. 上海：上海科技出版社，2003.

55. 刘兴会，漆洪波. 难产［M］. 北京：人民卫生出版社，2015.

56. 刘又宁. 呼吸内科学高级教程［M］. 北京：人民军医出版社，2013.

57. 刘中民. 灾难医学［M］. 北京：人民卫生出版社.

58. 龙村. ECMO：体外膜肺氧合［M］. 北京：人民卫生出版社，2010.

59. 吕传真，周良辅. 实用神经病学［M］. 上海：上海科学技术出版社，2014.

60. 宁光. 内分泌学高级教程［M］. 北京：人民军医出版社，2013.

61. 皮红英，朱秀勤. 内科疾病护理指南［M］. 人民军医出版社，2013.

62. 邱贵兴，戴尅戎，于长隆，等. 中华骨科学：运动创伤卷［M］. 北京：人民卫生出版社，2010.

63. 邱海波. 重症医学高级教程［M］. 北京：人民军医出版社，2013.

64. 邱海波，黄英姿. ICU 监测与治疗技术［M］. 北京：上海科学技术出版社，2009.

65. 任小芳. 新编临床急危重症护理学［M］. 西安：西安交通大学出版社，2015.

66. 瑟鲁. 急性冠状动脉综合征：《Braunwald 心脏病学》姊妹卷［M］. 北京：北京大学医学出版社，2011：27-28.

67. 沈洪，刘中民. 急诊与灾难医学［M］. 北京：人民卫生出版社，2013.

68. 沈洪，刘中民. 急诊与灾难医学［M］. 2 版. 北京：人民卫生出版社，2013.

69. 沈晓明. 临床儿科学［M］. 北京：人民卫生出版社，2013.

70. 沈中阳，陈新国. 临床肝移植［M］. 2 版. 北京：科学出版社，2011.

71. 沈宗林，姬尚义. 主动脉外科［M］. 北京：人民卫生出版社，2001.

72. 施秉银，陈璐璐. 内分泌与代谢系统疾病［M］. 北京：人民卫生出版社，2015.

73. 宿英英. 神经系统急危重症监护与治疗［M］. 北京：人民卫生出版社，2005.

74. 万学红，卢雪峰. 诊断学［M］. 8 版. 北京：人民卫生出版社，2013.

75. 汪小华，惠杰. 心血管护理学［M］. 北京：科学出版社，2004.

76. 王辰，席修明. 危重症医学［M］. 北京：人民卫生出版社，2012.

77. 王惠珍. 急危重症护理学［M］. 3 版. 北京：人民卫生出版社，2014.

78. 王建荣. 输液治疗护理实践指南与实施细则［M］. 北京：人民军医出版社，2009.

79. 王丽华，李庆印. ICU 专科护士资格认证培训教程［M］. 北京：人民军医出版社，2011.

80. 王振杰，史继学. 急诊医学［M］. 北京：人民军医出版社，2013.

81. 吴孟超，吴在德. 黄家驷外科学［M］. 7 版. 北京：人民卫生出版社，2008.

82. 吴宗耀. 烧伤康复学［M］. 北京：人民卫生出版社，2015.

83. 谢灿茂. 内科急症治疗学［M］. 5 版. 上海：上海科学技术出版社，2009.

84. 谢灿茂. 危重症加强监护治疗学［M］. 北京：人民卫生出版社，2011.

85. 谢幸，苟文丽. 妇产科学［M］. 8 版. 北京：人民卫生出版社，2013.

86. 徐洪涛，邢同京. 肝衰竭的基础与临床［M］. 北京：科学技术文献出版社，2013.

87. 徐燕，周兰姝. 现代护理学［M］. 北京：人民军医出版社，2015.

88. 杨辉. 新编 ICU 常用护理操作指南［M］. 北京：人民卫生出版社，2015.

89. 杨惠花，眭文洁，单耀娟. 临床护理技术操作流程与规范（实用专科护理培训用书）［M］. 北京：清华大学出版社，2016.

90. 杨莘. 实用神经内科护理及技术［M］. 北京：科学出版社，2008.

91. 杨跃进，华伟. 阜外心血管内科手册［M］. 2 版. 北京：人民卫生出版社，2013.

92. 姚咏明. 急危重症病理生理学［M］. 北京：科学出版社，2013.

93. 尤黎明. 内科护理学［M］. 3 版. 北京：人民卫生出版社，2002.

94. 袁丽，武仁华. 内分泌科护理手册［M］. 北京：科学出版社，2011.

95. 曾勉，谢灿茂. 呼吸治疗与临床应用［M］. 北京：科学出版社，2011.

96. 詹松华. 急危重症影像诊断学［M］. 北京：清华大学出版社，2012.

97. 张波. 急危重症护理学［M］. 北京：人民卫生出版社，2012.

98. 赵继宗，周定标. 神经外科学［M］. 3 版. 北京：人民卫生出版社，2014.

99. 赵玉沛，陈孝平. 外科学［M］. 3 版. 北京：人民卫生出版社，2015.

100. 郑显兰. 儿科危重症护理学［M］. 北京：人民卫生出版社，2015.

101. 郑修霞. 妇产科护理学［M］. 4 版. 北京：人民卫生出版社，2006.

102. 中华人民共和国卫生部,中国人民解放军. 临床护理实践指南［M］. 北京:人民军医出版社,2011.

103. 中华医学会. 临床技术操作规范(重症医学分册)(精)［M］. 北京:人民军医出版社,2009.

104. 钟清玲,蒋晓莲. 灾害护理学［M］. 北京:人民卫生出版社,2016.

105. 周建新. 神经外科重症监测与治疗［M］. 北京:人民卫生出版社,2013.

106. 刘芳,杨莘. 神经内科重症护理手册［M］. 北京:人民卫生出版社,2017.

107. Vizcaychipi M P, Corredor C M. Key Topics in Management of the Critically Ⅲ［M］. Springer International Publishing, 2016: 1551, 1561.

108. Burry L, Rose L, Mccullagh I, et al. Daily sedation interruption versus no daily sedation interruption for critically ill adult patients requiring invasive mechanical ventilation［M］. John Wiley & Sons, Ltd, 2011: D9176.

109. Curtis J R. Improving Palliative Care for Patients in the Intensive Care Unit［M］. Springer New York, 2005: 840-854.

110. Urden, Linda D, Lough, et al. Priorities in Critical Care Nursing, 2nd Edition［M］. Elsevier/Mosby, 2012.

111. Hasan A. Handbook of Blood Gas/Acid-Base Interpretation［M］. Springer London, 2009.

112. León-Sanz M, Valero M A. Screening and Assessment of Malnutrition［M］. Switzerland: Springer International Publishing AG, 2017.

113. Marino P L. Marino's the ICU book［M］. Wolters Kluwer Health/Lippincott Williams and Wilkins, 2014.

53检